扬中精神 Yangzhong Jingshen

上善若水 自强不息

城市标志 Chengshi Biaozhi

市树：柳树

市花：桂花

城市特产 Chengshi Techan

江洲三宝：芦、柳、竹

长江三鲜：刀鱼、鲥鱼、河豚

特色农产品：秧草、马兰、苦瓜茶

城市新荣誉 Chengshi Xin Rongyu

全国绿化模范单位

国家卫生城市

全国文明城市提名城市

全国健康促进县（市、区）

国家知识产权强县工程试点县

全国农村集体“三资”管理示范县

国家城乡交通运输一体化创建示范县（区、市）

全国中小学校责任督学挂牌督导创新县

中国县级城市小康经济指数第8位

2019年度全国中小城市综合实力百强县市第23位

2019年度全国新型城镇化质量百强县市第30位

2019年度全国创新创业（双创）百强县市第40位

2019年度全面绿色发展百强县第7位

2019年度全国科技创新百强县第39位

2019年度中国县级市全面小康指数第8位

扬中年鉴

2020

YANGZHONG YEARBOOK

（总第十二卷）

扬中市史志办公室　编

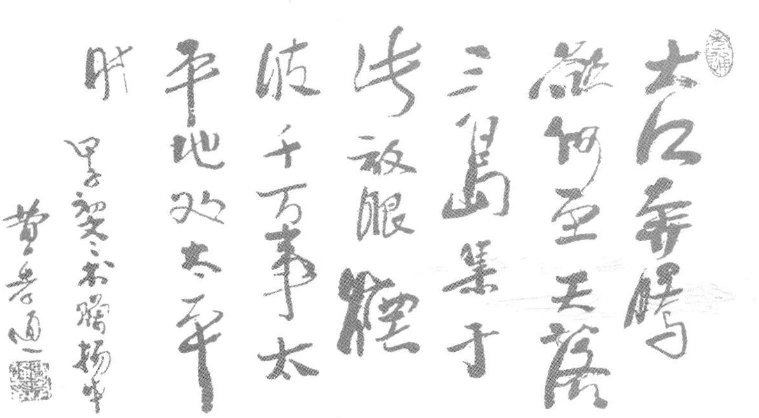

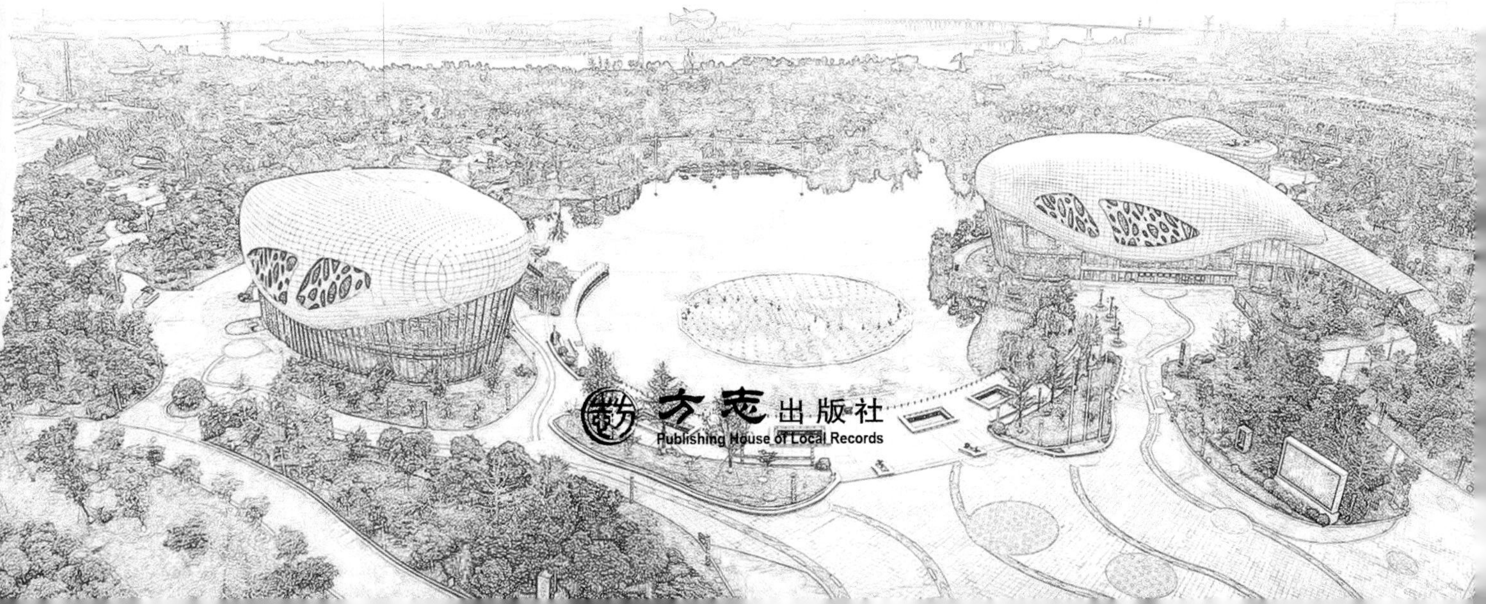

方志出版社
Publishing House of Local Records

图书在版编目(CIP)数据

扬中年鉴. 2020 / 扬中市史志办公室编. -- 北京：
方志出版社, 2020.9
ISBN 978-7-5144-4353-0

Ⅰ. ①扬… Ⅱ. ①扬… Ⅲ. ①扬中-2020-年鉴
Ⅳ. ①Z525.34

中国版本图书馆 CIP 数据核字(2020)第 188360 号

扬中年鉴(2020)

编　　　者:扬中市史志办公室
责任编辑:刘　珊
出　版　者:方志出版社
　　地址　北京市朝阳区潘家园东里 9 号(国家方志馆 4 层)
　　邮编　100021
　　网址　http://www.zgfzcb.cn
发　　　行:方志出版社图书经销中心
　　电话(010)67110500
经　　　销:各地新华书店
印　　　刷:扬中市人民印刷有限公司
开　　　本:889×1194　1/16
印　　　张:23
字　　　数:664 千
版　　　次:2020 年 9 月第 1 版　2020 年 9 月第 1 次印刷
印　　　数:0001~1000 册
ISBN 978-7-5144-4353-0　定价:260.00 元

扬中年鉴编纂委员会

扬中年鉴编辑部

扬中市地图

扬中市
三茅街道
新坝镇
兴隆街道
大路镇
永安洲镇
高港区
口岸街道
沿江街道
镇江大路通用机场
泰镇高速公路
泰州长江公路大桥
扬中长江一桥
扬中长江三桥
扬中大桥
扬中四桥
连淮扬镇高速铁路
扬州市
泰州
镇江新区
广陵区
丹徒区
长江
雷公岛
新民社区
港联社区
新扬社区
建设社区
金星社区
中桥社区
扬子新村社区
文化新村社区
长江花城社区
同心社区
新胜社区
公信社区
新坝社区
英雄社区
民主村
三桥村
大众村
企东村
滨江村
普济村
永勤村
锦程村
指南村
兴华村
友好村
中华村
明华村
丰裕社区
兴阳村
永和村
营房村
五一村
向阳村
丰乐桥村
新安村
双新村
新宁村
立新村
红联村
永平村
新治村
联盟村
联合村
双跃村
三跃社区
兴城村
恒跃村
兴隆社区
福源村

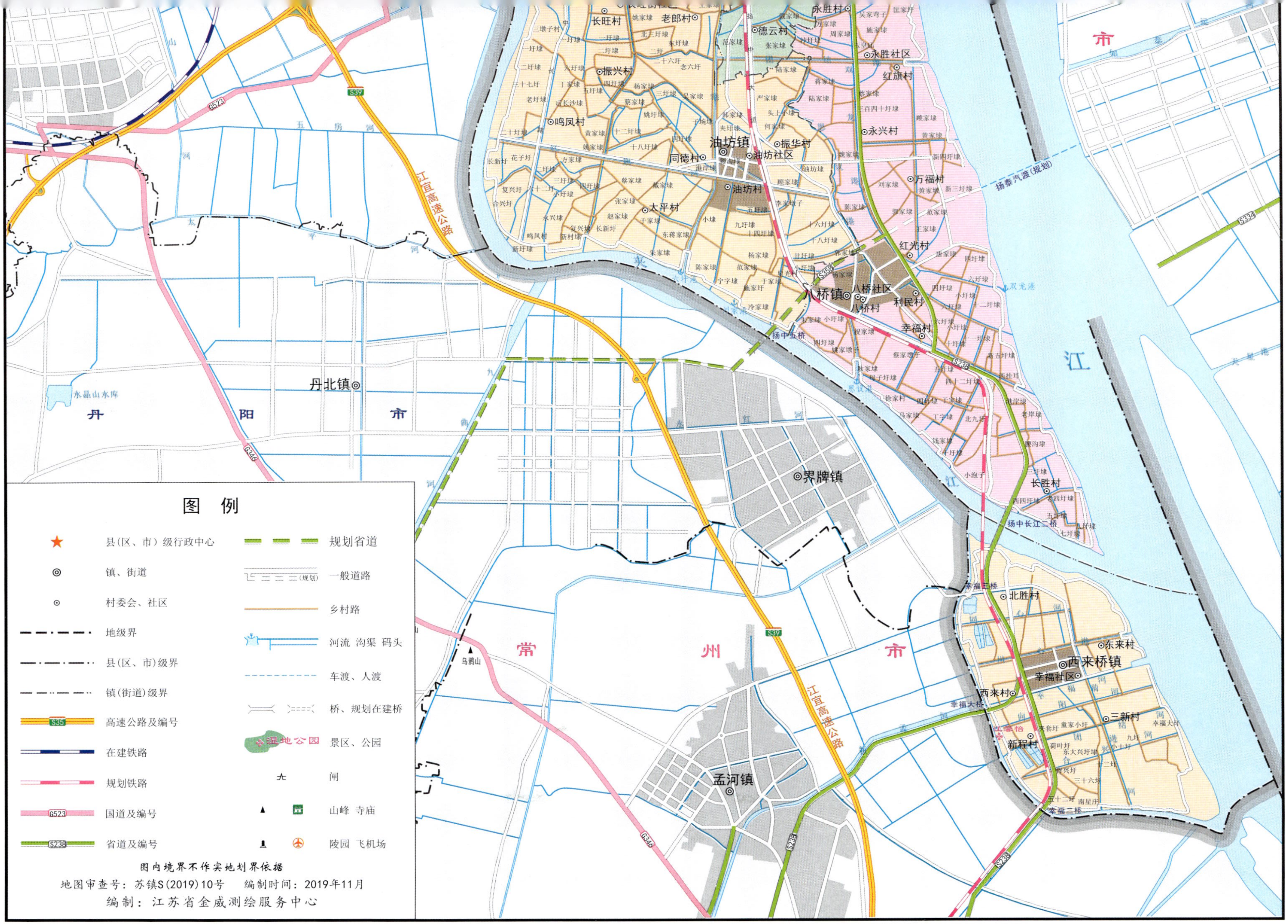

长旺村
老郎村
德云村
永胜村
永胜社区
红旗村
永兴村
振兴村
鸣凤村
同德村
油坊镇
振华村
油坊社区
油坊村
万福村
太平村
红光村
八桥镇
八桥社区
八桥村
利民村
幸福村
长胜村
扬中五桥
扬中长江二桥
扬泰汽渡（规划）
江宜高速公路
丹北镇
水晶山水库
丹
阳
市
常
州
市
界牌镇
孟河镇
西来桥镇
北胜村
东来村
幸福社区
西来村
三新村
新程村
幸福三桥
幸福大桥
幸福二桥
乌鹊山
江
图 例
县（区、市）级行政中心
镇、街道
村委会、社区
地级界
县（区、市）级界
镇（街道）级界
高速公路及编号
在建铁路
规划铁路
国道及编号
省道及编号
规划省道
一般道路
乡村路
河流 沟渠 码头
车渡、人渡
桥、规划在建桥
景区、公园
闸
山峰 寺庙
陵园 飞机场
图内境界不作实地划界依据
地图审查号：苏镇S(2019)10号 编制时间：2019年11月
编制：江苏省金威测绘服务中心

2019年工作回顾

实现地区生产总值487.83亿元，增长5.8%
完成一般公共预算收入34.01亿元，增长3.76%
城镇居民人均可支配收入5.78万元，增长7.7%
农村居民人均可支配收入3.06万元，增长8.6%
列“全国中小城市综合实力百强县（市）”第23位

（一）全力以赴抓实体、调结构，经济运行稳中向好

产业质态不断优化
项目建设有序推进
发展动能加速转换
涉企服务精准有力

（二）动真碰硬抓治理、优生态，环境质量日趋好转

扎实治理黑臭水体
深入开展污染防治
切实推动绿色发展

（三）坚定不移抓统筹、提品质，城乡面貌持续改善

城市功能不断健全
长效管理逐步提升
乡村振兴加快推进

（四）千方百计抓实事、解难题，人民生活更加幸福

民生实事有序推进
社会事业协调发展
社会治理持续深化

（五）不忘初心抓队伍、促效能，政府建设不断加强

组织庆祝新中国成立70周年系列活动
开展“不忘初心、牢记使命”主题教育
弘扬求真务实的工作作风
完成政府机构改革
加大财政支出管控力度

（一）强化提质增效，全力保障经济稳健运行

加快发展先进制造业

新增三星级以上“上云”企业28家
大力发展高端海工装备制造
推进产业结构渐进式重构

加速发展高新技术产业

新认定高新技术企业80家
新增省级以上企业研发机构8家
高新技术产业产值占规模以上工业产值比重保持在70%以上

加大营商环境改革力度

大力支持民营经济发展
全面落实减税降费政策
深化“放管服”改革

加强重大风险防范化解

认真落实债务风险防范化解工作计划
不断优化债务结构
建立现代企业制度

（四）攻坚污染防治，持续改善生态宜居环境

狠抓长江大保护

严格执行长江禁捕政策
清淤疏浚城乡河道167条

整治环境突出问题

空气质量优良天数占比70%
垃圾分类集中处理率提高至70%

稳步推进治水工程

完成雨污分流面积210公顷
新增雨污水管网162千米

2020年重点工作

（二）突出项目建设，持续增强发展核心动能

强化项目招引

引进亿元以上项目**40**个
新增各类高层次人才（团队）**50**个

强化项目建设

完成制造业投资**58**亿元
加快中南高科产业园基础设施完善，力争入驻企业**40**家以上

强化要素配置

盘活低效闲置土地**166.67**公顷
新增挂牌上市企业**10**家

（三）加速城乡一体，着力提升全域发展质态

统筹城市开发建设

推动老城区更新
加快滨江新城、西城区开发

特色发展农业农村

新增县级以上示范合作社和家庭农场**6**家
新增高标准农田**333.33**公顷
创成省级“美丽宜居村庄”**15**个

持续提升建管水平

开通镇江通勤公交、新区高铁站毗邻公交
科学统筹各类破路工程建设
加强城乡居民建房管理
着力解决群众反映强烈的突出问题

（五）坚持富民惠民，全面提高人民生活质量

提高收入水平

新增就业**1**万人
全面实施全民参保计划

提质社会事业

持续推进高品质学校集群发展
深入推进整岛一体化医共体建设
开通“电子医保卡”
新建标准化居家养老服务中心**3**家

提升文明层次

扎实推进新时代文明实践中心全国试点
新增公共体育设施面积**5.6**万平方米

（六）保障安全稳定，切实维护社会和谐有序

提升本质安全水平

落实党政领导干部安全生产责任制
全覆盖、拉网式开展重点领域排查整治
健全自然灾害应急救援“一体化”运作机制

夯实基层治理基础

持续健全城乡社区治理体系
提升物业行业监管水平
完善退役军人服务体系

维护社会和谐稳定

完善“三方会商会调”机制
完善立体化、信息化治安防控体系
持续开展“扫黑除恶”专项斗争

产业强市　项目建设稳步推进

2019年，扬中市完成制造业投资53亿元，累计签约项目58个，其中亿元以上项目33个。招商体制机制改革的活力逐步释放，福麟智能装备制造、永航柴油机动力总成核心部件、中南高科扬中智能制造产业园等一批重点产业项目落户建设。长城汽车核心零部件项目进展顺利，6个子项目全面开工。18个镇江市级重点产业项目完成投资29.59亿元，超额完成年度投资计划。

2019年2月26日，长城汽车蜂巢易创扬中产业园开工仪式

2019年2月22日，中南高科·扬中智能制造产业园开工建设

中南高科·扬中智能制造产业园效果图

2019年10月30日，精工汽车扬中产业园项目开工仪式

2019年1月30日，宝捷机电有限公司与蜂巢电驱动系统（江苏）有限公司签订合作协议

2019年9月6日，扬中市宜禾股份有限公司获“中国职业装十大领军企业”“中国职业装（防护服）优势企业”称号

2019年1月18日，江苏宝航能源技术有限公司和德国宝马集团举办储能战略合作签约仪式，大航控股集团江苏宝航正式成立

（融媒体中心供图）

共建共享　增进民生福祉

2019年，扬中市居民人均可支配收入4.69万元，比上年增长8.4%。公共文化服务水平不断提升，全市举办群众性文化活动约240场。体育事业蓬勃发展，建成3000平方米健身公园2个、2000平方米健身公园4个、500平方米健身小广场5个、健身路径25条。

2019年10月13日，“全民健步中国行”中国健步走大赛（江苏·扬中站）开赛

2019年3月30日，扬中市开展“地球一小时”新时代文明实践活动

2019年9月27日，新坝镇举行“我深爱着这片土地”庆祝新中国成立70周年文艺晚会

2019年9月13日，油坊镇长旺村举办扬中市乡村中秋游园会专场文艺晚会

2019年，八桥花绳入选第二批市级非物质文化遗产代表性项目

2019年3月8日，2019年中华龙狮大赛暨扬中西来桥镇第四届舞龙大赛开赛

2019年4月12日，三茅街道兴阳村举办长江渔文化风情小镇第二届乡村旅游文化节

2019年10月29日，经开区举办“携手长城、共创辉煌”文艺晚会

（融媒体中心供图）

第二届国际绿色能源发展大会

2019年10月16日，第二届国际绿色能源发展大会项目集中签约仪式在扬中举行。会上，有24个项目签约，涉及新能源、新材料、智能制造、文化旅游等多个领域。

2019年10月16日，扬中市委书记殷敏在第二届国际绿色能源发展大会上致辞

大会现场

2019年10月16日，第二届国际绿色能源发展大会项目集中签约仪式

“一带一路”国际绿色能源合作分论坛

圆桌对话

新能源城市建设成果——能源互联网建设示范及运营服务中心

新能源城市建设成果——光伏向日葵

新能源城市建设成果——光伏座椅

新能源城市建设成果——光伏充电棚

（融媒体中心供图）

第十六届中国·扬中河豚文化节

2019年3月8日至4月27日，扬中市举办第十六届河豚文化节。文化节历时51天，文化节期间，开展“相约河豚岛”全国书画作品展、广场舞大赛、迷你马拉松赛、“寻访中国河豚岛”——扬中自驾游、“放歌河豚岛”文艺晚会等活动。

2019年3月8日，第十六届中国·扬中河豚文化节开幕

开幕式群众表演

2019年4月27日，第十六届中国·扬中河豚文化节项目集中签约

2019年3月，扬中市开展“寻访中国河豚岛·扬中自驾游”活动

2019年4月27日，扬中市举行“放歌河豚岛”文艺晚会

增殖放流

中华龙狮大赛

（融媒体中心供图）

新时代文明实践中心全国试点

2019年，扬中开展新时代文明实践中心省级试点建设，全市6个镇（街、区）、85个村（社区）实现新时代文明实践所站全覆盖，开展富有“扬中特色”的新时代文明实践活动。扬中经验《“三张榜单”激活全域文明实践》被《新华日报》刊载，2019年10月，扬中市通过验收，晋升为新时代文明实践中心全国试点单位。

新华日报 要闻 3
欢喜抑或遗憾，只是人生旅途一站
7月开始，企业用电又将减负了
为探路新时代文明实践贡献“扬中智慧”
“三张榜单”激活全域文明实践
习近平新时代中国特色社会主义思想在指引下——新时代 新作为 新篇章

《新华日报》：“三张榜单”激活全域文明实践

2019年1月4日，新时代文明实践中心建设部署会

2019年5月10日，扬中市召开全国文明城市创建暨新时代文明实践工作推进会

2019年3月3日，扬中市“文明实践 志愿同行”学雷锋广场志愿服务活动现场

2019年1月4日，油坊镇新时代文明实践中心揭牌

2019年1月26日，永胜村新时代文明实践站揭牌

西来桥镇新时代文明实践所

联合村新时代文明实践站

（融媒体中心供图）

新时代文明实践“七彩平台”

2019年，新时代文明实践中心牵头组织文明实践“七彩平台”，78个市级部门力量整合纳入“七彩平台”，拟定109项新时代文明实践志愿服务项目，引导社会资源、社会力量共同参与文明实践。

理论宣讲“红色”平台建设——扬中市“百姓名嘴”风采展示活动

教育服务“金色”平台建设——亲子义卖活动

文体服务“紫色”平台建设——中老年人才艺展示活动

科技服务“蓝色”平台建设——扬中市第十一届科普宣传周广场活动

风尚倡树“青色”平台建设——油坊镇乡贤馆揭牌

暖心帮扶“橙色”平台建设——志愿明星评选活动

生态家园“绿色”平台建设——垃圾分类广场宣传活动

（融媒体中心供图）

扬中剪影

The Photo of Yangzhong

城西航拍（孙亚静摄）

扬中剪影

The Photo of Yangzhong

扬中三桥夜景（祝红卫摄）

扬中

剪影

The Photo of Yangzhong

扬中电视塔（祝红卫摄）

扬中

剪影

The Photo of Yangzhong

恬静乡野春色秀——联合村（唐华龙、孙亚静）

扬中

剪影

The Photo of Yangzhong

秋色迷人（王尧摄）

扬中剪影

The Photo of Yangzhong

湿地（唐华龙摄）

扬中

剪影

The Photo of Yangzhong

两小无猜（陈文摄）

扬中

剪影

The Photo of Yangzhong

生态岛城（陈文、唐华龙摄）

编辑说明

一、《扬中年鉴》以马克思列宁主义、毛泽东思想、邓小平理论、“三个代表”重要思想、科学发展观、习近平新时代中国特色社会主义思想为指导，坚持辩证唯物主义、历史唯物主义的立场、观点和方法，编年载录扬中市政治、经济、文化、社会、生态等方面的基本情况，为各级领导决策提供参考，为社会各界认识、研究、发展扬中提供基本资料，也为编纂各类志书积累史料。

二、《扬中年鉴》创刊于2009年，逐年出版，本卷为第十二卷。《扬中年鉴（2020）》记述时间原则上为2019年1月1日至2019年12月31日，部分内容适当上溯或下延，记载2019年度扬中市政治、经济、文化、社会、生态等方面的基本面貌、发展状况和各行各业取得的新进展、新成就、新经验。

三、《扬中年鉴（2020）》采用分类编辑法，全书分类目、分目、条目三个层次，部分分目下设副分目，副分目标题前后加“·”符号，条目为记述实体，标题用黑体字加【 】表示。《扬中年鉴（2020）》继续贯彻江苏省地方志办公室年鉴创新与规范的有关要求，对框架结构进行适当调整，全书设特载、大事记、扬中概览、中国河豚岛、中共扬中市委员会、扬中市人民代表大会、扬中市人民政府、政协扬中市委员会、纪检监察、民主党派·工商联、群众团体、军事、法治、经济管理、农业、水利、工业、商贸服务、金融、交通运输、城乡建设与管理、环境保护、科学技术、教育、文化、卫生、体育、社会生活、镇·街道·区、人物·荣誉、附录、索引32个类目，共设173个分目、984个条目，随文表格58张，计66.4万字。

四、《扬中年鉴（2020）》卷首设4个图片专题，图表57幅。随文图片109幅。

五、第八届江苏省园艺博览会简称“园博”或“园博会”，其办园场馆称为“园博园”；“亩”与“公顷”根据具体条目，予以共用，原始资料中的精确数字尽量予以保留，换算公式：15亩=1公顷。

六、全书配有多种检索方法，卷首设目录，卷末设主题分析索引。全书所有资料可通过目录、索引、条目参见系统以及书眉等查询。

七、《扬中年鉴（2020）》所用稿件由全市各部门、单位、镇（街道、区）专人撰写，并经过各单位领导审阅，实事与数据均经过核实校对。“组织机构及负责人”“领导简历”由扬中市委组织部审核。正文统计数据由于统计来源、口径和时间不同而不尽一致，使用时请以扬中市统计局提供的统计资料为准。

目 录

特 载

大事记

扬中概览

中国河豚岛

中共扬中市委员会

扬中市人民代表大会

扬中市人民政府

政协扬中市委员会

纪检监察

民主党派·工商联

群众团体

军 事

法 治

经济管理

农 业

水　利

工　业

商贸服务

金 融

交通运输

城乡建设与管理

环境保护

科学技术

教　育

文　化

卫 生

体　育

社会生活

镇·街道·区

人物·荣誉

附　录

索　引

特 载

扬中市机构改革工作

【概况】 2019年2月22日,扬中市召开机构改革动员部署会,动员安排全市机构改革工作,机构改革工作进入全面实施阶段。会议要求构建起系统完备、科学规范、运行高效、符合扬中实际的机构职能体系,改出高质量发展走在前列的强劲动力。会议传达省委、省政府批复的《扬中市机构改革方案》。2月底,扬中市机构改革基本完成。机构改革后,全市设置党政机构37个,其中纪检监察机关1个,工作机关9个;政府工作部门27个。重点抓好自然资源和规划、农业农村、应急管理、退役军人事务、医疗保障等新组建、重新组建机构的改革落实。2月底,涉改部门全部转隶挂牌到位,党政机构"三定"规定全部印发。市委编办按职责检查督促各部门"三定"规定贯彻落实情况,确保职能转变和职能履行到位,内设机构的实际职责、名称、数量等符合"三定"规定。针对部分部门之间的职能划转问题,加大政策研究和沟通协调,厘清职责边界,明确职责分工和主办协办关系,确保工作不缺位、不越位。5月17日,扬中市机构改革工作通过省委编办检查评估。

(编办 范靖)

【机构改革相关部门挂牌】 2019年2月,扬中市机构改革部门相继挂牌。2月26日,扬中市地方金融监管局、市水利局、市农业农村局、市经济发展局、市行政审批局、市卫生健康委员会、市医疗保障局揭牌;2月27日,扬中市应急管理局、市文体广电和旅游局揭牌;2月28日,扬中市自然资源和规划局、市退役军人事务局揭牌。

扬中市组建地方金融监督管理局,作为市政府工作部门,挂政府金融工作办公室牌子,整合市商务局典当行、融资租赁公司、商业保理公司监管职责,划入原市农业委员会从事信用互助的农民专业合作社管理职责、原市发展改革和经济信息化委员会的融资担保公司监管职责。

组建市经济发展局,整合原市发展改革和经济信息化委员会(市物价局、市民营经济发展局)的职责,以及市商务局(市粮食局)、市民政局等相应职责,作为市政府工作部门,对外加挂市粮食和物资储备局牌子,不再保留市发展改革和经济信息化委员会(市物价局、市民营经济发展局),市商务局不再保留市粮食局牌子。

组建市行政审批局,划入政府相关部门的有关行政许可职责,以及市政务服务管理办公室的行政职能,作为市政府工作部门,对外加挂市政务服务管理办公室牌子,不再保留承担行政职能的事业单位市政务服务管理办公室。

组建市卫生健康委员会,整合市卫生和计划生育委员会的职责,以及市民政局老龄工作委员会办公室职责、市安全生产监督管理局职业安全健康监督管理职责,作为市政府工作部门,不再保留市卫生和计划生育委员会。

组建市医疗保障局,整合市人力资源和社会保障局城镇职工和城镇居民基本医疗保险、生育保险、新型农村合作医疗职责,以及市民政局医疗救助职责、原市发展改革和经济信息化委员会药品和医疗服务价格管理职责,作为市政府工作部门。

组建市应急管理局,作为市政府工作部门,将市安全生产监督管理局和市应急管理委员会办公室的职责,市公安局的消防管理相关职责,市民政局的救灾职责,原市国土资源局的地质灾害防治相关职责,原市水利农机局的水旱灾害防治相关职责,原市农业委员会的森林防火相关职责,承担行政职能的事业单位市地震局的抗震救灾相关行政职能,以及防汛防旱、减灾、抗震救灾、护林防火等指挥部(委员会)职责等整合。

组建市自然资源和规划局,作为市政府工作部门,挂林业局牌子,将原国土资源局的职责、原市规划局的职责划入;将原市农业委员会林业管理及森林、湿地等资源调查和确权登记管理、自然保护区相关管理职责划入;将原市发展改革和经济信息化委员会组织编制主体功能区规划职责,原市水利农机局水资源调查和确权登记管理职责划入。将原市国土资源局监督防止地下水污染职责划出至市生态环境局;将原市国土资源局农田整治项目管理职责划出至市农业农村局;将原市国土资源局地质灾害防治职责划出至市应急管理局。

组建市退役军人事务局，主要职责是贯彻落实党和国家及省关于退役军人工作的方针政策、法律法规和决策部署，拟订和实施扬中市退役军人有关安置管理政策等相关工作。同时将原属市民政局的退役军人双拥优抚安置职责、人力资源和社会保障局的军官转业安置职责等划入市退役军人事务局。

市水利农机局更名为市水利局;组建市农业农村局,整合市委办公室(市委农村工作领导小组办公室)的农业农村工作相关职责,原市农业委员会(市农业资源开发局)的职责,以及原市发展改革和经济信息化委员会3个机构的相应职责,作为市政府工作部门,对外加挂市政府扶贫工作办公室牌子，市委农村工作领导小组办公室设在市农业农村局，不再保留市农业委员会(市农业资源开发局)。

市文化体育旅游局更名为市文体广电和旅游局,作为市政府工作部门，将原市文化体育旅游局新闻出版、电影管理等职责划出至市委宣传部。(编办 范靖)

【市级部门“三定”工作】 2019年3月,扬中市召开市级部门“三定”工作布置会,部署市级部门“三定”工作。此次“三定”工作主要按研究起草、反馈修改、拟订上报、审核批准、组织实施5个步骤开展。全市37个市级党政部门于3月上旬研究起草初步方案并上报市委编办。市委编办于3月中下旬基本完成对各部门方案的审核修改、交流反馈工作,3月底前报市委、市政府批准。参照中央和省“三定”工作进度,3月底前基本完成“三定”工作。 (编办 范靖)

【机构改革后领导班子和干部队伍建设】 2019年,扬中市委组织部全面加强机构改革后领导班子和干部队伍建设,选优配强各单位领导班子。注重以事择人,推动人岗相适、人尽其责,全力服务扬中高质量发展。加大干部交流轮岗力度，有序推进市级机关部门和镇(街、区)之间干部的合理流动。围绕高质量发展目标,制定镇街区、机关部门领导班子和干部队伍建设年度考核评分办法,实现对干部“实绩指标”精准衡量。加强领导班子内部制度建设,根据新《中国共产党党组工作条例》,要求各单位党组建立完善党组议事规则、“三重一大”决策制度,增强各级领导班子的团结和活力。

(组织部 王磊)

【机构改革中档案处置工作】 根据扬中市委办印发《关于做好机构改革中档案处置工作的通知》文件要求,扬中市档案局及时跟进,将撤销单位的门牌全部接收进馆。机构门牌见证涉改单位的历史,是重要的实物档案,接收门牌11块,全部登记入库,保存完好。市档案局业务指导科上门指导撤销单位的档案处置问题,帮助涉改单位清点各种门类和不同载体档案，开始规范化整理工作,按标准录入档案目录,为接下来的档案移交工作打下良好的基础。 (融媒体中心)

“不忘初心、牢记使命”主题教育

【概况】 2019年,扬中市委成立主题教育领导小组及其办公室,制定出台主题教育实施方案、工作方案,组建8个市委指导组、3个工作组。市委常委会开展集中学习11场,班子成员专题党课受众超过2000人次,专题民主生活会得到省委指导组和镇江第七指导组高度肯定;县处级领导干部开展“四不两直”(不发通知、不打招呼、不听汇报、不用陪同接待,直奔基层、直插现场)调研380余次,形成32篇高质量调研报告;各基层党组织开展“四重四亮”(重读入党志愿、重温入党誓词、重忆入党经历、重问入党初心,党员亮身份、服务亮承诺、工作亮标准、担当亮作为)、“五个红色”(看红色基地、读红色家书、讲红色故事、诵红色诗词、唱红色歌曲)、“三个什么”(初心是什么、使命干什么、奋斗比什么)大讨论;600余名科级领导干部和971个基层党支部各领办解决1个重点难题或1项民生实事,2.4万名党员开展志愿服务。创新开展自选动作,全市82个村(社区)实施“党群连心网”工程;开设《初心的力量》大型实境党课,“线上+线下”3万人次观众接受初心洗礼,在镇江市级以上媒体累计刊登各类宣传报道近70篇,主题教育成效得到省、市领导认可。(组织部 祝晋)

【“不忘初心、牢记使命”主题教育实施方案】 2019年9月16日,扬中市委制定印发《关于开展“不忘初心、牢记使命”主题教育的实施方案》(简称《方案》)。《方案》明确,主题教育从2019年9月开始,11月底基本结束。参加单位主要是:市级机关部门及其直属单位和企事业单位、镇(街、区)和村(社区)、市属企业、非公有制经济组织、社会组织和其他基层组织等。《方案》要求，要着力抓好科级以上领导班子和领导干部主题教育，以县处级以上领导干部为重点，科级领导班子和领导干部参照实施，扎实推进学习教育，确保在入脑入心上见实效；深入开展调查研究，确保在精准管用上见实效；严肃认真检视问题，确保在刨根见底上见实效；全面抓好整改落实，确保在立行立改上见实效。要在突出抓好县处级、科级领导班子和领导干部主题教育的同时，以党支部为单位，结合“两学一做”学习教育常态化制度化，依托“三会一课”、主题党日等，抓实基层党支部学习教育和检视整改。要通过开展主题教育，实现“四个走在前列”的目标任务，即理论武装走在前列，担当实干走在前列，服务群众走在前列，创新转型走在前列。 （市委办 冯太升）

【“不忘初心、牢记使命”主题教育指导组成立】 2019年9月17日，“不忘初心、牢记使命”主题教育指导组培训会暨领导小组办公室全体人员会议召开，深入学习贯彻中央、省委、镇江市委和扬中市委主题教育动员大会精神，进一步统一思想、加强领导、明确任务，为全市“不忘初心、牢记使命”主题教育有序开展提供坚实保障。会上宣读指导组组长、副组长名单，明确工作职责。此次市委抽调工作人员40人，组成8个指导组，抽调18名骨干组成3个工作组，推动全市“不忘初心、牢记使命”主题教育有序、高质开展。 （融媒体中心）

【“不忘初心、牢记使命”主题教育动员部署会】 2019年9月17日，扬中市召开“不忘初心、牢记使命”主题教育动员部署会，镇江市委第七巡回指导组组长魏跃明出席动员会并讲话。会议强调主题教育要牢牢把握“守初心、担使命，找差距、抓落实”的总要求，坚持抓思想认识到位、抓检视问题到位、抓整改落实到位、抓组织领导到位，激发各级党组织、广大党员干部的担当精神和奋进基因，确保“理论武装走在前列，担当实干走在前列，服务群众走在前列，创新转型走在前列”。着重抓好四个方面：一是学习教育要入脑入心。坚持思想教育打头，各级党员领导干部要原原本本学、集中研讨学、对照先进学。二是调查研究要求实求效。严格落实省委“四不两直”的要求，坚持实效导向，能现场解决的问题要现场解决。三是检视问题要深入深刻。结合“政治体检”和“领办难题”，既从工作上找短板、担当上找不足，又从政治上找差距、思想上挖根源，真正做到落细落小落具体。四是整改落实要动真碰硬。对自身查摆的问题、征求意见的问题和相互批评的问题，做到措施不具体不放过、整改不彻底不放过、效果不明显不放过，聚焦中央明确的8个方面专项整治任务，开展“百日整治”行动，边学边改、边查边改。 （市委办 冯太升）

2019年9月17日，扬中市召开“不忘初心、牢记使命”主题教育动员部署会 （融媒体中心供图）

【“不忘初心、牢记使命”主题教育推进会】 2019年10月23日，扬中市召开“不忘初心、牢记使命”主题教育推进会。扬中市主题教育主要有三个明显特点：高度重视，各级党组织纷纷提高政治站位，把开展主题教育作为头等大事，全市形成层层发动、整体联动、全面会战的良好态势；迅速行动，各党支部均开展大讨论、“四重四亮”和“五个红色”等系列活动，各项重点措施都早一步、快半拍、高开高走；特色丰富，各级党组织充分发挥专业化组织员队伍在主题教育中的作用，各地各单位也形成很多工作亮点。会议强调，政治站位再提高，确保主题教育“劲头不松”，要上紧思想发条，要严把工作进度；工作举措再细化，确保主题教育“标准不降”，围绕主题学深悟透，聚焦方向调研检视，聚焦问题落实整改；责任效果再压实，确保主题教育“力度不减”，抓好“关键少数”，确保“一切工作到支部”，坚持“严之又严指导”，力戒形式主义、官僚主义。 （融媒体中心）

【实境党课《初心的力量》】 2019年11月21日，扬中市大型实境党课《初心的力量》在市影剧院举行；25日，面向全市各镇（街、区）和机关部门、小学开展三场巡演，每场观看人次1100人次。《初心的力量》舞台剧是扬中开展“不忘初心、牢记使命”主题教育的一次创新实践，8000名线上线下观众同步收看，市四套班子领导、镇江市主题教育办及镇江市委第七指导组相关领导现场观看演出。此次实境党课由市委“不忘初心、牢记使命”主题教育领导小组办公室、市委组织部主办，市文体广电和旅游局创作编排，分“为有牺牲多壮志”“无情未必真豪杰”“薪火相传初心在”“而今迈步从头越”四个篇章，呈现共产党人坚守初心和使命，为中国人民谋幸福，为中华民族谋复兴的光辉历程，在诗朗

诵、歌舞、情景剧等多种形式的演绎中,党员干部重温初心、感悟初心。(融媒体中心)

2019年11月21日,扬中市大型实境党课《初心的力量》在市影剧院举行 (融媒体中心供图)

【"不忘初心、牢记使命"主题教育暨"我与学习强国共成长"知识竞赛】 2019年9月,扬中市委市级机关工委与组织部、宣传部、市委教育工委联合举办"不忘初心、牢记使命"主题教育暨"我与学习强国共成长"知识竞赛。知识竞赛题型涵盖理论填空题、理论单选题、理论多选题和常识题,设置场上参赛和场下参赛两种模式,竞赛活动得到市级机关各部门和各镇(街、区)的响应,分别以单独组队或者联合组队等形式报名参赛。47支代表队经过4天8轮初赛角逐,综合排名前10的代表队进入决赛。审计局和金控集团联合代表队获得第一名。(机关工委 董军林)

2019年9月23日,扬中市举办"不忘初心、牢记使命"主题教育暨"我与学习强国共成长"知识竞赛决赛 (融媒体中心供图)

新时代文明实践工作

【概况】 2019年,扬中市深入开展新时代文明实践中心省级试点建设,因地制宜强化顶层设计,开展富有"扬中特色"的新时代文明实践活动,发挥"凝聚群众,引导群众,以文化人,成风化俗"的作用。多次召开动员会、联席会、现场推进会,出台《试点工作方案》《所站建设实务指南》《联席会议制度及成员单位分工》等文件,为试点推进明确时间表、路线图。3月底,全市6个镇街区、85个村(社区)新时代文明实践所(站)实现全覆盖。通过"88351234"服务热线、党群连心网、微信群等广泛征集群众需求,梳理汇总服务项目2150余项,通过"点单—派单—接单"模式,为群众强服务、办实事、解难题。依托广电网络,推出新时代文明实践"云平台",打造覆盖30万受众的新时代文明实践"指尖"指挥调度中心、信息服务中心和宣传展示中心。开展"星级文明实践所站"、"三有三好"新时代文明实践示范基地创建,涌现出油坊镇新时代文明实践所、八桥镇利民村新时代文明实践站、"宽心圩"新时代文明实践示范基地等50余个文明实践新标杆。统筹开展所站长项目"领办行动"、实践项目"孵化行动"、七彩平台"串联行动"等新时代文明实践"六大强基行动",通过资源再整合、力量再汇聚、品牌再提升,全面彰显文明实践的实际效应。市新时代文明实践中心牵头组织文明实践七彩平台,引导社会资源、社会力量共同参与文明实践,拟定109项2019年新时代文明实践志愿服务项目。扬中市经验做法《"三张榜单"激活全域文明实践》被新华日报头版刊载,2019年10月,扬中市通过省级验收,晋升为新时代文明实践中心全国试点单位。(宣传部 陈露)

【新时代文明实践工作部署会】 2019年1月4日,扬中市召开新时代文明实践工作部署会。新时代文明实践中心、志愿服务总队揭牌,各镇(街、区)志愿服务支队和"七大平台"志愿服务队授旗。作为全省27个新时代文明实践中心建设试点县(市)之一,扬中市印发相关工作方案,打造理论宣讲、教育服务、科技服务、文体服务、风尚倡树"五大平台",突出绿色生态和小城大爱两大特色,增加暖心帮扶、生态家园两大平台。按照"试点先行,示范带动,分层推进,稳步普及,持续提升"的步骤,推进扬中市实现村(社区)实践站全覆盖。会议部署新时代文明实践中心试点建设工作,要求坚持"优、精、特",突出"调优配强现有资源,精准把握群众需求,探索创新彰显特色"三大原则,科学谋划新时代文明实践中心建设工作;明确"人、责、事",围绕"七大平台",高位化协调、标准化建设、工程化推进、制度化激励,以细化项目、订单管理、群众点评的精准对接,全面落实新时代文明实践中心建设重点任务;把握"时、度、效",对照2019年8月接受省委考核验收的时间节点,迅速启动,结合基层党员干部冬训、"三下乡"、"送温暖"等活动，高质量推进新时代文明实践中心建设工作。

（宣传部 李永强）

2019年1月4日，扬中市召开新时代文明实践工作部署会

（融媒体中心供图）

链接：新时代文明实践中心“七彩平台”解读

一、理论宣讲“红色”平台

广泛深入学习宣传习近平新时代中国特色社会主义思想，全面开展党的路线方针政策和革命优良传统的宣传宣讲。结合基层党员干部冬训、“百姓名嘴”基层宣讲、“三下乡”等，用好金山讲习所、党员远程教育等阵地，引导农村党员群众深刻学习领会习近平新时代中国特色社会主义思想，了解最新政策、信息，不断增强“四个意识”、坚定“四个自信”。探索“理论好声音”等理论宣讲新形式，紧扣乡村振兴战略，以庆祝改革开放40周年和新中国成立70周年等重要时间节点为契机，广泛开展形式多样的主题教育活动，用生动鲜活的发展成就引导人们为幸福生活不懈奋斗。

二、教育服务“金色”平台

培育践行主流价值，整合拓展教育平台，提升农村农民综合素养。深化中国特色社会主义和“中国梦”宣传教育，抓好未成年人、妇女、青年人等重点人群教育，推进社会主义核心价值观的培育和践行；拓展中小学校、成人教育中心等教育资源，推动社会教育普及化、终身制；发挥好校外辅导站、乡村学校少年宫、青少年校外实践基地、村（社区）家长学校、妇女儿童活动阵地等场所作用，引导农村未成年人“扣好人生第一粒扣子”；强化公民思想道德建设，以“文明扬中12条”宣传教育和实践活动为主线，组织开展灵活多样的教育实践活动；放大“扬中好人”品牌影响力，以“好人36工作机制”为抓手，广泛开展“身边好人”、道德模范、好邻居、好媳妇等典型挖掘选树，利用道德讲堂、“善行义举榜”、好人广场讲好“微故事”；开展宪法学习宣传教育和“七五”普法活动，深化“法治惠民镇村行”活动，引导群众自觉尊法守法。

三、科技服务“蓝色”平台

大力弘扬科学精神，宣传科学，反对迷信，鼓励科技创新，普及科学知识。积极吸纳医疗、教育、农业等各行业及企业、机关科技人员充实科普志愿者队伍；不断壮大科普志愿者和讲师团力量，深入社区学校、田间地头、厂房车间，开展微宣讲、微普及；挖掘专业学会能量，整合资源，组织科普专家、科普志愿者小分队，利用科普大篷车、益农信息社、农家书屋等，开展科普宣传、科普阅读和实用技术普及培训，培养农村群众“爱科学、学科学、用科学”的风尚。加强农村基层科普组织建设，推进科普信息化，建好用好科普基础设施阵地，壮大科普人才队伍，打造科普创客基地。自觉抵制腐朽落后文化侵蚀。

四、文体服务“紫色”平台

完善基层公共文化服务体系，建好用好市镇村（社区）三级公共文化服务设施。以“书香扬中”建设为主题，广泛开展全民阅读活动。壮大文化志愿者队伍，持续推动文化下乡，引导文化文艺工作者创作、编排和演出反映时代精神、展现农民风采的文艺作品。鼓励群众自编自演，推广普及文化惠民示范村经验做法，不断放大艺术节品牌影响力。以“我们的节日”等传统节日为契机，大力开展传统文化体育活动，组织广场舞、书法、拔河、象棋、小戏小品等群众喜闻乐见的文体活动，不断满足群众日益增长的文化需求。充分发挥“十分钟体育健身圈”作用，推动中小学校体育设施对外开放。组织全民健身活动，推动本土体育活动，保护和传承好民间传统体育活动，积极引导舞龙舞狮、武术等传统体育进校园、进社区。组织“康扬杏林”志愿服务队等卫生健康专业化队伍，以社区卫生服务点为主要阵地，开展健康教育知识普及，倡导健康生活方式，推进家庭医生签约服务，建好用好居民健康档案，为农村居民提供更优更好的健康服务。

五、风尚倡树“青色”平台

深入开展移风易俗、弘扬时代新风行动。大力弘扬新乡贤文化，稳步推进镇（街、区）和村（社区）乡贤理事会等乡贤组织机构建立，充分发挥内外乡贤作用，引导乡贤积极参与村级事务管理，特别是要以乡贤的嘉言懿行引领家风民风，带动社会风尚优化。深化“传家训、立家规、扬家风”主题活动，组织开展文明家庭评选表彰和学习宣传活动，讲好家风故事、传承家风家训。深入开展群众性精神文明创建活动，不断提高创建活动覆盖面和影响力。宣传普及社会交往、公共场所、文明交通、文明旅游、文明上网等方面的礼仪规范,引导农村群众自觉遵守公共秩序和规则。深化"移风易俗"专项整治和宣传教育活动,针对封建迷信、铺张浪费、大操大办、比阔斗富等不良风气,开展宣传教育,组织集体婚礼等活动,倡树文明新风尚。

六、暖心帮扶"橙色"平台

以志愿服务项目化、社会化运作模式为主,整合社会扶贫济困、助学助残方面人员、资金、活动资源,推进志愿服务帮扶计划,引导志愿服务组织在暖心帮扶、社会救助上有突破、有成效。建立志愿服务网络管理平台,提升志愿服务专业化水平,引导各级文明行业、文明单位立足岗位组建专业化志愿服务队伍,结合党建"一联一",开展扶危济困、化解矛盾、专业服务等志愿服务活动。以"邻里守望"为主题,引导群众参与关爱他人、关爱自然、关爱社会等志愿服务活动,关心关注各类弱势群体,开展上门服务、亲情陪伴、精准扶贫等志愿服务活动,不断在群众中弘扬志愿服务精神,形成邻里互助、守望相助的社会风尚。

七、生态家园"绿色"平台

紧扣"长江生态旅游岛"建设,围绕乡村振兴战略,挖掘扬中"生态岛城"资源优势,积极开展绿色家园建设。加强农村环境综合整治,深化"八位一体"考核,推动"厕所革命",加快农村旱厕改造,优化农村居住环境。开展"十佳绿色庭院"等评选表彰活动,引导农村居民自觉净化绿化美化家庭院落和公共空间。加快推进垃圾分类,开展垃圾分类知识普及和宣传引导工作,提高农村居民垃圾分类意识和水平。落实好"河长制",强化农村水环境治理等污染防治工作,开展生态环境保护宣传教育,提高居民环保意识。壮大生态环保志愿服务队伍,吸收农村"五老志愿者"等志愿者力量,开展"秸秆禁烧""保护母亲河"、植树造林等生态文明志愿服务。

【新时代文明实践志愿服务专题部署会】 2019年1月15日,扬中市召开新时代文明实践志愿服务专题部署会暨培训活动。会议作专题部署,要求各单位共享资源,打破部门界限和条块分割,在市级层面整合调配,统筹协调资源,让阵地资源、活动资源形成叠加效应、倍增效应;壮大队伍,抓龙头型队伍、抓专业化培训、抓政策性扶持;精准对接,摸清群众需求、办好实事项目、创新工作思路;打造品牌,以本土化为立身之本,以项目化运作为发展模式,以制度化建设为工作保障。各地各部门围绕金色教育服务、绿色生态家园、紫色问题服务、青色风尚倡树、蓝色科普服务、绿色生态家园、橙色暖心帮扶"七彩平台",统筹谋划全年的志愿服务活动。会上,南京大学社会学院的陈友华教授,围绕企业社会责任视角下的企业志愿服务资源开发与使用的课题,给志愿服务工作者代表授课。 (融媒体中心)

【"三下乡"集中服务活动】 2019年1月26日,扬中市新时代文明实践"三下乡"集中服务启动仪式在八桥镇永胜村开幕。永胜村新时代文明实践站揭牌,八桥镇新时代文明实践志愿者服务联盟、新时代文明实践三村共建基地、永胜"益"家亲志愿服务队和扬中市启航义工服务社接受授牌。"三下乡"活动分为内外场,包括揭牌授旗仪式、集中志愿服务和"送文艺下乡"专场演出。启动仪式上,农委、残联、人防办、卫计委、联通公司、电信公司等31家单位设点,现场开展送春联、政策咨询、科普宣传、专家义诊等六大类、61项集中服务,赠送农药化肥、蔬菜种子、急救包等惠民物资。活动当天,集中服务活动志愿者125人,捐赠物资10万余元。扬中市以文化惠民为目标,开展文化服务活动;以乡贤议事为形式,开展文明风尚倡树活动;以节日"送温暖"为主题,开展暖心帮扶志愿服务活动等,推进新时代文明实践工作。 (宣传部 刘帆)

【"七彩平台"建设联席会】 2019年3月27日,扬中市召开"七彩平台"建设联席会。通过"七彩平台"的打造,新时代文明实践触角延伸至理论宣讲、教育服务、科技科普、文体健康、暖心帮扶、风尚倡树、绿色生态等市民生活的方方面面,初步形成"1+1>2"的协同效应。会议指出新时代文明实践中心的核心任务是推动习近平新时代中国特色社会主义思想深入人心、落地生根,试点工作是中央审时度势出的"一张只有答题原则,没有标准答案的考卷",各部门要强化"答卷"意识,将新时代文明实践工作作为服务群众、展示形象的"舞台"、比学赶超的"擂台"和表彰激励优秀志愿服务典型的"平台"抓紧抓实抓到位。他强调,"七彩平台"各责任单位要进一步把握中央、省市精神,大胆创新,在守土有责上下功夫,将新时代文明实践当做自家"责任田"、做成分内事;在加强策划上下功夫,突出庆祝新中国成立70周年主线和群众需求根本,立足本职创特色;在密切联系上下功夫,各平台之间、成员单位之间既要整合融入做"加法",打破壁垒做"减法",实现优势互补的倍增效应。 (融媒体中心)

【与江苏大学马克思主义学院结对共建】 2019年4月12日,扬中市新时代文明实践中心与江苏大学马克思主义学院举行结对共建签约仪式。江苏大学马克思主义学院实践基地揭牌，签署结对共建协议，双方立足新时代文明实践试点建设，在人才队伍、活动项目、理论研究等方面加强合作，共同探索新时代文明实践"扬中路径"。 （宣传部 陈涛）

【"传承红色基因、争做时代新人"主题教育实践活动】 2019年，扬中市开展"传承红色基因、争做时代新人"主题教育实践活动，将清明节至五四青年节作为主题教育实践活动月，重点针对全市党员干部、青年团员、少先队员、文明单位职工等群体开展"六个一"新时代文明实践系列活动，即组织一场"缅怀渡江先烈"集中祭扫活动；上好一堂"我心永向党"主题党课；开展一次"传承红色基因"主题团队活动；举办一次"难忘4·22"专题寻访行动；推出一轮"江洲烽火"红色基地环岛行；策划一系列"争做时代新人"五四纪念活动，激发广大群众特别是青少年爱党爱国爱家乡的情怀，为建设"强富美高"新扬中凝神聚力。 （宣传部 施雯）

【新时代文明实践示范基地创建】 2019年4月，扬中市以"三有三好"（有阵地、氛围好，有队伍、活动好，有特色、反响好）为标准，开展新时代文明实践示范基地创建活动。通过基层申报、实地考察、整改提升等环节，新坝镇联盟村科普体验馆、扬中市渡江文化园、新坝中心小学"星星点灯"新时代志愿服务实践基地等16个基地被命名为首批扬中市"三有三好"新时代文明实践示范基地。 （宣传部 顾薇）

【扬中市参加第四届江苏志愿服务展示交流会】 2019年7月13日，第四届江苏志愿服务展示交流会在扬州国展中心举行，扬中市作为新时代文明实践中心建设试点地区参加展示交流会，并设立独立展区。志交会现场，扬中市展示"七彩文明实践工程"和扬中志愿服务工作特色成果。"小麦苗"合唱团项目获得省志交会银奖项目，作为除主办方外唯一受邀嘉宾参与"志愿之夜"演出，威腾集团获"爱心单位"称号；扬中市丰裕中心小学"剪撷童趣"少儿剪纸项目、扬中市麦田慈善基金会"皂亮未来""麦奶茶"项目参与现场展示。

（宣传部 刘帆）

【第三届公益文化节】 2019年10月6日至11月12日，扬中市举办第三届公益文化节。文化节期间成立扬中市志愿服务联合会，推出"全民健步中国行"健步走大赛、新时代文明实践宣传周、志愿服务风采展、新时代文明实践创意项目大赛等10余项活动，参与市民群众1万余人次，营造"全域实践、全民实践"的浓厚氛围。

（宣传部 刘帆）

2019年10月6日至11月12日，第三届公益文化节

（宣传部供图）

【新时代文明实践创意项目大赛】 2019年11月5日，扬中市举行新时代文明实践创意项目大赛。大赛围绕"文明实践，志愿同行"主题，向全市各新时代文明实践所（站）、"七彩"服务平台各成员单位、志愿服务团队和注册公益组织征集优秀创意项目。34家单位参与项目申报，经过初评后有21个项目入围。21支参赛队伍通过项目展示、现场答辩两个环节，呈现项目基本情况、介绍下一步打算。评委结合现场展示，就各项目的主题性、创新性、实效性、操作性、推广性、参与度提问、评分。"习近平新时代中国特色社会主义思想基层宣讲百场行""小小演说+"项目获一等奖。 （融媒体中心）

【全国文明城市创建】 2019年是扬中全国文明城市创建承上启下的关键之年，扬中市强化机制保障，将创建工作作为"一把手"工程，落实高位推进机制；出台《全国文明城市创建任务分解表》等文件，明确创建工作"路径图""时间表""任务书""责任人"；持续开展"镇村文明风尚""部门创建质量指数""双月评"，公开亮分排名，成绩直接与年终高质量发展考核挂钩，压实责任机制。浓厚创建氛围，针对居民小区、背街小巷、公园广场等重点点位广告缺失、陈旧破损等问题，加大投入、创新形式、补齐短板，全年更新、增设楼道文化、装饰道旗、公益插牌等7200余处。结合新时代文明实践，组织开展"文明扬中、你我同行"文明交通志愿服务、党员团员"文明创建我先行"演讲比赛、"美丽乡村、文明家园"走访等活动，提升市民群众创建知晓率、参与率和满意度。组织专项整治，针对历次测评失分多、群众反响大的交通秩序、市政设施、出摊经营等问题，组织开展市

政配套服务完善行动、文明交通专项整治、市场秩序专题攻坚、窗口行业规范提升等专题行动,完成车站、政务大厅等必查点位改造提升工程,改造盲道3500米,缘石坡33处,改造下沉式井盖30处,市中心新增、腾挪机动车泊位300余个;开展诚信示范街区创建,张贴“诚信经营示范街区成员单位”标志、诚信经营承诺书等6500余份,创建质效显著提升。(宣传部 陈露)

【全国文明城市创建暨新时代文明实践工作推进会】 2019年5月10日,扬中市委、市政府专题召开全国文明城市创建暨新时代文明实践工作推进会,对创建形势再研判、任务再明确、工作再加压。会议通报2018年度全国文明城市创建省级测评结果反馈以及4月镇村文明风尚榜、部门创建质量指数榜情况。省文明委通报的2018年文明城市省级年度测评成绩显示,扬中市获得88.75分;在市创建办组织的“镇村文明风尚”和“部门创建质量指数”双月测评中,6个镇街区平均分85分,82个村(社区)平均分82.9分;抽测41个重点部门,平均得分78.98分。从省测和自查情况来看,问题主要集中在硬件设施、公共管理、宣传发动、市民文明养成等4个方面。会议要求各地各部门正视问题抓整改,认清形势再出发,把全国文明城市创建和新时代文明实践中心试点工作紧密结合,与“长江生态旅游岛”建设有机融合,坚持精准干、对标干、长效干、创新干,奋起直追求突破。会议印发《新时代文明实践“城乡结对”网格化的实施意见》等文件;围绕会议主题,市城管局、市政园林工程处、三茅街道、市文体广电和旅游局、八桥镇作表态发言。(融媒体中心)

【全国文明城市创建联席会议】 2019年6月11日,扬中市召开全国文明城市创建联席会议,分析研判当前形势和重点问题,提升创建的质效和水平。2019年,全国文明城市创建测评组由原来的从省级机关部门抽调人员组成变为第三方测评公司,测评方式、内容、标准等都发生变化,专业性更强、时间跨度更长、要求更高,迎检工作面临新的困难、挑战和机遇。扬中主要面临的难点问题主要集中在交通秩序、市容市貌、窗口服务、市政设施、经营秩序、公益广告、未成年人思想道德建设、全域创建等方面。会议要求,根据当前形势,各地各部门务必高度重视、精准整改、守土尽责、打造亮点,一定要“吃透”新版测评体系,对照新的“考试大纲”和“行动指南”,聚焦新增点、薄弱点和疑难点,抓好整改提升、补短补软工作,确保不产生创建盲区;12个专业组的组长单位、相关重点部门以及各镇(街、区)要做好带头工作,形成齐心协力抓创建的合力和氛围;要在公益广告布置、新时代文明实践中心、交通秩序、全域创建等方面打造培育一批特色亮点。(融媒体中心)

【全国文明城市创建推进会】 2019年11月1日,扬中市召开全国文明城市创建推进会,分析研判创建形势和重点问题,做好迎检准备。会议通报6月省级测评及近期2次“双月评”相关情况,指出主要问题。扬中市全国文明城市创建处于关键阶段,部分部门单位仍存在重视程度不够、把握标准不高、缺乏长效机制等问题。扬中市做好公益广告出新、文明交通联合行动、市场秩序整治、小区物业治理、市政设施全面提升五大行动,以及消防安全问题、文明养犬、服务窗口规范达标、文明工地等八项突击整治。会议明确公安、城管、市场监督管理局等各部门重点工作。(融媒体中心)

【江苏省文明系列申报评选】 2019年,扬中市组织申报2016—2018年度江苏省文明行业、文明单位、文明校园、文明村镇、文明社区。经过自主申报、资格审核、市级初评、镇江抽测、省级测评等环节,大全集团有限公司等34家单位、江苏省扬中高级中学等3所校园、扬中市三茅街道文化新村社区等2个社区、扬中市新坝镇等3个镇、扬中市新坝镇立新村等12个村获评相关荣誉称号。(宣传部 陈涛)

链接:2016—2018年度江苏省文明村镇、文明单位、文明社区、文明校园名单

一、文明镇

扬中市新坝镇
扬中市油坊镇
扬中市西来桥镇

二、文明村

扬中市新坝镇立新村
扬中市新坝镇新安村
扬中市油坊镇邻丰村
扬中市油坊镇长旺村
扬中市八桥镇利民村
扬中市八桥镇红光村
扬中市三茅街道企东村
扬中市三茅街道指南村
扬中市经开区双跃村
★扬中市新坝镇新治村
★扬中市八桥镇永胜村

★扬中市新坝镇双新村

三、文明单位

(一)两新组织

大全集团有限公司

宜禾股份有限公司

江苏亿能电气有限公司

江苏星河集团有限公司

★镇江仁德新能源科技有限公司

★威腾电气集团股份有限公司

(二)其他单位

扬中市城市管理局

扬中市文化新村幼儿园

扬中市市场监督管理局城区分局

扬中市审计局

中国邮政集团公司江苏省扬中市分公司

扬中市财政局

国网江苏省电力公司扬中市供电公司

扬中市气象局

中国移动通信集团江苏有限公司扬中分公司

江苏扬中农村商业银行股份有限公司

扬中市人才服务中心

扬中商城

扬中市人民检察院

扬中市新坝镇中心幼儿园

扬中市公安局城西派出所

江苏省扬中市烟草专卖局

中国人寿保险股份有限公司扬中支公司

国家税务总局扬中市税务局

国家税务总局扬中市税务局第一税务分局

国家税务总局扬中市税务局第二税务分局

国家税务总局扬中市税务局新坝税务分局

国家税务总局扬中市税务局兴隆税务分局

★扬中市总工会

★扬中市医疗保障局

★扬中市档案馆

★中国电信股份有限公司扬中分公司

★扬中市西来桥中心幼儿园

★大航控股集团有限公司

(三)文明社区

扬中市三茅街道文化新村社区

★扬中市三茅街道广宁社区

(四)文明校园

江苏省扬中高级中学

扬中市兴隆中心小学

★扬中市外国语中学

注:★的为新增获评单位

【道德讲堂示范课活动】 2019年9月20日是全国第17个公民道德宣传日,扬中市新时代文明实践中心举办“德润江洲”道德讲堂示范课活动。该活动通过唱歌曲、学模范、诵经典、发善心、送祝福5个环节,以事迹宣讲、视频短片、情景剧等形式介绍陈德龙、沈纪芳、郭克生等身边好人,传播真善美、弘扬正能量。

(宣传部 顾薇)

第二届国际绿色能源发展大会

【第二届国际绿色能源发展大会新闻发布会】 2019年10月15日,第二届国际绿色能源发展大会(中国·扬中)新闻发布会召开。中新社、《人民日报》、《新华日报》、《江苏经济报》等中央、省市级近40家主流媒体参加活动。发布会向与会媒体介绍扬中的绿色经济发展成果和大会召开的相关背景,围绕大会“全球绿色能源应用与城市高质量发展”的主题,就“五个版块”活动作简要介绍。《半月谈》《中国能源报》《中国城市报》等部分媒体记者就绿色能源发展大会的有关情况相继提问。

(融媒体中心)

【第二届国际绿色能源发展大会】 2019年10月16日,第二届国际绿色能源发展大会在扬中举办。大会由中国经济信息社、中国光伏行业协会、中国能源研究会可再生能源专业委员会主办,扬中市人民政府、中经社新华丝路事业部、中经社江苏中心、国家现代农业光伏产业协同创新战略联盟以及国网江苏省电力有限公司镇江供电分公司承办。大会以“全球绿色能源应用与城市高质量发展”为主题,集中展示新能源城市建设实践成果,展望全球绿色能源发展趋势,聚焦国际绿色能源新技术及新实践,就“一带一路”倡议下的国际绿色能源合作机遇、发展路径、前景展望以及能源互联发展趋势等主题探讨和研究,国内外专家学者、企业代表550余人参会交流。国务院原参事、国家发改委能源局原局长徐锭明,中国经济信息社董事长、总裁徐玉长,中国光伏行业协会副理事长兼秘书长王勃华,国家可再生能源信息管理中心主任,水电水利规划设计总院副院长易跃春在大会中致辞。围绕大会主题,中国能源研究会常务副理事长、国家能源局原副局长史玉波,日本国家新技术研究院院长近藤道雄,新加坡太阳能研究院副院长托马斯赖因德尔,悉尼大学分布式与高性能计算中心主任、欧洲科学院院士艾伯特佐马亚,隆基绿色能源有限公司总裁李振国作主旨演讲。会上,中国经济信息社发布《2018—2019全球绿色能源应用年度发展报告》,国网江苏省电力有限公司镇江供电分公司发布《扬中新坝城镇能源互联网规划与实践》,中国经济信息社与扬中市人民政府交换战略合作协议文本。

(融媒体中心)

【第二届国际绿色能源发展大会项目集中签约仪式】 2019年10月16日,第二届国际绿色能源发展大会项目集中签约仪式举行,24个项目签约,涉及新能源、新材料、智能制造、文化旅游等多个领域。100余名中外客商应邀参加活动。此次签约的24个项目中,以"高端化、智能化、绿色化、服务化"为坐标,2千兆瓦单晶切片、银铝浆技术升级、混合储能技术研发等项目全面推动传统制造业转型升级;瞄准新技术、新工艺、新装备、新材料推广应用,船舶脱硫脱硝系统设备、智能家居电器以及一批落户中南高科产业园、派米雷产业园的制造业项目推动新兴产业扩量提质增效,开拓三大主导产业之外的新蓝海;聚焦新方向、探索新路径、推动新实践,25兆瓦光伏电站、清洁能源路由器、产业投资基金等项目推进扬中在示范项目建设和区域品牌培育上实现新突破。

(融媒体中心)

"扫黑除恶"专项斗争

【概况】 2019年,扬中市严格对照中央、省委和镇江市委部署要求,推进"扫黑除恶"专项斗争,取得阶段性成效,通过中央第17督导组下沉督导。按照"即知即改、立行立改、真抓实改"的要求,从严、从实、从快逐条抓好整改落实,以整改推动专项斗争向纵深拓展。截至年末,中央督导组反馈的6方面、24个问题基本整改完成。

(政法委 姚梅)

【非法金融活动专项治理工作动员部署会】 2019年9月4日,扬中市召开非法金融活动专项治理工作动员部署会。会议要求各级各部门要提高政治站位,充分开展专项治理的重要性;明确工作要求,确保专项治理工作扎实有效推进;加强组织领导,形成齐抓共管的工作格局。

(政法委 姚梅)

【"扫黑除恶"专项斗争推进会】 2019年4月16日,扬中市召开"扫黑除恶"专项斗争推进会,对持续深入推进"扫黑除恶"专项斗争,迎接中央督导进行再部署、再安排、再动员。会议肯定"扫黑除恶"专项斗争开展以来取得的阶段性成效,指出线索摸排不够深入、宣传实效有待提高、部门协作不够紧密三个方面的问题和短板,要求各地、各部门要进一步强化责任担当,以更加坚定的信心、务实的作风、有力的举措,坚决打赢"扫黑除恶"专项斗争这场硬仗。

(政法委 姚梅)

【"扫黑除恶"专项督导】 2019年5月7—10日,扬中市政法委、扫黑办牵头,会同市"扫黑除恶"专项斗争领导小组有关成员单位,组成4个督导组对6个镇(街、区)和13个重点行业主管部门开展一对一"扫黑除恶"专项督导。此次督导采取"明查+暗访"的方式,通过问卷调查、实地走访查看等方式暗访镇(街、区),通过听取汇报、个别谈话、查看工作资料等方式明查镇(街、区)和相关单位。主要聚焦"扫黑除恶"专项斗争工作的关键环节,重点围绕政治站位、依法严惩、综合治理、深挖彻查、组织建设、加强组织领导6个方面。督导组成员深入村(社区),查看沿街面"扫黑除恶"宣传标语、滚动电子屏、张贴通告等情况;走访群众,调查知晓率、满意度;走访集贸市场(专门市场)、车站码头等场所,调查是否存在治安乱象等。全市未发现有影响的涉黑涉恶类案事件,全市社会大局持续安全稳定。

(政法委 姚梅)

【"扫黑除恶"专项斗争工作专题会议】 2019年5月24日,扬中召开"扫黑除恶"专项斗争工作专题会议,强调各地各部门要深入贯彻落实习近平总书记重要批示指示精神以及中央和省、市委部署要求,主动对标对表、深入自查自纠,把专项斗争的主动权牢牢抓在手中。会议指出,经过全市各层各级的共同努力,全市"扫黑除恶"工作取得阶段性成效,成功侦办一批群众反映强烈的涉黑涉恶案件,形成强有力震慑,社会秩序持续保持和谐稳定。会议指出,要坚决"讲政治",以斗争精神抓好"扫黑除恶"工作。要打好"提前量",以过硬质效抓好"扫黑除恶"工作。要压实"责任链",以更强合力抓好"扫黑除恶"工作。

(政法委 姚梅)

【"扫黑除恶"专项斗争整改工作推进会】 2019年7月12日,扬中市召开"扫黑除恶"专项斗争整改工作推进会。会议贯彻落实中央督导组要求和省委、市委相关会议精神,交流进展,分析问题,统一思想,推动整改工作落地见效,助力“扫黑除恶”专项斗争向纵深推进。会议要求各地各部门,提高思想认识,切实把整改工作作为当前和今后一段时期重大政治任务抓紧抓实;雷厉风行抓整改,确保各项整改措施落地见效;以中央督导整改落实为契机,推动“扫黑除恶”专项斗争向纵深发展。会上,各镇(街、区)及相关部门就整改工作作汇报交流。 (政法委 姚梅)

【“扫黑除恶”专项斗争新闻发布会】 2019年12月27日,扬中市召开全市“扫黑除恶”专项斗争新闻发布会,集中通报全市“扫黑除恶”专项斗争开展情况。镇江日报社、京江晚报社、镇江电视台等6家新闻媒体记者参加活动。新闻发布会上,扬中市扫黑办通报全市“扫黑除恶”专项斗争工作开展情况。市法院、市检察院、市公安局等6家“扫黑除恶”专项斗争领导小组成员单位分别通报本单位本系统“扫黑除恶”专项斗争情况,就相关问题回答记者提问。 (政法委 姚梅)

年度聚焦

【陈德龙获全国道德模范提名奖】 2019年9月5日,第七届全国道德模范表彰会暨颁奖仪式在北京召开,扬中市民陈德龙被授予全国道德模范提名奖,实现扬中“全国道德模范”重大典型的零突破,是镇江市唯一入选第七届全国道德模范评选典型。9月6日,陈德龙获得省委书记、省长等省领导的会见。9月17日,第七届江苏省道德模范评选结果揭晓,陈德龙当选江苏省见义勇为道德模范。 (宣传部 刘帆)

链接:陈德龙简介

陈德龙是三茅街道指南村16组村民,2017年11月8日5时左右,在江边收渔网的陈德龙发现坍江险情,陈德龙迅速给村里、“110”和“12345”打电话汇报险情,转移群众,挽救75户、300余名乡亲性命。陈德龙临危不惧、舍己救人,被称为“江渚义翁”,先后被扬中市委、市政府授予“第四届道德模范”称号、“11·8”坍江抢险突出贡献奖,2018年1月,入选“江苏好人”榜。

【中国中小城市高质量发展指数研究成果公布】 2019年10月8日,《人民日报》发布2019年中国中小城市高质量发展指数研究成果,扬中市入选全国中小城市综合实力百强县市、全国绿色发展百强县市、全国科技创新百强县市。新坝镇入选2019年度全国综合实力千强镇,列第66位。综合实力研究指标体系立足践行新发展理念和高质量发展的要求,从现代经济发展、社会民生改善、生态环境建设、城乡融合发展和政府服务效率等五个方面研究,扬中列全国第23位。绿色发展研究指标体系包括四个方面:资源节约、绿色生活、污染治理和生态建设,扬中列全国第7位。科技创新研究指标体系包括“双创”平台建设、研发潜力、科技创新活力和科技创新成效四方面指标,扬中列全国第39位。 (融媒体中心)

【扬中市列中国县级市全面小康指数第8名】 2019年11月21日,第三方机构竞争力智库和中国信息协会信用专业委员会在北京联合发布《中国城市全面建成小康社会监测报告2019》(简称《报告》)。在《2019中国县级市全面小康指数前100名》中,扬中市以137.66排名第8名,入选中国率先全面建成小康社会优秀城市。《报告》利用各城市2018年公开数据,系统监测全国所有城市全面建成小康社会,据《报告》显示,2018年中国全面小康指数为99.18,连续8年上升,总体达到预期点。中国城市全面建成小康社会监测体系包括客观数据监测和主观满意度监测两部分,分别从经济发展、人民生活、文化建设、生态环境、城市治理五个领域监测,依次形成“小康经济指数”“小康生活指数”“小康文化指数”“小康生态指数”“小康治理指数”五个小康分项指数,分别衡量各领域建成水平,五个小康分项指数集成“全面建成小康社会指数”,衡量城市全面建成小康社会整体水平。在小康分项指数中,扬中市小康经济指数为A+级,小康生活指数为A+级,小康文化指数为A级,小康生态指数为A+级,小康治理指数为A级。 (融媒体中心)

【扬中市获全省推进高质量发展先进市】 2019年4月22日,江苏省2018年度高质量发展总结表彰大会召开,扬中市被省委、省政府授予“2018年度推进高质量发展先进县(市、区)”称号。此次评选依据“江苏省高质量发展监测评价考核指标体系”,紧扣经济发展、改革开放、城乡建设、文化建设、生态环境、人民生活“六个高质量”,旨在促进各地走差异化发展道路。

(融媒体中心)

大事记

1月

1月1日，主城区(东至环城东路、泰镇高速，南至滨江大道，西至迎江路、联盟路、新民路，北至宜禾路、环城北路)禁止燃放烟花爆竹。

1月2日，中共扬中市第十二届委员会第五次全体会议在市政大礼堂举行。

1月3日，香江慈善基金成立，香江科技向扬中市慈善总会捐赠1000万元。

1月4日，扬中市召开新时代文明实践工作部署会。扬中市首家镇级文明实践所——油坊镇新时代文明实践所揭牌。

1月4—6日，政协扬中市十届三次会议召开。

1月5—7日，扬中市第十七届代表大会第三次会议召开。

1月6日，扬中市举行军民融合产业园项目合作签约仪式。

1月8日，扬中市举办黑臭水体治理专题讲座，专家围绕“城市黑臭水体整治的问题与对策”“推进城镇排水系统提质增效，巩固和提升城市黑臭水体整治成效”“海绵城市建设与黑臭水体治理”作专题讲解。

1月9日，扬中市消防救援大队举行授衔和换装仪式。

1月15日，扬中市召开新时代文明实践志愿服务专题部署会。

1月16日，大全集团，中电电气(江苏)股份有限公司入选江苏省创新型领军企业培育计划2018年度入库企业名单。

1月18日，江苏宝航能源技术有限公司和德国宝马集团在扬中市举办储能战略合作签约仪式，大航控股集团江苏宝航正式成立，并发布智慧储能1.0产品。

同日，扬中市2019年毕业生就业双选暨春季人才交流大会在奥体中心体育馆召开。

1月21日，扬中市举行金融系统年度表彰暨政银企合作重点项目签约会。人民银行与农商银行、恒丰村镇银行签订支农再贷款授信协议；农发行、工行等银行分别与中扬建设集团、大行公司等企业签约项目17个，授信金额27.16亿元。

1月22日，扬中市2019年“全民阅读春风行动”正式启动，扬中市文化体育旅游局、全民阅读领导小组在扬中市汽车客运总站举办“带一本好书回家过年”活动。

1月23日，西南交通大学—扬中市校地合作交流会暨西南交通大学—江苏士林电气集团合资经营签约仪式举行。

1月24日，扬中市召开全市殡葬改革管理工作推进会。

1月25日，扬中市举行上海电力大学扬中高新区“1+1+N”研究生工作站签约仪式。

1月26日，2019年扬中市新时代文明实践·“三下乡”集中服务活动启动仪式在八桥镇永胜村举行。

1月27日，扬中市烹饪协会举行2018年“爱心年夜饭”捐赠仪式，31家爱心餐饮企业认捐“爱心年夜饭”555份，1家食品公司认捐555份河豚水饺，另有2家餐饮企业捐赠14桌年夜饭。

1月30日，宝捷机电有限公司与蜂巢电驱动系统(江苏)有限公司签订合作协议，开展新能源汽车电机项目合作。

同日，中共江苏省委统战部、江苏省工商业联合会(总商会)推选100名民营企业家为“改革开放40年百名杰出苏商”，大全集团有限公司副董事长、总裁徐翔入选。

同日，大航集团、金控集团与西安交大签订压电单晶项目。

同日，扬中恒丰村镇银行与八桥镇利民村就“党建+民生+金融服务”共建合作举行签约仪式。

1月31日，扬中市举行2018年度突出贡献企业总结表彰大会。大全集团获镇江首个“中国工业大奖”

表彰奖,大全集团、环太集团、香江科技获2018年度“三十强”工业企业前三甲。

1月，扬中市第一条沿江旅游慢道——江之源旅游慢道建成,该道全长5千米,可供市民和游客健身快走、闲谈漫步、轻松留影。

1月起，扬中市尊老金标准提高,79~88周岁老年人尊老金发放标准提高至60元/人/月,89~98周岁老年人尊老金发放标准提高至120元/人/月,99周岁及以上老年人尊老金发放标准提高至800元/人/月。

1—4月,扬中市开展“保健”市场大排查、大检查、大整治、大执法行动。

2月

2月1日，中共扬中市第十二届纪律检查委员会第四次全体会议召开。

同日，扬中市首家企业商学院——利民智和商学院成立。

2月2日,扬中市召开禁止燃放烟花爆竹推进会,对春节期间禁燃工作再部署、再强调、再落实。

2月5日,扬中市发展促进会西来桥分会、西来桥镇乡贤文化促进会成立大会举行。

2月12日,扬中市机关作风建设大会在市影剧院召开，会议通报2018年度镇街区和机关部门考核结果、2018年度经济发展政策兑现情况,表彰2018年度“重大突破奖”、“十佳单位”、“十佳科室”、农村公共服务“八位一体”考核奖获奖单位。

2月14日，扬中市人社局组织10家扬中企业赴陕西白水参加2019年“春风行动”暨苏陕劳务协作专场招聘会。

2月15日,三茅街道科创产业园区党群服务中心成立,举办首届企业家沙龙。

2月17日“伴·阅·成长”家庭教育提升项目——亲子闹元宵活动在中央商场举行。

2月22日,扬中市召开机构改革动员部署会。2月底,扬中市机构改革基本完成。机构改革后,全市设置党政机构37个。党委机构10个,其中,纪检监察机关1个,工作机关9个;政府工作部门27个。

同日，中南高科·扬中智能制造产业园开工建设。中南高科·扬中智能制造产业园项目占地面积37.4万平方米,总投资20亿元,重点引进智能电气装备制造、绿色环保新材料、绿色新能源、电子信息等产业的无污染优质企业,建设成聚合生产制造、研发设计、中试成果转化、生产型企业总部、产品展示和生产配套功能于一体的都市型产业园。

2月20—22日，扬中市开展“正月里来看大戏”2019新春惠民戏曲展演活动,先后在影剧院演出《玉蜻蜓》《清风亭》《珍珠塔》3部经典剧目。

2月22—23日,扬中市举办“2019第二届中国河豚岛”消化和消化内镜高峰论坛暨国家级继续教育项目“消化道早癌诊治进展学术会议”,14名国内消化领域知名专家应邀作现场分享。

2月25日,人民银行决定在江苏、浙江两省取消企业银行账户许可,其他各省(区、市)在2019年年底前完成取消企业银行账户许可工作。

2月26日,镇江市产业项目推进暨招商动员大会在扬中市召开。镇江市委书记惠建林、镇江市长张叶飞、扬中市四套班子主要领导参加活动。会上,镇江发改委通报2019年全市重点项目计划安排情况;镇江市商务局通报2019年全市招商活动计划。

同日,扬中市地方金融监管局、市水利局、市农业农村局、市经济发展局、市行政审批局、市卫生健康委员会、市医疗保障局揭牌。

2月27日,扬中市应急管理局、市文体广电和旅游局揭牌。

2月28日,扬中市自然资源和规划局、市退役军人事务局揭牌。

同日,镇江电视台《新闻相对论》栏目组到扬中,围绕“深化作风效能建设,为高质量发展提供坚强作风保障”主题,专访扬中市市委书记潘早云。

同日，扬中市十七届人大常委会第十五次会议召开。会议通过相关人事任免。听取和审议市人大常委会2019年工作要点;听取、审议并投票表决通过市政府《关于环境保护年度目标完成情况的报告》。

2月,大全集团“高分断智能型塑壳断路器省高端装备研制赶超工程项目”通过江苏省工业和信息化厅验收。

3月

3月3日,扬中市举行“文明实践志愿同行”2019年学雷锋广场志愿服务活动。

3月5日,扬中市召开“江洲蓝·税为鼎”税务品牌建设宣讲会。

3月6日，扬中市召开长江生态旅游岛建设推进会，市委书记潘早云要求保持战略定力，坚持问题导向,全力以赴补短板,对照标准强弱项,打造长江生态旅游岛的“颜值担当”。

同日，扬中市召开大气污染防治攻坚月动员部署会。扬中市高度重视大气污染防治行动,专门成立“大气污染防治攻坚月”工作领导小组,副市长宫金生任组长,市环保局、住建局、城管局、公安局、商务局、市政府督查室、市纪委监委等相关部门以及各镇街区负责人为成员，确保攻坚工作有力有序开展。本轮攻坚目标为:3月,PM2.5浓度比2018年同期降低30%以上,达38微克/立方米以下;1—3月,PM2.5浓度降低10%以上,达57微克/立方米以下。

同日，扬中市委书记潘早云会见到扬中访问的利文斯顿市市长比尔·路德维希一行,双方就教育、新能源以及旅游领域的合作深入交流。7日,扬中市与澳洲三所中学缔结友好学校关系协议，耶蓬圣布伦丹中学与江苏省扬中高级中学、耶蓬州立中学与新坝中学、圣厄休拉中学与八桥中学分别缔结友好协议。

3月6—26日,西来桥镇举办首届中国·扬中西来桥龙灯文化节。文化节包含子活动9项,为期20天。

3月7日,“玉龙杯”2019年“一带一路”国际龙狮文化论坛在扬举行。论坛以“创造开放共赢的龙狮世界 携手共建龙狮发展共同体”为主题,围绕《龙狮文化世界共建》和《龙狮运动发展新动力》议题,百余位国内名校专家、海外代表、留学生代表以及众多龙狮运动教练、队员参加论坛,探讨龙狮文化内涵,共话“龙狮传承之道”。

同日,扬中市“巾帼林”公益项目启动仪式在油坊镇长旺村举行。“巾帼林”长旺基地是项目首个试点基地,占地3.33万平方米,基地与“巾帼创业创新行动”相结合,引导周边妇女和家庭通过发展果木种植、农产品加工、乡村旅游等绿色惠民产业增收致富。

3月8日,扬中市开展2019年第一次长江增殖放流活动，放养适合当季长江水域环境生长的河豚、鲢鱼、草鱼、鳙鱼等优质鱼类品种20余万尾。

同日，扬中市首届旅游产品设计成果展在园博园副展馆举办,澳大利亚利文斯顿市市长比尔·路德维希率访问团一行9人现场参观展会。

同日，中国水产流通与加工协会河豚鱼美食文化分会在扬中市成立。协会由中国水产流通与加工协会主办,扬中市河豚协会、大连天正实业有限公司承办。

同日,第十六届中国·扬中河豚文化节开幕。

3月15日至4月27日，开展2019年度扬中旅游特色风味餐馆评选活动。

3月18日,“寻迹百万雄师过大江——长江沿线8市党报全媒体行动”第三站寻访扬中市。《南京日报》《江阴日报》等8家党报的24名全媒体记者，聚焦“江心跳板”扬中,采访解放军百万雄师突破长江天堑的革命往事,追寻红色足迹中感受70年来的沧桑巨变。

3月19日,全市生态环境综合治理攻坚行动动员大会召开。

3月20日，扬中市人民政府召开全体（扩大)会议,深入贯彻国家、省、市相关会议精神,动员全市各级、各部门科学作为,履职尽责,全面推进政府各项工作的开展。分管领导递交2019年度安全生产责任书;各镇街区负责人领取《2019年度高质量发展目标任务书》;经开区、市商务局、市行政审批局、水务集团分别作表态发言。会议印发2018年各镇街区工作成绩单、2019年高质量发展目标任务书以及市政府2019年度“十件实事、百项重点”工作目标责任分解表。

3月21日,十二届市委召开第六轮巡察工作动员部署会。

3月22日,扬中市规划委员会召开2019年第1次规划审查会议,市自然资源和规划局、浙江大学建筑设计研究院有限公司详细汇报《港东南路东侧、永宁路西侧、康宁路北侧地块规划条件》《翠竹北路城北幼儿园西侧地块规划条件》《建中河南侧、翠竹北路西侧地块规划条件》《环城北路北侧、翠竹北路东侧地块规划条件》《港东北路东侧、亚东电器厂地块规划条件》等11个规划项目，通报专家咨询会及首席规划师对各规划方案的意见。

3月26日,扬中市党建工作会议召开,会议下发2019年度高质量发展党建目标任务书、党委(党组)意识形态工作责任书以及2019年度民族宗教工作目标任务书。

3月27日,扬中市召开安全生产大检查工作部署会,汲取盐城响水“3·21”特别重大爆炸事故教训,部署全市安全生产大检查工作。

同日,扬中市召开“七彩平台”建设联席会。通过打造“七彩平台”,新时代文明实践触角延伸至理论宣讲、教育服务、科技科普、文体健康、暖心帮扶、风尚倡树、绿色生态等方面,初步形成“1+1>2”的协同效应。

3月28日,扬中市综合行政执法局揭牌成立。

3月28日至4月3日,扬中市委书记潘早云率团赴德国、奥地利开展经贸洽谈活动

3月31日，大全集团参加在德国举行的2019年汉诺威工业博览会。

3月，扬中市文体广电和旅游局在南京举办第十六届中国·扬中河豚文化节旅游推介会，此次推介会以“中国河豚岛，敢为天下鲜”为主题。

同月，扬中市召开高新技术企业申报动员会，对各镇(街、区)高企申报任务分解落实，就全年的高新技术企业培育工作思路开展分析探讨。

4月

4月3日，扬中市文体广电和旅游局在上海举办第十六届中国扬中河豚文化节旅游推介会。推介会以“中国河豚岛，敢为天下鲜”为主题，上海的近百家旅行社负责人及文汇报、东方网、新民网、上海电台、上海帮等媒体记者参加推介会。会上，部分旅行商与扬中市景区当场签订战略合作协议。

同日，派米雷·扬中精密制造产业园项目签约仪式在西来桥举行，西来桥镇人民政府与上海派米雷投资(集团)有限公司、江苏大津清洁能源装备产业园签署投资协议。园区采取全市场化运作，首期占地7.33万平方米，建设数10栋一复二层、二复三层的独立或双拼标准化厂房，是为精密制造企业量身打造的江苏首个精密制造产业园。

4月8日，2019年江苏省老年人体育节扬中分会场开幕式在西来桥镇文体活动中心广场举行。

4月11日，扬中市召开校园慈善文化教育现场观摩暨推进会，启动校园慈善文化教育基金，部署全市校园慈善文化教育相关工作。

4月15日，扬中市文体广电和旅游局在杭州举办第十六届中国·扬中河豚文化节旅游推介会，推介会以“中国河豚岛，敢为天下鲜”为主题，浙江省各市、区11家旅行社负责人和杭州的70余家旅行社负责人以及杭城主流媒体记者参加推介会。

4月16日，扬中市召开生态环境综合治理推进会，了解化工企业“四个一批”、“大棚房”整治、“两违”、查违拆违、水环境治理、污染防治等工作开展情况，梳理存在的问题，进一步压实责任，加大攻坚力度。

4月19日，扬中市举行扬中—天全战略合作座谈会。扬中市与四川雅安市天全县签订战略合作框架协议，双方通过经济社会、项目招商、产业发展、生态建设、人才交流五大领域合作，探索和创新内陆山区城市与沿海城市经济协作发展新模式，实现共赢发展。

同日，2019年长三角融合共建研究生双创实践基地推进会在上海举办。

4月20—21日，扬中市举行第二届“微聚河豚岛”优秀微作品大赛采风活动。

4月21日，扬中市举行“复旦科技园杯”扬中首届迷你马拉松，扬中及周边地区1000余名迷你马拉松爱好者参加活动。此次迷你马拉松全程6公里，从滨江公园出发，途径迎江大道、滨江大道、扬中大道至园博园。

4月22日，扬中解放70周年纪念大会在八桥镇红旗公园举行。

同日，江苏省2018年度高质量发展总结表彰大会召开，扬中市被省委、省政府授予“2018年度推进高质量发展先进县(市、区)”称号。

同日，大全集团有限公司被中华全国总工会授予全国“五一”劳动奖状。

4月25日，扬中市人才科技创业投资基金成立仪式暨首批基金拟投项目路演在金控集团举行，基金总规模2亿元，首期到位2000万元，成立后重点支持符合产业政策导向的初创期、成长期科技人才企业及市委、市政府确定的其他科创型项目。

4月27日，第十六届中国·扬中河豚文化节闭幕式晚会——庆祝扬中解放70周年“放歌河豚岛”文艺晚会落幕。

同日，第十六届中国·扬中河豚文化节项目集中签约仪式上，总投资超百亿元的34个项目集中签约。

4月28日，扬中—白水深化“白扬”协作座谈会在扬中市举行，两地就招商引资深度协作、结对帮扶脱贫攻坚等方面深入交流与探讨。

4月30日，“青春心向党建功新时代”扬中市纪念五四运动100周年特别主题团日活动在江苏省扬中高级中学举行。

同日，扬中市召开庆祝“五一”国际劳动节大会。会议表彰各行各业、各条战线先进集体和先进个人，潘早云为大全集团颁发全国“五一”劳动奖状；集中表彰江苏省“五一”劳动奖章、“五一”劳动荣誉奖章、工人先锋号以及镇江市“五一”劳动奖状，“五一”劳动奖章，工人先锋号，“五一”文明班组，文明职工的集体、个人。46个集体和个人受到扬中市级表彰，其中8个单位获“五一”劳动奖章，8名个人被授予“五一”劳动奖章，20名个人被评为金牌员工，10个班组被命名为“工人先锋号”。

4月，在2019年江苏省青少年阳光体育运动联赛江苏省青少年田径锦标赛暨县组田径比赛上，扬中市代表队获第一赛区混合团体第四名及道德风尚奖，吴冰获女子甲组3000米和5000米双料冠军，吴冰、季

杰、方瑞龙 3 人入选江苏省田径代表队,参加全国第二届青年运动会

5 月

5 月 3—6 日,中共江苏省委宣传部、江苏省文化和旅游厅、江苏省文联和扬州市人民政府联合举办首届大运河文旅博览会,扬中市西来桥镇获“十佳文旅示范名镇”称号。

5 月 7—10 日,扬中市政法委、扫黑办牵头,会同市“扫黑除恶”专项斗争领导小组有关成员单位,组成 4 个督导组对 6 个镇(街、区)和 13 个重点行业主管部门开展一对一“扫黑除恶”专项督导。

5 月 10 日,扬中市委、市政府专题召开全国文明城市创建暨新时代文明实践工作推进会,对创建形势再研判、任务再明确、工作再加压。

5 月 13 日,扬中市召开医共体建设推进大会,2 家公立医院、2 家公共卫生单位、7 家基层医疗机构(含城西社区卫生服务中心)全部参与“整岛一体化”医共体建设。

5 月 15 日,“信用扬中”信用应用体系建设项目签约仪式举行。签约仪式上,中评信用管理(北京)有限公司负责人介绍项目情况,市经济发展局、金控集团、中评信用管理有限公司签订“信用扬中”信用应用体系建设合作协议。

5 月 17 日,扬中市召开全市农业农村暨防汛防旱工作会议,部署当前农业农村工作、农村人居环境整治工作和防汛抗旱工作。

5 月 19 日,扬中市举行第 29 次全国助残日广场活动暨扬中市残联新时代文明实践活动、扬中市通信惠残活动启动仪式。

同日,扬中市第 31 届科普宣传周开幕式暨广场活动启动。

5 月 20 日,第五届 520 公益夜跑在滨江小学开跑。活动由扬中市麦田慈善基金会举办,52 支队伍、520 名公益跑者参加,赛事总长 5.2 千米。

5 月 22 日,扬中市举行“银发人才”工作站暨“银发生辉”志愿服务启动仪式。“银发人才”工作站分成经济科技、农村农业、财税金融、城乡建设、社会事业 5 个组,在离退休干部党员、老科技者中开展“银发生辉”各项志愿服务行动。

同日,陈履生美术馆、汉文化博物馆、竹器博物馆在新坝镇新治村举行开工仪式。

5 月 24 日,扬中市召开秸秆禁烧和综合利用工作部署会。

5 月 28 日,扬中市召开殡葬领域专项整治工作推进会。

同日,扬中市见义勇为基金会举行“扬中市见义勇为主题公园”揭牌仪式,见义勇为主题公园正式对外开放。见义勇为主题公园利用原有的城南公园改建而成,见义勇为基金会借鉴外地经验,公园内有机设置见义勇为英雄谱、书画作品展牌、名人名言、志愿者服务站。

5 月 29 日,扬中市开始夏粮小麦收购,地方储备粮收购库点包括新坝粮油管理所、市粮食储备库、油坊粮管所、八桥粮管所,经中储粮审核通过,联合粮食储备库、兴隆粮食储 2.24 元/千克,比 2018 年降低 0.06 元/千克。

5 月 31 日,扬中市召开安全生产月动员部署会,总结 2018 年活动情况,部署 2019 年活动安排,迎接全国第十八个“安全生产月”。

同日,镇江市扬中生态环境局挂牌成立。

5 月,扬中油坊—南京航空航天大学政产学研合作对接活动在南京航空航天大学自动化学院举行。

同月,三茅大港水系疏浚整治工程通过竣工验收。该工程全线疏浚 17 千米,清理土方 20 万立方米,清障清杂 35 千米。

同月,扬中市举行“携手家庭医生、共筑健康生活”家庭医生签约 App 上线启动仪式。

同月,住房和城乡建设部国家特色小镇调研小组到扬中调研新坝镇特色小镇建设情况。

6 月

6 月 2 日,扬中市“超宇杯”乒乓球团体邀请赛在市奥体中心坤全乒乓馆开幕,丹阳、淮安、江都、泰兴和扬中市部分企业机关等 16 支代表队 60 余名运动员参加比赛。

6 月 3 日,扬中市城管局联合生态环境局、住房和城乡建设局召集城区建设工地项目负责人举办中高考护航推进会。会议要求,高考期间(6 月 7—9 日)、中考期间 (6 月 18—20 日),各考点考场周围 1000 米范围内的建设工地全天候禁止噪音施工作业。

6 月 5 日,扬中市新增的八桥镇利民站至齐桥站的 319 路镇村公交线路开通。

6 月 7 日,扬中市第十四届社区(农民)文化艺术节开幕式暨“品味浓情端午、畅享美丽乡村”——2019

年新坝镇乡村亲子文旅体验节在渡江文化园举行。

6月8日，扬中市举行上海长征医院普外科王毅教授工作站签约揭牌仪式，“王毅教授工作站” 落户市中医院。

6月10日，四川广安市岳池县县委书记郑鹏程率队到扬中考察学习特色小镇建设。

6月11日，南京中医药大学护理学院实践基地在油坊卫生院签约、揭牌。

同日，扬中市召开全国文明城市创建联席会议，分析研判当前形势和重点问题，进一步提升创建的质效和水平。

6月13日，淮安市副市长肖进方率考察组一行到扬中考察学习人居环境整治。

6月14日，扬中市水利局联合人武部举行防汛抢险应急演练。

6月17日，扬中市生命安全体验馆在第一中学揭牌。

6月18日，江苏省工业和信息化厅发布2018年度江苏省“自主工业品牌五十强”企业名单，大全集团位列第五，成为扬中市唯一一家上榜企业。

6月19日，扬中市城管局广告管理所开展户外广告专项整治行动，重点对城区擅自悬挂的商业广告横幅、破旧立面广告、破损大型户外广告等进行集中清理与规范。

6月24日，扬中市税务局召开“纳税人之家”建设推进会暨“纳税人之家”集中授牌仪式，扬中市防寒服商会、扬中市装潢业商会、扬中市青年民营企业家商会等10家商会首批入驻“纳税人之家”。

同日，扬中市首个采用“不见面”开标系统的红星国际生活广场二期地库土建及安装工程在市公共资源交易中心完成开评标，整个开标过程用时15分钟，创下“史上最短”开标时间记录。

6月27日，扬中市委依法治市办公室第一次全体（扩大）会议召开，传达学习法治建设相关文件精神，安排部署2019年依法治市重点工作。

6月28日，扬中市融媒体中心成立，标志扬中市媒体建设和媒体宣传进入融合发展的新时代。

6月，扬中市水务集团正式开展城东片区水环境综合整治EPC工程前期调查工作。城东EPC工程整治范围6平方千米，涉及面广、工程量大，划分为5个片区分别施工。

同月，扬中市二墩港闸站管理所以937.2分通过省一级水管单位的复检考核。

7月

7月1日，扬中市庆祝建党98周年暨市委理论学习中心组学习（扩大）会在市政大礼堂举行，苏州大学马克思主义学院院长田芝健应邀到会，作“学好用好习近平新时代中国特色社会主义思想的基本方法和方法论，守好初心、担当使命”专题讲座。

7月1日起，水务、供电、燃气、有线电视等公共服务部门同时入驻市行政审批局不动产登记窗口水电气联办区，正式对外受理个人业务。

7月3日，扬中市启动夏季文明交通专项整治行动，重点整治25个交通路口。

7月5日，扬中市举行2019年毕业生就业双选暨夏季人才交流会。现场有130家单位进场招聘，提供就业岗位2733个，与上年同期相比岗位增长16.84%。

7月9日，扬中市规划委员会召开2019年第2次规划审查会议。会上，市自然资源和规划局、设计单位汇报《中电大道西侧、祁家路北侧地块规划条件》《三栏路北侧、新胜东区居民点西北侧地块规划方案》《云腾幼儿园项目规划方案》《机关一园迁建方案》《扬中市海绵城市专项规划》等13个项目规划方案，通报专家咨询会及首席规划师对各规划方案的意见。

7月8—9日，扬中各镇（街、区）、部门以及部分企业负责人赴华东理工大学开展产学研对接交流，推动高校科研院所科技成果在扬中实现产业化，促进经济高质量发展。

7月10日，扬中市交通运输局召开专题会议，优化调整原有城市公交线路，新辟103、106路2条公交线路。

同日，扬中市工会会员服务卡首发仪式在中央商场举行，首批4158张会员卡正式发放，涉及97家单位。

7月11日，江苏省工业和信息化厅公布2018年江苏省工业互联网发展示范企业（标杆工厂类）评定结果，大全集团入选。

7月13日，第四届江苏志愿服务展示交流会在扬州国展中心举行，活动围绕“文明实践 志愿同行”主题设立展区，扬中市作为新时代文明实践中心建设试点地区参与并设立展区。

同日，丰裕中心小学剪纸娃志愿服务队参加第四届江苏省志愿服务展示交流会。

7月17日，扬中市举行首批“光荣之家”匾牌集中授牌仪式,向部分现役、退役军人代表家庭授予由江苏省政府统一制作的“光荣之家”匾牌。

7月22日,防汛工作进入关键阶段。受强降雨影响长江中游发生了不同程度洪水,7月13日,“长江2019年第一号洪水”形成,长江水量大幅增加。镇江市防指于15日17时启动镇江防汛IV级应急响应,扬中市于16日9时启动扬中市防洪IV级应急响应。

7月26日,华北电力大学—扬中校地合作委员会第二次会议在华北电力大学扬中智能电气研究中心举行。

同日,扬中智能电气研究院有限公司院士工作站揭牌仪式暨可再生能源应用技术论坛在新坝镇电气工业品城路演大厅举行。

同日,扬中市召开征兵工作会议,总结2018年全市征兵工作工作情况,布置2019年征兵工作任务。

7月29日,扬中市“一把手”高质量发展专题培训班在会议中心江洲厅开班。

7月31日,中共扬中市第十二届委员会第六次全会在市政大礼堂举行。全会深入学习贯彻中共十九大、十九届二中、三中全会和省委十三届六次全会、镇江市委七届九次全会精神,总结上半年工作,部署下半年任务,动员全市上下聚焦“强富美高”,矢志争先作为,奋力交出高质量发展的扬中答卷,以走在前列的优异成绩庆祝新中国成立70周年。

7月,《我从哪里来——扬中百家姓氏探源》举行新书首发式。

同月,“智能制造驱动企业转型升级百城巡讲”(扬中站)活动在新坝镇电气工业品城举办。

8月

8月1—31日,扬中市开展VOCs(挥发性有机化合物)专项执法检查,重点检查工业企业VOCs处理设施运行、厂区无组织排放及低VOCs含量原辅材料源头替代等情况。

8月7日,四川省泸州市政协主席田亚东率队到扬中考察全域旅游、生态文明建设等情况。

8月8日,三茅街道举行新时代文明实践所开放仪式暨全民健身文体展演,现场开展文艺展演和义诊活动。

8月9日,扬中市召开《扬中市城市总体规划(2013—2030)》2019年局部调整专家论证会。

8月10日,扬中市人才科技创业投资基金首个投资项目——江苏蓝鲸压电科技有限公司落户扬中。

8月14日,江苏省知识产权局受国家知识产权局委托组织检查组到扬中,考核扬中市国家知识产权强县工程试点县工作。

同日,扬中市伟信教育发展基金2019年度发放仪式在省扬高中举行。

8月16日,华通船舶脱硫脱硝系统设备制造项目签约落户八桥高创园。

8月16日,扬中市新时代文明实践中心、城市管理局、三茅街道联合举办“垃圾分类从我做起”广场宣传活动。

8月17日,由市委宣传部、市文明办、市文体广电和旅游局、市融媒体中心和各镇(街道、区)联合主办的“吾悦广场杯”2019扬中群众文艺系列大赛开幕。

同日,八桥镇永胜村第二届红菱文化节在永胜村农业基地举行。

8月19日,扬中市慈善总会举行2019年助学资金发放仪式,发放助学金30.3万元,110名贫困大学生受益。

8月20日,2019年“萌芽呵护”希望工程行动暨新坝镇“协力飞扬”大航圆梦基金捐赠仪式在大航集团举行。

8月21日,扬中市在深圳举行产业项目专题招商推介活动,活动结合该地产业优势,围绕先进制造业、现代物流业开展园区招商、岸线资源招商。

8月26日,全国第十届残运会暨第七届特奥会上,扬中籍运动员邹莉娟获F34铅球冠军,投掷出8.82米的成绩,打破世界纪录。

8月27日,扬中市村(社区)党组织书记暨基层党建“三知三会”培训班开班。

8月28日,扬中市与国网镇江供电公司签订“打造城镇能源互联网提升全社会综合能效共同推动高质量发展走在前列”战略合作协议,致力打造全国城镇能源互联网示范区。

8月30日,扬中市召开定兵工作会议,集体审定2019年应征入伍的新兵。

同日,江苏省科技企业融资路演服务中心扬中工作站在扬中市高新区揭牌。

8月,扬中市住建局建管处、人社局劳动保障监察大队开展全市建筑工地的农民工工资支付情况检查。

同月,扬中市自然资源与规划局编制的《扬中市地图》出版发行。

同月,国家认监委"小微企业质量管理提升行动"现场会在扬中市召开。

同月,扬中市江苏大力城电气有限公司通过质押3项专利获得中国银行扬中支行350万元"知贷通"贷款,是扬中市2019年发放的首笔纯专利质押融资贷款。

同月,扬中发展促进会与促进会北京分会在北京梅地亚中心共同举办扬中发展北京教科文论坛。

9月

9月2日,扬中市开展以"共话祖国好、奋进新时代"为主题的"百姓名嘴"风采展示活动。

9月3日,江苏省知识产权局公示2019年度江苏省知识产权示范园区名单,扬中经济开发区和扬中高新技术产业开发区上榜。

9月5—6日,江苏省文化旅游厅调研组到扬中调研"国家全域旅游示范区"创建工作。

9月5日,第七届全国道德模范表彰会暨颁奖仪式在北京召开,扬中市民陈德龙被授予全国道德模范提名奖。

9月6日,中国职业装产业大会暨中国服装协会职业装专业委员会年会在大连召开,扬中市宜禾股份有限公司获"中国职业装十大领军企业""中国职业装(防护服)优势企业"称号。

9月9日,扬中市召开庆祝第35个教师节表彰大会。大会表彰新坝镇等4个"扬中市重教兴学先进集体"、蔡红林等20名"扬中市优秀教育工作者"、江苏省扬中高级中学等"十佳优质发展先进集体"、黄兰等"十佳优秀教师"、赵誉涵等"十佳德育工作者"、吴纪荣等"十佳乡村教师"、尤超群等"十佳教坛新秀"、张庆明等"十佳服务先锋"。

9月12日,工业和信息化部公布第四批绿色制造名单,镇江仁德新能源科技有限公司入选。

9月16—21日,扬中市政协主办、市文联协办的"庆祝人民政协成立70周年"图片书画展在市行政中心开幕。

9月17日,扬中市召开"不忘初心、牢记使命"主题教育动员部署会。此次市委抽调工作人员40人,组成8个指导组,抽调18名骨干组成3个工作组,推动全市"不忘初心、牢记使命"主题教育有序、高质开展。

9月19日,扬中市卫健委、教育局联合举办的2019年学生常见病和健康影响因素监测与干预项目启动。

9月23日至10月2日,"绿洲新城杯""筑梦新时代"庆祝新中国成立70周年书画作品展在扬中市行政中心开幕。

9月25日,由大津重工承建的巴基斯坦海军"测量船DJHC8020"离厂交接仪式在大津重工舾装码头举行。

9月26日,扬中市召开"五水联治"联席会议,研讨解决水环境治理面临的突出问题。

同日,扬中市文体广电和旅游局举办以"同龄新中国,同游新扬中,同祝祖国好"为主题的庆祝活动。

9月29日,扬中市委宣传部、市文明办、市委市级机关工委、市文体广电和旅游局联合主办的全市庆祝新中国成立70周年大合唱举行。

9月30日,是第六个全国烈士纪念日。扬中市在烈士陵园开展公祭活动。

同日,科技部印发《关于认定2018年国家高新技术产业化基地的通知》,公布国家高新技术产业化基地认定名单,扬中国家智慧电气高新技术产业化基地等10家基地名列其中,成为镇江首个国家高新技术产业化基地。

9月,扬中市人才办、统战部统一安排,开展全市基本侨情调查工作。

同月,扬中市史志办编纂的《红色江洲——扬中革命斗争纪事》发行。

同月,扬中市停车管理工作领导小组办公室召开《扬中市机动车停车服务收费暂行办法(证书意见稿)》听证会。

同月,中央宣传部、中央组织部、中央统战部、中央和国家机关工委、中央党史和文献研究院、教育部、人力资源社会保障部、国务院国资委、中央军委政治工作部决定,授予扬中籍中国工程院院士马伟明"最美奋斗者"称号。

10月

10月1日,扬中市首座风廓线雷达建成并投入业务使用。

10月8日,《人民日报》发布2019年中国中小城市高质量发展指数研究成果,扬中市位列全国中小城市综合实力百强县市第23位、全国绿色发展百强县市第7位、全国科技创新百强县市第39位;新坝镇入选2019年度全国综合实力千强镇,列第66位。

10月13日,扬中市政府主办、市文体广电和旅游局承办、市篮球协会协办的明星篮球友谊赛在扬中奥体中心体育馆开赛。

同日,2019“全民健步中国行”中国健步走大赛(江苏·扬中站)开赛,比赛项目为18千米健步走和5千米快乐健步走,3000余人报名参与。

10月14日,扬中市中青年干部专题培训班开班。

10月16日,第二届国际绿色能源发展大会在扬中举办,会上,中国经济信息社发布《2018—2019全球绿色能源应用年度发展报告》;国网江苏省电力有限公司镇江供电分公司发布《扬中新坝城镇能源互联网规划与实践》;中国经济信息社与扬中市人民政府交换战略合作协议文本。第二届国际绿色能源发展大会项目集中签约仪式举行,24个项目签约,涉及新能源、新材料、智能制造、文化旅游等多个领域。

10月17日,江苏省桥牌协会主办,扬中市文体广电和旅游局、镇江市桥牌协会承办的2019年“天禾旅游”杯江苏省桥牌等级赛在扬中市奥体中心开赛。

10月18日,扬中市安徽商会党支部成立。

同日,扬中市委副书记、市长张德军会见匈牙利驻华大使白思谛一行,双方就推进扬中市“智慧停车”项目进行交流。

10月23日,扬中市召开“不忘初心、牢记使命”主题教育推进会。

10月24日,电影《东去西来》启动新闻发布会在扬中市举行。

10月25日,扬中市举行第五届社会组织公益创投大赛。大赛围绕“展示公益风采,塑造服务品牌,共建美好扬中”主题,面向全市社会组织征集优秀公益服务项目。

同日,扬中市社会组织发展中心揭牌成立。

10月30日,总投资11.14亿元的精工汽车扬中产业园项目开工。

同日,扬中市—四川大学、西南交通大学产学研对接交流会在成都举行,4个校企合作项目签约。

10月31日,“璀璨金星”第三届拥军文化节在金星社区广场举行。

10月,扬中市人民政府公布第二批市级非物质文化遗产代表性项目名录——西来桥舞龙、八桥花绳、泥塑、新坝哨口风筝制作技艺四项。扬中市级“非遗”项目累计19项。

同月,绿化委员会授予全国103个县(市、区、旗)以及多个相关单位“全国绿化模范单位”荣誉称号,扬中市入选。

11月

11月1日,扬中市召开全国文明城市创建推进会,分析研判创建形势和重点问题,做好迎检准备。

同日,扬中市非居民用天然气中准价由3.48元/立方米降低到3.35元/立方米,到户结算价格可在不超过15%的范围内上浮,上浮后最高到户价格不得超过3.85元/立方米。

11月9日,扬中市“119”消防宣传月启动暨消防文化主题公园揭牌仪式在江洲广场公园举行。

11月12日,2019年度“慈善一日捐”市级机关集中捐赠仪式在市行政中心一楼大厅举行,现场募集善款11.70万元。

11月16日,“健康惠民”村(社)行项目启动,活动计划用一年时间,向全市6个镇(街、区)70余个村(社区)发放“健康红利”。

11月19日,华侨华人创新创业镇江洽谈会扬中对接会举行世界各地的华侨华人代表和扬中市部分企业负责人参会。

11月20日,扬中市住建局组织全市设计、施工、监理及房地产开发企业代表参加绿色建筑暨建筑产业现代化高质量发展培训。

11月21日,第三方机构竞争力智库和中国信息协会信用专业委员会在北京联合发布《中国城市全面建成小康社会监测报告2019》。在《2019中国县级市全面小康指数前100名》中,扬中市以137.66排名第8名,入选中国率先全面建成小康社会优秀城市。

同日,扬中市大型实境党课《初心的力量》在市影剧院开展,面向全市各镇(街、区)和机关部门、小学开展三场巡演。

11月22日,扬中市新坝科创服务有限公司获评优秀(A类)国家级孵化器。

11月23日,南京颜真卿书画院指导基地在扬中市青少年校外活动中心揭牌成立。

同日,扬中市首个5G信号覆盖营业厅在中国移动城北总部正式建成并启用。

11月25日,扬中市“两新”组织党务工作者示范培训班开班。会议公布2018年度“两新”组织党务工作者特殊津贴名单,发布《“两新”组织党支部“标准+示范”操作规程》。

同日,国家知识产权局公示2019年度国家知识产权优势示范企业评审和复验结果,大全集团有限公司、江苏和成显示科技有限公司、江苏万奇电器集团有限公司3家企业入围公示名单。

11月27日，扬中市召开学习宣传贯彻中共十九届四中全会精神宣讲动员会，拉开扬中学习贯彻全会精神宣讲工作的序幕。

11月28日，扬中市直行政中心选区补选市人大代表，通过无记名投票，市委书记殷敏当选为市十七届人民代表大会代表。

同日，公安部举行首批"枫桥式公安派出所"命名揭晓仪式，市公安局新坝派出所入选全国首批命名的100个"枫桥式公安派出所"。

11月30日，长江拥军足球队成立暨2019—2020年扬中市首届"平安法治杯"八人制足球联赛开幕仪式在市第二高级中学举行。

11月，江苏省市场监督管理局受国家标准化管理委员会委托，组织专家考评组评估江之源长江刀鲚养殖国家级标准化示范区。

同月，工业和信息化部公示2019年制造业与互联网融合发展试点示范项目名单，扬中市大全集团面向离散制造业的SOS级CPS综合集成管理系统入选信息物理系统(CPS)试点示范项目。

同月，扬中市被全国普法办评为"七五"普法中期全国先进县(市、区)。

12月

12月1日，扬中市对全市城乡用水户实行居民用水阶梯价格制度。

同日，扬中市实施《扬中市农村集体聚餐食品安全管理办法(试行)》。

12月3日17:15，央视四套《远方的家》系列栏目播出《长江行》第83集《江上沙洲意蕴悠长》，聚焦扬中市生态保护、特色物产。

12月5日至2020年12月5日，扬中开展为期一年的安全生产专项整治。此次安全生产专项整治坚持条块结合、联动推进，覆盖所有重点行业领域和各镇(街、区)、各类园区。根据全市安全生产工作现状和2019年安全生产大排查大整治发现的突出问题，整治行动具体在化工、危险化学品、冶金工贸、危废固废、交通运输及港口危险化学品、道路交通和群租房、水上交通运输、建筑施工、加油站和商业场所、城市地下管网、城镇燃气、火灾防控、特种设备、船舶修造、文化旅游、宗教场所、社会服务机构、校园和校车、渔业和农业机械、电力20个行业领域深入开展。

12月5日，刚果民主共和国商务考察代表团、中石沃森代表团到扬中开展商务考察交流。

12月7日，扬中发展促进会南京分会成立十周年暨南京教科文分会成立大会在南京紫金山庄召开。

12月10日，大航电子商务有限公司举行"爱电气众包"App2.0版本上线仪式。

12月13日，全国健身秧歌(鼓)大赛总决赛中，扬中舞韵芳洲舞蹈队获得规定套路二等奖、自选套路二等奖，获最佳创意奖。

12月19日，扬中市老年活动中心正式对外运营。

同日，扬中市政协十届十七次常委(扩大)会议召开。会议听取2019年度全市纪检监察工作的情况通报；协商决定市政协十届四次会议召开的时间、地点、参加对象和议程等；审议决定有关委员和人事事项；讨论修改十届政协常委会工作报告和提案工作报告。

12月20日，扬中市十七届人大常委会第二十次会议召开。会议首先通过相关人事任免，听取、审议并表决通过市政府《关于2019年财政预算调整(草案)的报告》《关于国民经济和社会发展"十三五"规划纲要中期实施情况的报告》《关于"多措并举、凝聚合力，切实打好水污染防治攻坚战"议案办理情况的报告》。

12月25日，国家林业和草原局发布关于公布第一批国家森林乡村名单的通知，扬中市油坊镇长旺村、油坊镇鸣凤村、新坝镇新治村三村入选首批国家森林乡村名单。

12月27日，扬中市召开全市"扫黑除恶"专项斗争新闻发布会，集中通报全市"扫黑除恶"专项斗争开展情况。

12月30日，中国共产党扬中市第十二届委员会第七次全体会议召开。全会递补市委候补委员匡越石、吴昌连、王丹、周春燕四人为中共扬中市第十二届委员会委员；通过中共扬中市委十二届七次全会决议；经开区、经济发展局、行政审批局、新韩通船舶重工等4家单位作表态发言。

12月，扬中市启动部分退役士兵社保接续工作。

同月，扬中市制定并出台《保险业金融机构支持扬中高质量发展考核暂行办法》，推动保险业金融机构属地融合发展的步伐。

同月，新坝镇通过国家卫生镇复审。

扬中概览

基础地情

【地理位置】 扬中市地处北纬32°~32°19′，东经119°42′~119°58′，镇江市圌山东侧的扬子江中。市境呈西北—东南走向,南北长40千米,东西平均宽7千米。东北与泰兴市、扬州市江都区、扬州市邗江区隔大江相望,西南与丹徒区、丹阳市、常州市武进区依夹江为邻。扬中全境总面积327平方千米，陆地面积228平方千米,其中耕地面积87.6平方千米。全市由长江主航道南侧的太平洲、中心沙、雷公嘴、小泡沙4个沙洲组成,主岛太平洲是长江中第二大岛。 (摘自《扬中市志》)

【地质地貌】 扬中市为江中沙洲,属冲积平原,扬中市无山丘,地势低平。海拔4~4.5米,相对高度1米左右,全境由西北向东南微倾。扬中市各沙洲的基岩是扬子古陆的组成部分,上层为长江冲积层,表层物质较细;中部为沙洲核,核的周围是由较粗物质组成的鬃岗。它们全是长江沉积物,属新生代,第四纪,全新统现代沉积物(次生黄土)岩性,黄色、褐黄色砂黏土。第四纪开始,新构造运动比较活跃,长江水流等外力对塑造扬中的雏形起到主导作用。 (摘自《扬中市志》)

【沿江岸线】 扬中江岸全长150千米。其中,太平洲东面和北面临长江主航道,岸线长57千米;西面和南面临夹江,岸线长53千米。中心沙岸线长33.5千米,雷公嘴岸线长6.5千米。沿江深水岸线53千米。岸线等级较高，多属贴岸深水岸线。-10米等高线距岸边40米左右,具有良好泊稳和作业水域条件,适合建设不同类型的港口码头,泊位5万吨级至10万吨级。西江流域的长江浅水岸线50千米,水流平缓,岸线顺直,江堤外有大面积的滩涂,面积40平方千米,是渔猎、休闲、旅游及农业相结合的综合场所。

扬中市通航港口有栏杆桥、万福桥、联丰港、何家大港、沙家港、二墩港、三跃港、兴隆港、东新港、长旺港、六圩港、团结港、思议港、川(穿)心港计14条,在通江口均建闸控制。骨干港道有12条,其中通航的有新坝大港、联丰港、三茅大港、三跃港、东新港、长旺港、六圩港、团结港、思议港、川(穿)心港;不通航的有永勤港、双龙港。骨干河道有前进河、丰收河、新联河、全红河、杜家港、营房港、铁皮港、向阳河、扬子河(大寨河)、建中河、三跃河、光明河、红星河、战斗河、红旗河、胜利河16条，均建有机电排水站。港河闸距一般为1~2.5千米,港河密度平均为每平方千米占有港河0.53千米。

(摘自《扬中市志》)

【气候特征】 2019年,扬中市气温显著偏高,降水偏少,日照时数偏少。年平均气温16.9℃,比常年值15.7℃高1.2℃;年降水量791.8毫米,比常年值1052.9毫米偏减少261.1毫米,年降水日数110天,比常年值117.4天减少7.4天；年日照时数1766.8小时，比常年值2047.3小时减少280.5小时。终霜期出现在3月23日，比常年值3月28日早5天，初霜期出现在11月19日,比常年值11月9日晚10天,无霜期240天,比常年值226天增加14天;年极端最高气温38.1℃,出现在7月29日,年极端最低气温-3.4℃,出现在12月31日。2019年,扬中市特殊性天气有暴雨、暴雪、高温、干旱、大风、台风等。

暴雨、短时强降水:2019年暴雨日2天,无大暴雨日。8月10—11日,受9号台风“利奇马”影响,8月11日,出现暴雨,日降水量61.9毫米;9月5日,受台风外围和西风槽共同影响,日降水量69.6毫米,其中出现短时强降水,10—11时,降水量59.9毫米。

降雪(暴雪)和积雪:2019年出现3个降雪日,2月7—9日,出现暴雪,总降雪量22.6毫米,最大积雪深度8厘米,雨雪天气造成部分道路结冰,严重影响人民生活和交通运输。

高温:2019年出现13天高温天气,其中5月2天、6月1天、7月8天、8月2天。5月23—24日,连续2天最高气温达35.0℃以上;7月23—26日,连续4天最高气温超过35.0℃;7月28—31日,连续4天最高气温超过37.0℃。

梅雨:2019年入梅正常、出梅偏晚、梅期偏长,梅雨量明显偏少,降水呈过程性、间歇性特点。6月18日,入梅,比常年早1天,7月21日,出梅,比常年晚9天,梅雨期33天,比常年偏长;梅雨期降水明显减少,降水量为118.5毫米,比常年平均(224毫米)减少105.5毫米。梅雨期内分别在6月18日、6月29日、7月6日和7月12日出现明显降雨过程,其余时间均以分散性降雨为主。

大风、台风:7月6日,出现强对流天气,伴随短时强降水和雷雨大风,极大风速19.7米/秒,出现在18时30分。8月11日,受第9号台风"利奇马"影响,出现7级大风,24小时降水量61.9毫米。

大雾和霾:2019年大雾天气出现19天,霾天气出现70天。

寡照连阴雨:2月7—22日,出现低温连阴雨(雪)天气;2月,降水量73.4毫米,比常年值49.7毫米增加23.7毫米;2月,日照时数49.3小时,比常年值132.0小时减少82.7小时,创扬中有气象记录以来历史同期最低(历史最少2009年62.6小时)。

春、秋干旱少雨:春季(3—5月)气温明显偏高,降水显著减少;3月,降水量10.9毫米,为有气象记录以来同期历史第二低(历史最低为2001年的10.8毫米)。秋季(9—11月)气温偏高,降水偏少,10月,降水量4.9毫米,为近30年以来同期历史第二低(历史最低为2009年的3.3毫米);10月6日至11月23日,出现气象干旱。

初冬天气异常:12月,气温异常偏高,月平均气温7.3℃,比常年5.2℃高2.1℃,月降水量67.4毫米,比常年值31.0毫米增加36.4毫米。 (气象局 缪士荣)

【建置沿革】 清光绪三十年(1904),两江总督端方上奏朝廷,请设太平厅,辖丹徒、丹阳、武进、泰兴、江都、甘泉(邗江)6县在太平洲属地。朝廷准奏,建太平厅,隶属镇江府。清光绪三十二年(1906),太平厅抚民府同知钱锡林设厅治于三茅宫。清光绪三十四年(1908),同知蒋育芬迁厅治于下八桥镇陈家当铺。清宣统三年(1911)10月,太平厅改称太平县,抚民府改称民政长公署。

民国元年(1912),实行市乡制,县划设1市(即城区市)、7乡,市、乡相继成立自治机构议事会和董事会。民国2年(1913),县民政长公署改称县知事公署,县民政长改称县知事。民国2年秋,县知事秦汇生复迁县治于三茅宫。民国3年(1914)1月,改县名为扬中县,隶属金陵道镇江府。民国16年(1927),江苏省政府撤销金陵道,扬中县知事公署改称扬中县政府,县知事改称县长,直属江苏省政府。民国22年(1933),属江苏省第一督察专区。是年12月,改属溧阳区督察专区。民国23年(1934),县长洪康燮主政,废闾邻制,实行保甲制。全县划为53个乡、348个保、3583个甲。民国23(1934)—25年(1936),先后更改或重新确定乡名。民国27年(1938)2月,日军侵犯扬中,县政府解散。汉奸顾仙痴等组成伪政权,称扬中县地方治安维持会。民国28年(1939)3月,江南抗日义勇军挺进纵队进驻扬中;5月,成立国民扬中县政府,县治设在长旺乡龙王庙。翌年1月,日军再次入侵扬中,县治官邸遭焚毁,政府解散。顾仙痴重组伪政权,称扬中县地方自治委员会。同年4月,扬中县抗日民主政府成立,属镇(江)、丹(阳)、武(进)、扬(中)四县抗敌委员会。民国30年(1941)1月,改属镇澄区督察专员公署;4月,改属江南第四行政督察专员公署。民国33年(1944)12月改属苏中第五行政专员公署。民国34年(1945)11月5日,新四军奉命北撤,县抗日民主政府大部分军政干部奉命随军北撤;12月5日,国民政府扬中县政府复入县境,属江苏省第五行政督察专署。

1949年4月,扬中县人民政府在江都县嘶马镇鲍马庄成立。4月22日,扬中解放,县人民政府设县治于三茅镇(原三茅宫),隶属苏南行政公署镇江专员公署。10月,中共扬中县委、县政府开展民主改革,恢复抗日民主时期的区乡制,废除保甲制,改称村、组。全县划分4个行政区、58个乡、527个村、3654个组。1950—1952年,县政府调整辖区乡,撤销三茅市,改称三茅镇,直属县政府;撤销中正乡,改称大众乡;将原属三茅镇的一、二两村划归大众乡，并增设民主乡；将原属三茅镇的三、四两村划归钟灵乡，并增设建设乡；将新坝区的南阳、三阳两乡合并，改称联合乡。时有新坝、三茅、兴隆、八桥、福星5个区，辖58个乡。

1956年2月，扬中县政府改属扬州专员公署。同年11月28日复属镇江专员公署。1958年9月，改属常州专员公署。1960年7月，又复属镇江专员公署。1968年3月14日，成立江苏省扬中县革命委员会。1981年5月8日，改称县人民政府，隶属镇江地区行政公署。1983年3月1日，江苏省实行市管县体制，扬中县隶属镇江市。

1994年5月13日，经国务院批准，扬中撤县设市，更名为扬中市，隶属镇江市管辖。

(摘自《扬中市志》)

【区域人口】 扬中市下辖新坝镇、油坊镇、八桥镇、西来桥镇4个镇，三茅街道、兴隆街道2个街道以及扬中经济开发区，全市有58个行政村、19个社区。全市户籍人口282073人，比上年减少386人，其中男性人口137935人，女性人口144138人。全年出生人口2246人，人口出生率7.96‰，下降3.84个千分点；死亡人口2199人，死亡率7.79‰，下降0.36个千分点。年末全市常住人口34.48万人，城镇化率65.23%。

(统计局 赵浣辰)

注释：兴隆街道与扬中经济开发区合署办公，管辖区域一致。

【扬中方言】 扬中处于北方方言与吴方言区域的中间地带，先民来自四面八方，尤以周边地区和长江沿岸各省为多，有着五方杂处、六邑分治的历史背景。其方言基调虽属北方方言的江淮方言，但又有着众多江淮方言罕见或未有的语言现象。

移民文化对扬中方言的形成影响较大。方言称呼老老奶奶(祖父母)、公公婆婆(外祖父母)等，生产生活用语摘麦、钉耙、筲箕等与苏北话同。方言往是往(反正如此意)则为吴方言“横竖横”发音。方言一刻丫工夫等同镇江话，起暴、上冻、一古纳塌、萝卜缨子等同南京话，庚朝(今天)、瘦头、吃生活(受罚)等同上海话。带“头”字的方言词里头、苦头、滑头等，带“子”字的方言词茄子、领子、信壳子等，带“鬼”字的方言词酒鬼、小气鬼等均同湖南话。疑问句尾缀用“嘎”与湖北话一致，如“上学嘎”“喝粥嘎”等。方言逢人配、隔食病、细来小去等则与四川话无异。

本土方言也有差异。请人家中小坐，上洲说玩玩，中洲说戏戏，下洲则说耍耍。上洲公信桥一带说丹徒大路话，而与之相距一两个埭的丰裕桥一带却有明显的泰兴腔调。

古汉语及古典小说语言是扬中方言形成的重要源头。标志性方言“杲昃”，出自《诗·卫风·伯兮》“杲杲出日”和《荀子·哀公》“君平明而听朝，日昃而退”，以太阳东升于树木之上(杲)，与太阳西斜(昃)代指“东西”。俗语“丢了笊篱舞扫帚”“听了风就是雨”等在《红楼梦》曾出现，“大意失荆州”源自《三国演义》，“前不巴村，后不巴店”等在《水浒传》可见到。至于称有点本事的人为“猴”，则与《西游记》神通广大的猴王孙悟空形象关联。生产生活实践直接影响着扬中方言的形成和发展。每逢汛期，扬中堤外江水高过头顶，故有俗语“脚踩一只盆，头顶一江水”形容，意在警示人固堤防险。“何福寿飘鱼花——(大水)冲掉八塘(喻彻底失败)”“魏天宝唱麒麟——出口成章”等歇后语均源自扬中真人真事。方言成语“众志成桥”由成语“众志成城”翻新，反映1994年扬中人民集资建造长江大桥之壮举。20世纪80年代末，大全集团董事长徐广福“要么第一，要么唯一”的企业追求，在扬中广为流传，现已成为扬中人民敢为人先的精神写照。

此外，西风东渐，新词语大量涌入，被方言和普通话同时采用；普通话推广、人民文化程度提高和对外交流频繁，说普通话的人越来越多，对扬中方言文化产生较大影响。如爹爹妈妈、老老奶奶的传统称呼被普通话爸爸妈妈、爷爷奶奶代替；相互见面招呼“你吃嘎了吗”等，基本上被“你好”“早晨(中午、晚上)好”等文明用语代替；时髦普通女子受到诸如衣着、发型方面的夸赞，一改表示谦虚的“哪里、哪里”等惯用语，代之以普通话“谢谢”或“谢谢您”。

(摘自《扬中市志》)

【扬中特产】

河豚　古称“赤鲑”“鯸鲐”，生活于海中，属淡水洄游类鱼。扬中素有产出，俗称“本江豚”，“长江三鲜”之一。扬中民谚称“河豚不过镇江水”。每年3—5月清明节前后,境内长江水域有洄游河豚孵化、繁衍。人们捕而烹食,肉质鲜美,食后百味逊色。虽河豚卵、肝、血液、眼睛有剧毒,中毒或死亡者屡见不鲜,但食者不断。扬中河豚文化丰富。民间有"拼死吃河豚""河豚不药扬中人"的俗语。1950年前后,扬中年捕捞河豚量3.5万千克。后因江水污染严重,年产量逐年锐减,1980—1990年,年均产量仅500千克。1991—1996年,年均产量不足150千克。2000年后,扬中沿江已很难寻觅河豚踪迹,似有灭绝之势。20世纪90年代中期起,扬中分别在新坝镇、三茅镇、油坊镇开展河豚养殖试验,获得成功。

鲥鱼　扬中"江中三鲜"之一,属淡水洄游鱼类。每年谷雨到夏至间,鲥鱼由太平洋经东海入长江,溯江而上产卵孵化,繁衍后代。鲥鱼入江后膘肥体壮,吞食虫藻后体质更加肥壮,体重一般为2~5千克,最重8千克。沿江民众应时捕食,肉肥鲜美,内含蛋白质、脂肪、铁质、钙、磷、核黄素等,营养价值高。明清时期,本江鲥鱼为官府贡品。明代诗人何景明(1483—1521)《鲥鱼》诗云:"五月鲥鱼已至燕,荔枝卢橘未应先。白日风尘驰驿骑,炎天冰雪护江船。"据传,清康熙皇帝南巡至镇江焦山品尝鲥鱼,觉得"齿颊留香",故有"鲥鱼食后齿留香"之说。据统计年鉴记载,1966—1980年,扬中商业收购鲥鱼23.25万千克,年均收购1.55万千克,其中80%以上出口到美国、日本、中国香港等国家和地区。1986—1996年,扬中鲥鱼产量逐年锐减,2006年已不见有鲥鱼入餐。长江鲥鱼近乎灭绝。

刀鱼　"江中三鲜"之一,又称"鮆鱼",属淡水洄游鱼类,栖息于近海。古《竹枝词》云:"才交正月捕春鮆,赶上灯时价值高。试看纤鳞谁得早,过江先去进商豪。"刀鱼形似刀,体侧扁,尾部长,全身银白色,口大有胡子,端位、腹部有棱鳞,雌大雄小。进入长江早于其他洄游鱼类,每逢阳春三月溯江而上,孵化繁衍。渔民应时纷纷张网捕捞,江上出现一幅"春汛捕捞图",水面上帆樯点点,江滩上密布罾罟。刀鱼体重较轻,渔民说:"过斤者为'头刀',属上品;半斤以上者为'二刀',半斤以下者为'毛刀'"。刀鱼捕捞期一般是惊蛰至端午前后。1950—1964年,县商业收购69.73万千克,年均4618千克。20世纪80年代,长江水体污染日趋严重,刀鱼产量逐年减少。1986—1995年,平均年产3000千克。1996—2000年,年均近2650千克。2001—2006年,年均2000千克,诗人朱彝尊诗中"京口刀鱼尺半肥"的"头刀"不见,"二刀"尚少,多为每条100克以下的"毛刀"。

秧草　学名"黄花苜蓿",又名"三叶菜""黄花草""草头"。为一年生或越年生草本植物,被子植物门,豆科,苜蓿属。其茎平卧或倾斜,三出复叶,叶表面浓绿色,总状花序,腋生,每花序有黄色小花2~6朵,蝶形花冠。荚果螺旋形,有钩状刺,种子肾形,黄褐色。史料载,秧草原产印度和地中海沿岸,为上好的牧草。西汉时期,张骞从西域带到中原种植。南宋时期,抗金名将韩世忠从中原带到扬中(时称小沙),命部下种植饲马。秧草还是优良的绿肥。扬中成洲以来,农户连年种植。大田种植方法一般有两种:一是辟一方田单种。来年,这秧草田就作为水稻育秧的秧田,其秧草经沤制便成秧田基肥;二是秧草与元麦夹种,元麦收摘后,将枯黄的秧草茎(筋)踩埋在犁沟内,用作水稻田基肥。

在扬中,秧草是绝佳的蔬菜,味道鲜美,营养丰富。与河豚、刀鱼等江鲜一起烹任,"只食秧草不食鱼"。扬中解放前数百年间以及解放后的计划经济时期,由于粮食匮乏,经常闹春荒。在青黄不接之际,民众常以秧草充饥,因此秧草曾一度被扬中人称为"救命草"。改革开放以后,随着农业科技的发展,发现秧草含有多种维生素、氨基酸和微量元素,其中维他命K含量高于其他蔬菜,有较高的医药价值和保健作用。秧草对肿瘤有抑制作用;能降血脂、抗凝血、防出血、清内热。它含有的植物皂素,和人体内的胆固醇结合,可促进排泄,从而降低胆固醇含量,保护动脉壁,对防治冠心病有功效。秧草含糖量低,是糖尿病、心脏病患者的佳蔬。21世纪,扬中充分利用秧草资源,开发特色农产品,并形成种植规模。运用冷藏贮运技术和高科技手段,同时将鲜秧草和咸秧草推向全国各地,并走向世界。

(摘自《扬中市志》)

附:2019年扬中市国民经济和社会发展统计公报

2019年,在市委、市政府的坚强领导下,全市上下坚决贯彻落实习近平总书记系列重要讲话精神,坚持稳中求进总基调,瞄准"领跑镇江、争先苏南"的奋斗目标,扎实推进"创新转型突破年"各项工作,经济社会继续平稳健康发展。连续两年列镇江市高质量发展考核一等奖第一名,位列 2019 年度“全国中小城市综合实力百强县(市)”第 23 位。

一、综合

综合实力进一步增强。全年实现地区生产总值(GDP)487.83 亿元,可比增长 5.8%。其中,第一产业增加值 15.57 亿元;第二产业增加值 262.31 亿元,增长 6.1%;第三产业增加值 209.96 亿元,增长 5.9%。人均地区生产总值 14.15 万元(按常住人口计算),比上年增长 5.1%,按现行汇率折算为 19974 美元。三次产业构成由 2018 年的 3.3:52.8:43.9 调整为 3.2:53.8:43.0。一般公共预算收入占 GDP 比重为 6.97%。

民营经济发展较快。全年新办民营企业 2252 家,新增注册资本 362.72 亿元,吸纳民资 91.02 亿元。

二、农业

农业经济发展平稳。全年完成农林牧渔业总产值 28.42 亿元,比上年下降 2.44%。其中,种植业产值 14.81 亿元,增长 10.06%;林业产值 1.62 亿元,增长 115.38%;牧业产值 4.12 亿元,增长 31.54%;渔业产值 4.48 亿元,下降 31.37%。粮食播种面积 10.7 千公顷,比上年减播 0.28%;粮食总产量 7.72 万吨,比上年减产 1.84%,其中秋粮总产量 5.12 万吨,减产 3.59%。油料种植面积 0.65 千公顷,比上年增播 62.55%,油料总产量 1678 吨,增产 70.36%。蔬菜种植面积 3.99 千公顷,比上年增加 80 公顷。在主要农产品中,肉类总产量 5648 吨,比上年下降 12.2 %;家禽出栏 82.62 万只,增长 43.79%;禽蛋产量 3585 吨,增长 16.51%;水产品总产量 7518 吨,下降 5.92%。

特色渔业势头稳健。全市渔业放养面积达 2 万亩,实现总产量 7990 吨,“三品”水面占比达 92%。规模化养殖扩面提升,河豚工厂化养殖面积达 10 万平方米,江蟹标准化养殖面积达 7500 亩,刀鱼特色化养殖达 40 万尾。严格落实长江禁渔期制度,组织开展“保护长江生态共建绿色岛园”增殖放流活动,全年放养各类苗种 300 余万尾。

绿化造林工作扎实推进。扬中市被全国绿化委员会表彰为全国绿化模范单位。全年完成造林面积 580 亩。新建“三化”示范村 6 个,示范单位 22 个。完善提高农田林网 7500 亩,完成四旁植树 10 万株,珍贵用材树种培育 6 万株。

水利工程建设稳步推进。全年完成水利工程建设总投入 1.96 亿元,完成土方 123.17 万立方米、石方 78.67 万立方米,混凝土 1.17 万立方米。2017 年“11.8”长江崩岸段干堤复建和岸线守护工程顺利竣工,雷公岛坍江治理工程全部完工,思议港闸站全面扫尾,万福桥闸站全面开工建设,全市唯一一家省一级水管单位二墩港闸站顺利通过省水利厅复检。

农业节能减排效果明显。农用化肥施用量 3373 吨,下降 1.0%;农膜使用量 109 吨,下降 4.4%;农药使用量 200 吨,下降 4.8%;农用柴油使用量 361 吨,下降 4.7%。全市高效低毒低残留农药推广面达 82%,化肥使用量削减 2%。

三、工业和建筑业

工业经济稳步增长。全市定报工业企业实现产值 521.51 亿元,完成工业增加值 116.74 亿元,可比增长 4.9%。定报工业企业实现销售收入 503.06 亿元,利税 32.3 亿元。全年全社会用电量 18.75 亿千瓦时,比上年下降 2.8%,其中,工业用电量 12.37 亿千瓦时,下降 3.69%。

主导产业支撑有力。工程电器、新能源、装备制造三大支柱产业规模以上产值达 399.82 亿元,占规模工业比重的 76.67%。工程电器在创新转型上又有新突破,规模以上产业规模达 246.3 亿元;装备制造业规模以上产业规模 52.6 亿元,其龙头企业新韩通船舶重工年销售 14 亿元;光伏行业难中求进,全年实现产值超百亿元,生产硅片 20 亿片。

重点企业发展稳健。年末销售亿元以上工业企业达到 105 家,十亿元以上企业 8 家。作为工业经济中坚力量的“三十强”工业企业,在稳定发展中持续发力,“压舱石”作用凸显。全市“三十强”工业企业实现销售 306 亿元,占规模工业的比重为 60.8%。香江、亿能、银佳等重点企业增势迅猛,带动作用明显。

建筑业规模有所下降。全市资质以上建筑企业 25 家,比上年减少 4 家。全年实现建筑业总产值 28.1 亿元,比上年下降 1.55%。建筑业企业房屋建筑施工面积 99.65 万平方米,其中本年新开工面积 38.5 万平方米。

四、固定资产投资

固定资产投资有所增长。全年完成固定资产投资 77.44 亿元,比上年增长 0.4%。其中,工业投资 45.84 亿元,下降 7.1%,占全市投资比重的 59.19%;服务业投资 31.6 亿元,增长 16.1%,占全市投资比重的 40.81%。

房地产市场呈上升态势。全市有工作量的房地产企业 37 家,全年完成房地产开发投资 29.56 亿元,比上年增长45.4%。完成商品房施工面积181.56万平方米，增长0.81%。商品房竣工面积9.79万平方米，下降15.38%。商品房销售面积31.78万平方米，下降32.4%，其中，住宅面积31.64万平方米，下降28.21%。商品房销售额28.06亿元，下降17.2%，其中，住宅销售额27.90亿元，下降13.94%。

五、国内贸易

全市实现社会消费品零售总额134.55亿元，比上年增长4.5%。分地域看，城镇市场实现零售总额111.49亿元，其中城区实现零售总额88.67亿元；农村市场实现零售总额23.06亿元。分行业看，批发零售贸易业实现零售总额116.39亿元，其中零售业实现零售总额108.51亿元；住宿餐饮业实现零售总额18.16亿元，其中住宿业实现零售总额3.12亿元，餐饮业实现零售总额15.04亿元。

六、开放型经济

积极应对国际贸易摩擦，加快外贸品牌梯次培育，做好商标注册、专利申请、国际认证等工作，推动大全、通灵、锋芒等企业创建省市外贸品牌。突出产业和技术优势，着力提升招商引资的层次与水平，全年实际利用产业类外资0.63亿美元，比上年下降49.82%。实现进出口总额51765.52万美元，比上年下降27.59%，其中，出口额44725.7万美元，下降28.25%，进口额7039.82万美元，下降23.06%。

七、财政、金融和保险业

财政收支平衡发展。全市实现财政总收入131.90亿元，比上年增长20.79%，一般公共预算收入34.01亿元，增长3.80%。在一般公共预算收入中，税收占比81.48%。全年财政支出144.73亿元，增长47.06%，其中一般公共预算支出49.57亿元，增长17.94%。

金融生态环境持续向好。对全市13家类金融机构建立了较为规范的管理和服务规范，动态发布类金融从业机构名录，金融机构属地融合进展顺利，政银企联动持续发力。年末全市金融机构本外币存款余额667.5亿元，比年初增加37.25亿元，增长5.91%。其中，居民存款余额339.26亿元，比年初增加33.86亿元，增长11.09%。金融机构本外币贷款余额528.04亿元，比年初增加38.05亿元，增长7.77%。其中，中长期贷款242.44亿元，比年初增加10.51亿元，增长4.53%；短期贷款263.61亿元，比年初增加27.83亿元，增长11.80%。

保险事业平稳增长。年末全市拥有保险业企业32家，全年保费收入14.32亿元，比上年增长16%。其中，财产险收入2.59亿元，增长4.4%；人身险收入11.73亿元，增长18.9%。赔付额3.65亿元，比上年下降15.5%，其中，财产险赔付1.74亿元，增长10.3%；人身险赔付1.9亿元，下降30.3%。

八、科学技术和教育

科技创新再创佳绩。扬中国家智慧电气高新技术产业化基地被科技部正式认定为“国家高新技术产业化基地”，是扬中市继2002年获批国家火炬计划电力电气特色产业基地后的第二块国字号招牌，同时也实现了镇江市高新技术产业化基地零的突破。继续加大“雏鹰计划”培育力度，认定国家科技型中小企业97家，省高新技术企业入库培育113家，位列镇江市第一。高新区获批“江苏省科技服务业特色基地(研发设计服务)”，2家国家级科技企业孵化器、1家省级科技企业孵化器创新创业孵化链条和服务体系不断完善，招引集聚新兴企业9家。

教育事业稳步发展。教育资源进一步扩大，明珠幼儿园、外国语中学综合教学楼建成并投入使用，第二幼儿园土建工程结束。新建扬中市生命安全体验馆，全市特色场馆增至20所。城区义务教育阶段学校集团化办学模式进一步深化，持续优化管理模式，建立并统一管理制度。成功申报1个省前瞻性教学改革实验项目和1个省小学特色文化建设项目；确定外国语中学等3所学校4个学科为扬中市首批初中学科课程基地。

九、文化、体育和卫生

公共文化服务水平不断提升。建成园博园星空露营基地，滨江驿站改造提升并对外运营，扩建太平禅寺完成广场亮化提升。市博物馆完成布展，三茅街道文体服务中心新站舍建成投用，各镇(街、区)、村(社区)、市级机关有关部门举办丰富多彩群众性文化活动约240场。组织第二批扬中市级非物质文化遗产项目的申报推荐工作，“西来桥舞龙”“八桥花绳”等4个项目入选第二批扬中市级非物质文化遗产项目名录。

体育事业蓬勃发展。建成3000平方米健身公园2个、2000平方米健身公园4个、500平方米健身小广场5个、健身路径25条。奥体中心健身馆改造扩容，新增场地面积3000平方米。西来桥镇获授“中国龙狮运动之乡”称号。在2019全国少年轮滑锦标赛中，市实验小学和外国语小学米高轮滑阻拦队代表扬中市出战,分别荣获U11组和U8组的轮滑阻拦全国亚军,创造镇江市在全国少年轮滑锦标赛的最佳成绩。

卫生事业取得新成效。完善“市管镇用”城区社区卫生服务中心编制池和“市管镇用”公立医院周转池,以“市管镇用”平台招聘卫生专业技术人才8人,委托江苏大学等医学院校委培农村订单定向本(专)科医学生15名。柔性引进7个高层次专家团队,建立了上海胸科医院心胸疾病专家罗清泉教授等7个名医工作站,全市累计引进14个高层次专家团队,建立15个名医工作站(室)。新坝镇、西来桥镇通过国家卫生镇复审,八桥镇健康镇以及19个省级健康村、3个省级健康社区和3个省级健康单位创建工作通过镇江市级复核。

十、城市建设和环境保护

城市功能不断增强。全面推进村庄生活污水治理EPCO工程,创成三茅街道永和新村等美丽宜居村庄20个,八桥镇利民村六圩埭入选江苏省第三批特色田园乡村试点村庄。集镇污水厂扩容改造和配套管网建设加快实施,工业企业违规建设燃气设施专项检查持续推进,三丰路、老环城南路、建设路(浩云湾段)、翠竹南路路灯升级改造工程顺利完成。

城市治理不断优化。有针对性地开展占道经营、乱堆乱放、违规广告及道路扬尘和餐饮油烟污染等各类专项整治。深入开展城乡结合部、城中村环境卫生综合治理,系统推进全市垃圾分类和治理工作,完成城区28个小区垃圾分类试点,全市党政机关率先实现垃圾分类工作全覆盖,城区垃圾分类投放容器覆盖率达到45.2%。有序推进“智慧停车系统建设”,对城区21条主次干道及五大菜场周边重新划线,科学布局非机动车停放区域,划线总长共计2万余米。

生态环境明显改善。全力做好无污染防治攻坚工作,落实空气质量管控措施,出台《扬中市大气污染防治攻坚月工作方案》和《扬中市建设工程扬尘防控管理办法》并开展专项督查。全面开展挥发性有机物污染治理工作,实施水污染防治工作计划,我市水源地和省考断面水质均达标,骨干河港水质明显好转。

十一、人口、人民生活和社会保障

人口规模略有下降。年末全市户籍人口282073人,比上年减少386人,其中男性人口137935人,女性人口144138人。全年出生人口2246人,人口出生率7.96‰,比上年下降3.84个千分点;死亡人口2199人,死亡率7.79‰,比上年下降0.36个千分点。年末全市常住人口34.48万人,城镇化率65.23%。

居民收入稳步增长。据城乡住户一体化调查,全市全体居民人均可支配收入46906.6元,比上年增长8.4%。其中,城镇居民人均可支配收入57829.4元,增长7.7%,农村居民人均可支配收入30635.9元,增长8.6%。居民消费水平继续提高,人均生活消费支出25294.1元,增长6.4%,其中城镇居民28406.6元,增长5.9%,农村居民20657.7元,增长6.8%。居民生活持续改善,旅游休闲和健身娱乐活动消费稳步增长。文化娱乐教育支出占人均消费性支出的19.1%,比上年提高0.2个百分点,其中城镇提高0.3个百分点,农村提高0.1个百分点。

保障水平逐步提高。兜底保障能力进一步增强,城乡低保标准提高至每人每月750元,特困人员供养标准提高至每人每月975元;机构供养孤儿养育津贴标准提高至每人每月2400元,散居孤儿养育津贴标准提高至每人每月1800元。养老服务体系进一步完善,新建标准化居家养老服务中心3家、标准化老年活动中心6家,建成市级老年活动中心。全市79~88周岁、89~98周岁、99周岁及以上老年人尊老金发放标准分别达到60元/人/月、120元/人/月、800元/人/月。在镇江地区首推镇级区域性居家养老服务模式,全市27家养老机构共有养老床位2655张,其中护理型床位占比达50%以上。

(统计局 赵浣辰)

中国河豚岛

综 述

【概况】 2005年11月18日,中国烹饪协会授予扬中市"中国江鲜菜之乡"称号。2010年11月15日,中国烹饪协会授予扬中 "中国河豚美食之乡""中国河豚烹饪科研基地"牌匾。2012年12月17日,中国民间文艺家协会授予扬中"中国河豚文化之乡"称号。2016年2月16日,扬中河豚食俗入选江苏省第四批非物质文化遗产代表性项目目录。2004—2019年,扬中市连续举办十六届河豚文化节,节庆名称从江鲜美食文化节、江鲜美食旅游文化节、江鲜旅游文化节、江鲜美食节逐步演变为河豚文化节,以文化发展助推经济繁荣,招商洽谈、对外推介、项目集中签约等形式的扬中"河豚经济"初步形成。2011年,28国驻华使节寻访"中国河豚岛",各国驻华大使馆联合授予扬中 "最值得驻华大使馆向使节推荐的中国河豚岛"称号,"中国河豚岛"城市品牌首次打响。扬中在宣传河豚文化上举措多样,举办国际河豚烹饪大赛、全国河豚烹饪精英赛以及长三角、江苏省河豚烹饪赛事等烹饪大赛,交流积累河豚烹饪经验;开发河豚包子、河豚水饺、河豚圆子、河豚真空包装、河豚香米、河豚化妆品、河豚酒、河豚字画等衍生产品。编辑出版《江鲜飘香》《扬中河豚菜谱》《芳菲河豚岛》《美味"杀手"》《清水扬中河豚情》《扬中二十一味》《扬中河豚记忆》等书籍,举办"放歌河豚岛"文艺晚会、河豚节摄影大赛,河豚文化逐步沉淀;央视《味道》《走遍中国》《地理中国》《消费主张》等栏目先后播出《河豚复活记》《河豚上餐桌》《夺命河豚热销的背后》《中华原产地——扬中河豚》《舌尖上的春天:长江江鲜》等节目,以河豚为主题的城市外宣专题片提升扬中河豚影响力。河豚文化使得"中国河豚岛"成为世界认识扬中、扬中走向世界的一个地域标识、城市品牌。 (史志办)

【河豚岛年度聚焦】 2019年,河豚工厂化养殖面积10万平方米,中国水产流通与加工协会河豚鱼美食文化分会在扬中市成立,国家、省、镇江市各级媒体在扬中市采访报道河豚文化节系列活动,累计发稿100余篇次,"河豚"成为全国各类网站点击扬中最多的关键词。扬中市开通"扬中市新闻中心"抖音号,在更广范围内宣传扬中河豚文化。扬中市联合扬中吾悦广场打造集文化、旅游、休闲于一体的河豚文化主题步行街。11月,河豚碳雕参加镇江第五届金山文创大赛获得实物作品类的银奖。持续放大"中国河豚岛"品牌效应,举办第十六届中国·扬中河豚文化节、"相约河豚岛"全国书画名家作品展、庆祝扬中解放70周年"放歌河豚岛"文艺晚会、第二届"微聚河豚岛"优秀微作品大赛、河豚文化节旅游推介会等活动,培育壮大节庆经济、会展经济。 (史志办)

河豚碳雕 (史志办供图)

河豚·风俗

【河豚捕捞】 扬中渔民在长期捕捞实践中,逐步形成两类河豚捕捞法:卡钩法,钩尖处向内折弯且稍有撇斜,装小虾等饵料,河豚吞食饵料,钩身卡住其口腔。滚钩法(又称排钩法),滚钩不放饵料,贴近水底敷设,拦江设置两三道“回”字形钩帘，多钩共同发挥作用，游经的河豚身体触碰到滚钩，出于习性鼓气被多个钩子钩住。卡钩法、滚钩法渔具均由纲线、钩线构成。卡钩法正常在纲线上每隔1米挂1根钩线，滚钩法每隔10厘米挂1根钩线，钩线长度均在15厘米左右。春季河豚贴在水底游动产卵，使用坠子和浮子保证钩子投放至距离江底4~6厘米的位置，纲线两头用石块固定抛入江中。扬中老一代渔民制作纲线、钩线工艺独特，纲线、钩线由黄麻编织，制作时加入栲树皮，栲树皮浸泡捶碎，煮至发红析出胶状物，加入烧熟捏细的猪血，将编好的纲线、钩线放入栲树皮汁中浸泡，浸透后晒至发挺。此项工艺制作的渔具具有牢实、耐磨、防腐、入水变软变柔、离水变挺变硬的特点。

扬中渔民捕捞有固定习俗和禁忌。捕捞河豚等江鲜讲究时令，落潮时起钩、下钩。渔民出江要看日子、敬香、磕头、放爆竹，祈福多打点鱼，保佑太平无事。渔船由丈夫掌舵，意为一家之主；妻子在后面划桨或摇橹，头上扎一块“手捏子”（方巾），意为“打鱼不能光头”。女人不能到船头、不能跨渔网，怀孕和来例假的女人不能上船。捕捞到很小的河豚直接放生，反映扬中先民朦胧的生态保护意识。（文联）

【河豚宰杀】 宰杀河豚工具包括水桶、腰子盆、菜刀、剪刀、砧板、畚箕、草木灰等。水桶用来盛活河豚、装水；腰子盆用来漂洗杀好的河豚鱼体；菜刀和剪刀是剖杀河豚必备的刀具；砧板是杀河豚的案板；畚箕里装的草木灰则是拌污废弃物的主要材料。

开背宰杀法　也称古法。沿河豚脊背，由上而下轻轻切开，分为两片，依次取出河豚的肝脏、胃、肠、腮、气囊，雌性河豚的卵巢，雄性河豚的精囊、心脏，清除干净紧贴在脊骨两边的肾脏（扬中人称为“达子血”），用剪刀刀尖挖出河豚眼睛，一对对放好，以备清点。河豚的内脏除精囊（扬中人称“肋”）没有毒，其他部位均有毒性。

扒皮剖肚法　宰杀的主要工具是剪刀，将河豚皮整张取下，刮尽皮刺。宰杀方法为挖眼、环切皮肤、切口、撕皮、剖肚、挖腮、取内脏、剔脊血、分拣、漂洗。环切河豚皮肤，经里皮插入腹鳍的窝眼，朝河豚尾柄方向拽，河豚皮被全具扒至尾鳍处或被整皮拉下。

宰杀的弃留　宰杀河豚的弃与留事关河豚食用者的生命安危。河豚的毒素是自然界最毒的神经毒素之一，主要分布在血液、眼睛、腮、肾脏、肝脏、卵巢以及其他内脏。扬中人宰杀河豚通常河豚鱼体、肝、肋与河豚眼、腮、肠、子、脊血等分两处存放。清点河豚眼珠，所有河豚废弃物，特别是河豚子，用草木灰拌污，投入粪缸作无害化处理，抑制苍蝇和蛆虫繁殖，也可深埋或焚烧。

河豚肝含剧毒，去毒可食用。河豚肝的处理方法：摘去河豚胆，划“十”字刀去除河豚肝的结缔膜，剪去河豚肝的四周边角，排尽毛细血管血，剪断肝脏的主动脉血管，高温烹饪解毒、祛腥。（文联）

【河豚食用】 2004年8月，扬中市河豚协会起草出台《河豚安全食用操作行业规范》，详细规定加工操作间、加工人员、原料、宰杀清洗、烹饪、卫生、质量检验管理和中毒应急措施等涉及河豚食用的各个环节。

扬中食用河豚注意事项包括：河豚皮表面带有小毛刺，食用时应将皮反卷，不用嘴嚼，直接吞服；要防止被河豚鱼骨刺破嘴及食道，河豚的骨刺含有毒素，骨刺坚硬，如不慎被刺，伤口较难愈合；吃剩的河豚鱼如再次食用，避免再次回锅，采取蒸、微波炉加热。

按照扬中的风俗习惯，食用河豚讲究程序。河豚端上桌前，厨师得先尝，以示对客人的尊重；上桌后，主人先吃一口，数分钟后请宾客动筷，这是扬中人招待客人的规矩。品尝河豚时，主人将河豚最鲜美营养的部分夹给客人，即河豚肋（精囊）、皮、嘴唇三部分。食用完河豚后，河豚汤加竹笋或秧草，拌米饭或煮面条。（文联）

河豚　（融媒体中心供图）

河豚·味道

【河豚焐秧草】 河豚焐秧草也称明宫河豚，是江苏省级非遗保护项目“扬中河豚食俗”重要菜品之一，被评为“全国十大江鲜名菜”。据《明宫史》记载，食河豚是明朝宫廷里继上元节之后的一项重要活动，后来民间发现秧草与河豚同煮，风味绝佳，传入宫中，深得明太祖朱元璋喜爱，遂流行于宫廷。“明宫河豚”已有600余年历史。制作方法是洗净河豚肝熬油，放入河豚，烧煮20分钟放入砂锅，文火烧煮30分钟。起锅，煸炒秧草，放入砂锅。将砂锅里的河豚放入秧草砂锅，待秧草焐烂后，放调料起锅。河豚焐秧草，河豚甘美，肥而不腻，秧草鲜香，软糯可口。（摘自《扬中二十一味》）

【红烧河豚】 红烧河豚是江苏省特色名菜。制作方法是炒锅上火烧热，入油、葱结、姜片煸香，入河豚、五花肉、鲜笋片煸透后烹绍酒，入酱油、绵白糖，加入河蚌、火腿、蟹黄油、母鸡、五花肉吊制的膏汤，入虾籽、精盐，大火煮沸，小火焖透后收稠汤汁装盘。红烧河豚色泽微黄，鲜香肥嫩，具有味鲜甜、汁浓醇的特点。

（摘自《扬中二十一味》）

【白汁河豚】 白汁河豚由特级河豚烹饪大师蒋开和研制，属江苏菜。白汁河豚中的白，最能反映这道汤菜的实际观感和内在品质。制作方法是炒锅上火烧热入油、葱结、姜片煸香，入河豚、鲜笋片、火腿片、虾子，加入用河蚌、蟹黄油、母鸡、五花肉吊制的膏汤，大火烧开后放酒，煮透熟后加盐上桌。白汁河豚汤汁色泽白美，鲜腴润口，豚香中能品尝出阵阵奶香味，具有消肿、降血压、去胃疾、恢复体力、调节免疫系统等功效。

（摘自《扬中二十一味》）

【河豚鱼丸】 扬中陈耿父子受福建知名小吃鱼丸启发，开发河豚衍生产品，制作河豚鱼丸。陈氏父子赴韩国考察鱼糕产品，学习其模式，打造河豚系列食品。经福建海洋研究所营养分析表明，河豚不仅味鲜，而且鱼肉中含蛋白质、维生素、锌、硒等多种营养元素，蛋白质含量极高，陈氏父子与研究所推荐的专业河豚养殖机构合作，研制便携食用的河豚鱼丸，就河豚产品提出创新，将扬中秧草融入河豚衍生品，制作三叶草馅河豚鱼丸。（融媒体中心）

【中国水产流通与加工协会河豚鱼美食文化分会成立】 2019年3月8日，中国水产流通与加工协会河豚鱼美食文化分会在扬中市成立。协会由中国水产流通与加工协会主办，扬中市河豚协会、大连天正实业有限公司承办，中国水产流通与加工协会、中国渔业协会河豚鱼分会相关领导及全国多地的餐饮文化界专家、学者、会员100余人参加活动。作为中国水产流通与加工协会第一个涉足河豚餐饮美食的专业分会，河豚鱼美食文化分会是由从事河豚鱼养殖、加工、餐饮、文化的协会和企业及相关人员自愿组成的行业性、非营利性社会组织，是中国水产流通与加工协会下属的分支机构，是传承和发扬河豚鱼美食文化产业的全国性、行业性的社会组织。成立大会后，现场召开河豚鱼美食文化分会一届一次理事会及中国河豚鱼美食文化论坛。

（融媒体中心）

2019年3月8日，中国水产流通与加工协会河豚鱼美食文化分会成立　（融媒体中心供图）

河豚·文化

【第十六届中国·扬中河豚文化节】 2019年3月8日至4月27日，扬中市举办第十六届河豚文化节。文化节历时51天，文化节期间，开展“相约河豚岛”全国书画作品展、广场舞大赛、迷你马拉松赛、“寻访中国河豚岛”——扬中自驾游、“放歌河豚岛”文艺晚会等多项活动。延续“还节于民”的办节理念，通过美食旅游、文化互动、宣传推介、经贸招商等系列活动，集中展示扬中生态秀美的江岛风情、魅力独特的河豚文化、开放优越的投资环境和日新月异的发展态势。举行龙狮大赛、增殖放流、经贸洽谈等20余项节庆活动，全面放大“中国河豚岛”品牌效应，加快推动“长江生态旅游岛”建设。以节庆为媒，用文化、美食推介“长江生态旅游岛”新品牌，开展江鲜美食网络大接力、扬中首届全国食材展销会、豚岛灯会等活动，开展“长三角地区”旅游宣传营销、周边城市旅游推介会等旅游推介活动，放大节庆效应，以此提升扬中“长江生态旅游岛”的品牌和知名度。扬中致力于将河豚文化节打造成旅游盛事、文化盛宴和推介盛典，节庆期间，举办第二届渔文化风情小镇乡村旅游文化节、寻访中国河豚岛——扬中自驾游等活动，全市接待游客人数90万人次，团队游客9万余人次；举办“相约河豚岛”全国书画名家作品展、全国特色食材展销会等，提高河豚文化节的参与性、趣味性和观赏性；将传统媒体宣传和新兴媒体宣传相结合，全方位

展示岛城宜游与宜居并重、美味与美丽并存的城市新形象。（融媒体中心）

【"放歌河豚岛"文艺晚会】 2019年4月27日，第十六届中国扬中河豚文化节闭幕式晚会——庆祝扬中解放70周年"放歌河豚岛"文艺晚会落幕。晚会由江苏天禾旅游发展有限公司和扬中河豚协会主办，生泽国际集团有限公司、扬中市豚岛文化传媒有限公司和司麦澳(北京)文化艺术有限公司承办。晚会首次网络直播，40余万人通过移动5G平台、电信5G平台收看晚会。市实验小学、职教中心、西来桥文体中心与江苏舞之源演绎开场歌舞《看山看水看中国》。（融媒体中心）

2019年4月27日，扬中市举办"放歌河豚岛"文艺晚会
（融媒体中心供图）

【"相约河豚岛"全国书画名家作品展】 2019年，第十六届中国·扬中河豚文化节期间，市文联策划举办"相约河豚岛"全国书画名家作品展。1月，"相约河豚岛"全国书画名家作品展征稿启事在《书法报》、《美术报》、书法艺术网等媒体、网站发布，面向全国公开征集以弘扬河豚文化、江鲜美食文化、传播社会主义核心价值观为主题的书法、中国画作品。活动由扬中市委宣传部、市文联联合主办，征稿期间，主办方收到来自北京、上海、重庆、天津、山东、山西等全国30余个省(市)的应征书画作品600余件。经专家初评、复评，评出书法类、中国画类收藏作品各5件，入展作品各30件，在书法艺术网、《扬中日报》公布评审结果。4月27日，举办全国名家书画作品展首展，在菲尔斯金陵酒店集中展出70件入展书画作品，在市行政中心一楼大厅和市奥体中心展览馆举办巡展。（文联 陈茜）

【80余家媒体聚焦河豚岛】 2019年，自第十六届中国·扬中河豚文化节开幕，央视、人民网、新华社、《新华日报》80余家中央、省、镇江市各级媒体到扬中采访，刊播扬中稿件100余篇。围绕扬中河豚产业化、高质量打造"长江生态旅游岛"、水环境治理等话题，深入挖掘新闻线索，全方位、多角度、深层次的报道扬中河豚美食、产业发展、生态保护等方面的新成就、新经验。电视媒体方面，央视七套《农广天地》于4月4日、6日分别刊播《豚香草鲜扬中味》，央视二套《消费主张》于4月8日刊播《体验"长江三鲜"：清明时节最美味》，央视七套《每日农经》和《致富经》栏目重播《江心岛上的美味河豚》《家庭主妇把钱捞致富全凭一把"刀"》。央视四套于12月3日《远方的家》系列栏目播出《长江行》第83集《江上沙洲意蕴悠长》，聚焦扬中生态保护、特色物产。报纸媒体和网站方面，《新华日报》3月27日头版头题刊发题为《扬中河豚"游"向全国餐桌》的稿件，二版配发通讯《扬中续写"美食之乡"新传奇》；《中国县域经济报》3月14日刊发稿件《让民营经济挑大梁担重任——江苏扬中引导良性政企互动，一个个行业小巨人脱颖而出》；《人民网江苏频道》于3月3日发布稿件《第十六届扬中河豚节将于3月8日开幕为期50天》；《中国新闻网》《江苏经济报》《镇江日报》《京江晚报》等媒体围绕河豚文化节开幕、长江增殖放流、扬中河豚工业产业化、"五水联治"等话题，推出《扬中连续18年长江增殖放流》《扬中"大保护"式养殖长江刀鱼》《一条鱼兴起一个产业》等多篇报道。今日头条、百家号、企鹅号累计发布节庆相关稿件20余篇，推荐号总关注量60余万，其中《扬中连续18年开展增殖放流2000余万尾鱼苗回归长江》《海内外21支代表队扬中上演"龙狮争霸"》《第八届"寻访中国河豚岛"自驾游活动启动》等话题受到网友关注。扬中市开通"扬中市新闻中心"抖音号，把河豚文化节期间的精彩活动以短视频的形式分享传播，"来扬中，品河豚，看美景"为主题的短视频单条播放量120余条。（融媒体中心）

2019年4月，央视7套《农广天地》刊播《豚香草鲜扬中味》
（融媒体中心供图）

【"微聚河豚岛"优秀微作品大赛采风】 2019年4月20—21日，扬中市举行第二届"微聚河豚岛"优秀微作品大赛采风活动。《诸暨日报》、"无锡滨湖发布"等10

余家官方微信公众号的编辑应邀到扬中尝美食、赏美景，分享在河豚岛的悦游体验。新媒体编辑参加“复旦科技园杯”首届迷你马拉松，实地走访滨江湿地公园、园博园，采访镇江市非物质文化遗产“扬中河豚文化”代表性传承人孔庆璞，现场观看河豚鱼烹饪，品鉴河豚美味。（融媒体中心）

河豚·产业

【长江渔文化生态园】 长江渔文化生态园位于扬中三茅街道兴阳村。项目占地133.33万平方米，是一个集长江渔文化名贵鱼类繁育、养殖、销售、科普展示，长江渔文化研究以及农业观光体验、旅游休闲、生态餐饮酒店等于一体的综合性新型农业项目，依托扬中“中国河豚美食之乡”“万里长江第一岛” 的文化优势和资源优势，以河豚为主题的长江渔文化科技园。园区分为河豚文化主题广场、长江渔文化生态餐厅、渔文化垂钓体验区、湖畔烧烤景观区、果蔬观赏采摘园五大区域，内设生态酒店、木别墅、智能大棚、苗圃基地等设施。

（文体广电和旅游局 倪娜）

【江之源生态园】 江之源生态园占地200万平方米，投资3.5亿元，专业从事生态农业，集高新农业研发与实验、名贵水产品养殖与销售、温泉度假休闲服务等为一体。生态园通过农业科研带动农场生产，通过社区销售推动市场发展，通过休闲服务拉动产业循环。有长江刀鱼，暗纹东方豚，美洲鲥等20余种长江名贵鱼养殖品种，是江苏省最大的长江河豚、刀鱼养殖基地。生态园实现工厂化、设施化、智能化养殖以及生态养殖方面的技术集成，建成年产100万尾长江生态河豚、50万尾长江生态刀鲚以及长吻鮠、鲈鱼等其他长江名贵鱼2000吨的示范基地。园区依托独特的江滩湿地自然景观和江鲜资源优势，借助“中国河豚岛”的招牌，深度开发2250米深的温泉地热资源，加快发展生态度假游、休闲渔业游，建设温泉度假村，是江苏省四星级乡村旅游点。（文体广电和旅游局 倪娜）

【河豚文化节旅游推介会】 2019年3月，扬中市文体广电和旅游局在南京举办第十六届中国·扬中河豚文化节旅游推介会，此次推介会以“中国河豚岛，敢为天下鲜” 为主题，南京近百家旅行社负责人及《新华日报》、人民网、《扬子晚报》、江苏广播电台等多家媒体记者参加推介会。4月3日，扬中市文体广电和旅游局在上海举办河豚文化节旅游推介会，上海的近百家旅行社负责人及《文汇报》、东方网、新民网、上海电台、上海帮等媒体记者参加推介会。4月15日，扬中市文体广电和旅游局在杭州举办河豚文化节旅游推介会，浙江省各市、区11家旅行社负责人和杭州的70余家旅行社负责人以及杭城主流媒体记者参加推介会。推介会现场，播放扬中旅游宣传片《魅力扬中2018》，市文体广电和旅游局代表宣讲旅游优惠政策，鼓励两地旅游企业加强合作、共谋发展；介绍第十六届中国·扬中河豚文化节活动安排及园博园活动及票务情况；市旅游协会代表介绍扬中市重点旅游资源；长江渔文化风情小镇、友好宽心驿站、南湖农场三家景区代表分别介绍各自景区情况及相关活动。推介会上，部分旅行商还与扬中市景区现场签订战略合作协议。（融媒体中心）

【扬中河豚文化节项目集中签约仪式】 2019年4月27日，第十六届中国·扬中河豚文化节项目集中签约仪式上，总投资超百亿元的34个项目集中签约。中国科学院院士、美国国家工程院外籍院士姚熹，蜂巢动力系统江苏公司总经理徐立金，龙树资本管理股份有限公司总裁何建三位客商代表发言。河豚文化节期间，扬中市积极“走出去”“引进来”，实体化运作北京、上海、深圳3个招商局，举办蜂巢易创首届供应商年会，累计开展集中推介50余场次、招商80余批次，拜访及接待重点客商1000余人次。组织专业招商队伍，赴北京、上海、香港、德国、奥地利等地开展招商推介等，实现节庆活动与经济发展同频共振、合作共赢。此次集中签约的项目中，产业园区项目3个，投资1亿美元或10亿元人民币以上先进制造业项目4个，产学研合作项目6个，涉及智能制造、功能总部、智慧科技、生态旅游等多个领域。（融媒体中心）

中共扬中市委员会

综 述

【概况】 2019年，扬中紧扣稳中求进总基调和高质量发展总要求，深入解放思想，深化改革创新，经济社会保持平稳健康发展态势。全年地区生产总值487.83，比上年增长6%；一般公共预算收入34亿元，增长3.76%；全社会固定资产投资77.44亿元，增长6.8%；城乡居民人均可支配收入分别增长7.8%和8.3%。位列2019年度“全国中小城市综合实力百强县(市)”第23位。

经济运行稳中有进。项目建设稳步推进。全年完成制造业投资53亿元。举办第十六届河豚文化节、第二届国际绿色能源发展大会，累计签约项目58个，其中亿元以上项目33个；招商体制机制改革的活力逐步释放，福麟智能装备制造、永航柴油机动力总成核心部件、中南高科扬中智能制造产业园等一批重点产业项目顺利落户建设；长城汽车核心零部件项目进展顺利，6个子项目全面开工，发动机项目进入设备调试阶段，年内完成投资超10亿元；18个镇江市级重点产业项目完成投资29.59亿元，超额完成年度投资计划。实体经济稳健发展。全年完成工业申报销售645亿元，增长3%；新增规模工业企业30家，超年计划14家；新增各类市场主体5568家；大全集团工业销售增长8%，获国家科技进步特等奖；香江科技、亿能电气等规模企业销售保持两位数以上的增幅；累计新增减税降费7.2亿元。金融生态保持良好。举办政银企对接活动18场，签约项目累计授信20.72亿元，发放还贷周转金34亿元；首创知识产权质押融资工作，银行不良贷款余额和不良贷款率实现“双降”；综合运用统筹化债资金、调整债务结构、压降政府支出、平台公司市场化转型、资产盘活处置等措施，主动化解政府性债务，守住不出险的底线；保持打击涉众型等各类金融犯罪的高压态势，人保非法吸收公众存款案等案事件得到依法妥善处置。

改革创新走深走实。重点改革取得突破。完成县级党政机构改革，机构设置和职能配置更加优化；高质量完成新坝经济发达镇改革；扎实推进综合行政执法改革，执法效率和监管水平持续提升；推动相对集中行政许可权改革，构建完善“互联网+政务服务”体系，推进“一件事”线上线下“一次办”，行政审批服务规范化、便利化水平不断提升。创新动能持续释放。创成国家智慧电气高新技术产业化基地，高新区、经开区获批省知识产权示范园区；设立总规模2亿元的人才科技创业投资基金，引进总规模5亿元的扬中徐工产业投资基金；认定国家科技型中小企业97家，净增国家高新技术企业47家，省高企入库培育113家；大全集团入选镇江唯一一家省级工业互联网标杆工厂，11家企业获批省两化融合贯标试点企业，2家企业新获评五星级上云企业；江苏亿阀在“新三板”挂牌，15家企业在江苏股交中心“专精特新”板集中挂牌；光电设备行业成为全国首批、全省唯一的小微企业质量管理提升行动试点行业。

城乡面貌持续改善。城市品质不断提升。扬子新村一期旧城改造工程有序推进，市博物馆基本具备开馆条件，新时代购物广场、吾悦广场等城市综合体加快建设。国家卫生城市长效管理机制不断完善，“数字城管”高位监督、协调、指挥等职能更加凸显；高比例新能源示范市建设向纵深推进，建成滨江公园零碳园，并网企业、公共机构屋顶分布式光伏发电项目26个，新增光伏用户2543户。环境治理成效明显。整改完成中央和省级环保督察交办件83件、其他环保交办件72件，获评全省“生态环保领域真抓实干奖”；农用“大棚房”全部排查整改到位，长江河道“两违”整治完成总任务量的73%，新增违建处置率100%，关停并转化工企业10家；协同推进蓝天、碧水、净土三大保卫战，基本消除城区建成区黑臭水体，3个省控断面水质全部达标，全年PM2.5平均浓度(标况)43.8微克/立方米，空气优良天数占比70.5%。农村环境不断优化。完成90个居民点村庄生活污水治理；与金州水务股权合作取得突破；新建成西来桥污水处理厂，扩容改造油坊、八桥污水处理厂；农村无害化卫生厕所普及率98%；建成运营市可回收物分拣中心、大件垃圾拆解中心；完成35千米的农路提档升级建设工程，省“四好农村路”示范县通过验收；“八位一体”运行维护机制在全国推广。

民生福祉有效增加。检视短板抓富民增收。推进创业就业富民，全市城镇登记失业率1.36%，零就业家庭保持动态清零；着力解决“两不愁三保障”突出问题，完成建档立卡户1717户3236人脱贫任务、106户危房改造任务。持续推进集团化办学和高品质学校集群发展，教育现代化水平走在全省前列；稳步推进县域内紧密型医共体试点建设，实施“互联网+医疗健康”工程，实现全国定点医院医保联网结算，全年新增名医工作站(室)9个；有序推进养老服务设施提档升级，全年新增标准化居家养老服务中心3家、标准化养老活动中心6家，市老年活动中心投入运行；新时代文明实践晋级为全国试点；社区工作者职业体系建设扎实推进。守牢底线保平安稳定。深入持久开展“扫黑除恶”专项斗争，打掉恶势力犯罪集团2个、恶势力团伙4个；新坝镇派出所获评全国首批“枫桥式公安派出所”；扎实开展安全生产专项整治，高效处置“8·6”苯泄漏事故，安全生产形势总体平稳可控；全社会公众安全感、法治建设满意度保持全省、镇江前列。 （市委办 冯太升）

【市委办公室工作】 2019年，中共扬中市委办公室坚持“以高质量服务助力高质量发展，以高效率运转创造高水平业绩”的总体要求，围绕市委决策部署，主动想事、敢于担事、善于成事，完成各项目标任务，位居2019年度市级机关绩效管理考核第一序列第一名。聚焦参谋辅政，推动综合文稿、信息、调研等工作出精品、有干货。全年完成“不忘初心、牢记使命”主题教育党课、领导干部务虚会等重要文稿400余篇；健全完善“四色智库”运行机制，确定并完成52篇年度咨政课题；构建“大信息”格局，编发《扬中信息》52期、《扬中通讯》12期，信息考核保持镇江第一。聚焦保障协调，确保重大活动、重要会议零差错、更顺畅。全年高质量完成市委全会、第二届国际绿色能源发展大会、“扫黑除”恶督导、河豚文化节、项目观摩等百余场重大会议、重要活动的筹备组织工作。聚焦工作落实，推动上级政策、市委决策、领导交办事项真落地、见实效。落实“基层减负年”要求，推动精文减会，全年全市召开的会议数量比上年下降33.3%、市委、市政府和“两办”发文数量下降40.6%；构建大督查、大考核机制，全年编发《督查专报》22期，在长江生态旅游岛、重大项目建设等重点工作推进中，真督实查、督促问效；跟踪督办省委和镇江市委书记信箱信件49件，书记信访接待日接待信访群众69批、263人次，处理群众来信200件次。聚焦机构改革，推动国家安全、档案等新划转职能快融合、创特色。承接国家安全工作，初步构建起“有机构管事、有人干事、有制度保障运行”的国家安全工作体系；规范开展党内法规工作，全年上报备案党内规范性文件68件，下备一级及时率和规范率明显提升；打造档案工作新特色，获得2018—2019年度全省“百村万户”口述历史档案采集工作三等奖，为镇江地区唯一获奖单位，微视频《腾飞——一岛五桥见证城市巨变》获全国建设项目档案微视频大赛二等奖。

（市委办 冯太升）

重要决策

【加快推进乡村振兴战略的实施意见】 2019年5月16日，中共扬中市委、扬中市人民政府印发《关于坚持农业农村优先发展加快推进乡村振兴战略的实施意见》，提出要对标高水平全面建成小康社会硬任务，以实施乡村振兴战略为总抓手，坚持农业农村优先发展，通过强化规划引领，提升乡村建设水平；围绕绿色生态，打造美丽宜居乡村；聚焦特色高效，提高农业发展质量；突出共建共享，改善农民生活品质；完善基层治理，促进农村和谐稳定，确保到2019年年底，乡村振兴政策体系基本形成，党的农村工作领导体制机制进一步完善；村级公共服务“八位一体”运行维护机制更加健全，农村污水治理、垃圾处理、户厕改造等任务有序推进，农村人居环境明显优化；农业综合生产能力稳步提升，设施农业面积25.33平方千米，良种覆盖率100%；农民人均可支配收入超过3万元，村级集体经济稳步增长，全面完成脱贫攻坚任务，城乡居民生活水平差距持续缩小；乡村治理体系更加完善，镇江市四星级及以上先进党支部占比不低于25%，农村和谐社区建设达标率93%，高效完成乡村振兴战略实施阶段性工作任务。 （市委办 冯太升）

【解决形式主义突出问题切实为基层减负】 2019年7月16日，中共扬中市委办公室、扬中市政府办公室联合印发《关于解决形式主义突出问题切实为基层减负的通知》，提出更大力度精简文件简报，全年市委、市政府下发文件比上年减少30%以上，市委、市政府召开的会议减少30%以上，严格禁止随意拔高会议规格、扩大会议规模，压降会议时间、提高质量和效率；更大力度规范督查检查考核创建等工作，严格执行市级督查检查工作计划和审批报备制度，确保对镇(街、区)、村(社区)和企业学校督查检查事项减少50%以上；更大力度激励基层担当作为，通过强化鼓励激励、深化"暖心容错"、提高问责质量保障基层干事创业。

（市委办 冯太升）

【开展质量提升行动】 2019年12月2日，中共扬中市委、扬中市人民政府印发《扬中市质量提升行动实施方案》（简称《方案》）。《方案》提出，重点推进农产品优质供给工程、食品药品优质供给工程、先进制造业振兴发展工程、服务业提质增效工程、建设工程质量提升工程、生态环境质量提升工程、公共服务能力提升工程、对外贸易优化升级工程，打造质量品牌、加强质量管理、坚持标准引领、推动质量攻关、夯实质量基础、严管质量安全、培育质量人才、推进质量共治。到2020年，质量强市建设取得明显成效，全市产品、工程和服务质量明显提升、产业发展质量稳步提高、区域质量水平整体跃升、质量基础设施效能充分释放，质量对经济社会发展的贡献持续增强，群众的质量获得感和满意度显著增强。 （市委办 冯太升）

重要会议

【中共扬中市第十二届委员会第六次全体会议】 2019年7月31日，中共扬中市第十二届委员会第六次全会在市政大礼堂举行。全会深入学习贯彻中共十九大、十九届二中、三中全会和省委十三届六次全会、镇江市委七届九次全会精神，总结上半年工作，部署下半年任务，动员全市上下聚焦"强富美高"，矢志争先作为，奋力交出高质量发展的扬中答卷，以走在前列的优异成绩庆祝新中国成立70周年。市委书记潘早云代表市委常委会作工作报告。全会总结上半年扬中经济社会发展情况。2019年上半年，扬中市完成地区生产总值290亿元，增长4.5%；一般公共预算收入17.6亿元，增长1.74%；工业应税销售336.3亿元，增长2.94%；一般贸易进出口额2.5亿美元；城乡居民人均可支配收入分别增长7.8%和8.2%。就做好下半年工作，全会提出，要坚持稳中求进工作总基调，增强贯彻新思想新理念的坚定性、拼抢机遇的敏锐性、争先领跑的主动性，统筹做好稳增长、促改革、调结构、惠民生、防风险工作，确保完成全年各项目标任务，继续争创全省推进高质量发展先进市。全会审议并通过《中国共产党扬中市第十二届委员会第六次全体会议决议》。会上，新坝镇、商务局、香江科技负责人分别作表态发言。会议期间，结合大会报告，各镇（街、区）、机关部门开展分组讨论，为扬中高质量发展献计献策。 （市委办 冯太升）

【中共扬中市第十二届委员会第七次全体会议】 2019年12月30日，中共扬中市委十二届七次全会在市政大礼堂举行。深入贯彻落实中共十九大、十九届二中、三中、四中全会、中央经济工作会议和省委十三届七次全会、镇江市委七届十次全会精神，总结2019年工作，部署明年任务，动员全市上下聚焦产业强市，聚力实干兴市，决战决胜高水平全面建成小康社会，奋力推动"强富美高"新扬中建设迈上新的台阶。市委书记殷敏代表市委常委会作工作报告。全会充分肯定2019年市委各项工作。全会认为，2019年，全市上下紧扣稳中求进总基调和高质量发展总要求，深入解放思想，深化改革创新，经济运行稳中有进，改革创新走深走实，城乡面貌持续改善，民生福祉有效增加，党建活力不断增强，经济社会保持平稳健康发展态势，高质量发展取得新进展。全会要求，新的一年，要聚焦"产业强市、实干兴市"，坚持稳中求进，牵好项目建设"牛鼻子"，加快新旧动能接续转换，大力支持民营经济发展，持续优化金融生态环境，更大力度推进产业强市；坚持绿色优先，调优城乡空间布局，推动城市渐次更新，实施乡村振兴战略，开展生态环境综合治理，精耕细作打造精美城市；坚持以民为本，促进富民增收，强化公共服务资源供给，提升社会文明程度，推进县域社会治理现代化，奋力创造更加美好生活。全会强调，全市各级党组织和广大党员干部要肩负起决战决胜高水平全面建成小康社会的时代重任，焕发精气神，勇立潮头加油干；锤炼硬担当，勇担使命奋力干；坚定抓落实，勇毅笃行务实干，奋力创造高质量发展的更大业绩。

（市委办 冯太升）

2019年7月31日，中共扬中市第十二届委员会第六次全会在市政大礼堂举行 （融媒体中心供图）

【机关作风建设大会】 2019年2月12日，扬中市召开全市机关作风建设大会，市委书记潘早云寄望全市上下把工作标准调到最高、精神状态调到最佳、办法措施调到最优，推动"强富美高"目标在扬中精准落地，推动中央、省委、镇江市委各项决策部署在扬中全面落实，确保高质量发展走在全国、全省、镇江市前列。会议强调，全市上下要持续提振自信自强、勇争一流的精气神，乘势而上争一流，顺势而进快转型，造势而为强特色；要不断积蓄敢于创新、善于创造的新动能，在深化改革发展上实现新提升，在重大任务攻坚上取得新突破，在增进民生福祉上展现新作为；要大力营造担当奋进、善作善成的好氛围，"一鼓作气干到底""一个声音喊到底""一把尺子量到底"，以优异成绩向新中国成立70周年献礼。 （市委办 冯太升）

【生态环境综合治理攻坚行动动员大会】 2019年3月19日，扬中市召开全市生态环境综合治理攻坚行动动员大会。会议要求，牢固树立"生态优先、绿色发展"的理念，以壮士断腕的决心、背水一战的勇气、攻城拔寨的拼劲，坚决打赢生态环境综合治理攻坚战，切实解决好突出生态环境问题，厚植高质量发展的绿色底蕴，擦亮长江生态旅游岛的绿色名片。市委副书记、市长张德军就全市生态环境综合整治攻坚行动作动员部署。会议强调，全市上下要提高政治站位，深刻认识生态环境治理的重大意义；要坚持善作善战，准确把握生态环境治理的方法策略，做到系统谋划与精准发力相结合、严格执法与优化服务相结合、重点治理与长效管护相结合；要推动齐抓共管，汇聚起生态环境治理的强大合力。 （市委办 冯太升）

【党建工作会议】 2019年3月26日，扬中市召开全市党建工作会议，会议要求全市各级党组织和广大党员干部不忘初心、牢记使命，强化担当、奋力作为，以高质量党建推动全市高质量发展走在前列。市委副书记、市长张德军主持会议。全市各级必须毫不动摇抓牢管党治党"第一责任"，以党建工作高质量开启"筑梦新时代"新征程。要坚定"走在前列"，以更高的站位抓党建，把政治建党摆在首位，把系统思维贯穿始终，以斗争精神抓深抓透。要聚焦"提质增效"，以更硬的担当抓党建，通过强化思想引领，唱响改革奋进的主旋律；强化选育管用，打造堪当重任的生力军；强化党管人才，壮大引领转型的强磁场；强化统战联合，画出和谐共进的同心圆。要坚持"守正创新"，以更优的路径抓党建，做到脚步向下，更大力度抓基层、强基础；推动机制落地，更大力度树品牌、强示范；确立鲜明导向，更大力度严考核、强激励。 （市委办 冯太升）

【重点产业项目推进会】 2019年5月8日，扬中市召开重点产业项目推进会。会议要求，全市上下要真干、实干、快干，用心、用情、用力，跑出项目建设加速度，推动扬中高质量发展继续走在前列。强调要一着不让抓招引，进一步增强危机感，聚焦项目、创新途径、提升实效；要一抓到底强推进，摸清问题、科学调度、有力推进；要一心一意优服务，强化要素保障、政策落实和暖企服务；要一以贯之严考核，在考核导向上突出高质量、督查方法上体现精准度、结果运用上调动积极性，确保实现"上半年开工率100%、全年竣工率80%"的目标。 （市委办 冯太升）

【领导干部务虚会】 2019年12月11日，扬中市召开全市领导干部务虚会。市委书记殷敏主持会议并强调，要聚焦产业强市、聚力实干兴市，以重点突破之功，谋全局提升之效，助推扬中高质量发展之路走得更准、更稳、更实。会议指出，做好2020年工作，既是严峻考验也是能力检验，全市各级要聚焦重点强突破，突出"产业强市、实干兴市"的关键环节，坚定用政策谋发展的信心、抓机遇上台阶的雄心、抓发展再跨越的决心，把主要精力用在聚焦重点任务、抓牢中心环节上，强化系统思维，做好决战决胜高水平全面建成小康社会、打好打赢"三大攻坚战"、强化社会治理等工作统筹。全市上下要时刻保持创先争优的精气神、敢做敢为的担当劲、一抓到底的执行力，咬定目标不放松，为明年高质量发展各项工作开好局、起好步、带好头。 （市委办 冯太升）

组织工作

【概况】 2019年，扬中市委组织部坚持以"三个五五"（干部工作"五突出五强化"，基层党建"五聚焦五落实"，人才工作"五坚持五提升"）行动规划为指导，推动各项重点任务有序落实，机构改革顺利完成；"不忘初心、牢记使命"主题教育扎实开展，党员面貌焕然一新；创新探索专业化组织员队伍建设，承办镇江市基层党建重点项目现场推进会，基层力量进一步壮大；人才培育形式多样，才智招引成效显著，服务生态持续优化；公务员职务职级并行有序推进，激励导向不断加强。多措并举做好公务员职务与职级并行工作，完成856人的职级套转工作。扬中市获得镇江综合考核第一等次第一名。 （组织部 丁云丰）

2019 年扬中市中共党员基本情况一览表

表 1　　　　(单位:人)

项目		党员数	
		总数	在岗职工
总计		23970	13226
预备党员		384	302
女性		6352	4415
少数民族		20	20
年龄	35 岁及以下	4885	3730
	36 岁到 45 岁	4895	4155
	46 岁到 55 岁	5468	4010
	56 岁到 60 岁	2168	1331
	60 岁及以上	6554	0
入党时间	1937 年 7 月 7 日至 1945 年 9 月 2 日	3	0
	1945 年 9 月 3 日至 1949 年 9 月	8	0
	1949 年 10 月至 1966 年 4 月	1120	0
	1966 年 5 月至 1976 年 10 月	2380	0
	1976 年 11 月至 2002 年 10 月	10674	5360
	2002 年 11 月及以后	9785	7766
学历	研究生	464	429
	大学本科	6950	5899
	大学专科	5078	3600
	中专	2383	1058
	高中、中技	4102	1597
	初中及以下	4993	643

(组织部 蒋敏)

【年轻干部培养选拔】 2019 年,扬中市委组织部实施“扬帆千里”优秀青年干部人才培养计划,围绕“六个高质量发展”目标,采取统分结合的方式,开展年轻干部培养活动。加强年轻干部实践锻炼,抽调选派 9 名优秀青年干部赴北京、上海、深圳招商局挂职;抽调 11 名年轻干部到环保、治水一线挂职锻炼;在全市遴选 10 名 90 后优秀年轻干部,赴镇(街、区)全脱产锻炼;赴湖南大学举办中青年干部专题培训班。启动重点培养选拔对象调研活动,分层次、分行业、分领域、分单位合理确定重点培养选拔对象的数量和规模。全市推荐重点培养选拔对象 184 人。 (组织部 王磊)

【大学生村官培养与分流】 2019 年,扬中市委组织部建立大学生村官“一人一档”专项台账,推进 16 名村官有序流转,其中 1 名村官考取国家公务员村官定向招录岗位,4 名村官考取省公务员村官定向招录岗位,7 名村官通过考核进入乡镇(街道)事业编,3 名村官考取市事业单位集中招聘岗位,1 名村官自行择业。组织大学生村官参加自主择业专场供需洽谈会、“扎根基层,奉献青春”读书征文活动等多项活动。鼓励村官创业富民,发放大学生村官创业富民专项扶持经费 15 万元,扶持 6 个村官创业项目。 (组织部 杜梦)

【领导干部高质量发展专题培训】 2019 年,扬中市委组织部举办全市“一把手”高质量发展专题培训班、“以高质量履职推动高质量发展”系列培训班(6 期)、新上岗领导干部培训班、中青年干部专题培训班和“扬中市新时期领导干部发展能力提升网络培训班”(4 期)等班次,参训 1020 人次。强化外出学习培训和参观考察审批备案,全年审批备案 36 家单位外出学习培训。组

织县处级干部及相关部门科级干部参加上级各类调训，参训 27 人次。（组织部 杜梦）

【干部监督管理】 2019 年，扬中市委组织部坚持全面从严，严格落实“凡提四必”（讨论决定前，对拟提拔或进一步使用人选的干部档案必审、个人有关事项报告必核、纪检监察机关意见必听、线索具体的信访举报必查），坚决防止“带病提拔”。开展新提拔干部到社区报到，做好“干部监督进社区”工作，扩大群众参与监督的方式，构建“八小时”内外监督网。盯紧“重要领域”和“关键时刻”，做好经济责任审计工作，有序做好进点审计、结果通报、回访督查等工作，全年开展经济责任审计 12 家，对上年度 12 家被审计单位开展回访督查。严肃领导干部个人有关事项报告工作，组织专题培训，开展随机抽查 1 次，重点核查 4 次，查核比对 170 名干部的有关事项报告。强化结果运用，用好提醒函询诫勉等措施，经常性“咬耳朵”“扯袖子”，通过纠“小错”、治“小病”，体现严管厚爱。（组织部 刘良忠）

【人才工作】 2019 年，扬中市委组织部分区块、分产业开展各类人才活动 50 余场，组织参加省、市人才交流对接活动 10 余场，选任第十三批科技镇长团 8 人，提升引才聚才质效。全年建立院士工作站 1 个，建研究院、实践基地等人才创新合作平台 4 个。引进国家级人才工程专家 3 人，入选江苏省、镇江市级人才项目 12 个，56 个项目申报扬中市“江雁计划”，29 个项目获立项支持。扬中市委组织部人才办联合侨联、侨办针对全市本科以上毕业生、海外留学生、归侨人员等人才群体开展信息采集工作，建立动态化网络数据库，汇总上传人才信息 4000 余条。（组织部 孟海潮）

【人才科技创业投资基金设立】 2019 年，扬中市委组织部人才办联合市科技局、财政局、金控集团设立总规模为 2 亿元的人才科技创业投资基金。基金实行市场化运作，针对扬中市符合产业政策导向的初创期科技人才企业及优质科创型项目，通过股权投入、阶段参股、跟进投资、融资担保等形式，解决人才企业融资难的问题。截至 2019 年年底，组织 5 个项目评估，其中西安交通大学技术团队参股的江苏蓝鲸压电科技有限公司项目获 500 万元创投资金。（组织部 孟海潮）

【企业家人才队伍建设】 2019 年，扬中市委组织部开展扬中市企业家高质量发展专题培训班，组织 50 位企业家赴四渡赤水干部学院和西南交通大学开展创业精神和创新能力提升培训。培训期间组织企业家与成都地区高校开展对接交流，引进创新人才 4 位，创业人才 1 位，另有 12 家企业与人才开展项目技术合作。通过“红色教育+能力提升+才智对接”三位一体的方式，帮助企业集聚创业精神、创新能力、创造人才。以青企会、青商会、“江洲商学院”、跨境电商商会、园区等为载体开展企业中层人员、人才科技工作者管理能力、综合素质提升培训，累计培训人员 500 余人次。

（组织部 孟海潮）

【综合考核清理归并】 2019 年，扬中市委组织部根据省、市统一部署，首次实施年度综合考核，将原本由多部门、多条线开展的多项检查考核，与年度综合考核归并进行，清理考核内容 7 项，一票否决内容 1 项，签订责任状内容 38 项，组建专项考核组赴各单位现场集中考核减轻基层单位迎检负担。（组织部 秦旭）

【公务员招录工作】 2019 年，扬中市委组织部在上级公务员主管部门的统一要求下开展公务员招考相关工作。招录公务员 85 人，其中考试录用 60 人（含录用大学生村官 3 人），选调生录用 4 人，公安系统录用 9 人，军转安置 12 人，首次招录一个残疾人岗位。

（组织部 朱敏敏）

【专业化组织员队伍建设】 2019 年，扬中市委组织部为破解基层党务工作者不专职、履职不专业、工作不专心三类问题，设计“三级核配，五域联动”组织架构，在市、镇、村三级配备 1 名专职组织员，推进市委直属党委部门、机关工委所属党组织、市属企业、“两新”组织、其他重点领域五大板块“专职+兼职”联动，全市建立起一支 340 人的专兼职组织员队伍，实现基层党组织全覆盖。组织部制定《扬中市专兼职组织员履职清单》，规范组织员的工作职责，以 5 类、35 项具体内容明确工作任务和操作流程，编写《扬中市专业化组织员工作实务手册》，举办全市专业化组织员动员培训会，对照履职清单开展实绩考核，表现优异的组织员评比表彰、纳入后备管理，调整处理不适岗和违纪违规的组织员。要求基层党组织加大经费保障力度，协调解决实际困难，以年度党建目标责任制考核压实责任。（组织部 祝晋）

【党员教育管理】 2019 年，扬中市委组织部强化党员教育管理程序规范，举办全市发展对象培训班，严格“四考四审”（考基础知识，严把培训关；考理想信念，严把思想关；考现实表现，严把实绩关；考群众口碑，严把民意关。突出审查入党动机;重点审查特殊对象;专项审查非公企业发展对象;联合审查社会表现)质量把关体系和党员“入党答辩制”,全年发展党员 384 名。推进“先锋亮绩,积分管理”工作,高标准打造三茅街道友好村宽新圩党员教育实境课堂和八桥镇党性锤炼中心,其中党性锤炼中心被评为镇江市级“不忘初心、牢记使命”主题教育基地,八桥镇利民村创成刘乔荣支部书记工作室,是扬中唯一一个以书记名字命名的镇江市级支部书记工作室。(组织部 祝晋)

【党支部“标准+示范”建设】 2019 年,扬中市委组织部将推进党支部“标准+示范”建设确定为市委书记基层党建“书记项目”,开展党支部质量提升工程,制定发布农村及非公企业党支部“标准+示范”操作规程,新创成五星先进党支部 3 个,五星党支部累计总数 18 个;创成四星先进党支部 304 个,占全市党支部总数的 27%,五星党支部数量和四星党支部占比均在镇江各辖市区中位列第一。“推进党支部‘标准+示范’建设”被镇江市委党建办评为“优质书记项目”。(组织部 蒋敏)

【村书记“百千万”工程】 2019 年,江苏省委组织部开展村书记“百名示范,千名领先,万名骨干”工程,扬中市 2 位村(社区)党组织书记入选全省首批“百名示范”村书记,分别是三茅街道广宁社区党委书记郭玉妹、三茅街道友好村党委书记郭茂祥。(组织部 蒋敏)

宣传工作

【概况】 2019 年,扬中市委宣传部围绕庆祝新中国成立 70 周年主题,以学习宣传贯彻习近平新时代中国特色社会主义思想和中共十九大精神为重点,结合“4·22”扬中解放、河豚文化节、社区(农民)艺术节等时间节点,组织策划理论学习宣讲、舆论宣传、文化展演等各项活动,在全市面上进一步浓厚昂扬奋进的喜庆氛围。坚持因地制宜、强化工作创新、夯实基层基础,完成新时代文明实践中心、融媒体中心两项试点任务,进一步打通宣传群众、教育群众、关心群众、服务群众的最后一公里。其中融媒体中心按序时挂牌成立,内部改革、大楼建设等各项工作顺利推进;新时代文明实践中心实现阵地建设三级全覆盖,“理论宣讲红色、教育服务金色、科技服务蓝色、文体健康服务紫色、风尚倡树青色、暖心帮扶橙色、生态家园绿色”“七彩”平台建设模式受到好评,扬中市新时代文明实践试点建设晋级第二批全国试点。坚持目标导向、问题导向和实效导向,策划开展意识形态管控、网络舆情处置、文明城市创建、文艺精品创作四大提升行动,提升工作质量和水平。2019 年,扬中市意识形态领域平稳可控,妥善处置隐形债务化解、“扫黑除恶” 等重大网络舆情十余起,培育全国道德模范提名奖陈德龙、“江苏好人” 孙纪明、薛昌龙等一批先进典型,《溢绿园》《保密之渡江》《双飞》等一批重点文艺项目有序推进,在开创宣传思想文化工作新局面的同时,为全市经济社会发展凝聚广泛正能量。(宣传部 倪德贤)

【党委(党组)理论中心组学习】 2019 年,扬中市委宣传部印发《2019 年全市党委(党组)理论学习中心组专题学习计划》,放大全省理论学习中心组示范点的示范带动效应,以市委理论学习中心组为龙头,引领带动各层各级理论学习中心组学习规范化开展。结合“不忘初心、牢记使命”主题教育,持续抓好基层党员理论武装,不断推进思想解放,推动学习贯彻习近平新时代中国特色社会主义思想往深里走、往实里走、往心里走,引导广大干群切实将学习成果转化为坚定理想信念、砥砺党性心性、忠诚履职尽责的思想自觉和行动自觉。(宣传部 姚瑶)

2019 年 9 月 20 日,扬中市举行市委理论学习中心组(扩大)会 (融媒体中心供图)

【基层党员冬训】 2019 年冬训期间,扬中市委宣传部依托“理论宣讲红色平台”“金山讲习所”载体平台,用好市委宣讲团、老干部宣讲团、“百姓名嘴”宣讲团三支队伍开展理论宣讲,推动党的创新理论入脑入心。扬中市《精心做好做靓 “党员冬训+” 文章》获得江苏省 2018—2019 年度基层党员冬训创新案例,油坊镇、八桥镇获评 2018 年度江苏省基层党员冬训工作示范镇。《“学习一直在路上”——记 “学习强国”APP 进入了我的生活》一文获江苏省 2018—2019 年度基层党员冬训千字文主题征文二等奖。(宣传部 姚瑶)

【理论宣讲工作】 2019年,扬中市委宣传部基层理论宣讲形式得到创新。紧扣"共话祖国好,奋进新时代"主题开展"基层宣讲百场行"活动,用好"理论宣讲红色平台""金山理论讲习所"等理论阵地,奏响奋进新时代的昂扬旋律,献礼新中国成立70周年。举办扬中市"百姓名嘴"风采展示活动,推选群众最喜爱的"优秀宣讲作品""优秀宣讲员",为扬中市群众奉上精彩的理论盛宴,其中新坝镇宣讲选手陈骞在江苏省"百姓名嘴"风采展示总决赛中获得二等奖;理论宣讲作品《炊事班趣事:学理论 说变化》在镇江市"百姓名嘴"风采展示活动中获得二等奖,扬中市委宣传部获得"优秀组织奖"。创新开展"点单式宣讲",有效拓展理论宣讲的受众范围,推动党的创新理论"飞入寻常百姓家"。推进"学习强国"学习平台建设推广,探寻新形势下强化思想教育和理论武装的全新路径,建强用好党员干部理论学习"空中课堂""指尖加油站",向江苏平台供稿140余篇。

(宣传部 姚瑶)

【社科工作】 2019年,扬中市社科普及工作稳步推进。扬中市委宣传部获2016—2018年度《江苏省社会科学普及促进条例》实施工作成绩显著单位称号,高标准承办2019年度镇江市学会秘书和党建联络员培训会。扬中市油坊镇乡贤馆、扬中市检察院静思园法治教育基地、扬中西来桥糊文化艺术馆、三茅街道友好村红色教育基地成功申报镇江市级社科普及示范基地,扬中市渡江文化园成功申报省级社科普及示范基地。《产教融合背景下校地协同培育创新型人才的合作模式研究(以扬中高新区为例)》和《县域背景下人才金融服务体系建设的探索和分析(以扬中市为例)》立项2019年度镇江市社科应用研究精品工程(人才发展专项)课题。

(宣传部 姚瑶)

【主题宣传】 2019年,扬中市委宣传部围绕市委市政府"高质量发展走在前列"总要求,开展"新时代新作为新篇章""壮丽70年,奋斗新时代""推进五大攻坚战,建设长江生态旅游岛""聚力产业强市,推动高质量发展""重拳出击,扫黑除恶""不忘初心、牢记使命"等主题宣传,营造主流舆论强势,推动相关工作开展。强化民意导向,加大五水联治、征地拆迁、安全生产、经开区污水外溢、校外培训机构整治等热点问题的宣传引导,疏导公众情绪,回应群众关切,营造积极向上的舆论氛围。

(宣传部 罗欲凯)

【城市外宣】 2019年,扬中市宣传部紧扣新中国成立70周年、高质量发展、生态环境综合治理、"扫黑除恶"专项斗争、"不忘初心、牢记使命"主题教育活动等中心工作,坚持内外宣联手、全媒体联动,精心策划选题,打磨精品稿件,营造跨越发展的良好氛围。"学习强国"累计用稿149篇,其中29篇被全国平台采用,提前超额完成年度指标任务。在《人民日报》《新华日报》等中央、省级报刊用稿106篇;央视用稿8条(含新闻联播3条),中央广播电台用稿15条(含全国联播2条),省电视台用稿190条,省电台用稿160篇次。

(宣传部 罗欲凯)

【新闻管理】 2019年,扬中市委宣传部落实中央全面深化改革部署、推动宣传思想文化领域改革创新,组建扬中市融媒体中心。推进"平台重整"。对原有报纸、网站、电视、广播、微信、微博等平台进行整合,构建"报、网、台、微、端、屏"新型融媒体矩阵。推进"架构重建"。制定《扬中市融媒体中心"三定"方案》,优化部门和岗位设置,拟设立五大中心18个部门,建立科学合理、运行高效的组织架构体系推进"流程重构"。与江苏省荔枝云技术平台对接,成功搭建融媒体采编平台,优化"策、采、编、播、发、评"工作流程,初步构建"集中策划、一次采集、多元生成、全网覆盖"的融合传播新格局。

(宣传部 罗欲凯)

【网络宣传】 2019年,扬中市委宣传部开展第十六届河豚文化节主题网络宣传,举办"微聚河豚岛"优秀微作品大赛,邀请20家周边城市较有影响力的微信公众号小编到扬中采风,围绕扬中河豚美食、生态旅游等话题,编发微作品20余篇,累计阅读超过30万人次。围绕国际绿色能源发展大会、长江生态旅游岛建设等重大活动、重点工作,整合全市网络平台和资源,分别邀请市内外30多家媒体、网络大V走进扬中,唱响网络"好声音"。举办"网眼看镇江发现新亮点"走进扬中宣传活动,在网络上掀起宣传扬中民生事业发展的热潮。

(宣传部 陈飞)

【网络安全】 2019年,扬中市落实网络安全主体责任,推动各级领导干部学网、懂网、用网,强化全市党政机关网络信息安全意识,提高网络信息安全防范处置能力。制定《庆祝新中国成立70周年网络安保工作方案》,对全市关键信息基础设施和重点网站开展远程技术检测,及时发现安全风险。印发《扬中市网络安全事件应急预案(试行)》,建立全市网络安全事件应急工作机制,发挥各方力量共同做好网络安全事件的预防和处置工作,妥善处置安全隐患和突发事件。开展网络安全宣传周主题宣传,网络安全宣传进农村、进社区、进企业、进学校,增强社会大众的安全意识。

(宣传部 陈飞)

【庆祝新中国成立 70 周年大合唱】 2019 年 9 月 29 日，扬中市举办庆祝新中国成立 70 周年大合唱比赛。比赛由宣传部、文明办、市级机关工委、文体广电和旅游局联合主办,税务局协办的,各镇(街、区)、机关和企事业单位 23 支参赛队,合唱队总人数 1600 余名。经过初赛选拔,18 支代表队进入决赛。各参赛队伍用歌声、激情表达对祖国的祝福和赞美,礼赞新中国成立 70 年来的辉煌历程、伟大成就。经过角逐,教育局、经开区、八桥镇、油坊镇代表队获一等奖,新坝镇等 6 支代表队获二等奖,自然资源和规划局等 8 支代表队获三等奖,住建局等 5 支代表队获优秀奖。 (宣传部 朱玮)

2019 年 9 月 29 日,新中国成立 70 周年大合唱比赛

(融媒体中心供图)

【中共十九届四中全会精神学习宣传贯彻】 2019 年 11 月 27 日，扬中市召开学习宣传贯彻中共十九届四中全会精神宣讲动员会。根据市委统一安排,从 11 月 27 日起至 12 月中旬,由各镇(街、区)、有关部门分管领导和理论工作者 28 人组成的市委宣讲团，赴各地、各部门、村(社区)、市属企业、金山学院开展近 50 场集中宣讲。全市各级党组织策划安排,深入企业、农村、机关、学校、社区,开展面向基层的巡回宣讲活动,推动学习贯彻中共十九届四中全会精神向深度广度拓展,实现全覆盖。会议要求,提高站位、强化担当,切实增强宣讲的责任感和使命感,宣讲团成员以饱满的政治热情做好宣讲工作,把广大党员干部和群众的思想统一到全会精神上来,把力量凝聚到实现全会确定的各项目标任务上来;全面准确、科学严谨,讲清讲透全会精神,围绕习近平总书记在全会上的重要讲话精神,深入宣讲十九届三中全会以来党和国家事业取得的重大成就；中国特色社会主义制度和国家治理体系的显著优势等八项内容。各地各部门加强领导、周密组织,确保宣讲工作有力有序,利用好新时代文明实践基层站(所)、新兴媒体,扩大宣讲的影响和效果,加快成果转化。 (融媒体中心)

统战工作

【概况】 2019 年,扬中市委统战部贯彻落实上级统战部长会议精神,开展“不忘初心、牢记使命”主题教育,以机构改革为契机,结合扬中实际,狠抓工作推进和创新,提升统战工作的层次和水平。民主党派能力建设得到提升,新的社会阶层人士统战工作初见成效,非公经济“两个健康”(非公有制经济人士健康成长、非公有制经济健康发展)充分显现,海外统战工作有声有色。

(统战部 王留根)

【扬中市统战展示馆建成】 2019 年 11 月 5 日，扬中市统战展示馆建成并开馆，该馆是江苏省首家县级统战工作展示馆,是扬中统战工作创新实践基地、统战工作综合性活动阵地。展示馆位于扬中市新坝镇电器工业品城 8 楼,建筑面积 850 平方米。展示馆分为 3 个板块,包括印象扬中文化长廊、主展厅、统战团体活动阵地,全方位展示扬中统战各领域工作情况。

(统战部 王留根)

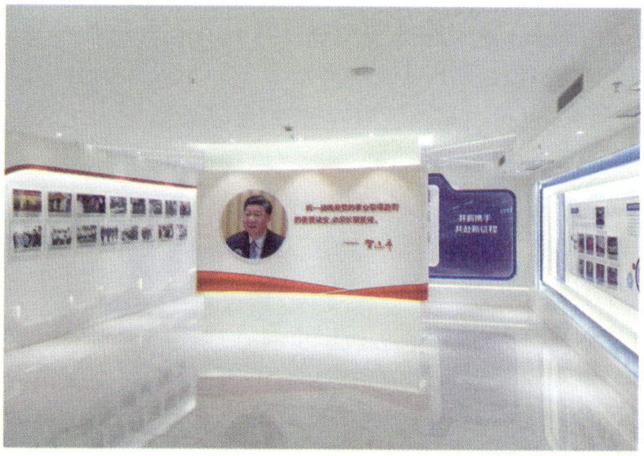

2019 年 11 月 5 日,扬中市统战展示馆开馆 (统战部供图)

【镇江市统战阵地建设现场会召开】 2019 年 11 月 5 日,镇江市统战阵地建设现场会在扬中召开。与会人员参观扬中统战工作展示馆。扬中市、润州区、镇江新区结合各自工作实际作交流发言。 (统战部 王留根)

【扬中市党外知识分子联谊会召开理事会议】 2019 年 1 月 29 日，扬中市党外知识分子联谊会召开理事(扩大)会议,扬中市政协副主席、党外知识分子联谊会

会长倪军总结通报2018年工作，各位理事讨论2019年的工作和活动安排，提出建议和意见。扬中市委统战部常务副部长瞿廷辉到会并就2019年党外知识分子联谊会工作提出要求，市政协副主席、名誉会长黄成刚、兰云林参加会议。 （统战部 王留根）

【新的社会阶层人士联谊会读书会活动】 2019年9月26日，扬中市新的社会阶层人士联谊会举办读书分享会活动。扬中市新联会副会长、青年作家王文咏创作并朗诵庆祝新中国成立70周年爱国主题诗歌，会长王永忠领读爱国主题文章，部分会员交流读书心得体会，就新联会活动发表意见。 （统战部 王留根）

【社会各界人士爱国主义教育活动】 2019年9月27日，统战部组织社会各界人士开展“不忘合作初心，继续携手前进”主题教育活动，庆祝中华人民共和国成立70周年。社会各界人士在渡江文化园参观“我送亲人过大江”主题展馆、扬中革命斗争主题展馆，通过历史照片、影像资料、战时物件，了解革命历史。活动邀请扬中各民主党派、宗教团体、统战社团以及市工商联、侨联、青企会负责人参与。 （统战部 王留根）

【中共十九届四中全会精神宣讲】 2019年12月12日，扬中市委统战部邀请扬中市委党校副校长陈定春为全市统战系统作中共十九届四中全会宣讲。宣讲从认识全会的重大意义、坚定中国特色社会主义制度自信、把握总体要求、总体目标和重点任务、深入贯彻落实中共十九届四中全会精神等方面，系统解读中共十九届四中全会精神。扬中市委统战部工作人员、各民主党派、知联会、新联会、佛教协会、伊斯兰教、基督教三自会等统战团体代表近50人现场学习宣讲报告。 （统战部 王留根）

2019年扬中市统战工作交流情况一览表

表2

时间	涉及人员	交流地点	交流内容
4月11日	常州市新北区委统战部	扬中市	交流民主党派建设工作
4月26日	陕西省白水县统战部	扬中市	交流新的社会阶层人士联谊会的情况
4月26日	黄埔军校同学会	扬中市	走访慰问抗战老兵
5月9日	扬中市委统战部、扬中市新的社会阶层人士联谊会	常州市新北区	交流学习新的社会阶层人士联谊会建设工作
6月14日	扬中市委统战部	泰州海军纪念馆	开展爱国主义教育
10月29日	江苏省委统战部	扬中市	调研统战工作

（统战部 王留根）

台湾事务

【概况】 2019年，扬中市台湾工作办公室宣传贯彻党和国家对台工作方针政策。推动对台交流，突出以做好台湾人民工作为重点，以对口片区交流作为主阵地，全年组织各类赴台交流团组5个、20余人次，完成参访交流任务。4月24日，扬中市赴台基层管理交流团一行到新北市瑞芳区基山里参观交流。6月3日，扬中市金融经贸团参访扬中台商协会会长刘绍民在台湾创办的众孚企业有限公司，与众孚商务部沟通业务需资担保事宜。中秋节前，举行港澳台侨代表人士“喜迎中华人民共和国成立70周年，港澳台侨代表人士中秋共叙中华情”中秋联谊活动，邀请30余名港澳台侨代表畅谈扬中70年来的发展变迁与未来发展前景，为扬中发展出谋献策。为工作生活中遇到困难的台胞解决难题，做到“有难必帮、有求必助、有困必解”。接待台胞吴华春及家人回扬探亲；与派出所和移动公司联络，为台湾青年萧家程办理居住证及手机号码相关手续；与相关部门联络沟通为台胞家属到扬中工作生活办理居留许可证和就业许可证。 （台办 印震震）

【第四届“两岸家校联动、携手共助成长”教育交流活动】 2019年7月15日，第四届“两岸家校联动、携手共助成长”教育交流活动团队到扬中市交流。活动以

“行孝道之礼，品中国文化”为主题，台湾新北市中小学家长协会、家庭教育协会和中小学学生代表60余人参加活动。交流团集中参观园博园与滨江小学民俗馆，制作柳编等工艺品，两地校长、家长代表深入交流，分享经验方法。（台办 印震震）

【台湾青少年江苏夏令营】 2019年8月14日，台湾青少年江苏夏令营在扬中市丰裕中心小学举办，53名来自美国纽约、华盛顿、洛杉矶等地的台湾青少年与24名镇江青少年共同体验剪纸，感受传统文化。通过形式多样的交流活动，让青少年感受新时代的蓬勃气象，从中华优秀文化中汲取营养，温润成长岁月，指引前行之路，争做学习和传播中华文化的友好使者。

（台办 印震震）

机构编制工作

【概况】 2019年，扬中市委编办以《中国共产党机构编制工作条例》出台为契机，贯彻围绕机构编制工作回归主业的要求，以党的建设为引领，坚持党管机构编制、优化协同高效、机构编制刚性约束、机构编制瘦身与健身相结合的原则，推进机构改革、经济发达镇改革、综合行政执法改革、相对集中行政许可权改革和承担行政职能事业单位改革，抓好机构编制管理和事业单位登记管理，完善机构设置，优化职能配置，提高机构编制使用效率效能。（编办 范靖）

【机构编制管理】 2019年，扬中市委编办根据上级要求，结合机构改革，做好全市党委、政府直属事业单位和部门所属事业单位机构、编制和人员调整工作。坚持编制使用前置管理，实行人员调动编制使用预审制，强化编制管理，从源头上把好关。加强用编计划管理，市委编委统一下达用编计划。严格规范管理社会化用工，加大机关事业单位编外用工的管理力度，严格控制用人规模，创新用工形式，探索公共服务市场化改革，加大政府购买力度。做好镇江市委编办实名制信息管理系统和中编办核查系统日常维护工作，根据上级要求和机构编制工作条例规定，做好机构编制系统信息的日常维护和月报报送工作，确保各部门机构、编制和实有人员情况数据适时准确。（编办 范靖）

【经济发达镇改革】 2019年，扬中市委编办按照“镇村治理一张网、政务服务一窗口、综合执法一队伍、指挥调度一中心”的目标要求，拟订《扬中市新坝镇行政管理体制改革工作方案》，推进经济发达镇各项改革。综合设置党政办公室、经济发展和改革局、财政和资产管理局、政法和社会事业局、建设局、科技人才局、综合行政执法局、行政审批局。5月1日，新坝镇各职能部门正式运行。设置两级网格管理，推行涵盖民生服务、社会管理、综合执法的“镇村企治理一张网”，加强“网格长+督查员+网格员+信息员+巡查员”的“一长四员”队伍建设。明确部分市级经济社会管理权限赋予新坝镇集中行使，制定事中事后监管责任清单。指导新坝镇完成行政审批局服务大厅改造，推行“进一个门、到一个窗、盖一个章、一次性申请、一次性告知、一次性受理并办结”的“六个一”服务模式。整合原有执法力量，综合设置3个“全能型”执法中队，集中行使集镇管理、市场监管、安全生产、环境保护等职责，从市级相关部门划转人员编制充实到新坝镇综合行政执法局。10月22日，经省委编办现场核查，验收合格，扬中市完成经济发达镇行政管理体制改革各项任务。（编办 范靖）

【相对集中行政许可权改革】 2019年，扬中市委编办根据相对集中行政许可权改革要求，推进市行政审批局实质化运行。经市委、市政府同意，将市市场监管局、卫健委、新闻出版局、文体广电和旅游局、商务局、经济发展局、住建局、人防办、农业农村局9个部门、57个行政审批事项划转至市行政审批局集中行使，实行“一枚印章管审批”。按照“编随事走、人随编走”的原则，将专业技术强、业务水平高的人员充实到审批服务一线，提高窗口服务能力，释放改革红利。（编办 范靖）

【事业单位登记管理】 2019年，扬中市委编办按照《事业单位登记管理暂行条例》和《事业单位登记管理暂行条例实施细则》，严格履职尽责，做好事业单位登记管理工作。印发《关于开展事业单位年度报告公示工作的通知》，全市297家事业单位按要求在网上登记管理系统提交年度报告，报告提交率、审查通过率100%。按照《关于做好事业单位统一社会信用代码制度改革有关工作的通知》和《关于开展机关、编办直接管理机构编制的群众团体统一社会信用代码赋码工作的通知》，做好全市机关事业单位、群团统一社会信用代码日常维护。创新事业单位法人登记管理，加强事中事后监管，做好事业单位“双随机一公开”（在监管过程中随机抽取检查对象、随机选派执法检查人员，抽查情况及查处结果及时向社会公开）抽查工作。（编办 范靖）

机关党建工作

【概况】 2019年,扬中市委市级机关工委探索新形势下加强和改进基层党建工作的新思路、新经验、新做法,拓展充实机关党建活动内容、改进完善机关党建工作方法,全面提升机关党建工作科学化水平。以作风建设为抓手,组织作风监督员对机关服务窗口常态化地开展明查暗访,开展十佳优质服务科室创建,定期组织第三方服务满意度调查,引导机关广大干部职工树立良好形象,优化服务举措,参与文明城市创建。年末,扬中市委市级机关工委有基层党组织114个,其中机关党委4个,机关总支部11个,机关党支部99个;党员1918人,其中年内发展新党员35人,预备党员29人。

(机关工委 董军林)

【党员素质提升】 2019年,扬中市委市级机关工委落实理论中心组、党支部(党小组)学习及党课辅导等制度,举办支部书记论坛、入党积极分子培训班等,聘请专家学者上专题党课。邀请江苏科技大学马克思主义学院、人文科学院副院长郭昭昭教授开授“弘扬长征精神、牢记初心使命”纪念建党98周年专题讲座。推进“党员讲学”平台,将学习贯彻中共十九大精神与全面加强机关政治建设结合起来,运用“学习强国”App,每周一次群电子通报,每半月一期纸质通报,确保机关党员参与学习活跃度稳定在90%以上。 (机关工委 董军林)

【支部建设】 2019年,扬中市委市级机关工委全面实施党支部质量提升工程,指导市医保局支部创成五星党支部,机关年年有五星突破,创建数量和创建质量在镇江辖市区均名列第一。配合全市机构改革,指导市级机关各单位及时成立党组织,选优配强党务干部。围绕提升基层组织力,以组织体系建设为重点,根据“1+N”分片挂钩联系的方式,选配1名专职组织员,17名兼职组织员,直接参与对挂钩联系单位党员队伍建设和基层党建工作的指导。严把党员发展入口关,与市委组织部联合举办首期发展对象培训班,继续推行党员答辩制、预审制,严把党员发展入口关。深化党员先锋亮绩、积分管理制度,规范党费收缴,开展新一轮机关党员示范岗创建。 (机关工委 董军林)

【创新创优】 2019年,扬中市委市级机关工委继续推进“小支部大联盟”和机关党建片区联动互学互评制度,重新优化调整片区成员单位,明确规定由各片区牵头单位分管党务书记作为片区召集人,统筹安排片区轮值开展活动。全年各片区轮值开展互动交流、主题党课、现场观摩等活动20余次,提高党建资源利用率,提供党务干部交流平台,增强党建活动的感染力和吸引力。借助《扬中日报》、网站、微信公众号,定期宣传经验做法,激发创先创优的动力。 (机关工委 董军林)

【“十佳优质服务科室”现场述评会】 2019年,扬中市委市级机关工委开展涉农涉企“优质服务科室”评比活动,表彰“十佳”先进。2019年“十佳优质服务科室”评比活动增设现场评审环节。述评会现场200余名大众评委参与评审,评审团成员包括各镇(街、区)领导干部代表及经济中心、财经中心、水农站、农业中心、科技办等基层负责人代表,村、社区两委领导班子代表、企业代表,市级机关作风效能监督员代表等。活动现场,评委和观众通过幻灯片了解参评部门涉农涉企服务工作。市纪委监委的工作人员当场封存述评评议表。根据评选规则,现场述评得分占比60%,社会评议得分占比40%,综合两项得分,市税务局耕地占用税和契税管理所、市城管局环境卫生管理科、镇江市住房公积金管理中心扬中分中心、市医保中心结算科、市公安局交警大队车辆管理所、市交通运输局综合计划科、市市场监督管理局市场交易监督管理科、市审计局固定资产投资审计科、市应急管理局危险化学品安全监督管理科、市图书馆获评“十佳优质服务科室”。(机关工委 董军林)

【效能提升】 2019年,扬中市委市级机关工委以作风建设为抓手,牵头组织20家作风效能成员单位优化《作风效能工作目标考核实施细则》。创新督查方式,以专项集中督查和监督组常态督查相结合的方式,开展明查暗访工作6次,通报重点问题23个,其他问题67个,均以《作风效能问题反馈函》形式反馈至各单位。启动“百员联百企”活动,首批30名监督员定点联系30家企业,以座谈交流、实景考察、调研核实等形式帮助企业解决困难。持续开展“效能零距离”座谈,召开座谈会5场,2个镇(街、区)、9个部门参与座谈,收集意见建议13条。 (机关工委 董军林)

【效能办明查暗访工作】 2019年4月,扬中市效能办组织年度首次明查暗访工作。监督活动中,各暗访组通过实地查看、关注环节、访谈群众等形式,暗访办公环境、工作秩序、服务质量,详细记录问题。通过“扬中热线”等渠道反映问题并跟踪调查,了解部门的受理态度和服务质效。暗访发现大多数单位工作人员严格遵守工作纪律,热情接待来访人员,服务质效显著提升。针对极少数服务意识不强、工作不在状态的情况,市效能办以《作风效能问题反馈函》的形式向有关单位反馈相关问题,要求迅速整改。（融媒体中心）

【扬中市与苏州大学马克思主义学院基层党建合作项目揭牌】 2019年5月24日,扬中市召开基层党建"五聚焦五落实"(聚焦基本组织、基本队伍、基本活动、基本制度、基本保障,把党的全面领导、党的坚强力量、党的号召要求、党的纪律规矩、党的关心服务落实到基层)重点工作研讨会,与苏州大学马克思主义学院就基层党建合作项目举行签约、揭牌仪式。会上,苏州大学马克思主义学院分别与市委组织部、八桥镇党委签订基层党建项目合作协议,"苏州大学马克思主义学院扬中党建研究院""苏州大学马克思主义学院扬中市八桥镇党性锤炼协同创新中心"揭牌。研讨会上,扬中市与苏大以八桥镇基层党建工作为例,结合省委基层党建"五聚焦五落实"工作要求,围绕利用小阵地发挥大作用、做好专业化组织员队伍建设、党性锤炼中心建设等内容展开讨论,双方表示将借助签约合作项目,依托党建研究、党性锤炼协同创新平台发挥各自优势,共同研究解决基层党建面临的新问题,推动扬中市基层党建高质量发展。（融媒体中心）

党校工作

【概况】 2019年,扬中市委党校以"不忘初心、牢记使命"主题教育和政治巡察整改落实为契机,立足主责主业,坚持改革创新,勇于担当作为,全面建设一流"红色党校"。全年举办各类主体培训班22期,培训学员2744人次,举办部门合作办班5期、7个批次,培训学员370人次,学员测评满意率在95%以上。全年确定8个调研课题,组织课题组成员深入镇(街、区)、村(社区)调研,发放调查问卷1000余份,召开专题调研座谈会30余场。（党校 蔡亚奇）

【培训工作】 2019年,扬中市委党校实施"培训提升"工程。聚焦主业主课,始终把习近平新时代中国特色社会主义思想作为干部培训的第一课,确保理论教育和党性教育占比不低于70%,其中党性教育不低于20%。突出高质量主题,举办"推动经济高质量发展专题培训班"等6期高质量发展专题培训班,全市500余名科级干部参加轮训。创新教学方式,采用案例式、互动式、论坛式、翻转课堂等现代教学方式,开设学员论坛、周末讲坛等学员自我展示平台,提高教学质量和效果。严格培训管理,创新采用项目化管理、学员自主管理、微信考勤、网上即时评课等管理手段,使党校教育培训过程成为学员党性锻炼提升过程。（党校 蔡亚奇）

【科研调研工作】 2019年,扬中市委党校坚持教研咨"三位一体"布局,围绕推进扬中高质量发展中的重点、难点和热点问题,以"市情调研镇区行"书记项目为抓手,全力做好科研咨政工作。聚焦问题选课题,有针对性确定"新中国成立70年来扬中发展的辉煌成就和历史经验"等8个调研课题。其中省委党校课题立项和省社科联课题立项各1个,镇江市委党校课题立项3个,镇江市社科联课题立项1个,扬中市级软课题立项1个。深入基层做调研,组织课题组成员深入镇(街、区)、村(社区)调研,发放调查问卷1000余份,召开专题调研座谈会30余场,到"第一现场",听"第一信息",看"第一手材料",明"第一情况"。完善机制强落实,制定实施《市委党校教学科研调研管理制度》《市委党校科研调研管理资助办法》,创新采用"科研积分管理"模式,月度工作例会汇报制度,每季度开展专项督查,加强科研调研的日常动态管理。务求实效抓转化,坚持教学出题目、科研做文章、成果进课堂,2项成果获全省党校系统第九届"优秀决策咨询奖一等奖"和"优秀科研成果奖三等奖",7项科研成果在镇江市党校系统获奖,3篇调研成果在扬中市委主办的《扬中通讯》《决策资讯》上刊发,其中《构建多元共治的城市基层党建工作新格局——关于扬中城市基层党建工作的实践探索》被评为市咨政课题二等奖。（党校 蔡亚奇）

【"习近平新时代中国特色社会主义思想基层宣讲百场行"活动】 2019年,扬中市委党校持续推进"习近平新时代中国特色社会主义思想基层宣讲百场行"活动,累计宣讲121场次,受众万余人。突出宣讲政治性,学深悟透党的创新理论,把握其精神实质和科学内涵,严守宣讲纪律,确保宣讲不跑调、不走样。突出宣讲通俗性,根据镇(街、区)、村(社区)、企业、学校等单位的实际情况,紧扣群众关心的热点、焦点问题,开展分众化宣讲,做到接地气。突出宣讲广泛性,主动延伸党校讲台,组建"党旗飘飘365"志愿宣讲队,组织"宣讲快车",走出校门广泛宣讲。党校6名教员入选全市中共十九届四中全会精神宣讲团。该活动获得2019年新时代文明实践创意项目大赛一等奖。（党校 蔡亚奇）

【新时代文明实践中心理论宣讲“红色”平台建设】2019年，扬中市委党校发挥“红色”平台牵头单位作用，与成员单位一起，全年开展理论宣讲活动248场，受众2.6万余人次。建机制促规范，成立理论宣讲“红色”平台建设领导小组，明确主体责任，健全挂钩联系、工作考核等制度，以制度机制规范宣讲活动开展。建队伍聚合力，吸纳48名学者型领导、专家学者、青年党员、岗位能手和“乡贤五老”组建理论宣讲志愿服务队，形成宣讲合力。建阵地夯基础，利用好“金山理论讲习所”、老干部宣讲团、党员远程教育等原有阵地，建设理论宣讲“红色讲堂”、阅读吧等活动阵地。

（党校 蔡亚奇）

2019年6月5日，扬中市新时代文明实践中心理论宣讲“红色”平台建设现场会 （党校供图）

【《学习参考》编印】2019年，扬中市委党校针对基层党员干部时政学习需要，编辑《全力开启全面从严治党新局面》《党的政治建设是党的根本性建设》《保持斗争精神 增强斗争本领》《坚定马克思主义信仰 谱写中国特色社会主义新篇章》《以初心和使命锻造伟大复兴的领航力量》《沧桑巨变七十载 民族复兴铸辉煌》《全面开启“中国之治”新境界》等12期《学习参考》，为机关部门和基层党组织提供第一手学习材料。

（党校 蔡亚奇）

【《市情研究》编发】2019年，扬中市委党校编发《传承红色基因 弘扬红色文化》《构建多元共治的城市基层党建工作新格局——关于扬中城市基层党建工作的实践思考》《天翻地覆慨而慷 太平地处太平时——新中国成立七十年来扬中发展的经验和启示》《做活“水”文章 打造“江岛水乡”——新时代扬中水生态环境建设研究》等6期《市情研究》，供市委市政府及相关部门决策参考，发挥党校智库作用。（党校 蔡亚奇）

老干部工作

【概况】2019年，扬中市落实老干部工作方针政策，保障老干部“两个待遇”，加强老干部思想政治建设，丰富老干部精神文化生活，全面提高老干部工作科学发展水平，各项工作协调有序推进。截至2019年12月31日，扬中市实有离休干部46人（含女性4人），其中由财政统发的行政事业单位28人，军转干部1人（安置在民政局），企业13人，垂直部门5人，易地安置的1人，去世5人。（老干部局 韦庆燕）

【老干部政治待遇落实】2019年，扬中市依托老干部党校做好全市离退休干部党支部书记、涉老组织党组织书记的政治理论教育培训。以学习习近平总书记关于老干部工作的重要论述、《中国共产党支部工作条例（试行）》解读、习近平新时代治国理政战略思想、《中国共产党第十九届中央委员会第四次全体会议公报》解读为主题，开展4次培训。以“加强离退休干部服务管理”和“离退休干部党支部‘六有一提升’（有党的领导、有支部班子、有工作制度、有组织活动、有作用发挥、有工作保障，提升党支部组织力）示范创建”为主题召开3次座谈会。组织原四套班子老领导、全市离退休干部党支部书记、赴浙江、南京雨花台和句容下蜀镇离退休党支部参观学习。组织全市涉老组织党支部书记赴台儿庄、徐州市老干部局开展党建工作暨党性修养学习。通过4次培训、3次论坛、2次活动，增强离退休干部党支部书记做好党建工作的责任感和使命感。组织四套班子老领导赴新坝镇、油坊镇调研2次。协调各镇区、各部门老干部党支部结对联谊活动12次。“七一”前夕，经开区离退休干部第二党支部书记戎厚高获评镇江市优秀党务工作者。在庆祝全国第七个老年节暨全市老干部情况通报会上，表彰离退休干部政治生活室10个，离退休干部“银发生辉”志愿服务先进个人10人。市委书记殷敏向全市老干部老同志通报全市经济社会发展情况。（老干部局 韦庆燕）

【老干部生活待遇落实】2019年，扬中重视离休干部“三项机制”（离休费保障机制、医药费保障机制、财政支持机制）建设，保证离休干部能按时足额领取离休金。做好离休人员医疗费管理年度衔接工作。做好离休干部居家养老服务工作，为41名老干部提供居家服务,财政支付费用18.6万元。协调、处理服务需求事件60余起。"三八"妇女节,走访慰问7名全市离休和四套班子退休女干部。推进离休干部看病就医"三有一落实"(有就医绿色通道、有家庭签约医生、有医疗特困帮扶机制,落实好离休干部提高享受医疗待遇政策)工作,提高补助标准,扩大范围,受补助人员18人;落实"提高享受副司级医疗待遇"标准报销医疗费的相关规定,符合条件的7名离休干部已享受待遇。开展家庭医生签约服务工作,为离休干部提供健康管理、上门巡诊、用药指导、疾病监控和预约转诊等医疗服务,截至年底,与44名离休干部签约,签约率100%。2019年,在全市开展离退休干部结对大走访活动。高温期间,慰问全市近87名离退休干部和副县处级老领导;重阳节期间,市委书记殷敏专程走访慰问副县处级老领导;全年探视生病住院的老干部50次。(老干部局 韦庆燕)

【"组织建设年"工程】 2019年,扬中市老干部局分层推进"组织建设年"工程。社区(村)党支部建设全覆盖有序推进。将社区(村)离退休干部党支部建设全覆盖纳入全市基层党建"书记项目"加以推动。赴三茅街道、油坊镇、新坝镇调研,明确社区(村)党组织建设全覆盖时间表、路线图。拓展涉老社团党组织功能作用,在涉老党组织中开展"涉老组织党建政治引领功能与社团治理功能深度融合"有奖课题调研,上报有深度、能复制、可推广的经验做法的文章10篇。机关党组织模块化设置初步构建,根据扬中机构改革部门转隶组建工作方案,拟定离退休干部安置方案,印发《关于在机构改革中做好离退休干部归属交接工作的通知》。除电影公司和影剧院外,其余35个部门全部划转到位,保证离退休干部原单位合并,人仍在组织中,为推动市级机关离退休干部党组织模块化设置、集约化管理打下基础。落实《党建工作联系点》制度,召开党建工作联系点会议,制定2019年党建工作联系分工表,列出全年党建工作联络点计划。全年各片区联络员走访联系点52个党支部,协调解决支部建设困难15个。

(老干部局 韦庆燕)

【"六有一提升"工程】 2019年,扬中市老干部局全力推进"六有一提升"工程。规范制度强动力。印发《关于创建离退休干部党支部"六有一提升"示范点的通知》,将"六有一提升"示范点考核评分细则细化为25项条目,推动离退休干部党支部标准化、规范化和特色化建设。培扶7家有良好工作基础的离退休干部党支部成功申报镇江市级"六有一提升"示范点,其工作经验通过学习资料的形式在全市印发推广。通过"成熟一个验收一个"的方式,11月,上报11个离退休干部党支部为第二批镇江市级创建单位和10个达标单位,召开创建"六有一提升"专题支部书记座谈会。逐个走访暂不申报的离退休干部党支部,逐条梳理考核细则,强调创建要求,促进完善提升。对于支部本身不能解决的难题,帮助联系支部所在党委部门协调解决,确保2020年年底创建示范点达标率100%,打造1~2个省级示范点。

(老干部局 韦庆燕)

【"银龄之家"信息化工程】 2019年,扬中市老干部局推进"银龄之家"信息化工程。完善"扬中老干部"网站和微信公众号建设。建立"扬中老干部"抖音号,推送优质视频,展示老干部风采。各离退休干部党支部明确1名党建通讯员,建立离退休干部党支部书记及党建通讯员"微信群",指导党支部建立各自的支部微信群,分享最新的学习资料,搭建起学习交流的平台,营造"比学赶帮超"的浓厚氛围。

(老干部局 韦庆燕)

【老年活动开展】 2019年,扬中市老干部局组织实施"新时代老干部报告团"理论宣讲活动。在老干部宣讲团中组织10名政治坚定、理论水平高、表达力强的老同志成立"新时代老干部报告团"。以学习习近平新时代中国特色社会主义思想为主题,报告团团长、市老干部党校校长郑云撰写宣讲资料6万字。报告团成员开展集中备课、集中试讲,保证宣讲质量。截至年末,开展宣讲41场次,受众8000人次。11月,郑云、孙国荣参与全市十九届四中全会的宣讲。组织实施"两下乡两弘扬"主题文化活动。围绕庆祝新中国成立70周年主线,以送文艺节目下乡、送文化指导下乡,弘扬新思想、弘扬优秀文化"两下乡两弘扬"为主题,创作快板《十九大精神指航程》、舞蹈《今日农村美如画》等优秀节目。市老干部合唱团开展文化活动20场,培训文艺骨干120名。组织实施"银发生辉"志愿服务活动,成立市"银发人才工作站",建立"银发生辉"志愿者队伍。5月22日,举行"银发人才工作站"成立大会暨"银发生辉"志愿服务行动启动仪式,通过《扬中日报》向社会公众发布26项志愿服务项目。指导开展老干部文化养老活动,开展诗词书画交流活动,举办"我和我的祖国"庆祝中华人民共和国成立70周年老干部专场文艺演出,开展庆祝新中国成立70周年"福彩杯"大型书画展。

(老干部局 韦庆燕)

扬中市人民代表大会

综　述

【概况】 2019年，扬中市人民代表大会召开常委会会议6次，主任会议16次，听取和审议“一府两院”工作报告16项，作出决议、决定14项，开展执法检查2项、视察活动15次，依法任免国家机关工作人员68人次。扬中市十七届人民代表大会第四次会议有代表183人，其中女性代表50人。市人大常委会把保障经济发展、促进民生改善、发挥代表作用、提高专业能力作为工作重点，紧扣高质量发展大局，围绕推动优化营商环境、推进水污染防治、促进养老服务业和基层医疗卫生事业发展、代表议案建议督办等方面，依法行使职权，较好地完成市十七届人大三次会议确定的各项任务。关于养老服务工作的调研报告获得江苏省人大调研成果评比二等奖。 （人大办 张慧）

【国有资产监督】 2019年，扬中市建立国有资产报告制度，强化人大对国有资产的监督职能，提升国有资产使用效益。督办“优化营商环境，促进民营企业发展”重要建议，从政务环境、创新环境、资源配置环境、市场环境入手，综合施策，夯实实体经济基础。依法审查监督国民经济和社会发展计划、财政预算决算，推动整改同级审计发现的问题，调研“十三五”规划纲要执行情况，批准2019年市本级预算调整。专题督查精准扶贫工作，建议建立长效帮扶机制，推动信息共享、部门联动、社会参与。 （人大办 张慧）

【法律监督】 2019年，扬中市人大维护党领导法治建设的主导地位，履行法律监督职责。出台《关于推行政府民生实事项目人大代表票决制工作的实施意见》，组织代表全面参与民生实事征集工作。视察“七五”普法规划实施情况，调研人民陪审员制度落实、刑事执行检察工作，开展“食品安全法”执法检查，审议“扫黑除恶”专项工作，督促强化司法联动，保持对盗抢骗、非法集资、黄赌毒、食品药品环保等领域违法犯罪的高压打击力度，用法治力量保障全市高质量发展。（人大办 张慧）

【民生项目督办】 2019年，扬中市完善市政府向市人大报告环保工作机制，审议2018年环境状况和环境保护目标完成情况。启动“水污染防治法”执法检查，督办“多措并举，凝聚合力，切实打好水污染防治攻坚战”议案办理工作，形成人大与政府互动共进机制。聚焦民生热点，视察养老服务工作，审议校外培训机构整治情况，督办“加强基层医疗卫生机构建设，提升基本公共卫生服务水平”重要建议。推动提升城乡环境，视察城建重点工程建设，视察“八位一体”农村基本公共服务运行情况。 （人大办 张慧）

【代表作用发挥】 2019年，扬中市密切联系人民群众，开展“各级人大代表统一接待选民日”活动。常态化推进代表接待选民活动，全市各级人大代表通过代表之家、接待选民站，接待群众1790余人次，推动解决问题356个。把“三联三助”（联系选民、助推民生改善，联系选区、助推管理创新，联系企业、助推经济发展）主题活动与推进“三大攻坚战”（防范化解重大风险、精准脱贫、污染防治的攻坚战）有机结合，引导广大代表在助力防范重大风险、助力污染防治上，献计建言，提出合理化建议108条，在助力精准脱贫上，帮扶贫困人员181名，扶持金额33万元。首次将上年度滚动办理的建议纳入当年议案建议同时交办。通过加大督办力度，代表对建议办理的满意率97.2%，比上年提高7个百分点。 （人大办 张慧）

重要会议

【十七届人民代表大会第三次会议】 2019年1月4—7日，扬中市十七届人民代表大会第三次会议召开。预备会议前,表彰优秀市人大代表、先进代表活动小组,优秀议案和建议、建议办理先进工作单位和个人。会议听取和审议市人民政府工作报告、市人大常委会工作报告、市人民法院工作报告、市人民检察院工作报告,审查和批准市2018年国民经济社会发展计划执行情况和2019年国民经济社会发展计划的报告(书面)、市2018年财政预算执行情况和2019年财政预算(草案)的报告(书面),审议市政府关于市十七届人大二次会议代表议案和建议办理情况的报告。(人大办 张慧)

2019年1月5日,扬中市第十七届代表大会第三次会议开幕 (融媒体中心供图)

【十七届人大常委会第十五次会议】 2019年2月28日,扬中市十七届人大常委会召开第十五次会议。会议作出关于接受朱建强辞去市政府副市长职务的决定,审议通过市人大常委会2019年工作要点以及市政府关于环境保护年度目标完成情况的报告,会议通过其他人事任免事项,集中向机构改革后部分新任命的市政府组成人员颁发任命书。 (人大办 张慧)

【十七届人大常委会第十六次会议】 2019年4月26日,扬中市十七届人大常委会召开第十六次会议。会议作出关于接受高琴、黄克良辞去市第十七届人民代表大会代表职务请求的决定,听取和审议关于2018年度全市行政事业性国有资产管理情况的专项报告,审议关于2018年度全市国有资产管理情况的综合报告。会议听取和审议市政府关于2018年市人大常委会相关审议意见落实情况,通过相关人事任免事项。

(人大办 张慧)

【十七届人大常委会第十七次会议】 2019年6月28日,扬中市十七届人大常委会召开第十七次会议。会议听取和审议关于2018年财政决算(草案)的报告、关于2018年财政预算执行和其他财政收支审计工作的报告,作出关于批准市2018年财政决算的决定。会议听取和审议市政府关于规范校外培训机构情况的报告,听取市人大常委会执法检查组关于检查《中华人民共和国食品安全法》(简称《食品安全法》)贯彻实施情况的报告。会议对3名镇江市人大代表开展述职评议,通过相关人事任免事项。 (人大办 张慧)

【十七届人大常委会第十八次会议】 2019年8月30日,扬中市十七届人大常委会召开第十八次会议。会议听取和审议市政府关于"优化营商环境,促进民营企业发展"重要建议办理以及"扫黑除恶"工作情况报告,对市卫健委主任周春燕、市法院副院长王彤、市检察院副检察长张正祥开展述职评议。 (人大办 张慧)

【十七届人大常委会第十九次会议】 2019年10月31日,扬中市十七届人大常委会召开第十九次会议。会议作出关于任命陈晓斌为市政府副市长的决定,关于接受陈秋明、卢朝晖辞去市政府副市长职务请求的决定,关于接受孙廷俊辞去市第十七届人民代表大会代表职务请求的决定。会议听取市政府关于2019年地方政府隐性债务工作情况报告、市人大常委会执法检查组关于《中华人民共和国水污染防治法》(简称《水污染防治法》)贯彻实施情况的报告,听取和审议市政府关于代表建议办理情况的报告、关于"加强基层医疗卫生机构建设,提升基本公共卫生服务水平"重要建议办理情况的报告。 (人大办 张慧)

【十七届人大常委会第二十次会议】 2019年12月20日,扬中市第十七届人大常委会召开第二十次会议。会议听取和审议市政府关于2019年财政预算调整(草案)的报告、关于国民经济和社会发展"十三五"规划纲要中期实施情况的报告、市人大常委会工作报告,作出关于批准2019年市财政预算调整的决定,听取和审议市政府关于"多措并举,凝聚合力,切实打好水污染防治攻坚战"议案办理情况的报告,并开展专题询问,会议审议市十七届人大四次会议有关事项,作出关于召开市十七届人大四次会议的决定、关于表彰2019年优秀代表议案和建议的决定、关于表彰2019年市人大代表建议办理工作先进单位和先进个人的决定。会议作出关于接受倪道宏辞去镇江市第八届人民代表大会代表职务请求的决定、关于接受吴明成辞去市人民政府副市长职务请求的决定、关于接受岳益民辞去市人民法院院长职务请求的决定、关于朱晓军为市人民法院代理院长的决定,补选孙丽君为镇江市第八届人民代表大会代表,

会议通过其他人事任免事项。 （人大办 张慧）

重要工作

【保障机构改革推进】 2019年，扬中市人大常委会支持和参与机构改革方案制定、组织实施工作，按程序依法任命政府工作部门组成人员，保证党组织推荐的人选依法成为国家政权机关工作人员，确保政府机构改革顺利推进。常委会组织16名拟任职人员进行任前法律知识考试，依法任免国家机关工作人员68人次。依法组织被任命人员宪法宣誓。开展加强任后监督，对3名政府部门及“两院”负责人开展述职评议。

（人大办 张慧）

【政情通报会】 2019年7月31日，扬中市人大常委会组织召开市政府工作情况通报会。会议通报扬中市上半年政府工作情况及下半年工作安排。部分市人大代表分别围绕统筹城乡发展、建设美丽乡村、优化企业用工环境、开展安全环保联合监管、提升城市管理能力、建设文明城市等议题作专题发言。（人大办 张慧）

2019年7月31日，扬中市人大常委会组织召开市政府工作情况通报会。 （人大办供图）

【统一接待选民日活动】 2019年11月15日，扬中市人大常委会开展“各级人大代表统一接待选民日”活动，全市349名四级人大代表聚焦“不忘初心、牢记使命——听取民意、反映民情、解决民忧”主题，在67个选民接待点，接待选民1749人次，现场解答问题617条，收集意见、建议和诉求1094件，经归纳整理形成338件代表建议，其中属于镇江及扬中市层面的128件，其余均由镇(街、区)人大转办、交办和督办。

（人大办 张慧）

【《食品安全法》执法检查】 2019年5月，扬中市市、镇人大上下联动，开展《食品安全法》执法检查，市人大常委会邀请市场监管局、农业农村局、公安局等相关部门以及各镇(街区)集中座谈交流，组织部分市人大代表和相关部门实地检查博联农贸市场、生猪屠宰场、八桥农贸市场以及部分学校食堂和相关食品生产企业，形成执法检查报告，就深入法规宣传、加强队伍建设、加大巡查力度、完善考核机制等方面提出审议意见。

（人大办 张慧）

【《水污染防治法》执法检查】 2019年6月，扬中市人大常委会与镇江市人大常委会联合启动《水污染防治法》执法检查，以“七看七查”为重点，看水生态环境保护制度建设、组织领导、宣传教育、目标责任、考核体系建立情况，查贯彻执行国家、省、市有关法律法规规定是否严格、法规政策是否配套、工作覆盖是否全面；看水污染防治标准、规划和监督管理制度执行情况，查水环境执法以及河长制(断面长制)、总量控制、生态补偿机制等举措落实是否到位；看中央、省级环境保护督察交办的突出水环境问题是否整改到位，查群众反映强烈的水环境问题是否得到高度重视和有效治理；看重要河流、重点水域生态环境保护和修复情况，查水环境保护目标是否完成、水环境质量是否限期达标；国省考断面是否按期消除劣Ⅴ类水体；看饮用水源保护区规划建设和水质状况，查《镇江市饮用水源地保护条例》贯彻落实情况，饮用水安全保障措施是否全面落实；看城镇水系整治和污水管网、生活污水收集、处理设施建设运行以及垃圾收集处置和配套设施运营情况，查黑臭水体治理是否如期推进；看工业、企业集聚区、农业面源、船舶港口等重点领域水污染防治情况，查污水处理设施是否完善、运行是否正常，畜禽养殖业粪污利用和处置是否有效、船舶港口污染治理措施是否落实，通过调研视察、听取汇报、开展座谈、召开推进会等形式，收集意见建议，就强化普法宣传、促进水质达标、突出防治重点、完善监管体系等方面提出审议意见。

（人大办 张慧）

【水污染防治专题询问会】 2019年12月20日，扬中市十七届人大常委会第二十次会议听取和审议市政府关于“多措并举，凝聚合力，切实打好水污染防治攻坚战”议案办理情况报告，开展专题询问。10名市人大代表围绕超前谋划推进系统治理、立足职能提高治理实效、统筹兼顾加强项目管理、保障投入提升治理水平等方面提出询问，市政府相关职能部门主要负责人现场答询，拓展监督的深度和广度，推动相关水污染问题的解决。 （人大办 张慧）

议案建议办理

【概况】 2019年，扬中市十七届人大三次会议期间，收到代表提出的议案和建议243件。上年度滚动办理建议8件，全年办理建议251件。其中代表10人以上联名提出的议案45件，被确定为大会议案1件、重要建议2件，即："多措并举，凝聚合力，切实打好水污染防治攻坚战"议案，"优化营商环境，促进民营企业发展""加强基层医疗卫生机构建设，提升基本公共卫生服务水平"2件重要建议。从答复情况看，在规定期限内均已书面答复代表。从反馈意见看，代表对建议书面答复情况表示满意的250件，表示基本满意的1件。从办理结果看，代表建议中所提问题已经解决、基本解决的63件；所提建议已列入计划，正在实施或近期将实施的180件；所提建议受客观条件制约暂时难以办到，有待创造条件解决的8件。代表明确表示2020年需继续办理的3件。（人大办 张慧）

【议案办理情况】 "多措并举、凝聚合力，切实打好水污染防治攻坚战"是扬中市十七届人大三次会议确定的大会议案，市政府采取多项措施做好议案办理工作。重点实施应急整治工程、片区雨污分流改造、污水处理能力提升、农村水环境治理四大工程。建成并智能化运营应急截污泵坑65个，对不具备截污条件的河道采取一体化污水设施就地处理，建成运营一体化污水设施2座；推进"政府+大企业"的EPC（工程总承包）治水模式，全面实施建成区5大片区雨污分流工程，全年完成雨污分流改造面积330公顷，新增雨污水管道240千米；回购沙家港污水处理厂，建成运营西来桥镇污水处理厂，有序推进油坊镇、八桥镇污水处理厂扩容工程，全市污水日处理能力提升至8.7万吨；全面推进集镇雨污分流改造和污水主干管网建设，完成农村改厕1600户，清淤疏浚城乡河道、池塘280条（个），完成90个村庄的生活污水治理工程。优化治水管水机制，严格执行水环境治理技术参照要点，加强现场抽查管理，引入第三方质量监管；丰富补水体系。增加联丰港、永勤港两条补水路线，丰富圩网水路，开展清淤疏浚、断头河打通、阻水坝改造等工作；加强水系沟通和生态修复，制定河道贯通方案，重点实施断头河改造、阻水坝头拆除，同步推进岸带修复、植被恢复、水体生态净化等生态修复技术；优化管水模式，全面推进河长制，严格执行排水许可管理制度，完善涉水设施建设、移交、管护机制。强化治水工作保障，加强统筹调度，定期召开水环境治理周例会、月例会、联席会议。将水环境治理工作纳入各地各部门高质量发展考核，加大权重比例；加强长效管理，制定内河内港水质监测方案，在线监控27条骨干河道入江排口水质；加强资金筹集，争取上级各类政策性资金，用足用好城投绿色债，加强自营性项目合作。（人大办 张慧）

【重要建议办理情况】 对于"加强基层医疗卫生机构建设，提升基本公共卫生服务水平"重要建议的办理，市政府主要领导、分管领导多次听取办理情况汇报，专题会商医共体建设、基层医疗机构提档升级。市政府突出资源配置、队伍建设、能力提升等重点环节，加强基层卫生机构建设，全力提升服务水平。加强硬件建设，在城西新增社区卫生服务中心，拆除重建丰裕门诊部、永胜门诊部，创成"江苏省示范村卫生室"21个，覆盖率55.26%，位列镇江第一。召开全市医共体建设推进大会，印发医共体建设和发展的实施意见，制定医共体内双向转诊标准和实施方案，推进优化全面协作。聚集队伍建设，开展多形式招聘，乡镇卫生院全部实施新绩效分配方案，组织专业能力培训，逐步增强基层服务内生动力。各乡镇卫生院立足职能转变，做实家庭医生签约服务，做细公共服务项目，结合专科特色和发展实际，选取特色发展方向。

对于"优化营商环境，促进民营企业发展"重要建议的办理，市政府从企业发展需求出发，为企业"送信息、送政策、送服务"，营造良好发展环境。优化整合各类扶持奖励政策和资金，全面落实各项减税降费政策，为各类企业减轻负担11.2亿元，其中新一轮减税降费3.9亿元。稳妥防范化解金融风险，1—7月新增实体经济企业贷款16亿元，不良贷款余额和不良贷款率实现"双降"。深化服务创新，在全省率先建立工业企业高质量发展统计监测体系，"不见面"审批和"3550"改革成效明显，创业创新环境评价综合排名列镇江辖市区首位。加快集聚创新动能，申报省"双创计划"项目23个、镇江"金山英才计划"项目22个，科技进步贡献率68.8%。截至6月底，全市有民营企业1.39万户，个体工商户2.87万户，从业人员分别为15.42万人和3.75万人，注册资本总额1912.17亿元。1—6月，全市规模以上民营工业企业实现销售275.44亿元，占全市规模以上工业销售的91.37%。（人大办 张慧）

扬中市人民政府

综 述

【概况】 2019年,扬中市坚持高质量发展的主旋律,迎难而上、拼搏实干、担当作为,经济社会发展平稳有序,基本完成市十七届人大三次会议确定的目标任务。全年地区生产总值487.83,比上年增长6%,完成一般公共预算收入34亿元、增长3.76%,城乡居民人均可支配收入分别5.78万元、3.06万元,增长7.8%、8.3%,列2019年度"全国中小城市综合实力百强县(市)"第23位。

在产业转型上聚焦聚力,在营商环境上精准发力,推动实体经济稳中有进、稳中向好。经济运行进中提质。面对光伏和船舶行业波动的不利局面,扬中市引导工程电气企业深耕主业、精耕细作,全年销售收入突破320亿元,发挥"压舱石"的作用。新旧动能加速转换。始终把创新作为驱动高质量发展的"主引擎"。新增省知识产权示范园区2个,新认定国家高新技术企业92家、国家科技型中小企业97家。高新区获批国家高新技术产业化基地,大全集团入选全国质量标杆企业,仁德新能源创成国家级绿色工厂。项目建设破难提速。招引新韩通造船总部、云企智造共享工厂等亿元以上项目33个,长城汽车蜂巢易创核心零部件、中南高科产业园等项目加速推进,领誉防弹纤维、江岛高铁内饰件等16个亿元以上项目竣工。完成制造业投资53亿元,技改投资25亿元。涉企服务扎实有效。深化"放管服"改革,建立市镇两级代办服务体系,以一流的营商环境激发市场主体活力和社会创造力。设立汽车零部件、扬中徐工、科技人才等基金,新增挂牌上市企业16家,转贷周转金服务企业300余家,减税降费7.22亿元。

坚持城市发展和生态环境协调共进,在生态建设上持续发力,在环境整治上真抓实干,努力推动生态优势向发展优势转变,获"省生态环保领域真抓实干奖"。深入推进水环境治理。投入8亿元,市、镇、村三位一体推进水环境整治。完成城西、建设片区水环境治理工程,建成城东第二污水通道,实施雨污分流改造330公顷,新增雨污水管网240千米,清淤管网290千米。治理90个村庄生活污水,建成油坊镇、八桥镇、西来桥镇污水处理厂,污水处理能力提高到8.7万吨。深入推进污染防治攻坚。扎实开展化工企业"四个一批"专项整治,关闭搬迁重组化工企业10家,完成电镀、喷涂行业专项治理。推进垃圾分类试点,建成运营3个镇级餐厨废弃物处理中心。空气质量优良天数比例、PM2.5平均浓度完成年度任务。深入推进城乡环境整治。加强沿江生态修复,严厉打击长江非法采砂,完成长江扬中段渔民退捕。整改拆除河道"两违"项目86个,新增长江两岸造林绿化35.87公顷。扎实开展农村人居环境整治,"八位一体"运行维护机制入选首批全国农村公共服务典型案例。

抓基层、强基础、保基本,集中力量办实事、办急事、办难事,不断推动民生事业发展有质量、上档次、高水平。推进城乡建设现代化。有序实施扬子新村、原建宁农贸市场片区旧城改造,开工建设吾悦广场。加快推进天然气高压管线、丰裕110千伏输变电工程。完成雷公岛直达通道一期和堤顶公路南江段、环太段大修,提档升级农村公路35千米。建成市博物馆、人防应急疏散基地。推进公共服务均等化。交付使用明珠幼儿园,开工建设市第二幼儿园、云腾幼儿园、恒大幼儿园。开展全省首批紧密型医共体试点,新增名医工作室9家。完成市社会福利院"公建民营"改革,建成市级老年活动中心,启用残疾人"三大中心"。推进社会保障立体化。调整优化医保报销待遇和经办模式,实现全国异地就医住院费用联网结算。城乡低保、特困人员供养标准分别提高至750元/人/月、975元/人/月,基本完成脱贫攻坚任务。推进社会治理网格化。扎实推进"扫黑除恶"专项斗争,打掉恶势力犯罪集团2个、恶势力团伙4个。开展化工、粉尘涉爆、有限空间等领域安全生产专项整治,快速妥善处置"8·6"危化品运输车苯泄漏事故。强化社会矛盾排查化解,获评"七五"普法中期全国先进县(市、区)。

(政府办 耿慧)

2019 年扬中市十件实事进展情况一览表

表 3

序号	项　目	进展情况	主办单位	协办单位	完成情况
1	建成市级老年活动中心，新增标准化居家养老服务中心 3 家、标准化老年活动中心 5 家	建成市级老年活动中心，新增标准化居家养老服务中心 3 家、标准化老年活动中心 6 家	民政局	相关镇街区	已完成
2	增设城西社区卫生服务中心，改建丰裕、永胜门诊部	城西社区卫生服务中心：完成装饰设计方案的更改、装饰工程预算；改建丰裕永胜门诊部：土建工程竣工，内装饰工程基本完成	卫健委	八桥镇 三茅街道	达序时
3	完成农村公路提档升级 30 千米	完成 35 千米	交通运输局	财政局 八桥镇 三茅街道	已完成
4	新增城镇就业 1 万人、再就业 2000 人	新增城镇就业 1.1 万人、再就业 2182 人	人社局	—	已完成
5	推行机关、企事业单位停车场错时对外开放	制定《行政中心园区停车场错时对外开放实施方案》，行政中心园区停车场错时对外开放已准备到位，待收费标准确定后实施对外开放；推进行政中心北侧停车场建设，为扩大错时对外开放区域做准备	机关事务管理中心	—	达序时
	新建停车泊位 1200 个	新增停车泊位 1200 个	自然资源和规划局	经济发展局 住建局	已完成
6	建成城区排口截污设施 40 座	已建成城区排口截污泵坑 65 座	水务集团	住建局 自然资源和规划局 水利局 市政园林工程处 三茅街道	已完成
7	全面推进城东、城南、城北片区水环境治理，完成城西建设片区水环境整治，实施雨污分流改造 500 公顷，基本消除建成区黑臭水体	城西片区与建设片区水环境整治已完成；城东、城南、城北三大片区治水工程采取 EPC 模式加速推进，其中，城东片区 EPC 工程，完成绿扬路、民主路、健康路、拥军路、扬子东路、民主路、兴盛路、江洲东路等 10 余条道路雨污水主干管道建设正在实施中园新村、民主村一号点、中桥新村、英雄社区等小区雨污分流改造；城北片区 EPC 工程首个工程——宜禾路雨污水管道工程进场施工，城南片区目前正在进行施工前的准备工作。全年新增雨污管网 240 千米，河道水质明显改善	水务集团	住建局 自然资源和规划局 水利局 市政园林工程处 三茅街道	达序时
8	建设城东污水第二通道	已完成	水务集团	住建局 自然资源和规划局 三茅街道 经开区	已完成
9	实施油坊镇污水处理厂扩容改造	正在试运行	油坊镇	住建局 水务集团	已完成
	实施八桥镇污水处理厂扩容改造	正在试运行	八桥镇	住建局 水务集团	已完成
	建成西来桥镇污水处理厂	基建主体及配套工程已完工	西来桥镇	住建局 水务集团	已完成

续表 3

序号	项　目	进展情况	主办单位	协办单位	完成情况
10	清淤疏浚城乡河道 253 条	疏浚县级河道 6 条(三茅大港、扬子河、建中河、联丰港、杜家港、团结港),长度 25.65 千米,疏浚土方 29.37 万立方米;城区重要河道 1 条(明珠湾),长度 2.38 千米,疏浚土方 2.5 万立方米;乡级河道 22 条,总长度 24.5 千米,疏浚土方 14.18 万立方米;62 个行政村(社区)疏浚整治村庄河塘 279 条,总长度 91.6 千米,完成疏浚土方 69.6 万立方米	水利局	城投公司 各镇街区	已完成
	完成农村改厕 1000 户	全年完成改厕 600 户	卫健委	各镇街区	已完成

(政府办 耿慧)

重要会议

【市政府全体(扩大)会议】 2019 年 3 月 20 日,市政府召开全体(扩大)会议,深入贯彻国家、省市相关会议精神,动员全市各级、各部门科学作为,履职尽责,全面推进政府各项工作的开展。会上,各分管副市长递交 2019 年度安全生产责任书;各镇(街、区)负责人领取《2019 年度高质量发展目标任务书》;会议印发 2018 年各镇街区工作成绩单、2019 年高质量发展目标任务书,2019 年度“十件实事、百项重点”工作目标责任分解表。经开区、市商务局、市行政审批局、水务集团分别作表态发言。会议要求,围绕优化环境促发展,优化思想环境,凝聚共识、合力攻坚,提振干事创业的精气神,做到面对压力不畏难,面对改革不迷茫,面对严规不消极,面对责任不懈怠,攻坚克难、不破不立、遵规守纪、担当落实,汇聚起干事创业的智慧力量;优化经济环境,稳中求进、以进固稳,跑出高质量发展的加速度,确保转型升级有质变效应,项目建设有裂变效应,园区建设有叠加效应;优化创新环境,集聚资源、激发活力,持续优化整合各类政策,完善创新体系建设,继续防范化解风险,打造推动发展的新引擎;优化生态环境,综合施策、铁腕推进,加快黑臭水体治理进度,加大污染防治攻坚力度,提升突出问题整治高度,增加生态岛城的含金量;优化城乡环境,协同协调、精细精致,完善基础设施配套,提升城市管理水平,深入实施乡村振兴战略,提升城市发展的竞争力;优化民生环境,以人为本、共建共享,以更实的举措促进富民增收,精准科学配置公共服务,持续深入创新社会治理,增强广大群众的获得感。 (政府办 耿慧)

【市政府常务会议】 2019 年,扬中市人民政府召开常务会议 6 次。

4 月 8 日,市政府召开第一次常务会议。讨论事项有:一、听取 2019 年债务化解方案及平台公司市场化转型方案汇报;二、听取“五大攻坚战”推进落实情况汇报;三、听取关于空气质量情况汇报;四、听取《扬中市供水规划(2017—2030 年)》编制情况汇报。

6 月 5 日,市政府召开第二次常务会议。讨论事项有:一、听取扫黑除恶专项斗争工作情况汇报;二、讨论《扬中市严重失信违建人联合惩戒实施办法(试行)》;三、讨论《2019 年度扬中市突出贡献企业评选办法》;四、讨论《完善扬中市参加医疗保险人员外出就医管理办法》和《调整扬中市居民基本医疗保险相关政策》;五、讨论《扬中市银行业金融机构目标管理考核暂行办法》;六、听取扬中市与江苏省国家开发银行合作情况汇报。

7 月 11 日,市政府召开第三次常务会议。讨论事项有:一、听取扬中市“扫黑除恶”专项斗争工作整改落实情况汇报;二、听取扬中市消防安全重大风险评估报告及购置举高消防车情况汇报;三、听取扬中市耕地轮作休耕整体推进工作情况汇报;四、讨论《扬中市镇(街、区)综合治税工作考核暂行办法》;五、讨论《关于进一步加强全市国有资产管理的实施意见》和《扬中市征收拆迁收购类资产管理办法》;六、听取第二批赋予新坝镇经济社会管理权限事项汇报;七、听取有能集团、华鹏集团农行不良贷款处置情况汇报;八、听取关于增资扬中市融资担保公司的情况汇报;九、听取水环境治理工程购买质量监督服务情况汇报;十、听取阶梯水价改革和污水处理费调整方案汇报;十一、听取民用天然气顺价疏导方案汇报。

9 月 18 日,市政府召开第四次常务会议。讨论事项有:一、讨论《扬中市农村集体聚餐食品安全管理办法(试行)》;二、听取关于深化综合行政执法体制改革工作情况汇报;三、听取关于深化相对集中行政许可权改革工作情况汇报;四、听取关于建立扬中市企业破产处置协调联动机制相关情况汇报;五、听取《扬中市国有(集体)资产出租交易操作流程》修订情况汇报;六、听取中扬公交公司公交车更新、城北次枢纽启动、长效补贴机制、驾驶员及随车安保招聘等情况汇报;七、听取城投公司米兰香榭、中扬康居苑、浩云湾专家楼、步行街等相关房产处置情况汇报;八、听取人防易地建设费清缴整改情况汇报;九、讨论《扬中市人民政府文件合法性审核办法》;十、听取法治政府建设示范创建工作的情况报告。

9月30日,市政府召开第五次常务会议。讨论《扬中市机动车停放服务收费管理暂行办法》。

11月18日,市政府召开第六次常务会议。讨论事项有:一、讨论《扬中市政府信息公开实施办法》《扬中市政府信息公开工作考核实施细则》《扬中市政府信息公开工作过错责任追究实施细则》《关于建立扬中市政府信息公开工作社会评议制度的通知》;二、讨论《扬中市知识产权专项资金管理办法》;三、讨论《扬中市市级科技创新专项资金管理办法》;四、听取新社区筹建工作情况汇报;五、听取非居民用天然气销售价格调整情况汇报;六、讨论三跃中心小学建设方案相关事宜;七、讨论《扬中市居住区配套幼儿园规划建设管理办法》;八、听取幸福花苑三期三标段相关事宜汇报;九、讨论《长江扬中段全面退补和建立补偿制度实施方案》;十、讨论《保险业金融机构支持扬中高质量发展考核暂行办法》;十一、听取关于执行省标(企业社会保险缴费基数)过度方案的汇报;十二、听取下岗、失业转业志愿兵(士官)再就业工作情况汇报。 (政府办 耿慧)

行政审批工作

【概况】 2019年2月26日,扬中市行政审批局揭牌成立。市行政审批局将政府相关部门的有关行政许可职责,以及市政务服务管理办公室的行政职能划入,作为市政府工作部门,对外加挂市政务服务管理办公室牌子,不再保留承担行政职能的事业单位。全年政务服务中心各窗口受理各类行政审批(服务)事项9.67万件,其中即办件42269件,承诺件54459件,现场办结率45.77%。公共资源交易中心完成各类招投标项目217个,其中建设工程招投标项目87个,控制价25.57亿元,中标价21.38亿元,节约金额4.19亿元,节支率16.38%,政府采购项目92个,控制价1.17亿元,中标价1.06亿元,节约金额1094.04万元,节支率9.35%,国有产权交易项目32个,起始价3005.38万元,成交价3266.52万元,增值261.14万元,增值率8.69%,农村土地流转项目6个,起始价和成交价均为163.77万元。“12345”热线受理话务业务4.34万件,直接办结2.12万件,三方通话742件,派送工单2.15万件,及时办结率99.2%,满意率99%。 (行政审批局 唐安)

【“一件事”改革】 2019年,扬中市行政审批局根据省市统一部署,针对企业群众需办理的一个事项,涉及到一个以上政务服务项目,需到一个(多个)或多层级部门不同窗口办理的“一揽子事”,梳理编制“一件事”目录清单。12月,公布50个企业群众关注度高的“一件事”;再造办事流程,梳理“一件事”办理环节,重点对多个部门审批环节予以取消整合。 (行政审批局 唐安)

【政务服务平台建设】 2019年,扬中市行政审批局推进政务服务平台建设。指导各相关部门全面完成政务服务(公共服务)事项实施清单及办事指南标准化、规范化建设整改工作。截至12月,依托江苏政务服务网在线运行的事项1127项,其中不见面事项1109项,不见面率98.4%。推进实体平台建设,出台《关于建立完善基层“互联网+政务服务”体系的实施意见》《扬中市“互联网+政务服务”体系向基层延伸实施细则》,推动全市6个镇(街、区)、80个村(社区)为民(便民)服务中心挂牌。优化政务服务大厅功能布局,推动不动产关联业务集中进驻,设置不动产水电气联办区等集成办理区域,推进不动产业务“一站式”办结。

(行政审批局 唐安)

【规范公共资源交易行为】 2019年,扬中市公共资源交易中心发挥公共资源交领导小组和市水环境治理工作综合监督组成员单位,加强指导、协调和监督检查,建立联动执法工作机制,协调开展专项执法检查和集中整治,打击和遏制公共资源交易活动中的违法违规行为。修订印发《扬中市国有(集体)资产出租交易操作规程》,规范操作程序。 (行政审批局 唐安)

【“不见面”开标系统建设】 2019年,扬中市公共资源交易中心推进“不见面”开标系统建设,改造开标室,安装监控设备,部署推流服务器,推动施工类项目全部启用“不见面”开标流程,实现“线下不见面”和“线上面对面”。6月24日,扬中市首个采用“不见面”开标系统的红星国际生活广场二期地库土建及安装工程在市公共资源交易中心完成开评标，整个开标过程用时15分钟，创下“史上最短”开标时间记录。

（行政审批局 唐安）

2020年6月24日，扬中市首个“不见面”开标工程完成开评标 （行政审批局供图）

【热线智能化提升】 2019年，扬中市行政审批局推进热线平台智能化提升工作。4月，市行政审批局调研南通、涟水和昆山等地“12345”热线平台建设，在吸收先进地区建设经验和结合扬中实际基础上，形成热线提升方案。12月底，按计划完成包括实体平台升级改造和“12345”热线民生大数据分析系统两项核心工作。大数据分析系统的建成解决扬中市“12345”热线传统数据统计、分析方法效率较低，不能精准交办群众合理诉求工单的有关问题。 （行政审批局 唐安）

应急管理工作

【概况】 2019年2月27日，扬中市应急管理局挂牌成立。机构改革后，市应急管理局及时梳理市级应急预案，印发《关于组织开展市级事故灾难和自然灾害类专项应急预案修订工作的通知》，完善应急预案，13个牵头部门完成事故灾难类19件，自然灾害类9件，新编预案1件。年内开展预案演练200余次，处理“8·6”苯泄漏事故，拟成立扬中市自然灾害应急救援总指挥部。建立“1+3”（由市政府主要领导担任总指挥，下设抗震救灾、防汛防旱、地质灾害防治3个专项指挥部）模式的全市自然灾害应急救援总指挥架构。加强基层应急能力建设。推进镇（街、区）“六有”（有班子、有机制、有预案、有队伍、有物资、有培训演练）和村（社区）“三有”（有场地设施、有装备物资、有工作制度）为内容的基层应急能力标准化建设工作。建立市、镇（街、区）安全运行综合监管机制，完善党政同责、一岗双责、齐抓共管、失职追责的安全管理责任体系，下发《关于对基层应急能力标准化建设工作检查的通知》，检查各镇（街、区）基层能力标准化建设，10月底通过镇江市局的抽查。完善应急管理信息化建设。按照《江苏省应急管理信息化发展规划（2019—2022）》和《江苏省应急管理信息化2019年建设任务书》的总体部署，同步实施指挥信息网接入网建设。准备完成机房、设备、网络，视频会议室等，安装完毕江苏省厅统一投放的防火墙、交换器等设备。强化各专业领域的安全监管，年初，召开全市安全生产工作会议，市政府与6个镇（街、区）和45个部门签订安全生产目标管理任务书，全市签订安全生产责任状6800余份、承诺书5600余份。在9个安全生产监管任务较重的行业领域设置专业委员会，明确工作职责和制度，强化各专业领域的安全监管。扬中市实现连续第17年无较大事故的防控目标，全年发生生产安全事故39起，死亡19人。无发生较大以上及有影响的生产安全事故。

年内，扬中市消防救援大队印发《今冬明春火灾防控工作方案》《“防风险保平安迎大庆”消防安全执法检查专项行动工作方案》。3月12日，召开全市安全生产暨消防安全工作会议，将火灾防控各项工作任务条块化、精细化、具体化，确保落地见效。5月20日、7月31日，市消防救援大队分别向扬中市政府提交《消防安全重大风险评估报告》《扬中市消防安全形势分析评估报告》。组织全市98名消防控制室值班人员分三批赴镇江消防技能培训基地复训，推动55家社会单位接入镇江市消防设施联网监测系统，43家重点单位完成消防安全标准化达标创建。年内，出动检查警力2500人次，检查单位1250家次，下发《责令改正通知书》542份，发现火灾隐患和违法行为923处，督促整改火灾隐患945处，下发《行政处罚决定书》35份，《临时查封决定书》49份，责令三停单位12家，提请政府挂牌督办重大火灾隐患单位2家并按期整改销案。

（应急管理局 徐贤卉）

【应急管理局组建】 2019年，根据机构改革的统一部署，整合将原安监局、应急办的职责，公安局消防管理职责，民政局救灾职责，国土局地质灾害防治职责，水农局水旱灾害防治职责，农委森林防火相关职责，地震局抗震救灾相关职能进行划转，以及对防汛防旱、减灾、抗震救灾、护林防火等指挥部（委员会）职责，组建成立应急管理局，2月27日挂牌。根据三定方案，市应急管理局主要有五大职责：负责应急管理。拟订应急管理政策、编制应急体系、编制应急预案,开展预案演练;负责应急救援。指导协调安全生产类、自然灾害类等突发事件的应急救援、统一协调各类应急专业队伍、统筹应急救援力量建设;负责消防管理。负责消防监督、火灾预防、火灾扑救等工作;负责协调火灾、水旱灾害、地震和地质灾害的防治工作;依法行使安全生产监督管理职权。 (应急管理局 徐贤卉)

【地震监测】 2019 年,扬中市做好强震动台和地震预警烈度速报系统的日常管理,确保仪器设备正常运转,相关信息正常传输。调整新建宏观观测点 2 个,加强宏观观测点管理,观测记录及时、准确、真实,异常现象上报及时、科学、有效。地震微观观测方面,省属深井观测台站项目建设进展顺利,仪器设备已安装调试结束、工作用房已建成。 (住建局 郭佩芝)

【地震体验馆建成】 2019 年,扬中市地震体验馆建成并投入使用。该馆由扬中市住建局、扬中市人防办共同投资兴建,位于扬中市人防体验馆内,总面积 200 平方米。馆内通过图文画面科普地震知识,内容涵盖地震概述、地震自救互救、应急避险、地震常识等科普知识,地震模拟小屋通过三折幕动态投影及地震模拟平台让参观者直观体验地震,设置触摸屏便于查阅地震自救措施等内容。该馆是镇江市内首个县级地震科普馆,以期提升公众防震减灾意识,提高应急避险能力。 (住建局 郭佩芝)

【消防救援大队授衔、换装仪式】 2019 年 1 月 9 日,扬中市消防救援大队举行授衔和换装仪式,消防救援大队全体指战员身着“火焰蓝”新制服参加仪式。新制服在样式上变动不大,延续传统制服庄重大气的样式,在配色与细节上有一定改动,更符合当前消防队伍的身份与任务特性。新制服的基色为“火焰蓝”。仪式上,消防救援大队大队长带领全体消防指战员庄严宣誓。 (融媒体中心)

2019 年 1 月 9 日,扬中市消防救援大队举行授衔和换装仪式 (融媒体中心供图)

【消防文化主题公园揭牌】 2019 年 11 月 9 日,扬中市“119 消防宣传月”启动暨消防文化主题公园揭牌仪式在江洲广场公园举行。江洲广场消防文化主题公园集中展示消防救援队伍建设成果,开辟消防文化宣传的阵地,形成消防宣传教育常态化、多元化、立体化的新格局。活动现场展示消防文化主题公园布展和消防器材装备。 (融媒体中心)

2019 年扬中市火灾综合情况表

表 4

项目		火灾综合情况				消防队出动情况			战斗成果	
		起数	死亡人数	受伤人数	直接损失(万元)	出动起数	出动人次	出车辆次	抢救人员(人)	抢救财产价值(万元)
合计		26	2	0	468.25	164	1376	273	19	838
一季度	小计	6	0	0	11.94	33	295	55	3	91.1
	一月	1	0	0	1.98	10	93	17	0	22.6
	二月	2	0	0	9.36	12	102	18	2	27
	三月	3	0	0	0.6	11	100	20	1	41.5
二季度	小计	6	1	0	388.69	59	499	94	5	390.7
	四月	1	0	0	376.04	13	117	22	1	120
	五月	2	1	0	5.56	28	223	41	2	57.5
	六月	3	0	0	7.08	18	159	31	2	213.2

续表4

项目		火灾综合情况				消防队出动情况			战斗成果	
		起数	死亡人数	受伤人数	直接损失（万元）	出动起数	出动人次	出车辆次	抢救人员（人）	抢救财产价值（万元）
三季度	小计	3	0	0	10.3	33	261	54	4	133.5
	七月	1	0	0	1.18	14	112	24	2	32
	八月	1	0	0	4	6	51	10	0	46.5
	九月	1	0	0	5.1	13	98	20	2	55
四季度	小计	11	1	0	57.3	39	321	70	7	222.7
	十月	3	1	0	36.5	13	104	24	2	59
	十一月	3	0	0	15.5	13	110	22	3	72
	十二月	5	0	0	5.3	13	107	24	2	91.7

（应急管理局 徐贤卉）

【安全生产隐患大排查大整治】 2019年3月27日，扬中市召开安全生产大检查工作部署会，汲取盐城响水“3·21”特别重大爆炸事故教训，部署全市安全生产大检查工作。制定下发工作方案，全面部署扬中市隐患大排查大整治活动。市应急管理局邀请专家对全市所有化工企业（15家）逐一检查，查出隐患78条，其中重大隐患28条，下发责令限期整改指令书15份，停产停业整顿7家，所有隐患全部整改完毕。联合各镇（街、区）每日巡查化工企业，采取抽查形式，严肃查处现场作业隐患。组织检查建筑施工、交通运输、特种设备等重点行业领域行业，紧盯发现的问题隐患抓好整改，立案查处违法行为。（应急管理局 徐贤卉）

【安全生产专项整治】 2019年12月5日至2020年12月5日，扬中开展为期一年的安全生产专项整治。此次安全生产专项整治坚持条块结合、联动推进，覆盖所有重点行业领域和各镇（街、区）、各类园区。根据全市安全生产工作现状和2019年安全生产大排查大整治发现的突出问题，整治行动具体在化工、危险化学品等20个行业领域深入开展。专项整治分4个阶段开展，基本完成大排查大整治发现隐患问题的整改。2020年1月起，聚焦重点部位、重点环节开展新一轮专项整治，采取突击检查、明查暗访、随机抽查、回头检查等多种方式，开展督查检查重点地区、重点行业、重点企业，对突出问题和重大隐患的整改实施跟踪督办、闭环管理，推动问题隐患整改落实。截至12月，每个行业领域已成立专项整治工作组，明确一名分管市领导负总责，一家行业主管部门牵头负责，行业主管部门主要领导为第一责任人。（应急管理局 徐贤卉）

【安全生产监督执法】 2019年，扬中市组织开展高处危险作业、应急管理、工伤事故专项执法检查。立案查处153件，其中事故处罚8件，事前处罚145件（化工企业20件，烟花爆竹经营单位17件，工贸企业108件），事故处罚金额152.96万元，事前处罚金额200.89万元，事前立案占总立案数的94.77%，案均值1.39万元，其中5万元以上案件12件。及时完成各起亡人生产安全责任事故的调查，事故按期结案率100%，严肃查处生产安全事故责任单位和有关责任人，做好行政执法与刑事司法的衔接，严格依法追究相关责任人的刑事责任，涉及失职渎职的一律启动“一案双查”。

（应急管理局 徐贤卉）

【安全生产重点行业领域监管】 2019年，扬中市印发《关于集中开展“安全生产集中执法月”活动的通知》《扬中市冶金工贸行业安全生产专项执法检查工作方案》等文件，突出危化品、交通运输、建筑施工等十个重点行业领域，在全市范围内组织安全生产集中执法月活动。组织冶金工贸行业专项执法检查，完成对扬中市唯一一家冶金企业福达特钢的专项检查。邀请省级粉尘专家检查扬中市所有静电喷涂生产线，深层次发现问题，及时发现该领域重大事故隐患，确保行业领域安全稳定。（应急管理局 徐贤卉）

【安全生产约谈】 2019年12月17日,扬中市安委办约谈半年内连续发生两起亡人生产安全事故方荣兴金属表面处理有限公司。被约谈方荣兴金属表面处理有限公司深刻剖析两起事故发生的原因,强化落实整改及下步安全生产工作措施情况,幸福社区、西来桥镇分别汇报履行属地管理主要存在的不足和问题以及下步重点工作措施情况。 (应急管理局 徐贤卉)

【安全生产月活动】 2019年5月31日,扬中市召开“安全生产月”动员会,总结2018年活动情况,部署2019年活动安排,迎接全国第十八个“安全生产月”。2019年安全生产月活动主题是“防风险、除隐患、遏事故”。集中开展动员部署活动、横幅标语宣传活动、主题宣讲活动、“6·16”安全生产宣传咨询日活动、安全生产宣传教育“七进”活动、警示教育活动、应急演练活动以及各具特色的行业性活动等9项活动。各地、各部门和单位结合自身实际,通过明察暗访专题行、危化品安全生产专题行、典型宣传专题行、安全生产专题行4项专题,推动安全生产重点工作落实。

(应急管理局 徐贤卉)

【应急宣传教育】 2019年,扬中市围绕应急管理中心工作,通过特色宣传教育活动,普及应急安全科普常识,有效防范化解安全事故,提高全民应急安全意识,提升公众安全素质。开展“安全生产月”宣传咨询日活动,发放《中华人民共和国安全生产法》《中华人民共和国职业病防治法》《单位消防知识手册》《特种设备安全法》《气象防灾减灾科普》《电梯安全乘坐常识》等各类安全咨询资料1300余份。通过部署开展“安全生产月”、“安全生产万里行”、“5·12”防灾减灾宣传、“11·9”消防宣传周等系列活动,通过微信公众号平台和《应急管理动态》以及与省、市各类媒体合作,向民众宣传应急救援、安全生产、减灾避险常识。梳理扬中市近期发生的生产经营单位亡人事故,编印《事故警示教育汇编》,向社会发放1000余册。 (应急管理局 徐贤卉)

【“8·6”苯泄漏事故处理】 2019年8月6日,238省道八桥镇心安桥路口北10米处,牌照为冀JP7952的红色危化品运输车与牌照为苏BN6699的运输车发生碰撞,其中冀JP7952车身标注“苯乙烯”,车内装有29.78吨苯,因碰撞导致苯泄漏。事故发生后,扬中市消防救援大队、公安局、应急管理局、生态环境局、人武部、卫健委、交通运输局、公路管理处等部门赶赴现场。八桥镇启动突发事件应急预案,关闭河道闸门,筑坝挡水,调运筑坝所需的设备和材料,第一时间调集扒机3台,运输车辆30台,40分钟筑起4道拦截坝。八桥镇成立6个专业组,150余名镇、村两级干部、民兵在事故发生地集结待命。根据苯易燃易爆且有毒的特性以及现场情况,制定出初步救援方案。根据专家意见,确定警戒区域,疏散事发地50米范围内的24户群众,撤离至八桥中心小学临时安置点。市环境监测站对事发地附近的水源和大气进行检测,指挥部结合专家意见,确定450米的污染水源范围。6日11:51,经检测29.78吨苯全部流出,两道坝完成截流。是日,100余人、18台泵24小时不间断工作抽出污水,并运至丹阳和云工业废水处置有限公司,丹阳新材料工业园区减少产能,腾出污水处理空间,配合扬中应急救援工作。7日,指挥部召开紧急会议,确定增设一道坝,增加泵3台,分段抽水;预备吨桶1500个,桶装无法及时送至丹阳处理的污水,暂时存放至华生新材料有限公司仓库,派专人看管;请求上级政府给予污水转运、接收方面的支援。8日5:30,污染水源基本抽出。生态环境局实时监测数据显示,现场大气和水体的各项指标逐渐恢复。8日,镇江市再次增加救援力量,调拨泰州市10台槽罐车,增加运输能力;协调常州民生环保科技有限公司,接收300吨污水。9日,污染水源的处理工作基本结束,抽出污水3246吨,清理淤泥239.66吨,生态环境部门监测结果表明,事发地周边环境影响范围内空气质量及水体未检出苯含量。6日8:38至9日21:37,“8·6”危化品运输车苯泄漏事故成功处置。 (融媒体中心)

机关事务工作

【概况】 2019年,扬中市机关事务管理中心发挥党政机关公务用车、办公用房监管和公共机构节能管理等职能,夯实安全保卫、餐饮服务、会务服务和物业管理等服务保障措施,提升机关事务高质量发展水平。3月28日,根据江苏省委《关于市县机构改革的总体意见》《扬中市机构改革方案》和镇江市委编办《关于扬中市承担行政职能事业单位改革实施方案的批复》,市机关事务管理局更名为市机关事务管理中心,更名后职能不变。 (机关事务管理中心 于维)

【公务用车管理】 2019年,扬中市机关事务管理中心加强公车平台集中监管,与相关单位签订党政机关公务用车委托管理协议,严格车辆运行费用审批。2019年下半年,34辆公务用车使用费用节约50%。加强车辆行车轨迹日常检查,联合市纪委、财政局等部门抽查公务用车定点停放情况。严格车补审批,破解机构改革后车补发放的难题,严把发放关。

(机关事务管理中心 于维)

【公共机构节能】 2019年,扬中市机关事务管理中心加强公共机构节能组织领导,印发《关于印发〈2019年公共机构能源资源节约和生态环境保护工作要点〉的通知》,制定全年综合能耗目标计划。推进节约型机关建设,印发《扬中市节约型机关建设实施方案》及《扬中市建设节约型机关评价指标》,开展定期检查、随机抽查,对发现问题单位下发整改通知。2019年,全市公共机构人均综合能耗比上年下降3%。

(机关事务管理中心 于维)

【办公用房管理】 2019年,扬中市机关事务管理中心协调推进机构改革办公用房调整,调整优化13个部门的办公用房。市机关事务管理中心以整合现有资源、从严从紧执行标准、利于腾退盘活利用、集中安排方便管理等原则,多措并举推进全市涉改单位办公用房调整工作。机关事务管理中心摸底调查,陆续走访应急管理局、市自然资源和规划局、退役军人事务局等一批新组建和重新组建的部门,了解单位人数及办公用房现状及用房需求,提出办公用房调整建议。制定方案,统筹推进,依据《党政机关办公用房管理办法》《党政机关办公用房建设标准》,根据相关单位办公人员实际情况,在严格遵守办公用房使用标准基础上,调整优化13个部门的办公用房,制定机构改革涉改单位办公用房调整方案。制定《扬中市机构改革办公用房调整方案》,推进方案落实,腾退临街办公用房近万平方米,提高办公用房使用效率。开展全市党政机关办公用房巡检、抽查和信息统计报告工作,开展省、市管干部办公用房专项检查,均未发现违规行为。完成行政中心宴会厅新一轮招租,发挥国有资产保值增值作用。

(机关事务管理中心 于维)

【安全保卫】 2019年,扬中市机关事务管理中心与36家驻行政中心单位以及下属单位签订安全责任状,对外包公司的安全监管工作,实行“分别负责、归口管理、协调配合、齐抓共管”的管理措施。加强对重点设施、重点区域、重点部位等检查,抓好隐患排查治理。组织开展安全知识培训3次,参培人数120余人。优化反恐维稳、消防疏散和群访等应急预案,提升安全应急反应能力。行政中心园区全年未发生安全责任事故。

(机关事务管理中心 于维)

【餐饮服务】 2019年,扬中市机关事务管理中心打造健康饮食,合理控制菜肴中油、盐、糖的使用量。拓宽服务面,增设近20种点心和10余种“净菜”,为机关干部职工生活提供便利。创新服务方式,推出机关饮食服务中心微信公众号,发布每日食谱、价格公示,设置在线解答、点心预定、意见反馈和饮食文化宣传等板块。规范就餐卡使用,清理整治200余张,取消外带打包窗口,改善就餐秩序;通过硬件改造、人力资源整合、集中采购、规范仓库管理等,提升管理效率。

(机关事务管理中心 于维)

【会务服务】 2019年,扬中市机关事务管理中心完善规范员工行为考核制度、请休假制度等,开展业务练兵和技能培训,坚持每月座谈制度,确保机制更顺畅、思想更进步、业务更精湛。坚持全方位服务原则,会前检查、会中沟通、会后总结,节节不落。实施明珠厅音响改造,升级会议服务硬件设施。全年服务大小会议280余场次,完成第十二届委员会第六次会议、市政府全体(扩大)会议、全市庆祝建党98周年暨市委理论学习中心组学习(扩大)会、市“扫黑除恶”专项整治等重大会议会务服务。 (机关事务管理中心 于维)

【后勤服务保障】 2019年,扬中市机关事务管理中心严把行政中心各项外包服务项目“质量关”,对物业管理、卫生保洁、绿化改造、花木租摆、设备维护等外包服务项目,加强质量考评和服务监管。做好维修服务保障,全年处理报修事项660余起。对物资申领坚持以旧换新,减少浪费,低值易耗品消耗量下降4.7%。实施行政中心北侧停车场建设和园区道路黑色化工程,推进机关事业单位停车场错时对外开放,着力解决停车难问题。分批实施行政中心园区外墙出新。

(机关事务管理中心 于维)

政协扬中市委员会

综 述

【概况】 2019年,扬中市政协围绕“营造良好营商环境,推动经济高质量发展”“强化综合整治,着力提升城市交通品质”组织常委会专题协商。围绕侨资企业发展、散乱污企业整治、团员青年政治引领、医联体建设、安全生产、“省四好农村路”示范创建、长江生态旅游岛建设、重点产业项目建设、城乡水环境整治、特殊教育、政府性债务化解、刑事案件律师辩护全覆盖、老年活动中心和标准化养老中心建设等,组织委员开展专题协商、专项视察、民主监督活动。组织委员民主评议市城管局厨余垃圾方面提案办理工作,十届三十三次主席会议督办《关于营造大学毕业生返乡创业发展环境的建议》《关于加强238复线过境货运车辆管理的建议》2件重点提案。组织委员听取市政府关于全市上半年经济社会发展情况的通报、关于市政协十届三次会议以来委员提案办理情况的通报、全市纪检监察工作情况通报。认真做好提案和反映社情民意信息工作。组织开展庆祝人民政协成立70周年系列活动。2019年,扬中市政协委员175人,其中中共界29人,民主党派界8人,无党派界16人,经济界27人,工商联界23人,工会界6人,团委5人,妇联5人,科协4人,文化艺术界5人,科技界5人,教育界10人,新闻出版界3人,医疗卫生界8人,农业和农村7人,社会福利保障3人,侨台界6人,民族宗教界4人,特邀1人。

(政协办 胡婕)

2019年各地政协视察、考察扬中情况一览表

表5

时间	视察、考察单位	交流内容
3月13日	陕西省渭南市白水县政协	考察政协工作
3月19日	江苏省镇江市政协	考察调研激发民营经济新动能工作
4月12日	辽宁省朝阳市北票市政协	考察学习人才队伍建设方面的经验做法
5月16日	江苏省无锡市江阴市政协	考察学习教育信息化工作
5月27日	全国政协常委、副秘书长、全国工商联副主席黄荣	考察调研军民融合发展工作
5月31日	江苏省扬州市宝应县政协	考察制造业高质量发展工作
6月5日	江苏省镇江市政协	开展“助力蓝天保卫战”监督视察活动
6月11日	江苏省镇江市政协	开展“助力蓝天保卫战”监督视察活动
6月19日	内蒙古自治区包头市九原区政协	考察学习健康促进县创建工作
6月20日	江苏省盐城市射阳县政协	考察学习教育均衡化建设工作
7月10日	江苏省镇江市政协	开展“助力蓝天保卫战”监督视察活动
9月5日	江苏省镇江市政协	调研督查全市政协工作会议精神贯彻落实情况

续表 5

时间	视察、考察单位	交流内容
9 月 17 日	江苏省镇江市政协	调研落实“两康”理念，建设健康镇江工作
9 月 24 日	江苏省镇江市政协	开展“不忘初心、牢记使命”主题教育实境教学活动
10 月 15 日	江苏省扬州市江都区政协	考察项目建设
10 月 16 日	江苏省镇江市政协离退休老干部	参观扬中渡江文化园、扬中市党性锤炼中心
10 月 22 日	江苏省镇江市政协	调研视察推进放心农资体系建设，召开主席会议
11 月 12 日	江苏省南通市通州区政协	考察学习政协工作的先进经验
11 月 13 日	江苏省镇江市政协	开展“助力蓝天保卫战”监督视察活动

（政协办 胡婕）

重要会议

【市政协十届三次会议】 2019 年 1 月 4—6 日，扬中市政协十届三次会议召开。会议听取和讨论市委书记潘早云所作的《凝聚走在高质量发展前列的强大合力》的讲话；赞同市长张德军所作的政府工作报告；赞同市人民法院工作报告、市人民检察院工作报告以及其他报告；赞同市政协主席施健华所作的常务委员会工作报告和副主席黄成刚所作的提案工作报告；表彰2017—2018 年度优秀政协委员及市政协十届二次会议以来的优秀提案，提案承办先进单位、先进个人，优秀社情民意信息员，先进委员活动小组；审议通过提案和委员联络委员会关于十届三次会议提案初步审查情况的报告；通过大会决议。（政协办 胡婕）

2019 年 1 月 4 日，政协扬中市十届三次会议开幕

（融媒体中心供图）

【市政协常委会议】 2019 年，扬中市政协十届常务委员会举行 5 次常委会议。

1 月 4 日，举行十届十三次常委会议。报告十届三次会议准备情况；通过会议日程安排；通过大会秘书长、副秘书长及秘书处主要工作人员建议名单；通过主席、常委轮值建议名单；通过委员分组名单及各讨论组召集人建议名单。

4 月 9 日，举行十届十四次常委会议。传达学习全国“两会”精神；动员部署在委员中开展“助力高质量发展，政协委员在行动”主题活动；协商决定辞去、增补委员及有关人事事项；通报 2019 年市政协重点工作。

7 月 24 日，举行十届十五次常委会议。听取市政府关于上半年全市经济社会发展情况的通报；审议通过《营造良好营商环境，推动经济高质量发展的建议案》；协商决定委员请辞、增补事项。

10 月 23 日，举行十届十六次常委会议。审议通过《强化综合整治，着力提升城市交通品质的建议案》；听取市政府关于市政协十届三次会议以来委员提案办理情况的通报；传达学习习近平总书记在中央政协工作会议暨庆祝中国人民政治协商会议成立 70 周年大会上的讲话精神和省委政协工作会议精神。

12 月 19 日，举行十届十七次常委会议。听取 2019 年度全市纪检监察工作的情况通报；协商决定市政协十届四次会议召开的时间、地点、参加对象和议程等；协商决定有关委员和人事事项；协商决定十届三次会议以来的优秀提案，提案承办先进单位、先进个人，优秀社情民意信息员，先进委员活动小组；讨论修改十届政协常委会工作报告和提案工作报告。（政协办 胡婕）

【市政协主席会议】 2019 年，扬中市政协召开 13 次主席会议。

1 月 29 日，召开十届二十七次主席会议。讨论研究市政协 2019 年工作安排；研究确定 2 月主要工作安排;协商确定重点提案。

2月21日,召开十届二十八次主席会议。审议通过《市政协2019年工作要点》;协商讨论委员主题活动方案;协商讨论市政协领导领办重点提案、专委会督办重要提案方案;协商讨论辞去1名政协委员资格事宜;研究确定3月主要工作安排;协商讨论《2019年度市政协党组落实全面从严治党主体责任清单》。

3月29日,召开十届二十九次主席会议。协商决定十届十四次常委会议召开的时间、地点、对象及议程;协商讨论有关委员和人事事项;讨论通过庆祝人民政协成立70周年活动方案;协商讨论拟提请市委召开全市政协工作会议相关事宜;研究确定4月主要工作安排。

4月30日,召开十届三十次主席会议。研究确定5月主要工作安排。

5月30日,召开十届三十一次主席会议。研究确定6月主要工作安排;传达学习全国地方政协工作经验交流会精神。

6月28日,召开十届三十二次主席会议。协商讨论委员请辞、增补事项;协商决定十届十五次常委会议召开的时间、地点、对象及议程;协商讨论市政协文史资料室筹建方案;协商讨论《营造良好营商环境,推动经济高质量发展的几点建议》;研究确定7月主要工作安排;协商讨论有关人事任免事项。

8月1日,召开十届三十三次主席会议。协商督办《关于营造大学毕业生返乡创业发展环境的建议》《关于加强238复线过境货运车辆管理的建议》2件重点提案;研究确定8月主要工作安排。

8月30日,召开十届三十四次主席会议。研究确定9月主要工作安排。

10月8日,召开十届三十五次主席会议。讨论修改《关于强化综合整治,着力提升城市交通品质的几点建议》;研究确定10月主要工作安排。

10月31日,召开十届三十六次主席会议。研究确定11月主要工作安排。

12月5日,召开十届三十七次主席会议。协商决定十届十七次常委会议召开的时间、地点、对象及议程;讨论市政协十届四次全会召开的时间、地点、参加对象和议程;协商讨论有关委员和人事任免事项;讨论研究十届三次会议以来的优秀提案,提案承办先进单位、先进个人,优秀社情民意信息员,先进委员活动小组建议名单;讨论修改市政协常委会工作报告和提案工作报告;研究确定12月份要工作安排。

4月10日,市政协召开驻会主席办公会,协商讨论提请市委召开政协工作会议相关事宜;协商讨论《关于加强和改进新时代人民政协工作的若干意见》《关于充分发挥中共党员政协委员在政协工作中先锋模范作用的意见》。9月6日,市政协召开驻会主席办公会,讨论确定《庆祝人民政协成立70周年各类征集作品奖项设置、奖金金额的方案》;协商讨论《庆祝人民政协成立70周年图片书画展布展方案》。 (政协办 胡婕)

【市政府、市政协重点工作交流会】 2019年2月27日,扬中市政府、市政协联合召开重点工作交流会。市政协主席施健华通报2019年市政协主要工作安排,其中包括安排“营造良好营商环境,推动经济高质量发展”“强化综合整治,着力提升城市交通品质”2次常委会专题协商;就散乱污企业整治、医联体建设、长江生态旅游岛建设等14个课题,组织委员开展专项视察、民主监督活动;听取市政府关于全市上半年经济社会发展情况的通报、关于市政协十届三次会议以来委员提案办理情况的通报、全市纪检监察工作情况通报;民主评议市城管局提案办理工作,主席会议督办重点提案;认真做好提案和反映社情民意信息工作;组织开展人民政协成立70周年系列庆祝活动;在全体委员中开展“助力高质量发展,政协委员在行动”主题活动,推进“委员之家”建设等。市委副书记、市长张德军通报市政府年度重点工作。 (政协办 胡婕)

参政议政和提案工作

【概况】 2019年,扬中市政协提案和联络委员会征集到委员提案248件,经审查并案33件,不予立案6件,立案209件。其中集体提案3件,委员联名提案34件。所立提案中,属于经济建设方面的36件,占17.2%;城乡建设管理方面的88件,占42.1%;科教文卫方面的25件,占12%;农村工作、政法民政和社会保障方面的54件,占25.8%;其他方面的6件,占2.9%。截至2019年10月底全部办复。从办理情况看,提案所提问题已经解决、基本解决的有69件,占33%;已制订计划、逐步组织实施的有129件,占61.7%;受客观条件制约暂时无法办到,有待创造条件解决的有11件,占5.3%。从反馈情况看,委员对办理工作满意率100%。全年收到委员反映的社情民意信息97条,编发简报26期,被市委、市政府领导批示6期,向省、镇江市政协报送信息6条。常三五、姚毅、徐彩凤、吴圣华、姚月萍、季忠银、张春生被市政协评为2019年度优秀社情民意信息员。 (政协办 胡婕)

【关于营造良好营商环境,推动经济高质量发展的建议案】 2019年4—7月,扬中市政协就营造良好营商环境,推动经济高质量发展开展专题调研。在肯定全市营商环境建设工作取得成绩基础上,针对生产要素成本偏高、服务承载能力较弱、体制机制不够完善等问题提出建议。建议全面深化“放管服”改革,通过加强各级政务服务平台建设、完成行政权力事项清单调整工作、推动更多服务事项进驻市政务服务大厅、加速一网集成等举措,进一步优化审批流程,提高服务质效,提升审批服务的便民化水平,降低企业时间成本;通过引入竞争机制、加强土地使用监管和清理整治、提供更多金融信贷支持、强化人才招引等,有效解决燃气、土地、融资成本过高及人才短缺的问题,切实压降生产要素价格,降低企业经济成本;通过加强信用信息平台建设、诚信政府建设、法治环境建设,营造公平诚信市场环境;加强组织领导,通过建立健全优化营商环境工作协调和推进落实机制、营商环境评价指标体系、营商环境激励考核机制,健全优化营商环境的体制机制。

(政协办 胡婕)

【关于强化综合整治,着力提升城区交通品质的建议案】 2019年7—10月,扬中市政协就强化综合整治,着力提升城区交通品质开展专题调研。在肯定全市城市交通工作取得成绩基础上,针对工作中存在的停车难问题突出、公共交通发展层次不高、道路交通基础设施不够完善、交通管理和服务水平有待提高等问题提出建议。建议突出规划引领,坚持适度超前、科学高起点谋划全市道路基础设施建设,切实维护规划刚性,严格按规划执行;落实公交优先战略,通过强化资金扶持、加快公交基础设施建设、推进公交运营能力提档升级等,大力发展公共交通;通过加快公共停车设施供给、改造老旧小区扩大停车容量、从严实施建筑物停车配建标准、调整优化路内停车泊位设置、大力支持停车产业化发展等,多措并举,切实缓解城区停车难;推行精细化管理,突出重点路段整治,倡导绿色文明出行等,不断提升交通管理水平。 (政协办 胡婕)

【市政协视察侨资企业发展工作】 2019年5月14日,扬中市政协视察侨资企业发展工作。实地察看江苏美科硅能源有限公司、江苏亿能电气有限公司,听取市侨联工作情况通报,提出建设覆盖市、镇(街区)、村(社区)三级的侨联组织,以机构改革为契机,完善市侨联内部机构建设;多措并举,推进服务平台建设;整合涉侨资源,形成“多侨联动”机制;加大宣传力度,扩大侨联工作影响力等建议。会后,市政协整理相关建议以《参政议政专报》报送市委、市政府及相关部门参考。市政协主席施健华,市委常委、组织部部长、统战部部长黄子来,市政协领导陆国平、蒋相根、兰云林参加视察活动。

(政协办 胡婕)

【市政协民主监督散乱污企业整治工作】 2019年5月21日,扬中市政协民主监督散乱污企业整治工作。实地察看经开区三跃社区废旧物品回收点、镇江市华盛静电喷漆有限公司以及市三维锅炉有限公司,听取市生态环境局、经济发展局、城管局等部门关于“散乱污”整治举措以及下一阶段整治工作的情况介绍,提出要有“借势治理”意识,以“263”专项行动为契机,全面推进各项整治工作;加强分析研究,制定适用不同行业、不同阶段的标准,确保整治工作科学有效;建立长效机制,加强日常巡查,做好“回头看”,实现监管不断档、不缺位;条块结合,分级负责和积极宣传,广泛凝聚部门、镇村及社会智慧力量。市政协主席施健华,副市长林成春,市政协领导沈大银、陆国平、蒋相根、兰云林参加活动。 (政协办 胡婕)

【市政协视察医联体建设工作】 2019年5月23日,扬中市政协视察医联体建设工作。实地察看八桥中心卫生院、市人民医院医联体建设的运行发展情况,听取市卫健委关于医联体建设工作的情况通报,提出在把握大方向的基础上,积极实施、稳妥推进,实现人、财、物及技术、管理的深度融合;科学规划、合理布局,在打破建设壁垒的基础上,结合实际构建“一院一特”的发展格局;以改革为动力,以市场为导向,优化体制机制,推动医联体内部良性运转等建议。会后,市政协整理相关建议以《参政议政专报》报送市委、市政府及相关部门参考。市政协主席施健华,副市长、政法委副书记、公安局局长吴明成,市政协领导沈大银、陆国平、蒋相根、兰云林参加活动。 (政协办 胡婕)

【市政协视察团员青年政治引领工作】 2019年6月13日,扬中市政协视察团员青年政治引领工作。参观实验小学红领巾小社团和少先队室,三茅街道“帷幄”创客空间的青年创业综合体和“沃享”青年学习社,听取团市委关于全市共青团工作的情况介绍,提出补短板,从全局高度重视青少年思想政治工作,弘扬紧跟党走的青春主旋律;重基础,建强组织网格,完善制度机制,回应青年迫切需求;抓重点,努力建设学校、家庭、社会三结合的教育网络,引导青少年树立远大理想,践行社会主义核心价值观。市政协主席施健华，市委常委、党校校长孙健，市政协领导沈大银、陆国平、蒋相根、黄成刚、兰云林参加活动。（政协办 胡婕）

【市政协专项评议“省四好农村路”示范创建工作】2019年6月19日，扬中市政协专项评议“省四好农村路”示范创建工作。实地察看丰裕社区裕兴大道、兴阳村向阳河西路、八桥镇爱民路、红光村路等路段，听取市交通运输局关于创建工作的情况介绍，提出坚定目标、统一思想，增强省“四好农村路”示范市建设的紧迫性；科学规划、立足长远，因地制宜推进“路旅”“路产”融合发展，增强“四好农村路”建设的综合效益；凝聚合力，多渠道筹资，提高“四好农村路”建设的积极性；加大养护力度，推进农村公路管理规范化、制度化，让内联外通的农村公路织就百姓便捷的“致富路”“民生路”。市政协主席施健华，副市长王锋，市政协领导沈大银、蒋相根、黄成刚参加活动。（政协办 胡婕）

【市政协视察安全生产工作】2019年6月25日，扬中市政协视察安全生产工作。实地察看康祥集团安全生产运行情况，现场观摩市消防救援大队的纵深灭火救人操作训练，听取市应急管理局关于全市安全生产工作的情况介绍，提出静下心来抓基础，不断完善制度，增强企业负责人、安全管理人员、特种作业人员“三类”人员的安全意识和安全素养，固好安全生产基本盘；一着不让抓落实，加大重点行业、重点环节、重点时间节点的安全生产检查，加强应急管理各环节的衔接，压实责任，做到“脑中有弦”“心中有数”；警钟长鸣抓长效，严肃考核问责，加大责任追究力度，加强宣传教育，让安全生产观念深入人心。市政协主席施健华，市委常委、常务副市长王成明，市政协领导陆国平、蒋相根、黄成刚、兰云林参加活动。（政协办 胡婕）

【市政协视察长江生态旅游岛建设工作】2019年7月19日，扬中市政协视察长江生态旅游岛建设工作。实地察看宿予民宿烘焙主题民宿馆、豚岛食品公司、友好古树名木鉴赏园、滨江驿站等地，详细了解部分景区景点的开发建设情况，听取市文体广电和旅游局关于长江生态旅游岛建设工作的汇报，提出将发展旅游作为一项长远的民生实事，融入地区各方面发展中，让老百姓享受“旅游福利”；改变景区景点“小、散、平”的发展现状，结合地域特色探索“水上旅游”“登高远望”等旅游新模式，充分放大扬中大江风貌、水乡情韵，让特色更特、让亮点更亮；围绕“一核一带一路”的旅游发展新格局，做足“旅游+”文章，延伸旅游产业链条，串点连线成圈，打造全区域景区等建议。市政协主席施健华，副市长孙冬梅，市政协领导沈大银、陆国平、蒋相根、黄成刚、兰云林参加活动。（政协办 胡婕）

2019年7月19日，市政协视察长江生态旅游岛建设工作（政协供图）

【市政协视察城乡水环境整治工作】2019年8月22日，扬中市政协视察城乡水环境整治工作。实地察看三茅永勤联丰河、联丰小区污水整治情况，前进南路、建设片区恒龙嘉苑雨污分流改造进展情况以及新扬河截污泵坑相关情况，听取市水务集团和市住建局关于城区水环境治理工作的情况通报，提出继续加大高位协调、各司其职的力度，明确各自工作职责，集中力量、集中智慧、集中资源全力攻坚；理顺治理工作的体制机制，解决好“谁来管”与“怎么管”的问题，让管理分先后，让施策更精准；在推进过程中总结经验得失，在建的同时要着眼长效管理，将监管贯穿治理始终，确保治水工作高标准、高质量如期完成。市政协主席施健华，副市长宫金生，市政协领导沈大银、陆国平、蒋相根、黄成刚、兰云林参加活动。（政协办 胡婕）

【市政协视察重点产业项目建设工作】2019年8月27日，扬中市政协视察重点产业项目建设工作。实地察看中电电气、长城汽车蜂巢易创扬中产业园、八桥永航动力项目进展情况，听取全市重点产业项目建设工作情况介绍，提出找准全市经济社会发展的主要矛盾，并作为第一要务，利用自身优势，明确项目规划、企业转型升级发展方向以及招商引资的政策；在招商引资和企业转型升级中，相关工作目标、计划等要形成长效机制，解决好项目建设的连续性和有效性问题，既要看眼前，更要兼顾长远利益；部门和企业要加强项目专业知识、招商引资政策的学习，增强招商引资的应变能力和项目的运作能力等建议。市政协主席施健华，副市长王锋，市政协领导沈大银、陆国平、蒋相根、黄成刚、兰云林参加活动。 （政协办 胡婕）

2019 年 8 月 27 日，市政协实地查看八桥镇高创产业园施工现场 （政协供图）

【市政协民主监督政府性债务化解工作】 2019 年 10 月 30 日，扬中市政协民主监督政府性债务化解工作。听取市财政局、市金融监督管理局关于政府隐性债务化解工作情况通报，并就 2019 年目标任务、成效、问题及下一步规划交流发言，提出各地各部门统一思想，形成共识，增强政府隐性债务化解工作的信心；把发展放在第一要位，花大力气推动社会经济发展；加大改革力度，通过改革重组，推动平台公司向专业化发展，；平台花精力搞经营，解决人才、市场、技术等问题，与民营企业联合发展，形成合力，共同推动政府隐性债务化解。市政协主席施健华，市委常委、常务副市长王成明，市政协领导沈大银、陆国平、蒋相根、黄成刚出席会议。 （政协办 胡婕）

2019 年 10 月 30 日，政协民主监督政府性债务化解工作 （政协供图）

【市政协民主评议市城管局提案办理工作】 2019 年 9 月 29 日，扬中市政协视察厨余垃圾处理暨民主评议市城管局提案办理工作。实地察看并了解江洲西路非机动车规范停放管理情况，中扬康居苑厨余垃圾收集点以及经开区厨余垃圾处理中心的餐厨垃圾收运以及处理情况，听取市城管局关于厨余垃圾收集处理工作的情况介绍及相关提案的办理情况，提出深入调查研究，科学合理制定并不断优化收运方案，提升收处能力，确保日产日清；密切部门协作，加大餐厨垃圾监管力度和处罚力度，规范收运规程；发挥榜样力量，多层次、多方位宣传教育，提高市民对垃圾分类的认知度和参与率等建议。市政协主席施健华，副市长王锋，市政协领导沈大银、蒋相根、黄成刚、兰云林参加活动。

（政协办 胡婕）

【市政协视察特殊教育工作】 2019 年 10 月 17 日，扬中市政协视察特殊教育工作。委员们来到南师扬中附小、特教学校老校区，详细了解学生在校期间的生活及学习情况，实地察看新特教中心基础设施建设情况，听取市教育局关于全市特殊教育发展情况的介绍，提出对特殊教育的认识做到“高看一眼”，全市上下提高思想认识，从资源建设、经费投入、体制机制等方面不断完善；对特教事业中存在问题的解决做到“高位协调”，坚持政府主导、各方参与，尊重差异、多元发展，普特结合、推进融合，切实解决制约特殊教育事业发展的瓶颈问题；对与特殊教育相关联的工作做到“高度重视”，本着特教特办、重点扶持的原则，充分利用各项政策，有效助推特殊教育的高质量发展等建议。会后，市政协整理相关建议以《参政议政专报》报送市委、市政府及相关部门参考。市政协主席施健华，副市长孙冬梅，市政协领导沈大银、陆国平、蒋相根、黄成刚参加活动。

（政协办 胡婕）

【市政协专题协商刑事案件律师辩护全覆盖工作】 2019 年 11 月 28 日，扬中市政协专题协商刑事案件律师辩护全覆盖工作。实地察看市看守所法律援助工作站、市法院法律援助工作站和市公共法律服务中心，听取市司法局关于全市刑事案件律师辩护全覆盖工作情况介绍，提出司法部门加大宣传，提高收押人员、犯罪嫌疑人等对刑事案件律师辩护全覆盖工作的认知度，增强其法律意识；提高案件质量，持续完善对案件的评判标准；加强协作，形成合力，共同关注、相互配合，使这项工作继续走在前列，为扬中建设法治社会打下坚实基础等建议。市政协主席施健华，市领导周勇，市政协领导沈大银、陆国平、蒋相根、黄成刚出席活动。

（政协办 胡婕）

【市政协视察老年活动中心和标准化养老中心建设工作】 2019年12月12日，扬中市政协视察老年活动中心和标准化养老中心建设工作。实地察看油坊镇居家养老服务中心、三茅街道福康医院以及市老年活动中心，听取市民政局关于全市养老服务工作开展情况的通报，提出加大财政投入，转变观念，争取更多更大的支持；不断提升养老机构、养老服务的档次和水平，强化软硬件设施建设，健全养老服务标准化、管理规范化、网络信息化机制；深入探索创新，更多利用市场、社会力量构建多元化、多样式的养老服务体系，逐步满足老年人多层次、多类型的需求，让老年人老有所为、老有所养、老有所乐等建议。市政协主席施健华，副市长宫金生，市政协领导沈大银、陆国平、蒋相根、黄成刚参加活动。 (政协办 胡婕)

【优秀提案名录】 2019年，优秀提案名录为：

1.徐子平委员提出的《关于大力促进民营经济高质量发展的建议》

2.吴会友委员提出的《关于打造环岛景观旅游线路的建议》

3.田易加委员提出的《关于营造大学毕业生返乡创业发展环境的建议》

4.张初明委员提出的《关于增强化解政府性债务能力的建议》

5.仲健委员提出的《关于加强238复线过境货运车辆管理的建议》

6.九三学社扬中市支社提出的《关于高质量建设市公共文化设施的建议》 (政协办 胡婕)

【提案承办先进单位】 2019年，提案承办先进单位为：

1.公安局

2.城管局

3.教育局

4.自然资源和规划局

5.经济发展局

6.住建局 (政协办 胡婕)

【提案承办先进个人】 2019年，提案承办个人为：

郭茂华、恽兰玲、陶书斌、狄明娣、陈祥、施荣祥、黄朝华。 (政协办 胡婕)

【先进委员活动小组】 2019年，先进委员活动小组为：

第三委员活动小组(社会法制组)

第七委员活动小组(新坝镇联络委)

第八委员活动小组(油坊镇联络委)

第九委员活动小组(八桥镇联络委)

(政协办 胡婕)

【庆祝人民政协成立70周年系列活动】 2019年，扬中市政协开展庆祝人民政协成立70周年系列活动。开展以“我与人民政协”为主题的书画诗文征集活动；举办庆祝人民政协成立70周年图片书画展；召开庆祝人民政协成立70周年座谈会；筹建市政协文史室；在《扬中日报》开辟专栏，介绍政协知识和履职历史等。

(政协办 胡婕)

2019年9月16—21日，扬中市举行庆祝人民政协成立70周年图片书画展 (融媒体中心供图)

【“委员之家”建设】 2019年，扬中市政协按照省、镇江市政协的统一要求，对照“有场所、有标识、有制度、有组织、有活动”的标准，部署推进“委员之家”建设，建成住扬镇江市政协“委员之家”1个，镇(街、区)联络委“委员之家”6个，界别小组“委员之家”2个，构建起委员学习、调研、履职、联谊的新平台。 (政协办 胡婕)

【“助力高质量发展、政协委员在行动”主题活动】 2019年4—12月，扬中市政协在全体委员中开展“助力高质量发展、政协委员在行动”主题活动。活动要求全体政协委员要以习近平新时代中国特色社会主义思想为指导，全面贯彻中共十九大精神，紧扣市委决策部署，动员和组织广大市政协委员，学习新思想、贯彻新理念、聚焦新目标、落实新部署，以政治思想的高站位、资政建言的高质量、奋斗实干的高标杆、服务群众的高水平，助力全市高质量发展，为加快长江生态旅游岛建设，推动高质量发展走在前列贡献政协委员的智慧和力量。 (政协办 胡婕)

纪检监察

综 述

【概况】 2019年，扬中市纪委监委坚持以中共十九大精神和习近平新时代中国特色社会主义思想为指引，增强“四个意识”，坚定“四个自信”，做到“两个维护”，围绕全市高质量发展大局，主动对标对表，聚焦主责主业，推动全面从严治党向纵深发展，党风廉政建设和反腐败工作取得新的成效，市纪委监委获得2019年度镇江市、区纪检监察工作高质量发展考核“先进集体”称号，全面从严治党群众满意度继续保持镇江各市、区第一。 （纪委监委 王婷）

【深化体制改革】 2019年，扬中市纪委监委坚持深化基层纪委“三转”(转职能、转方式、转作风)，全年赴镇、村两级纪检监察组织开展调研督导40余次，每季度开展深度座谈交流，指导镇(街、区)撤销监察室，及时选优配强纪(工)委副书记，确保力量不削弱、衔接无缝隙。向镇(街、区)综合派出监察员办公室，监督触角延伸到“神经末梢”。建立协同办案机制，督促指导三茅街道、兴隆街道纪工委调查处置巡察移交的问题线索。全年对镇(街、区)开展监督检查120余次，提出问题90余个，推动问题整改70余个，协助指导乡镇处理问题线索100余条，针对扶贫领域问题印发通报1期，通报问题3个。全面加强对派驻机构的直接领导和统一管理，强化分片联系指导，统筹用好监督力量，发挥“嵌入式”监督作用，部署开展市属企事业单位纪检监察体制改革，稳步推进对13家市属企事业单位的监察全覆盖。 （纪委监委 王婷）

重要会议

【中共扬中市第十二届纪律检查委员会第四次全体会议】 2019年2月1日，中共扬中市第十二届纪律检查委员会第四次全体会议在会议中心江洲厅举行。全会传达学习习近平总书记在中央纪委三次全会上的重要讲话和中央纪委、省市纪委全会精神，审议通过巫晓辉同志代表市纪委常委会所作的《坚持稳中求进，着力改革创新，推进新时代扬中纪检监察工作高质量发展》工作报告。会议表决通过市纪委十二届四次全会《工作报告》和《决议》。 （纪委监委 王婷）

【全市领导干部警示教育大会】 2019年1月18日，扬中市领导干部警示教育大会在市影剧院召开。会议播放镇江市警示教育片《把纪律和规矩刻印在心上》及市纪委监委制作的警示教育视频《囹圄悔声》。教育片通过真实案例警示教育全市领导干部。会议用四句话对全市领导干部再提醒、再警醒：“不忘初心、方得始终”，既然有为党为民的初心，就要保持初心不改、信念不怠；“权力是把双刃剑”，既然有不同一般的职权，就要秉公用权、干出一番无愧于心的事业；“千里之堤、毁于蚁穴”，既然组织给予信任，就要珍惜这份信任、守好拒腐防变的底线；“严管、早管才是真爱”，既然肩负管党治党的责任，就要带出清风正气、管出海晏河清。 （纪委监委 王婷）

2019年1月18日，扬中市领导干部警示教育大会召开

（纪委监委供图）

【反腐败协调小组第一次会议】 2019年5月16日，扬中市委反腐败协调小组召开2019年度第一次会议，

研究部署"扫黑除恶"专项斗争工作。会议传达5月7日镇江市市长张叶飞调度"扫黑除恶"专项斗争工作要求,市纪委监委、市委政法委、市公安局、市人民检察院、市人民法院等相关成员单位代表围绕"扫黑除恶"工作开展情况交流发言。会议围绕落实好上级部署要求,发挥市委反腐败协调小组的职能作用,打赢"扫黑除恶"、惩腐"拍蝇"这场攻坚战和持久战,提出三个方面的意见:提高政治站位,认识"扫黑除恶"、惩腐"拍蝇"的重要性;发扬斗争精神,打好"扫黑除恶"、惩腐"拍蝇"主动战;严明纪律要求,在"扫黑除恶"、惩腐"拍蝇"斗争中练就过硬本领。 (纪委监委 王婷)

【新上岗镇局级领导干部集体廉政谈话会】 2019年9月18日,全市新上岗镇局级领导干部集体廉政谈话会在市影剧院召开。会上,市审计局局长周春林就领导干部经济责任相关内容作专题讲解;地方金融监督管理局、市政园林工程处、新坝镇三名新上岗镇局级领导干部代表作表态发言;与会人员观看警示教育片《必须坚守共产党人"赶考"初心》。会议强调,作为领导干部,要坚定理想信念高线,旗帜鲜明讲政治,始终从政治和全局的高度把握肩负的职责,增强"四个意识"、坚定"四个自信"、做到"两个维护",自觉在思想上、政治上、行动上同以习近平同志为核心的党中央保持高度一致;要坚持干事创业标线,强化责任敢担当,以勇争一流的豪气、善于担当的胆气、敢于斗争的锐气,全力推进长江生态旅游岛建设,跑出高质量发展的"扬中速度";要坚守纪律规矩底线,严以律己做表率,把作风建设摆在更加重要的位置,把管权用权纳入法治规范的轨道,把严以律己延伸到八小时之外,自觉养成在监督下工作生活的习惯。会前,新上岗镇局级领导干部围绕此次廉政教育培训专题学习内容开展自学和测试;会后,全体人员参观八桥镇利民村廉政教育基地,重温入党誓词。

(纪委监委 王婷)

【反腐败协调小组第二次会议】 2019年12月25日,扬中市委召开2019年度反腐败协调小组第二次会议。市纪委监委、市委政法委、市公安局、市人民检察院、市人民法院等相关成员单位围绕会议主题作交流发言,就《扬中市组织协调反腐败工作暂行规定》修改情况征求各单位意见建议。会议结合当前反腐败工作形势和"扫黑除恶"整改落实情况,提出三个方面的意见:认识当前反腐败斗争新形势新任务新要求;发挥职能作用,推动"纪法贯通""法法衔接";加强反腐队伍建设,践行"打铁必须自身硬"要求。 (纪委监委 王婷)

【深化市属企事业单位纪检监察体制改革动员部署会】 2019年12月30日,扬中市纪委监委召开深化市属企事业单位纪检监察体制改革动员部署会。解读关于深化派驻机构改革的实施意见。会议从四个方面明确改革要求:统一思想、提高认识,准确领会深化改革重要意义;明晰职责、找准定位,认真履行纪检监察两项职责;压实责任、凝聚共识,积极支持改革机构履职尽责;挺纪在前、严明要求,切实强化纪检监察队伍建设。

(纪委监委 王婷)

党风廉政建设

【政治监督】 2019年,扬中市纪委监委深化政治监督,围绕贯彻党中央重大决策部署、习近平总书记重要指示批示精神开展11项重点督查,精准护航"三大攻坚战",全市1723户贫困户实现全面高标脱贫。主动介入"扫黑除恶"专项斗争,协调推进打伞破网、惩腐"拍蝇"等工作,查处涉黑涉恶腐败和"保护伞"人员4人,相关工作得到中央督导组肯定。深化巡视整改,协助市委推进省委巡视及专项督查反馈意见整改工作,扎实开展外资注水、项目环评未批先建、领导干部自建房等专项整治行动,对76名党员干部和2个单位给予问责,党纪处分14人,推动整改措施落实。深化政治巡察,覆盖17个市级机关部门和29个村(社区)党组织,发现各类突出问题482个,移交线索27件,推动立案查处党员干部10人,问责7人。村级党组织巡察覆盖率63%,提前完成巡察数量过半任务。 (纪委监委 王婷)

【专责监督】 2019年,扬中市纪委监委压实压牢管党治党责任,查处党的建设缺失、全面从严治党不力等问题20个,对20名责任人及3个党组织实施问责。深化廉情通报机制,向市领导、各级党组织主要负责人抄送党风廉政建设情况34件。扎实开展主题教育专项整治活动和"三治理一挂牌"巩固提升专项行动,查处违反中央八项规定精神问题14起,处理43人,印发通报6期,通报曝光10起、15人,查处群众身边不正之风和腐败问题98起,处分139人,其中给予党纪政务处分44人,印发通报2期,曝光典型问题5起、4人。聚焦基层突出问题,开展农村集体资产租赁交易专项整治,摸清农村集体资产底数,规范不合理合同30份,推动出台《扬中市国有(集体)资产出租交易操作规程》,督促指导镇、村两级分类处置欠缴租金,追缴租金1000万元;对经营性困难无法收缴的开展法律诉讼,保留追缴权利;对历史遗留问题交由镇村个性化处置,得到基层一致好评。 (纪委监委 王婷)

【廉政风险防控“筑堤行动”】 2019年,扬中市纪委监委围绕农村基层“小微权力”关键环节,开展廉政风险防控“筑堤行动”。在全市范围内推行村级“小微权力”清单制度,围绕农村重大决策事项、集体“三资”管理、扶贫惠农救助款物发放等规章制度,梳理小微权力清单26项。建立公开运行机制,印发《扬中市村级“小微权力”运行流程图(试行)》,明确推行村级小微权力清单制度的责任主体,督促职能部门加强业务指导,按要求排查并公开相关小微权力事项,切实加强工作监管,实行小微权力清单的流程新增、优化和完善等动态调整机制。 (纪委监委 王婷)

【廉政文化建设】 2019年,扬中市纪委监委开展党风廉政建设工作,运用江洲清风网站、微信公众号及省市各级媒体平台,围绕纪委全会精神、“扫黑除恶”专项斗争、防范化解重大风险、中共十九届四中全会警示、特殊资源类通报精神等工作开展教育宣传。开展“江洲清风”廉政公益广告征集评选展播活动,征集廉政公益广告平面类作品43件,视频类作品4件,评选出《芳洲清风正,绿岛廉如水》等优秀作品12件,推动形成崇廉、尊廉、尚廉、促廉和崇德向善的良好社会风气。放大廉政文化作品宣传效果,开通廉政文化公交专线,拓宽廉政文化宣传载体,弘扬廉洁之风。提炼当地优秀廉政文化资源,开展廉政文化建设,指导市人民医院建设廉政文化长廊,指导八桥镇利民村创建申报省级廉政文化示范点。市人民银行、新坝镇新宁村、油坊镇会龙村、八桥镇万福村、荣德新能源科技有限公司5家单位被命名镇江市廉政文化示范点,静思园法治教育基地被命名为镇江市廉政教育示范基地。 (纪委监委 王婷)

监督执纪问责

【环保督察】 2019年,扬中市纪委监委保持惩治环保领域腐败问题高压态势,强化执纪问责,落实监督推动整改,为“长江生态旅游岛”建设提供纪律保障。围绕“263”专项提升行动、河道“两违”整治、“五水联治”工程等重大部署,列出监督清单、明确监督节点,实时开展动态监督。将监督执纪问责贯穿生态环境综合治理全过程,全年发现生态环保领域问题线索20条,查处相关问题6起,对12名责任人实施诫勉谈话,给予党纪政务处分6人次,通报3家单位,责令作出书面检查,为打好“蓝天碧水净土”攻坚战保驾护航。2019年,江苏省政府办公厅通报对中央环保督察交办问题整改、环境基础设施建设、生态环境质量改善及生态建设成效明显的12个设区市和县(市区)予以奖励,扬中市名列其中。 (纪委监委 王婷)

【审查调查工作】 2019年,扬中市各级纪检监察组织接收信访举报475件(次),立案200件,比上年增长8.1%,运用监督执纪“四种形态”处理474人次。率先建成并启用留置分点,办成留置案件15件。查处医疗卫生、河道管理等领域一批有影响的案件,在探索提升办案质效、查处窝案串案方面形成经验做法,其中查办镇江长江河道管理处窝案串案的相关报告得到镇江市委主要领导的批示和肯定。市纪委监委高标准打造大数据查询研判中心、信访接访点和纪检监察检举举报平台,镇江市纪委监委在扬中召开现场推进会,加强纪检监察专网建设,推动纪检监察业务平台运用。市纪委监委始终注重源头治理,坚持做好惩治腐败“后半篇文章”,发出纪律检查建议和监察建议10份,推动修订完善制度9项;将案例资源转化为教育资源,加大警示教育力度,探索将警示教育大会开到案发单位,强化不敢腐的威慑。开展“江洲清风”廉政公益广告征集评选展播活动,弘扬优秀廉政文化。 (纪委监委 王婷)

【来访接待工作】 2019年,扬中市纪委监委改造升级接待场所软硬件设施,完善来访接待平台建设,为信访举报工作高质量发展奠定基础。健全场所建设,市人民来访接待中心调剂2间办公室作为纪检监察专用来访接待场所,配备候访室、办公室、接访室,实现候访、办公和接访区域三分离。按照“规范化、信息化、人性化”的建设目标,全面改造和优化接访场所,建立健全各项规章制度和流程图。健全纪检监察内网建设,安装启用来访接待平台系统,全要素补录来访信息,启用同步录入,完成信访分类分流,提高信访办理时效。强化来访接待的制度化建设,出台《扬中市纪委监委信访接待工作制度》《市纪委监委领导定期接访制度》和《新进和基层纪检监察干部跟班培训制度》,全年班子成员接待来访举报45人次,对纪检监察业务内问题跟踪督办11件,对业务外的提出建议19件。 (纪委监委 王婷)

民主党派·工商联

民主党派

【概况】 2019年，扬中市各民主党派履行民主协商、民主监督职能，参政议政，开展结对共建、社会公益活动。截至2019年年底，4个民主党派有成员78人，其中民主同盟会盟员41人，民主建国会会员11人，农工民主党党员16人，九三学社社员10人。有镇江市人大代表2人，镇江市政协委员3人，扬中市人大代表2人，扬中市政协委员14人。（统战部 王留根）

【党派活动】 2019年3月22日，民盟镇江市委员会扬中支部盟员参观学习中国民主同盟爱国主义教育基地——费孝通江村纪念馆。

5月10日，民盟镇江市委员会扬中支部召开全体盟员会议，邀请镇江民盟秘书长陈强及陆继光、强科敬就如何开展参政议政、组织发展、社会服务等相关工作开展专题培训。

5月17日，农工党扬中支部开展“扫黑除恶”专项斗争主题宣讲活动。

5月19日，农工党扬中支部组织部分党员，赴沙家浜革命历史纪念馆参观学习，瞻仰红色遗迹、缅怀先烈遗志、追忆革命历史，开展“不忘初心、牢记使命，砥砺前行”支部党建专题活动。

8月1日，民盟扬中支部走访慰问四户扬中军烈属家庭。

9月12日，民盟镇江市委扬中支部与市特教中心联合开展“情牵特教学校与残障儿童同行”活动。

11月27日，民盟扬中支部盟员组织扬中特教中心的学生参观中国人民解放军海军诞生地纪念馆。

（统战部 王留根）

工商联

【概况】 2019年，扬中市工商业联合会有基层商(协)会21家，其中镇(街、区)商会6家，行业商(协)会总数15家，会员总数2695个。全年指导成立扬中市首家异地商会扬中市安徽商会，指导成立扬中市安徽商会党支部。为新型智库建设工作贡献力量，递交《提升“双提升”一人一重点，履职当表率主题活动成效，促进“两个健康”》的课题调研报告。组织大全集团、威腾集团、江苏大力城电气有限公司、镇江荣德新能源有限公司的年轻一代民营企业管理者参加镇江市委统战部、镇江市工商联举办的年轻一代民营企业家理想信念教育培训。联合江洲商学院举办质量管理培训班，联合扬中市执委单位举办企业中层管理培训班。组织部分市工商联执委、商会代表赴安徽金寨参加扬中市非公有制经济人士政治思想理论培训班。与四川雅安名山区工商联签定友好商会协议，为扬中与外地的企业家和商会提供交流平台。（工商联 张孝明）

【扬中市安徽商会成立】 2019年7月6日，扬中市安徽商会成立，举行第一次会员大会。该商会是扬中市第一家异地商会。截至2019年年底，吸纳会员110家，江苏协丰供应链有限公司董事长程华九当选商会第一届会长。10月18日，扬中市安徽商会党支部成立，扬中市凯宁物流有限公司董事长董凯当选首届商会党支部书记。（工商联 张孝明）

【镇江市“亲清”政商关系调研座谈会召开】 2019年3月22日，镇江市委研究室、镇江市工商联“亲清”政商关系座谈会在扬中召开。扬中市青企会、防寒服商会、江苏圣龙智能科技、镇江云龙电器、江苏瑞克健身用品等公司和市工商联相关负责人参加座谈会。市工商联及与会商会和企业负责人结合各自实际，汇报交流就“亲清”政商关系方面的体会，围绕优化营商环境提出相关意见和建议。（工商联 张孝明）

群众团体

扬中市总工会

【概况】 2019年，扬中市有基层工会组织802家，其中独立建会企业712家，村(社区)联合工会84家，行业工会6家。6个镇(街、区)全部建立总工会，有局(公司)工会工作委员会20家，直属基层工会26家。扬中市总工会推进基层建会建家，在四通物流、利民市场、家庭服务等新领域建立工会，全年新建基层工会15家。实施“613”工程，打造职工之家活动阵地。新建三茅街道职工活动中心，培育威腾电气、华银仪表等多家企业职工之家。开展劳动技能竞赛，开展以“四比一创”(比效能、比创新、比安全、比环保、创优质精品工程)为主要内容的“五水联治”等重点工程劳动竞赛活动。举办“威腾杯”成套电气总装配工、“银佳杯”焊工、“荣德杯”职工食堂厨师、卫健委“医站到底”、公安局警务技能竞赛等，搭建技能提升平台。实施职工精准帮扶工程。全年精准发放帮扶资金69.3万元，慰问帮扶困难职工173人次。为全市58名特困职工发放特困职工证及慰问金并签订家庭医生服务。举办首批月嫂培训班，为50余名就业困难女职工免费提供技能培训。开展“我爱我的祖国”金秋助学活动，结对帮扶50余名阳光学子。开展“慈善互助添保障·环卫工专项计划”，向400余名环卫一线职工赠送意外伤害、大病医疗以及女职工特殊保护专项保障计划。开展“大病救助二次慰问”“在职准妈妈爱心慰问”，为159名工会会员送去互助保障慰问金80余万元。推进“三服务三促进”(服务企业，促进企业高质量发展；服务职工，促进职工幸福指数提升；服务大局，促进劳动关系和谐)主题活动。三茅街道工资协商指导室被江苏省总工会命名为“省级集体协商示范指导工作室”，创建镇江市劳动关系和谐企业4家，集体协商优胜企业2家，集体协商三星级企业14家。实施职工会员普惠服务。市总工会联合扬中农商行、江苏银行在镇江市率先推行工会会员服务卡。通过召开动员部署会、印发宣传折页、洽谈合作商户，组织基层工会广泛宣传发动，为全市职工会员打造集身份识别、特惠服务、公共服务、帮扶服务、金融服务于一身的公益性增值服务项目。 (总工会 蔡颖)

【庆祝“五一”国际劳动节大会】 2019年4月30日，扬中市召开庆祝“五一”国际劳动节大会。会议表彰各行各业、各条战线先进集体和先进个人，市委书记潘早云为大全集团颁发全国“五一”劳动奖状；集中表彰江苏省“五一”劳动奖章、“五一”劳动荣誉奖章、工人先锋号以及镇江市“五一”劳动奖状，“五一”劳动奖章，工人先锋号，“五一”文明班组，文明职工的集体、个人。46个集体和个人受到扬中市级表彰，其中8个单位获“五一”劳动奖章，8名个人被授予“五一”劳动奖章，20名个人被评为金牌员工，10个班组被命名为“工人先锋号”。大全集团总裁徐翔、扬中市“五一”劳动奖章获得者季娟作交流发言；金牌员工代表发出“齐心协力保安康，助推发展高质量”的倡导。 (总工会 蔡颖)

【大全集团获全国“五一”劳动奖状】 2019年4月22日，大全集团有限公司被中华全国总工会授予全国“五一”劳动奖状。全国“五一”劳动奖是中华全国总工会在“五一”前夕表彰一批在经济建设、政治建设、文化建设、社会建设、生态文明建设和党的建设中涌现的先进集体。大全集团有限公司是电气、新能源、轨道交通领域的领先制造商，主要研发生产中低压成套电器设备、智能元器件、轨道交通设备、太阳能多晶硅等。在江苏扬中、南京江宁、重庆万州、新疆石河子、湖北武汉拥有4个生产基地、3个研究院、23家制造企业，与德国西门子、美国伊顿、瑞士赛雪龙等国际公司合作设有多家合资企业，在美洲、欧洲、东南亚、中东、非洲建立20余家分支机构，集团拥有近1万名员工。大全集团是中国民营企业500强和中国机械工业100强企业，获评国家技术创新示范企业、国家重点高新技术企业、两化融合管理体系贯标示范企业、国家首批绿色工厂、全国文明单位;获得中国质量奖提名奖、国家技术发明奖二等奖、国家科技进步奖一等奖、中国工业大奖表彰奖等荣誉。江苏省仅有5家企业获得全国“五一”劳动奖状,大全集团有限公司是镇江地区唯一获评企业。

(总工会 蔡颖)

2019年4月22日,大全集团有限公司被中华全国总工会授予全国“五一”劳动奖状 (融媒体中心供图)

【工会会员服务卡发放】 2019年7月10日,扬中市工会会员服务卡首发仪式在中央商场举行,首批4158张会员卡正式发放,涉及97家单位。仪式上,大全集团、环太集团、绿洲新城、中扬公交、农业农村局、城管局环卫处6家单位发放会员卡,中央商场、长江大酒店、华联药业3家特约商户代表现场授牌。工会会员服务卡计划1~2年内在全市逐步推广,实现全覆盖。工会会员服务卡是一张一卡多能的银行卡,由市总工会联合扬中农商行、江苏银行联合推出,具备常规金融服务功能、工会会员身份识别、工会福利发放、工会普惠服务等功能。持卡会员可享受工会组织免费提供的政策咨询、职业介绍、教育培训、学历提升、法律咨询等服务。工会慰问金、劳模慰问金、金秋助学金、互助互济赔付金等相关费用,可逐步通过工会会员卡发放。工会会员服务卡开卡、取款、转账、短信通知、挂失补卡、换卡等用卡服务全部免费,可享受指定银行为工会会员推出的专项优惠活动。签约包括长江大酒店、华联药业、中央商场等20余家特约优惠商户,优惠项目涵盖商超购物、酒店餐饮、旅游休闲、医疗健康、教育培训、文化娱乐等领域。

(融媒体中心)

共青团扬中市委员会

【概况】 2019年,扬中市有基层团委(团工委)683个,团总支26个,团支部459个。团员1.17万人,其中,新发展团员849人。围绕新中国成立70周年、五四运动100周年、少先队建队70周年,举办“扬中青年百年芳华”图片展,承办镇江市庆祝少先队建队70周年活动;各级团队组织广泛开展“青春心向党·建功新时代”“领航·开学第一课”“争当新时代好队员”等主题教育实践活动。红领巾寻访视频《探秘绿色能源岛》获2019年江苏省少先队红领巾寻访活动案例视频项目特等奖。把握学校团队组织,突出学校思想教育源头地位,规范各级少工委建设,推进“双积双评”积分入团。持续深化团教协作,全年开展青少年自护教育、法治宣讲、生态保护、社会实践等结对互学互助活动20余场。开展“最美中学生”寻访、“优秀少先队员”等典型选树活动,全市51名少先队员被表彰为江苏省好少年,2名中学生、中职生被评为2019年江苏省“最美中学生标兵”“最美职校生标兵”。深化“益堂团课”品牌,五四期间组织团干部为省扬高中学子上团课。活用线上线下团属阵地,发挥青年之家、青年学习社团属阵地作用,全年组织团员青年开展理论学习、读书分享、交流讨论等活动70余场。组织全市广大青少年参与“青年大学习”网上主题团课,全年累计参与学习4万人次,学习人数和参学比例居镇江市前列,扬中团市委获2019年度镇江市“青年大学习”先进团组织称号。持续深化“扬中青年”新媒体品牌,创新新媒体内容,拍摄并制作了《祖国你好》快闪视频、“超级青年+”创意短视频、#带着团徽绘江苏#抖音短视频等16个文创产品,展示青少年砥砺奋进、青春有为的精神风貌,唱响礼赞新中国、建功新时代的昂扬旋律。

坚持从严治团,在基层团组织建设上深处着力,团组织先进性不断增强。依托公安系统户籍人口信息,实施地毯式摸查,逐个联系认定团员身份,将流动团员、口袋团员按属地管理原则由镇(街、区)统一管理,对学生团员按“谁发展谁负责”原则逐个认定录入“智慧团建”系统,建立完备的团员花名册,全市4000余名团员找到组织。全面排查无下属团支部的基层团委和团员人数过少的支部,摸清各级团组织情况。依托“智慧团建”系统开展团支部整理整顿工作,全市581个团支部完成组织整顿。基层组织广覆盖,实施非公企业建团“百日攻坚”行动,重点围绕建立党组织未建团组织的非公企业,推进团建空白点建团,全年新建非公企业团组织100家。开展共青团“四社”情况大走访,走访青年社会组织、青年社会组织骨干、青少年事务社工人才、青少年社会公益项目,主动贴近青年社会组织,推动青年社会组织建团,全年新增青年社会组织团组织2家。延伸团组织触角,聚焦快递从业青年、自由工作者等新兴领域群体，新增新兴青年领域团组织1家，提升共青团组织的凝聚力和覆盖面。团干能力有提升。大抓基层团干部培训，坚持"下跨两级、分级分类、逢训必考"，组织开展全市村（社区）及中学中职团干部培训班、扬中市少先队辅导员培训班，在发展团员流程、团务知识、实务操作上重点培训，培训覆盖团干部300余人次。搭建"益"堂团课、"少先队风采展示大赛"等展示平台，提升团队干部综合素养，全市3名团干部获省级各项荣誉，11名团干部获镇江市级各项荣誉，少先队代表队获2019年镇江少先队风采展示活动一等奖。

服务青年创新创业，实施"青雁归巢"青年返乡计划，暑期为返乡大学生提供实习岗位182个，引导大学生在实践中体验真实职场，提升就业创业技能。开展"新农菁英寻访"活动，摸底筛查返乡创业青年、新型青年职业农民、农村青年致富带头人等3支农村青年人才队伍，建立"新农菁英"人才库。紧抓青年创业人才培养，开展青商讲坛、优秀双创青年分享会、电商创业培训等活动24场，选树青年创业典型，向省、镇江市推报"金山青年创业英才""农村青年致富带头人"等人才10余人。呵护青少年成长成才，围绕困境青少年帮扶，深化"希望工程"爱心助学、"希望有约""圆梦行动"三大品牌，结对15名定点帮扶青少年，为289名贫困青少年送上爱心物资；发放助学金15万余元，资助困难学生128名。围绕青少年权益保护，开展"萌芽呵护"模拟法庭、中小学法治展板展览、自护情景剧教育等活动。深化志愿服务品牌，深入快递从业青年群体，开展"快递从业青年服务月"活动，帮助解决"快递小哥"实际困难。以"公益周末聚"活动为串联，围绕文明城市创建、关爱新市民子女、安全生产主题宣讲、"童享阳光"公益计划等内容，广泛推动志愿服务进社区、进校园、进基层。深化"保护母亲河·争当河小青"项目，开展巡河护河、植绿护绿、低碳出行、节水护水等生态环保行动。

（团市委 吴云）

【"童享阳光"暖冬行动】 2019年1月，团市委开展"童享阳光"暖冬行动，组织全市各级团组织走进结对贫困青少年家中，三位书记及全体机关工作人员携扬中麦田义工服务社志愿者走访7名"事实孤儿"家庭，向每名"事实孤儿"发放500元慰问金（爱心助学金）。全市各级团组织广泛开展主题活动，帮扶青少年289名。

（团市委 吴云）

【学雷锋志愿服务月活动】 2019年3月5日，是第56个"学雷锋纪念日"，也是第20个"中国青年志愿者服务日"。三茅街道团工委与金山学院团委校地共建，组织30名学生志愿者到滨江村东滨河，开展"争当河小青、青年志愿在行动"主题雷锋志愿服务活动。此次志愿服务活动是扬中团市委学雷锋志愿服务月的一项重大活动，"河小青"用实际行动为扬中水资源保护、水污染防治、水环境治理等工作贡献力量，增强市民环境保护的意识，带动更多青少年共同参与到"保护母亲河"的行动中。各行各业的"小青萌"青年志愿服务队伍奔赴乡村、社区、道路，开展卫生清洁、法制宣讲、文明劝导等各类丰富多彩的学雷锋志愿服务活动。

（团市委 吴云）

【纪念五四运动100周年特别主题团日活动】 2019年4月30日，"青春心向党、建功新时代"扬中市纪念五四运动100周年特别主题团日活动在江苏省扬中高级中学举行，市委书记潘早云全程参加活动并寄望全市广大青年，要弘扬"五四精神"，抢抓时代机遇，强化责任担当，焕发奋斗热情，以"敢为天下先"的勇气，为扬中高质量发展注入更具活力、强劲持久的青春正能量。活动中，与会人员参观纪念五四运动100周年图片展，观摩"益堂团课"主题团日活动，召开"青春心向党，建功新时代"座谈会。座谈会上，省扬高中副校长宫建红、大津重工调试主管崔路等8名全市各界别优秀青年代表发言。

（团市委 吴云）

2019年4月30日，"青春心向党、建功新时代"扬中市纪念五四运动100周年特别主题团日活动

（融媒体中心供图）

【扬中市少先队辅导员培训活动】 2019年4月19日，扬中市少先队辅导员培训班在扬中市联合中心小学开班。市少工委全体委员、各中小学分管校长、少先队辅导员代表142人参加培训。团省委中少部部长张志方围绕少先队工作整体思路，少先队改革十项任务清单以及中学积分入团等方面作专题讲座。省少先队工作专家卢刚用视频图片、现场演示、模拟问答等形

式，为辅导员老师们讲解少先队标志和少先队礼仪。联合中心小学的学生为参训人员展示《“京电号”小火轮对我说》主题队会。队员们用拟人化的方法，采用与“京电号”小火轮的对话，讲述渡江战役中解放军搜集船只、运送密电码和大辫子姑娘严红英的故事，叙述对英雄的怀念和敬仰。（团市委 吴云）

【村（社区）及中学中职团干部培训班召开】 2019年8月1日，扬中市举办村（社区）及中学中职团干部培训班，各个村（社区）和学校的团干部参加培训。镇江团市委组织部部长王思思围绕“青年工作方法、基础团务”开展分享交流。江苏科技大学马克思主义学院、人文社科学院副院长郭昭昭教授围绕“五四运动和五四精神”，解读五四运动社会背景、文化背景和国际走向，再现五四运动的现场和蔓延，阐述五四运动的伟大意义。（团市委 吴云）

【“萌芽呵护”爱心捐赠助学子】 2019年8月20日，扬中市“萌芽呵护”希望工程行动暨新坝镇“协力飞扬”大航圆梦基金捐赠仪式在大航集团会议中心举行，各镇（街、区）团组织负责人、驻新坝镇全体政协委员，以及大航集团全体党员、预备党员、团员，各部门、子公司中层及以上负责人出席捐赠仪式。自2017年以来，大航集团成立“温暖大航”助学基金，连续三年每年向“希望工程”捐助6万元爱心助学金，帮助近30名扬中寒门学子圆梦大学。2019年，新坝镇政协联络委加入爱心队伍，联合大航集团启动爱心捐赠活动，筹得善款9万元，彰显社会责任和善行义举，体现无私奉献与博爱情怀。（团市委 吴云）

2019年8月20日，扬中市“萌芽呵护”希望工程行动暨新坝镇“协力飞扬”大航圆梦基金捐赠仪式（团市委供图）

【庆祝中国少年先锋队建队70周年活动】 2019年10月12日，镇江市庆祝中国少年先锋队建队70周年活动在扬中市明珠小学举办。此次活动由镇江团市委、镇江市教育局、镇江市少工委主办，扬中团市委、扬中市教育局、扬中市少工委、扬中市外国语小学教育集团承办。活动分为“追忆峥嵘岁月、汲取榜样力量”；“高擎星星火炬，传承红色基因”和“与祖国共成长，争做时代先锋”三个篇章。（团市委 吴云）

扬中市妇女联合会

【概况】 2019年，扬中市直属妇联组织28个，其中有镇（街、区）妇联6个，市级机关妇工委1个，其他机关部门妇联组织21个（15个已改建妇联，6个妇委会）；村（社区）妇联78个。（妇联 季颖）

【“社会妈妈”亲子暖冬行】 2019年1月26日，扬中市妇联“社会妈妈”暖冬行在扬中市漫生活众创空间举行，30余名社会妈妈和结对儿童参加此次活动。活动中，“社会妈妈”和孩子们一起学烘焙、学插花，增进彼此之间的感情，市妇联给每个孩子赠送新年大礼包，为孩子们送上新春的祝福。自2003年“社会妈妈”爱心助学品牌创办以来，连续开展17年，帮助近1700名贫困儿童。（妇联 季颖）

【“伴·阅·成长”亲子闹元宵活动】 2019年2月17日，“伴·阅·成长”家庭教育提升项目——亲子闹元宵活动在中央商场举行。活动由市妇联主办，春晖妇儿心理关爱中心承办，全市近100组爱心家庭义卖亲手制作的花灯。活动通过现场现金，微信、支付宝转账等方式，累计筹得善款2000余元，后期义卖款项统一汇总至扬中市慈善总会“妇儿特困救助基金”，用于资助扬中市贫困家庭学生。（妇联 季颖）

2019年2月17日，“伴·阅·成长”家庭教育提升项目在中央商场举行（妇联供图）

【“巾帼林”公益项目】 2019年3月7日，扬中市“巾帼林”公益项目启动仪式在油坊镇长旺村举行。市委书记潘早云为“巾帼林”长旺基地揭牌，与妇女、家庭代表种下果树苗。“巾帼林”公益项目由市妇联牵头开展，以组织动员城乡妇女和家庭植树造林为切入点，计划通过5~8年时间，众筹打造一批“巾帼林”，实现生态效益、景观效益和经济效益的统一。“巾帼林”长旺基地是项目首个试点基地，占地3.33万平方米，基地与“巾帼创业创新行动”相结合，引导周边妇女和家庭通过发展果木种植、农产品加工、乡村旅游等绿色惠民产业增收致富。截至3月，薄壳核桃、枇杷、黄桃等1000棵果树被认领，其中10个集体认领255棵，8个社会组织认领131棵，419名个人及家庭认领614棵。现场表彰“最美中国公益之星”24个，表彰“最美家庭”60户。

（妇联 季颖）

2019年3月7日，扬中市“巾帼林”公益项目启动仪式

（妇联供图）

【“六一”国际儿童节庆祝活动】 2019年5月31日，扬中市庆“六一”国际儿童节活动在明珠小学报告厅举行。活动现场举行新一轮“社会妈妈”结对仪式，1000余名爱心人士汇聚到“社会妈妈”团队，为1420名儿童送去精神和物质的双重呵护。 （妇联 季颖）

【“姐妹在一起”妇女微家建设观摩推进活动】 2019年6月12日，扬中市妇联开展“姐妹在一起”妇女微家建设观摩推进活动。观摩组一行参观新坝幼儿园“365心佑”妇女微家、立新村“翰墨流芳”妇女微家、“尘外”妇女微家、经开区范金林家庭“红色文化”妇女微家，详细了解各个妇女微家日常开展活动情况与需求，对深化妇联改革，推进妇联组织建设创新发展提出意见。

（妇联 季颖）

【暑期留守流动儿童体验观摩活动】 2019年7月5日，“爱心守护、希望同行”暑期留守流动儿童体验观摩活动在静思园举行，活动由市妇联主办，市民政局、市检察院、市教育局联办，市春晖妇儿心理关爱中心承办。活动中，孩子们参与“伴·阅·成长”分享会，阅读《傅雷家书》之《写给千里之外的孩子》，举办集体生日会，现场开展“爱心志愿辅导员”“关爱留守望儿童先进集体”颁奖仪式。通过“爱的分享”“爱的约定”“爱的体验”活动，感受社会大家庭的温暖。 （妇联 季颖）

【镇江市妇女微家建设工作推进会】 2019年9月19日，镇江市妇女微家建设工作推进会在扬中市举行，镇江各辖市区妇联分管主席、组织部部长，各辖市区部分镇（街道）妇联主席和妇女微家负责人代表40余人参加会议。与会人员先后参观三茅街道建设社区、“春柳花苑”妇女微家和三茅街道友好村、“红色”妇女微家。在推进会上，扬中市妇联、京口区妇联、扬中市油坊镇秦松梅妇女微家代表、西来桥“幸福木兰”妇女微家负责人分别围绕微家建设情况作交流发言。 （妇联 季颖）

【镇江市“双百”法律助航行动】 2019年9月23日，镇江市“双百”法律助航行动暨“服务企业机构公益行”扬中专场公益讲座在明珠厅举办。“省百名巾帼法律专家顾问团”3名巾帼法律工作者向扬中70余名女企业家和妇女干部代表专题讲授特殊未成年人关爱、离婚财产分割以及企业经营管理涉及的专业法律问题，面对面为现场听众答疑解惑。 （妇联 季颖）

【“性别平等教育进课堂”工作启动仪式】 2019年12月3日，“性别平等教育进课堂”启动仪式在滨江小学举办。活动由市政府妇儿工委副主任夏璟主持，市妇联主席耿晓晴发表致辞，市教育局副局长王家新、市政府妇儿工委办主任奚彩为南京师范大学附属扬中小学和八桥中心小学两所试点学校授牌。市妇儿工委在两所学校试点开展“性别平等教育进课堂”工作，在环境氛围营造、课程开发设计上加强创新和实践，根据不同年龄段学生的特点，选择合适的教育内容和形式，将性别平等教育融入课堂教学内容、教学实践活动和学生素质养成的全过程，引导学生树立男女平等的性别观念，促进青少年健康成长。 （妇联 季颖）

扬中市科学技术协会

【概况】 2019年，扬中市科学技术协会（简称科协）紧扣新时代文明实践试点工作要求，在搭建科技服务平台、创新科普宣传模式、强化基层组织建设、提升科技

社团服务能力、完善科技人才服务机制上下功夫，为扬中高质量发展提供有力的科技人才支撑。围绕“科技强国、科普惠民”主题，采取“市、镇、村”三级联动，开展大规模科普宣传周广场咨询、科普志愿者集中服务月、院士专家进校园、科普阅读分享会、科普大篷车巡展、庆祝扬中市科协成立60周年科普知识有奖竞赛、科普创享文化节等系列科普活动，发放科普资料2万余份，惠及城乡5万余名群众。开展“礼赞共和国、智慧新生活”全国科普日主题活动，编制科普“菜单”，在全市层面上实现资源共享，使科普成为宣传教育群众的一道“特色菜”。各村（社区）科普员充分依托“科普中国”App，转发各类科普文章10万篇。2019年，获全国科技活动周暨江苏省第31届科普宣传周活动优秀组织单位，扬中市渔业科普研学活动——“探秘河豚、爱上岛城”被中国科协评为“全国科普日”优秀活动。（科协 郭明霞）

【青少年科技项目】 2019年，扬中市科协对青少年科技教育实施项目化管理，分为共建基地、特色学校和特色项目三类。经市科协和市教育局联合评审，评出共建基地4个（江苏省扬中高级中学信息奥赛培训基地、扬中市第二高级中学机器人教育培训基地、实验小学动手做培训基地和扬中市外国语中学无人机培训基地）；评出6所特色学校（新坝中学科普阅读、兴隆中心幼儿园科普视频创作、兴隆小学生态科技教育、长旺中心小学模型运动、外国语小学科技馆STEM课程和明珠小学STEM教室建设）；评出4个特色项目（油坊中心小学种植园项目、南师附小仿生机器人项目、三茅中心幼儿园华草园探寻记和联合中心小学“我的星空日记”）。实施项目化管理，调动基层学校的主动性与创造性，青少年科技教育多点发力，提升科普经费、科普活动、科普设施。按照“三有三好”（新时代文明实践示范基地创建活动：有阵地，氛围好；有队伍，活动好；有特色，反响好。）活动标准，红旗村建成江苏省优秀科普惠农服务站，兴隆中心小学建成江苏省优秀科普教育基地，长旺中心小学建成江苏省青少年科技创新基地，第二高级中学建成江苏省青少年特色科学工作室，三茅街道丰裕社区建成镇江市科普示范社区，新坝镇立新村建成农村科普示范基地。创建三茅街道营房村、三茅街道兴阳村和八桥镇永胜村3个镇江市科普惠农服务站。全市村（社区）和义务教育学校建成科普e站，指定专人注册为“科普中国”科普员，实现科普方式信息化。（科协 郭明霞）

【青少年科技教育载体创新】 2019年，扬中市科协着力打造提升青少年科学素质新平台。全年开展“科普大篷车进校园”活动9次，举办“发明与创造背后的故事”讲座6场，举办“金钥匙科普阅读分享会”6场，开展科普研学活动1项。在江苏省第十三届校园之间科技竞技活动总决赛中，联合中心小学代表队获特等奖，三跃中心小学代表队获一等奖，外国语小学、新坝中心小学和兴隆中心小学代表队获二等奖。在江苏省创新大赛中，省扬高中王梓鉴同学获得青少年科技创意竞赛一等奖。在镇江市青少年机器人科技竞赛中，扬中市6名选手进入镇江市前10名，包揽该项目前三名，长旺中心小学被评为优秀组织单位。在江苏省WER机器人普及赛中，扬中市7名选手有6名（新坝中心小学包驭驰、管敦至，联合中心小学乔煜宸、长旺中心小学陈永乐、李昱全，扬中市第二高级中学谢知霖）获一等奖。在江苏省人工智能大赛线下赛中，南师附小学生获得操作类特等奖。（科协 郭明霞）

【“四+一”工作】 2019年，扬中市科协持续推进“四+一”工作。“四长”（医院院长、中小学校长、农技推广部门负责人和科技型企业家）进入乡镇科协领导班子，在基层科普工作中发挥积极作用。由“配角”转为“主角”，变“要我做”为“我要做”，特别是中小学校长主动作为，组织开展多场青少年大型阅读分享会、“快乐科学校校行”、科学夏令营等活动。组建以“四长”为代表的医卫、教育、农业、企业等10支专业科普志愿者服务队伍，为开展科普工作提供保障。由“四长”牵头，分级、分区域、分专题组织科普志愿者开展科普活动，组织集中服务月、创想文化节、美丽庭院创建、专利乡镇行、科普惠农、垃圾分类等科普活动，向群众零距离科普宣讲200余场，发放科普书籍、资料近万册，助力新时代文明实践。（科协 郭明霞）

2019年5月14日，院士专家进校园科普巡讲活动

（科协供图）

【“智能制造助力企业转型升级百城巡讲”活动】 2019年7月，“智能制造助力企业转型升级百城巡讲”在扬

中市新坝镇电气工业品城路演大厅召开。活动由市科协、扬中市高新区管委会、工业和信息化部人才交流中心举办,工业和信息化部专家、市科协及电气企业相关负责人等参加活动。专家组一行到威腾电气股份有限公司、大航有能电气有限公司、江苏弘历电气有限公司,实地考察调研企业生产车间、数控车间,与企业家分析探讨企业在智能制造转型发展过程中存在的困难和问题。（科协 郭明霞）

【第31届科普宣传周活动】 2019年5月19—26日,扬中市举办第31届科普宣传周活动,活动主题为“科技强国,科普惠民”。活动期间,扬中市围绕展示科技创新成果、体验美好生活活动、服务乡村振兴战略、促进科技成果惠民,开展科普宣传广场咨询活动、“院士专家进校园”科普活动、科普志愿者集中服务月活动、科普大篷车巡展活动、学术强企行动、科技惠农兴村行动。（科协 郭明霞）

扬中市归国华侨联合会

【概况】 2019年,扬中市归国华侨联合会(简称侨联)开展全市基本侨情调查工作,利用人才信息库,启动“侨情联络员培训工程”。召开侨联六届九次全委会议,会议以举手表决的方式,补选产生市侨联六届委员会主席、副主席、秘书长。朱秋敏当选市侨联第六届委员会主席,陈薇当选副主席,吴华春当选秘书长。全年走访慰问侨界重点人士和侨眷、侨联帮扶对象,慰问江苏美科集团董事长吴美蓉,举办“欢庆国庆,喜迎重阳”侨眷侨属历史文化名城泰州一日游活动。（侨联 陈薇）

【基本侨情调查】 2019年9月,扬中市人才办、统战部统一安排,开展全市基本侨情调查工作。市侨联建立人才信息库,启动“侨情联络员培训工程”,计划用1~2个月时间,深入全市各镇(街、区),以会代训,邀请省、市专家就如何开展基层侨联工作开展辅导,编印和发放《侨联业务知识应知应会手册》,为成立基层侨联组织及“侨胞之家”等工作奠定基础。此次调查对象为海外侨胞、港澳台同胞、归侨、归国留学人员及扬中市侨企。这是扬中市有史以来规模较大的一次侨情调查,首次将有关数据录入电脑,建立基本侨情数据库并与市人才信息库融合的尝试。（侨联 陈薇）

【港澳台侨人士中秋联谊活动】 2019年9月6日,扬中市举行港澳台侨人士中秋联谊活动,30余名港澳台侨代表参加活动。活动举行“喜迎中华人民共和国成立70周年,港澳台侨代表人士中秋共叙中华情”茶会,港澳台侨代表畅谈扬中市70年来的发展变迁与未来发展前景,为扬中未来发展出谋献策,汇聚智慧力量。港澳台侨代表参观三茅街道友好村宽心圩传统村落,感受农耕、渔耕和红色文化,了解扬中社会变迁的同时,体验感受传统村落魅力。（融媒体中心）

【2019华侨华人创新创业镇江洽谈会】 2019年11月19日,华侨华人创新创业镇江洽谈会扬中对接会举行。华侨华人代表和扬中市部分企业负责人参会。会前,华侨华人代表先后参观新坝镇电气工业品城、镇江西门子母线有限公司和镇江仁德新能源科技有限公司。会上,与会人员观看扬中城市宣传片,部分企业负责人围绕“工程电气、新能源、装备制造”三大主导产业与华侨华人代表交流、商讨。（融媒体中心）

扬中市文学艺术界联合会

【概况】 2019年,扬中市文学艺术联合会(简称文联)有作家协会、书画家协会、音乐舞蹈家协会、戏剧曲艺家协会、摄影家协会、民间文艺家协会、电影电视家协会7个专业协会,会员总数400余人,其中国家级会员19名,省级会员80余名,镇江市级会员170余名。全年新增国家级会员2人,王中明加入中国美术家协会、童道静加入中国摄影家协会;新增省级会员6人,方礼兵、严华蓉、郭春海、郭明生、朱峰、成建明加入江苏省书法家协会;新增镇江市级会员11人。文联结合新时代文明实践工作要求,树立以人民为中心的工作导向,开展文艺志愿服务。各协会开展文艺采风培训、文学讲座、书画笔会、文艺汇演、摄影公益活动、民间文艺展示等一系列文艺活动,丰富全市群众的精神文化生活。与市委宣传部联合举办“相约河豚岛”全国书画名家作品展,扬中市中青年美术作品展在镇江美术馆开幕,展示近年来扬中美术创作的优秀成果。举办“我行其野”西泠印社书画篆刻院郭强篆刻工作室师生作品全国巡回展暨扬中市书法家作品展。策划举办“筑梦新时代”庆祝新中国成立70周年书画作品展。在新坝镇联合村党群服务中心举办首家农村(社区)文联书画采风创作基地揭牌仪式。（文联 陈茜）

【扬中市中青年美术作品展】 2019年4月30日至5月12日，扬中市中青年美术作品展在镇江美术馆开幕。展览由镇江市文化广电和旅游局、镇江画院、扬中市文联联合主办，镇江市美术馆、扬中市书画家协会承办。展出扬中市23名中青年美术作者创作的70余幅作品，包括中国画、油画、版画、水粉水彩等艺术形式。作品主要是深入生活、扎根人民的写生创作，部分作品直观展示家乡扬中的自然美景和人文风貌，是扬中美术创作优秀成果的一次集中展示。 （文联 陈茜）

【西泠印社书画篆刻院郭强篆刻工作室师生作品全国巡回展】 2019年5月30日，“我行其野”西泠印社书画篆刻院郭强篆刻工作室师生作品全国巡回展暨扬中市书法家作品展在市行政中心开幕。展览由西泠印社担任学术指导，由中共扬中市委宣传部、西泠印社书画篆刻院、扬中市文学艺术联合会、扬中市金融控股集团有限公司主办，扬中市书画家协会、扬中市篆刻艺术推广协会、南师扬中附小教育集团滨江小学承办。展出持续至6月5日，为期7天，现场展出郭强、何峙、赵熊、傅舟、王道义、陈靖等国家级书法名家的书法、篆刻作品53件，镇江、扬中书法篆刻作品26件。活动当天，国家一级美术师，西泠印社理事郭强在滨江小学开展“入帖、出帖与创作”书法专题讲座及笔会交流活动。

（文联 陈茜）

2019年5月30日，西泠印社书画篆刻院郭强篆刻工作室师生作品巡回展 （文联供图）

【庆祝新中国成立70周年书画作品展】 2019年9月23日至10月2日，扬中市举行“筑梦新时代”庆祝新中国成立70周年书画作品展。作品展由市委宣传部、市绿洲新城实业集团有限公司、市文联联合举办，是镇江市金山文化艺术节系列活动之一，也是扬中市庆祝新中国成立70周年系列活动之一。活动自2019年5月起开始筹备，征集到书画作品100余件，展出作品80件，囊括书法、篆刻、中国画、油画、剪纸等多种艺术表现形式。活动编印书画作品集，向各镇(街、区)、市级机关各部门以及部分村(社区)、企业和学校赠书。

（文联 陈茜）

2019年9月23日，庆祝新中国成立70周年书画作品展开幕 （文联供图）

【首家农村(社区)文联书画采风创作基地建立】 2019年11月12日，扬中市文联在新坝镇联合村建立扬中市首家农村(社区)文联书画采风创作基地，“联合文化中心、市文联书画采风创作基地、市篆刻艺术推广协会创作实践基地、郭廉俊艺术工作室”揭牌仪式暨“辉煌七十载，大美新联合”书画篆刻邀请展在联合村党群服务中心举办。揭牌仪式上，市文联组织部分书画家开展首次书画笔会活动。 （文联 陈茜）

扬中市残疾人联合会

【概况】 2019年，扬中市残疾人联合会(简称残联)团结带领广大残疾人投身脱贫致富的伟大实践，推动新时代扬中残疾人事业的高质量发展。多渠道帮助残疾人就业增收，全年新增实名制就业120名，其中电商20名。举办残疾人职业技能培训班8期，培训212人次。依托“残疾人之家”，开展残疾人辅助性就业，安置150名残疾人就业。借助19家扶贫基地，吸纳150余名残疾人本人或其家庭成员就业，辐射带动100户残疾人家庭创业增收。康复服务有序开展。全年为60名残疾儿童提供转介康复服务，完成80例白内障复明手术，为317名精神病患者申请免费服药，为7例贫困精神残疾人提供住院补贴。救助困难残疾人28万元，救助残疾学生和贫困家庭子女7.75万元。残疾人无障碍环境建设取得新进展，承担镇江市10户省级家庭无障碍示范户建设任务，承办镇江市低收入家庭无障碍建设现场推进会，为63户低收入家庭开展无障碍改造；申报新坝镇新宁村创建国家级无障碍环境示范村，新建无障碍村(社区)6个。接待残疾人信访1件,上访9人次,"12345"热线17件。残疾人体育事业蓬勃开展。依托建成的17家残疾人文化示范社区,创作排练反映残疾人工作生活、社会助残风尚的节目4个,举办各级文艺演出12场。加大残疾人训练基地建设,全年接待2000人次,举办残疾人羽毛球比赛。 (残联 韩传会)

【残联新时代文明实践示范基地建设】 2019年,扬中市残联成立新时代文明实践活动领导小组,建立服务组织网络,在原"青青三叶草"志愿者服务团队基础上开展志愿者服务,制订全年"新时代文明实践活动"计划,根据每个特定残疾日节点开展专项活动。7月17日,市残联新时代文明实践示范基地在三茅街道兴阳村残疾人之家揭牌,以搭建实践平台的方式,创新惠残方式,开展志愿服务,致力于引导和帮助更多的残疾人走出家门,实现就业创业梦想,同享改革开放成果。依托实践基地开展主题宣讲4次,开展各类志愿者活动10余次,参与市文明办组织的集体行动3次,发放赠送小家电和辅具24件,服务残疾人600人次。

(残联 韩传会)

【残疾人脱贫攻坚工作】 2019年,扬中市残联继续实施光伏扶贫工程,为全市符合安装条件的建档立卡贫困残疾人家庭安装光伏太阳能电站,全年完成安装64户,累计完成187户。助残日期间,市委四套班子领导分别带队走访建档立卡残疾人家庭,现场解决残疾人脱贫攻坚措施,通过安置就业、提升救助标准、给予家电救助、扶贫基地结对帮扶等务实举措,全市141户、156人建档立卡残疾人全部实现脱贫,全年累计投入扶贫相关资金400万元。 (残联 韩传会)

【第29次全国助残日广场活动】 2019年5月19日,扬中市举行第29次全国助残日广场活动暨扬中市残联新时代文明实践活动、扬中市通信惠残活动启动仪式。活动以"自强脱贫,助残共享"为主题。扬中市特教中心学生表演开场舞《小玉米》拉开活动序幕,活动现场分别介绍电信、移动的通信惠残内容;残联就业管理中心开展就业推荐;介绍针对3周岁以内孤独症儿童免费筛查活动;扬中市启航义工服务社志愿者介绍"爱心爸爸、爱心妈妈"公益项目。残疾人联合会、中国电信、中国移动、惠耳听力、社会公益组织志愿者现场开展各类助残活动。 (残联 韩传会)

【残疾人综合服务中心工程建设】 2019年,残疾人康复中心、托养中心及特殊教育中心工程建设进入扫尾阶段,内装工程通过交付验收,室外场地及绿化建设进入攻坚冲刺阶段,完成设备采购。新的三大中心定名为"扬中市残疾人综合服务中心",中心为服务残疾人相关机构的统称,不申报设立实体机构,中心范围内的相关机构各自独立运行。 (残联 韩传会)

【新坝镇新宁村创建全国残疾人无障碍环境村】 2019年2月,扬中市全国残疾人无障碍环境村创建工作全面启动,扬中市残联在省、镇江市残联的精心指导下,与住建部门密切配合,调动镇、村两级积极性、创造性,组织赴苏州、淮安等地参观学习;会同相关部门逐户走访残疾人家庭,听取残疾人意见,收集普通村民对无障碍改造的看法和建议,摸清全村144名残疾人的基本情况;邀请省残联辅具中心专家先后3次到扬中指导参与无障碍改造方案的调研制定,累计蹲点指导时间8天。引进优质的专业施工队伍,对新宁村综合服务中心、托养中心、医疗康复室等处进行全面改造,铺设盲道进社区165米,搭建无障碍坡道6处,设置残疾人专用停车位2个,改造无障碍公共厕所4处,安装托养服务中心扶手约80米,对24户有无障碍改造需求的残疾人家庭进行无障碍改造。 (残联 韩传会)

【扬中市特教中心学校特奥滚球项目运动队成立】 2019年,扬中市特教中心学校成立特奥滚球项目运动队,建设省级特奥滚球项目训练基地。运动队的成立,旨在提高残障儿童的康复水平、生活自理能力、心里素质和生活质量。9月18日,省残联副理事长胡乃亮、镇江市残联理事长孙萍、副理事长孙权到扬中调研特奥队工作,对建设成果表示肯定。 (残联 韩传会)

扬中市红十字会

【概况】 2019年,扬中市红十字会有基层组织12个,团体会员单位22家,成人会员1230人,青少年会员1900人,注册志愿者80人,志愿服务组织6个,总服务时长1600小时,应急救护培训基地1个,冠名红十字医院1家,应急救护培训师资24人。全年开展"博爱送万家""博爱万人捐""爱心一元捐""爱相髓——白血病关爱项目"等救助项目,募集善款51.83万元。做好遗体器官捐献的宣传咨询、接待和登记工作,组织遗体捐献亲属参与"博爱传承、生命永恒"缅怀公祭

活动,接待遗体器官捐献咨询 20 余人次,实现首例眼角膜捐献。 (红十字会 刘彩霞)

【人道救助工作】 2019 年,扬中市红十字会继续开展“博爱万人捐”“爱心一元捐”募捐活动,募集善款 51.83 万元。实施博爱助医、助困、助学、助残项目以及白血病关爱项目,全年救助困难群众 400 余人次,发放救助款 50 余万元。对口支援陕西白水县红十字会,拨付扶贫款 12 万元。 (红十字会 刘彩霞)

【救护培训工作】 2019 年,扬中市红十字会开展救护培训“进学校、进企业、进机关、进社区、进家庭”“五进”活动,完成初级救护员培训 945 人次,普及性培训 8166 人次。培训企业员工 1350 人,社区群众 600 人。完成扬中市一中应急救护培训基地的器材询价采购工作和标准化建设。参与扬中生命安全体验馆建设,设置专区宣传普及应急救护知识和自救互救技能。

(红十字会 刘彩霞)

【捐献造血干细胞工作】 2019 年,扬中市红十字会开展捐献造血干细胞志愿者招募和血样采集活动。完成造血干细胞血样采集 51 人次,造血干细胞捐献再动员 10 人次,动员成功 5 人次,扬中市第 6 例、第 7 例造血干细胞捐献者杨守艳、张慧实现捐献。组织开展“不忘初心、大爱相髓”——2019 年造血干细胞志愿者沙龙活动和“不忘初心、与爱同行”——捐髓志愿者联谊活动。全市参与无偿献血 2760 人次,采血 89.16 万毫升。 (红十字会 刘彩霞)

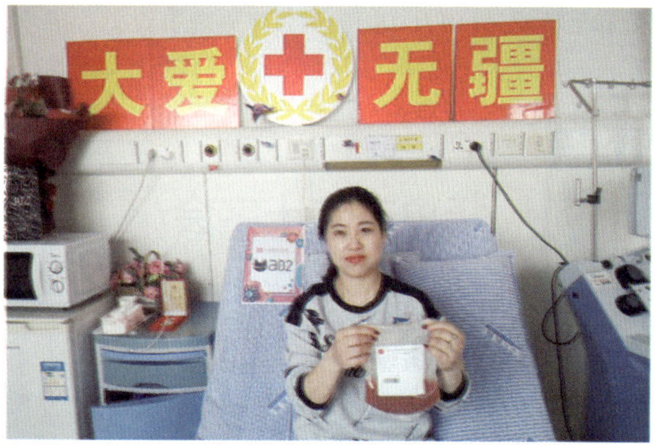

扬中市民杨守艳成为扬中市第 6 例造血干细胞捐献者

(融媒体中心供图)

【养老照护工作】 2019 年,扬中市红十字会组织养老照护师资到基层社区、村(居)委会、养老福利院开展老年照护知识讲座,选派 2 名志愿者参加省红十字会养老照护师资培训,组织金山学院养老照护志愿者到勤丰居家养老服务中心开展养老照护志愿服务工作。全年培训 608 人次,入户志愿服务 50 余次,受益居家养老家庭 50 户。 (红十字会 刘彩霞)

扬中发展促进会

【扬中发展促进会南京教科文分会成立】 2019 年 12 月 7 日,扬中发展促进会南京分会成立十周年暨南京教科文分会成立大会在南京紫金山庄举行。180 余名在南京的扬中籍乡贤参加大会。会上,扬中发展促进会南京分会第二届班子换届改选,江苏省政协教育文化委员会原副主任方国才当选为会长,江苏省公安厅原副厅长、省警官学院原院长、省警察协会会长吴跃章当选为执行会长;市人大常委会副主任王继兰宣读换届改选批复。南京教科文分会成立,江苏经贸职业技术学院教授、党委书记戴庆华当选为会长。 (融媒体中心)

【扬中发展促进会油坊分会成立】 2019 年 1 月 1 日,扬中发展促进会油坊分会成立大会在同德中学举行,扬中发展促进会油坊分会是镇江市首家、扬中市唯一的镇级乡贤馆。会议推选出第一届扬中发展促进会油坊分会领导班子,澳大利亚工程院院士、Energus 公司技术顾问施正荣当选为会长。会上,扬中发展促进会会长陆朝银、油坊镇党委书记陶建国为扬中发展促进会油坊分会和油坊镇乡贤文化促进会揭牌,南京师范大学金宁达评估有限公司董事长黄克龙、南京高精齿轮集团有限公司副总经理陈永道、镇江市见义勇为基金会理事长李茂川发表演讲。 (发促会 朱圣福)

【第二届消化和消化内镜高峰论坛】 2019 年 2 月 22—23 日,扬中市举办“2019 第二届中国河豚岛”消化和消化内镜高峰论坛暨国家级继续教育项目“消化道早癌诊治进展学术会议”,14 名国内消化领域知名专家参加会议。会上,中国工程院院士、教授、国家消化内镜质控中心主任李兆申,国家消化系统疾病临床医学研究中心主任张澍田,“大国工匠”“内镜世界杯”裁判、复旦大学附属中山医院周平红教授,中国医学科学院肿瘤医院王贵齐教授等业内名家,聚焦消化系统疾病诊疗、消化内镜技术应用,以学术讲座、互动交流、网络直播手术演示等形式,分享、探讨最新成果、防治趋势及前沿技术。会议期间,200 余名镇江基层医务人员参加“超级镜彩”奥林巴斯——中大医院超声内镜专题培训。 (发促会 朱圣福)

【发展促进会西来桥分会成立】 2019年2月5日，扬中市发展促进会西来桥分会、西来桥镇乡贤文化促进会成立大会举行。会议宣读《关于批准成立扬中发展促进会西来桥分会的批复》，通过《分会章程》，选举产生第一届扬中发展促进会西来桥分会、西来桥镇乡贤文化促进会组织机构，推选名誉会长、会长、副会长、秘书长、副秘书长。市委常委、党校校长孙健为扬中市发展促进会西来桥分会、西来桥镇乡贤文化促进会揭牌。（发促会 朱圣福）

2019年2月5日，扬中发展促进会西来桥分会成立（发促会供图）

【王中林教授工作室揭牌】 2019年5月9日，王中林教授工作室在西来桥镇卫生院揭牌，成为扬中市首个设在基层医疗卫生单位、全市第9个名医工作室(站)。王中林教授是南京中医药大学第二临床医学院推拿教研室副教授、江苏省中医学会推拿分会副主任委员，是扬中卫生健康促进会常务理事，长期从事针灸、推拿、中药的临床医疗以及教学、教研工作，主持完成多项省、市及校级科学研究任务。王中林教授工作室的成立带动基层服务能力的提升，推动扬中市基层医疗卫生事业发展和带动全市中医药能力提升。（发促会 朱圣福）

【“王毅教授工作站”落户市中医院】 2019年6月8日，扬中市举行上海长征医院普外科王毅教授工作站签约揭牌仪式，“王毅教授工作站”落户扬中市中医院。王毅是上海长征医院普外科副主任医师，从事普外科工作30余年，擅长胃肠肿瘤、胆胰外科、疝与腹壁外科诊断治疗，尤其在结直肠、胃癌及胆道的微创手术治疗上具有丰富的临床经验。成立该工作站，旨在加强中医院专科建设，打造院有专科、科有专病，病有专技，技有专人的特色品牌医院，满足扬中市民高端、优质的诊疗需求。（发促会 朱圣福）

【伟信教育发展基金发放仪式】 2019年8月14日，扬中市伟信教育发展基金2019年度奖学金和助学金发放仪式在省扬高中举行。17名高考优秀学生，2个高考优秀班级团队，6名中考优秀学生及5个中考优秀班级团队荣获表彰和奖励，考取华中科技大学的杜欣航和考取广西大学的蔡盛源两位同学得到4万元的资助。9月26日，扬中市伟信教育发展基金会举行2019年教育系统先进集体和先进个人奖励发放仪式，现场发放各类奖金33.2万元，10所学校和118名优秀教师受到表彰，其中，高考优秀学校省扬高中、市二中分别获得10万元奖励。（发促会 朱圣福）

【“李晓华教授工作站”落户扬中】 2019年9月7日，“李晓华教授工作站”落户扬中。李晓华教授是关节外科、脊柱外科领域的名家，擅长关节外科常见疾病诊治，主要研究方向为人工关节置换感染与松动。在人工关节外科，关节矫形及肿瘤保肢方面积累丰富的临床经验。多次在美国、德国等国家的骨科专科医院关节外科进修及指导。特别擅长先天性髋关节发育不良、严重膝关节畸形等复杂情况的初次人工关节置换、髋关节翻修等手术。（发促会 朱圣福）

【扬中发展促进会二届五次常务理事会暨教科文分会成立大会举行】 2019年10月2日，扬中发展促进会二届五次常务理事会暨教科文分会成立大会在扬中举行，300余名海内外扬中籍乡贤参加大会。活动由人大常委会副主任、发促会常务副会长、卫生健康促进会会长王继兰主持，发展促进会会长陆朝银作工作报告。在教科文分会成立会上，扬中发展促进会副会长、省扬中高级中学原校长郭桂华当选为会长。教科文分会吸纳517名扬中籍教育、科技、文化界精英，作为发促会的专业分会，分会配合相关部门在人才引进、校地合作、企业发展、项目争取等多方面开展谋划咨询、联系协调等工作，为促进扬中“六个高质量发展”“四个走在前列”提供支持。会上增补37名扬中发展促进会常务理事；中国科技大学校长、中国科学院院士包信和等7人作大会发言。（发促会 朱圣福）

军 事

人民武装

【概况】 2019年,扬中市武装工作以新时代强军思想为指引,适应国防动员建设发展新常态,在备战打仗、民兵整组、兵员征集方面主动发力,提升部队精细化战备、实战化训练、应急应战能力水平。各级专武干部和民兵队伍在抢险救灾、维稳处突、文明创建等方面发挥作用。人武部按照"围绕国防动员转型要求、紧盯练兵备战各项准备"的工作目标,国防动员各项建设保持良好发展势头。 (人武部 朱伟华)

【军事斗争准备】 2019年,扬中市人武部贯彻军委军事工作会议精神,落实每季度党委议战议训,立起备战打仗鲜明导向。修订完善国防动员各类方案预案,开展日常战备专项整顿,组织战备拉动演练,战备值班值勤等各项制度规定有效落实。组织现役干部、文职人员、专武干部、民兵干部和民兵应急分队等训练任务。民兵应急连代表镇江参加全省成建制比武考核取得第5名。在"8·6"苯泄漏事故中,成建制组织八桥镇、油坊镇、经开区民兵应急排,参加现场处置、疏散群众、构筑堤坝等工作,反应迅速、处置得当,较好地完成地方党委、政府赋予的抢险救灾任务,市人武部被省军区表彰为军事训练先进单位。 (人武部 朱伟华)

【思想政治工作】 2019年,扬中市人武部组织党委中心组理论学习和党委班子集体学习,推动理论武装走深走实。扎实开展"不忘初心、牢记使命"主题教育,召开动员部署会、集中学习会、交流研讨会等各类会议,组织党课辅导、专题党日、现地教学等各项活动,抓好"学、研、查、改"内容落实,主题教育取得明显成效。深化"传承红色基因、担当强军重任"主题教育,开展庆祝新中国成立70周年系列活动,依托扬中红色资源打造"红色基因代代传工程",引导官兵赓续血脉、担当作为。召开市委常委议军会,组织领导干部过"军事日",考核各镇(街、区)党管武装工作,新坝镇、西来桥镇党委坚持把习近平强军思想纳入领导干部学习推介课程,列入领导干部培训轮训内容,推动党管武装制度有效落实。 (人武部 朱伟华)

【国防动员工作】 2019年,扬中市人武部做好潜力数据调查采集工作,通过省、市两级数据会审。深化民兵调整改革,优化民兵体系结构,重塑市民兵应急连建设,拓展编建民兵无人机侦察、船舶维修分队等新质力量,完成基干民兵整组任务并通过上级检查验收。狠抓征兵工作"五率"考评落实,推出多渠道式宣传、封闭式体检、联动式政考、多样式监督、开放式定兵、跟踪式回访的征兵工作机制,完成新兵征集任务。加强全民国防教育,组织开展国防教育征文、书画比赛等活动,指导三茅街道友好村创建红色教育基地,八桥镇万福村被江苏省命名为省级国防教育基地。协调做好退役军人安置、随军家属就业、军人子女入学等工作,开展"双百双建"(组织100余个人武部与139个经济薄弱村签订帮建协议,共建党组织,共建学校)活动,人武部与2个贫困村、2名"三老对象"(红军老战士、孤老烈属、孤老复员军人)、7名特困学生结对,开展扶贫帮困、捐资助学。 (人武部 朱伟华)

【依法从严治军】 2019年,扬中市人武部始终把依法治军、从严治军作为推进人武部建设科学发展的保证,主动接受上级巡视,全面彻底肃清郭徐房张流毒影响,纠治形式主义、官僚主义,开展廉洁征兵工作,全市保持纠风治弊高压态势。开展"学习贯彻新条令""百日安全竞赛"等活动,制定《人武部办公管理规定》,抓实纪律教育、警示教育和法纪教育,落实安全分析、昼查夜巡、情况通报、风险评估等制度,用法治思维法治方式抓管理、保安全、促提升。 (人武部 朱伟华)

武装警察

【概况】 2019年,武警扬中中队以习近平强军思想为引领,深入贯彻上级党委扩大会议精神,以军事训练为突破口,以安全稳定为支撑,以精细管理为抓手,聚焦"忠诚、精武、奉献"队魂,践行"铸尖刀、打头阵、争第一"队训。全体官兵撸起袖子,真抓实干,攻坚克难,完成以执勤为中心的各项任务。该中队整体建设呈现出内涵蓄养有活力、持续发展有潜力、全面竞争有实力的良好态势。中队被武警江苏省总队表彰为"基层建设标兵中队"。 (武警中队 史益斐)

【执勤工作】 2019年,武警中队检查聚焦中心不放松,始终将执勤工作视为"饭碗工程",注重在提升执勤质态上下狠功夫,提升执勤哨兵情况处置能力,适时与目标单位共同组织执勤方案演练。重大节日、敏感时期与市公安局巡特警大队共同担负扬中市社会面联勤武装巡逻任务。全年聚力推进"智慧磐石"工程建设,多次协调军地专家现场论证,研究制定科学合理的建设方案,率先完成招标。 (武警中队 史益斐)

人民防空

【概况】 2019年,扬中市人民防空办公室(简称人防办)聚焦发展提质,扩建推进人防工程建设与管理。全年人防工程竣工面积实现规定指标,为社会提供人防停车位。编制新一轮(2020—2025)城市地下空间开发利用暨人防工程建设专项规划编制,纳入城市建设总体规划。加强人防工程维护管理,发放"人防工程平时使用证",签订《维护管理责任书》,督促使用单位按维护管理技术规程进行维护。聚集备战强防,推进人防核心能力建设。提高城市防空袭水平,完善扬中市防空袭方案,整组全市人防专业队伍,党团员比率、退伍军人比率、专业对口率、在位率和年龄达标。加强人防硬件设备建设,升级改造警报系统、地下指挥所。提升人防队伍实战化能力,实现人防"空地一体化",确保训练常态化。聚焦高效服务,提升人防依法行政水平。推行网上办事,坚持"一站式审批"。实施帮办代办服务,做好事前、事中、事后服务。定期开展执法巡查,催缴人防系统腐败问题专项治理中的人防易地建设费欠款项目,采取司法途径追缴拒不缴纳的单位。查处、整改违规出售、出租的人防车位。严格按规定收取人防易地建设费,确保应收尽收。聚焦创新增效,抓好人防法治宣传教育。开展迎接新中国成立70周年人防系列宣传活动,与社区联动举办应急科普文艺晚会,组织学生参观人防工程及人防科普体验馆。开展"新闻媒体看人防"活动,利用扬中人防网站、社区宣传栏、《扬中日报》等宣传平台,扩大宣传受众面。 (人防办 刘芳)

【镇江辖市区人防办联合拉练】 2019年3月12日,镇江辖市区人防办(镇江人防、丹阳人防、句容人防、丹徒区人防、新区住建、扬中人防)在扬中市开展人防机动指挥所拉动训练。拉练科目为各机动指挥所的开设与接收、各通信要素的沟通与联络、机动指挥所与地面地下指挥中心的互联互通。拉练期间,各辖市区人防办专业技术人员通过实际操作,熟悉操作技能。

(人防办 王峰)

【人防宣传】 2019年5月19日,扬中市第31届科普宣传周开幕式暨广场活动在油坊镇启动。市人防办在活动现场设置咨询台,介绍人防法律法规及人防知识;展出人防宣传站牌,免费发放人防知识读本约500本,宣传资料300余份,发放人防应急包,讲解应急包的功能与使用方法。 (人防办 朱江)

【京剧《我是人防人》巡演】 2019年7—11月,扬中市人防办编导的京剧《我是人防人》参加"江苏省安全应急科普环省行"活动。首场在扬州巡演,是此次文艺巡演唯一的京剧节目。活动现场,人防、消防、地震等应急体验车辆和装置一字排开,观众现场亲身体验烟雾逃生、高空缓降、帐篷搭建和便携式模拟灭火器的使用,学习心肺复苏、火灾扑救、高楼逃生、帐篷搭建等技能。

(人防办 朱江)

【校园平安法治宣传活动】 2019年11月6日,扬中市人防办结合党员志愿服务活动,在南京师范大学附属扬中小学开展平安法治主题班课活动。人防办工作人员为学生上人防防空减灾知识课,讲解人防的部分法律法规,科普校园学生个人避险与疏散、自救互救的应急知识。现场组织学生参观人防法律法规、人防知识宣传展牌。活动发放人防知识读本400余本及部分应急包,提升学生平安法治校园意识。 (人防办 刘芳)

双拥共建

【概况】 2019年2月28日，根据市机构改革的统一部署，扬中市退役军人事务局成立，内设2个职能科室(股级建制)：办公室，综合科，下设一个事业单位(股级建制)：退役军人服务中心。按照有机构、有编制、有人员、有经费、有保障的“五有”要求，实现以市退役军人服务中心为枢纽，镇、村(社区)服务站“全覆盖”的服务保障体系。建立“一人一档”工作台账，探索新时期退役士兵安置办法，全面推行以扶持就业为主，自主就业、安排工作等多种方式相结合的退役士兵安置制度。年内，发放补助金、发放生活补助金、节日补助金、临时物价补贴、义务兵家庭优待金、慰问金、大学生义务兵奖励金、优秀士兵奖励金，所有资金由各镇(街、区)打卡发放到位。坚持敲锣打鼓送喜报制度，向立功的现役军人家庭敲锣打鼓送喜报。分片分批次、专车接送优抚对象体检，为19名高龄、行动不便的重点优抚对象上门巡诊。推动社会化拥军深度融合，大全集团双拥工作站迁址改建，拥军园获评省级爱国教育基地。做好烈士纪念设施维护和烈士褒扬工作，改造修缮印世庸烈士墓。加强涉军群体信访矛盾排查与分析。

(退役军人事务局 陶慧萍)

【部分退役士兵社会保险接续工作】 2019年12月，根据中共中央办公厅、国务院办公厅印发的《关于解决部分退役士兵社会保险问题的意见》及江苏省《关于解决部分退役士兵社会保险问题的实施意见》精神，扬中市启动部分退役士兵社保接续工作。此次社保接续工作主要解决部分退役士兵在2019年1月21日中央《关于解决部分退役士兵社会保险问题的意见》施行以前出现的基本养老保险、基本医疗保险未参保和断缴问题。达到法定退休年龄、基本养老保险累计缴费年限(含军龄)未达到国家规定最低缴费年限的，允许延长缴费至最低缴费年限；2011年7月1日《中华人民共和国社会保险法》实施前首次参保(入伍时间视为首次参保时间)、延长缴费5年后仍不足最低缴费年限的，允许一次性缴费至最低缴费年限，自行解决所需费用。达到法定退休年龄，退休前处于连续参保状态，城镇职工基本医疗保险累计缴费年限(含军龄)未达到国家、省、市规定年限的，可以缴费至规定年限，超过军龄部分费用自行解决。文件施行前符合条件退役士兵以灵活就业人员身份自行参保或补齐断缴的、已参加职工基本养老保险和基本医疗保险的、已办理退休手续领取待遇的、在服役期间或退出现役到地方工作后受相关处理及自动离职的，不在解决范围。市退役军人事务局通过电话、短信、张贴公告、当面签收指导手册等方式对部分退役士兵开展“面对面”宣传工作发放各类宣传材料835份。

(退役军人事务局 陶慧萍)

【干部提标工作】 2019年，扬中市及时下拨军休干部调资经费。按照每个军休干部身份、行政级别、入伍时间、离退休时间、军龄、退休费计发比例，军休干部平均增加基本离退休费425元/人/月、生活补贴2150元/人/月、年度定期增资金额92元/人/月；调整下岗、失业转业志愿兵(士官)生活困难补助，按照镇江市统一标准，补助提高34元/人/月，提升至664元/月；调整部分企业退休军转干部基本养老金解困补助基数，退役军人事务局及时调整生活补助，平均增加250元/人/月。

(退役军人事务局 陶慧萍)

【抚恤补助金发放】 2019年，扬中市拨付在职残疾军人、参战人员、老兵、老烈子、老复员军人遗属、补差人员生活补助金，拨付优抚对象节日补助金、临时物价补贴，向义务兵家庭发放优待金、慰问金18.4万元，发放大学生义务兵奖励金161万元，发放立功军人立功奖励金、获得优秀士兵奖励金12.1万元。做好60周岁以上重点优抚对象参保意外伤害保险续保工作，为重点优抚对象续保医疗保险金27.8万元。

(退役军人事务局 陶慧萍)

【优先优待工作】 2019年，扬中市落实优抚褒扬政策。向各类优抚对象发放荣誉性慰问品，发放慰问信1.2万份，双拥挂历800份。向立功的现役军人家庭敲锣打鼓送喜报，发放立功奖励金。分片分批次、专车接送优抚对象体检，为19名高龄、行动不便的重点优抚对象上门巡诊。组织90余名重点优抚对象短期疗养。“八一”期间召开重点优抚对象座谈会暨棋牌比赛和重点优抚对象巡诊活动。做好去世吊唁、生病探望、生日送蛋糕等精神抚慰工作。通过社会保障、临时救助、住房医疗政策等，对家庭陷入困境的退役军人和其他优抚对象，采取兜底措施，实行“一对一”帮扶，建立困难退役军人台账。规范换发光荣牌工作，举办“光荣之家”匾牌集中授牌仪式。

(退役军人事务局 陶慧萍)

【社会拥军工作】 2019年，扬中市推进双拥工作，筑牢军民情义。大全集团双拥工作站迁址改建，八桥镇万福村征地 1.33 万平方米，扩建拥军园，改建后的拥军园获评省级爱国教育基地；三茅街道友好村建设有项目、有氛围、有活动场所的双拥文化教育基地。江苏友谊手套服饰有限公司连续 27 年慰问驻苏、驻镇、驻扬各部队。志愿者进军营开展“粽香飘军营”“五四军地青年联欢会”“共庆中秋”等军民联谊活动；长江拥军服务社组织开展“兵民是胜利之本”军民联欢会、第三届“扬中 21 味”进军营、拥军文化节等特色拥军活动。“兵妈妈工作室”为兵妈妈们开展特色项目体检、开设营养讲座课堂、手工技能培训等。万福村双拥服务社、迷彩双拥服务社以及橄榄绿之家开展困难退役军人家庭走访、慰问、帮扶等活动。 （退役军人事务局 陶慧萍）

2019 年 9 月 30 日，爱国拥军企业友谊手套举行升旗仪式
（融媒体中心供图）

【“光荣之家”匾牌集中授牌】 2019 年 7 月 17 日，扬中市举行首批“光荣之家”匾牌集中授牌仪式，向部分现役、退役军人代表家庭授予由江苏省政府统一制作的“光荣之家”匾牌。首批 10 户代表家庭接受“光荣之家”匾牌。2017 年 9 月，扬中市双拥办、民政局、财政局联合印发《关于给军人家庭发放“光荣人家”牌的通知》，通过张贴海报，推出微信公众号等方式进行宣传，由各村（社区）为退役人员进行信息登记造册。2018 年，从中央到省、镇江市陆续出台专门通知，规范光荣牌发放工作。2019 年 5 月，扬中市根据上级的通知精神，发文《关于进一步规范换发光荣牌工作的通知》，明确光荣牌悬挂对象、悬挂时间和位置、换发的程序、更换的条件等。扬中把光荣牌悬挂工作作为为军人军属服务的政治任务，把握时间节点，精心部署推进，在“八一”前，上门为符合悬挂条件的新申报家庭悬挂“光荣之家”荣誉牌；春节前，上门为符合换发条件申请换发的家庭更换到位。 （融媒体中心）

【退役军人欢迎大会】 2019 年 9 月 19 日，扬中市举行退役军人欢迎大会。欢迎会上，油坊镇介绍该镇双拥工作的基本情况，与会人员观看油坊双拥宣传片，邀请退伍军人创业先锋与退役军人开展现场交流，参加活动的退役军人代表集中宣誓。26 家企业在现场举行退役军人专项招聘会，提供工作岗位。 （融媒体中心）

【烈士公祭活动】 2019 年 9 月 30 日是第六个全国烈士纪念日。扬中市在烈士陵园举行公祭活动，市委书记殷敏整理花篮缎带并宣读祭文。公祭仪式上，奏唱中华人民共和国国歌；少先队员代表献唱《我们是共产主义接班人》；武警战士向烈士纪念碑敬献花篮；全体人员向烈士纪念碑行三鞠躬礼。公祭结束前，所有人员瞻仰烈士纪念碑，向烈士献花，缅怀英雄功绩。各镇街区、市级机关各部门主要负责同志，老干部、老战士代表等 700 余人参加活动。 （融媒体中心）

【第三届拥军文化节】 2019 年 10 月 31 日，扬中市文明办、人武部、退役军人事务局、三茅街道党工委、文体广电和旅游局等单位联合举办“璀璨金星”第三届拥军文化节。第三届拥军文化节围绕“文明和谐、爱国拥军、文化惠民”主题，开展系列群众性文化活动，通过组织作家、书画家、摄影家进行采风活动，走访慰问部队和军人家属，宣传国防知识教育等，倡导和增强全社会爱国拥军的意识。 （融媒体中心）

2019 年 10 月 31 日，扬中市举办第三届拥军文化节
（融媒体中心供图）

法　治

政法委及综述

【概况】2019年,扬中市政法推进“平安扬中”“法治扬中”和政法队伍建设,突出“扫黑除恶”专项斗争和中央督导反馈问题整改落实工作,各项工作成效显著。社会政治大局平安稳定,完成全国“两会”、国庆70周年等重要敏感时期的安保维稳任务,公众安全感、法治建设满意度、信访工作绩效保持镇江领先、江苏前列。2019年,扬中市委政法委搬迁,落实机构改革各项举措,做好职能整合、机构撤并等工作。举办以“致敬·传承”为主题的政法干警光荣退休仪式。推进网格化管理工作,创新升级社会治安防控体系,保持刑事案件发案下降、破案上升态势,群众安全感98.5%。　(政法委 姚梅)

【法治建设】 2019年,扬中市推动落实党政主要负责人法治建设第一责任,推进政法口机构改革,率先在镇江完成市委依法治市办挂牌,法治建设各项工作有序有力开展。推进依法行政工作,全面落实“三项制度”,创成全省首批法治政府建设示范县(市、区)。深化法治文化建设,创新法治宣传形式,开展“法治太平洲”主题宣传教育、“百之最” 普法在路上等活动,“谁执法谁普法”工作成效显著,新增省级民主法治示范村3个,获评“七五”普法中期全国先进县(市、区)。推进公共法律服务网络体系建设,全面完成镇级公共法律服务中心贯标工作。　(政法委 姚梅)

【服务民营经济发展】 2019年,扬中市制定《关于充分发挥政法机关职能作用依法保障和服务民营企业健康发展的意见》,着力在服务保障民营经济健康发展中体现政法特色。加大对涉企违法犯罪行为的打击力度,开展“套路贷”等非法金融活动专项治理,侦办“套路贷”案件70起,打掉“套路贷”犯罪集团1个、犯罪团伙4个,维护企业正常生产秩序。推动建立“府院联动”机制,稳妥处置“僵尸企业”,11家企业进入破产清算程序,依法处置龙源港机、永兴阀门等破产企业资产7.73亿元,助推经济提质增效。开展“法进千企”、“法治宣讲百场行”、听庭评议等活动,协助企业健全各类管理制度、操作规范40余项,发放风险防控书目3000余册,提升企业家防范法律风险的能力。成立小微企业法律服务团,走访体检企业100余家,降低民营企业法律风险。　(政法委 姚梅)

【见义勇为主题公园】 2019年5月28日,扬中市见义勇为基金会举行“扬中市见义勇为主题公园”揭牌仪式,见义勇为主题公园正式对外开放。见义勇为主题公园利用原有的城南公园改建而成,见义勇为基金会借鉴外地经验,公园内有机设置见义勇为英雄谱、书画作品展牌、名人名言、志愿者服务站。陈列江洲义翁陆明才、智斗歹徒的张建顺、救人英雄张水康等10名见义勇为积极分子的照片、事迹。市见义勇为基金会理事长戴少华主持揭牌仪式。市见义勇为基金会全体人员,各镇(街、区)见义勇为工作站站长、专职人员及见义勇为先进分子、志愿者(信息员),公安民警和公安辅警等代表90余人参加揭牌仪式。　(融媒体中心)

公　安

【概况】 2019年,扬中市全力打好政治安全、风险防范、打击犯罪、社会防控、公共安全等攻坚战。全市立刑事案件2089起,破刑事案件835起,破案率39.97%;查获刑事作案成员497人,公诉405人,抓获网上在逃人员98人,查处治安行政案件2416起、治安行政处罚367人。深入开展整治非法集资和传销违法犯罪活动“清风行动”,严厉打击整治经济犯罪,受理经济案件24起,抓获犯罪嫌疑人15名。开展矛盾纠纷滚动排查调处工作,配合相关部门有效化解劳资、安全事故、环境污染等各类矛盾纠纷1900余起。(公安局 朱昌盛)

2019 年扬中市暂住人口情况统计表

表 6 单位：人

	合计	性别		暂住时间				来自地区				居住处所						
		男	女	半年以下	半年至一年	一年至五年	五年以上	省内		省外		租赁房屋	单位内部	工地现场	旅店	居民家中	自购房屋	其他
								乡村	城镇	乡村	城镇							
合 计	62200	38760	23440	14766	8001	33049	6384	14200	5779	28004	14217	27345	6089	4231	170	18811	243	5311
务 工	49177	31575	17602	13115	6649	25574	3839	11162	4462	22363	11190	20842	5603	4090	140	14793	179	3530
录(聘)用	6	4	2	0	5	1	0	0	1	0	5	0	0	1	0	5	0	0
投资经商	2146	1269	877	205	209	1295	437	510	223	870	543	1003	103	6	2	640	18	374
务 农	4765	2694	2071	383	278	2558	1546	1199	503	1871	1192	2979	231	55	5	1519	13	263
服 务	1098	479	619	251	171	619	57	233	133	478	254	428	53	3	8	483	4	119
就 读	2231	1333	898	453	324	1386	68	378	174	1265	414	806	38	3	0	543	9	832
随迁学龄前子女	345	201	144	91	66	183	5	89	17	167	72	249	8	4	0	50	0	34
治病疗养	3	3	0	1	1	1	0	0	2	0	1	0	0	0	0	3	0	0
投靠亲属	84	37	47	27	46	10	1	21	11	25	27	20	0	0	0	49	5	10
探亲访友	498	143	355	37	33	281	147	172	29	203	94	378	8	0	15	85	1	11
其 他	1847	1022	825	203	21	1141	284	436	224	762	425	940	45	69	0	641	14	138

（公安局 朱昌盛）

【道路交通事故】 2019 年，扬中市接报道路交通事故类警情 1.45 万起，其中受理 7193 起，死亡 41 人，伤 842 人，直接经济损失 147.9 万元，事故起数比上年增长 2%，死亡人数持平，伤人数下降 7%，直接经济损失下降 28.66%。事故特点：从人的角度分析，肇事者以青中年为主，受害人以中老年为主。交通肇事者中，31~60 岁为交通肇事人员年龄集中段，致 32 人死亡，占到总死亡人数的 78.04%。交通事故受害者中，51~60 岁年龄段交通事故死亡人员 10 人，占总死亡人数的 24.39%；60 岁以上年龄段交通事故死亡人员 28 人，占总死亡人数的 68.29%。从车辆角度分析，汽车、摩托车、非机动车肇事情况较为突出。驾驶汽车肇事发生交通事故 33 起，致 34 人死亡；驾驶摩托车肇事发生交通事故 1 起，致 1 人死亡；驾驶非机动车肇事发生交通事故 6 起，致 6 人死亡。从道路角度分析，238 省道、市区道路、县道是引发交通死亡事故的重点路段。238 省道发生的道路交通死亡事故致 15 人死亡，占死亡总数 36.58%；市区道路发生的道路交通死亡事故致 9 人死亡，占总数的 21.95%；县道发生的道路交通死亡事故致 8 人死亡，占总数的 19.51%。从交通违法行为角度分析，机动车肇事违法行为中不按规定让行、观察疏忽、肇事逃逸驾驶等重点违法行为是致人死亡的主要原因。非机动车肇事违法行为中闯红灯、路口不按规定让行、横过机动车道未下车推行等重点违法行为是致人死亡的主要原因。

（公安局 朱昌盛）

【车管业务】 2019 年，扬中市公安局车管所办理“三小车”(电动车、燃油助力车、摩托车)注册登记 225 辆，检验“三小车”1297 辆，新办“三小车”驾驶证 135 本，检验汽车 1.14 万辆，汽车驾驶人审验 2217 人，注册登记汽车 2809 辆，流动车管所下乡服务 108 次，对车辆大户驾驶人上门教育 58 次。截至 2019 年年底，全市机动车保有量 7.4 万辆，登记机动车驾驶人 16.33 万人。

（公安局 朱昌盛）

【公共安全专项整治】 2019年，扬中市组织开展道路交通、群租房、危险物品、寄递物流、水域公共、重点目标安全“六个专项整治仗”，全年未发生重大安全事故。排查整改各类交通安全隐患156处，现场查处各类交通违法行为9.9万起。排查群租房350余户，发现整改安全隐患296处。检查涉危单位176家次，发现整改隐患31处。检查寄递业网点100余家，发现整改治安隐患102处，取缔3家。检查重点目标单位464家次，发现整改安全隐患26处。严格校园安全监管，发现整改安全隐患19处，51家学校设立护学岗。

（公安局 朱昌盛）

【“枫桥式公安派出所”创建】 2019年11月28日，公安部举行首批“枫桥式公安派出所”命名揭晓仪式，市公安局新坝派出所入选全国首批命名的100个“枫桥式公安派出所”，全省有5家派出所获此荣誉。12月2日，《人民日报》、中央人民广播电台、《人民公安报》、《新华日报》、《镇江日报》等20余家中央、省、市级媒体集中宣传报道扬中市公安局新坝派出所创建“枫桥式公安派出所”的情况。活动中，采访团赴新坝派出所、大全集团等地采访，实地了解新坝派出所创建经验。新坝派出所依靠群众，坚持新时代“枫桥经验”，全力打造“资源联勤、治安联防、平安联控、矛盾联调、问题联治”的社会治理模式，实现警务效能的提升，人民群众的安全感、幸福感、获得感增强。据统计，新坝辖区可防性案件发案数连续三年下降，其中2019年上半年可防性案件发案25起，比上年下降11%，“两抢”案件连续三年零发案。（公安局 朱昌盛）

2019年11月28日，新坝派出所入选首批“枫桥式公安派出所” （融媒体中心供图）

【执法规范化建设】 2019年，扬中市公安局规范执法管理委员会运行，强化20项精细执法措施，落实执法办案积分制，推进执法权力运行机制改革。组织第二届执法技能大赛，全局17.5%的民警通过公安高级执法资格考试，执法工作在镇江市局执法考评排名第一。新执法管理中心开工建设。 （公安局 朱昌盛）

【生命安全体验馆揭牌】 2019年6月17日，扬中市生命安全体验馆在第一中学揭牌。生命安全体验馆于5月落成，包括公共安全、敬畏生命、家庭安全、模拟法庭、心理健康、环境安全、消防安全、校园安全、交通安全、地震灾害、自然灾害、红十字会展区自救自护12个主题展区，80余个展项，融知识性、趣味性、互动性、科技性为一体，具备“一次体验，经久难忘，终身受益”的教育效果。开馆后，生命安全体验馆通过“场景式+情景式+体验式”的教育方式，面向公众开展生命健康安全教育，全面提升青少年的整体安全意识和素质。

（融媒体中心）

2019年6月17日，扬中市生命安全体验馆揭牌

（融媒体中心供图）

检　察

【概况】 2019年，扬中市检察院受理公安机关提请批准逮捕案件184件、290人，经审查批准逮捕124件、188人，受理移送审查起诉案件333件、476人，经审查提起公诉304件、405人。贯彻宽严相济刑事政策，不枉不纵，依法不批准逮捕60件、102人，不起诉8件、9人。办案中严把事实、证据关，没有一例无罪判决。先后获得“全国青少年维权岗”“全国检察宣传先进单位”“江苏省文明单位”等称号60余项。（检察院 张莉莉）

【依法惩治涉众型经济犯罪】 2019年，扬中市检察院防范和化解金融风险，成立专业化经济犯罪办案组，办理非法吸收公众存款、网络诈骗等涉众型经济犯罪案件6件、52人，涉案金额15亿元，与侦查机关形成合力，帮助2700余名群众挽回经济损失2.7亿元。在办

理田某等3名犯罪嫌疑人非法吸收公众存款案中,通过提前介入,建议侦查机关加大追赃挽损力度,及时查封涉案房产11套、汽车8辆、扣押涉案资金2000余万元。案件移送审查起诉后,检察院敦促被告人认罪悔罪、主动退赃,为涉案单位挽回经济损失1025万元。

(检察院 张莉莉)

【法治化营商环境营造】 2019年,扬中市检察院贯彻市委部署,结合检察职能,与市工商联会签《关于建立服务非公有制经济发展协作机制的实施意见》,深化检企协作互联机制,营造法治化营商环境。依托该院服务非公企业工作站,班子成员走访企业30余家,干警深入企业开展法治讲座、法律咨询等活动40余次,主动征求企业意见,了解法治需求,提供法治服务。依法办理挪用资金、职务侵占等侵害企业合法权益案件11件,涉案金额1514万元,3名涉案民营企业人员的逮捕强制措施变更为取保候审,对1名民营企业负责人依法作出不起诉处理,保障企业正常运转。

(检察院 张莉莉)

【民事检察监督】 2019年,扬中市检察院强化民事检查监督。4月,《260万元被执行款终于回转了》报道在《检察日报》头版刊发,该案帮助相关单位挽回经济损失260余万元,省、市两级检察院主要领导作出批示予以肯定,案件入选镇江市检察机关"十大法律监督典型案例",检察建议入选江苏省检察机关"十大精品检察建议"。扬中市检察院严厉打击虚假诉讼,向公安机关移送线索2件,移送一起针对扬中市民营企业的虚假诉讼线索至河北省辛集市检察院;办理的曹某、孙某虚假诉讼案入选"全省检察机关民事虚假诉讼典型案例"。

(检察院 张莉莉)

【公益诉讼】 2019年,扬中市公益诉讼检察实现新突破。检察院依法开展行政公益诉讼,受理案件线索26件,立案审查11件,发出诉前检察建议11份。加大长江生态环境和资源保护力度,针对行政执法机关怠于履行对非法采砂、违法停泊的监管职责,向法院提起行政公益诉讼3件。5月,联合相关单位组织开展首次公益增殖放流活动。开展野生动物保护专项监督,联合市场监管局、农业农村局等部门开展"清网行动",走访调查5家农贸市场,针对存在的非法捕猎、非法出售野生动物等情形,督促行政主管部门作出行政处罚决定。开展电梯安全隐患排查,建议行政主管部门检查全市300余部电梯,集中整改57部有隐患电梯,修订完善特种设备使用管理制度。依法开展民事公益诉讼,受理刑事附带民事公益诉讼案件线索6件,立案审查6件。针对田某等人恶势力犯罪集团长期非法采砂破坏长江生态资源案件提起刑事附带民事公益诉讼,5名被告人被判决支付长江生态资源修复费用291.5万元。办理2起重金属污染环境刑事附带民事公益诉讼,被告人被判决支付环境修复费用18万余元。

(检察院 张莉莉)

【未成年人司法保护】 2019年,扬中市检察院落实最高人民检察院"一号检察建议",分析研判2013年以来办理的性侵未成年人案件,调研报告引起市教育局等部门重视,推动在全市中小学开设防性侵教育课堂。5月,该院与公安局、教育局、卫健委会签文件,共同建立性侵未成年人处置及强制报告制度,编著出版防性侵亲子教育读本。开展检校共建,依托"知心姐姐"团队,选派17名检察人员担任全市23所中小学法治副校长,开展"开学第一课""国旗下讲话"等法治教育活动20余场,在静思园法治教育基地开展法治教育60余场,累计受教育人数1万人次。联合市妇联开展"事实孤儿"摸排调研,排查出"事实孤儿"30人,采取支持起诉、司法救助、督促履职等措施,着力解决"事实孤儿"监护不力、监护缺失等问题。该院被共青团中央、最高人民检察院共同授予"全国青少年维权岗"。

(检察院 张莉莉)

2019年3月,检察院检察长黄卫群作为法治副校长为省扬中高级中学师生上开学第一堂法治课 (检察院供图)

【智能普法机器人上线】 2019年2月,智能普法机器人"J同学"在扬中市检察院静思园法治教育基地上线。普法机器人"J同学"是检察院普法教育基地新增亮点,与模拟法庭、心理疏导室、读书漂流室一起为青少年提供全方位的普法实境体验。"J同学"身高1米4、丸子头、大眼睛,依托现代化科技手段,以互联网大数据、人工智能为切入点,以法律知识为核心内容,通过自然语言处理、关键词匹配,满足不同群体对于法律咨询服务不同程度的需求,实现“人工智能+普法宣传”的模式创新。“J 同学”可通过互联网实时更新法律知识,支持人工录入数据,扩充法律资源库的存量,确保法律咨询的精准化。(融媒体中心)

2019 年 2 月,智能普法机器人上线 (检察院供图)

法 院

【概况】 2019 年,扬中法院围绕“努力让人民群众在每一个司法案件中感受到公平正义”目标,坚持司法为民、公正司法,忠实履行宪法法律赋予的职责。全院受理各类案件 1.12 万件,其中新收 1.02 万件,办结 9986 件。扬中法院推进“扫黑除恶”专项斗争,开展非法金融专项治理,审结“2·12”恶势力犯罪集团案件,审结田某等非法吸收公众存款案件 4 件、6 人,涉案金额 14.76 亿元。护航改革发展大局,审结各类合同纠纷 3376 件,诉讼标的额 43.28 亿元。回应群众关切,受理各类涉民生案件 1398 件,审结 1193 件。巩固执行成果,受理执行案件 5091 件,办结 4528 件,执行到位金额 11.9 亿元。深化改革创新,促进司法公正高效,构建新型审判权运行机制,探索综合配套改革,加快推进智慧法院建设,推进道路交通事故损害赔偿“网上数据一体化处理”平台运作。(法院 何雪峰)

2020 年 1 月 16 日,扬中法院举行破产庭审 (法院供图)

【中共扬中市人民法院机关委员会成立】 2019 年 5 月 29 日,扬中法院召开中共扬中市人民法院机关委员会成立暨选举大会,选举成立第一届中共扬中市人民法院机关委员会。党组副书记、副院长朱小中宣读中共扬中市委市级机关工委关于《中共扬中市人民法院机关委员会成立批复》,全体党员代表审议通过《选举办法(草案)》。大会按照《中国共产党章程》《中国共产党基层组织选举工作暂行条例》等有关规定和选举工作程序,以无记名投票差额选举的方式产生 7 名党委委员。召开第一届机关党委全体委员会议,选举产生机关党委书记、副书记。(法院 朱洁)

【公开审理首起涉恶势力犯罪集团案件】 2019 年 6 月 17 日,扬中法院公开开庭审理田某等 33 名被告人寻衅滋事,聚众斗殴,非法采矿,掩饰、隐瞒犯罪所得一案,其中部分被告人实施寻衅滋事,聚众斗殴,非法采矿等犯罪行为,为非作恶,欺压百姓,扰乱经济、社会生活秩序,造成较为恶劣的社会影响,构成恶势力犯罪集团。该案是“扫黑除恶”专项斗争开展以来扬中法院受理的首起涉恶势力犯罪集团案件。当庭作出一审判决,以犯非法采矿罪、寻衅滋事罪、聚众斗殴罪对犯罪集团首要分子田某处以有期徒刑 6 年,罚处人民币 5 万元,对文某处以有期徒刑 5 年,罚处人民币 4.5 万元;以犯非法采矿罪、寻衅滋事罪对犯罪集团重要成员王某处以有期徒刑 3 年 6 个月,罚处人民币 3.5 万元;以犯聚众斗殴罪对犯罪集团其他成员王某某处以有期徒刑 1 年,缓刑 1 年;以非法采矿罪,掩饰、隐瞒犯罪所得罪对其他 29 名犯罪分子分别处以刑罚。在附带民事部分,依法判令田某、文某、王某等人共同赔偿非法采砂水域修复、渔业资源损失及评估鉴定费用 291.58 万元,并在省级媒体赔礼道歉。(法院 朱洁)

【审务工作站全覆盖】 2019 年,扬中法院在 6 个镇(街、区)设立审务工作站,实现审务工作站全覆盖。9 月 18 日,各镇(街、区)审务工作站揭牌。审务工作站聚焦非诉讼纠纷解决机制,深化诉调对接,丰富群众解纷渠道,提升司法服务,通过法律咨询、巡回审判、业务指导等形式,从源头上预防化解矛盾纠纷,着力打造多主体参与、多领域汇集、多链条驱动的非诉讼纠纷解决机

制，推进和规范矛盾纠纷多元化解工作，将矛盾纠纷化解在基层，化解在萌芽状态。（法院 朱洁）

【法官进网格】 2019年，扬中法院推进“法官进网格”工作，落实“坚持将非诉讼纠纷解决机制挺在前面”要求，构建多渠道便捷化矛盾预防化解网络和多层次阶递式纠纷解决体系。全院49名员额法官、法官助理全部下沉，采取“一员多格配置”，每人挂钩若干个网格，做到“网中有格、格中有人”。49名干警参与诉前调解、指导人民调解、接受法律咨询、开展法制宣传、做好矛盾纠纷排查化解等工作，实现司法审判职能与网格化社会治理机制有机结合，提升基层自我治理能力和矛盾纠纷源头化解能力，协力打造共建共治共享的社会治理新格局。（法院 何雪峰）

【集中执行常态化工作机制】 2019年，扬中法院建立健全集中执行常态化工作机制，保持打击抗拒执行的高压态势，巩固“基本解决执行难”工作成果。每周由各个执行团队轮流开展集中执行行动，全年实施搜查24次，拘留67人次，发布悬赏公告73份，3199人纳入失信被执行人名单并公开曝光，限制失信被执行人高消费3192人次，772名失信被执行人慑于压力自动履行义务。（法院 何雪峰）

【涉毒案件情况公布】 2019年“6·26”国际禁毒日前，扬中法院向社会公布近两年涉毒品犯罪案件情况。2017年7月至2019年6月，全院审结毒品犯罪案件42件、42人，其中审结容留他人吸毒罪24件、24人，审结贩卖毒品罪16件、16人，审结非法持有毒品罪1件、1人，审结非法种植毒品原植物罪1件、1人。判处七年以上有期徒刑2人，三年以上七年以下有期徒刑5人，三年以下有期徒刑有12人，拘役23人。2018年7月至2019年6月审理毒品犯罪案件18件，比上年同期的24件减少6件，下降25%。其中容留他人吸毒犯罪案件呈明显下降趋势，贩卖毒品犯罪案件略有上升。

（法院 何雪峰）

司 法

【概况】 2019年，扬中市司法局围绕全市发展大局，以争第一、创唯一为目标，以深化改革为主线，全面开展各项工作，新坝镇司法所被评为全国先进司法所，坚持发展“枫桥经验”实现矛盾不上交试点工作获得司法部表彰，扬中市获评“七五”普法中期全国先进县（市、区），扬中市被授予首批全省法治政府建设示范县（市、区），区域法治建设获评“长三角基层依法治理十大优秀案例”，司法局被省司法厅评为全省司法行政系统人才建设先进单位、全省司法行政系统新闻宣传工作先进集体，社区矫正执法大队被省厅评为全省社区矫正和安置帮教工作先进集体，综合绩效考核名列全省前列。扬中市完成两级公共法律服务中心贯标，建成社区矫正分中心，设计法治艺术馆，提升各类阵地建设层次。加强司法所队伍建设，推进“一所五站点”（在基层司法所原有业务基础上，融入公证业务协办、法律援助代办、仲裁业务联系、立法民意收集、行政复议受理等五项业务），启动新一轮基层基础建设三年行动。改造视频智慧中心，升级“智慧法务”，提升司法行政工作水平。以司法行政改革为主线，承接非诉讼纠纷化解、后续照管与社区康复融合发展等上级试点，形成扬中经验。创新“金句来习”法治微读等普法活动，研发“成长那些事”公共法律服务产品，打造特色亮点。开展史上最严行政执法培训，拓展公证业务市场，努力破解瓶颈难题。聚焦服务发展，健全公共法律服务网络体系，投身全市重大项目、重点工程、民生福祉等服务。聚焦平安和谐，深入开展“扫黑除恶”斗争，加强社区服刑人员和刑满释放人员特殊人群分类管控，多元化解矛盾纠纷。聚焦法治建设，以法治政府示范创建为抓手，把好制规立约合法性审查关，加强部门执法督查，化解行政争议，打好“七五”普法末期准备战，落实谁执法谁普法责任制，推进依法行政和基层依法治理。以党建抓队伍，丰富素质拓展、结对共建等主题日活动，开展局机关下沉司法所驻点活动，分主题、分层次加强教育培训，提升队伍的凝聚力、战斗力。（司法局 顾祥云）

【司法局职能整合】 2019年，扬中市根据机构改革方案，扬中市全面依法治市领导小组改为扬中市委全面依法治市委员会，办公室设在扬中市司法局。重新组建扬中市司法局，整合原司法局、市政府法制办和依法治市办的职责，承担制规立约、行政执法、刑事执行、公共法律服务4方面职能。内设办公室（政工科）、法治协调督查科、法规科、行政复议应诉科、社区矫正管理科（社区矫正执法大队）、普法与执法监督科（基层法治促进科）、公证律师管理科、公共法律服务管理科（市法律援助中心、市公共法律服务中心）8个科室。

（司法局 顾祥云）

【律师协会和律协党组织成立】 2019年1月,扬中市成立律师协会和律协党组织,全面推进律师行业党建工作。建立联合党支部,5个律师事务所党员组织关系转入律协党支部。选派机关干警担任2个无党员的律师事务所党建指导员。加强规范化运行的指导督查,将律师党建工作纳入律师事务所年度检查考核内容。严格落实“三会一课”等基本制度,打造“尚法周末讲堂”子栏目“律师讲堂”等学习培训平台。全年律师协会支部组织各类学习活动30余次。为特殊困难群众办理法律援助376件,与十余户困难残疾人家庭签订“家庭法律顾问”协议,提供上门一对一服务。深化“一村一法律顾问”工作,提供驻村上门服务500人次,参加信访接待50余次,参与疑难纠纷调解120余起。

(司法局 顾祥云)

2019年1月29日,扬中市律师协会成立 (司法局供图)

【“话法治·画法治”主题活动】 2019年4月,扬中市司法局开展“话法治·画法治”主题活动,开展法治感言征集和法治阵地绘画活动。征集全市村居群众法治感言,收集领导干部、青少年、道德模范、中国好人、劳模、乡贤等群体法治建议。邀请市书画协会画家根据不同的绘画风格将普法阵地展现在纸上,形成法治书画作品。开展“话法治·画法治”活动成果巡展,优秀感言书法作品和普法阵地绘画作品在全市巡回展览,展示扬中法治建设成果。 (司法局 顾祥云)

【非诉讼纠纷化解工作】 2019年7月,扬中市司法局成立非诉讼服务中心及分中心,联合市法院出台非诉讼纠纷解决实施意见,全流程抓好非诉讼纠纷化解工作。注重事前排查化解,制定矛盾预防排查化解机制,坚持矛盾纠纷定期排查,聚焦重点人群、重点地区、重点行业、重点时段,开展“滚动式、拉网式”矛盾纠纷排查,分类梳理,逐一登记建档,及时处置分流、预警报告。注重事中衔接联动,制定纠纷多元化解程序衔接制度,梳理好非诉讼化解纠纷各途径之间的程序衔接,引导其通过包括诉讼在内的其他法定途径解决纠纷。制定纠纷综合调处的联动补强机制,对接相关行业协会或者主管部门,构建协调合作机制。制定纠纷案件分层化解机制,市、镇两级平台集中力量化解重大和一般纠纷,村级以下平台重点化解简易纠纷。注重事后跟踪研判,建立和落实全流程跟踪和回访制度,对有激化可能的,及时报告相关部门。定期回访,巩固化解效果。定期召开矛盾纠纷分析研判会议,研究分析矛盾纠纷形势,解决存在的困难和问题,提出工作对策和意见,形成会议纪要,及时报告相关行政机关,为党委政府提供决策参考。

(司法局 顾祥云)

【扬中市社区矫正分中心启用】 2019年9月25日,扬中市社区矫正分中心正式启用。该中心位于三茅街道友好村,建筑面积1100平方米,总投资100余万元。按标准设置11个功能室,设有办公场所,集教育改造、社区服务、心理矫治、法治宣传和融媒体等多种功能为一体。分中心自主设计扬中矫正Logo,自创入矫诺言,以剪纸、油画等形式等打造特色矫正文化;配备人脸识别等核查设备,研发未成年心理测试系统,定制社区服刑人员电子书。该中心人员配备到位,定期召开研判分析会,对矫情研讨分析,与公安、检察、社会组织等对接,做好社区矫正和后续照管等工作。

(司法局 顾祥云)

2019年9月25日,扬中市三茅社区矫正分中心建成启用

(司法局供图)

【“112+N”后续照管融合发展模式】 2019年10月31日,司法部和公安部专题调研扬中市后续照管与社区康复融合发展工作,肯定扬中“112+N”(1套工作机制、1张照管网络、2个对接体系、N项发展措施)工作模式。构建一套工作机制,明确各职能部门的任务和责任,工作纳入考评体系,经费纳入政府财政预算。构建一张照管网络,各镇(街、区)建立合署办公场所,加强公安、司法行政等部门沟通,实现资源共享。构建两个

对接体系，禁毒部门对解戒人员统一管理，派出所做好后续照管控制性工作，司法所负责专业性戒治服务。镇(街、区)服务站定期分析研判，解决问题，增强融合度。落实N项发展措施，社区康复、照管对象安置就业工作列入地方就业总体规划；特困社区康复、照管对象纳入困难救助对象给予临时生活救济。引入社会力量、成熟戒毒技术、专业力量提供戒治保障。

(司法局 顾祥云)

【“七五”普法】 “七五”普法期间，扬中市推动普法转型升级。健全普法责任体系，市、镇、村三级层层签订责任状，级级传递工作压力。落实“谁执法谁普法”责任，推进行政执法全过程精准普法。培育多元法治文化，打造大众文化，建成45个法治文化阵地、场馆，创成12家省级法治文化建设示范点。原创法治文艺作品1380件，每年开展法治文艺演出20场。增强学法用法能力，定期举办全市领导干部学法培训班，推行“6分钟普法快餐”等举措。举办青少年法治讲座、模拟法庭75场，受教育近9万人次。组建“小微企业法律服务团”，向200余家中小企业提供法律体检、法治讲座。厚植普法宣传优势，开辟“法治在线”等专栏节目，实施“法润江洲”品牌升级行动，开展“百之最”普法在路上主题活动。各镇(街、区)形成24个个性化普法品牌，各村(社区)因地制宜打造350个具有法治元素的亮点特色。2019年11月，扬中市被全国普法办评为“七五”普法中期全国先进县(市、区)。

(司法局 顾祥云)

【人民群众参与促进法治建设】 2019年，扬中市司法局探索人民群众参与促进法治建设新模式。注重健全机制，制定出台法治建设工作要点、考核办法，协调指导普法成员单位落实“谁执法、谁普法”责任制，将人民调解等工作纳入购买服务项目。注重构建平台，成立尚法公益服务中心，建设区域法治社会建设实验基地，发动、引导、培育社会组织和民间团体等参与法治宣传、社会治理等。注重创新方式，将群众参与促进法治建设与公共法律服务紧密融合，研发推广百场法治讲座等产品，多样化推进群众参与法治建设。注重激励动员，开展各类争创评比活动，广泛宣传群众参与法治建设的典型案例，通过回报激励、荣誉激励等调动积极性。

(司法局 顾祥云)

【法律服务优化营商环境】 2019年，扬中市司法局发挥职能作用，促进全市营商环境的改善。开展营商环境法治宣传，组织普法志愿者在重大时间节点开展法律知识宣传。为小微企业主举办专题法治讲座。开展涉企法律巡讲18场次，发放涉企法治宣传资料2万余份。加强法律服务助企力度，在三级公共法律服务站点强化延时、加班、弹性服务，公证处节假日加班驻企10小时提供证据保全服务。着力开通绿色通道，助推法律服务营商环境“最多跑一次”落实。保障营商环境，发挥小微企业法律服务团等社会组织作用，规范23个法律惠企服务站运转，建立民营企业矛盾纠纷多元化解工作机制。全市发生涉企矛盾纠纷133起，全部得到有效化解。

(司法局 顾祥云)

【农民工讨薪维权】 2019年，扬中市司法局畅通援助渠道，开展农民工法律援助专项工作，维护农民工合法权益。市法律援助中心办理农民工讨薪案件251件，帮助农民工讨薪586余万元。部门联动，提供专业服务，推进法律援助全覆盖试点工作，规范驻法所、法院、检察院法律援助工作站运转，明确专人轮岗值班、提供专业服务。信息归档，提供精准服务，建立农民工法律需求动态信息档案，详细记录农民工具体法律需求信息及联系方法，及时精准提供法律帮助。站点咨询，提供实时服务，依托三级实体平台，发放宣传手册、现场解答法律咨询。

(司法局 顾祥云)

【乡村依法治理】 2019年，扬中市司法局深化“三治融合”(自治、法治、德治融合)，推进乡村依法治理，助力乡村振兴。立足自治，凝聚民主治理合力，完善镇(街道)为主导、村(社区)为主责的法治宣传教育工作机制，通过协调组织开展村干部轮训及法治讲座等，提升农村基层干部的法治意识和集体自治水平。推进农村法律顾问全覆盖，为乡村治理提供“法律体检”“法律咨询”“合法性审查”等法律服务，提高村级治理法治化水平。强化法治，提升群众法治素养。以“民主法治示范村”“无讼无访无刑事村”等创建为抓手，提高村(社区)推进民主法治建设的内生原动力，提升依法治理的能力和水平。以“一镇一品、一村一韵”为准则，让群众在潜移默化中接受法治文化熏陶。通过“法律下乡”、“法治太平洲”主题活动、法治文艺演出等，引导群众自觉树立知法懂法尊法守法意识。倡导德治，营造乡村文明风尚，持续开展“道德模范”“文明家庭标兵户”“最具活力的基层治理”“传家训、立家规、扬家风”等评选活动，全面培树“崇德尚法”新型村(居)，引导人们崇德向善、见贤思齐，树立遵纪守法、诚实守信、文明礼让的道德观念。

(司法局 顾祥云)

【公共法律服务首选率提升】 2019年,扬中市司法局针对决定群众服务首选的知晓度、便捷度、舒适度等主要因素,提升“群众遇事找司法”“寻法找12348”的公共法律服务首选率。改进宣传方式,整合媒体资源,在“两台一报”加大公共法律服务宣传力度。向全市所有家庭发放《告全市市民一封信》,宣传公共法律服务的内容、途径、形式等。利用“扬中司法”微信公众号,“法润民生”微信群,市、镇、村三级公共法律服务站点,一村一法律顾问,企业法律顾问等,推介公共法律服务。完善平台网络,依托市、镇两级公共法律服务中心设立律师调解室,在有条件的村社建立公共法律服务工作站,下延公证、法律援助、复议受理等服务。畅通网上咨询、预约、公证办理等“互联网+公共法律服务”,在市内主流论坛开辟法律咨询专帖,即时在线解答网民相关法律问题。优化服务质量,深化“法律服务江洲行”品牌,推行延时服务、加班服务、弹性服务,畅通老弱病残绿色通道。 (司法局 顾祥云)

信访工作

【概况】 2019年,扬中市信访局坚持“三到位一处理”(诉求合理的解决到位、诉求无理的思想教育到位、生活困难的帮扶救助到位,行为违法的依法处理)的原则,通过深入推行“1539”(“1”即每天做到日日清,“5”即每周5天做到周周明,“3”即每月30天做到月调度,“9”即每季度90天做到季清零)工作法和“三挂一攀”(挂图作战、挂牌督办、挂证接访,结对攀亲)工作机制,条块结合、分类治理、定人定责、精准施策,推动全市信访形势持续向好。完成全国“两会”、70周年大庆安保等敏感时期的信访稳定工作,实现零上访、零登记、零非访、零通报,全年未发生一起赴省进京集访事件,无个人极端事件。阳光信访“四率”(及时受理率、按期办结率、及时参评率、群众满意率)位列镇江市第一,依法分类处理信访诉求镇江市第一。 (信访局 于洁)

【信访联席会议机制】 2019年,扬中市完善镇(街、区)信访联席会议机制,实现全市6个镇(街、区)全覆盖;市级层面召开联席会议28次,镇(街、区)平均20次。承接江苏省信访局关于信访工作标准化建设试点项目,编印《信访业务规范化办理工作手册》;11月,召开镇江市信访工作标准化建设工作现场会,探索覆盖信访化解事前、事中、事后三个阶段的“三三三”工作机制(源头防控的矛盾纠纷排查、矛盾隐患研判、警信联动应急三项机制;规范办理的领导接访下访、访调对接、信访联席会议三项机制;推动积案化解的律师参与化解、督查督办、绩效考核三项机制)。 (信访局 于洁)

【“三挂一攀”工作机制】 2019年,扬中市落实“三挂一攀”,通过对信访积案“挂图作战”、重点案件“挂牌督办”、领导干部“挂证接访”,与重点信访人“结对攀亲”主题活动,局领导与重点信访户结对攀亲,信访案件化解成效明显。2019年,市委书记接待群众76批次,市长接待群众66批次,市级领导干部公开接待群众来访占同期上访量的62%,按期办结率100%,避免矛盾上行。 (信访局 于洁)

【信访事件化解】 2019年,扬中市信访工作经各相关部门全力配合,妥善处置熙城沁园小区等群体性事件,未形成规模越级上访,未引发负面舆论炒作。多起信访隐患被及时预警、调处和妥善化解。 (信访局 于洁)

法治政府建设

【概况】 2019年,扬中市贯彻落实中央全面依法治国的重大战略部署,严格执行《国务院关于加强市县政府依法行政的决定》和《江苏省法治政府建设纲要(2015—2020)实施方案》要求,围绕创建省级法治政府建设示范县(市、区)目标,牢固树立以人民为中心的发展思想,切实加强领导、完善决策机制、规范执法行为、强化行政监督、化解矛盾纠纷,全面推进法治政府建设。扬中市被授予首批全省法治政府建设示范县(市、区)。 (司法局 包拥琴)

【全面依法治市委员会办公室揭牌】 2019年5月,扬中市委全面依法治市委员会办公室揭牌。市委依法治市办主要承担市委全面依法治市委员会具体工作,组织开展全面依法治市重大问题的政策研究,协调督促各地区各部门落实市委全面依法治市委员会决定事项、工作部署和要求等。 (司法局 包拥琴)

【行政复议应诉工作】 2019年,扬中市收到行政复议申请18件,2018年结转5件,不予受理2件,受理前撤回2件，受理办结18件，其中维持2件，终止14件，驳回申请1件，确认违法1件，维持率11.1%，综合纠错率83.3%，制发行政复议建议书3份。新发生省政府办理的涉及扬中征地批复的行政复议案件4件。在依法办案的基础上，运用行政复议调解机制，畅通行政争议协调化解渠道，加强对行政机关的规范指导和内部监督，按照全面审查原则对具体行政行为开展合法性和合理性方面的审查，以公开透明正当的程序保障行政复议决定的合法公正，提升行政复议的影响力和公信力，发挥行政复议在化解行政争议中的积极作用。2019年，处理市政府为被告的行政诉讼案件19件、民事诉讼案件2件。开庭审理的案件中，全部做到行政负责人参与庭审；已审结的案件中，市政府无一例败诉案件。新发生经过一审、二审及最高院再审的案件当事人不服向省检察院提起抗诉案件1件，省检察院作出不支持监督申请决定。市政府贯彻国务院、最高院及省市关于加强行政应诉工作的文件精神，严格执行《扬中市行政应诉办法》，支持人民法院依法受理、审理行政案件，实现行政与司法的良性互动，化解行政纠纷。

（司法局 包拥琴）

【政府法律顾问】 2019年，扬中市发挥政府法律顾问办公室的作用，统筹协调政府法律顾问和公职律师围绕市委、市政府中心工作，参与长江河道“两违”整治、扬子新村片区旧城改建项目二期、西城区棚户区改造项目二期、中电系企业股权转让及投资合作、市级平台公司与国开行担保纠纷案件的执行和解、华鹏有能贷款化解处置、宏达化工强制搬迁、金州水务股权回购及投资、复旦科技园科技大厦监护施工等重大涉法工作，组织政府法律顾问研究法律风险和执法依据、程序，为妥善处理重大涉法事务提供优质的法律服务。

（司法局 包拥琴）

【规范性文件制发和管理】 2019年，扬中市根据《法治政府建设实施纲要（2015—2020年）》规定，完善规范性文件制定程序，规范规范性文件制发和管理工作。结合政府机构改革实际，印发《关于公布规范性文件制定主体的通知》，明确本级人民政府确认的规范性文件制定主体。按照《2019年市政府规范性文件制定工作计划》，计划项目为3件，包括《扬中市住宅专项维修基金管理办法》《扬中市公共租赁住房管理办法》《扬中市廉租住房保障办法》。《扬中市住宅专项维修基金管理办法》完成合法性审核，等待提请市政府常委会议审议，后两项因国家推行户籍制度改革等原因，起草部门提交暂缓制定的申请。完成制发程序并按要求备案的市政府规范性文件为《扬中市农村集体聚餐食品安全管理办法》《扬中市机动车停车服务管理暂行办法》《扬中市居住区配套幼儿园规划建设管理办法》3件，其中《扬中市农村集体聚餐食品安全管理办法》为2018年度结转，《扬中市机动车停车服务管理暂行办法》《扬中市居住区配套幼儿园规划建设管理办法》属增补制发计划。

（司法局 包拥琴）

【行政执法培训】 2019年9月11日，扬中市司法局组织千名行政执法人员开展行政执法培训考试，摸清全市行政执法队伍状态，提高全市行政执法队伍综合业务素质和依法行政水平。严格教学，数次汇报研究确定培训方案，邀请专家专题授课。课堂教学实行分班制，每堂课前实行签到制。严格考试，坚持秘密出题、秘密印卷、秘密保管，全过程始终做到不泄题、谢绝打招呼。邀请市委巡察组等巡考，确保闭卷测试不打折扣。严格阅卷，随机在法律专家库中抽取专家集中阅卷，实行流水作业，将答案审定、分数复核、成绩统计逐一落实到人。

（司法局 包拥琴）

【依法行政工作】 2019年，扬中市司法局精准聚焦重大行政决策、规范性文件制发管理、政府投资合同审核3个关键环节，提升依法行政质量和水平。强化重大行政决策制度建设，建立目录化管理和综合评价制度，完善重大行政决策合法性审查工作规范化建设，探索第三方评估和专家评审机制，完善重大行政决策卷宗管理工作。强化规范性文件制发管理，实施规范性文件年度制定计划，完善规范性文件制定程序，规范文件制发和管理工作，实时监管规范性文件制定、备案。强化政府投资建设合同审核，强化政府投资建设合同合法性审查和备案管理，重点审查工程范围、合同价款支付等重要条款。

（司法局 包拥琴）

经济管理

财 政

【概况】 2019年，全市全口径财政收入130.35亿元，比上年增长20.03%，其中一般公共预算收入34亿元，增长3.76%；政府性基金收入54.96亿元，增长84.77%；社会保险基金收入17.96亿元，下降19.46%；国有资本经营收入21480万元。全市全口径财政支出14.46亿元，增长46.59%，其中一般公共预算支出49.29亿元，增长17.28%；政府性基金支出为73.49亿元，增长87.68%；社会保险基金支出21.67亿元，增长32.5%；国有资本经营支出1400万元。一般公共预算支出中，民生支出39.33亿元，占一般公共预算支出比重79.31%。

落实人大预算决议要求，加大收入组织力度，将收入目标分解到每一类税源主体，做到以月保季、以季保年；落实综合治税具体措施，强化主体部门协调联动，狠抓税源建设；加强征管零散税收和流动税源，提升收入组织有效性。加大支出管控力度，把“保工资、保运转、保基本民生”放在突出位置，保障上级党委、政府决策部署实施；牢固确立过“紧日子”思想，优化支出结构，持续压降市直部门行政运行成本，一般性运转支出平均下降10%以上；出台文件，严控临时专项申请和外出培训学习，确保预算执行刚性。加大收支平衡力度，争取一般性转移支付和一般债券转贷收入3.05亿元，综合运用预算稳定调节基金等形式，实现全年一般公共预算收支平衡。

落实国家大规模减税降费政策，印发减税降费工作实施方案，开展百强减税降费季度行动，兑现政策优惠；加强内外监督，配合省、市有关部门开展督查；下调扬中市城镇土地使用税税额，减轻企业负担，全年实现减税降费7.22亿元。支持打造创新高地，发挥财政资金引导作用，全年培育入库和通过技术认定企业分别113家、92家，获得各级奖补资金1686万元；全年累计申报新能源、智能化车间等23类项目，争取扶持资金1.2亿元，惠及企业126家；兑现工业企业、商务发展、全域旅游等领域考核资金3368万元，激发企业转型发展内生动力。缓解企业融资困境，拨付1000万元，设立扬中市首个科技人才投资基金，支持创新创业；维持1.5亿元转贷周转金规模，多方撬动金融资本服务经济发展，全年向287家企业提供转贷周转金33.85亿元；新增“苏微贷”“科保贷”等业务，拓宽企业融资渠道。

坚持以民为本，全年民生支出39.33亿元。推动“三农”领域供给侧改革，落实“乡村振兴”战略，整合涉农资金，兑现考核奖补资金1808万元；发放耕地地力保护、秸秆还田、轮作休耕、渔民退捕等各类惠农补贴资金4313万元；持续提升农业综合生产能力，安排资金2975万元，建成高标准农田1133.33公顷；拨付资金26042万元，支持长江干流应急治理、涵闸除险加固等。推动人民群众获得感增强，落实各项民生提标政策，兜牢民生保障底线，提高城乡居民低保、基础养老金、五保老人供养等标准，全年社保支出6.03亿元，增长9.24%；推进“校安工程”、义务教育现代化达标提升改造等项目实施，及时发放困难学生助学金，全年教育投入8.55亿元，增长7.41%；深化医药卫生体制改革，推进医疗服务均等化供给，防范因病致贫、返贫，全年医药卫生支出3.47亿元，增长13.77%；依靠创业带动就业，新增创业贴息贷款3090万元，扶持创业850人，发放各类就业补贴1886万元，保障就业形势稳定；支持“扫黑除恶”专项斗争开展，安排公检法司条口资金3.14亿元。推动生态水平持续性提升，投入资金1.2亿元，支持“五水联治”系统工程实施；开展“263”专项整治、大气污染防治、绿色建筑节能等工作，全年节能环保投入1.89亿元，增长146.83%。

依法理财、提升效能，连续三年获评全省法治财政标准化管理优秀单位。深化绩效管理，推进预算资金绩效管理，扩大绩效评价覆盖范围，全年编审绩效项目260余个，涉及资金89923万元，增长11.78%。创新开展事中评价机制，推动绩效评价关口前移。对部门全年整体支出评价，强化绩效意识。严格监管资金，将日常检查和专项督查相结合,全年累计开展减税降费、扶贫资金、“三公”经费等专项检查24次;实施单位公务卡制度,建立完善各条口专项资金管理办法,规范资金筹措使用。加强财务管理,实施新政府会计制度,开展各类实务培训,保障部门(单位)工作开展;举办扬中市会计专业资格初、中级考试,落实会计继续教育创新举措,提升整体从业水平。严格采购管理,深化政府采购网络建设实现省、市、县三级采购信息共享;优化电商平台采购模式,加强对政府采购业务事中、事后监管,提升采购代理机构专业化水平;运用守信激励和失信约束机制,全年节约政府采购资金1500万余元,再获全省考核一等奖。

(财政局 王家伟)

【住房公积金业务改革】 2019年,扬中市加大住房公积金业务改革。实现网厅业务服务零距离。全年全市有421家企业开通单位网厅业务,累计汇缴资金8028万元,通过个人网厅申请个人业务1827件,成功办理916件,提取资金1473万元。探索按揭贷款的抵押模式。采用开发公司阶段性担保并由开发公司缴纳贷款保证金的方式,解决住房公积金中心因公积金按揭贷款无法办理的状况。对预抵押登记不再办理,待职工可以办理产权证后要求开发公司陪同职工办理产权证的同时办理贷款回证以确保公积金贷款抵押权无风险。通过上述措施,签约6家楼盘,发放31笔按揭贷款,1033万元。 (住房公积金管理中心 蒋迎梅)

公积金政策宣传 (财政局供图)

【住房公积金管理】 2019年,扬中市住房公积金全年新开户人数3443人,归集资金4.71亿元,提取资金3.36亿元。全年向984名职工发放个人贷款2.92亿元,个贷比率96.71%,个贷逾期率0.16‰。截至2019年年底,全市累计缴存总额35.2亿元,缴存余额4.64亿元,贷款总额为27.02亿元,贷款余额14.15亿元,公积金覆盖率70%以上。(住房公积金管理中心 蒋迎梅)

税 务

【概况】 2019年,扬中市组织各项税费收入65.67亿元,比上年增长6.4%,其中税收收入49.40亿元,下降2.7%,完成一般公共预算收入27.71亿元,下降1.0%,社保费收入14.41亿元,教育费附加、工会经费等非税收入1.85亿元。

全年举办专场培训50余场,投放宣传材料1.8万份,推送短信提醒7.55万条,开展各类辅导5800户次,在《扬中日报》、扬中电视台开展专题宣传30余次。新增减税降费7.2亿元,其中小微企业普惠性减税惠及4880户次、1.15亿元,个人所得税政策调整惠及51.75万人次、9556万元,增值税改革惠及9709户次、3.2亿元。所有行业税负均不同程度下降,其中制造业新增减税降费5.18亿元,成为最大收益群体。减税降费有效激发市场主体活力、增强经济发展信心,企业和个体户税务登记户数增长17.9%。

深化“放管服”改革,简化流程、精简资料,拓展实体、网络、掌上、自助等多样化的纳税缴费渠道。组织开展两轮走访服务活动,走访77家重点小微企业,开展“百名税干进百企、减税降费一对一”扬中百强减税降费季度行动,走访100余户,宣传辅导最新政策,收集了解企业需求,并对企业提出的问题建议逐一给予回应和答复。推进“纳税人之家”建设,新成立10家“纳税人之家”,全面维护纳税人权益。开展纳税信用等级复评工作,及时为10余户纳税人调整信用等级。针对“纳税人跑办税服务厅次数较多”的现象,整合办税服务厅窗口设置,新增4个对外综合窗口,把个体业务“切割”至属地管理分局;提升窗口业务技能,实施“以老带新”、定期轮岗计划,切实加强现场管理;开办“纳税人学堂”,按月对新办纳税人开展集中办税业务培训。

做好业务测试、管户比对、数据清理等前期工作,模拟测试8300余笔、比对管户5万余户、维护数据1.1万条,确保4月1日“金税三期”并库平稳、有序上线。4月,机关养老保险上线,5月,城乡居民、灵活就业个人缴费上线,稳步推进社保划转。总结房地产、工程电气、光伏、船舶等主要产业的风险防控管理经验,形成应对绩效2.83亿元,贡献率5.74%。构建镇江首个税费协同共治组织和平台,接收22个政府成员单位涉税信息6.9万条,核实入库税费6500万元。清理欠税,年度新欠发生率0.5%,往年陈欠清理率6.2%,达到上级考核要求。完成破产企业税收债权申报及欠交税费追偿工作,追回税款及滞纳金399万元。加强增值税管理,对安置残疾人就业企业增值税税负畸高的,强化日常巡查和调查核实。加强房产税、土地使用税管理,组织实施房、土“两税”专项督查42户,查补税款622.87万元。加强个人所得税过渡期和新政落实,组织开展62户自然人股权转让专项核查,加强企业所得税管理,核定征收面从24.8%下降到6.3%。做好内部控制监督平台并库上线运行工作,防范化解各类税收风险,组织开展增值税发票管理等三项专项检查,堵塞管理漏洞,防范潜在风险。改造计算机机房,建成“损耗低、能耗低、噪音低,安全性高、可靠性高、可持续性高”的先进机房,实现无人值守、智能管理。 (税务局 施雯雯)

税务人员进企业讲解个税新政 (融媒体中心供图)

【“江洲蓝·税为鼎”税务品牌建设】 2019年3月5日,扬中市召开“江洲蓝·税为鼎”税务品牌建设宣讲会。2019年开始,市税务局通过3~5年时间创建“江洲蓝·税为鼎”扬中税务品牌,将品牌理念融入到税收工作全过程,扩展到党务、政务、业务、事务全领域。“江洲蓝·税为鼎”这一品牌将分别从铸造“素质”之鼎、“规范”之鼎、“服务”之鼎、“形象”之鼎、“文化”之鼎、“创新”之鼎六大方面出发,推动扬中市税务事业整体工作有成效、单项工作有突破、创新工作有亮点。

(融媒体中心)

审　计

【概况】 2019年,扬中市审计局完成审计项目34个,工程审计已定案项目(含以前年度结转项目)出具造价核定单267份,送审前经建设单位内审核减4537.4万元,送审价20.22亿元,审计价18.57亿元,核减工程造价1.65亿元。发现问题及提出审计建议219条,被采纳165条,提交审计结果报告11篇。撰写审计信息、论文186篇,被各级媒体采用116篇次。(审计局 沈小庆)

【财政预算执行审计】 2019年,扬中市审计局针对各方面的建议和意见,切合当前国家政策的形势,着重调查上年度重点资金、重点支出的支出情况,开展政法系统预算执行情况专项调查。根据市领导的要求,重点关注环保资金及扶贫资金,延伸对环保局及西来桥镇幸福社区的审计,撰写扶贫审计情况汇报,按要求报送给市“三治理一挂牌”领导小组。 (审计局 沈小庆)

【政府投资审计】 2019年,扬中市审计局结合市委市政府民生工程,紧抓固定资产投资审计工作。完成扬中市兴隆污水处理厂二期工程、扬中市第一中学校区改建工程、扬中市建设路工程等8个政府投资项目的竣工决算审计;审计关注工程建设许可、招投标以及资金使用管理等方面的问题,提出审计建议供市领导及相关部门决策参考。出具审计报告14份(含往年项目计划),其中专项审计报告1篇。开展镇江市省级重大项目推进情况跟踪审计对扬中市部分的审计取证、征求意见等工作。 (审计局 沈小庆)

【经济责任审计】 2019年,扬中市审计局完成经济责任审计项目10个,召开一次性集中告知会议,通过审计督查回访确保问题整改到位。审计局持续落实《扬中市审计整改回访督查暂行办法》,对某乡镇领导干部开展经济责任审计的同时,开展自然资源资产离任审计,克服人手不足、经验不足、专业技术不足的困难,查出问题9个。 (审计局 沈小庆)

【国有企业审计】 2019年,扬中市审计局按照融资平台资产负债损益审计统一实施方案,提高审计效率,规范审计步骤。对3家国有企业开展审计,针对企业内部管理薄弱环节提出建议,促进企业出台制度规范管理。立足“审帮促”,在某企业审计时,发现的投资收益、房屋租赁收取不到位等问题,在核对后督促被审计单位及时整改,现场审计结束前被审计单位就追回应收未收各项收益350万元;针对某单位土地资产登记不到位的情况,审计组提出建议资产统一扎口管理,完善资产管理台账,确保资料完整性,促使被审计单位盘点资产情况,对遗漏部分补充登记到位。 (审计局 沈小庆)

【内部审计】 2019年,扬中市审计局聚焦服务乡镇,强化内部审计指导,乡镇审计办围绕各镇(街、区)重点工作,按照新形势下的内部审计工作要求,遵循查错纠弊,维护法纪,促进管理,开展财务审计,加强财务收支审计,以“规范财务行为”为中心,严守规范、加强监督;开展村干部经济责任审计,审计过程中,坚持实事求是的原则,规范审计程序,强化审计质量;开展基建工程审计,守住乡镇“钱袋子”。全年完成审计项目203个,提出审计建议并被采纳22条,查出违规违纪金额3300余万元,查出损失浪费金额362.5万元。

(审计局 沈小庆)

【村(社区)的财务收支审计】 2019年,扬中市审计局统一编制行政村(社区)财务收支审计工作方案,完成6个村(社区)的财务收支审计和2名村干部经济责任审计,重点关注资产负债及债务情况、财务收支情况等12项内容,查出管理不规范金额5013.43万元,促进整改金额3267.87万元,提出全面强化人员培训、加强日常管理监督、完善责任追究制度方面的审计建议15条,均被被审计单位采纳。 (审计局 沈小庆)

统 计

【概况】 2019年,扬中市统计局聚焦高质量发展新时代要求,切实做好以GDP为龙头的工业、能源、投资、房地产、建筑业、科技、贸易、服务业、文化产业等常规监测工作,高质量完成第四次全国经济普查各项任务。提升统计监测时效性,增强统计预测预警预判能力,全年编印《统计专报》15期。制定扬中高质量发展监测体系,建立月度统计监测评价机制,评议镇(街、区)发展考核共性指标,调动各镇(街、区)创新谋发展的积极性和主动性。开展“不忘为民初心,牢记统计使命”主题统计开放日活动。与融媒体中心合作,举办“走进统计”市民招待会,推动统计工作和统计数据的公开透明。推进统计法律法规进机关、进社区、进企业。与市委组织部、市委党校合作,将高质量发展考核指标体系和统计法律法规列入全市领导干部培训课程。印发《扬中市统计局执法监督检查计划》和《“三四二”统计专项行动方案》,在全市范围内开展统计数据质量核查。在统计系统开展聚焦统计数据造假专项治理活动,着力提升统计数据质量,提高统计公信力。2019年,扬中市统计局被授予“县级统计局规范化建设十佳单位”称号,获评省“第四次全国经济普查先进集体”。(统计局 赵浣辰)

【统计数据质量治理】 2019年,扬中市统计局印发《扬中市统计局执法监督检查计划》和《“三四二”统计专项行动方案》,在全市范围内开展统计数据质量核查。通过系统随机抽选、自主选取疑问企业的方式,客观、公正的开展执法工作,提高基层依法统计意识,坚决遏制统计违法行为和统计上的弄虚作假行为。9—10月,在全市统计系统开展聚焦统计数据造假专项治理活动,集中自查整改,着力提升统计数据质量,提高统计公信力。

(统计局 赵浣辰)

国有资产监督管理

【概况】 2019年4月,扬中首次向市人大常委会作《关于2018年度全市行政事业性国有资产管理情况的专项报告》和《关于2018年度全市国有资产管理情况的综合报告》,分别重点报告扬中市2018年度行政事业性国有资产占有、使用、变动、管理情况以及企业国有资产、金融企业国有资产、行政事业性国有资产、自然资源国有资产等情况。通过健全全面规范的向市人大常委会报告国有资产管理情况制度,推进国有资产公开透明、保值增值和有效利用。研究出台《关于进一步加强全市国有资产管理的实施意见》《扬中市征收拆迁收购类资产管理办法(暂行)》,加快建立全口径资产管理体系,推进各类国有资产集中统一监管,保障全市行政机关、企事业单位有效运转和高效履职。开展“行政事业单位国资管理突击月”活动,在全面摸清“家底”的基础上,提升国资管理规范化水平。(国资办 左鹏)

【产业基金】 2019年7月24日,扬中市人才科技创业投资合伙企业(有限合伙)(简称“扬中人才科技基金”或“基金”)在中国证券投资基金业协会备案成功。扬中人才科技基金由市委组织部人才办、市科技局、市金控集团共同发起设立,由金控基金公司担任基金管理人,基金总规模2亿元,首期规模2000万元,存续期7年。备案成功后,基金将进入运作阶段,主要投向初创期科技型中小企业和市政府引进的科技人才类创业项目。扬中人才科技基金发挥财政专项资金的引导作用,加大对中小微科技企业的扶持力度,吸引科技型企业落户扬中,加快扬中科技进步,助力区域经济转型升级。该基金成功招引西安压电新材料项目落户高新区。10月,扬中市徐工产业投资合伙企业(有限合伙)(简称“扬中徐工基金”)设立,扬中徐工基金由徐工集团旗下徐州徐工投资有限公司和扬中市鑫城产业投资合伙企业(有限合伙)共同发起设立,基金总规模5亿元,存续期20年,注册在扬中,基金主要投向装备制造、科技创新领域。

(金控集团 王杰)

【科保贷】 2019年8月,首笔由扬中市融资担保有限公司担保、南京银行扬中支行发放的“科保贷”500万元发放至扬中市华龙橡塑电器有限公司。扬中“科保贷”业务是针对科技型企业的贷款,由扬中市财政局、扬中市科技局、南京银行扬中支行、扬中市融资担保有限公司共同创立。目的是为更好地服务和支持扬中市科技型企业的发展,促进科技成果转化,通过担保公司帮助轻资产的科技型企业解决担保难、企业之间互联互保的问题。 (金控集团 王杰)

【参股信达小贷】 2018年底,金控集团与信达小贷公司达成合作意向,由金控集团参股信达小贷公司32%的股权。2019年5月,股权变更手续办理到位。

(金控集团 王杰)

自然资源管理

【概况】 2019年,扬中市自然资源和规划局推进“不动产登记、交易、税务”一窗受理工作,对不动产交易涉及到水、电、气、有线电视过户的一并办理。开展“外网申请、内网审核、当面核对、即时领证”的网上登记服务,加快不动产登记信息与税务部门信息共享,不动产登记缴税免开房产证明。在镇江地区率先启动“多测合一”改革,建设项目全流程14项测绘业务精简整合为5项,涉及测绘服务时间从21个工作日缩减到2~3个工作日,服务时限压缩幅度86%。引进无人机航测技术,搭建多维度空间地理信息数据库平台,高效完成测绘项目259项,为恒大养生谷、江苏新韩通船舶重工有限公司、港湾新城二期、城北工业园区、2.5产业园等市重点项目提供优质测绘服务。与市水利局签署共享合作框架协议,共建水利划定成果与自然资源“一张图”数据共享平台和河湖空间管控监测体系。扬中国土资源数据2000国家大地坐标系转换项目通过验收。该项目完成扬中市1980西安坐标系、1954北京坐标系到2000国家大地坐标系转换参数的确定,开发全市坐标转换平台,完成市DOM、卫片、国土专题等存量数据的坐标转换,为全市自然资源和规划管理工作提供全面有效的技术支撑。扬中市多维度空间地理信息数据库平台通过验收,构建扬中市三维地理信息服务总体框架,通过基础地理信息数据、规划数据、三维实景数据、遥感影像、政务地图等数据的统一管理、动态更新和分析应用,有效深化数据的应用价值,为应急指挥提供数据支撑,实现城市规划管理工作的智能化、网络化、高效化。2月28日,扬中市自然资源和规划局挂牌成立。市自然资源和规划局,将市国土资源局(市不动产登记局)和市规划局的职责以及市发展改革和经济信息化委员会3个机构相应职责整合,作为市政府工作部门,对外加挂市林业局牌子。不再保留市国土资源局(市不动产登记局)、市规划局。(自然资源和规划局 孙柳燕)

【生态文明建设】 2019年,扬中市耕地保有量15.78万亩,基本农田保护面积55.27平方千米,完成上级下达的保护任务,耕地保护责任落实和制度建设情况良好。全市增减挂钩项目55个,地块345个,面积33.33万平方米,占补平衡项目4个,地块12个,面积10.6万平方米,增减挂钩和占补平衡项目通过上级验收。开展“大棚房”问题整治工作,排查全市5439个设施农用大棚房,发现4起“大棚房”问题,全部按时整改到位。开展全市违建别墅清查整治工作,发现1宗违建“别墅”并根据专办要求拆除到位。2019年,完成造林面积35.87万平方米,其中长江两岸造林27.33万平方米;新建绿美村庄6个,湿地修复24万平方米,林木覆盖率20.64%、森林覆盖率11.19%,被全国绿化委员会表彰为全国绿化模范单位。(自然资源和规划局 孙柳燕)

【国土空间利用】 2019年,扬中市自然资源和规划局加快推进规划融合,启动国土空间规划和镇村布局规划的编制工作,开展国土空间规划“双评价”、城市总体规划及土地利用总体规划实施评估。初步完成镇村布局规划优化和城市总体规划调整完善工作,有序推进土地利用规划调整工作。建设“多规合一”信息平台,按时完成城区停车设施、地下空间利用规划的编制工作,全市新增停车泊位1200个。加强建设工程规划管理,确保建设工程按批准的规划条件和技术规范进行建设。加强地下管线规划管理,结合水环境综合整治项目,推进杆线下地和地下管线同步施工。

(自然资源和规划局 孙柳燕)

【用地需求保障】 2019年,扬中市自然资源和规划局全面优化计划供给,争取独立选址计划,做好建设用地报批。审查报批各类建设用地200.8万平方米,为新城吾悦等重大项目用地需求提供保障。科学编制供应计划,全年完成土地出让收入29.82亿元。其中工业用地挂牌出让4批次,成交土地30宗,出让面积106.59万平方米,成交金额7.02亿元。经营性用地挂牌出让7批次,成交土地17宗,出让总面积39.34万平方米,成交金额22.8亿元。稳步推进土地储备工作，发行土地储备专项债5亿元，储备城区存量建设用地149.93万平方米，其中存量建设用地1.13万平方米，缓解土地市场结构性矛盾。完成2018年度土地变更调查工作，实地核查图斑422个，面积150.07万平方米，通过省自然资源厅规划和自然资源部的审查。参与第三次国土调查成果分析评价，完成调查成果整理、数据更新、成果汇交工作，成为全省在第一轮通过核查的县级市。

（自然资源和规划局 孙柳燕）

【节约集约用地】 2019年，扬中市自然资源和规划局坚持提高存量建设用地在村镇建设用地批次的比例，推进城乡建设用地增减挂钩项目，鼓励企业“零增地”扩能、“围墙内”技改，向空中要土地、要效益，切实提高土地利用率、增加容积率，盘活存量土地167.33万平方米。清理上报并盘活低效土地22宗，全部通过增资技改、提高容积率等方式成功盘活，完成镇江市局下达的盘活任务。 （自然资源和规划局 孙柳燕）

【自然资源权益维护】 2019年，扬中市自然资源和规划局压缩不动产登记时间，实现常规不动产登记3个工作日内办结，查封登记、异议登记、二手房网签等做到立等可取，商品房转移登记、抵押登记等在1~2个工作日内办结。为实体经济办证提供企业绿色通道，与金融机构及公积金中心签订合作协议，设立8家不动产抵押便民服务网点。对小微企业免收不动产登记费，降低企业发展成本，助力实体经济高质量发展。严把居民建房审批关。严格按法律法规和《扬中市农村村民住房建设管理办法》规定的要求执行，2019年受理居民建房1032户，完成审批1025户，其中原地199户，易地826户。城建档案馆加强城建档案收集整理，整理上架案卷1430卷，接收电子竣工档案工程18个。加强档案验收上门业务辅导力度，提供上门指导30余人次。

（自然资源和规划局 孙柳燕）

【《扬中市地图》出版发行】 2019年8月，扬中市自然资源与规划局编制的《扬中市地图》出版发行。《扬中市地图》遵循“政府主管、公益性质”，以2018年扬中市基础测绘资料为底图，运用地图要素点、线、面要素编绘以及标注的参考资料。新版《扬中市地图》征求民政、交通、旅游等部门意见。《扬中市地图》反映扬中市全貌及周边，分村（社区）设色块，详细表示各级政府（组织）驻地、主次道路、水系、公园绿地、乡村旅游区、规划路桥、居民点、圩埭，主题突出，层次丰富，反映扬中交通、文化、旅游等发展现状及未来规划，综合、系统地展现扬中自然、人文环境特色。 （融媒体中心）

市场监督管理

【概况】 2019年3月，按照新的“三定”方案和上级关于转隶组建的有关要求，将原发展改革和经济信息化委员会（物价局）直属行政机构物价检查分局价格监督检查相关职责（行政编制9名），将知识产权保护办公室（事业编制2名）、商务局打击侵犯知识产权和假冒伪劣商品、参与反垄断调查等相关职责划入市场监督管理局。年内，市场监督管理局推进“放管服”改革，加强质量强市建设，全市光电设备行业成为全国首批、全省唯一试点行业（全国4家）。扬中市通过“国家知识产权强县工程试点县” 验收，3家企业入围2019年度国家知识产权示范企业公示名单。加大对物业收费、教育、医疗服务价格、水、电、气等与人民群众生产、生活密切相关的重点行业的价格监管，开展医疗服务价格、教育收费、转供电主体违规加价问题专项检查。加强市场监管工作，开展博联农商城市场秩序综合整治。加强特种设备安全、食品安全、药械等方面监管，加大综合执法的力度，保障消费者权益。

（市场监督管理局 王海燕）

【“放管服”改革】 2019年，扬中市全面落实“3550”（企业3个工作日内注册开业、5个工作日内获得不动产权证、50个工作日内取得工业生产建设项目施工许可证）改革要求，实现所有企业登记办件“当天受理，当天办结”。高标准完成企业年报工作，企业年报率92.8%。全年依法清理吊销僵尸企业151家，完成831户市场主体“双随机一公开”抽查。培育各级“守重企业”，完成省级16家、镇江市级26家的新申报和扬中市级19家的命名工作。向融资机构推介企业信用产品，办理动产抵押登记23件，帮助融资14亿余元。完成合同争议调解5件，争议金额247万元。市场交易监管科创建为全市涉农涉企“十佳优质服务科室”。强化主动服务意识，创新开展“双进双服务”（进重大项目，服务开业前事项；进重点企业，服务高质量发展）活动。

（市场监督管理局 王海燕）

【质量强市建设】 2019年，扬中市开展质量认证帮扶助力小微企业质量管理提升活动，全市光电设备行业成为全国首批、全省唯一试点行业（全国4家）。9月25日，“江苏质量诚信环省行”活动启动仪式在扬中举行。

抢占标准高地，引导企业主导或参与国家标准制修订15项、行业标准2项。完善标准体系，亿阀股份获批省级战略性新兴产业标准化试点；海纬集团核电核岛用高强电气支架省级战略性新兴产业标准化试点、江之源国家级长江刀鲚养殖标准化示范区项目通过验收。

（市场监督管理局 王海燕）

【知识产权工作】 2019年，扬中市通过“国家知识产权强县工程试点县”验收，完成知识产权强省区域建设示范验收。万人发明专利拥有量43.38件，比上年增长18.16%。牵头修订《扬中市知识产权专项资金管理办法》《扬中市知识产权优势企业培育专项资金管理实施细则》等管理办法。针对中小企业融资难，首创专利质押融资工作，帮助企业获得专利质押贷款千万余元。江苏银佳企业集团获批2019年度江苏省知识产权战略推进计划项目，江苏润弛太阳能材料科技有限公司获评江苏省贯标优秀企业；扬中高新区通过省知识产权试点园区验收，扬中高新区、经开区获批创建江苏省知识产权示范园区。 （市场监督管理局 王海燕）

【国家知识产权强县工程试点县考核】 2019年8月14日，江苏省知识产权局受国家知识产权局委托组织检查组到扬中，考核扬中市国家知识产权强县工程试点县工作。检查组通过听取汇报、查阅资料、当场质询以及对照国家知识产权强县工程试点县实施方案，全面考核扬中国家知识产权强县工程试点县工作，认为扬中市完成国家知识产权强县工程试点县的各项目标任务，一致同意通过考核，建议以创建国家知识产权强县工程示范县为起点，进一步在知识产权方面做好服务和保护工作，抓好知识产权管理，园区建设和知识产权服务业发展，推进知识产权工作与社会经济发展更好地融合。 （融媒体中心）

【三家企业入围2019年度国家知识产权示范企业公示名单】 2019年11月25日，国家知识产权局公示2019年度国家知识产权优势示范企业评审和复验结果，大全集团有限公司、江苏和成显示科技有限公司、江苏万奇电器集团有限公司3家企业入围公示名单。截至2019年，扬中市有4家企业获批国家知识产权示范企业，11家企业获批国家知识产权优势企业。

（融媒体中心）

【市场监管工作】 2019年，扬中市结合创文、创卫工作，制定《博联农商城综合整治长效管理方案》，牵头开展博联农商城市场秩序综合整治。组织开展“保健市场百日行动”“限塑令”、野生动植物、农资市场、房地产行业格式合同条款等多项专项整治、检查，立案查处一批案件。在全市范围内开展野生动物专项检查，出动执法人员30余人次，检查集贸市场7家，检查经营户48户，检查出2户经营户涉嫌违法经营野生动物，现场查获涉嫌违法经营的乌龟14只、蛇6条，立案2件，罚没款金额0.3万元。继续实施种子备案工作，抽样种子供应商江苏丰源种业有限公司扬中分公司，完成9000斤“明天”牌南粳3908水稻种子、2万斤“三友”牌宁粳8号水稻种子、2万斤“中字牌”小麦种子、2.69万袋油菜种子的取样备案，确保农民利益受损有源可溯。

（市场监督管理局 王海燕）

【价格监管】 2019年，扬中市加大重点行业价格监管，开展医疗服务价格、教育收费、转供电主体违规加价问题专项检查。在全市范围内组织开展涉企收费专项检查，查处违法金额38万余元。“河豚文化节”期间组织开展市场价格大巡查，对48家餐饮、宾馆、商场、超市、停车场等开展市场巡查，发放政策提醒函，与26家市河豚协会会员单位签订《价格诚信承诺书》，专项巡查5家政府定价停车场、10家社会化停车场、6家住宅小区停车场(物业服务企业)收费公示。做好元旦、春节、“五一”、中秋节、国庆节等重点时段市场价格监管工作，打击不按规定明码标价、价外加价、虚假宣传等价格违法行为。开展社会化培训机构的专项巡查，检查校外培训机构7家，未发现违规现象。

（市场监督管理局 王海燕）

【消费维权】 2019年，扬中市贯彻2019年度“信用让消费更放心”的主题，在华润苏果华鑫店广场组织开展“3·15”国际消费者权益日纪念活动，组织开展系列宣传活动。整合“12315”“12365”“12331”“12330”“12358”全国“12315”互联网平台及“12345”二级平台等热线平台，统一对外全面承担涉及市场监管领域的咨询、投诉、举报工作。年内，受理热线消费者投诉、举报、咨询1440件，处置率100%，满意率95%。加强消费维权联络站点走访，所有站点做到硬件达标、制度健全、人员到位、工作有序、运转高效，各维权站全年受理各类投诉举报80余件，消费纠纷和解率95%以上。

（市场监督管理局 王海燕）

【特种设备安全监管】 2019年，扬中市组织开展6个批次特种设备安全排查整治工作，督促企业落实主体责任，开展设备使用登记、定期检验、人员持证上岗、应急培训等重点环节自查自纠，督促隐患自查整改到位。开展春季安全隐患排查、养老机构专项整治、涉危化学品企业大排查、“防风险、保安全、迎大庆”等系列隐患排查整治行动，监督检查重点单位的压力容器、气瓶、电梯等特种设备，排查、整改一批安全隐患，立案查处多起特种设备违法行为。以《中华人民共和国特种设备安全法》为重点，开展宣传教育。制作电梯等特种设备安全宣传站牌和宣传画册资料进行广场宣传，及时处置特种设备安全投诉举报，在住宅小区组织开展电梯应急救援演练和安全讲座。组织开展“培训进企业，安全到身边”主题教育活动，举办各类特种设备作业人员培训班6场次，培训近千人次。 （市场监督管理局 王海燕）

【综合执法】 2019年，扬中市加大执法办案力度，严厉查处不正当竞争、商标侵权、虚假违法广告、侵犯消费者合法权益等违法违规案件，全年立案228件，其中大要案件60件。结合各类市场检查，加强排查欺行霸市、强买强卖、垄断经营等违法行为，开展市场监管领域“扫黑除恶”专项斗争工作。发放调查问卷1700余份，摸排市场经营户2000余户，与市场主办方行政约谈20余人次，发放宣传资料和调查问卷5000余份，上报涉黑涉恶线索5条。深入开展工程电气领域反不正当竞争专项整治工作，全年办理此类案件38件，涉案货值1000万以上，罚没款127万元，移送公安涉罪案件3起。结合《网络交易管理办法》的分布实施，加强网络监管人员培训，提高“以网管网”的能力，全年办理各类网络违法案件25件。 （市场监督管理局 王海燕）

【食品安全监管】 2019年，扬中市扩容增效“11610(1家市食品快检中心，配备1台食品快检车，6家基层分局食品快检室，12个农贸市场和6家学校均设置食品快检点)快检体系”，全年抽检总量1634个批次，抽检比例5批次/千人(超过省标线)。抽检转立案35件。开展联合整治、网络外卖订餐等各类专项行动15个，完成河豚文化节、能源大会等重要节日和重大活动保障任务。推进学校食堂提档升级，责任保险投保率100%，“明厨亮灶”覆盖率100%，良好以上等级达标率100%，“五常法”(常整理、常整顿、常清扫、常清洁、常自律)推广率30%以上。逐步搭建“互联网+食品安全智慧监管平台”。修订下发《扬中市农村集体聚餐食品安全管理办法(试行)》。 （市场监督管理局 王海燕）

【药械监管】 2019年，扬中市严查执业药师“不在岗”，整理执业药师资料，完善信用档案。加强中药饮片流通使用环节监管和突出问题整改。坚持医疗器械分级监管与专项整治相结合，重点拓展化妆品不良反应监测。组织开展“清理家庭小药箱，合理用药保健康”公益活动，全市23家药店参与活动，累计回收过期失效药品1000余盒。 （市场监督管理局 王海燕）

【“保健”市场综合整治】 2019年1月，扬中市联合整治“保健”市场工作会议召开。1—4月，扬中市开展“保健”市场大排查、大检查、大整治、大执法行动。联合整治的重点行业及领域为：与人民群众日常消费密切相关的行业和领域，如食品(保健食品)；宣称具有“保健”功能的器材、用品、用具等。联合整治的重点场所及区域为：存在会议营销活动的宾馆酒店；容易发生“保健”市场推销活动的社区、公园、广场、车站、码头等人员密集场所等。联合整治的重点查处和打击行为包括：虚假宣传、组织虚假宣传行为；虚假违法广告行为；保健食品中非法添加非食用物质及宣传治疗作用的行为等。截至3月底，出动执法人员316人次，检查“保健”类店铺90家；宾馆、酒店等重点场所41家；社区、公园、广场等人员密集场所20个。对其中不规范经营行为及时纠正并跟进督促整改，对摸排发现的涉嫌违法行为立案查处，立案查处4起保健品案件：无证无照经营行为案2起(已立案查处)、虚假宣传2起(已下达行政处罚决定书)。 （市场监督管理局 王海燕）

【《扬中市农村集体聚餐食品安全管理办法（试行）》施行】 2019年12月1日，扬中市实施《扬中市农村集体聚餐食品安全管理办法(试行)》。由于农村集体聚餐涉及人数多、场所相对简陋、贮存条件简单、操作不规范、流动厨师安全意识不强等诸多因素，存在许多问题隐患，扬中市出台《扬中市农村集体聚餐食品安全管理办法(试行)》(简称《办法》)，建立起农村集体聚餐食品安全的有关管理制度和工作机制。《办法》明确规定实行市、镇、村三级负责制，一次性聚餐50人以上(含50人)至100人由村信息员负责；一次性聚餐100人(含100人)至300人由镇协管员负责；一次性聚餐300人以上(含300人)由市场监管分局负责。《办法》规定食品安全责任追究制度，举办者、承办者未主动报备信息、不接受健康体检、不接受指导意见、阻碍执法等情形，应当依法承担相应法律责任。依法追究发生食物中毒后迟报、谎报、瞒报、漏报等问题。 （融媒体中心）

农 业

综 述

【概况】 2019年,扬中市实现农业总产值28.42亿元,农林牧渔增加值18.24亿元,比上年下降4.94%;农村居民人均可支配收入3.06万元,增长8.6%。2019年,全市小麦总产2.54万吨,单产359.22千克,水稻总产4.71万吨,单产640.2千克。全年新建高标准农田面积1133.33公顷,实施轮作休耕面积1987.67公顷。畜禽养殖污染治理深入推进,印发《扬中市整县推进畜禽粪污资源化利用工作方案》,全市16家规模养殖场治理率100%;85家小规模养殖场完成治理61家,关停拆除21家,停养3家,畜禽粪污资源化利用率96.5%。特种水产养殖规模持续壮大,河豚工厂化养殖面积15.5万平方米,江蟹标准化养殖面积520公顷,刀鱼特色化规模养殖保持稳步增长,总体规模48万尾。发展"农业+旅游"模式,组织新治村、红旗村成功申报省级休闲农业示范点。扶贫攻坚有力推进,对照《扬中市精准扶贫政策指南》,组织开展帮扶责任人入村入户走访帮扶,实行结对帮扶动态监管,通过落实公益性岗位、开展职业技能培训、光伏扶贫等措施,确保低收入人口收益稳定。全市建档立卡户1717户、3236人,106户建档立卡户危房改造全部完成。开展农村人居环境整治,推进"四清一治一改"(清理垃圾、清理河塘、清理农业废弃物、清理无保护价值的残垣断壁,加快改变农民不良生活习惯,加大乡村公共空间治理)村庄清洁行动。全市农村生活垃圾清扫、保洁、转运、处置保持正常化、制度化,八桥镇垃圾分类实现全镇域覆盖;推进"厕改革命",完成卫生户厕改造1600户,农村公厕32座、乡村旅游厕所2座;推进农村水环境治理,完成90个居民点生活污水治理、279条农村河道清淤疏浚。农村集体产权制度改革稳步推进,全市74个村(社区)股份经济合作社均颁发"农村集体经济组织登记证"。持续推进农业保险工作,农业保险覆盖率68%。印发《关于做好2019年度农业支持保护补贴(耕地地力保护)工作的通知》,完成耕地地力保护补贴面积5760公顷,发放补贴资金1037.20万元,惠及农户4.16万户。

(农业农村局 徐冰)

【农业农村局组建】 2019年,扬中根据《扬中市机构改革方案》,组建市农业农村局,作为市政府工作部门,挂市政府扶贫工作办公室牌子。市委农村工作领导小组办公室设在市农业农村局。原市农业委员会的职责及26个行政编制划入,原市农业委员会下属事业单位整建制划入。原市水利农机局的农业机械、农田水利建设项目管理职责及1个行政编制划入。重新组建市农业机械安全监理所,为市农业农村局管理的全额拨款事业单位,委托市农林行政综合执法大队管理,原市水利农机综合执法大队农机执法职能及10个事业编制划入市农业机械安全监理所,其执法人员与市农林行政综合执法大队执法人员统筹使用。市委办公室(原市委农村工作领导小组办公室)的农业农村工作相关职责,原市发展改革和经济信息化委员会的农业投资项目、原市国土资源局的农田整治项目管理职责划入。原市农业委员会监督指导农业面源污染治理职责及1个行政编制划出至市生态环境局。原市农业委员会从事信用互助的农民专业合作社管理职责划出至市地方金融监督管理局。原市农业委员会林业管理以及森林、湿地等资源调查和确权登记管理、自然保护区相关管理职责划出至市自然资源和规划局。市林蚕技术指导站(事业编制10个)调整为市自然资源和规划局管理的下属事业单位,其园艺推广等职能及2个事业编制划入市农技推广中心。原市农业委员会森林防火相关职责划出至市应急管理局。调整后,市农业农村局设9个内设机构,分别为办公室(审计科)、法规科(行政审批科)、政策与改革科、发展规划科(市委农办综合督查考核科、扶贫办)、乡村产业指导科、农产品质量安全监管科、农业机械科、农田建设管理科和组织人事(人才)科。

(农业农村局 周振宇)

2019年扬中市重点农业项目表

表7　　单位:万元

序号	项目地点	项目名称	项目实施单位	建设内容及规模	开工时间	竣工时间	计划总投资	2019年计划目标	
								完成投资	形象进度
1	渔业园区	长江名贵水产工厂化健康养殖基地	镇江江之源渔业科技有限公司	新增控温养殖大棚2万平方米及相关养殖配套设施,新增长江刀鱼、河豚、长吻鮠等优质江鲜商品鱼130吨	2018.1	2019.12	10000	6000	建成占地53.33公顷的长江贵鱼类生态循环水养殖基地的建设内容,年产长江特色名贵鱼类130吨,建成观赏桂花林
2	渔业园区	珍稀鱼种保护与利用二期("一带一路"国际水产养殖实验基地)	中国水产科学研究院淡水渔业研究中心	新建淡水鱼类繁育实验车间3千平方米、淡水鱼类养殖实验车间3千平方米、高位蓄水池250立方米及提升泵房,配套水、电、道路、绿化等场区工程;购置仪器设备13台(套)	2016.09	2019.12	10000	1000	完成珍稀鱼种保护与利用项目的二期工程建设,完成淡水鱼类繁育实验车间、淡水鱼类养殖实验室、高位水池等基础设施建设
3	新坝镇	雷公岛生态休闲农业基地	镇江大全现代农业发展有限公司	农场加工区1.5万平方米,畜禽养殖区5千平方米,水产养殖区80公顷,种植区106.67公顷,林业80公顷,码头,道路,水利设施,江堤,江堤护坡,旅游基础设施(温泉酒店、温泉游泳池、寺庙等)	2013.01	2020.12	120000	5500	水产养殖区改造500万元;造林绿化400万元;度假别墅4000万元;观光道路300万元;加工区改造200万元;畜禽养殖区改造100万元
4	西来桥镇	观光农业	扬中福星洲新农村建设发展有限公司	现代化农业生态园,种植观赏性经济作物26.67公顷以及配套技术设施建设	2018.10	2019.12	6000	1200	完工

(经济发展局 潘大伟)

种植业

【概况】 2019年,扬中市实施粮食绿色高质高效创建部省级水稻示范片6个,集中育秧比例100%,完成机插秧面积3867公顷,占全市水稻面积的79%。稻麦产量均实现粮食高质高效创建要求。稻麦粮食总产量7.25万吨,其中水稻总产4.71万吨,单产640.2千克;三麦总产2.54万吨,单产359.22千克。主推武运粳31,南粳3908,南粳5055,宁粳8号,扬麦20、23、25号等优良品种,扩大良种覆盖面,全市良种覆盖率95%以上。重点技术推广小麦一体机播种、机插秧技术、秸秆全量还田技术,精确定量栽培技术。推广优质食味品种、集成应用绿色高效技术、示范稻田综合种养模式、探索粮食产业开发和融合发展等关键环节。

2019年,扬中市园艺种植面积稳定在2.78万亩次,其中蔬菜1.7万亩次,果树、花卉720公顷。新增蔬菜面积13公顷,果树3.33公顷,花卉8公顷。引进推广美玉 3 号玉米、苏粉11 号番茄、苏椒 1614、锐胜 1 号辣椒、金早薄皮二号椒、香辣金条辣椒等多个蔬菜新品种，示范推广秧草水旱轮作技术、玉米秸秆还田技术、早春大棚番茄高效栽培技术、穴盘、营养钵育苗技术等多项蔬菜种植新技术，累计推广面积 186.67 公顷。5 家村级秧草基地及 1 个家庭农场获得绿色产品认证。引进推广果树新品种 3 个（霸红枇杷、锦绣黄桃、翠冠梨），新技术 3 项(枇杷设施防寒栽培技术、梨开心形整形修剪技术、果园生草栽培及土壤配方施肥技术)，累计推广面积 106.67 公顷。（农业农村局 高月华）

经开区"稻虾共作"示范基地 （融媒体中心供图）

【病虫害专业化防治】 2019 年，扬中市化学农药使用量 200 吨，比 2015 年(246 吨)下降 18.70%。植保专业化统防统治覆盖率 68.78%。大力推广病虫害绿色防控技术，全市主要农作物绿色防控产品使用面积占比 81.67%。新建省级水稻病虫绿色防控示范区 1 个，核心面积 66.67 公顷，辐射面积 666.67 公顷；省级蔬菜病虫绿色防控示范区 1 个，核心面积 6.67 公顷，辐射面积 66.67 公顷。示范区内绿色防控产品使用面积占比 100%，病虫危害损失控制在 5%以内。

（农业农村局 常琳）

【测土配方施肥技术推广】 2019 年，扬中市测土配方施肥技术推广覆盖率 95%，推广配方肥应用约 4000 余吨，使用面积 14 万亩次。扩大测土配方施肥技术的应用效果和示范带动作用，在全市建立 7 个稻麦化肥减量百亩示范方，示范方内开展稻麦缓控释肥、有机无机复混肥、有机肥部分代替化肥、配方校正、氮磷钾肥料利用率等多项试验。实行试验、示范、对比"三田"(高产田、中产田、低产田)配套，树牌标识。探索形成机械化施肥、测深施肥、减量施肥等技术，控肥、增效、提质效果明显。（农业农村局 吴文军）

【轮作休耕】 2019 年，扬中市实施休耕面积 1986.67 公顷，其中轮作换茬 900.73 公顷，休耕晒垡 1107.97 公顷，休耕区域耕地质量有所提升，耕地土壤有机质含量提高 1%，耕地地力平均提高 0.5 个等级。

（农业农村局 高月华）

养殖业

【概况】 2019 年，扬中市生猪价格上涨，受畜禽养殖污染治理和全国非洲猪瘟疫情双重影响，生猪生产呈严重下降趋势，年末存栏 0.48 万头，比上年下降 80.75%，年出栏 2.35 万头，下降 49.90%；蛋鸡行情平稳，蛋鸡产业营利水平较好，年底家禽存栏 39.10 万羽，下降 8.25%，家禽出栏 82.62 万羽，增长 2.21%；山羊生产产量下降，山羊存栏 0.58 万头，下降 39.58%，年出栏 2.18 万头，下降 45.76%。全市肉产量 3386 吨，其中猪肉 1757 吨，禽肉 1293 吨，羊肉 336 吨；全年蛋产量 3658 吨，其中鸡蛋产量 3491 吨，鸭蛋产量 165 吨，鹅蛋产量 1.8 吨。生猪规模养殖比重 91.71%，其中生猪大中型规模养殖比重 70.03%；蛋鸡规模养殖比重 89.24%；肉禽规模养殖比重 71.26%。水产养殖面积 1320 公顷，其中特种水产养殖面积 1163 公顷；新增高效设施渔业面积 15 公顷；水产品总产量 7518 吨，其中养殖产量 6501 吨，捕捞产量 1017 吨；渔业总产值 3.29 亿元。（农业农村局 沈明华、高峰）

【重大动物疫病防控】 2019 年，扬中市规范开展动物防疫工作，全年免疫生猪口蹄疫 5.08 万头，高致病性猪蓝耳病 2.37 万头，猪瘟 5.17 万头，禽流感 51.48 万羽，鸡新城疫 47.75 万羽，羊口蹄疫 0.52 万头，羊小反刍兽疫 0.44 万头，应免密度 100%。全年无重大动物疫情发生。（农业农村局 沈明华）

【扬中长江干流全面禁渔】 2019 年 3 月 1 日至 6 月 30 日，长江干流实施全面禁渔，为期 4 个月。禁渔期间，禁止所有捕捞作业，渔船靠岸入港、网具入库封存，因养殖生产或科研调查需要采捕长江天然渔业资源的，须经省级以上渔业行政主管部门批准。在禁渔期间积极开展渔业资源增殖放流活动。扬中市农业农村局农林行政综合执法大队加强宣传引导，集中组织渔政执法人员加大长江巡查力度，查处违规捕捞渔船，拆除违规网具，严厉打击各类违法违规捕捞行为，严格按《中华人民共和国渔业法》等法律法规相关规定处罚查获的违法行为，确保长江春禁成效。（融媒体中心）

【长江增殖放流活动】 2019年,扬中市开展2次鱼类增殖放流活动。3月8日,第16届中国扬中·河豚文化节开幕期间,向长江投放各种规格的河豚、草鱼、鲢鱼、鳙鱼等名贵鱼种20余万尾。8月15日,在长江扬中段暗纹东方豚刀鲚国家级种质资源保护区开展渔业增殖放流活动,放流河豚夏花49.3万尾,河豚亲本2000尾,投入资金97万元。 (农业农村局 高峰)

2019年3月8日,扬中市河豚文化节增殖放流
(农业农村局供图)

【江之源长江刀鲚养殖国家级标准化示范区通过考核验收】 2019年11月,江苏省市场监督管理局受国家标准化管理委员会委托,组织专家考评组评估江之源长江刀鲚养殖国家级标准化示范区。考评组通过听取汇报、查看现场、查阅相关资料等方式,全面考评试点项目实施情况,给予综合评分94.5分。长江刀鲚养殖国家级标准化示范区项目由镇江江之源渔业科技有限公司承担,2016—2019年,江之源从产地环境、种苗、投入品、捕捞运输等方面,制定企业标准54项,申报立项地方标准1项,建立规范统一、协调一致的标准体系;4项专利转化为企业标准,内容先进适用,自主知识产权转化率实现100%。通过项目实施,长江刀鲚养殖标准化示范面积增长至80公顷,实现年产20万尾优质商品刀鲚(100克/尾以上)生产能力,销售额8000万元/年。项目填补长江全面禁捕期的市场空白,带动江鲜特色餐饮业的发展;优化沿江水产品养殖结构,实施生态循环水养殖,减少养殖尾水排放,养殖尾水通过自身净化后达到国标地表水Ⅲ优以上。(融媒体中心)

农业机械化

【概况】 2019年,扬中市农业机械化水平85.5%,稻麦粮食作物耕种收水平93%,其中水稻机插秧水平85%,稻麦秸秆机械化还田率80%,高效植保机械化水平60%,农机装备水平和农机服务能力明显提高。
(农业农村局 朱维忠)

【农机购置补贴政策】 2019年,扬中市新增85马力以上拖拉机12台,插秧机10台,联合收割机10台(报废更新4台),高效自走式植保机20台,植保无人机5台,其他各类农机具120余台(套)。享受中央省级补贴资金189.07万元,扬中市级财政补贴资金150万元。
(农业农村局 朱维忠)

联合收割机 (融媒体中心供图)

【秸秆机械化还田】 2019年,扬中市提升麦秸秆还田集成机插秧、稻秸秆还田集成三麦机播技术应用水平。在总结完善农机具配备标准、作业技术路线的基础上,加强政策宣传、社会公示、资金兑付等重点环节的监督,继续采取"行政检查、社会监督和第三方核查相结合"的监督机制,切实提高机械化秸秆还田的质量和效果,确保财政补助惠农政策落实到位。全年完成机插秧4333.33公顷,机插率85%以上;完成稻麦秸秆还田面积11.47万亩次,秸秆机械化还田率80%以上。
(农业农村局 朱维忠)

【农机具综合保险】 2019年,扬中市推进农机保险工作,明确市级财政补贴比例60%(省级20%),落实惠农惠民政策。全年参加农机综合保险的各类农业机械693台。 (农业农村局 朱维忠)

【农机教育培训】 2019年,扬中市农机基层人员参加省、市、县组织的农机业务知识培训,150余人次参加培训。40名农机操作手通过农机职业技能鉴定中级工考核,获证奖补4.4万元。农机管理队伍的工作能力和业务水平有所提高。 (农业农村局 朱维忠)

【农机安全生产】 2019年,扬中市开展农机法律法规知识和农机安全生产宣传教育,以农机合作社、家庭农

场、农机大户等为重点，严格农机安全生产主体责任的落实。开展安全生产月、农机安全生产大检查、隐患排查治理等系列活动。全市检验合格上道路拖拉机309台（其中变型拖拉机137台次，小型和手扶拖拉机172台），核发驾驶证5本，期满换证55本；检验农田作业拖拉机150台，联合收割机86台，登记注册拖拉机8台，联合收割机10台，核发跨区作业证91张。开展上道路行驶拖拉机联合执法46次，查处涉嫌假牌套牌12起。

（农业农村局 朱维忠）

农业经济体制与经营管理

【概况】 2019年，扬中市印发《关于认真做好2019年度村级财务收支预算编制工作的通知》，明确和规范财务收支预算编制工作的总体要求、编制内容、编制程序等。全市74个村（社区）全面开展非现金结算推行“村务卡”工作，通过村级资金阳光监管平台，开展村级资金账户在线监管。完成八桥镇永胜村土地股份合作社组建工作，农户承包地入股面积40公顷。

（农业农村局 陈劲旭、郭江云）

【农村集体产权制度改革】 2019年，扬中市全面开展村级股份经济合作社成员身份核实完善工作。核查比对、补充完善2018年确认的村级股份经济合作社成员的身份证信息，查找出4896个重复确认的成员，按照“在全市范围内每个成员只能享有一个村级股份经济合作社成员身份，不得重复确认登记”的要求，核减、注消重复确认登记人员，提升成员身份确认工作质量。完成村级股份经济合作社登记赋码和股份证书发放工作。开展农村集体经济组织登记赋码，全市74个村（社区）股份经济合作社均颁发“农村集体经济组织登记证”，获得合法统一的“身份证”，确立市场经济主体地位。发放“农村股份经济合作社股份证书”，全市7.32万户农户领取“股份证书”。

（农业农村局 陈劲旭）

【农业惠民政策】 2019年，扬中市农业支持保护补贴（耕地地力保护补贴）标准为1800元/公顷，补贴面积5760公顷，发放补贴资金1037.2万元，惠及农户4.16万户。培育扶持新型农业经营主体，新增省级示范家庭农场4家，镇江市级示范家庭农场7家，申报省级示范家庭农场项目5个，补贴财政资金50万元。新增镇江市级农民合作社示范社6家，农户参加规范的农民合作社比重77%，扶持各类新型农业经营主体资金55万元。推进政策性农业保险，实现农业保费收入754.15万元，农业保险覆盖面68%，其中小麦承保面积4080公顷，保费收入134.6万元；水稻承保面积4586.67公顷，保费收入192.73万元，实现应保尽保全覆盖。高效农业保险保费收入426.82万元，高效农业保险保费收入占比56.6%。加强和优化理赔服务，快速做好查勘理赔工作，及时支付受灾农户理赔款，全年累计完成政策性农业保险理赔案件1275件，理赔金额362.79万元。落实省级“一事一议”财政奖补项目，按照“因地制宜、统筹规划、量力而行、分类推进、滚动建设”的要求，全年实施“一事一议”财政奖补项目27个，项目总投资590.4万元，其中财政奖补资金251万元。

（农业农村局 陈劲旭 、郭江云）

【农村集体“三资”管理】 2019年，扬中市全面做好农村集体“三资”（资金、资产、资源）管理专项治理工作，创新管理方式，印发《扬中市深化农村集体“三资”管理监督工作实施方案》，加快提升农村集体“三资”管理水平。开展耕地地力保护补贴专项检查，根据镇江市相关文件精神，印发《扬中市耕地地力保护补贴专项检查工作方案》，召开耕地地力保护补贴专项检查工作动员部署会，组织开展镇级自查和市级核查，对发现的问题及时落实整改措施，健全台账资料，规范公示制度，完善土地流转协议等备案资料，通过镇江市级检查。开发“e阳光”微信公众平台，全面推进“e阳光”微信公众号推送，实现阳光行动全覆盖，推进财务信息公开。做好廉政风险点梳理排查工作，农业农村局会同纪委、各镇（街、区）财经中心业务骨干人员从岗位职责、业务流程、管理环节、制度机制等方面入手，对可能发生腐败行为的“小微权力”梳理、排查，绘制风险流程图并注明关键节点，编制“小微权力清单”。

（农业农村局 郭江云）

【农村产权交易市场建设】 2019年，扬中市整合市、镇两级农村产权交易与公共资源交易资源，明确市农村产权流转交易监督管理委员会办公室、各镇（街、区）农村产权交易服务中心及公共资源交易站的职责，规范交易范围，强化工作职任，解决农村产权交易过程中多头准备资料、手续重复繁琐等问题，减轻镇、村负担。全年完成交易3029笔，成交金额2.15亿元。

（农业农村局 郭江云）

农业产业化发展

【概况】 2019年,扬中市农业产业化经营组织、规模逐步扩大,辐射带动作用明显增强。全市有各类农业产业化经营主体420家,按组织类型划分,龙头企业25家(省级农业龙头企业3家,镇江市级农业龙头企业13家,扬中市级农业龙头企业9家);农民专业合作社180家;家庭农场215家(省级家庭农场19家,镇江市级家庭农场41家,其他类155家)。

(农业农村局 司徒功明)

【农业招商】 2019年,扬中市依托现代农业园区,围绕特种水产、特色蔬果、粮油加工、休闲观光等农业产业,开展农业招商和宣传推介。通过农业项目推介会、以商引商、网上发布、拜访客商等形式,引进和签订农业投资项目3个,总投资1.3亿元,农产品进口贸易项目1个,贸易额3000万美元;全年组织8家农业企业、3家农民专业合作社参加农业国际合作洽谈会1场、农产品交易会2场、名特优农产品展销会4场,推介展销咸秧草、河豚、红薯粉丝、柳编制品、生态大米等本地特色农产品。 (农业农村局 蔡剑)

2019年11月15日,扬中农产品参展第十七届中国国际农产品交易会 (农业农村局)

【重点农业项目】 2019年,扬中市确定3个农业项目作为重点农业项目。雷公岛生态休闲农业基地项目新增投资5892万元,新增种植中山杉树2万棵、完成三道堤东北侧4千米的岗位内栽种树木;水产养殖区,螃蟹塘清淤完毕,生态养殖尾水净化处理,完成围网施工;羊场围栏和羊棚建设完工;完成雷公岛码头清淤1.1万立方米等工程。长江名贵水产工厂化健康养殖基地项目完成投资6010万元,完成池塘、护坡及配套水利设施32.53万平方米;完成基地桂花林及周边绿化建设;完成3600平方米的旅游漫道建设;完成4万平方米的控温大棚建设。珍稀鱼种保护与利用二期项目完成投资1120万元,完成3000平方米淡水鱼类繁育车间、3000平方米淡水鱼类养殖车间建设,建设250立方米高位水池及提升泵房,建设660平方米的工业化循环水养殖水槽。 (农业农村局 李小平)

【农产品质量安全监管】 2019年,扬中市严把生猪产地检疫和屠宰检疫两道关口。产地检疫生猪1.81万头,屠宰检疫生猪7.33万头;养殖环节抽检家畜规模养殖场15个,检测“瘦肉精”样品343份,屠宰环节年抽检尿样3660份,均未发现“瘦肉精”阳性;开展畜禽产品中抗菌药物残留和兽药残留专项监测抽样工作,抽检畜禽产品92份;生猪规模场无害化处理生猪440头,无害化处理率100%;屠宰环节检出病害猪及产品折合223头,全部采取焚烧等方式无害化处理,全市未发生畜产品质量安全事故。加大农产品农药残留检测力度,开展监督抽检50个批次,合格率100%;开展本级例行监测575批次,合格率99.13%;省级例行监测抽检195个(果蔬120个、畜禽60个、水产15个),合格率98.46%。乡镇开展农残速测,速测蔬菜样品2.88万个,合格率100%。对涉及农产品质量安全违法违规行为始终保持高压态势,坚持检查、检测、检举与执法查处打击相结合,遏制农产品质量安全突出问题。开展对禁限用高毒农药、“瘦肉精”、畜禽屠宰、兽用抗生素和农资打假等专项整治行动,全年出动执法人员2749人次,检查生产企业经营企业597家次,立案查处行政违法行为10起,没收不合格农资产品102袋。全市未发生重大农产品质量安全事件。(农业农村局 于永忠)

【农业科技培训】 2019年,扬中市举办农业职业技能培训班10期,培训合格人数808人,并组织现场观摩,效果显著,反响良好。其中开展以稻麦高产栽培技术为主要内容的农艺工培训6期,培训农民566人,重点推广水稻高产栽培技术规程、机插高产栽培技术、稻麦测土配方施肥技术等实用技术;开展水产养殖专业培训班1期,培训农民66人,推广长江特色水产品种,传授高效渔业养殖技术;开展畜禽养殖专业技能培训班1期,培训农民55人,传授生猪、山羊养殖的关键技术,非洲猪瘟防控、畜禽疫病防控及防治技术等;开展园艺专业技能培训班1期,培训农民41人,学习园艺栽培技术。配合新型职业农民培育等项目实施,采取请进来、送出去的办法,与农业院校合作,培训农业专家、青年农场主、新型职业农民、专业大户 150 人,提高劳动力持证水平;在各镇组织冬春大培训,结合农业生产季节,传播农业生产实用技术,参训人员 1337 人次。

(农业农村局 任凯)

【农产品电子商务培训】 2019 年,扬中市制定《扬中市 2019 年农产品电子商务培训工作实施方案》;组织开展社会调查,了解有意向参与和开展电子商务的农业龙头企业、专业合作社、大学生村官的信息,做好基础准备;组织开展农产品电子商务专题培训,培训聘请院校电子商务专家做好培训的组织工作,就农产品电商发展趋势、农产品电商设计、产品信息采集与上传发布、农产品网店营销与推广、仓储物流管理等开展全方位技能传授,培训 80 人,全面完成年度计划。

(农业农村局 任凯)

【基层农技推广体系改革与建设】 2019 年,江苏省农业农村厅下达扬中市全国基层农技推广服务体系改革与建设补助项目 1 个,培育农业科技示范户 850 户,建立农业科技示范基地 2 个,培训基层农技人员 96 人次。根据方案要求,扬中市筛选出 520 户粮食种植户和 130 户园艺种植户、200 户畜禽养殖户作为示范户,市镇两级农技推广人员中遴选出 85 名技术人员作为指导员,全过程指导示范户生产。示范户物化补贴的发放与对技术指导员的工作督导情况,参照科技入户工作同步安排,协同推进,确保工作质量。在示范基地建设上,建设粮食种植和畜禽养殖示范基地各 1 个,在基地建设中注重基地建设标准,增强示范效果。大力推广"农技耘"手机 App,注册用户 2850 户,在镇江市占比 22.4%,"农技耘"使用活跃度处于全省领先水平。

(农业农村局 任凯)

农业综合开发

【概况】 2019 年,扬中市投入农业综合开发资金 2975 万元,建设高标准农田 1133.33 公顷,完成 2018 年度油坊镇、八桥镇高标准农田建设任务,完成 2019 年油坊镇、三茅街道、新坝镇高标准农田建设项目的招投标及实施工作。

(农业农村局 薛飞)

【精准扶贫】 2019 年,扬中市提升精准扶贫成效。建立健全市领导和部门联系经济薄弱村机制,"一村一策"、挂钩帮扶,引导各方力量参与扶贫开发。完善扶贫工作阳光监管平台工作机制,通过扶贫工作阳光监管平台系统精准识别、精准帮扶和精准管理扶贫对象。综合运用产业引领、企业帮村等途径,促进村级增收,采取发展特色产业脱贫、促进转移就业脱贫、加强教育支持脱贫、实行农村最低生活保障兜底脱贫、探索资产收益脱贫、建立帮扶资金脱贫方式,加大扶贫扶持力度,提高低收入家庭收入,做到精准脱贫。全市 1717 户、3236 人全部脱贫,脱贫率 100%,全面消除人均收入低于 1 万元建档立卡户。

(农业农村局 薛飞)

农业示范园区

【概况】 2019 年,扬中市农业园区以引进项目、整合资源为抓手,着眼于高新、高端、高效农业建设,提升园区建设水平。园区实现总产值 8.53 亿元,比上年增长 7.7%;完成固定资产投资 1.21 亿元,增长 11.5%;园区规模经营面积 620 公顷,增长 5.2%;新增新型经营主体 1 家。

(农业农村局 郭培武)

【江苏省扬中现代渔业园区】 扬中现代渔业产业园区按照"产业特色鲜明、规划设计科学、科技含量较高、物质装备先进、综合效益显著"的农业产业园区建设总体思路,围绕把渔业园区建成"长江名贵鱼类产业集聚区、现代渔业高新技术先导区、现代渔业科普推广展示区"目标,整合资源、优化布局,渔业园区发展态势良好,为扬中现代农业集约化、产业化、高效化发展提供支撑。2019 年,园区完成中堡港、铁皮港、营房港 3 个涵闸建设和 2500 米港堤加固防渗墙工程,水电管网和监控监测系统全部安装到位。园区公共服务平台实现全覆盖,服务中心、培训中心、展示中心建成运行,园区功能得以拓展。

(农业农村局 郭培武)

水 利

综 述

【概况】 2019年,扬中市水利农机局更名为扬中市水利局。全年水利工程建设总投入1.96亿元,完成总土方123.17万立方米,石方78.67万立方米,混凝土1.17万立方米。建成一批闸站、泵站等水利设施,兴(翻)建改造各类灌溉、排涝泵站151座,兴建机耕桥34座,兴建固定沟10.41千米。开工建设扬中市万福桥闸站工程,扬中市2018年农业水价综合改革配套建设项目、扬中市小型农田水利工程续建维修改造项目、扬中市2019年度农村河道疏浚整治项目;开展2019年农村基层防汛预报预警体系建设以及农业水价综合改革、小型水利工程管护等项目;“11·8”坍江段干堤复建和岸线守护项目于2019年5月20日完工;实施扬中市2019年长江抛石护坎应急治理工程、扬中市2019年长江八桥镇红光村段防护应急处理工程、扬中市2019年长江堤防东风段应急处理工程、扬中市油坊镇六圩港滑坡段应急治理工程、扬中市2019年雷公岛应急护岸工程等灾情应急处置工程,完成水下地形监测151.1千米。加强水利工程管理,小型水利工程、河道管护、闸站管理、堤防管护水平能力得到提升,2019年在江苏省水利厅和财政厅公布的2018年度75个涉农县(市、区)农田水利管护工作、农村河道管护工作的考核中,扬中市农田水利管护工作获“优秀”等次、农村河道管护工作获第一等次。2019年6月,扬中市二墩港闸站管理所以937.2分通过省一级水管单位的复检考核。

(水利局 陈婷)

【水利局职能整合】 2019年1月30日,中共镇江市委办公室、镇江市人民政府办公室印发《扬中市机构改革方案》,扬中市水利农机局更名为扬中市水利局;3月31日,中共扬中市委办公室、市政府办公室印发《扬中市水利局职能配置、内设机构和人员编制规定,明确扬中市水利局职能配置,下设办公室、行政审批科、水资源科、规划建设科、工程管理科、水旱灾害防御科、河长制工作科,核定行政编制17名;2019年6月26日,中共扬中市委机构编制委员会办公室下发《关于明确市水利局所属事业单位机构编制事项的通知》,明确扬中市水利局所属事业单位名称、核定事业编制113名。

(水利局 陈婷)

水利工程建设

【概况】 2019年,扬中市建成一批闸站、泵站等水利设施,兴(翻)建改造各类灌溉、排涝泵站151座,兴建机耕桥34座,兴建固定沟10.41千米。实施扬中市万福桥闸站工程、扬中市2018年农业水价综合改革配套建设项目、扬中市小型农田水利工程续建维修改造项目、扬中市2019年度农村河道疏浚整治项目等;开展2019年农村基层防汛预报预警体系建设以及农业水价综合改革、小型水利工程管护等项目;完成2019年度省级水利工程维修项目、堤防维修养护及除险加固工程。

(水利局 冯逸群)

【农业水价综合改革】 2019年,扬中市出台《扬中市农业水价综合改革超定额累进加价制度》,核定全市农业年平均用水量80.4万立方米/平方千米,确定农业灌溉用水价格0.093元/立方米。2019年,扬中市完成农业水价综合改革面积36.33平方千米,其中新坝镇6.24平方千米,三茅街道8.65平方千米,经开区5.6平方千米,油坊镇9.55平方千米,八桥镇3.85平方千米,西来桥镇2.44平方千米。

(水利局 朱爱城)

【扬中市小型农田水利工程续建维修改造项目】 2019年,扬中市实施小型农田水利工程续建维修改造项目,建设内容包括维修改造灌溉泵站71座,续建1座;维修改造排涝泵站47座,续建3座;维修改造固定沟20

条,续建4条、0.56千米;维修改造涵洞23座,续建1座。概算总投资419.64万元,该工程于2019年10月8日开工建设,2020年4月完工。 (水利局 朱爱城)

【扬中市2018年农业水价综合改革配套建设项目】 2019年,扬中市实施2018年农业水价综合改革配套建设项目。项目建设内容包括新建高效节水灌溉面积18.33公顷,其中新坝镇6.67公顷,油坊镇6.67公顷,经开区5公顷;安装农业水价综合改革计量设施23套,配套改造出新泵房。工程总投资234万元,该工程于2019年3月1日开工建设,2019年5月9日竣工。 (水利局 朱爱城)

【扬中市万福桥闸站工程】 2019年10月,扬中市万福桥闸站工程开工。工程建设内容包括拆除原万福桥闸,移址新建万福桥闸站。闸站分侧布置,其中节制闸闸孔净宽6米,设计自排流量65立方米/秒,泵站设计排涝流量18立方米/秒,安装4台机组(2台双向、2台单向),单机流量4.5立方米/秒,总装机容量1120千瓦,新建厂房及管理用房1356.4平方米。工程总投资4678万元,2020年12月完工。 (水利局 冯逸群)

2019年10月,万福桥闸站开工建设 (水利局供图)

【2019年度省级水利工程维修项目】 2019年6月,江苏省财政厅、省水利厅以苏财农〔2019〕33号文下达扬中市2019年度第二批省级水利发展资金经费264万元,包括6个项目,即长江堤防利民、长胜段挡浪墙维修工程51万元,长江堤防向阳、油坊段堤身修复加固工程69万元,长江堤防合兴段堤顶道路维修工程66万元,长江堤防白蚁普查及防治26万元,长江堤防丰乐段挡浪墙压顶维修工程43万元,夏家港泵站水雨情系统维修及设施改造工程9万元。截至2019年年底,6个工程全部完工。 (水利局 徐子国)

【堤防维修养护及除险加固工程】 2019年,扬中市环岛江堤公路管理所组织实施堤防维修加固工程。实施扬中市万福桥闸西侧迎水坡堤脚段350米的填塘固基工程;实施三茅街道东风段长900米除险加固工程;实施长江堤防八桥合兴段1.2千米的道路维修工程;实施长江堤防八桥胜利河段1千米的挡浪墙修复工程;实施长江堤防新坝陆家港段1千米的护坡压顶及道路维修工程;实施长江堤防油坊陈家港及新坝鄂家港段0.6千米的坡面整治工程;实施长江堤防白蚁普查与防治工程15千米。 (水利局 金剑)

水利工程管护

【概况】 2019年,扬中市强化水利工程管理,征收长江河道堤防占用补偿费159万元,水土保持补偿费60余万元。小型水利工程、河道管护、闸站管理、堤防管护水平能力得到提升,2019年在江苏省水利厅和财政厅公布的2018年度75个涉农县(市、区)农田水利管护工作、农村河道管护工作的考核中,扬中市农田水利管护工作获“优秀”等次,农村河道管护工作获第一等次。2019年6月,扬中市二墩港闸站管理所以937.2分通过省一级水管单位的复检考核。 (水利局 徐子国)

【小型水利工程管护】 2019年8月,在江苏省水利厅和财政厅对2018年度75个涉农县(市、区)农田水利管护工作考核中,扬中市农田水利管护工作获“优秀”等次。9月29日,省财政厅和水利厅下发《关于下达2019年省级水利发展资金(考核奖补)的通知》,下达农田水利维修养护奖补资金150万元。11月,扬中市水利局和财政局下发《关于下达扬中市2019年度省级水利发展资金(2018年度省级农田水利管护绩效考核奖补)计划的通知》,下达省级补助经费150万元。6月,扬中市水利局和财政局下发《关于扬中市2019年度上半年小型水利工程管护考核情况通报和下达第一批补助经费的通知》,下达第一批补助经费160.48万元;12月,下达第二批补助经费200万元。2019年考核优秀等次的为三茅街道和油坊镇,奖励60元/公顷经费;考核良好等次的为新坝镇、经开区、八桥镇和西来桥镇,奖励30元/公顷经费。 (水利局 徐子国)

【农村河道管护】 2019年,江苏省财政厅下达扬中市2018年度农村河道管护考核奖补资金110万元。2019

年,扬中市疏浚县级河道6条(三茅大港、扬子河、建中河、联丰港、团结港、杜家港),长度25.65千米;城区重要河道1条,长度2.38千米;22条乡级河道,总长度24.51千米;疏浚整治村庄河塘279条,总长度91.59千米。该工程于2018年11月开工,2019年5月完工,完成疏浚土方85.67万立方米,工程总投资2494.34万元。按照《扬中市骨干河港管理办法》和村级公共服务"八位一体"运行机制建设的要求,扬中市河道管理所开展全市河道管护工作的指导、监督和考核工作。2019年1月省水利厅公布2018年度江苏省级"水美村庄"结果,新坝镇双新村新春八十二圩自然村、八桥镇幸福村幸福自然村、西来桥镇新程村入选。

(水利局　艾同华)

【河长制】　扬中开展水环境综合治理,重点推进河道"两违""三乱"专项整治、水系沟通工程、小微水体整治工程。2019年9月,长江9处"三乱"整治项目通过省级验收销号。2019年,确定全市河道"两违"整治项目118处,年底完成96处。投入2000万元实施扬中市油坊镇长德大道水系综合整治工程、八桥镇火叉港水系整治工程、西来村十圩水系整治工程等水系连通工程。投入500万元,在新坝镇双新村、三茅街道永勤村、经开区兴隆社区、油坊镇邻丰村、八桥镇万福村、八桥镇幸福村、西来桥镇新程村7个村开展小微水体整治工程。(水利局　陈卉、潘奕池)

【堤防管理】　扬中市环岛江堤管理所负责全市120千米江、港堤防的日常管理、防汛巡查及堤顶道路的养护工作。2019年,按每2千米配备1名堤防管护员,对全市100千米堤顶道路、50余千米砼迎水坡、100千米巡查道保洁;长江堤防检查工作每周不少于2次,定期开展堤防考核工作;加大长江饮用水源地的保护全年累计清理水源地长江滩涂垃圾漂浮物110余车、约220吨;组织实施护堤草修剪5次,累计修剪面积666.67公顷。(水利局　金剑)

【闸站管理】　扬中市水利工程管理处负责全市14座通江节制水闸(含4座闸站)及夏家港泵站、40座城区排涝泵站的运行管理,总过闸流量1137立方米/秒,总排涝流量146.54立方米/秒,电机总功率9364千瓦。推进精细化管理,2019年管理所完成8座四类水闸的控制柜改造,更新更换安全警示标志28块,制度宣传牌42块,新设24个闸站区域警示和限速标志,完成城区排涝泵站设备处理故障18次。扬中市二墩港闸站管理所以937.2分通过省一级水管单位复核。(水利局　郭爱萍)

【打击长江非法采砂】　扬中市开展"2019年两会期间扬中市长江河道禁采清江行动""长江扬中段水域'迎国庆'禁采联合执法行动"等一系列非法采砂整治活动。针对长江扬中段落成洲下游、常州水域和扬州、泰州水域存在非法采砂活动情况,会同扬州、泰州、常州水政监察部门实施联合执法,禁采工作取得阶段性成效。2019年,水利局组织巡查、打击长江非法采砂活动282次(陆上巡查118次,水上巡查打击164次),其中海事参与15次、航道参与2次、公安参与24次,现场查获各类涉砂船只38条,拆除(摧毁)非法采砂器具26台(套)。立案查处涉砂案件22起(采砂船17条,运输船5条),其中非法采砂案6起,非法停靠案16起,收缴罚没款163万元。(水利局　潘奕池)

【水土保持】　扬中市水利局完成2019年度生产建设项目扰动图斑复核工作。复核82处项目,经镇江市水利局确定疑似违规项目6处,下达整改通知书,要求在规定的期限内整改。截至2019年年底,完成水土保持行政许可5处(另有3处正在编制报告过程中),下发整改通知书10处。(水利局　潘奕池)

【水利工程管理范围划界工作】　扬中市河道和水利工程管理与保护范围划界任务在2015—2017年完成,2019年1月,通过省厅和江苏省基础地理信息中心终审和镇江市级技术预验收。6月21日,自然资源和规划局与水利局签署水利划定成果和水资源调查地理信息共享合作框架协议,建立合作关系,共建水利划定成果与自然资源"一张图"数据共享平台和河湖空间管控监测体系。10月28日,扬中市河道管理范围和水利工程管理与保护范围划定工作通过县级验收。12月16日,扬中市划界成果在扬中市人民政府网完成公示。

(水利局　徐子国)

防汛排涝

【概况】　2019年,扬中市汛期总降雨量518毫米,沙家港(夏家港)水文测点测得长江最高潮水位6.6米,平均高潮水位5.26米、低潮3.90米。全市组建防汛抢险队伍90支,设置15处物资前点。组织实施扬中市2019年长江抛石护坎应急治理工程、扬中市2019年长江八桥镇红光村段防护应急处理工程、扬中市2019

年长江堤防东风段应急处理工程、扬中市油坊镇六圩港滑坡段应急治理工程、扬中市2019年雷公岛应急护岸工程5项灾情应急处置工程，完成水下地形监测151.1千米。5月20日，“11·8”坍江段干堤复建和岸线守护项目完工。6月，根据全市防汛防旱工作会议精神以及机构调整后的工作职能重新修订“三防预案”(《扬中市防洪应急方案》《扬中市防御台风应急方案》《扬中市城市突发性强降雨应急排涝抢险方案》)。

(水利局 张骅)

【水文情况】 2019年5—9月，扬中市总降雨量518毫米，比上年减少173毫米。8月，出现汛期最大降雨量，月降雨量154毫米，占汛期总降雨量的30%；8月10日，最大日降雨量82毫米。2019年汛期(5—9月)超过警戒水位有26天，增加13天。汛期沙家港(夏家港)水文测点测得长江最高潮水位6.6米(7月20日农历六月十八07:07)，最低潮水位2.67米(9月20日农历八月二十二16:55)。汛期平均高潮水位5.26米，比上年5.12米高0.14米；平均低潮3.90米，比上年3.72米高0.18米；高低潮平均值4.58米，比上年4.42米高0.16米。8月9日，受第9号超强台风“利奇马”影响，扬中出现陆上7~9级风，江河湖面8~10级风，造成多处房屋屋顶掀翻，广告牌、行道树等被刮倒，未造成人员伤亡。

(水利局 张骅)

【防汛工作】 2019年7月22日，防汛工作进入关键阶段。受强降雨影响，长江中游发生不同程度洪水，7月13日，“长江2019年第一号洪水”形成，长江水量大幅增加。镇江市防指于15日17时启动镇江防汛Ⅳ级应急响应，扬中市于16日9时启动扬中市防洪Ⅳ级应急响应。市防指组织各部门、镇(街、区)1000余人上堤防汛。防汛时拉网式巡查并做好相关记录，特别是险工隐患地段，坚持24小时巡查制度，市防办采取工程调度的措施，包括沿江涵闸的关闭挡洪和内河内港的水位控制。防汛责任延伸到村，村委会设立的防汛小组，进入主汛期临战状态，实行24小时值班值宿。市防指与各镇(街、区)签订防汛责任状，各镇(街、区)与各村(社区)签订防汛责任状，各村(社区)与涵闸管理员、抢险队、巡逻队等签订防汛责任状，各级防汛责任逐级层层压实。全市120千米江堤、14座通江水闸、171座涵闸洞、192座泵站、27条骨干河港等防洪水利设施全面落实分工、分段防汛责任并明确行政责任人和技术责任人。汛期之前，开展汛前大检查，对全市检查出的各类度汛隐患，市防指及时下发责任清单、及时处理度汛隐患、严格落实度汛措施，制定专项度汛应急抢险预案37份。市政园林部门组织排查城区管网，水利部门排查河道水系，确保排水通畅；对城区42座泵站以及各镇(街、区)沿江排涝泵站做好维护保养，确保雨季正常运转；成立专业抗排抢险队，一旦发生城市内涝，可紧急抽调流动水泵进行排涝抢险。全市24个防汛物资仓库和储备点内的应急物资在汛前储备到位，种类全、数量足；依托社会力量签订落实抢险机械64台；采用固定队伍和机动队伍相结合方式，全市组建防汛抢险队伍90支、2000人。

(融媒体中心)

2019年7月，市防指组织防汛演练 (水利局供图)

【物资储备及抢险队伍】 扬中市防汛指挥部下达防汛物资储备计划，2019年全市实际储备草包1.6万只、编织袋41.67万只、木材70立方米、树棍1500枝、铁丝、元钉9447千克、块石1.73万吨、土工布2.7万平方米、竹笠子1900张、钢管34吨、彩条布3.77万平方米、备用排涝设备51台(套)、签订协议落实抢险机械52台(套)，部分单位储备集成袋、发电机等。防汛物资分别储存在扬中市级及各镇(街、区)防汛物资仓库，其中沙家港防汛物资仓库是市级存储防汛、抗旱、排涝等物资器材的主阵地，除常用物资外，另储备应急发电照明设备2套、闸门方30.43立方米及防汛抗旱抢险应急车辆1辆、整体式移动排涝泵车3辆等。防汛物资实行行政首长负责制，按照防汛物资使用管理办法管理和使用，保证防汛物资调度畅通。在全市重要地段、重点防守地段、险工隐患地段布置防汛物资前移点，全市累计布置物资前移点15处。按照“三防工作实施方案”要求，全市组建防汛抢险队伍90支，总人数1953人。市人武部组建1支、100人的抗洪抢险突击队；各镇(街、区)抢险突击队每队50人；城管、公安分别组建50人的应急预备队；市水利局筹建2支抢险队伍，其中抗旱排涝专业服务队1支、20人,配备移动泵车1辆、皮卡车2辆(各配机泵),移动照明设备2套以及一批应急排涝水泵;闸站抢险队1支、15人。开展防汛抢险知识培训1次;参加镇江市组织军地联合防汛科目演练1次;市防指、市人武部、市应急管理局组织全市防汛抢险演练1次;市水利局抗排队组织应急排涝演练1次;闸站抢险队组织闸站抢险演练1次。 (水利局 张骅)

【灾情险情应急处置】 扬中市2019年长江抛石护坎应急治理工程。汛前检查发现三茅街道锦程村段、经开区东新港段、八桥镇铁匠港段江滩岸线冲刷严重,经市防指批复同意,实施抛石护坎长520米,抛石3180立方米,护岸面积3320平方米。其中三茅街道锦程村段长200米,抛石720立方米,护岸面积1200平方米;经开区东新港段长100米,抛石480立方米,护岸面积800平方米;八桥镇铁匠港段长220米,抛石1980立方米,护岸面积1320平方米。工程概算92.53万元,6月9日开工,6月26日完工。汛后检查发现上述冲刷地段坍势得到缓解,部分地段开始回淤。

扬中市2019年长江八桥镇红光村段防护应急处理工程。该段长江岸线属于"1级预警段",滩坎冲刷严重,冲退进度约20米/年,滩地距离主江堤最窄处约62米,若继续冲退,势必威胁主江堤安全。经镇江市防指批复实施该项目,近岸抛石防护长400米、宽10米、厚0.8米,抛石3248立方米,确保该段江岸稳定,降低崩岸风险。工程概算94.11万元,工程9月15日开工,10月2日完工。汛后检查发现上述冲刷地段坍势得到缓解,部分地段开始回淤。

扬中市2019年长江堤防东风段应急处理工程。实施内容包括长江堤防应急处理520米,土方填筑4768立方米,C25混凝土浇筑挡墙520米,草皮种植5200平方米,工程批复概算100万元。工程于11月底完工。

扬中市油坊镇六圩港滑坡段应急治理工程。2月18日油坊镇六圩港同德桥段西堤迎水坡发生滑坡,滑坡长度110米,挡浪墙及部分路基侧倾。经市防指批复同意实施该项目,工程拆除原挡墙并新建钢筋砼挡墙30米,灌注桩10根,恢复砼道路50米,概算投资50.06万元。汛期该地段未出现滑坡现象,安全度汛。

扬中市2019年雷公岛应急护岸工程,根据市委、市政府2019年水利工作意见,经2018年水下地形监测检查发现雷公岛左缘中部江滩岸线洗坍严重,右缘洲头305米岸线深泓逼岸、坡高岸陡,为防汛险工段之一。工程应急抛石护坎长3020米、抛石18120立方米,抛石护岸长305米、抛石10745立方米,批复概算800万元。工程于6月20日开工,7月18日完工。工程实施区域未出现坍失现象。

受第9号强台风"利奇马"影响,8月9日17:30,扬中市启动防台风Ⅳ级应急响应。省防指召开视频会议部署防台工作,市防指紧急召开防台工作会议,明确各部门工作责任,各单位人员在岗在位,加强力量,强化排水,加强对在建工程、险工险段的巡查和应急处置,确保安全,减小灾害损失。 (水利局 张骅)

【全市水下地形监测项目】 2019年,扬中市水下地形监测项目计划使用经费200万元,全年监测江岸线151.1千米。其中汛前监测54千米、汛中36.9千米、汛后60.2千米。经监测发现1级崩岸预警段4.9千米,2级崩岸预警段46.6千米,3级崩岸预警段3千米。根据2019年定级为险工段的情况,积极向上争取资金进行治理,要求相关单位,做好崩岸预警地段巡查、预警标志设置等工作。 (水利局 张骅)

【"11·8"坍江段干堤复建和岸线守护项目】 2019年,长江崩岸段干堤复建和岸线守护应急治理工程主要建设内容为:长江干堤复建1331米;堤身土方填筑及压渗平台建设1331米;新建堤顶道路1331米;新建堤顶挡浪墙1231米;新建混凝土护坡1.46万平方米,铰链式预制块生态护坡3982平方米,草皮护坡2.86万平方米;迎水坡填塘固基长度197米,背水坡填塘固基长度236米;复建三墩港泵站、指南泵站,设计排涝流量和引水流量2立方米/秒。岸线守护包括窝塘治理和上下游河道岸线守护,窝塘治理在窝塘内沉树头石缓流促淤,沉树头石面积3.96万平方米;河道岸线守护长4150米,护岸面积28.49万平方米,抛石36.63万立方米。岸线守护工程于2018年5月31日完工。2019年实施堤顶道路、草皮护坡工程,工程于2019年5月20日完工。 (水利局 张骅)

工 业

综 述

【概况】 2019年,扬中市工业经济稳步增长。全市定报工业企业实现产值521.51亿元,完成工业增加值116.74亿元,可比增长4.9%。定报工业企业实现销售收入503.06亿元,利税32.3亿元。全年全社会用电量18.75亿千瓦时,比上年下降2.8%,其中,工业用电量12.37亿千瓦时,下降3.69%。

主导产业支撑有力。工程电器、新能源、装备制造三大支柱产业规模以上产值399.82亿元,占规模工业比重的76.67%。工程电器在创新转型上实现新突破,规模以上产业规模246.3亿元;装备制造业规模以上产业规模52.6亿元,其中龙头企业新韩通船舶重工年销售14亿元;光伏行业难中求进,全年实现产值超百亿元,生产硅片20亿片。

重点企业发展稳健。2019年年末,销售亿元以上工业企业105家,十亿元以上企业8家。全市"三十强"工业企业实现销售306亿元,占规模工业的比重为60.8%。香江、亿能、银佳等重点企业增势迅猛,带动作用明显。 (经济发展局 郭振中)

【重点产业项目】 2019年,扬中市固定资产投资持续平稳增长,一批重点产业项目开工建设,开展市领导挂钩、现场观摩、问题交办、督查通报、项目推介与政策对接等系列举措。全年75个重点项目开工建设64个,开工率98.5%,其中新建项目开工建设36个,28个续建项目全部复工;10个前期项目在谈,3个项目完成签约。工业投资项目56个,开工建设49个,开工率100%,工业前期项目7个,5个在谈,2个签约;服务业项目15个,开工建设11个,开工率91.7%,服务业前期项目3个,2个在谈,1个签约;农业项目开工4个,开工率100%。全年38个项目竣工,其中工业投资项目29个,服务业项目5个,农业项目4个。全年完成投资81.8亿元,完成年计划的101.5%。18个镇江市重点产业项目,8个续建项目全部推进有序,10个新建项目全部开工。年计划投资31.57亿元,完成投资37.8亿元,完成年计划119.7%。蜂巢易创科技有限公司长城汽车核心零部件项目、中南控股集团有限公司中南高科·扬中智能制造产业园顺利开工建设。

(经济发展局 丁伟汉)

2019年扬中市重点工业项目表

表8 单位:万元

序号	项目地点	项目名称	项目实施单位	建设内容及规模	开工时间	竣工时间	计划总投资	2019年计划目标	
								完成投资	形象进度
1	新坝镇	中南高科.扬中智能制造产业园	中南高科产业集团	规划面积37.4公顷,首期用地18.07公顷,建筑面积22万平方米,建设多层厂房、定制厂房、研发中试楼、配套设施等。年产机柜风扇及过滤器系列产品100台(套),年产石英球透镜,巯系硅锗硒红外球透镜,太阳能光伏聚能球透镜等500万片,无人机3万台	2019.5	2021.12	200000	40000	部分竣工

续表 8

序号	项目地点	项目名称	项目实施单位	建设内容及规模	开工时间	竣工时间	计划总投资	2019 年计划目标	
								完成投资	形象进度
2	新坝镇	新能源汽车锂电池封装	江苏宇达电气制造有限公司	盘活原银天电气土地 1 公顷，新建厂房及附属办公楼，研发、生产制造锂电池封装	2019.1	2019.12	10000	10000	竣工投产
3	新坝镇	综合抗震支吊架	江苏圣大中远电气有限公司	新建厂房 1.5 万平方米，新上流水生产线 2 条，购置专业设备 6 台(套)，用于研发和制造综合抗震支吊架	2019.1	2019.12	10000	10000	竣工投产
4	新坝镇	变频器电气系列产品建设	大全集团有限公司	利用原有厂房，购置设备 882 台(套)，对原有变频器电气系列产品进行流水生产线改造	2019.01	2019.12	12000	12000	竣工投产
5	新坝镇	乳胶手套生产线技术改造	镇江苏惠乳胶制品有限公司	该项目由镇江苏惠乳胶制品有限公司投资 3000 万元，购置燃气设备 120 台(套)，用于改造原有燃煤生产线 12 条	2019.01	2019.12	5000	5000	竣工投产
6	新坝镇	4V 型框式精过滤器	江苏欧瑞特新材料有限公司	利用原有 5 层 8000 平方米标准化厂房，购置专业设备 30 台(套)，新上两条自动化流水生产线，用于研发、生产 4V 型框式精过滤器	2019.1	2019.12	3000	3000	竣工投产
7	新坝镇	S8 智能开关柜流水线改造	镇江西门子母线有限公司	购置专业设备 12 台（套），对原有 S8 智能开关柜流水生产线进行改造	2019.1	2019.12	3000	3000	竣工投产
8	新坝镇	星状网络通信机的生产	江苏腾迈通信制造有限公司	租用一期三层标准化厂房，面积 1500 平方米，购置专业设备 50 台(套)，进行网络通信产品的组装与调试	2019.1	2019.12	5000	5000	竣工投产
9	新坝镇	新能源汽车锂电池成套	江苏宝航能源技术有限公司	与德国宝马汽车合作，在园区租赁标准化厂房 0.3 万平方米，购置专业设备 10 台(套)，生产、成套新能源汽车锂电池	2019.1	2019.12	3000	3000	竣工投产
10	新坝镇	户内配电箱装配	江苏大航高华电气有限公司	该项目由江苏大航智能电气有限公司与佛山高华电力设备有限公司合作，成立江苏大航高华电气有限公司，总投资 3000 万元，盘活原天信电器厂房 1 万平米，购置专业设备 12 台(套)，新上两条自动化流水生产线，用于生产户内配电箱	2019.1	2019.6	3000	3000	竣工投产
11	新坝镇	户内真空断路器	西屋中压开关设备(江苏)有限公司	该项目由威腾电气集团股份有限公司投资 3000 万元，成立西屋中压开关设备（江苏）有限公司，计划在原厂区内利用 2000 平方米厂房，购置专业设备 15 台(套)，新上断路器流水生产线用于研发、生产户内真空断路器	2019.1	2019.12	3000	3000	竣工投产

续表 8

序号	项目地点	项目名称	项目实施单位	建设内容及规模	开工时间	竣工时间	计划总投资	2019 年计划目标	
								完成投资	形象进度
12	油坊镇	新型装配式建筑模块	江苏皋扬建筑科技有限公司	首期用地 6.67 公顷 (4 公顷作为原料和产成品堆场),新建厂房和办公用房 3 万平方米,购置生产线 1 条,形成年产 50 万立方建筑模块的生产规模	2019.3	2020.12	30000	10000	开工建设
13	油坊镇	雕版扩能改造	江苏沪运制版有限公司	改建厂房 4000 平方米,进口智能化电雕机,产能扩大一倍,打造国内智能化水平最高的雕版生产基地	2019.1	2019.8	3000	3000	厂房建设完毕,购置自动化生产线并安装完毕,投入生产
14	油坊镇	电机扩产	镇江远东电讯电机有限公司	拆除原有厂房一幢,新建一幢 7 层工业用房,购置自动化生产设备,生产新型电机	2019.3	2019.12	6000	6000	厂房建设完毕,生产线安装调试完毕,投入生产
15	油坊镇	CCK 离型纸	镇江泓德新材料科技有限公司	利用现有厂房 0.5 万平方米,购置自动化生产线,生产 CCK 离型纸等特种纸制品,年产量 5000 吨	2019.1	2019.5	4500	4500	设备安装调试完毕,投入生产
16	油坊镇	高效双玻组件二期	江苏太阳集团有限公司	利用现有厂房,购置智能化组件生产线,新增组件产能 60 兆瓦	2019.5	2019.12	6000	6000	设备安装调试完毕,投入生产
17	油坊镇	无墨印刷	无墨印象(江苏)标识有限公司	由扬中市金中达纸塑制品厂与苏州大学合作,新设立公司,租用厂房 1000 平方米,购置自动化激光打印设备,专业生产激光防伪标识	2019.1	2019.5	3000	3000	设备购置安装调试到位,正式投产
18	八桥镇	柴油机动力总成核心部件	江苏永航动力科技有限公司	用地 4 公顷,新建厂房 6 万平方米,引进国外先进设备 60 台(套)。达产后年产柴油机动力总成核心部件 37.5 万套	2019.01	2019.12	18000	18000	竣工投产
19	八桥镇	聚酰亚胺薄膜	江苏龙成绝缘材料有限公司	新征土地 1.33 公顷,新建标准化厂房 1.6 万平方米,新上聚酰亚胺薄膜自动化生产线 6 条	2019.3	2019.12	10000	10000	竣工投产
20	八桥镇	高温高压储能型电加热器	江苏恒博电气有限公司	征地 2 公顷,建筑面积 1 万平方米。新建现代化标准厂房 4 栋,形成年产高端电热储能产品 5000 台(套)的生产能力	2019.1	2019.12	20000	20000	竣工投产

续表 8

序号	项目地点	项目名称	项目实施单位	建设内容及规模	开工时间	竣工时间	计划总投资	2019 年计划目标	
								完成投资	形象进度
21	八桥镇	加多屏节能中空玻璃	江苏帆欣门窗科技有限公司	产品获得多项发明专利，并得到住建部认可推广。项目租用欧尔特公司厂房5000平方米，新上3条自动化智能生产线设备，达产可年新增销售1.5亿元	2019.3	2019.8	4000	4000	竣工投产
22	八桥镇	电力塑料管材	镇江华科通信设备有限公司	项目租用欧尔特公司厂房4000平方米，新上3条自动化生产线设备，达产可年新增销售1.2亿元	2019.1	2019.6	4000	4000	竣工投产
23	西来桥镇	重型装备车间	大津清洁能源装备产业园	新建2万平方米厂房及配套设施	2019.5	2020.03	8000	4500	主体结构完工
24	西来桥镇	尼龙织带	柏程新材料科技有限公司	征地0.73公顷，建设0.4万平方米厂房及辅助设施，新增设备35台(套)	2019.3	2019.11	3600	3600	竣工投产
25	西来桥镇	大容量发酵罐	汇森生物设备镇江有限公司	征地0.8公顷，建设厂房，新增设备25台(套)	2019.3	2019.10	3200	3200	竣工投产
26	西来桥镇	农资产品加工项目	扬中市威金斯肥业有限公司	租用交投厂房1.61万平方米，其中一期设备投入1200万元，新购置机械设备及配套电器	2019.4	2021.12	11000	5000	竣工投产
27	三茅街道	石化专用处理设备	江苏泰德环保设备有限公司	用地2公顷，新建车间2幢及研发楼，建筑面积2.6万平方米，新增设备20台(套)	2019.3	2020.7	10000	8000	完成厂房工程量的80%
28	三茅街道	环保设备	江苏大重机电设备有限公司	用地1.87公顷，新建办公室及厂房面积2.4万平方米，购置智能机器人设备15台(套)	2019.5	2020.6	10000	6000	厂房竣工
29	三茅街道	电竞显示器	江苏欣亚科技有限公司	本期分二期实施，一期在原厂区内改造及新建厂房1万平方米，添置模组预加工线2条、背光模组生产线2条、环境测试机等检测设备4台(套)，二期扩能生产	2019.3	2020.12	25000	5500	完成一期项目建设
30	三茅街道	管型母线	江苏浩威新材料有限公司	添置生产设备30台(套)	2019.4	2019.12	5000	5000	竣工投产
31	三茅街道	智能电气	镇江云龙电器设备有限公司	新建1幢2层厂房，建筑面积0.8万平方米，研发大楼1幢6层，建筑面积0.6万平方米，购置自动化设备15台套	2019.3	2019.12	3000	3000	竣工投产

续表 8

序号	项目地点	项目名称	项目实施单位	建设内容及规模	开工时间	竣工时间	计划总投资	2019 年计划目标	
								完成投资	形象进度
32	经开区	长城汽车核心零部件	蜂巢易创科技有限公司	分 4 个子项目实施，年产 40 万台发动机、20 万台 DCT 变速器、50 万台电机电控、100 万台智能转向系统	2019.6	2021.12	950000	50000	开工建设
33	经开区	智能型配网三相不平衡治理装置制造项目	江苏亿能电气有限公司	征地 3.73 公顷，新建厂房 4.6 万平方米，购置各类生产、检测设备 40 台(套)	2019.5	2020.12	20000	10000	厂房主体结构完工
34	经开区	ACM 复合材料电力塔杆生产项目	蕴能江苏有限公司	征地 2.67 公顷，建设标准化厂房及研发大楼 2.1 万平方米，购置各类生产设备 23 台(套)	2019.5	2020.12	15000	8000	厂房主体结构完工
35	经开区	长城汽车核心零部件	蜂巢易创科技有限公司	分 4 个子项目实施，年产 40 万台发动机、20 万台 DCT 变速器、50 万台电机电控、100 万台智能转向系统	2019.6	2021.12	950000	50000	开工建设
36	经开区	智能型配网三相不平衡治理装置制造项目	江苏亿能电气有限公司	征地 3.73 公顷，新建厂房 4.6 万平方米，购置各类生产、检测设备 40 台(套)	2019.5	2020.12	20000	10000	厂房主体结构完工
二、续建项目									
37	新坝镇	智能电气元器件	江苏超宇电气有限公司	在新安村新征用地 3 公顷，新建厂房 2 万平方米，购置设备 30 台(套)	2018.1	2019.12	30000	15000	竣工投产
38	新坝镇	高铁内饰材料	江苏江岛电气有限公司	在新治村新征用地 2 公顷，新建厂房 1.5 万平方米，购置设备 25 台(套)	2018.1	2019.1	30000	15000	竣工投产
39	油坊镇	新型建材	扬中磊金建材有限公司	占地 10 公顷，建设一条年产 1000 万吨卵石破碎生产线、一条年产 30 万立方米建筑模块生产线及新材料研究实验室	2018.3	2019.12	45000	5000	竣工投产
40	油坊镇	蓝宝石切片扩产	江苏吉星新材料有限公司	拆除原有长晶设备，购置掏棒、切片、抛光、清洗等设备，产能扩大三分之一，将蓝宝石切片产能从 60 万片/月提高到 80 万片/月，预计将增加销售 5000 万元/年。后期继续添置设备，产能 100 万片/月	2018.10	2019.12	10000	8000	一期项目竣工投产，二期项目完成设备投入，投入生产

续表 8

序号	项目地点	项目名称	项目实施单位	建设内容及规模	开工时间	竣工时间	计划总投资	2019 年计划目标	
								完成投资	形象进度
41	八桥镇	超高分子聚乙烯纤维	江苏领誉纤维科技有限公司	占地 3 公顷,新建厂房 3.25 万平方米，一期建成 6 条生产线，主要生产高尖端产品防弹纤维，二期新上 18 条生产线，拓展产品种类,生产钓线、凉爽布、医用缝合线等市场紧缺产品	2018.3	2020.12	30000	12000	一期建成投产,二期开始建设
42	八桥镇	防尘口罩	扬中市鸿运医药包装有限公司	占地 3.6 公顷,新建厂房 7 万平方米,新上生产设备、检化验设备、配套系统、净化工程等	2018.03	2019.12	15000	7000	竣工投产
43	西来桥镇	高防腐防污涂料生产	江苏海晟涂料有限公司	占地 3.33 公顷，建筑面积 2.4 万平方米,新增智能化涂料生产线 3 条	2017.10	2019.10	15000	9934	竣工投产
44	西来桥镇	厨余处理设备	标优美生态工程股份有限公司	购买原荣昌厂房 0.71 万平方米，新增设备 50 余台(套)	2018.04	2019.08	15000	10420	竣工投产
45	西来桥镇	总装车间	江苏大津重工有限公司	新建一栋高 41.4 米、占地 0.6 万平方米的厂房,新增设备 36 台(套),新上大吨位行吊 3 个	2018.05	2019.10	5200	4630	竣工投产
46	三茅街道	数字扬中	香江科技股份有限公司	新建 5 万平方米 17 层研发大楼和 0.5 万平方米数据中心,购置机柜 550 台	2018.8	2020.12	96000	40000	数据中心封顶
47	三茅街道	220 千伏变压器	中电电气(江苏)股份有限公司	变压器升级至 220 千伏电压等级，新建建筑面积 5 万平方米,购置设备 65 台(套)	2017.3	2019.6	40000	5000	竣工投产
48	三茅街道	智能电气产业制造基地	江苏中天电气有限公司	建筑面积 3.66 万平方米,其中综合楼面积 1.06 万平方米,厂房面积 2.6 万平方米,新增销售收入 1 亿元	2018.9	2019.12	13600	10000	竣工投产
49	三茅街道	石墨烯	江苏京城鸿业科技有限公司	购置智能数字化设备 36 台(套),建设石墨烯、导电膜和调光膜三条生产线	2018.9	2019.12	10000	8000	竣工投产
50	经开区	古典家具制造项目	楠德堂文化科技(镇江)有限公司	征地 2 公顷，建设标准厂房 2 万平方米，建设古典家具制造项目	2018.11	2020.3	6000	4000	厂房竣工
51	经开区	高端仪表、流体、控制系统项目	以色列哈姆雷特公司	建一栋 1.5 万平方米无尘车间,购置数字化设备、测试仪表等设备 23 台(套),生产电子仪表等	2018.1	2020.6	7000	4000	厂房主体结构完工

（经济发展局 潘大伟）

【2019 年扬中“三十强”企业】

大全集团有限公司
江苏环太集团有限公司
香江科技股份有限公司
江苏康祥实业集团有限公司
威腾电气集团股份有限公司
江苏亿能电气有限公司
江苏天辰新材料股份有限公司
镇江仁德新能源科技有限公司
江苏太阳集团有限公司
江苏新韩通船舶重工有限公司
江苏银佳企业集团有限公司
江苏大航智能电气有限公司
江苏海纬集团有限公司
天源华威集团有限公司
现代重工(中国)电气有限公司
江苏尚昆集团
金海新源电气江苏有限公司
江苏天舜金属材料集团有限公司
江苏士林电气设备有限公司
江苏华强电力设备有限公司
向荣集团有限公司
江苏中远稀土新材料有限公司
江苏锋芒复合材料科技集团有限公司
江苏亿阀股份有限公司
江苏星河集团公司
镇江德利纺织制品有限公司
江苏三星科技有限公司
江苏省福达特种钢有限公司
镇江市华银仪表电器有限公司
江苏大津重工有限公司 (融媒体中心)

【突出贡献企业表彰】 2019 年 1 月 31 日，扬中市举行 2018 年度突出贡献企业总结表彰大会。大全集团获镇江首个“中国工业大奖”表彰奖，大全集团、环太集团、香江科技获 2018 年度扬中市“三十强”工业企业前三甲。2018 年，“三十强”工业企业全年完成应税销售 294.35 亿元，上缴各类税收 13.91 亿元，实现地方一般预算收入 7.15 亿元。市委书记潘早云为大全集团颁发“中国工业大奖”表彰奖，为“三十强”前三甲颁奖；市委副书记、市长张德军为太阳集团、亿能电气颁发“市长质量奖”，为“三十强”工业企业前十颁奖；市领导冯锦跃、施健华、马家胜、王成明、黄子来、陈波涛分别为“六十强”工业企业、“十强”服务业企业以及升档进位奖、招商引资贡献奖、科技专利奖企业颁奖。大全集团、环太集团、吉星新材料、航天惠利特、农商行等企业负责人发表获奖感言。 (融媒体中心)

【“三十强”企业分析】 2019，威腾电气创成 2019 年省示范智能车间；江苏亿阀、大全默勒入选省级专精特新产品企业；天舜材料集团(森林建筑)入选省级科技小巨人企业；向荣集团创成省两化融合贯标试点企业；仁德新能源跻身国家级绿色工厂。扬中市优化产业结构，加大技术改造，对高耗能、高污染说“不”，全年“三十强”企业用电量比上年平均下降 15.9%，单位工业增加值能耗下降 10.8%。全市 825 家用地 3 亩及以上工业企业纳入镇江市工业企业资源集约利用综合评价，参评企业总占地面积 1.8 万亩，亩均税收 13.12 万元/亩，亩均税收、亩均销售、单位能耗税收等指标均列镇江各辖市区前列。大全集团全年纳税销售 61.5 亿元，增长 7.45%，超过全市平均增幅 3 个百分点，入库税收 3.1 亿元；长城汽车核心零部件项目进展有序，长城汽车蜂巢易创扬中产业园、精工汽车扬中产业园相继开工建设；香江科技以导入“N 个云应用”为主体，构建数据、大数据管理两大中心，申报销售额首次突破 20 亿元大关，比 2018 年净增 9 亿元，成为全市工业经济最大增长点；新韩通重工造船总部项目成功落户。全年“三十强”企业实现申报销售总额 306.57 亿元，增长 4.1%；完成税收合计 12.10 亿元，实现地方公共财政预算收入 6.36 亿元。户均销售额 10.2 亿元，是规模工业平均水平 7.3 倍。“三十强”中，销售收入超 5 亿元的企业 20 家，10 亿元的企业 9 家，超 20 亿元的企业 3 家“三十强”企业销售额占全市工业经济销售额占比 46.9%；排名前 60 名企业合计销售额占全市工业经济份额的 56.1%；市“三十强”企业实现的一般公共预算收入占全市一般公共预算收入比重 18.7%；吸纳扬中社会劳动力 2.2 万人，在职职工人均劳动报酬收入 7.35 万元，高于全市职工平均工资水平的 10.8%。 (融媒体中心)

工程电气产业

【概况】 2019 年，扬中市工程电气产品涵盖 GIS(地理信息系统)高低压开关柜、电力变压器、配电箱、母线槽、电力电缆、电缆桥架、电力安装材料七大系列近千个品种，广泛应用于重要基础设施、电力、化工、石油、冶金等行业的工程场所。全市有工程电气类生产、经营企业千余家，规模企业 172 家，其中销售超亿元企业 67 家，超 10 亿元企业 3 家，超 50 亿元企业 1 家。2019

年，工程电气行业总产值246.34亿元，实现销售240.80亿元。（经济发展局 郭振中）

【扬中智能电气研究院有限公司院士工作站成立】2019年7月26日，扬中智能电气研究院有限公司院士工作站揭牌仪式暨可再生能源应用技术论坛在新坝镇电气工业品城路演大厅举行。该工作站由王锡凡院士团队牵头，大航控股集团有限公司和西安交通大学国家技术转移中心共同创建。扬中市是国家能源局批复的全国4个国家级高比例可再生能源示范城市之一，光伏微电网发展成熟度比较高。王锡凡教授是中国科学院院士，中国电力系统规划的泰斗级专家，长期从事电力系统及其自动化教学及科研工作，被誉为“分频输电之父”。此次王锡凡教授携团队到扬中，成立工作站，建立“扬中绿色能源岛规划方案评估及路线指导”“综合能源系统/微电网的能量管理系统设计”“储能盈利模式探索与节能改造方案研究”3个合作项目，力争在电力体制改革背景下，配合相关部门在扬中推行增量配电网改革、分布式电力交易和综合能源试点，促进扬中绿色能源岛的建设。（融媒体中心）

【扬中主导起草的两项行业标准批准发布】2019年8月27日，工业和信息化部发布2019年第29号公告，批准发布436项行业标准。其中由扬中市检验检测中心联合市工程电气骨干企业主导制定的JB/T 13690—2019《浇注型母线槽》、JB/T 13691—2019《母线槽智能测控系统》两项行业标准将于2020年4月1日正式实施。此次两类产品的系列国家标准，重点关注的是此类产品的通用要求，对各类新型母线槽的特殊要求作明确规定，如使用在各类腐蚀性环境及浸水场所或直接埋地敷设、对母线工作运行状况及周围环境条件实现实时监测等，两项标准的制定填补国内空白。（融媒体中心）

【扬中智能制造产业园开工】2019年2月22日，中南高科·扬中智能制造产业园开工建设。产业园集产城融合、产营结合于一体，新兴产业园区依托扬中工程电气产业基础，加快高新区“智慧因子”裂变，全力助推扬中市传统产业转型提升，在更高层次擦亮“工程电气岛”金字招牌。中南高科·扬中智能制造产业园项目占地面积37.4公顷，总投资20亿元，重点引进智能电气装备制造、绿色环保新材料、绿色新能源、电子信息等产业的无污染优质企业，建设成聚合生产制造、研发设计、中试成果转化、生产型企业总部、产品展示和生产配套功能于一体的都市型产业园。产业园项目分三期，一期占地18.07公顷，投资9.5亿元，总建筑面积22万平方米，全部建成后实现产值8亿元，利税6700万元以上，实现不低于40家企业入园。一期项目初步完成建筑方案设计、地址勘查等工作，招商工作启动。（融媒体中心）

2019年2月22日，中南高科·扬中智能制造产业园开工
（融媒体中心供图）

【“爱电气众包”App2.0版本上线】2019年12月10日，大航电子商务有限公司举行“爱电气众包”App2.0版本上线仪式。活动现场，大航有能、士林电气、雷朋电气、江岛电气、天源华威等13家电气企业及售后服务团队参加“爱电气众包”App2.0版本上线仪式，签订售后服务框架协议。“爱电气众包”App经过两年的运营，实现认证企业或个人线上发布设计、报价、生产、售后、物流五大类型需求的订单，通过爱电气官方技能认证的企业和个人可通过平台接单，实现完整的交易闭环。（融媒体中心）

【大全集团省高端装备研制赶超工程项目通过验收】2019年2月，大全集团“高分断智能型塑壳断路器省高端装备研制赶超工程项目”通过江苏省工业和信息化厅验收。根据《江苏省高端装备研制赶超工程实施方案（2018年修订）》，江苏省工业和信息化厅成立项目验收专家组，听取大全集团项目实施工作报告，察看现场和样机，审查相关验收资料。经质询和讨论，专家组认为，大全集团承担的“高分断智能型塑壳断路器省高端装备研制赶超工程项目”达到目标任务书要求，一致同意通过项目验收。2016年，大全集团中标省首批高端装备研制赶超工程智能电网与新型电力装备领域，高分断智能型塑壳断路器子课题。经过2年多的实施，完成项目产品研制，产品各项指标达到中标项目任务目标，具有高精度测量、过载长延时保护、短路短延时保护、短路瞬时保护、接地故障保护等功能，具有热记忆、预报警、故障查询等功能。项目产品通过苏州电器科学研究院有限公司等检测机构检测。项目申请专利

23件,其中发明专利7件,新增软件著作权5件;通过江苏省新产品鉴定2项。 (融媒体中心)

【大全集团参加德国汉诺威工业博览会】 2019年3月31日,大全集团参加在德国举行的2019年汉诺威工业博览会。博览会以"融合的工业——工业智能"为主题,为期5天,大全集团展台接待世界各地专业人士和访客2000余批次,预约到访的客户显著增加。作为中国电气行业的领军企业,大全集团第六次亮相这项国际顶级工业品展,集中展示其在中低压成套及元件领域的一体化、智能化的系统解决方案以及近年来在数字化制造、信息化管理等领域取得的成果。展会现场,大全集团全系列高中低压智能电气产品,以及符合国际标准的电气系统一体化智能解决方案给参观人士留下深刻印象,多批访客表达合作意向。(融媒体中心)

【大全集团入选江苏省"自主工业品牌五十强"】 2019年6月18日,江苏省工业和信息化厅发布2018年度江苏省"自主工业品牌五十强"企业名单,大全集团位列第五,成为扬中市唯一一家上榜企业江苏省"自主工业品牌五十强"由省政府新闻办、省工信厅、省市场监督局联合开展,连续举办4次,遴选在江苏首次注册、创新能力强、经济效益好、品牌质量管理体系健全的工业企业,开展品牌培育经验宣传,以此推动江苏品牌战略实施,提升江苏品牌的影响力。上榜的均是得到社会广泛认可的工业企业标杆。大全集团是中国民营企业500强和中国机械工业100强企业,坚持质量强企、品牌战略,"大全"被认定为中国驰名商标,企业先后获首届中国工业大奖表彰奖、江苏品牌紫金奖、江苏省商标战略实施示范企业等荣誉2019年,大全集团加入"品牌江苏企业联盟";企业品牌强度905,品牌价值68.76亿元,位居国内电气行业前列。 (融媒体中心)

【大全集团入选省工业互联网发展示范企业名单】 2019年7月11日,江苏省工业和信息化厅公布2018年江苏省工业互联网发展示范企业(标杆工厂类)评定结果,大全集团入选,是镇江唯一入选企业,全省34家。此次评选是根据《关于深化"互联网+先进制造业"发展工业互联网的实施意见》的要求,旨在促进制造业高质量发展,培育打造一批具有国内领先水平的工业互联网深度应用标杆。经企业申报、各地推荐、专家评审、现场考察等环节,大全集团脱颖而出,成为江苏省工信厅遴选确定的34家获此殊荣的企业之一,是镇江地区唯一获此荣誉的企业。 (融媒体中心)

【大全集团一项目成全国制造业与互联网融合发展试点示范】 2019年11月,工业和信息化部公示2019年制造业与互联网融合发展试点示范项目名单,扬中市大全集团面向离散制造业的SOS级CPS综合集成管理系统入选信息物理系统(CPS)试点示范项目,是镇江唯一入选项目。围绕深化制造业与互联网融合发展,此次核定的名单聚焦在两化融合管理体系贯标、重点行业工业互联网平台、信息物理系统(CPS)、工业互联网大数据应用服务、工业电子商务、中德智能制造合作六个方向,137个项目。 (融媒体中心)

新能源产业

【概况】 扬中市的新能源产业主要是太阳能光伏,2019年,扬中市光伏企业快速发展,实现产值超百亿元,生产硅片20亿片。拥有全省首家"新能源产业园",镇江首家新能源院士专家工作站,光伏企业40余家,其中规模以上企业23家,大全集团、镇江环太硅科技有限公司、镇江荣德新能源科技有限公司、江苏美科硅能源有限公司、镇江丰源新能源科技有限公司5家光伏企业进入工业和信息化部《光伏制造行业规范条件》名单。光伏产业涵盖单多晶铸锭、切片、电池片、组件、逆变器、焊带、碳化硅、坩埚、密封胶、石墨器件、接线盒等20余个子项,形成硅料提纯—铸锭切片—组件封装—集成应用等较为完整的产业链。

2019年,扬中光伏企业注重生产工艺改造和产品质量提升。镇江仁德新能源科技有限公司创成国家级"绿色工厂",通过金刚线切割+PERC(钝化发射极及背局域接触)+黑硅制绒+大尺寸硅片等技术叠加,将硅片转换效率提升到20%以上,提升多晶硅片品质;环太集团持续开发新品,掺镓单晶硅片、异质结电池用大尺寸单晶硅片等产品在客户中排名前两位;通灵新上接线盒全自动生产线,通过技改单只接线盒成本下降超过1元,提升产品的竞争力。 (经济发展局 郭振中)

【新能源汽车电机项目签约】 2019年1月30日,宝捷机电有限公司与蜂巢电驱动系统(江苏)有限公司签订合作协议,开展新能源汽车电机项目合作。宝捷与蜂巢电驱动将在扬中成立合资公司,生产电机用铁心,业务范围涵盖新能源汽车、工业、家电等,投资金额预计2亿元,年销售额预计3亿元,占地面积2万平方米,合同签订后预计1年后投产。双方通过合作,打造汽车零部件制造完整产业链,提升产品性价比,开拓更为广阔的发展空间,打造完整的新能源汽车电机产业链。

(融媒体中心)

【仁德入选“国家级绿色工厂”】 2019年9月12日，工业和信息化部公布第四批绿色制造名单，镇江仁德新能源科技有限公司入选。全国有602家企业入选，其中江苏49家，镇江仅1家。绿色工厂是指实现用地集约化、生产洁净化、废物资源化、能源低碳化的工厂。国家将建设绿色工厂列为重点工作，提出“2020年建成千家绿色示范工厂”的目标。创建绿色工厂，作为构建绿色制造体系的关键一环，是实施绿色制造工程的重点任务，对于促进工业各行业结构优化、脱困升级、提质增效具有引领作用和重要意义。作为光伏硅片行业的排头兵、全国百家节能承诺单位之一，镇江仁德一直以“普及光伏绿色能源，提升人们生活品质”为使命，从设备、工艺、技术各方面大力实施节能减排，持续提升公司的绿色发展水平；在不断升级的技术革新中，多晶硅片的生产成本和能耗、物耗持续降低；推进节能技改项目，减少能源投入，各项指标处于行业先进水平。公司在降低多晶硅片的碳含量、减少微晶、增大多晶晶粒方面取得重大突破，硅料一次利用率、硅片电池转换效率都处于行业领先水平，逐步占领多晶硅片的技术高地。目前，公司已拥有业内最科学的生产工艺与最尖端的生产技术，建有江苏省光伏硅材料工程技术研究中心，自主技术成熟，知识产权丰富，积累授权专利52项，其中发明专利12项，实用新型专利40项。2017年，该公司获批镇江市首批“绿色工厂”。2019年4月，申报国家绿色工厂。经过单位自评价、第三方机构评价、省级工业和信息化主管部门评估确认及专家论证、公示等环节，获得认定。 （融媒体中心）

【“绿色能源岛”建设】 2019年，扬中市“绿色能源岛”建设取得突破，重点推进企业、公共机构、居民三大领域屋顶分布式光伏发电应用。截至2019年年底，建设屋顶光伏项目200余个，装机容量约140兆瓦；居民屋顶安装7000余户，装机容量30兆瓦。通威环太渔乐园10兆瓦渔光一体项目被评为2017年度中国分布式能源优秀项目特别奖，通威环太油坊20兆瓦渔光互补项目并网发电。建成供电公司微电网项目、大航多能互补项目，新坝、经开区、油坊28兆瓦三个电网侧储能项目、威腾电气0.5兆瓦用户侧储能项目建成运行，储能运用取得实质性进展。扬中市政府与国网镇江供电公司开展国家重大科技专项——“面向新型城镇的能源互联网关键技术及应用”示范区建设，在推动能源变革发展、构建清洁低碳、安全高效的能源体系方面发挥重要示范作用；建成滨江湿地零碳公园，包括光伏桥、光伏路、光伏伞、光伏充电车棚、风光互补路灯、光伏充电座椅等各类光伏应用项目，打造100%利用可再生能源的零碳公园。195家企业、7781户居民光伏发电项目得到市财政补贴，兑现奖励资金1570余万元。

（经济发展局 何锦璇）

船舶和重大装备制造业

【概况】 2019年，在全球船舶市场需求不断萎缩，船舶制造行业普遍低迷的形势下，扬中市船舶制造企业坚守发展定力，通过产品研发、质量保障、守信经营，保持平稳发展态势。新韩通船舶重工有限公司完工交付船舶17艘，造船完工累计交付105万载重吨，实现工业申报销售12.54亿元；南通市海洋水建工程有限公司多个风电项目相继顺利交工及开工，风电手持订单及装备安装生产线位于国内同行前列。大津重工主攻特种船舶，以母公司天海防务下属子公司上海佳豪船海工程研究设计有限公司的船舶设计技术实力作强力支撑，主动转型求生，完工交付8艘船舶，实现工业申报销售3.44亿元。 （经济发展局 何柏华）

【华通船舶脱硫脱硝系统设备制造项目签约】 2019年8月16日，华通船舶脱硫脱硝系统设备制造项目签约落户八桥高创园。船舶脱硫脱硝系统设备，是应对国际环保组织提出的“国际大气公约”而设计制造的绿色环保设备，属于国家重点鼓励扶持的船舶配套产业强链补链项目。华通船舶工程有限公司是一家注册于英国的船舶企业，此次与韩国PANASIA公司合作投资建设船舶脱硫脱硝系统设备制造项目，总投资3亿元，其中一期投资1.5亿元，用地2万平方米，新上设备30台(套)，一期全面建成达产后将形成年销售4亿元、年纳税1000万元、实际利用产业类外资1200万美元以上。项目落户后，企业将发挥在船舶配套行业的影响力，招引中船集团、招商局重工、中集集团等企业，壮大扬中船舶配套产业。 （融媒体中心）

【“测量船DJHC8020”离厂交接】 2019年9月25日，由大津重工承建的巴基斯坦海军“测量船DJHC8020”离厂交接仪式在大津重工舾装码头举行。巴基斯坦海军准将阿兹法尔·胡马雍、扬中市长张德军、测量船船长穆罕默德·瓦西姆以及企业方代表天海防务董事长刘楠、佳豪集团总裁马世雄、BV船级社江苏区区域经理宋敏出席仪式。此次交付的“测量船DJHC8020”是一艘高端科学考察船，主要用于海床测绘和深海调查绘图，协助巴基斯坦海军发挥水文、地质、海洋调查功能，全天候保持有效工作。该船是大津重工与巴基斯坦军方的首度合作，2018 年 2 月开工到交付历时两年。交船仪式上，巴基斯坦海军准将阿兹法尔·胡马雍与大津重工总经理杭友斌签署《船舶离港验收证书》。 (融媒体中心)

【蜂巢易创首届供应商年会】 2019 年 4 月 10 日，2019 年蜂巢易创供应商年会在扬中召开，全球 400 余家高端汽车配件制造商参会。此次大会，蜂巢易创发布“1+3”发展战略，“1”是要加快与各供应商的业务融合、利益捆绑，积极打造“共享、共创、共赢”的良性发展生态圈，“3” 是做强传统业务、做大混动/纯电动等战略业务，深耕智能互联业务，积极顺应互联网造车市场潮流。蜂巢易创秉承“诚信开放创新共赢”的核心价值观，绿色引领，环保先行，致力成为世界一流的动力系统提供商。会上，蜂巢易创发布《市场展望》和《战略规划》，颁发供货保障奖、成本改善奖、优秀质量奖、技术合作奖和优秀供应商奖。 (融媒体中心)

2019 年 4 月 10 日，蜂巢易创供应商年会

(融媒体中心供图)

【江苏宝航与德国宝马签约】 2019 年 1 月 18 日，江苏宝航能源技术有限公司和德国宝马集团在扬中市举办储能战略合作签约仪式，大航控股集团江苏宝航正式成立，并发布智慧储能 1.0 产品。江苏省可再生能源行业协会秘书长施新春出席仪式。江苏宝航与德国宝马展开合作，成为宝马集团中国首家储能战略合作伙伴，基于宝马 i3 电动汽车锂电池，集成储能系统，在宝马锂电池安全系统技术授权基础上，融合智能制造与综合能源服务云平台，致力于成为全球一流的储能设备及系统解决方案供应商。 (融媒体中心)

【扬中精密制造产业园】 2019 年 4 月 3 日，派米雷·扬中精密制造产业园项目签约仪式在西来桥举行，西来桥镇人民政府与上海派米雷投资(集团)有限公司、江苏大津清洁能源装备产业园签署投资协议。派米雷·扬中精密制造产业园项目由上海派米雷投资(集团)投资建设，是大津清洁能源装备产业园依托上海资源平台招引的项目。园区采取全市场化运作，首期占地 7.33 万平方米，建设数 10 栋一复二层、二复三层的独立或双拼标准化厂房，是为精密制造企业量身打造的江苏首个精密制造产业园。 (融媒体中心)

【蜂巢易创扬中产业园项目】 2019 年 2 月 26 日，江苏省重大项目长城汽车蜂巢易创扬中产业园项目在经开区举行开工仪式。蜂巢易创扬中产业园由长城汽车股份有限公司下属全资子公司蜂巢易创科技有限公司实施建设，项目规划用地 48.47 万平方米，建设标准化厂房 34.6 万平方米，总投资 80 亿元，园区内建设包括动力、传动、电驱动、智能转向 4 个生产工厂以及 2 家合资公司、1 个试验中心，主要业务涵盖发动机、变速器、新能源电池、新能源电机、智能转向等领域。

(经开区 吴尚志)

【精工汽车扬中产业园项目】 2019 年 10 月 30 日，江苏省重大项目精工汽车扬中产业园项目在经开区举行开工仪式。精工汽车扬中产业园项目总投资 11.14 亿元，由精诚工科汽车零部件(扬中)有限公司、江苏隆诚合金材料有限公司共同投资建设，园区规划用地 13.33 万平方米，建设标准化厂房 12.57 万平方米，项目全部达产后将形成年产 40 万套发动机壳体，28 万套变速箱壳体、年产能 270 万件机加工、年产 10 万吨汽车轻量化铝合金材料的生产规模。产业园建成后，将为为蜂巢易创、张家港宝马合资项目提供配套服务，完善经开区汽车零部件产业的供应链结构。 (经开区 吴尚志)

商贸服务

综 述

【概况】 2019年,扬中市实现服务业增加值209.96亿元,增长5.9%。实现社会消费品零售总额134.55亿元,比上年增长4.5%。分地域看,城镇市场实现零售总额111.49亿元,其中城区实现零售总额88.67亿元;农村市场实现零售总额23.06亿元。分行业看,批发零售贸易业实现零售总额116.39亿元,其中零售业实现零售总额108.51亿元;住宿餐饮业实现零售总额18.16亿元,其中住宿业实现零售总额3.12亿元,餐饮业实现零售总额15.04亿元。全市有限上企业(限额以上贸易企业)86家,其中批发零售企业72家、住宿餐饮企业14家。扬中市商务局根据各限上单位数量及批零住餐业实际发展状况,强化与各责任单位的沟通联系,建立多渠道的联系机制,及时通报指标完成情况。加大限上单位梳理力度,挖掘和发展辖区内较大型的批发零售企业,做好限上企业相关协调服务工作,确保商贸流通企业健康、有序发展。做好消费促进工作,组织重点商贸企业参与“消费促进月活动”,指导企业围绕重大节日,策划促销专题活动,扩大消费,组织重点企业参加消费促进工作培训,加强企业之间的工作交流,分享新业态下企业创新消费、转型增长的经验,促进扬中市商务经济发展;发挥新媒体作用,扩大企业促销信息的覆盖面,协助企业做好消费宣传,活跃扬中市消费品市场。 (统计局 赵沆辰、商务局 冷培前)

【2019年扬中市“十强”服务业企业】
扬中中燃城市燃气发展有限公司
江苏大航电气贸易有限公司
江苏润华物流有限公司
镇江华康大药房连锁有限公司
镇江雨润中央购物广场有限公司
扬中市通达商业总公司
扬中农村商业银行股份有限公司
中国农业银行股份有限公司扬中市支行
中国银行股份有限公司扬中支行
中信银行股份有限公司扬中支行

2019年扬中市重点服务业项目表

表9 单位:万元

序号	项目地点	项目名称	项目实施单位	建设内容及规模	开工时间	竣工时间	计划总投资	2019年计划目标	
								完成投资	形象进度
一、新开工项目									
1	新坝镇	陈履生美术馆	新坝镇人民政府	租用和改造新治村原村委会办公大楼、卫生室以及周边附属地块,总占地面积1公顷,建筑面积3000平方米	2019.01	2019.12	5000	5000	竣工对外开放
2	经开区	重件码头	江苏银佳企业集团有限公司	新建2个4万吨散货码头和1个1万吨重装码头,建设重件码头项目	2019.1	2020.12	100000	30000	完成一号码头水域部分建设

续表9

序号	项目地点	项目名称	项目实施单位	建设内容及规模	开工时间	竣工时间	计划总投资	2019年计划目标	
								完成投资	形象进度
二、续建项目									
3	新坝镇	宿予名宿	明珠富想川沙(上海)民宿文化有限公司	该项目将与台湾民宿品牌公司宿予民宿合作,拟对新坝镇新治村沿江老埭进行投资开发和运营,打造具有地域特色的主题民宿	2018.6	2019.6	5000	2500	竣工投运
4	三茅街道	恒大养生谷	扬中市恒瑞置业有限公司	项目总用地面积7.1万平方米,总建筑面积12.85万平方米,地上建筑面积9.92万平方米,总床位数642床,按三甲医院标准设计。打造以健康养生为核心的护理中心,使其成为面向长三角乃至全国的综合性健康养生区域	2018.3	2020.6	100000	40000	主体完成90%
5	三茅街道	创客教育基地	北京学而思集团	建成0.6万平方米的好未来江苏扬中创客教育基地	2018.5	2019.6	8000	2000	竣工对外招生
6	三茅街道	金源时代购物广场	扬中金源博大置业有限责任公司	建筑面积47万平方米,建设集商业地产、特色街区、休闲娱乐中心为一体的商务综合体	2015.8	2019.12	210000	60000	主体工程完成
7	三茅街道	复旦科技园	复旦科技园扬中有限公司	建筑面积约20万平方米,建科技研发大楼及商务配套设施等	2015.6	2019.11	70000	20000	研发大楼封顶
8	三茅街道	际华园	际华集团江苏实业投资有限公司	建筑面积36.5万平方米,主要由五个部分构成:冰雪世界、保加利亚探险中心、孩之宝冒险世界、奥特莱斯商业广场、温泉度假酒店,另有相关配套的服务设施	2017.6	2020.9	240000	50000	开工建设
9	三茅街道	时代广场商业综合体	扬中宏大工贸公司	建筑面积约10万平方米,建商务办公、酒店、大型超市等商业综合体	2016.3	2019.9	12000	3000	竣工
10	三茅街道	纺织品批发市场	江苏东煌工艺品有限公司	建筑面积约10万平方米,建设集家用纺织品研发、销售、结算于一体的专业市场及配套设施	2017.5	2019.11	12000	3000	竣工
11	三茅街道	丽笙大酒店	荣马集团	建筑面积4万平方米,建酒店、商务办公及附属商业设施	2017.1	2019.9	30000	8000	竣工
12	经开区	智慧产业园一期	中国中电国际信息服务有限公司、江苏大行临港产业投资有限公司	新建23层智慧大楼,引进智能设备及数据终端,为智慧园区信息化、公共服务应用、企业孵化等提供相关服务	2016.8	2020.12	104200	10000	智慧大楼主体竣工

(经济发展局 潘大伟)

商贸服务业

【概况】 2019 年，扬中市商务局推进市场体系建设，指导、督促新坝、八桥、丰裕 3 家农贸市场完成升级改造。优化加油站网络结构，率先在镇江市完成双层罐改造工作，新建中石油扬中大道加油站。培育发展电子商务。三茅街道滨江村、兴扬村和八桥镇永胜村被省商务厅认定为省级电子商务示范村；大航电子商务公司被认定为省级电子商务示范企业，江苏爱电气被认定为江苏省电子商务示范基地和电子商务与快递物流协同发展示范基地。加强商务领域综合整治。加强“双创”工作，按要求做好商贸流通领域卫生城市长效化管理，重点推动华润苏果等 3 家商场超市积极参与文明城市创建。督促市内大型商场、超市、加油站以及城区 99 家再生资源回收点进行自查、整改。指导商贸流通企业做好节庆期间、高温季节安全生产和猪瘟期间保供工作。加强商业预付卡管理，调解预付卡纠纷 30 多起，挽回购卡者损失 3.2 万余元。加强安全生产检查。采取购买服务方式，委托第三方机构对加油站、商场超市等商务重点领域定期进行检查，排查隐患，限期整改。全年围绕大型商业场所、酒店餐饮企业、加油站等重点领域开展安全生产督查 73 次，检查大型商业企业 12 家次。委托第三方专业安全机构对加油站安全生产进行检查 10 次。 （商务局 奚松裕）

【供销合作】 2019 年，扬中市供销总社以禾丰农资公司为主体、“农资惠”服务平台为依托，推进农资配送中心建设，新设“农资惠”服务网点 2 家，总数 13 家，村级便民点 55 个。分 2 个批次实施零差率统一配供试点，新型农业主体和普通农户实现全覆盖，零差率配送面积 4000 公顷，实现销售 70 万元，为农户节省用药成本 30 余万元。全年农药销售 16 吨，覆盖率 50%，向全市 3.33 公顷以上种粮大户，发放“一喷三防”（混合喷打，防病虫、防干热风、防早衰）小麦免费用药，覆盖农田 3334 公顷。指导督促禾丰农资及其网点规范开展回收工作，收取农药包装废弃物 80 万件。以参办领办的农机专业合作社为契机，主动与专业合作社、家庭农场、种植大户精准对接，累计开展菜单式、合作式服务 467 公顷，统防统治 25.6 万亩次。依托所属商场超市、农贸市场、2019 全国农资科技博览会暨全国品牌农产品交易会、第十一届海峡两岸（江苏）名优农产品展销会等渠道，推进“农超对接”“农企对接”。扬中市供销总社运用社有资产管理委员会改革成果，实行专项改革试点，制定一系列社有资产监督管理制度以及责任追究制度，确保规避经营风险，降低资产的潜在损失，制定出台社有企业经营目标责任书，完善企业经营者业绩考核和激励约束机制，加强对企业的财务检查、审计监督和绩效考核。供销总社加速推进东泰家居广场改制工作，将企业由集体所有制改制为有限责任公司，建立起现代公司法人治理结构，与扬中绿洲新城公司对接，利用三茅供销社、兴隆供销社部分低效闲置资产，开发综合性农资配送中心项目，项目占地面积 216 平方千米，总建筑面积约 3500 平方米，总投资约 1200 万元，建成后的配送中心全年可供应化肥 2800 吨、农药 25 吨。

（供销社 钱梦瑶）

【粮食收储中心】 2019 年，扬中市粮食收储中心加大即购即销、边购边销力度，鼓励引导社会收购主体入市收购，加快粮库基础设施建设，腾仓并仓，扩大收储能力，防范“卖粮难”问题的发生。截至 2019 年年底，全市有粮食储备库 4 个，总仓容 6.8 万吨。就近开展预约收购、上门验粮、开放整晒场地以及“代清理、代烘干、代储存、代加工、代销售”产后一条龙服务，增加农户种粮收入。全年收购小麦 1.86 万吨、预计收购稻谷 1.1 万吨。其中小麦托市收购价为三等质量混合小麦 2.24 元/千克（二等和一等分别为 2.8 元/千克和 2.32 元/千克），稻谷市场收购价为普通二等粳稻 2.4 元/千克、优质品种（如 5055）二等粳稻 2.56 元/千克、二等糯稻 3.2 元/千克。收购夏粮 8901 吨，其中地方储备粮 5246 吨，托市粮 3655 吨。在粮食收购中，严把收购质量关，组织市场监管局、经发局等部门开展粮食收购市场联合执法检查，各收购点及时做好复检、整理、除杂、入仓等工作，收满一仓，整理一仓，熏蒸一仓。做好粮情检测，掌握仓内温度、湿度、粮温等各项指标，及时掌握粮情变化，确保储粮安全。全市粮食库存数量真实、账实一致，清查时点数与实际查库日还原数一致。

（粮食收储中心 方新娟）

【石油贸易】 2019 年，扬中市轻油基本持平非油品业绩提升，全年销售轻油 8.4 万吨，比上年下降 2.9%，其中零售 74261 吨，下降 5.7%；直分销 9789 吨，增长 23.8%。非油品营业额 3906 万元，增长 15.8%。扬中市石油公司按照国务院《关于印发水污染防治行动计划的通知》要求加油站地下油罐全部更新为双层罐或完成防渗池设置，对三茅、城北、新城区等八个加油站采取停业改造，2019 年 10 月分批完成全部加油站、全部油罐的双层罐更新工作，无安全事故。按照“以块为主、条块结合”的原则建立高效的运营机制，按照三个功能性管理团队和三个加油站团队的运营模式。全年完成滨江加油站的委托管理模式，与物资集团永兴加油站(扬中复线八桥永兴段)签定租赁经营合作协议。

(石油公司 李美凤)

【烟草专卖】 2019年，扬中烟草专卖局(分公司)销售卷烟1.61万箱，比上年增长4.02%；卷烟销售额完成5.49亿元，增长7.93%；卷烟单箱销售结构3.98万/箱(条结构159.36元/条)，增长3.77%，销量和结构保持双提升。推进现代终端建设、文明吸烟环境建设、自律互助小组建设、客户盈利提升等重点工作任务。全年出动执法人员3280人次，查获涉烟违法案件191起，增长46.6%，其中5万元以上案件8起，50万~100万元案件2起。查获各类违法卷烟267.17件，其中真烟239.99件，假烟、走私烟27.18件，查获各类违法卷烟案值367.46万元，罚没8.43万元，移送司法机关逮捕3人、判刑3人，获得省局嘉奖令2个。 (烟草局 顾耀文)

【盐业】 2019年，扬中盐业公司围绕“3451”重点工作(聚焦三大主业、实施四大战略、提升五大攻坚和全面从严治党)，突出“批发许可”优势，加强市场营销和客情维护，着力打造“淮盐”品牌的影响力，加强与监管部门合作，按照新《食盐专营办法》要求，完善食盐批发企业建设，规范经营行为。加强KA(Key Account，针对重点客户需求量身定制的全方位营销服务)渠道建设。切实优化产品结构，丰富食盐供应品种，满足不同消费群体需求。狠抓渠道建设、B2B(公司与公司间的交易)转型、品牌建设、直配直送，提高配送效率，提升服务水平。加强内部管控，从开源节流下功夫，压缩一切不必要开支来节流，优化产品结构来开源。全年实现营业收入429.08万元，完成年计划的53.64%，是上年同期的45.80%。销售各类盐产品1937.29吨，完成计划84.23%。其中小包装食盐销售845.43吨，完成计划56.36%，是上年同期57.96%；大包装盐销售531.3吨，完成计划的177.10%。工业盐销售560.56吨，完成计划112.11%。

(盐务公司 陶书勇)

【商业集团】 2019年，扬中市商业(集团)总公司经济运行保持总体平稳、稳中向好的发展态势，累计实现销售收入21.48亿元，利税3760万元。扬中市通达商业总公司完成通达商厦与中远楼对接工程，新增营业面积4800平方米，引进麦当劳、悦宝园、百分茶等知名品牌入驻，累计实现商品零售总额2.01亿元，利税1850万元，获得“扬中市十强服务业企业”“镇江市安全生产标准化三级企业”“江苏省诚信创优风采企业”“十二五中国诚信经营与服务示范单位”“中国重质量守诚信好品牌示范企业”等称号。扬中市通达商业总公司、扬中市中建物贸有限公司等共同投资合作的舟山采石项目生产加工石子560万吨，累计实现销售额4亿元，扬中市通达商业总公司投资本金4000万元及分红款全部收回。扬中市(商业)集团总公司、绿洲新城集团有限公司共同投资建设的标准化屠宰场完成生产设备及配套设施安装、污水处理站设备安装、综合车间内外墙施工和办公楼基础施工，进入试运营阶段。在非洲猪瘟疫情影响期间，江苏富康食品有限公司深入市外生猪产区“点对点”采购生猪4万余头，储备“苏食”冷鲜肉50吨，累计屠宰生猪7.2万头，新增定点配送集伙单位6家，新增定点供应商(点)5家，富康肉庄开业首年实现销售额250万元。扬中市信达农村小额贷款有限公司累计发放贷款24笔、1836万元，回收贷款68笔、1175.6万元，收取利息188.34万元，清收不良贷款本息1021.18万元。扬中市五交化总公司、扬中市糖烟酒总公司分别实现租金收入116万元和144.6万元，比上年下降10%。扬中市烹饪餐饮行业协会完成换届，包良俊同志当选第四届协会会长。 (商业集团 李鹏超)

【工业集团】 2019年，扬中市工业(集团)总公司开展国有资产排查摸底，健全各类资产管理台账，采取项目化管理、改革攻坚等手段分类推进。加强企业股权资产管理，严格按《中华人民共和国公司法》《公司章程》管理公司，履行股东职责，确保国有股权权益。落实专人负责债权资产，定期预警和催要，向天和生物公司提供“保姆式”服务，加强对接交流，确保债权本息收取到位。加强租赁资产管理，公开规范出租，全年租赁收入31余万元。加强分析研判，及早谋划和实施资产结构优化工作。通过镇江市公共资源交易平台，规范转让大地水泥国有股权，股权增值率32.73%。策应市政府城区总体规划，推进东升集团土地收储，拓展企业发展空间，国有土地资产增值率88.0%，推进东升集团拆迁交地，引导企业、住户走诉讼程序，严格依法办事。妥善调处绿扬集团公司居民楼用电等矛盾纠纷，推进公司依法破产，多次与法律事务所、资产管理人等沟通协调，维护国有股权权益。激活工投公司平台，加强业务拓展，加强与各镇区和市属投资平台的投资合作，全年新增投资项目1个，实现投资额1000万元，年新增收入100万元，在谈合作项目2个。继续配合其他股东加大原众盛小贷公司不良贷款清收力度，全年可清收入库

80余万元。全年各类资产总收入914余万元,比上年增长17.94%,年度费用支出低于580万元,比任务指标下降6.45%,年度利润总额334万元,增长62.17%,国有资产保值增值率108%,资产负债率低于82%,净资产收益率9%。 (工业集团 黄凯)

旅游业

【概况】 2019年,扬中市新建投资500万元以上旅游项目13个,投入7亿余元。年内接待游客395.2万人次,其中"五一"小长假,接待游客14.7万人次,"十一"小长假,接待游客27.74万人次,比上年增长7.10%,实现旅游总收入1.17亿元,增长7.51%。旅游总收入148.66亿元,增长9.07%。建成宿予民宿首套红房子烘培主题民宿、新程驿站、滨江驿站;有序建设陈履生博物馆群、新治村海棠园、友好传统村落古树名木鉴赏园、长旺樱花景区。完善配套服务体系。新建沿江景观林带8千米,完成新238省道改线西来桥段建设,银杏大道沥青路面完成,落实配套设施,扫尾印象大道工程,向阳河西路景观大道建成通车。在旅游景区(点)及沿江旅游带新(改)建旅游公厕14个,新建生态停车场120个车位,新设旅游交通指示牌5块,中英文升级改造旅游交通指示牌11块,按规划和标准建设沿江景观林带8千米和旅游慢道6.36千米,建成1个旅游集散中心。举办"第十六届中国·扬中河豚文化节",河豚节期间开展"第四届扬中西来桥舞龙大赛""寻访中国河豚岛"自驾游、"重点客源地旅行社扬中行""扬中河豚文化节广场舞大赛""首届扬中趣味迷你马拉松""长江渔文化风情小镇第二届乡村旅游文化节"等系列活动,接待游客90万人次。组织各镇(街、区)赴青岛、合肥、福建、婺源举办专场旅游推介招商会,《扬子晚报》、《新华日报》、人民网等80余家媒体宣传报道扬中市河豚文化节,全国各大新闻媒体刊播扬中市节庆活动200余篇。扬州、武进等地电视台到扬拍摄河豚主题美食栏目并于黄金时段播放,中央电视台拍摄《体验"长江三鲜":清明时节最美味》《豚香草鲜扬中味》节目等。各镇(街、区)举办各具特色的文旅融合节庆活动,新坝镇举办2019年端午亲子文旅体验节,三茅街道举办第二届乡村旅游文化节,开发区举办太平庙会,油坊镇举办乡村中秋游园会,八桥镇举办第二届红菱文化体验节,西来桥镇举办金秋赏葵活动。注重商品培育,成立"扬中旅游商品创意研发中心",举办"扬中首届旅游商品设计成果展",展出近年来扬中市研发的四大类近30种旅游商品,参加省、市组织的旅游推介会5场,参加国家、省、镇江市旅游主管部门举办的旅游交易会、博览会3场。 (文体广电和旅游局 黄为为)

【重点旅游项目】 2019年,扬中市建成园博园星空露营基地、改造设计西沙湾星空酒店。滨江公园改造一期对外开放,成为新晋网红打卡点,完善二期改造方案设计。友好村古树名木鉴赏园栽种古树名木2300余棵,景区游览道路和功能布局基本畅通。新治村海棠园完成土地平整、道路铺设、木围栏、门楼等建设,宿予民宿第一栋主题民宿馆建成,陈履生博物馆群开工建设。完成栏杆桥运动休闲园设计方案和"栏杆桥老渡口记忆"素材征集。完成醉美长旺田园综合体项目整体方案设计,长旺樱花婚纱摄影基地进行基础设施建设及部分景点的打造,西来花海新程驿站建成,利民村编制乡村旅游规划。 (文体广电和旅游局 黄为为)

2019年扬中市旅游项目及投入一览表

表10

镇街区	序号	旅游项目 (*为新建投资500万元以上的项目)	单项投入 (万元)
新坝镇	1	海棠园片区项目*	520
	2	吾悦广场项目*	21400
三茅街道	1	西苑大酒店*	7000
	2	春柳大酒店*	500
	3	京城经贸苗木园*	700
	4	骏怡连锁酒店*	1500
	5	丽笙酒店	6000

续表 10

镇街区	序号	旅游项目 (* 为新建投资 500 万元以上的项目)	单项投入 (万元)
三茅街道	6	唐韵食府	800
	7	锦江之星酒店	3000
	8	豚岛食品	1000
	9	友好村古树名木鉴赏园	9800
	10	江之源投入	3500
	11	时代广场	1500
	12	向阳河景观大道	1000
开发区	1	太平禅寺两栋宿舍楼暨天王殿、钟鼓楼 *	1800
	2	江苏省工业旅游示范区接待中心完成土建 400 万元,完成外观、广场设计,内部设计正在出图,设计投入 1000 万元 *	1400
油坊镇	1	长旺水乡花园小镇项目 *	600
	2	鸣凤人家项目	360
	3	曦景园内部装修工程	1300
	4	非遗工作室装饰及培根师范等景点周边基础设施提升	600
	5	乡贤馆建设装潢	180
八桥镇	1	党性锤炼中心 *	500
	2	利民特色田园乡村项目	2350
	3	永胜生态园项目	80
	4	生态停车场	10
	5	AA 级旅游厕所	35
	6	旅游商品灵芝盆景开发	5
西来桥镇	1	碧沙湾生态草坪 *	600
	2	商务宾馆投入	1600
	3	花海道路 2 条	300
	4	江馨怡整改投入	12
	5	新程驿站	6.6
	6	文体小公园	197
	7	花海彩绘、种植、管理、停车场	325
	8	快闪	5
	9	标识	32
	10	文化活动	300
	11	林带和慢道	100
	12	全域旅游村环境提升	196

续表 10

镇街区	序号	旅游项目 (* 为新建投资 500 万元以上的项目)	单项投入 (万元)
天禾公司	1	滨江公园提升改造(滨江旅游漫道)*	137.2
	2	长旺中桥游园会景观	47
	3	长江生态保护植树造林道路	74.6
	4	西沙湾酒店改造(厨房、电梯、阳光房等)*	63.3
	5	星空露营基地改造(含 AA 级旅游公厕)*	78.8

(文体广电和旅游局 黄为为)

【江之源旅游慢道】 2019 年 1 月，扬中市第一条沿江旅游慢道——江之源旅游慢道建成，该道全长 5 千米，可供市民和游客健身快走、闲谈漫步、轻松留影。根据计划，扬中市重点改造友好驿馆到河豚驿馆、滨江驿馆到三江驿站、会龙湾驿站到鸣凤驿站以及西来桥新程驿馆到北胜村四段城市道路，将道路人行道旁的绿化带空出 2 米作为骑行绿道。改造友好驿馆到兴阳驿站、银杏驿站到梓阳植物园、鸣凤驿站到幸福驿站以及西来桥的北胜村到新程驿馆四段堤顶公路结合段，绿道为 2 米彩色沥青道、堤顶公路为 6 米黑白沥青道。2019 年，江堤绿道改造工程有序推进，新增 8 千米沿江景观林带、6 千米旅游慢道和骑行道。 (文体广电和旅游局 黄为为)

江之源旅游慢道 (融媒体中心供图)

【滨江公园改造】 2019 年 3 月，滨江公园一期工程竣工，该工程包括改造滨江驿站，新增海沙滩和游船项目，二期改造工程 2020 年启动。滨江公园是搬迁原有的码头，利用原有江滩改造而成，属于综合性公园。滨江公园彩色沥青步道是扬中市第一条彩色沥青路面跑道，总长 1.6 千米。 (文体广电和旅游局 黄为为)

【首届旅游产品设计成果展】 2019 年 3 月 8 日，扬中市首届旅游产品设计成果展在园博园副展馆举办，扬中旅游商品创意研发中心揭牌。澳大利亚利文斯顿市市长比尔·路德维希率访问团一行 9 人现场参观展会。扬中市紧抓旅游项目开发，注重旅游产品的研发，全市旅游产品品种日益丰富、旅游产品企业大量涌现。此次旅游产品设计成果展有参展代表企业及个人 22 家，主要分为乡村土特产、旅游纪念品、特色工艺品、传统手工艺四大类。其中乡村土特产区包括江之源长江名贵鱼养殖品、豚岛公司系列河豚食品等 10 家，旅游纪念品区 3 家，特色工艺品区 4 家，传统手工艺区 5 家。

(融媒体中心)

2019 年 3 月 8 日，扬中市首届旅游产品设计成果展

(融媒体中心供图)

【扬中旅游特色风味餐馆】 2019 年 3 月 15 日至 4 月 27 日，扬中开展 2019 年度旅游特色风味餐馆评选活动。活动由扬中市文体广电和旅游局主办，扬中市旅游协会承办。此次风味餐馆评选活动本着广泛性、大众性、特色性、民俗性的原则，征集和挖掘扬中独具传统特色、颇受大众欢迎的美食。全市所有符合参评条件的餐饮单位均可申报，评选分早点类、正餐类、特色小吃类三大类，通过网络评选和专家评选评出扬中旅游特色风味餐馆各 10 家。4 月 19—27 日，在网络各媒体、微信公众号、扬中日报等平台发布命名单位公示，公示

期间无异议的予以授牌，优选部分特色风味餐馆及菜肴信息刊印至2020年旅游推广宣传资料。

(融媒体中心)

【陈履生美术馆、汉文化博物馆、竹器博物馆项目开工】 2019年5月22日，陈履生美术馆、汉文化博物馆、竹器博物馆在新坝镇新治村举行开工仪式。陈履生美术馆、汉文化博物馆、竹器博物馆建成后以彰显中国特色与扬中地方特色为宗旨，打造立足于扬中的特色博物馆群，为扬中文化发展助力。三馆建设工程力争在年底完成，满足布展要求，预计2020年年初正式开馆。陈履生美术馆将陈列陈履生历年来的绘画、书法、摄影代表作品，以表现从江洲走出去的励志故事为策展思路，启迪后学、提倡美育、健全审美，承办国内外有影响的各类展览，开展学术研讨及对外文化交流和文化创意产品开发与推广；汉文化博物馆展出陈列陈履生先生收藏的汉代画像石、画像砖、陶俑、青铜器、漆器、陶器、砖瓦、拓片等，从多个侧面反映汉文化的博大精深，反映陈履生先生多年来在汉代艺术研究方面的成果；竹器博物馆陈列国内外各个时期的竹器，反映竹器发展的脉络和各民族在竹器制作方面的精湛工艺，以收藏范围广泛、收藏品类众多、形式风格各异为特色，兼顾介绍扬中竹器的发展历史的地方特点。 (融媒体中心)

2019年5月22日，陈履生美术馆、汉文化博物馆、竹器博物馆开工仪式 (融媒体中心供图)

【西来桥获评“十佳文旅示范名镇”】 2019年5月3—6日，中共江苏省委宣传部、江苏省文化和旅游厅、江苏省文联和扬州市人民政府联合举办首届大运河文旅博览会，扬中市西来桥镇获“十佳文旅示范名镇”称号。3月中旬，运博会组委会发起大运河(江苏段)“十佳文旅新锐企业”“十佳文旅示范名镇”评选活动，邀请国内外最具代表性的专家学者、产业精英担纲评委，评选结果在“大运河城市文旅消费论坛”现场发布并颁奖。西来桥镇推进文化旅游建设，举办全国第十届龙狮锦标赛、长三角地区龙狮精英赛、中华龙狮大赛，首届中国扬中西来桥龙灯文化节，成为“龙狮运动之乡”。实施20公顷“红花海葵花海”项目，种植133.33公顷的生态草坪。 (融媒体中心)

【长江生态旅游岛建设推进会】 2019年3月6日，扬中市召开长江生态旅游岛建设推进会，市委书记潘早云带队现场考察7个长江生态旅游岛重点旅游项目，包括新治博物馆、长鸣乐器厂、豚岛食品、友好传统村落、江苏乡野农村科技有限公司、园博园旅游商品设计成果展、滨江驿站。座谈交流会上，市文体广电和旅游局、天禾公司、各镇(街、区)就2018年工作推进情况和2019年工作思路作交流发言。7月31日，扬中市召开长江生态旅游岛建设推进会，交流长江生态旅游岛建设工作，检验半年工作成效，找准短板、查摆不足，推动长江生态旅游岛建设持续有效开展。会前，潘早云带队现场视察栏杆桥老渡口、滨江驿站二期改造、园博园自驾游露营基地等长江生态旅游岛重点旅游项目；座谈会上，市文体广电和旅游局、各镇(街、区)、天禾公司就各自长江生态旅游岛建设工作推进情况及下一步工作设想作交流发言。 (融媒体中心)

电子商务

【概况】 扬中市商务局围绕产品销售、居民消费、产业发展、应用普及、行业管理的总体要求，推进电子商务进农村，探索“政府+电商平台+运营商”的农村电商发展新模式。全市建成七个省级电子商务示范村，一个省级电子商务与快递物流协同发展示范基地，一个省级电子商务众创空间，一个省级乡镇电子商务产业特色园区和一个省级电子商务示范企业。商务局支持和鼓励现有园区发展，促进信息、物流、人才等资源共享，引导企业加强标准化、品牌化建设，推进农产品品牌化、标准化、规模化生产，促进乡镇特色产业转型升级。推进电子商务进农村，实施“全企触网，全民入网”工程，加快农村电子商务“三示范”(示范村、示范园区、示范企业)工程；推动农村地区发展以配送为主的服务体系，建设一批全覆盖的物流配送体系设施，引导农村传统商贸流通企业广泛应用电子商务。政企合作，创新机制激发创建推进动力，坚持“政府搭台，企业唱戏”的原则，商务局整合利用乡镇商贸中心、配送中心和供销、邮政服务网点等流通网络资源，多渠道为企业拓展业务。建立健全创新推动电子商务进农村发展机制和政策激励措施，助力推进全市电子商务的发展。推进电子商务普及与应用，多渠道开展农村电子商务从业人员培训和引进，组织干部和电商企业到知名电商企业或成功地区交流学习借鉴，适时举办电商知识培训，邀请省内外知名电商企业和专家等开展电商应用专题讲座，提高基层政府、电商企业、农民推广应用电子商务水平。（融媒体中心）

【跨境电商发展专题讲座】 2019年12月，扬中市人才办、商务局举办国际贸易形势与跨境电商发展专题讲座。阿里巴巴认证讲师、T.O.T.B外贸教育方法创始人马克应邀到扬中，围绕当前国际贸易形势、跨境电商发展趋势及市场开拓等内容，为60余家企业作现场分享与指导。（融媒体中心）

信息服务业

【电信服务】 2019年，中国电信股份有限公司扬中分公司完善渠道体系，加强渠道间协同联动，提升基础服务能力。截至2019年年底，建成电信乡镇营业厅10个，合作厅56家，核心商圈卖场22家，大连锁卖场4家，拓展电信业务的办理渠道。全年重点开展全市网络优化、光衰整治和无线建设。开通5G站点13个，在部分场所实现5G应用，利用5G网络开展“放歌河豚岛”晚会视频直播。光宽网络持续提速升级，新增一对华三万兆交换机，完成100兆波分及政企OTN（光传送网，以波分复用技术为基础、在光层组织网络的传送网）工程的建设，实现全部老旧OLT（光线路终端，用于连接光纤干线的终端设备）退网工作，配合市政府开展“五水联治”重点项目、城区老旧小区及农村线路改造下地协调、道路杆线迁移和管线配套建设工作。（电信公司 顾耀民）

【移动服务】 2019年，中国移动通信集团江苏有限公司扬中分公司开展5G网络建设、智慧家庭及移动互联网业务应用。强化新型网络支撑，推动渠道向“要素+能力”转型，持续改善客户服务质量。截至2019年年底，全市70余家营业网点，各乡镇覆盖率100%。深化O2O（离线商务模式）融合，放大电渠价值，丰富互联网营销产品种类，简化线上受理+线下办理流程，方便用户享受各项服务。打造运营商特色的数字化服务，用更加高效协同的业务服务流程、更专业的新业务服务能力提供更好的客户体验。为集团客户做好5G应用规划，结合ICT（信息通信技术）系统集成团队的技术优势，为客户提供基于“5G+互联网”的系统集成、软件开发、安全防护、运行维护等服务。在行业应用方面拓展，完成智慧校园、智慧法庭、智能公交等平台建设，提升行业信息化管理水平。开展形式多样的志愿者服务活动组织参加“学雷锋”月系列活动、爱心捐赠、“三下乡”活动、无偿献血、“一双球鞋的暴走”、慈善一日捐、文明交通志愿服务等公益活动。（中国移动 王晨颖）

【联通服务】 2019年，中国联通扬中分公司围绕“云+网”，助力企业上云。全年优化渠道1家，新建金融异业合作网点2家，与广电小区实行接入资源共享，整体资源覆盖全面提升。对扬中范围内85个基站开展L900（900MHZ频段LTE组网）建设，900兆赫兹重耕，提升联通移动网络数据业务承载能力、城区深度覆盖、乡村广度覆盖、对物联网业务的支撑能力、volte业务（Voice over LTE，IP数据传输技术）感知保障能力。（联通公司 朱静）

【农村防汛决策指挥平台建设】 2019年，扬中市水利局与中国电信股份有限公司扬中分公司合作，投资金额368万元，建设农村防汛决策指挥平台。以信息化手段加强对农村重点区域、低洼地区实时监控水情、水位等信息，提前预警和防范灾害。农村防汛决策指挥平台的建设提升农村基层防汛抢险救灾预警能力，增强防灾减灾能力和风险管理能力，最大限度地减少人员伤亡和财产损失。（电信公司 顾耀民）

【新坝镇社会面监控系统全面启动】 2019年，扬中市新坝镇社会面监控系统全面启动，该系统属于智慧小镇建设项目的一部分，一期新建600余个摄像头，分布于新坝镇的主要道路口、重点场所等处，项目总投资约1300万元。该项目是电信公司近年来中标金额最大、技术标准最高、施工难度最大的视频监控类项目，带人脸识别、车牌识别、全景监控、高空瞭望等AI人工智能识别技术“黑科技”功能的摄像头占比在三分之一以上。该系统在交通事故追逃、责任认定过程中提供清晰、可靠的视频证据，发挥重要的判定作用。（电信公司 顾耀民）

【首家5G信号覆盖营业厅建成】 2019年11月23日，扬中市首个5G信号覆盖营业厅在中国移动城北总部正式建成并启用，营业厅展出主流5G旗舰手机，提供5G信号体验。5G作为新一代移动通信技术发展的重点方向,直接推动移动通信产业的飞跃式发展,带动相关产业的快速发展,影响市民的生产生活方式。2020年1月底,城区部分区域正式开启5G商用。5G终端的用户实现不换卡、不换号直接入网。5G套餐采取灵活计费的方式,市民可以根据自身的实际需要选择合适套餐。 (融媒体中心)

2019年11月23日,扬中市首个5G信号覆盖营业厅启用 (融媒体中心供图)

【邮政服务】 2019年,扬中邮政实现业务收入7356万元,完成省定目标的101.17%,比上年增长14.01%。代理金融量质并进。实现代理金融总收入3849.15万元,增长5.19%;储蓄余额规模20.79亿元,市场占有率6.42%。年度新增金融总资产5.17亿元,其中储蓄余额累计新增2.10亿元,保险新保销量3.32亿元,理财业务量负增长4072万元,基金销量640万元。新增有效卡发卡量1.07万张,快捷支付新增绑定1.3万张,微邮付1480户;手机银行新增激活9893户。寄递业务加速发展。全年实现业务收入1835.82万元,增长40.39%。其中,标快完成业务量24.08万件,实现收入324.3万元,分别增长14.99%、1.35%;快包完成业务量42.06万件,实现收入1350.39万元,分别增长70.14%、42.1%;国际业务实现收入64.67万元;物流实现收入98.25万元,完成率111.65%,增长16.11%。渠道平台提质增效。增值业务实现收入133.71万元,完成率106.97%,增长10.02%。分销业务实现销售收入699.76万元,完成率102.45%,增长17.09%。全年累计建成邮乐购加盟店站点198个,月均批销覆盖率45.8%,批销额906.7万元,培育优质加盟店60个。举办"邮乐919购物狂欢节",引进本地农产品稻花香紫米为全省第二批电商扶贫项目之一,在省农品馆上架并推广。在联合支局持续推进税邮共建工作,全年代征税额15.37万元;开展警邮共建,建成城西、新坝2个警邮网点。文传业务创新发展。实现函件业务收入433.63万元,完成率104.49%,增幅7.14%;实现报刊发行业务收入474.9万元,完成率100.83%,增长2.08%;实现集邮专业业务收入241.85万元,完成率104.24%,增长0.77%。全年强化项目开发,突出向媒体化转型升级,推广朋友圈广告业务;签约扬中第一村志《会龙村志》的制作协议。举办《己亥年》特种邮票首发式、建国70周年集邮文化展和品鉴会,以及全市中小学生书信大赛、"红领巾"邮局社会实践、大棚书展、校园主题讲座等多个活动。

(邮政公司 朱虹艳)

【紫米项目引进】 2019年,扬中市邮政分公司加大电商帮扶力度,与地处油坊镇的江苏紫江生态农业有限公司达成合作意向,利用线上"邮掌柜""邮乐小店"和线下加盟店等资源优势,共同运作、销售当地特色农产品"江洲稻花香"紫香糯米,将其引荐为全省第二批电商扶贫项目之一,在省农品馆上架推广。全年通过邮政渠道销售紫米超2.2万袋,销售额40余万元。

(邮政公司 朱虹艳)

【新中国成立70周年题材集邮展】 2019年6月5日,扬中市邮政分公司在长江大酒店举办新中国成立70周年集邮文化展活动。活动现场展出"建国记忆""改革开放四十周年""G20峰会""美丽扬中"等集邮展品26个展框,内容涵盖文化建设、民俗风情和城市变迁等方面,反映出祖国发生的巨大变化。每张邮票都是一个故事,邮票上的内容是一部百科全书,展现波澜壮阔的革命历程,展示新中国成立70年以来取得的巨大成就。

(邮政公司 朱虹艳)

2019年6月5日,扬中市举办新中国成立70周年集邮文化展 (邮政公司供图)

【绿色邮路志愿者服务队出发仪式】 2019年5月31日,扬中市邮政局和环保局联合成立"绿色邮路志愿者服务队”，在市邮政局大院举行绿色邮路志愿者服务队出发仪式。活动宣传覆盖52个投递段道，60名投递员参与，通过投递环保资料、传递环保思想等渠道，利用邮政传递千家万户的资源，增强公民环保意识，将环保知识普及到每一个人。活动印制发放环保宣传单1.3万份，面向全市微信用户推送为期一周的世界环境日主题宣传广告。（邮政公司 朱虹艳）

2019年5月31日，扬中市邮政局成立“绿色邮路志愿者”服务队（邮政公司供图）

【“青苗成长”纪念明信片项目】 2019年5月6日，扬中市油坊镇举办“青苗成长”三期工程暨“四信”主题教育实践活动启动仪式。由扬中市邮政分公司开发的1000套“青苗成长三周年”纪念明信片在仪式上亮相，对外公开发行。扬中市邮政分公司以“五四”运动100周年及油坊镇“青苗成长”行动计划实施三周年为契机，与镇政府合作，以“信仰的力量”为主题，通过面向青少年儿童征集书画作品的形式，设计开发纪念版明信片一套12枚，展现该镇“青书、青创、青益、青炼”年轻干部培养“四青”计划。（邮政公司 朱虹艳）

【普惠金融宣传活动】 2019年9月16日，扬中市举办“普及金融知识，防范金融风险志愿者邮路”启动仪式，活动由扬中市邮政分公司、人民银行扬中支行共同举办。活动采取“线下+线上”方式，旨在帮助乡村群众提高金融产品知识、各类支付结算业务及反假币反洗钱等知识，增强风险意识、信用意识。线下，依托投递员走千家访万户的优势，开展送金融知识下乡、送普惠金融服务上门、助力扶贫乡村活动，构建特色宣传长效机制，打通金融知识到达农村的“最后一公里”，实现金融知识普及与乡村振兴的精准对接；线上，通过微信朋友圈，面向10万户微信用户同步宣传推广。（邮政公司 朱虹艳）

【“邮爱驿站”特色志愿服务品牌】 2019年，扬中市分公司以传递邮爱、温情驿站为建设主题，打造“邮爱驿站”，为广大户外工作者提供舒适、温馨的休息场所，践行“人民邮政为人民”的初心使命，更好履行国企政治责任和社会责任，彰显新时代邮政人文关怀，助力精神文明建设。“邮爱驿站”是以邮政各网点为服务场所，在营业厅内设立“邮爱驿站休息区”，为环卫工人、快递小哥、交警辅警等户外劳动者提供饮水、就餐、手机充电、临时休息、应急外敷药品等便民服务，通过广泛开展送帮扶、送清凉、送知识和志愿者献爱心等关爱社会大众活动，全力打造户外劳动者获得尊重、获得关爱的“歇脚地”“加油站”“暖心屋”。（邮政公司 朱虹艳）

现代物流业

【概况】 2019年，扬中市推进重点物流项目，西来桥镇江苏润华物流码头三期工程项目基本竣工。扬中市邮政企业和规模以上快递服务企业业务收入（不包括邮政储蓄银行直接营业收入）累计完成1.22亿元，增长9.49%；业务总量累计完成2.41亿元，增长33.19%。全市依法取得快递业务经营许可证的企业8家、18家分支机构、36个末端网点。经营体制有国有、民营2种，分属13个品牌。

（经济发展局 姚勇、镇江邮管局 颜丹）

【江苏润华物流码头】 2019年，江苏润华物流有限公司码头工程三期仓储物流项目总投资9617.82万元，新建总仓容5.8万吨，其中平房仓仓容4万吨（已交付），筒仓仓容1.8万吨，项目预计2020年8月完工，主要用于中转玉米、小麦、大豆等粮食品种，2019年项目完成审批手续开工建设，申请列入2020年国家粮食安全保障调控和应急设施项目计划。（经济发展局 姚勇）

【快递服务】 2019年，扬中市规模以上快递服务企业业务量累计完成546.06万件，比上年增长12.62%；业务收入累计完成0.52亿元，增长12.14%。规模以上快递服务企业快递业务投递量累计1357.27万件，增长19.03%，日均投递量3.72万件。同城快递业务量收累计完成35.51万件，增长10.33%，业务金额0.02亿元，增长25.86%；异地快递业务量收累计完成509.74万件,增长12.67%,业务金额0.37亿元,增长10.40%;国际及港澳台快递业务量累计完成0.81万件,增长181.88%,国际及港澳台快递业务收入累计完成0.01亿元,增长67.92%。 (镇江邮管局 颜丹)

2019年扬中市快递业情况一览表

表11

序号	企业名称	许可证号	企业品牌	企业性质	注册地址	企业法人
1	扬中鸿顺速递有限公司	苏邮20100071B	圆通速递	民营控股	扬中市经开区新扬路华丰生物技术公司综合楼	唐焕照
2	扬中市骏捷快运有限公司	苏邮20110514B	速尔	民营控股	扬中市外环南路333号	孙　健
3	扬中市瑞达快运有限公司	苏邮20100145B	天天快递	民营控股	扬中市昌盛路518号	吴加根
4	扬中市润通物流有限公司	苏邮20140680B	百世快递	民营控股	扬中市三茅街道环城南路36号	郭明弘
5	扬中市申通快递有限公司	苏邮20100257B	申通快递	民营控股	扬中市中乔工业园区	傅　什
6	扬中市韵达快递有限公司	苏邮20100229B	韵达快运	民营控股	扬中市美食一条街132号	孙长兵
7	扬中市中通快递服务有限公司	苏邮20100450B	中通速递	民营控股	扬中市扬子西路联盟桥东侧	肖　敏

(镇江邮管局 颜丹)

开放型经济

【概况】 2019年,扬中市实际利用产业类外资0.63亿美元,比上年下降49.82%。全年实现外贸进出口5.18亿美元,下降27.59%。其中出口额4.47亿美元,下降28.25%,进口额7039.82万美元,下降23.06%。引导外包企业积极参加各类服务外包展会,巩固传统市场,开拓新兴市场。累计完成外包执行额3.08亿美元,完成年计划的108%,增长23.7%。 (商务局 奚松裕)

【外资外贸外包服务】 2019年,扬中市商务局坚持务实利用外资导向,强化对外资项目落地情况的核查力度,提升外资利用质量,完成全口径实到外资6296万美元,其中制造业实到外资6272万美元,完成全年计划的104.5%,战略性新兴产业外资6108.92万美元,占全口径实到外资97.03%。加大外贸企业开拓新兴市场的支持力度,建立重点企业监测机制和部门横向联动机制,推动进出口银行、中信保为企业提供信贷和对美信保支持,指导企业运用市场替代等应急策略规避贸易摩擦风险。持续加大外贸主体培育力度,开展"倍增破零"行动,推动长城汽车、威金斯肥业等企业进出口实现零的突破,帮助大全、苏惠乳胶等重点企业稳定出口市场。 (商务局 奚松裕)

【招商推介】 2019年,扬中市商务局围绕主导产业渐进式重构,在汽车零部件、人工智能、大数据等新兴产业上求突破。灵活招引模式,就润泽科技、北开等重点项目开展上门对接;就疏解非首都功能、上海产业转移等项目加强与机构合作;围绕中南高科、派米雷等特色园区全面开展园区招商。健全招商组织体系,构建"招商中心+各板块招商办与3个驻外招商局+6个驻外联络处+招商顾问联动"的招商网络。 (商务局 奚松裕)

【利文斯顿市市长访问扬中】 2019年3月6日,扬中市委书记潘早云会见到扬中访问的利文斯顿市市长比尔·路德维希一行,双方就教育、新能源以及旅游领域的合作深入交流。7日,扬中市与澳洲三所中学缔结友好学校关系协议,耶蓬圣布伦丹中学与江苏省扬中高级中学、耶蓬州立中学与新坝中学、圣厄休拉中学与八桥中学分别缔结友好协议。根据协议内容，各友好关系学校将通过电子邮件、信件或在线会议方式搭建两校师生沟通平台、分享文化学习和教学经验、探讨提供寄宿家庭和游学教育经历的机会。 （融媒体中心）

2019年3月6日，利文斯顿市市长比尔·路德维希（左一）访问扬中 （融媒体中心供图）

【欧洲经贸洽谈】 2019年3月28日至4月3日，扬中市委书记潘早云率团赴德国、奥地利开展经贸洽谈活动，将“一带一路”建设走深走实，为扬中高质量发展开拓重要的动力源。潘早云一行考察奥地利格拉茨的AVL公司，就建立汽车产业研发中心深度对接；考察奥地利拉基兴的米巴集团，全力促成米巴集团汽车发动机定子生产线项目落户扬中；考察长城汽车在奥地利维也纳的研发公司；赴宝马奥地利施泰尔发动机工厂，考察宝马发动机生产线及工艺流程。在德国慕尼黑宝马总部，就宝马电池储能项目与大航宝航深入广泛的合作进行研讨，确定合作的总体框架；赴德国汉堡世图兹集团，洽谈推进香江科技数据中心空调冷却系统项目；看望参加汉诺威工业博览会的大全集团相关负责同志。 （融媒体中心）

【产业项目（深圳）专题招商推介活动】 2019年8月21日，扬中市在深圳举行产业项目专题招商推介活动，活动结合该地产业优势，围绕先进制造业、现代物流业开展园区招商、岸线资源招商。活动现场开展项目集中签约。新坝镇人民政府与天云净品（深圳）科技有限公司就智能净水设备研发、制造及推广项目签订投资协议；八桥镇人民政府与华通船舶工程有限公司就船舶脱硫脱硝系统设备项目签订投资协议；三茅街道办事处与深圳云引擎科技有限公司就云引擎智能制造项目签订投资协议；经开区管委会与佛山市润安光电科技有限公司就有机电致发光(OLED)照明项目签订投资协议。 （融媒体中心）

2019年8月21日，扬中市在深圳举行产业项目专题招商推介活动 （融媒体中心供图）

【刚果民主共和国代表团商务考察】 2019年12月5日，刚果民主共和国［简称“刚果（金）”］总统经济顾问贝亚率领的商务考察代表团、中石沃森董事长周铁生率领的中石沃森代表团到扬中开展商务考察交流。考察团先后到新坝镇电气工业品城、大航有能厂区、中国职业装博览馆和宜禾股份厂区参观考察。考察中，刚果（金）友人对扬中的工程电气制造、系统集成能力和跨界集成服务表示出浓厚兴趣。 （融媒体中心）

【机电企业外贸业务专题讲座】 2019年12月6日，扬中市开展机电企业外贸业务专题讲座，帮助企业面对日益复杂严峻的全球贸易环境和不断升温的中美贸易战，更好地拓展海外市场。会上，国家机电进出口商会专家根据长期对机电产品国际市场的分析、研判以及自身丰富的实践经验，通过真实的事例、详实的数据，从机电产品进出口的形势、行业出口的情况、电力设备出口常见的认证、开拓国际市场的主要方式四个方面详细解读和分析。现场，数位机电企业主要负责人就各自企业在出口中遇到的难点和瓶颈向专家请教。 （融媒体中心）

金 融

综 述

【银行业概况】 2019年,扬中市有银行业金融机构17家,其中政策性银行1家(农业发展银行),国有商业银行4家(工商银行、农业银行、中国银行、建设银行),股份制商业银行6家(交通银行、浦发银行、民生银行、中信银行、兴业银行、华夏银行),邮政储蓄银行1家,城市商业银行2家(江苏银行、南京银行),法人农村商业银行1家,异地农村商业银行分支机构1家(太仓农商行),村镇银行1家(恒丰村镇银行)。全市金融机构本外币各项存款余额667.50亿元,比年初增加37.25亿元,增长5.91%。全市社会融资规模948.95亿元,比年初新增66.14亿元。其中本外币各项贷款余额528.04亿元,比年初增加38.05亿元,增长7.77%;中长期贷款余额242.44亿元,比年初增加10.51亿元,增长4.53%。 (人民银行 陈菊英)

【存款】 2019年,扬中市金融机构本外币各项存款先增后稳。各项存款余额667.50亿元,比年初增加37.25亿元,增长5.91%,比上年多增27.80亿元。其中企业存款余额210.01亿元,比年初增加31.04亿元,增长17.34%,比上年多增93.88亿元;住户存款余额339.26亿元,比年初增加33.86亿元,增长11.09%,比上年多增19.04亿元;机关团体存款余额113.94亿元,比年初减少25.77亿元,下降18.45%,比上年少增81.61亿元。从存款结构来看,以住户存款为主,占各项存款的50.83%。 (人民银行 陈菊英)

【社会融资规模】 2019年,扬中市社会融资规模948.95亿元,新增66.14亿元。其中本外币各项贷款余额528.04亿元,比年初增加38.05亿元,增长7.77%,比上年多增29.17亿元;银行汇票、保函、信用证等表外融资余额76.93亿元,比年初增加12.69亿元,增长19.75%;信托、企业债券融资、非金融企业股票融资等新型融资余额129.83亿元,比年初减少5亿元。截至年末,扬中市金融机构不良贷款余额9.20亿元,比年初减少6.66亿元,不良贷款占比1.74%,比年初下降1.6个百分点。扬中市金融机构紧紧围绕经济转型升级要求,优化货币信贷投入结构,金融支持实体经济的力度增强。全力支持主导产业转型升级。金融支农支小力度不断增强,信用体系建设不断完善。年末,全市涉农贷款余额417.33亿元,比年初增加27.24亿元,增长6.98%;小微企业贷款余额180.30亿元,比年初增加5.95亿元,增长3.41%。 (人民银行 陈菊英)

【货币政策贯彻执行】 2019年,人民银行扬中市支行传导货币政策,开展宏观审慎评估,合理调控法人机构信贷规划。人民银行发放支农再贷款资金9.91亿元,再贴现资金1.58亿元。落实定向下调存款准备金率政策,向扬中农商银行累计释放资金5.08亿元,全部投放辖内民营和小微企业,切实缓解民营和小微企业的资金周转压力。传导贷款利率形成机制改革,引导辖内两家法人机构各项贷款加权平均利率分别比年初下降0.94和0.74个百分点,降低实体经济融资成本。人民银行扬中市支行组织综合评价辖内17家金融机构2018年度执行人民银行政策情况,确定"A类"机构4家、"B类"机构13家。开展目标管理考核,扬中市金融稳定工作协调小组制定《扬中市银行业金融机构目标管理考核暂行办法》,考核全市金融机构的信贷投放、涉农、利率执行等12项考核指标,调动金融机构支持地方经济建设,服务全市高质量发展。搭建平台推动政银企合作。人民银行扬中市支行牵头组织扬中市金融系统年度表彰暨政银企合作重点项目签约会,搭建政银企沟通桥梁,深化政银企合作,帮助企业缓解融资难题,向银行推介政府和企业合作项目,促进经济金融健康协调发展。举行政银企重点项目签约仪式,政银企合作项目签约金额达27.16亿元。开展金融暖企惠企行动。推动金融机构对全市范围内企业开展金融惠企、金融暖企“大走访大落实”活动,深入2305家企业实地走访,对接重点项目、重点企业。在全市开展“普惠金融乡村行”活动,举办银企对接活动55场,服务民营和小微企业885家,累计合作授信金额8.38亿元。

(人民银行 陈菊英)

【金融风险防范】 2019年,人民银行扬中市支行做好存款保险保费缴纳、化解企业融资风险、加强金融风险监测等工作。按上级行部署,推进存款保险实施的各项工作,开展法人机构季度央行金融机构评级工作,完成两家法人机构的保费缴纳工作。依靠市金融稳定工作协调小组各成员单位力量,保持全市金融风险防控局面的基本稳定。加强非现场金融风险监测,强化对全市60强企业对外担保信息情况的数据统计,按季监测企业互保联保情况;持续开展企业担保圈风险情况监测,按月分析全市金融机构的保证贷款数据;建立政府融资平台贷款情况统计表,按季监测政府融资平台融资余额变化情况;建立扬中市涉险企业摸排情况表,按季统计涉险企业明细,监测涉险企业所在乡镇、行业、贷款余额、五级分类等具体信息,源头防范金融风险。

(人民银行 陈菊英)

【金融产品创新】 2019年,扬中市金融系统优化信贷资源配置,调整信贷投入结构,支持全市经济平稳发展。全市金融机构打造“一行一品牌”,根据自身业务特点力推创新产品,工行e抵快贷、农业银行“苏微贷”、建设银行“云税贷”、兴业银行“知保通”、南京银行“科保贷”、江苏银行“冠军贷”、邮储银行“极速贷”等金融创新产品,缓解小微企业融资成本高、抵押担保不足的问题,满足融资需求。 (人民银行 陈菊英)

【外汇收支】 2019年,扬中市实现外汇收入5亿美元,比上年下降19%。其中货物贸易收入4.21亿美元,下降19%;非货物贸易收入0.32亿美元,增长12%;资本项目收入0.46亿美元,下降33%。外汇支出2.34亿美元,增长36%。其中货物贸易支出1.09亿美元,下降7%;非货物贸易支出0.63亿美元,增长15%;资本项目支出0.62亿美元,增长14011%。实现外汇收支顺差2.66亿美元,下降40%。 (人民银行 陈菊英)

【外汇服务与管理】 2019年,外汇管理局扬中市支局推进外汇管理改革,加强外部监管和内部管控,以防范跨境资本流动风险为核心,恪守“宏观审慎、微观合规”导向原则,不断促进贸易投融资便利化。规范国际收支统计申报工作,开展国际收支统计间接申报非现场核查,完成国际收支非现场核查10419笔,金额6.68亿美元。加强对跨境收支和结售汇专项统计工作的监测与分析。全年累计完成重点监测企业日志167条,办理新增名录登记65家,名录变更5家。开展年度外商投资企业“联合年报”和(ODI)存量权益登记工作,完成FDI项下125家和ODI项下21家存量权益登记申报。推进“互联网+监管”和数字外管等外管服务基础平台建设。实现进出口企业名录登记全程网上办理等行政审批全过程网上办公。根据总局不同时期的重点工作内容,做好“数字外管”外汇基础设施建设和跨境金融区块链服务平台二项综合性工作。

(人民银行 陈菊英)

【金融改革与服务】 2019年,人民银行扬中市支行改革贷款利率形成机制,降低企业融资成本。通过政策引导,扬中农商银行各项贷款加权平均利率6.27%,比年初下降0.94个百分点;扬中恒丰村镇银行各项贷款加权平均利率5.9%,比年初下降0.74个百分点。提高利率传导效率,降低实体经济融资成本。完成取消企业银行账户许可改革,广泛宣传取消企业银行账户许可的时间、范围、内容以及做法。加强支付结算服务管理。持续推进移动支付便民服务示范工程,开展扬中市农村普惠金融服务点建设。截至2019年年末,扬中市有农村金融综合服务站45个,农村普惠金融服务站覆盖全市59个无银行网点行政村。开展个人II、III类银行结算账户风险排查,建立风险监测机制。加强国库监督与服务。人民银行扬中市支行简化退库工作流程,开辟绿色通道,全面运用电子化手段,完成退库业务505笔,退税金额11.81万元,惠及纳税人394户。加强征信管理与服务。人民银行扬中市支行督促辖内金融机构建立相关征信信息安全管理制度,对辖内金融机构开展征信合规与信息安全考核评级,确保征信合规运行。做好征信查询服务,2019年,新增1台征信自助查询机,个人信用报告查询1.6万笔。加强人民币流通管理,推进金融消费者权益保护,配合2019年版第五套50元及以下面额人民币发行工作开展宣传;持续开展反假知识宣传活动,开展金融知识普及月活动;组织普惠金融体系调查,妥善处置多起金融消费者维权纠纷。

(人民银行 陈菊英)

2019年扬中市贷款分行业统计表

表12　　单位:亿元

行业	贷款余额	比上年增减	与上年相比(%)
A.农、林、牧、渔业	7.11	-0.09	-1.25
B.采矿业	0.00	0.00	0.00
C.制造业	159.45	2.66	1.70
D.电力、热力、燃气及水生产和供应业	1.39	0.71	104.41
E.建筑业	25.89	6.64	34.49
F.批发和零售业	33.68	2.08	6.58
G.交通运输、仓储和邮政业	1.65	-0.04	-2.37
H.住宿和餐饮业	0.80	-0.01	-1.23
I.信息传输、软件和信息技术服务业	2.34	1.55	196.20
J.金融业	0.00	-0.55	-100.00
K.房地产业	16.93	1.65	10.80
L.租赁和商务服务业	48.91	12.92	35.90
M.科学研究和技术服务业	1.50	1.38	0.00
N.水利、环境和公共设施管理业	93.43	-5.26	-5.33
O.居民服务、修理和其他服务业	0.72	-0.11	-13.25
P.教育	0.61	0.61	0.00
Q.卫生和社会工作	0.25	0.00	0.00
R.文化、体育和娱乐业	0.25	0.15	0.00
S.公共管理、社会保障和社会组织	0.00	-2.25	-100.00
T.国际组织	0.00	0.00	0.00
对境外贷款	0.02	0.02	0.00
个人贷款及透支	111.21	15.94	16.73
贷款总计	506.14	38.00	8.12

说明:不含票据融资

(人民银行 陈菊英)

【保险业概况】 2019年，扬中市保险事业保持稳定。年末拥有保险业金融机构32家，保费收入13.59亿元,比上年增长10.04%,其中财产险收入2.59亿元,增长4.02%;人身险收入11亿元,增长11.56%。赔付额3.5亿元,下降18.8%,其中财产险赔付1.7亿元,下降7.6%;人身险赔付1.8亿元,下降34.07%。

(金融监管局 徐子国)

【金融监管】 2019年,扬中市地方金融监督管理局坚持“促发展、保稳定、强监管、重规范”的工作思路,围绕服务实体经济、化解地方债务、加强国资监管、地方金融监管等任务,推动金融工作稳步前进。制定出台《全市十二年债务化解方案》,2019年实现债务总量和全口径债务率“双降”,在镇江市债务综合考评中获得第一名。出台多个企业规范性文件,初步构建起全市国资监管制度体系,制定平台公司市场化转型方案,实现市属企业防风险、促转型、谋效益的新跨越。通过走访排查、整改约谈、动态评级、规范年审等形式,结合网络监管、信息和报表制度，强化对地方金融从业机构的监管,发布《扬中市13家地方金融从业机构名录》,4家小贷公司、1家典当行通过省级评级。修订《扬中市银行业机构目标考核管理暂行办法》,考核17家银行;在全省率先制定出台《保险业金融机构支持扬中高质量发展考核暂行办法》,考核38家保险机构,推动金融机构属地融合发展;牵头召开政银企对接会,与中信银行镇江分行、民生银行镇江支行等4家金融机构签订长期战略合作协议,授信额度超200亿元;牵头协调12家银行组建华威紧密型银行债权人委员会,协调13家银行对华鹏集团的联合公约,协调8家银行对有能集团的联合公约,召开协调会与出具会议纪要、协商协议(函)等,压降扬中市担保圈贷款余额。"扫黑除恶"工作实绩与部门联动模式得到中央"扫黑除恶"专项斗争第17督导组肯定,地方金融监管局获扬中市"金融服务特别贡献奖"。（金融监管局 徐子国）

【政银企合作】 2019年1月21日,扬中市举行金融系统年度表彰暨政银企合作重点项目签约会。会议播放金融系统宣传片;通报2018年金融工作成绩,部署2019年金融工作。人民银行获金融服务特别贡献奖;农商银行、南京银行、恒丰村镇银行、农行获综合考核一等奖;会议颁发支持实体经济贡献奖、防控化解风险贡献奖、优化金融服务贡献奖、金融创新发展贡献奖、社会责任担当贡献奖。活动现场进行项目签约,其中人民银行与农商银行、恒丰村镇银行签订支农再贷款授信协议;农发行、工行等银行分别与中扬建设集团、大行公司等企业签约项目17个,授信金额27.16亿元。（融媒体中心）

2019年1月21日,扬中市举行金融系统年度表彰暨政银企合作重点项目签约会 （融媒体中心供图）

【企业上市】 2019年7月,亿阀股份收到全国中小企业股份转让系统有限责任公司《关于同意江苏亿阀股份有限公司股票在全国中小企业股份转让系统挂牌的函》。9月17日,江苏股权交易中心集中挂牌(镇江专场)活动在镇江市九华锦江国际酒店举行,扬中市15家企业挂牌。截至9月,扬中累计认定省、市级专精特新产品、科技小巨人、"单打冠军"企业46家,实现"新三板"挂牌企业10家,各类区域股权交易市场挂牌企业87家,完成上市公司并购3家,1家企业完成IPO申报。扬中市连续4年组织企业参加集中挂牌仪式,在江苏股交中心挂牌企业数71家,其中"专精特新板"挂牌65家,名列镇江市前茅。（金融监管局 徐子国）

【人民银行取消企业银行账户许可】 2019年2月25日起,人民银行决定在江苏、浙江两省取消企业银行账户许可,其他各省(区、市)在2019年年底前完成取消企业银行账户许可工作。取消企业银行账户许可的范围是境内依法设立的企业法人、非法人企业、个体工商户(统称企业)在银行办理基本存款账户、临时存款账户业务(含企业在取消企业银行账户许可前已开立基本存款账户、临时存款账户的变更和撤销业务),由核准制改为备案制,人民银行不再核发开户许可证。机关、事业单位等其他单位办理银行账户业务仍按现行银行账户管理制度执行。取消企业银行账户许可后,银行直接办理企业基本存款账户和临时存款账户的开立、变更、撤销业务,全面提升对企业特别是民营企业、小微企业的支付服务能力和水平。（融媒体中心）

【"信用扬中"信用应用体系建设】 2019年5月15日,"信用扬中"信用应用体系建设项目签约仪式举行。签约仪式上,中评信用管理(北京)有限公司负责人介绍项目情况,市经济发展局、金控集团、中评信用管理有限公司签订"信用扬中"信用应用体系建设合作协议。此次签约标志着扬中市与中评信用的合作走向深入,"诚信扬中"建设迈向新阶段,会议要求相关单位要加快完善信用体系建设基础性工作,借助"大数据""互联网+"等先进理念和技术,提升信用信息归集质量水平;各镇(街、区)、各相关部门要以政务诚信、商务诚信、社会诚信、司法公信等为重点,推动信用体系全覆盖;运用信用记录、信用报告,发挥好信用惩戒作用,建立失信行为惩戒机制,为扬中市营商环境的持续优化提供重要保障。（融媒体中心）

【"苏科贷"扬中被评"A"】 江苏省生产力促进中心印发《关于通报2018年度"苏科贷"合作地区绩效评估结果的通知》,扬中市被评为优秀(A类)"苏科贷"合作地区。"苏科贷",即江苏省科技成果转化风险补偿专项资金贷款。省生产力促进中心每年年初对各合作地区上一年度"苏科贷"的贷款规模、贷款增幅、贷款企业数、企业库管理、管理制度和不良贷款风险补偿情况等指标进行评分，并根据评估分值确定合作地区年度评估结果。2018年，扬中市54家企业获得“苏科贷”项目贷款支持，贷款总额1.55亿元，其中“苏科贷Ⅰ”1.31亿元，“苏科贷Ⅱ”2400万元，超额完成目标任务。

（融媒体中心）

【3家小贷公司被评为A级类】 江苏省地方金融监管局公布2019年江苏省小贷公司监管评级结果，扬中市盛大农村小额贷款有限公司、信达农村小额贷款有限公司、众盛农村小额贷款有限公司3家被评为A级小贷公司，新城农村小额贷款有限公司被评为BBB级小贷公司。截至11月，全市有6家小贷公司，A级小贷公司3家。小贷公司开展评级工作，是为健全和完善省内小贷公司的风险监管体系，实现对小贷公司的持续监管、分类监管和风险预警。根据监管评级办法，小贷公司级别分三等、九级。一等包括AAA级、AA级、A级，二等包括BBB级、BB级、B级，三等包括CCC级、CC级、C级。不同的等级对应不同的风险标准，采取相应的监管措施。对A级类小贷公司主要以原则性、常规性监管为主，积极支持公司发展，相应放宽现场检查的频率，在对外融资、中间业务和创新业务开展等方面给予鼓励和支持；对B级类小贷公司采取针对性监管措施，明确提出存在问题并限期整改，定期开展非现场和现场检查，适当限制或暂停对外融资，加强对创新业务、担保业务的监管指导，直至暂停业务。

（融媒体中心）

【首笔纯专利质押融资贷款发放】 2019年8月，扬中市江苏大力城电气有限公司通过质押3项专利获得中国银行扬中支行350万元“知贷通”贷款，是扬中市2019年发放的首笔纯专利质押融资贷款。2019年，市知识产权局通过企业融资需求调查、优质科技型企业筛选、举办知识产权质押融资银企对接会等方式为银企做好牵线搭桥工作，制定质押融资评估相关资助政策，让企业通过知识产权质押获得融资，在贷款利率和评估费用上享受最大优惠。“银政企”三方高效合作模式开拓银政服务企业发展新渠道。（融媒体中心）

银行选介

【中国农业发展银行扬中市支行】 2019年，中国农业发展银行扬中市支行年末各项存款余额为7.19亿元；日均存款余额9.38亿元；各项贷款余额为25.87亿元，其中县储备粮油贷款3581.4万元，粮棉油收购贷款800万元，农村基础设施中长期贷款25.33亿元，其他政策性亏损挂账贷款50.08万元。贷款总量中，50.08万元政策性挂账贷款为关注贷款，4.23亿元农村基础设施中长期贷款为关注类贷款，其他贷款的占用形态均为正常贷款，无不良贷款占用。年末各项贷款的利息收回率100%。全年实现各项收入1.43亿元，各项支出8264.14万元，账面利润6060.42万元。

（农发行 张书源）

【中国农业银行股份有限公司扬中市支行】 2019年，中国农业银行股份有限公司扬中市支行年末各项存款总量133亿元。其中个人、对公存款分别新增6.13亿元、3.43亿元；各项贷款余额76.11亿元，增量4.96亿元。农行集中优势力量，满足实体经济有效融资需求。开展金融惠企大走访，支持小微企业发展，全年新拓展小微企业54户，发放贷款5.46亿元。11月，农行与财政局、融资担保公司三方签定“苏微贷”协议，合作开展“苏微贷”业务，财政局设立首期“苏微贷”业务融资风险资金1000万元，可发放贷款规模1亿元，小微企业信贷业务得到有效推动。强推“一项目一方案一授权”新模式落地，形成落地项目15个，其中个人类10个，已用信128户、金额1.07亿元；小微企业类5个，已用信47家、金额2.5亿元。推进经营重心下沉，各网点均实现办理个人类普惠信贷业务，8家法人业务已下沉。在扬中市非税收入电子支付清分银行、扬中市财政国库集中支付代理银行、扬中市住房公积金中心资金存放三大公开招标活动中，农行均以第一名中标。

（农业银行 刘金）

【中国建设银行股份有限公司扬中支行】 2019年，中国建设银行股份有限公司扬中支行存款余额61.44亿元，贷款余额29.48亿元。传导信贷政策，推进“三大战略”(普惠金融、蓝海项目、金融科技)，保持贷款有序投放，年末公司类贷款余额21.88亿元、个人类贷款余额7.64亿元。对公普惠金融贷款余额6.41亿元，新增1.72亿元；个人普惠金融贷款余额6403万元，新增805万元。年末全口径不良贷款余额2996万元，不良率0.99%。坚持多策并举，稳步发展中间业务。全年完成国际收支1.21亿美元、结售汇8150万美元、跨境人民币业务1.36亿元。净增信用卡客户1835户，完成信用卡分期1.19亿元，新增ETC发卡5395张。归集住房公积金1.39亿元；代理发放公积金住房贷款7828万元，余额4.56亿元，新增1797万元。新增公积金扩面单位65户、1344人，累计汇缴单位439户、15515人。

支行下设办公室、业务管理部、公司业务部、个人金融部三部一室,保卫(安保部)单独行使职能;下辖1个营业室、9个网点型支行;员工143人,其中本科学历74人,中级职称34人。支行党委下设6个党支部、66名党员。支行强化财务、会计、信贷、个金、印章等基础管理,狠抓关键环节和重点、交叉部位的常态化管理。宣讲合规文化,增强合规意识。开展银行业乱象整治、员工行为排查等活动。强化案件防控,持续推进"平安建行"创建,组织安全生产,落实好人、财、物、业务、运营安全,全年无案件、无重大责任事故、无重大声誉风险事项发生。 (建设银行 吴文君)

【中国银行扬中支行】 2019年,中国银行扬中支行实现营业净收入1.16亿元,比上年减少1460万元;净利润7676万元,增加2.45亿元;拨备前利润7938万元,减少1289万元。

本外币一般存款(含理财)35.64亿元,比年初增加2.05亿元。其中本外币公司存款余额15.99亿元,较年初新增0.3亿元;本外币储蓄存款19.65亿元,较年初增加1.76亿元。实现中间业务净收入2557万元,减少1111万元。其中公司条线实现中间业务收入1177万元,减少745万元;个金条线实现中收1380万元,减少365万元。行本外币贷款余额38.48亿元,比年初新增9.77亿元,其中公司贷款余额30.78亿元,比年初新增9.69亿元;零售贷款余额7.7亿元,较年初新增0.08亿元。累计结算量1.48亿美元,保持扬中市场份额第一。 (中国银行 张强)

【中国工商银行股份有限公司扬中支行】 2019年,中国工商银行股份有限公司扬中支行实现拨备前利润1.59亿元,人均利润132.5万元;全年实现中间业务收入6794万元;各项存款45.19亿元,比年初增加3.76亿元,其中对公存款16.64亿元,比年初增加1.22亿元,储蓄存款28.54亿元,比年初增加2.53亿元;各项贷款余额51.34亿元,其中公司贷款47.76亿元,个人贷款3.58亿元。加强渠道建设,推动"工行驿站"建设工作,全辖统一挂牌,向广大劳动者提供免费的饮水、休息桌椅、手机充电、无线上网、报刊阅览等惠民服务。 (工商银行 左春燕)

【交通银行镇江扬中支行】 2019年,交通银行镇江扬中支行年末各项存款余额6.19亿元,存款日均5.16亿;其中储蓄存款数2.12亿元,日均存款余额2.07亿元;对公存款数4.07亿元,日均存款余额3.10亿元;普惠"两增"口径新增贷款2680万。支行将资产质量管控作为经营管理工作的重中之重,坚决守住风险底线,平稳完成4户重组,重组额4927万元,未新发生逾期欠息等临期管理问题。全面完成分行普惠条线计划,新增客户均为扬中三十强企业,在复杂的金融环境中,难中求稳,全力稳住规模和质量不滑坡。支行狠抓资产业务投放,强化支行服务实体能力,稳中求进,多项指标表现亮眼,扩大同业业务规模,较好地完成分行下达的各项指标。 (交通银行 彭清平)

2019年扬中市主要金融机构经营指标情况表

表13

金融机构	各项存款	比年初增加	与上年相比(%)	各项贷款	比年初增加	与上年相比(%)
发行	7.19	−5.64	−43.96	25.87	−5.20	−16.74
工行	45.60	3.88	9.30	51.34	−0.35	−0.68
农行	133.05	9.54	7.72	76.11	4.96	6.97
中行	33.62	0.82	2.50	38.49	9.77	34.02
建行	61.44	−5.75	−8.56	31.23	1.15	3.82
交行	6.28	0.97	18.27	11.84	−0.01	−0.08
江苏	20.02	−3.31	−14.19	27.52	−1.62	−5.56
邮储	33.43	4.46	15.40	20.06	3.15	18.63

续表 13

金融机构	各项存款	比年初增加	与上年相比(%)	各项贷款	比年初增加	与上年相比(%)
农商行	167.28	6.05	3.75	123.60	7.05	6.05
太仓	3.95	0.98	33.00	3.01	0.23	8.27
恒丰	16.48	-0.59	-3.46	16.92	0.95	5.95
浦发	25.85	2.54	10.90	15.77	1.52	10.67
民生	15.55	0.65	4.36	12.07	2.42	25.08
中信	29.51	8.00	37.19	35.14	5.02	16.67
兴业	24.85	3.75	17.77	10.71	-3.14	-22.67
华夏	12.72	1.59	14.29	12.58	6.05	92.65
南京	26.93	11.16	70.77	15.79	6.10	62.95
合计	663.75	39.10	6.26	528.05	38.05	7.77

说明:本外币各项存款不含人民银行财政存款和各银行机构代理财政性存款　　(人民银行 陈菊英)

保险公司选介

【中国人民财产保险股份有限公司扬中支公司】 2019年,中国人民财产保险股份有限公司扬中支公司保费收入8776.85万元,比上年增长17.92%。其中非车险保费2581.18万元,增长86.3%;车险保费5582.6万元,下降0.88%;农险保费613万元,增长44.16%。处理赔付案件26.98万件,支付各险赔付款6287万元,赔付率71.63%,增长2.34%。

(人保财险扬中支公司 赵莲娣)

【中国人寿保险股份有限公司扬中支公司】 2019年,中国人寿保险股份有限公司扬中支公司有营业网点6个,从业人员1860人。全年实现保费收入6.34亿元,其中个险渠道4.68亿元,比上年增长11.3%,市场份额54.09%。给付案件1.86万件,给付金额1.21亿元,累计承保人次76.71万人。

(中国人寿 杨玉)

【中国太平洋财产保险股份有限公司扬中支公司】 2019年,太平洋财产保险公司扬中支公司实现保费收入4122万元,其中车险实现保费收入3184万元,车险业务占比77%;非车险保费收入938万元,非车险业务占比23%,非车险中企财险、货运险等险种的市场占有率持续稳居市场第一。全年赔付案件2477件,赔款支出2338万元,简单赔付率56.7%,赔付率上升5.1%,综合成本率95%。2019年,扬中支公司认真执行银保监局的各项管理规定,做到合规经营,始终践行"保险姓保"的理念,发挥保险社会"稳定器"和经济发展"助推器"作用。

(太平洋财险 徐谋)

2019年扬中市财产保险业务统计表

表14　　单位:万元

单位	累计承保金额	累计保费收入 企财险	家财险	工程险	车险保费总额	商业车辆	商业车辆 其中电销	交强险 汽车	交强险 汽车 其中电销	交强险 摩托车	交强险 拖拉机	运输险	船舶险	责任险	保证险	人意险	健康险	信用险	农险	其他险	累计	比上年(%)	赔款支出 累计	赔款支出 赔付率(%)	赔付案件
人保财险	6557684	266	95	2	5583	4344	8	1213	4	16	10	41	0	362	16	558	1188	7	613	-1	8730	17.3	6287	72.0	269743
太保财险	3295917	537	23	0	3184	2443	233	729	78	12	0	95	0	64	6	80	69	22	42	0	4122	-6.6	2338	56.7	2477

续表 14

单位	累计承保金额	累计保费收入																				比上年(%)	赔款支出		赔付案件
		企财险	家财险	工程险	车险保费总额	商业车辆		交强险				运输险	船舶险	责任险	保证险	人意险	健康险	信用险	农险	其他险	累计		累计	赔付率(%)	
							其中电销	汽车		摩托车	拖拉机														
									其中电销																
平安财险	1751480	50	4	0	3239	2454	3	784	3	1	0	2	3	100	0	344	29	0	0	21	3792	-4.0	2317	61.1	2722
紫金财险	1573022	196	3	-	845	637	-	203	-	1	4	31	35	83	-	182	32	-	68	-	1475	-1.0	531	36.0	665
中华财险	424372	58	2	-	453	332	-	121	-	-	-	4	-	51	-	65	13	-	2	-	648	-20.0	570	88.0	525
国寿财险	1310549	45	2	5	2100	1558	46	533	17	9	0	6	0	66	0	69	2	0	2	0	2297	7.3	2062	89.8	2060
大地财险	541055	147	-	-	519	388	136	131	57	-	-	-	22	61	-	19	2	-	-	-	770	-7.3	478	62.1	446
永安财险	194239	-	-	-	434	303	-	131	-	-	-	-	-	16	-	85	-	-	-	-	535	109.0	101	18.9	251
阳光财险	256038	14	-	2	1160	840	192	318	69	2	-	-	-	6	-	49	-	-	-	-	1231	10.3	554	45.0	1038
天安财险	783314	78	-	-	661	487	-	174	-	-	-	15	-	80	-	11	6	-	-	-	851	21.9	446	52.4	505
泰山财险	140942	-	-	-	283	219	-	64	-	-	-	-	-	15	-	10	-	-	-	-	308	9.6	204	66.2	206
太平财险	274995	4	-	-	594	463	58	131	18	-	-	-	-	5	-	9	-	-	-	-	612	19.3	382	62.3	496
华安财险	22383	0	0	-	39	27	-	12	-	-	-	-	0	2	-	42	0	-	-	-	83	-45.8	66	79.9	103
安诚财险	135069	3	-	-	336	247	-	89	-	-	-	-	-	-	-	3	-	-	-	-	342	8.6	344	100.6	322
安邦保险	90949	-	-	-	138	90	-	48	-	-	-	-	-	4	-	1	-	-	-	-	143	-68.0	421	294.4	433
合计	17352008	1398	129	9	19568	14832	676	4681	246	41	14	194	60	915	22	1527	1341	29	727	20	25939	-	17101	1185.4	281992

（金融监管局 徐子国）

2019 年扬中市人寿保险业务统计表

表 15　　单位：万元

单位	累计保费收入							比上年(%)	累计给付金额			累计给付案件	累计退保金额	累计承保人次
	合计	其中：							理赔给付	其他给付	合计			
		首年新单	首年期缴	续收	团险	营销	银邮							
中国人寿	63440	21084	15486	42356	4513	46793	12134	11.3	5687	6457	12144	18601	6335	767098
太保人寿	7541	1284	936	6257	246	7277	18	12.9	561	1462	2023	6696	507	683528
平安人寿	7141	2145	1871	4996	745	6252	144	10.1	581	508	1089	654	248	2013
人民人寿	2649	912	609	1737	36	1588	1025	-22.2	74	656	730	546	2544	954
长城人寿	1114	310	247	804	-	1114	-	79.7	8	58	66	16	27	-
英大人寿	524	337	232	187	-	524	-	-	-	-	0	-	3	332
阳光人寿	3645	531	531	3114	-	3645	-	2.1	288	-	288	214	341	1160

续表 15

单位	累计保费收入							比上年(%)	累计给付金额			累计给付案件	累计退保金额	累计承保人次
	合计	其中：							理赔给付	其他给付	合计			
		首年新单	首年期缴	续收	团险	营销	银邮							
新华人寿	651	118	118	533	-	651	-	-11.8	23	75	98	258	19	585
泰康人寿	3136	582	551	2554	-	3136	-	-10.0	-	-	0	-	-	1321
太平人寿	2364	826	592	1538	13	1907	444	37.4	59	173	232	34	127	793
民生人寿	463	30	29	433	-	463	-	-6.1	12	31	43	1	60	1015
利安人寿	2524	685	535	1839	139	2385	-	15.6	39	266	305	296	269	11808
华夏人寿	12140	2997	5692	13380	-	7777	-	150.2	60	819	879	167	76	2787
华泰人寿	1549	163	206	1386	-	-	-	3.2	-	-	0	-	-	-
国联人寿	532	532	412	-	-	-	-	31.7	-	-	0	-	-	-
东吴人寿	528	176	176	352	-	173	42	-18.0	-	-	0	-	-	-
合计	109941	32712	28223	81466	5692	83685	13807	-	7392	10505	17897	27483	10556	1473394

（金融监管局 徐子国）

证券公司选介

【华泰证券股份有限公司扬中翠竹南路营业部】 2019年，华泰证券迁址改造，公司由扬子中路127号迁至翠竹南路。华泰证券扬中翠竹南路营业部有员工10人，总客户数24509户，全年新增客户3765户，增长18.15%，股基交易量405.75亿元，主营业务收入613万元。新增私募产品开户3户，私募产品总规模3584万元。（华泰证券 顾媛）

【南京证券股份有限公司扬中江洲南路证券营业部】 南京证券扬中江洲南路证券营业部位于扬中市江洲南路8号。营业大厅整洁明亮，中大户室设施齐全，环境优雅舒适，员工从业经验丰富，先进的网上交易软件让您足不出户就能轻松投资下单，电话委托、手机炒股等方便的交易方式给您多重交易选择。营业部经过十多年的发展，紧紧围绕“服务当地经济，服务当地客户”的宗旨，业务发展稳步增长，员工队伍不断扩大，服务标准不断提高。营业部针对客户不同投资需求提供个性化服务，以电话拜访、短信提示等形式加强与客户沟通，充分了解客户投资需求。（南京证券 顾纪兵）

【国元证券扬中春柳北路营业部】 2019年，国元证券扬中春柳北路营业部在册员工8人，基本完成新设营业部的核心团队组建。扬中营业部加强与江苏省股交中心沟通，将“科创板”作为主攻方向，与4家企业签订协议，商谈中3家。全年营业部新增客户1800户，比上年增长9.06%。（国元证券 黄吉）

交通运输

综　述

【概况】 2019，扬中市公路管理处列管养境内公路总里程 832.16 千米（不含 35 省道高速公路 8.97 千米），路网密度平均每百平方千米占有公路 316.13 千米。按行政等级划分：国道 523 里程 19.86 千米，238 省道 36.72 千米。全市农村公路县、乡、村道合计 765.55 千米(县道 197.03 千米，乡道 245.79 千米，村道 332.73 千米)。国道桥梁 11 座，4878.2 延长米，省道干线公路桥梁 9 座、3845 延长米，其中扬中一桥、二桥、三桥特大型公路桥梁，计 5157.1 延长米。农村公路桥梁 49 座，其中县道 21 座、875.36 延长米，乡道 18 座、518.5 延长米，村道 10 座、292.5 延长米。全市公路按技术等级划分：高速公路 8.98 千米；一级公路 109.37 千米；二级公路 76.88 千米；三级公路 95.36 千米；四级公路 550.56 千米。

2019 年，扬中市有港口(作业区)4 个，泊位 44 个(万吨级 11 个)，其中非装卸泊位 8 个(万吨级 3 个)，在建泊位 3 个(4 万吨级 2 个、1 万吨级 1 个)，使用岸线总长 7860 米，年货物吞吐量 2430 万吨。(交通局 钱佳晖)

【两个“示范”创建工作】 2019 年，扬中市交通运输局召开全国城乡交通运输一体化示范市和省“四好农村路”示范县创建工作推进会。在省“四好农村路”示范市创建中，根据新的农村公路提档升级三年行动计划的目标要求，2018 年，4 个乡镇实现达标销号，完成农路改造 28 千米；2019 年，三茅街道、八桥镇实现达标销号，实施提档升级工程建设 30 千米。累计完成农路安防工程里程 330 千米，通过省市验收。在全国城乡交通运输一体化示范市创建中，基本完成交通运输部提出的 8 项 100%的硬性指标，推进实施“桥梁、路网、公交”3 项特色性创建指标。加快推进城北次枢纽、市级物流集聚区和幸福三桥的实施，弥补创建短板。 (融媒体中心)

运输管理

【出租车管理】 2019 年，扬中市强化出租汽车行业管理。春运期间，交通运输局联合文明办、公安局、物价局和电信扬中支公司开展“天翼杯”“文明交通、安全春运”竞赛活动，表彰出租汽车行业 23 位先进个人。加快推进传统巡游出租汽车+移动互联网的融合发展，引导巡游出租汽车专业叫车平台“叫了个车”与两家出租汽车企业签订合作协议。与扬中电视台录制法治在线节目，规范出租车经营行为，维护乘客合法权益，提升城市文明形象。统一提供全市出租车车辆坐垫套，完善收费标贴、服务承诺等车内标志标识，加强出租车从业人员职业道德培训，推进星级出租车辆评比试点工作，提高队伍的整体素质和服务质量，督促出租汽车公司落实企业主体责任，建立“创文”长效机制。

(交通局 钱佳晖)

【客运管理】 2019 年，扬中市运输管理处全面完成重大节假日期间运输组织工作，实现无重大交通安全责任事故、无重大服务质量投诉和无旅客滞留车站等情况的发生。春运期间，安全发送旅客 91.1 万人次；清明节、“五一”期间，发送旅客 10.5 万人次；国庆期间，发送旅客 16.26 万人次。配合相关部门做好文明城市创建工作，督促扬中客运站、扬高汽渡加大宣传力度、改善乘车环境、加强巡视力度，整体改造客运站原有卫生间和母婴候车室。 (交通局 钱佳晖)

【货运管理】 2019 年，扬中市确定重点货运源头单位 5 家，向社会公示名单，检查约谈经营混凝土、钢材的重点企业，告知超限超载的法律责任和后果。联合其他部门开展过境货车集中整治。 (交通局 钱佳晖)

【机动车维修管理】 2019 年 6 月，《交通运输部关于修改〈机动车维修管理规定〉的决定》公布施行，扬中市探索机动车维修取消行政许可，更改为经营备案的路径。9月，开展机动车维修经营业户摸底调查工作，全面摸查维修市场相关情况，告知相关维修经营业户备案细则，下达责令改正违法行为通知书，全方位为维修经营业户备案工作做好服务。向城区沿街的维修业户发放《创建全国文明城市告知书》200余份，引导汽修企业不占道经营，保持城区环境整洁，文明服务，开展定期和不定期“创文、创卫”检查。运输管理处开展汽车维修企业VOCs(挥发性有机物)治理和危险废物整治情况回头看，检查VOCs治理设备使用及相关消耗品更换情况、危险废物治理仓库建立和危险废物处置情况，发现问题立即要求企业限期整改。运管处会同环保部门召开全市汽车维修行业环境管理工作会议，强调VOCs治理设备的规范使用和合法处置危险废物等，减少挥发性有机物排放，加强企业的环保意识。

(交通局 钱佳晖)

【驾培监管】 2019年，扬中市驾培行业开展“诚信驾培、满意学驾”活动，强化教练员素质教育，开展以“尊重学员、敬畏法律、做德技双馨教练员”再教育培训，289名教练员参加培训和考核，全年未发生一起教练员吃拿卡要投诉，3621名学员在驾培智能化管理与服务系统测评中满意度98%；加强道路运输从业人员从业资格证的档案管理工作，确保从业资格证档案网上查询、调档和电子化管理。强化驾培投诉处理服务意识和责任意识，投诉办结率100%，满意度100%。

(交通局 钱佳晖)

【路政管理】 2019年，扬中市公路管理处办理国省道干线公路行政许可16起，办理县道行政许可审批13起，收取许可费用132.91万元(省道82.41万元，县道50.5万元)，收取公路路产损失赔补偿费7.89万元；清除路障堆积物1035立方米，清除摊点578处，非公路标牌271块(条)，完成238省道归并平交道口7处，补植绿化350平方米；完成2019年度镇江市交通干线综合整治46项责任主体事项。 (交通局 钱佳晖)

【超限运输治理】 2019年，扬中市公路管理处开展公路超限运输联合执法行动，查处全市抛洒滴漏污染公路事件。全年联合公安、运管、路政出动执法人员1800人次，检查车辆796辆次，卸驳载1200吨，扣分650分，罚款2.31万元。 (交通局 钱佳晖)

交通工程建设

【概况】 2019年，扬中市交通运输局推进扬中市农村公路“一县一品牌、一区一特色”创建工作，高标准打造农路品牌与特色，全面提升迎检线路技术指标和路域环境，支持“四好农村路”省级示范县创建，配合镇街区改造提升农村公路28个项目、35千米。12月上旬通过省级验收，创成省级“四好农村路”示范县。推进堤顶公路南江段、环太段大修工程的方案设计、立项审批、施工图设计、稳评、招投标等工作，工程于9月底正式开工建设，12月底完成工程建设任务。(交通局 钱佳晖)

【公路建设与养护】 2019年，扬中市公路管理处坚持公路建养管并重的原则，坚持路域环境整治长效化，保持全市路况质量的稳定与路域环境的美化，全年经上级主管部门路况综合检测评定国、省干线公路路况综合指数(MQI)值96，路面破损指数(PCI)优良路率96.62%，路面平整度指数(RQI)优良路率96.4%。全年投入国省干线小修保养经费671万元，修补路面坑塘，实施路面沥青灌缝，刷白出新桥梁4座。开展238省道路面中修2千米(双向)，对523国道扬高汽渡至238省道平交道口处实施钢质护栏硬隔离。处置扬中二桥船舶碰撞桥墩事故，更新修复桥涵标(灯)，桥柱灯、损毁的电线电缆，设置桥梁承台警示标杆，提升船舶通航的警示效果。处置238省道八桥段货运车辆苯泄漏事故。 (交通局 钱佳晖)

【农村公路提档升级】 2019年，扬中启动28条新农村公路建设，全年新建或改建“四好农村路”30千米。公路管理处配合市交通运输局创建办和各镇(街、区)，对照考核要求逐条逐项落实措施。11月，通过省厅“太平路·扬中行”农路品牌创建命名；12月，通过省级“四好农村路”考核与验收。2013—2019年，扬中市、镇两级累计投入2.5亿元，完成农村公路提档升级近160千米，危桥改造12座，安防工程345千米；全市农村公路列养率和经常性养护率100%，县道优良中等路率97%，乡村道99.3%。公路管理处完成江堤公路一期安全生命防护工程施工，投入资金360万元；投入资金500万元打造“四好农村路”迎检路段；加大县道小修保养，维修保养105县道、353县道、306县道等路段，307县道、204县道、105县道部分路段增设警示桩、百米桩、里程碑等设施。投资70万元对县道联合桥引坡进行安全隐患治理,提高通行安全系数。依据江苏省农村公路技术状况评定标准综合检测,全市县道优良路率89.5%,公路路况综合指数(MQI)评定90.7;乡村道优良路率95.9%,公路路况综合指数(MQI)评定89.6。

(交通局 钱佳晖)

【扬中二桥防碰撞设施工作落实】 2019年10月,扬中市交通部门查看扬中二桥水上航道通行情况,现场交办扬中二桥防碰撞设施的工作落实。8月中旬,市公路处对扬中二桥通航的两个主航道,更新修复桥涵标(灯)2只,桥柱灯16只,更换损毁的电线电缆1260米,出新桥架盖板。10月底,二桥通航桥梁承台设置反光标杆(尺)12根,提高船舶通行的警示效果。

(融媒体中心)

城乡公共交通

【概况】 2019年,扬中市运输管理处推进公交优先发展,在全省"城乡道路客运一体化发展水平"评价中连续五年保持最高AAAAA级。连续七年开展镇村公交"回头看"。组织开展城区范围新一轮城市公交线网的优化提升工作。通过多种方式发布公告征求社会意见,征集各类建议63条,确定城区线路新辟和优化调整最终方案。做好"四好农村路"示范县创建(运营好)工作,新增2条镇村公交,分别是八桥镇利民村至八桥客运站319路,八桥客运站至幸福村320路;优化调整2条镇村公交线路,分别是303路新坝五一至新宁、318路公交总站至中华村新达标路段的公交开行工作,解决沿江偏远群众出行不便的问题。配合镇江市运管处完成扬中至镇江直达公交线路走向和停靠站点设置,开通镇江至扬中直达公交。完善公交基础设施建设,全年建设7座公交站牌,迁移12个公交立牌,改造17个电子站牌、52座公交站台显示屏;优化线路,临时改道11条,适时调整330班次。形成《扬中市"互联网+城乡公交一体化"项目建设方案》,督促中扬公交公司投资380余万元全面升级城乡智能公交系统,基本完成智能系统升级改造,推出移动支付服务,开启扫码乘车模式,"江洲行"APP上线。加快城乡公交站台建设,完成523国道江洲广场至二墩港段3对、6米标准化候车亭建设,4月底投入使用。结合城区公交线路优化,完成滨江公园首末站选址。

(交通局 钱佳晖、城投公司 张小强)

【319路镇村公交线路开通】 2019年6月5日,扬中市八桥镇利民站至齐桥站的319路镇村公交线路开通。该线路的开通是310路(永胜—二桥线)的补充,解决八桥镇幸福村到利民村市民出行问题,惠及群众1万余人。319公交线路由利民站出发,途经十圩站、六圩站、心安小区站、八桥医院站、八桥影剧院站、先锋站、幸福桥站、幸福小区、幸福十二组站、齐桥站等11个站点,全程7千米;利民站发车班次为首班7:00,末班17:00;齐桥站首班07:30,末班17:30。公交车为无人售票、全程一票制、票价1元,投币或使用扬中公交卡、江苏交通一卡通IC卡,相关乘车优惠按照有关政策执行。随着新增319线路的开通,全市镇村公交线路16条,营运里程96千米,站点127个。 (融媒体中心)

【城市公交线路优化调整方案】 2019年7月10日,扬中市交通运输局召开专题会议,优化调整原有城市公交线路,新辟2条公交线路。方案以充分满足群众出行需求为前提,结合公众有效建议,详细分析各条线路建议的可行性、合理性。5月30日,市交通运输局通过微扬中、扬中新闻网站等多种渠道发布《扬中5条城市公交线路新辟、优化调整方案》征求意见公告,截至6月15日,收集建议63条。经过筛选,去掉1条无实质内容、1条无关建议、6条重复建议,实际收到55条有效建议。101路、102路按原有线路运行,暂不调整;调整105路:仍从江洲广场经过,从金山学院出发,经523国道、238省道、翠竹北路到环城北路路口后,东拐至江洲广场,经扬中大道、扬子河南路、扬子路、明珠大道、建设路、新扬南路、迎宾大道至公交客运总站;新辟103路:文景广场—扬中大道—扬子河南路—江洲东路—江洲西路—春柳北路—环城北路—明珠大道—同心路—新民路—恒大养生谷区域。新辟106路:博联农商城—环城北路—春柳北路—扬子中路—扬子西路—新扬南路—建设路—新民路—迎宾大道—新扬南路—南江路—迎江大道—滨江公园。 (融媒体中心)

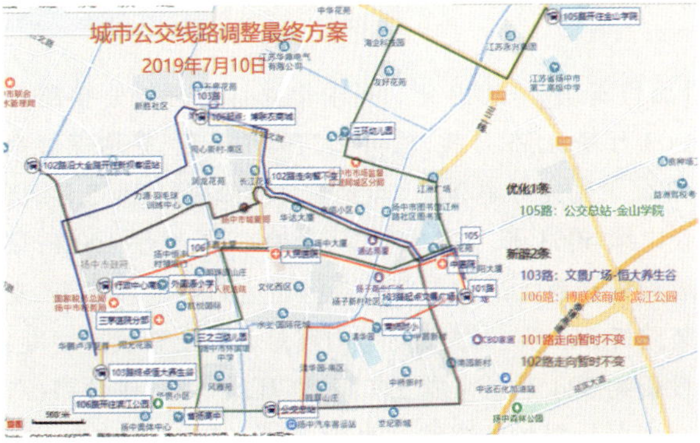

城市公交线路调整方案(融媒体中心供图)

城乡建设与管理

综 述

【概况】 2019年，扬中市住房和城乡建设局机构改革后承担市地震局的抗震设防等相关行政职能以及市拆迁办公室（市政府房屋征收办公室）的行政职能，市住房和城乡建设局作为市政府工作部门，挂市人民防空办公室、市地震局牌子。截至2019年年底，完成居民点（村民小组）生活污水治理任务313个，完成省级美丽宜居村庄20个、创建特色田园乡村1个。健全惠民体系，改善人居环境，扬中市江洲小区通过2018年度省级宜居示范项目验收，春柳花苑申报2019年省级宜居示范小区。评选出优秀住宅小区3个、星级老旧小区12个。推进实施江苏省政府下达的棚户区改造任务，上报省厅棚改新开工505套，完成率101%。规范建筑市场管理，强化行业监管，强化扬尘治理，改善空气质量。城区所有建筑工地安装远程视频系统，实现对渣土处置车辆、工地出入口的实时降尘监控。获得镇江“优质结构工程”奖6项，市级文明工地2个，省级文明工地5个。 （住建局 郭佩芝）

【公共自行车】 2019年，扬中市有公共自行车站点101个，安装锁车器2284个，投放公共自行车2000辆，累计办卡2.25万张，总借还次数1248.28万余次，累计使用时间超过3775万小时。 （住建局 郭佩芝）

【路灯管理】 2019年，扬中市路灯管理处管辖路灯1.08万基、1.55万盏，总功率2791.7千瓦，平均亮灯率98%，设施完好率96%。全年累计维修路灯1835盏，更换电缆5063米，故障修复率、合格率、及时率100%；完成长旺物流大道和雷公岛直达通道路灯工程建设，安装路灯363盏；加大城区老旧路灯设施更新改造力度，投资约324万元完成三丰路、老环城南路、建设路（浩云湾段）、翠竹南路路灯改造，安装LED路灯233盏；加强安全生产工作，狠抓隐患排查治理，监控值班24小时进行，常规巡查每周1次，综合性隐患排查每月1次，全年安全生产零事故。 （住建局 郭佩芝）

城乡规划

【概况】 2019年，扬中市自然资源和规划局推进规划融合，启动国土空间规划和镇村布局规划的编制工作，开展国土空间规划“双评价”、城市总体规划及土地利用总体规划评估，初步完成镇村布局规划优化，完成城市总体规划的调整完善，实施土地利用规划调整工作。建设“多规合一”信息平台，按时完成城区停车设施、地下空间利用规划的编制工作，全市新增停车泊位1200个。加强建设工程规划管理，确保建设工程按批准的规划条件和技术规范进行建设。加强地下管线规划管理，结合水环境综合整治项目，推进杆线下地和地下管线同步施工。为长城汽车项目、新城吾悦广场等重点工程做好规划技术服务工作，提高城建品质。

（自然资源和规划局 孙柳燕）

【规划审查会议】 2019年3月22日，扬中市规划委员会召开2019年第1次规划审查会议。市自然资源和规划局、浙江大学建筑设计研究院有限公司详细汇报《港东南路东侧、永宁路西侧、康宁路北侧地块规划条件》《翠竹北路城北幼儿园西侧地块规划条件》《建中河南侧、翠竹北路西侧地块规划条件》《环城北路北侧、翠竹北路东侧地块规划条件》《港东北路东侧、亚东电器厂地块规划条件》等11个规划项目，通报专家咨询会及首席规划师对各规划方案的意见。7月9日，扬中市规划委员会召开2019年第2次规划审查会议。会上，市自然资源和规划局、设计单位汇报《中电大道西侧、祁家路北侧地块规划条件》《三栏路北侧、新胜东区居民点西北侧地块规划方案》《云腾幼儿园项目规划方案》《机关一园迁建方案》《扬中市海绵城市专项规划》

等13个项目规划方案,通报专家咨询会及首席规划师对各规划方案的意见。针对《扬中市海绵城市专项规划》,要求相关部门参考各单位、各专家提出的建议修改优化,结合"五水联治"数据,制度化推进海绵城市规划工作。 (融媒体中心)

【城北片区低层住宅小区规划】 2019年5月,扬中市自然资源和规划局就三茅街道组织编制的《城北片区低层住宅小区建设规划》召开审查意见对接会。会议要求,评估报告应对上一轮规划做出有效评估;规划成果内容须符合扬中市建房管理和转变拆迁安置等政策;规划应策应乡村振兴、全域旅游,重在完善市政配套、优化公共空间、提升小区景观;秉承城市双修的理念,对老棣的发展整治研究明确的思路。 (融媒体中心)

【城市总体规划局部调整专家论证会】 2019年8月9日,扬中市召开《扬中市城市总体规划(2013—2030)》2019年局部调整专家论证会。会议邀请东南大学建筑学院、江苏省自然资源厅国土空间规划局、镇江市自然资源和规划局、镇江市规划设计研究院等5位专家组成专家组。会上,规划编制单位汇报调整方案。扬中市城市总体规划在不改变城市规模、性质、发展方向的前提下,结合土地利用总体规划,城市建设用地保持"总量不变,增减平衡",调增康养综合体、高新区智能电气研究中心等项目,调增总面积115.3公顷,调减工业、居住用地等,调减总面积115.3公顷,增减用地全部位于现行总规划定的禁止建设区以外。专家组成员依据汇报的调整方案,讨论形成专家论证意见,认为《扬中市城市总体规划(2013—2030)》修改是必要的,建议按照"多规合一"的原则,进一步充实、优化规划修改的理由;补充公共服务设施、道路、基础设施等相关规划内容。 (融媒体中心)

城建重点工程

【概况】 2019年,绿洲新城承建城乡重点工程项目10项,完成投资6.68亿元。城投公司建设的白水40兆瓦光伏发电项目实现并网发电,青海143兆瓦光伏电站全年累计发电1.7亿千瓦时,中扬金融科技广场、长江沿岸绿化造林、三茅大港、扬子河等水环境整治(疏浚)工程基本完成,建成八桥永兴加油站。 (绿洲新城 温路)

【江苏富康生猪定点屠宰场改造工程】 江苏富康生猪定点屠宰场改造工程位于扬中市三茅街道城北科技产业园向阳河东路原丰源屠宰场内,总投资约1.2亿元,占地面积1.73万平方米,建筑面积9554平方米,包括生猪屠宰加工车间、鸡鸭鹅牛羊综合加工车间、污水处理站和综合办公楼四大功能区。项目于2018年4月启动,2020年下旬竣工投产,建成后年屠宰生猪量20万头。 (绿洲新城 温路)

【禾丰农资仓储配送中心项目】 禾丰农资仓储配送中心项目位于经济开发区三跃街,被列入扬中市级民生类重点项目、长江生态旅游岛重点工作任务。项目占地面积2160平方米,主体为四层综合楼,总建筑面积3500平方米,其中仓储面积1000平方米,计划总投资1200万元。项目于2019年10月启动,预计2020年底建成投入使用。禾丰农资仓储配送中心建成后将成为一个集仓储、配送、销售三位一体综合性农资经营服务平台,全年可供应化肥2800吨、农药25吨,为全市农资商品淡储旺供和农药零差率配送提供保障。

(绿洲新城 温路)

【扬子新村棚户区改造项目】 扬子新村棚户区改造项目作为扬中市2013—2017年棚户区改造项目纳入江苏省棚户区改造项目规划,是扬中市历史上规模最大的片区改造工程。项目总占地面积27公顷,范围东至江洲南路,南至环城南路,西至港东南路,北至扬子东路。项目分期推进,其中一期位于港东南路东侧、健康路北侧、永宁路西侧、康宁路南侧,施工进展顺利;二期位于永宁路东侧、北圩弄西侧、扬子东路南侧、健康路北侧,开展前期征地拆迁工作。 (绿洲新城 温路)

【雷公岛直达通道一期项目】 雷公岛直达通道一期项目工程起于238省道复线—明华村西4组,整体呈东西走向。一标段从丰裕明华村西4组向西至新坝港小桥附近;二标段从新坝港小桥向东150米左右开始,向西至新坝镇丰乐桥码头。该项目于2017年5月正式启动,完成投资2.4亿元,截至2019年年末,直达通道沥青摊铺全部完成,具备通车条件。 (绿洲新城 温路)

【扬中高创园】 扬中高创园是苏南国家自主创新示范区镇江高端装备制造产业园、省级科技孵化器。园区规划总面积3平方千米,其中一期1.2平方千米,东至兴港大道,西至238省道,南至创业大道,北至战斗河;二期1.8平方千米,东至兴港大道,西至238省道,南至心安路延伸,北至创业大道。项目总投资20亿元,中南朗杰PVB(聚乙烯醇缩丁醛)膜、领誉科技防弹纤维等一批项目落户建设。PVB 中间膜是高新技术产品，具有安全、保温、控制噪音和隔离紫外线等多项功能。防弹纤维属世界三大高科技纤维之一，是“中国制造2025”重点鼓励支持的特种纤维项目，主要应用于防护用品、体育用品、钓线等领域，总投资约 3 亿元。截至 2019 年年末，工程主体完成。（绿洲新城 温路）

【机关第二幼儿园项目】 机关第二幼儿园项目位于扬中市三茅街道康宁路、原江洲宾馆地块，占地面积 2437 平方米，总建筑面积近 6887 平方米，三层框架结构，投资约 3500 万元。预计 2020 年 5 月，完成土建施工，8 月交付使用。（绿洲新城 温路）

【三桥管理服务区】 三桥管理服务区位于扬中三桥旁，该项目总投资约 1500 万元，用地面积 9278 平方米，建筑占地面积 737 平方米，管理用房建筑面积约 2700 平方米（分为公安治安卡口、路政和运管稽查三部分业务用房）。该项目于 2016 年 8 月启动，预计 2020 年 6 月竣工投入使用。（绿洲新城 温路）

【镇江港扬中港区长旺作业区一期工程（陆域部分）道路堆场及附属设施工程】 镇江港扬中港区长旺作业区一期工程（陆域部分）道路堆场及附属设施工程位于镇江港扬中港区长旺作业区一期工程后方，建设散货堆场和杂件堆场（含钢材堆场）。陆域面积 4.87 万平方米，其中散货堆场 2.92 万平方米，件杂货堆场 1.38 万平方米（含钢材堆场约 8620 平方米），道路面积 4433 平方米。散货堆场采用皮带输送机实现与码头前沿的对接和堆场水平运输，配合采用移动式输送机、装载机堆存。件杂货堆场采用叉车堆取。工程于 2018 年 12 月开工，2020 年 1 月通过交工验收。（绿洲新城 温路）

【中电大道桥梁工程】 中电大道桥梁工程的桥梁结构为常规结构，属于平桥，桥长设计为 18.8 米，桥宽为 60.8 米，建成后用于连通中电大道南北路段，解决张家桥港断头河问题、贯通明珠湾与联丰港水系，中电大道周边的雨水也可通过中电大道上的雨水管实现一步入河，解决北部片区遇雨即涝的问题。结合桥梁建设同步实施污水提升泵站进水管道，解决周边地区污水集中收集的问题。（融媒体中心）

【风廓线雷达建成使用】 2019 年 10 月 1 日，扬中市首座风廓线雷达建成并投入业务使用。该项目于 2018 年 5 月 1 日开工建设，总投资 470 万元，由南京恩瑞特实业有限公司承制，型号为 CLC—11—F 型 L 波段增强型风廓线雷达。风廓线雷达主要目标是 6~8 千米以下晴空大气湍流，利用布拉格散射原理探测随风飘动的湍团中大气折射率结构参数的变化，进而导出大气中风向风速的真实情况，是一种新的高空大气探测系统，实现连续遥感探测大气风、温等要素，为扬中市的天气预报、灾害性天气预警提供技术支撑。

（气象局 缪士荣）

供 电

【概况】 2019 年，扬中市供电公司全社会用电量完成 18.75 亿千瓦时，比上年下降 2.8%；最高负荷 34.53 万千瓦，下降 1.2%。扬中市供电公司加强设备运维及消缺，主网线路跳闸仅 2 次，均重合成功，配网百公里跳闸 2.01 次，居全镇江第一。推进 220 千伏万太输变电工程，220 千伏万太输变电工程建成投运，网架结构进一步完善。110 千伏隆坊线改造、110 千伏油坊变综自改造、110 千伏扬中变交直流系统改造和原 35 千伏丰裕变拆除等重点项目按期完成。110 千伏丰裕输变电工程进场施工。完成电力无线专网基站优化、补盲建设，累计建成基站 11 座，接入各类终端业务 323 个。

（供电公司 陈沁）

【能源变革发展】 2019 年，扬中市供电公司编制完成国家重点科技专项《面向新型城镇的能源互联网关键技术及应用》扬中示范区建设三年行动计划，全面推进 12 个子项目建设。完成能源互联网综合管控与服务平台建设并上线运行。完成交直流混合微电网改造工程建设。与国网南瑞能源公司签订压缩空气储能项目合作协议。促成扬中市政府与镇江供电公司签订战略合作协议，配合扬中市委、市政府举办第二届国际绿色能源发展大会，建成国重项目示范区展示大厅。与江苏省电力交易中心沟通对接，光储一体需求响应及交易结算试点工作落户扬中。联合江苏省电动汽车公司和南瑞集团在扬中推广 V2G 电动技术应用，探索 V2G 技术在大工业、一般工商业和居民三种情景下的商业模式。扬中高新区增量配电改革试点运营管理创新做法和经验被江苏省电力有限公司推广。完成 1—12 月月度竞价及偏差考核工作，为客户节省电费成本 519 万元。受理全省首个增量配电区域内用户的用电申请，完成用电工程接电。与华润集团签订合作协议，累计完成市场化售电签约电量 30 亿千瓦时，预计 2020 年可为用户节约用电成本 6200 万元。（供电公司 陈沁）

【电力营商环境优化】 2019年,扬中市供电公司落实持续优化电力营商环境30项举措,累计完成高压业扩项目112个,全流程平均时长压降至35.9天。推进新能源产业设备销售和节能服务方案优化,完成综合能源服务营收950万元。贯彻落实2019年国务院工作报告关于"一般工商业平均电价再降10%"的要求及省公司相关工作部署,完成4月和7月两轮调价工作。完成庆祝新中国成立70周年、第二届国际绿色能源发展大会等重大保电任务,服务蜂巢、中电等地方重点项目,在扬中2019年度市级机关服务高质量发展综合考核中获得满分,位列公共服务行业第一名。 (供电公司 陈沁)

【扬中市与国网镇江供电公司签订战略合作协议】 2019年8月28日,扬中市与国网镇江供电公司签订"打造城镇能源互联网、提升全社会综合能效、共同推动高质量发展走在前列"战略合作协议,致力打造全国城镇能源互联网示范区。"面向新型城镇的能源互联网关键技术及应用"项目隶属国家科技部发布的"智能电网技术与装备"2018年度重点专项,2018年6月,镇江供电公司正式获得课题任务书。项目包括4个共性关键技术和1个能源互联网示范工程,其中扬中示范区面积32平方千米,现全面启动12个子项目建设,包括能源互联网综合管控与服务平台、清洁能源路由器项目等。根据战略合作协议,围绕"提升社会综合能效,推动扬中绿色发展",镇江供电公司将统筹推进坚强智能电网和泛在电力物联网建设,参与扬中市高比例新能源示范市方案修编,启动"十四五"电网规划,开展110千伏丰裕输变电工程建设;启动电力4G无线专网应用,加快8类、510个业务接入,支撑绿色能源岛建设和国重项目落地等通信需求。建设"三型两网"(枢纽型、平台型、共享型,坚强智能电网、泛在电力物联网)综合示范区,推动各类新型实用化理念在示范区落地;试点建设交直流混合配电网,改造部分小区直流负荷,提高区域综合能效;开展市场化售电、用户设备代维等业务,打造"共享型"增量配售电公司运营样本。

(融媒体中心)

供 水

【概况】 2019年,扬中市完成供水量3251万吨,售水量2466万吨,水质综合合格率100%。配合政府"五水联治"工程,同步改造文化小区、建设片区、金苇路、绿扬路、民主路、健康路、建中河、西湾小区等老旧管网,改造管网总长18.03千米,其中DN75(管道内径75毫米)以上11.63千米,新建管网总长5.3千米,其中DN75(管道内径75毫米)以上3.71千米。

(住建局 郭佩芝)

【居民用水实行三级阶梯价格】 根据国家和省关于建立完善城镇居民用水阶梯价格制度的指导意见,依据政府制定价格工作程序,经市政府同意,2019年12月1日,扬中市对全市城乡用水户实行居民用水阶梯价格制度。此次居民用水阶梯价格改革以年度为核算周期,以家庭人口4人为基础单位,按居民家庭年用水量划分为三个阶梯,第一阶梯年用水量216立方米(含)以下,到户价格2.62元/立方米;第二阶梯年用水量在216立方米至315立方米(含),到户价格3.35元/立方米;第三阶梯年用水量在315立方米以上,到户价格5.54元/立方米。家庭人口超过4人的居民用户,每户每增加1人,各梯次按每人每年增加用水量54立方米依次调整。居民可提供与该用水地址对应的居民户口簿、居住证、水费缴费卡(或缴费凭证)等,到金州水务有限公司服务网点或各镇(街、区)供水企业服务网点申请核增水量,水量核增有效期为2年,过期后重新申请。原执行居民用水价格的非居民用户,不实行阶梯水价政策,其水价按第一阶梯与第二阶梯平均价格2.98元/立方米执行;对城乡低保户、农村五保户、特困职工家庭,每户每月按7立方米水价减免,超过7立方米的按基本水价执行;水价减免采取凭证办理、即征即免的方式实施。针对扬中自建房较多的实际情况,新建或翻建居民自建房的家庭户,凭建房规划许可证等有效证件,可在金州水务有限公司服务网点或各镇(街、区)供水企业服务网点申请核增各梯次年用水量180立方米,核增期限为一年。对于跨年度施工的居民建房户,由供水企业按月合理分摊核增的用水量。

(融媒体中心)

燃 气

【概况】 2019年,扬中市销售天然气6142.57万立方米,拥有在册居民用户7.09万户,公建用户1223余户,工业用户105户。建设运行的天然气输配管网1377.91千米,建有天然气门站一座、CNG(压缩天然气)和LNG(液化天然气)汽车加气站各一座。建有高中压调压柜(箱)1201座;优化门站设备,建有2个50立方LNG(液化天然气)低温储罐,小时气化能力5000立方米,用于全市供气应急调峰。截至2019年年底,城区燃气覆盖率99.3%,全市管网覆盖率85%,燃气管网沿新238省道向周边辐射，新坝、丰裕、兴隆、油坊、八桥等乡镇的规模小区、居民点开通天然气，扬中最南端乡镇——西来桥镇开通天然气。天然气高压管线工程正在建设中。(住建局 郭佩芝)

【非居民用天然气销售价格下调】2019年11月，扬中市非居民用天然气销售价格下调0.13元/立方米。实施降价后，预计全年可减轻工商企业用气负担500万元左右。根据天然气管输费用和天然气采购成本的变动情况，经市政府同意，扬中市决定下调非居民用天然气销售价格。非居民用天然气中准价由3.48元/立方米下降到3.35元/立方米，到户结算价格可在不超过15%的范围内上浮，上浮后最高到户价格不得超过3.85元/立方米，调整后的价格自2019年11月1日起按使用量执行。(融媒体中心)

村镇建设

【概况】2019年，扬中市完成三茅街道永和新村等20个美丽宜居村庄建设。八桥镇利民村六圩埭入选江苏省第三批特色田园乡村试点村庄名单；三茅街道营房村入选镇江市第二批特色田园乡村试点村庄名单。完成119户四类贫困对象的农村危房改造工作。2019—2020年，扬中市全面启动村庄生活污水治理工程EPC+O(设计施工+运维一体化)模式，全市规划发展村庄和撤并乡镇保留居民点的生活污水实施雨污管网改造，铺设污水管网381.1千米，铺设雨水管道40.5千米，新建污水提升泵站10座、小型污水处理设施38座，新建信息化管控平台，统一运维已建村庄生活污水处理设施，计划总投资额4.5余亿元。2019年，扬中市完成90个居民点(村民小组)的生活污水治理工作。(住建局 郭佩芝)

【“创新农村公共服务‘八位一体’运行维护机制”入选全国农村公共服务典型案例】2019年6月，农业农村部和国家发展改革委启动全国农村公共服务典型案例征集活动。经案例初审、专家评审和实地调研核实，推出北京等14个省(自治区、直辖市)的18个典型案例，涵盖农村医疗、养老、文化、社会保障、留守儿童关爱、人居环境、基础设施等多个领域。12月9日，农业农村部农村社会事业促进司、国家发展改革委社会发展司、中国经济信息社在北京联合发布首批18个全国农村公共服务典型案例，扬中市“创新农村公共服务‘八位一体’运行维护机制”入选，到会作专题经验交流，专家点评“这套机制值得进一步总结推广”。2013年年底，扬中被确定为江苏省农村公共服务运行维护机制建设示范试点单位，全市锁定农村公共服务运行中常见的“无人干事”“无钱办事”“管不好事”等难题，完善农村基础设施，提升村级公共服务，探索建立集农村垃圾收运、河道保洁、绿化管护、道路管养、生活污水处理设施运行、村容村貌“三乱”整治、村级综合服务中心维护、文体活动设施管护“八位一体”运行维护机制，实现乡村环境的常态化治理、长效化管控，全市村容村貌大幅提升，为创新乡村治理提供有益探索。对扬中创新农村公共服务“八位一体”运行维护机制，专家点评：江苏扬中创新探索的“八位一体”农村公共设施运行维护机制，突出特点表现在完善政府、村干部、村民之间的职责分工，多元参与形成合力；兼顾公共设施管护与为低收入家庭提供公益性就业岗位，既有利于管护队伍专业化，又具有扶贫帮困效果；注重管护标准化建设，强化检查和考核，将管护状况与责任人的收入挂钩。(融媒体中心)

【农村环境长效治理】2019年，扬中市加强农村人居环境整治，重点对农村生活垃圾处置、农村水环境管护、农村公厕管护、村容村貌提升4方面实施督查考核。通过开展“每周一报、每月一评”，指导服务各镇街区农村环境管理工作。将“户投放、组保洁、村收集、镇转运、市处理”的垃圾处置体系覆盖至全市每个村(社区)。创新引入“721工作法”(七分服务、二分管理、一分执法)，变被动管理为主动服务。(融媒体中心)

建筑业和房地产业

【房地产】2019年，扬中市有资质的房地产企业50家，二级39家(暂定38家)，三级9家(暂定9家)，四级2家。全市有房地产在建项目17个，在建施工面积92万平方米，新开工面积56万平方米，准予销售面积61.95万平方米，其中住宅面积44.84万平方米，网上备案成交面积37.65万平方米，房地产开发项目总投资26亿元。(住建局 郭佩芝)

【建筑业】2019年，扬中市新增各类有资质建筑业企业44家。其中首次申请6项，重组、分立申请38家，增项申请9项。建筑业实现总产值30.8亿元，其中省外市场产值10.62亿元。引导企业创建精品工程、优质工程，获镇江“优质结构工程”奖9项，镇江市优质工程

"金山杯"10项，进入江苏省"扬子杯"考核2项。加强安全工作监管，降低行业伤亡率。创建市级文明工地5项，省级文明工地3项。加强科技工作，完成市政府下达的各项目标任务；推进绿色建筑与建筑节能，完成镇江市住建局下达的各项目标任务。全市新建民用建筑全面按绿建标准实施，使用国有资金或者国家融资的大型公建项目的设计、建设，全面执行二星级以上的绿建标准。获得绿色建筑二星设计标识1项，建筑面积29.98万平方米，新增能效测评项目5个。严把建设工程设计和施工的审查关，全年办理勘察设计合同备案233项，其中省内企业勘察设计备案204项，省外企业单项工程资质核验29项。推广"新技术、新工艺、新材料、新设备"成果，坚决淘汰使用落后的材料和技术，推广应用预拌砂浆，推进装配式建筑的发展，强制推进"三板"(预制内外墙板、预制楼梯板、预制楼板)的应用。全市范围内新开工装配式建筑面积为25.92万平方米，占同期新开工建筑面积比例的47.19%。

(住建局 郭佩芝)

【建设工程扬尘治理工作现场会】 2019年6月28日，扬中市召开建设工程扬尘治理工作现场会，动员相关部门、企业、施工单位扛起责任做好扬尘治理工作。副市长林成春出席会议。会上，市生态环境局及市住建局通报近期空气质量状况以及2019年以来扬中市建筑工地扬尘治理工作情况，市区全面推行"绿色施工"，建筑渣土运输车辆在驶出建筑工地之前，采取封闭措施，防止渣土运输过程中沿途抛、撒、滴、漏，污染周边环境，工地出入口设置车辆冲洗池，配备高压冲洗设备，冲洗池四周设置排水沟和两级沉淀池，运输车辆冲洗干净后方可出场，并建立车辆冲洗台账。会议现场发放《扬中市建设工程扬尘防控管理办法》，要求严格落实"五达标一公示，六个百分百"要求，严抓严控施工现场扬尘管控，严格执法监督，强化施工扬尘防治工作的监督执法工作，督促工程建设参建各方落实建筑施工扬尘管理责任，对未履行扬尘防治责任造成大气环境污染的单位，按照相关法律法规处罚要求予以查处。

(融媒体中心)

【建筑领域根治欠薪夏季专项行动】 2019年8月，扬中市住建局建管处、人社局劳动保障监察大队开展全市建筑工地的农民工工资支付情况检查。检查内容包括工程建设领域违法发包、转包或分包、项目施工过程结算、政府投资工程项目严禁带资承包等源头治理情况；按月支付工资、农民工实名制管理、农民工工资专用账户、工资保证金、总承包企业代发工资及维权信息告示牌等各项工资支付保障政策措施落实情况；建设工程项目人员招用、劳动合同、工作考勤、工伤保险等劳动用工管理情况。检查发现，绝大多数工地都能够落实农民工实名制管理制度，按月发放工资，按规定缴纳工资保证金。对于少数工地落实不到位的，市人社局劳动保障监察大队及时下发问题清单，市住建局跟进，责令施工单位及时整改到位。

(融媒体中心)

【绿色建筑暨建筑产业现代化高质量发展培训班】 2019年11月20日，扬中市住建局组织全市设计、施工、监理及房地产开发企业代表参加绿色建筑暨建筑产业现代化高质量发展培训。此次培训班由镇江市住建局承办，培训内容主要包括：绿色建筑、绿色施工、建筑节能等相关法律法规；新版《绿色建筑评价标准》(GB/T 50378—2019)解读；建筑产业现代化政策法规、标准、BIM(建筑信息化模型)在工程设计应用及装配式混凝土建筑工程质量检测工作指引等。授课专家分别从不同角度、不同方式，结合实际案例对相关政策法规、标准等做详细解读。

(融媒体中心)

城市管理

【概况】 2019年，扬中市以城市综合创建为载体，以城市长效管理为主线，以人民满意为目标，秉持"绣花精神"，建设法治城管，依法履职、担当作为，提升城市管理水平，改善城乡环境面貌。3月28日，扬中市综合行政执法局揭牌成立，下设7个科室、7个事业单位，代管市场服务中心，与城市管理局实行两块牌子一套班子机制。实施全国文明城市创建和国家卫生城市长效管理，提升数字城管"智能化"水平，扩大数字城管考核范围，完善数字城管考评制度，增强二级平台协同功能。强化道路扬尘污染防治，重点区域采取"洒水车+冲洗车+雾炮车+人工清洁"四位一体作业模式，每天18小时全覆盖巡回动态抑尘。牵头制订并发布渣土运输相关行业监管规范性文件，推进建筑垃圾运输公司化运作。开展餐饮油烟污染专项整治，将餐饮油烟治理工作全面纳入日常巡查范围。重新划线、规划城区21条主次干道及五大菜场周边的非机动车停放区域，联合公安交巡警部门连续开展专项整治行动，对屡次劝说仍不在指定区域停放的非机动车实行依法拖移。指导协助各镇(街、区)完成餐厨废弃物机械化处理终端建设，分批分期收运处置城区餐厨废弃物。推进"厕所革命"，按时完成10座城区公厕、32座农村公厕的新

(改)建工作。将污水违法排放全面纳入六个城区管理网格巡查处置,严厉打击污水违法排放行为。涵养"洁净扬中、领跑镇江"特色品牌,扬中市村庄环境考核连续五年位列镇江第一。围绕新增违建"零增长"工作目标,始终保持违法建设露头就打的高压态势,规范居民建房管理秩序。组建夜间工作组,加强夜间市容管理,重点取缔露天烧烤经营和查处建筑工地夜间施工扰民,城区21户露天烧烤经营户全部规范入室经营,夜间施工噪音类投诉减少。定期开展垃圾分类进校园、进社区志愿服务活动,城区99个小区生活垃圾分类全覆盖。举办"城管出彩新时代"主题演讲比赛等活动。结合五水联治工程,部分小区重新划分相应的停车位,通过对全市停车场(点)泊位存量情况进行摸底普查,盘活存量,整合各类资源,新增1300个停车位。 (城管局 黄帅)

【非机动车规范停车整治行动】 2019年5月,扬中市开展非机动车规范停车整治行动,采取第一阶段提醒,第二阶段拖移的整治措施。5月底,市城管局重新划定全市城区主次干道车道标线。明确非机动车停放点,增加非机动车停车方向指示,根据实际情况,在较短的道路上画斜线,在不宜停放非机动车的地方不划线,方便非机动车合理停放,避让盲道。整治期间,市城管局向社区、学校以及沿街向非机动车发放倡议卡片,对于停车不规范的非机动车拖移至指定地点,车主需持购车证明和有效证件到指定地点领车。 (融媒体中心)

【户外广告专项整治行动】 2019年6月19日,扬中市城管局广告管理所开展户外广告专项整治行动,集中清理与规范城区擅自悬挂的商业广告横幅、破旧立面广告、破损大型户外广告等。此次整治行动,出动执法人员8人,帮拆人员6人,执法车辆2辆,借用大型起重机1台;拆除大型户外广告招牌12块,面积400平方米,规范一店多招10余处,整治乱拔乱挂及各类条幅20余处,消除视觉污染,净化城市公共空间环境。

(融媒体中心)

【新能源光伏发电垃圾箱】 2019年10月,明珠湾附近道路两侧安装完成新能源光伏发电垃圾箱40个。新能源垃圾箱主要由箱体、垃圾收集箱、太阳能收集板组成,兼具垃圾收集分类、太阳能独立供电、自动感应投放、城市亮化美饰等功能。 (融媒体中心)

【"智慧停车"项目】 "智慧停车"项目是扬中市三茅街道通过招商引资引入的中兴物联网产业园子项目,项目作为全市民生实事重点工作之一,主要是改造及建设部分公共停车场及社会停车场,纳入智慧停车信息系统,采用建设—运营—移交(BOT)模式,一期投资1500万元。预计2020年1月1日正式运营。

(融媒体中心)

【餐厨废弃物集中收运】 2019年9月20日,扬中市实施城区餐厨废弃物集中统一收运处置。首批将市区范围内单位食堂、医院、学校和大型酒店纳入收运体系,以三茅大港为界,按城东、城西设置两条收运线路。与市区26家机关单位、21所学校、10家大型酒店、61家中小型饭店签订集中收运协议,日均收处餐厨垃圾24吨。 (城管局 黄帅)

【污水违法排放治理】 2019年,扬中市将污水违法排放纳入六个城区管理网格巡查处置,重点巡查餐饮经营单位油水分离器、隔油池等污染防治设施是否完备、规范,以及是否存在污水直排、偷排行为,及时发现和依法处置。严厉打击污水违法排放行为,通过网格巡查、群众举报、移动监控取证等多种方式固定违法证据。落实严格执法,加大行政执法的处罚力度,实现"执法一案,教育一片"效果,全年查处露天洗车污水、餐饮单位不规范排水等案件15起。 (城管局 黄帅)

【生活垃圾分类】 2019年,扬中市系统推进生活垃圾分类工作。对照标准,按照"因地制宜、循序渐进"的原则,在年初完成28个住宅小区垃圾分类试点的基础上,通过为期一年的运营推广,总结出一套成熟的运作模式。8月16日,扬中市新时代文明实践中心、城市管理局、三茅街道联合举办"垃圾分类从我做起"广场宣传活动,活动通过分享垃圾分类经验,宣读垃圾分类倡议书,让市民认识垃圾分类,推动市民养成垃圾分类可回收的习惯。按照《江苏省生活垃圾分类小区评价标准》,结合扬中实际,会同三茅街道推进城区垃圾分类工作。截至12月6日,建设分类收集亭、收集点282处,投放防盗式分类收集箱210组、塑料分类桶2000余只,覆盖城区小区99个。 (城管局 黄帅)

环境保护

综 述

【概况】 2019年，扬中市打好污染防治攻坚战，着力解决群众关心的突出环境问题，生态环境保护工作取得明显成效，被江苏省生态环境厅表彰为省级先进集体，获得省委、省政府生态环保领域真抓实干奖。落实生态文明建设任务，现场督查核实和专项审计覆盖拉网式农村环境综合整治项目、生态修复补偿项目。开展生态文明建设示范创建，创成3个省级生态文明建设示范村。打好“蓝天、碧水、净土”三大战役，开展挥发性有机物污染治理、生物质锅炉专项整治、机动车尾气污染防治等专项行动，强化空气质量应急管控，空气质量完成镇江市下达考核目标。定期对28条河港进行河长制水质监测，扬中市水源地和省考断面水质均达标，骨干河港水质明显好转，开展排污许可证核发工作，56家企业核发工作全部完成。基本完成土壤污染状况详查，有序开展土壤污染治理与修复，建立多部门联动监管机制，确保土地开发利用符合土壤环境质量要求，严守建设用地环境准入关。强化环境执法监管，形成强有力的执法态势。抓好问题整改，回应群众环境关切，推进突出环境问题整改销号，完成中央环保督察“回头看”、省级环保督察交办件的整改工作。

（镇江市扬中生态环境局 宦玲）

【镇江市扬中生态环境局挂牌】 2019年5月31日，镇江市扬中生态环境局挂牌成立。根据《镇江市机构改革方案》《镇江市环保机构监测监察执法垂直管理制度改革工作方案》要求，原扬中市环境保护局上收至镇江市生态环境局管理，更名为镇江市扬中生态环境局。在履行原环境保护职责基础上，整合相关部门的应对气候变化和减排、编制水功能区划、排污口设置管理等相关职责，增强生态环境监管的独立性、统一性、权威性和有效性，实行最严格的生态环境保护制度，推进扬中市生态环境保护事业发展。 （融媒体中心）

环境质量

【概况】 2019年，扬中市集中式饮用水源地水质、城市空气质量、地表水主要控制断面水质、噪声环境质量均达到功能区要求。全年整体环境质量保持稳定，环境指标进一步改善，全年优良天数为273天，空气质量优良天数（AQI）比例76.1%；市区饮用水水源地水质达标率100%，江苏省考断面水质优于Ⅲ类比例100%，全市地表水监测断面水质良好；市区区域环境噪声昼间时段平均等效声级为58.6分贝（A声级），达到功能区标准。

（镇江市扬中生态环境局 宦玲）

【城区空气质量】 2019年，扬中市区6种主要大气污染物平均浓度：二氧化硫（SO_2）13微克/立方米、二氧化氮（NO_2）33微克/立方米、可吸入颗粒物（PM10）70微克/立方米、细颗粒物（PM2.5）42微克/立方米、一氧化碳（CO）0.9毫克/立方米和臭氧（O_3）105微克/立方米。细颗粒物（PM2.5）比上年下降3微克/立方米。按照《环境空气质量标准》（GB 3095—2012）二级标准限值进行日评价，环境空气质量指数（AQI）达到国家一级（优）和二级（良）的天数273天，占全年监测有效天数（359天）的76.1%，增长6.7%，主要超标污染物为臭氧（O_3）、细颗粒物（PM2.5）。二氧化硫、二氧化氮、可吸入颗粒物、细颗粒物、一氧化碳浓度日平均值和臭氧浓度小时均值达到二级标准比例分别为100%、96.4%、94.8%、87.7%、100%和82.9%。2019年，市区降尘年均值3.3吨/平方千米/月，增加0.9吨/平方千米/月。

（镇江市扬中生态环境局 宦玲）

【降水】 2019年，扬中市受长江三角洲酸雨区的影响，存在一定的酸雨污染。降水pH值加权平均值5.84，降水pH值范围介于4.86~7.36之间，全年酸雨频率11.4%，酸雨频率比上年下降4.7%。

（镇江市扬中生态环境局 宦玲）

【饮用水源地水质】 扬中市集中式饮用水源取水口设置在长江主江断面，应急备用水源地设置在铁皮港水库。每月进行一次63项指标监测，以《地表水环境质量标准》(GB 3838—2002)Ⅲ类标准评价，饮用水源和备用水源水质达标率100%。6月，市环境监测站采样全分析集中式饮用水源取水口和应急备用水源地水质，监测指标为《地表水环境质量标准》(GB 3838—2002)表1、表2和表3中规定的109个项目，监测结果符合《地表水环境质量标准》(GB 3838—2002)Ⅲ类标准，达标率100%。(镇江市扬中生态环境局 宦玲)

【境内主要通江港水质】 2019年，扬中市环境监测站监测全市10条主要通江河港12个断面，以《地表水环境质量标准》(GB 3838—2002)Ⅲ类、Ⅳ类标准评价，10个断面水质达到Ⅲ类，占监测断面的83.3%；1个断面水质为Ⅴ类，占监测断面的8.3%；1个断面水质为劣Ⅴ类，占监测断面的8.3%。境内河港断面水质主要污染指标为氨氮、五日生化需氧量、高锰酸盐指数和溶解氧等，水质总体比上年有所下降。

(镇江市扬中生态环境局 宦玲)

【区域环境噪声】 扬中市区区域环境噪声网格测点101个，网格覆盖面积16.98平方千米，市区区域环境噪声昼间时段平均等效声级58.6分贝(A声级)，较上年增加4.5分贝(A声级)。声环境质量符合《声环境质量标准》(GB 3096—2008)2类环境噪声限值。

(镇江市扬中生态环境局 宦玲)

【功能区噪声】 2019年，扬中市区居民文教区、混合区、工业集中区和交通干线两侧昼间、夜间噪声均符合《声环境质量标准》(GB 3096—2008)相应类别环境噪声限值，合格率100%。(镇江市扬中生态环境局 宦玲)

【交通噪声】 2019年，扬中市区交通噪声昼间平均等效声级为64.7分贝(A声级)，所有路段噪声均符合《声环境质量标准》(GB 3096—2008)4a类环境噪声限值。

(镇江市扬中生态环境局 宦玲)

【工业固体废物】 2019年，扬中市一般工业固体废物产生量3.47万吨，综合利用量2.3万吨，其中综合利用往年贮存量14.3吨；处置量1.17万吨，贮存量14.1吨。危险废物产生量为0.48万吨，综合利用量17.89吨，其中综合利用往年贮存量7.14吨、送持证单位综合利用量7.14吨；处置量4728.61吨，其中处置往年贮存量49.2吨、送持证单位处置量4677.48吨，贮存量153.26吨，累计贮存量172.6吨，无危险废物倾倒丢弃。

(镇江市扬中生态环境局 宦玲)

环保建设

【概况】 2019年，扬中市加大环保投入，强化环境保护建设。严格依照环境保护相关制度开展工作。以生态创建促进市、镇、村三级环保基础设施改善，推进环保工作法制建设，提高依法监管水平，加大监测、监控能力建设和环保理念培育，取得良好的社会成效。完成对覆盖拉网式农村环境综合整治项目、生态修复补偿项目的现场督查核实和专项审计。开展生态文明建设示范创建，创成3个省级生态文明建设示范村。

(镇江市扬中生态环境局 宦玲)

【扬中市获“全国绿化模范单位”称号】 2019年10月，全国绿化委员会授予103个县(市、区、旗)以及多个相关单位“全国绿化模范单位”称号，扬中市入选。扬中市坚持“布局合理、生物多样、景观优美、特色鲜明”的绿化指导方针，开展城乡绿化造林，持续打造绿化精品工程。2019年，完成造林面积38.67公顷；新建“三化”(彩色化、珍贵化、效益化)示范村6个，示范单位22个；完善提高农田林网500公顷，完成四旁植树10万株，珍贵用材树种培育6万株，完成镇江市下达的任务指标。(融媒体中心)

扬中市被全国绿化委员会表彰为全国绿化模范单位

(自然资源和规划局供图)

【扬中3个乡村入选“国家森林乡村”名单】 2019年12月25日，国家林业和草原局发布关于公布第一批国家森林乡村名单的通知。在各地县级林业和草原主管部门推荐、省级林业和草原主管部门评审公示的基础上，经审查，评价认定第一批3947个国家森林乡村。

按照乡村自然生态风貌保护、山水林田湖草系统治理、森林绿地建设、森林质量效益、乡村绿化管护、乡村生态文化6个方面评定，扬中市油坊镇长旺村、油坊镇鸣凤村、新坝镇新治村三村入选首批国家森林乡村名单。

（融媒体中心）

【生态环保领域真抓实干奖励资金】 2019年10月21日，江苏省财政下达2018年度生态环保领域真抓实干奖励资金8800万元，对中央环保督察交办问题整改、环境基础设施建设、生态环境质量改善及生态建设成效明显的12个地区，按照每个设区市1000万元、每个县（市、区）600万元给予资金奖励，奖励资金由市县统筹用于生态环境保护与治理，扬中榜上有名。

（镇江市扬中生态环境局 宦玲）

【环保宣传】 2019年，扬中市在各级媒体发出“环保”声音。扬中电台、电视台、《扬中日报》等扬中市主流媒体用稿235篇，“扬中环保”微信公众号编发、转发各类稿件188篇，镇江市级媒体用稿10余篇，公示机构信息、水质周报、处罚公示、环评公示、验收信息283条信息。4月22—28日，地球日主题宣传活动周期间，自然资源和规划局利用大厅滚动屏幕、门户网站、宣传栏、微信公众号、宣传展板等多种宣传渠道，多种形式进行自然资源科普知识宣传，发放科普宣传材料200余份，接待群众咨询40余人次。“6·5”世界环境日期间，及时公示2018年全市环境质量报告，印制主题宣传单1万份，开展“扬帆论坛”“绿色邮路”等新时代文明实践活动，借助扬中电台、电视台、扬中日报、“扬中环保”微信公众号发布环保资讯，推出有奖答题活动和公益广告，传播生态环境高质量发展理念。市第31届科普宣传周期间，组织环保科普志愿者参加环保宣传、咨询广场活动，弘扬新时代环保志愿服务精神。

（镇江市扬中生态环境局 宦玲）

2019年4月22—28日，扬中举行世界地球日宣传活动

（融媒体中心供图）

【监控能力建设】 2019年，扬中市完成“智慧眼”试运行，实现生态红线区域以及水源地在线监控。借助“蓝天卫士”开展秸秆禁烧，全市基本实现“零焚烧”。新增废气在线监控点1个，完成两家企业在线监控涉水设备的验收备案。 （镇江市扬中生态环境局 宦玲）

环境管理

【概况】 2019年，扬中市严格执行建设项目环境管理方面的法律法规。公开办事程序，阳光操作，加强执法检查，严格项目审批，落实排污许可制度。提高工业固体废物的处置利用率，加强监管危险废物。推进企业信息公开，扩大绿色信贷覆盖面。

（镇江市扬中生态环境局 宦玲）

【依法监管排污企业】 2019年，扬中市出动监察人员2043人（次），现场检查865家工业企业，制作“现场检查记录”800余份，下达责改文件60份，下达限改文件20份，立案查处环境违法案件30件，罚款金额114万元。全年未发生重特大环境污染和生态破坏事故。

（镇江市扬中生态环境局 宦玲）

【污染防治攻坚专项行动】 2019年，扬中市出台《扬中市2019年度污染防治攻坚行动实施方案》，排定《扬中市2019年度污染防治攻坚行动重点工程项目表》，将年度目标和重点工作细化分解为七大类、93个具体项目，确保工作项目化，项目目标化，目标责任化，逐月对重点项目进行全程跟踪督查，确保问题逐一解决，项目逐项落实到位。完成10家电镀企业整治，关停、搬迁化工企业4家，重组2家。成立“江河碧空”蓝天保卫四号行动领导小组，制定行动实施方案，围绕港口码头扬尘管控、打击销售使用低劣船舶燃油等重点问题，组织专项督查，发现问题10件，在电视栏目及微信公众号等平台曝光2期，全部跟踪督查整改到位。通过省、市、县三级媒体曝光、交办环境问题72件，完成整改71件。 （镇江市扬中生态环境局 宦玲）

【环境专项整治】 2019年，扬中市开展挥发性有机物治理，完成5家企业整治工作。开展生物质锅炉专项整治，完成工业企业、城市建成区浴室和宾馆、建成区外秸秆锅炉提质整改。开展机动车尾气污染防治工作，会同交通、公安等部门，严厉打击重载柴油货车尾气排放超标行为，固定式尾气遥感监测设备已完成安装。开展

喷涂行业专项整治，喷涂生产线由118条减至91条，实现以自动化喷涂为主，人工喷涂为辅的喷涂生产线改造。推进石木材行业专项整治,整治181家石木材加工点。推进化工行业专项整治,4家企业已关停,2家企业重组。启动电镀行业专项整治,整改提升全市10家电镀企业。成立“江河碧空”蓝天保卫四号行动领导小组,专项督查港口码头扬尘管控、打击销售使用低劣船舶燃油等重点问题。开展夏、秋两季秸秆禁烧督查,全年未发生大面积露天焚烧秸秆现象。强化空气质量应急管控,对工业源、扬尘源、移动源等分别落实具体减排措施,空气质量总体上得到保证。

（镇江市扬中生态环境局 宦玲）

【空气质量提升和重点环保问题整改】 2019年,扬中市印发《扬中市大气污染防治攻坚月工作方案》,从重点区域、重点行业企业和建筑工地扬尘污染防治等三个方面开展攻坚,全力保障空气质量。落实空气质量应急管控措施,出台《扬中市大气污染防治攻坚月工作方案》《扬中市建设工程扬尘防控管理办法》等相关文件,强化空气质量管控,对工业源、扬尘源、移动源等分别采取具体的减排措施，空气质量总体上得到保证。年内,完成中央和省级环保督察交办件整改,举行相关销号程序。（镇江市扬中生态环境局 宦玲）

【电镀行业专项整治】 2019年，扬中市完成10家电镀企业整治。主要包括提高自动化生产水平、采用清洁生产工艺、废水分质分类收集、治理设施提标改造等方面。（镇江市扬中生态环境局 宦玲）

【散乱污和涂装行业专项整治】 2019年,扬中市推进“散乱污”企业和涂装行业专项整治工作。经过梳理排查,确定扬中市各类“散乱污”企业(作坊)1846家,其中工业“散乱污”704家,现代服务业“散乱污”71家,“露天烧烤”经营户30家,“露天洗车”70家,批零住餐“散乱污”企业567家,废品回收“散乱污”企业373家,畜禽养殖“散乱污”31家。各条口依据摸排清单,制定“一企一策”整治方案,组织专门力量开展集中整治。全年关停取缔“散乱污”企业128家,整合搬迁13家,整治提升1498家。（镇江市扬中生态环境局 宦玲）

【土壤污染防治】 2019年,扬中市推进土壤污染状况详查,完成农用地土壤详查。实施重点行业企业用地调查,推进第一阶段基础信息采集工作。加强土壤污染源头防控，推动土壤环境重点监管企业开展污染隐患排查和土壤、地下水自行监测工作。全面开展涉镉行业排查整治和重金属重点防控区整治,编制扬中市三茅街道重金属重点防控区专项整治实施方案,涉重企业完成排查工作。开展工业固废堆存场所排查整治和非正规垃圾堆放点整治工作，推动化肥农药零增长行动。强化污染地块环境联动监管,部署应用全国土壤环境管理信息系统，列入疑似污染地块名单的地块2个(扬中市合成化工厂有限公司地块、扬中市德立医药化工有限公司)，列入污染地块调查和风险评估的地块2个(江苏明珠硅橡胶材料有限公司、扬中市畅星化工厂有限公司)。建立生态环境局、经发局、农业农村局、自然资源和规划局等多部门联动监管机制,确保土地开发利用符合土壤环境质量要求，严守建设用地环境准入关。（镇江市扬中生态环境局 宦玲）

【第二次污染源普查】 2019年,扬中市第二次污染源普查工作进入第三方评估阶段,工业源、农业、集中式污染治理设施、生活源锅炉、生活源行政村、移动源完成三轮29批次修正,审核与核算通过率在全省均名列前茅。（镇江市扬中生态环境局 宦玲）

【建设项目审批】 2019年,扬中市环保部门接受项目咨询108个,审批项目51个,完成项目验收7个,办理建筑施工噪声申报项目12家,办理建筑施工夜间许可证48次。江苏省市场监管信息系统认领企业3354家,证照联动环保许可信息反馈表转乡镇484家。

（镇江市扬中生态环境局 宦玲）

【辐射环境管理】 2019年,扬中市环保部门现场检查29家核技术应用单位，依法收贮2枚闲置IV类放射源,督促3家单位办理辐射安全许可证申领、变更、注销手续,妥善处理1件疑似误照射事件,全市核技术应用单位年度评估上报率100%,辐射工作人员持证上岗率100%。（镇江市扬中生态环境局 宦玲）

【危险废物监管】 2019年,扬中市加强对废酸产生企业、汽车维修行业、沿江企业、医疗单位危废规范化管理。全市120家重点监管产废单位在线申报率100%,70家医疗单位医疗废物规范处置率100%。开展危险废物环境隐患排查和贮存规范化管理专项检查，督促企业立查立改,促进企业危废处置的资源化、无害化、减量化。（镇江市扬中生态环境局 宦玲）

【环境信息公开】 2019年,扬中市每日通过“中国扬中”政府官方网站对外发布空气质量日报及饮用水源自动监测周报和手工监测季报。严格执行项目环评、审批和验收情况公示，全面公开行政处罚信息和企业环境信用评价等级。开展企业环保信用评价，实行动态管理，扬中市有 277 家企业进入参评系统。

（镇江市扬中生态环境局 宦玲）

【环境信访】 2019 年，扬中市环保部门坚持执行 24 小时污染举报受理制度，通畅热线电话、定期接访、网络舆情等信访渠道，实现对敏感环境信访问题“早发现、早介入、早解决”。环境污染举报及信访 1449 件，全部在承诺时间内给予调处和办理、反馈，做到调处率、结案率、反馈率 100%，切实保障群众环境权益。办理答复人大建议和政协提案 10 件，代表和委员会满意率 100%。 （镇江市扬中生态环境局 宦玲）

园林绿化

【概况】 2019 年，扬中市市政园林工程处完成城管信息化交办案件 1000 余件，“12345” 政府平台交办案件近 500 件。累计完成沥青修补摊铺 9.1 万平方米，树池维修 622 座，人行道修补 2.1 万平方米，路牙调整 3700 米。根据创文要求，开展城区盲道整治行动，整改提升城区盲道近 100 处，缘石坡道近 80 处。严格参照桥梁养护规范对管辖内 30 座所属桥梁进行定期检测和小型病害危害维修，全面更新“一桥一卡”基础数据台账，重点强化管辖的 13 座泵站的全面检查，确保 24 小时正常运行和每年的汛期排水畅通。通过定期察看、现场办公和专题会商的形式，加大推进力度，严格确保创文、创卫各项工作任务和督办单相关工作落到实处。

（市政园林工程处 缪雪晴）

【城市公园绿地管理】 2019 年，扬中市市政园林工程处办结“12345”工单 200 余件，数字化城管 1200 件。补植行道树及大乔木 800 余棵，大灌木 5000 余棵，更新绿地板块 1.9 万平方米，栽植宿根花卉 1.5 万平方米，籽播草花 1.5 万平方米，更新草坪 3.5 万平方米，更新游步道 0.2 万平方米。对于群众反响强烈的香樟果实污染和杨树、柳树飘絮问题，组织专业技术人员开展预防治处理，涉及香樟 600 余棵，杨树、柳树 800 余棵，果实污染、飘絮现象得到控制。 （市政园林工程处 缪雪晴）

【最美庭院评选】 2019 年 9 月，扬中市举办“建设绿色家园·共享生态文明”第三届“最美庭院”评选活动。活动由市委宣传部、市政园林工程处、融媒体中心主办。150 户庭院和阳台报名参赛。在全市范围内形成一定的争创热潮。经过初选，专家评审小组对 40 户庭院入户核查，实地评审。评审过程中引导市民合理布局庭院和阳台，实现生活、休闲、绿化功能分区，满足生活、休闲娱乐需求，鼓励市民根据个人兴趣和爱好，运用花瓶、绿植以及工艺品摆件等点缀、装扮，增加美感度和舒适度。 （市政园林工程处 缪雪晴）

2019 年 9 月，最美庭院评比现场 （市政园林工程处供图）

【路面就地热再生技术】 2019 年，新民路和中电大道采用就地热再生技术施工。该技术被交通运输部鉴定为国际领先，首次在扬中市道路维修中引进使用。路面就地热再生技术采用专用的就地热再生设备，加热、铣刨沥青路面，就地掺入一定数量的新沥青、新沥青混合料、再生剂等，经加热、铣刨、复拌再生、摊铺、碾压等工序，一次性实现对表面一定深度范围内旧沥青混凝土路面的再生。实现 100%重复利用旧沥青混合料。经测算，新民路和中电大道施工减少废料 4000 吨，减少废气 50 万立方米。 （市政园林工程处 缪雪晴）

长江岸线管理

【概况】 2019 年，长江扬中航道处完成航道维护 6.51 万座/天，航道航标正常率 1000‰，航道尺度保证率 100%，处置 1 起水上交通事故，设置沉船专用浮 1 座。严把航道维护质量标准，加强航道巡查，及时恢复失常航标，优化航标配布，为过往船舶提供良好航道条件。抓好代设代管标志的维护管理，集中开展专用岸标巡查保养工作。完善全辖区代设代管标志维护档案，为沿江企业提供优质服务，为单位经济创收工作提供支撑。全年全辖区安全畅通，未发生航道维护责任事故。完成枯（洪）水期、春运、两会等特殊时段航道维护任务。

（航道处 祝虹）

【船岸联动应急演练】 2019年6月22日，扬高汽渡举行水上船岸联动应急演练，加强渡运安全工作，提高船员应对突发事件的应急处置能力。应急演练由扬中市永舟汽车轮渡有限公司组织。演习包括落水施救、火灾应急、疏散乘客、快速逃生环节。活动促进船员熟悉和掌握应急救援预案和对各类消防、救生器材的正确使用方法，增强职工应对突发事件的能力，从而确保渡运安全有效的畅通。 (融媒体中心)

2019年6月22日，扬高汽渡举行水上船岸联动应急演练 (融媒体中心供图)

【“两违”清理整治工作会议】 2019年7月24日，扬中市召开“两违”清理整治工作会议，贯彻全省“长江大保护”工作推进会精神，开展全市河道“两违”清理整治工作“回头看”。会上，市水利局汇报河道“两违”清理整治进展，各镇(街、区)和相关部门突出问题导向，围绕下一步整改措施进行交流发言。10月11日，扬中市召开河道“两违”清理整治推进会。要求各地各部门要高站位、高标准、大力度、快速度推进长江干流岸线利用项目清理整治和河道“两违”清理整治工作。扬中市“两违”整治项目113处：长江干流岸线利用项目73处、长江“两违”项目13处、骨干河港18处、中央环保督察“回头看”项目9处。所有项目拆除类65处，整改类48处。截至9月底，拆除类项目已拆除50处、正在拆除11处；整改类项目已整改5处、正在整改9处。9月下旬，扬中市组织经济发展局、水利局、农业农村局、交通运输局、财政局预验收已拆除的46处项目，被预验收项目基本符合要求。 (融媒体中心)

【违建船舶维修厂依法强拆】 2019年6月21日，扬中市公安、水利、城管等多部门的联合执法依法强拆新坝镇新宁村南江边文龙船舶设备维修厂。文龙船舶设备维修厂未经水行政主管部门许可，在新坝镇新宁村南6组对应段长江河道滩地内建设厂房，相继建设彩钢瓦管理房、彩钢瓦宿舍、钢结构的镂空棚屋等多处违建设施。违章建筑的形成使该处滩面上涨近一米。5月13日，水利部门对该处违建进行专业测绘，经分析，严重影响长江行洪安全及沿江生态。5月17日起，水利部门依据《中华人民共和国防洪法》和《中华人民共和国行政强制法》相关规定，多次下达自行拆除房屋、集装箱和卷扬机等建筑物、构筑物，恢复长江河道滩地原状的通知书，向违建当事人开展法律宣传教育。在数次催告无果后，决定组成联合执法队伍对该处违建进行强制清除。拆除现场，40辆大型工程器械车现场作业，180名警力现场维护秩序，公安、水政、城管等部门执法人员在各重要节点安排专人看守，在违法建筑周围设置警戒线。 (融媒体中心)

2019年6月，依法强拆违建船舶维修厂(融媒体中心供图)

五水联治

【概况】 2019年，水务集团按“控源截污、内源治理、活水疏浚、生态修复、长效管理”的技术路线，推进城区治水项目。全年敷设污水管网约130千米，雨水管网约100千米，雨污分流面积330公顷，整治内涝片区5个，整治面积70公顷，建成河道排口截污设施65个。按照“五水联治”工作总体要求，加强对城区黑臭水体治理的统筹协调工作，全面推进城区机关事业单位内部雨污分流改造，完成城西、建设片区新建住宅小区、企业雨污管网排查。实施城区河道排口截污整治工程，完成截污泵坑65个。推进排水户入户调查工作，调查1000余户。加快推进重点工程建设，新扬河水系沟通、建设河河道景观、238省道汪家圩埭游园等相关生态、涉水工程完工并投入使用。 (水务集团 曹振)

【城西片区水环境整治工程L标段】 城西片区水环境整治工程于2018年12月开工，2019年8月完工。工程范围东至新扬路、西至中电大道、南至建设路、北至金苇西路，主要包括港联一号点及周边老埭等区域，总面积8公顷。该区域均为雨污合流制，且部分排水管网淤堵较为严重。工程计划新建一套污水管网收集小区内部厕所、厨房、院内盥洗池、化粪池及南阳台污水，新建一套雨水管网收集雨水，对现状保留化粪池和合流管网进行全面清淤疏通。工程新建DN300~DN400(管道的公称直径)污水主管网，总长度约3000米；新建DN400~DN800雨水主管网，总长度约2100米。

(水务集团 曹振)

【前进南路雨污水主管网建设工程】 前进南路雨污水主管网建设工程于2019年4月10日开工，10月完工。污水管道全长530米，采用DN600球墨铸铁管，污水从扬子路与前进路交叉口处，由北向南进入建设桥污水泵站；雨水管道全长485米，建设路至金苇中路为DN800球墨铸铁管，金苇中路至扬子路段为DN1000球墨铸铁管，雨水从建设路与前进路交叉口处，由南向北接入扬子路雨水管网。 (水务集团 曹振)

【扬子中路北片区雨污分流工程】 扬子中路北片区雨污分流工程于2019年6月开工，12月底，完成总工程量95%。工程范围东至文化路、南至扬子中路，西至明珠大道、北至江洲西路，主要在春柳花苑、柳竹新村范围内进行雨污分流改造，总面积80公顷。片区内各小区内部管网为雨污合流制，部分排水管网淤堵较为严重，片区内雨污水经过合流管网直排进入明珠湾、三茅大港。工程计划新建污水管网收集各小区内部厕所、厨房、院内盥洗池、化粪池及阳台污水，新建雨水管网收集雨水，对现状保留化粪池和管网进行全面清淤疏通，工程建成后污水经过新建的污水管网进入污水处理厂，雨水则经过新建的雨水管网排入河道，从根本上解决污水下河的问题。 (水务集团 曹振)

【绿扬路雨污水管道工程】 绿扬路雨污水管道工程(环城南路—昌盛路)于2019年7月3日开工，8月31日完工，工期两个月。工程建设绿扬路雨、污水主管网。其中污水管道全长540米，采用DN500球墨铸铁管，污水从环城南路与绿扬路交叉处，由北向南汇入迎宾大道污水管道。雨水管道全长525米，采用DN800球墨铸铁管，雨水从环城南路与绿扬路交叉处，由北向南汇入迎宾大道雨水管道。 (水务集团 曹振)

【民主路雨污水管道工程】 民主路雨污水管道工程(江洲东路—扬中大道)路段于2019年7月3日开工，8月31日完工，工期两个月。工程建设民主路雨、污水主管网。其中污水管道全长375米，采用DN400球墨铸铁管，污水从江洲东路与民主路交叉处，由西向东接入扬中大道污水管道。雨水管道全长373米，采用DN600球墨铸铁管，雨水从江洲小学门口，由东向西接入江洲东路雨水管道。 (水务集团 曹振)

【民主花苑等雨污分流改造工程】 民主花苑等雨污分流改造工程于9月3日开工，2019年年底完工。工程范围西至江洲东路、东至扬中大道、北至民主路、南至扬子东路，包括民主花苑等周边小区，总面积约4公顷。该工程建设民主花苑等周边小区雨水、污水管道。其中污水管道全长1900米，采用DN300钢带增强聚乙烯(PE)螺旋波纹管，部分污水由北向南接入扬子河北路设计污水管，部分污水管由南向北接入民主路设计污水管，部分污水管由东向西接入江洲东路设计污水管。雨水管道全长1300米，采用DN400球墨铸铁管，大部分雨水由北向南接入扬子河北路设计雨水管，部分雨水由南向北接入民主路设计雨水管道，部分雨水管由东向西接入江洲东路设计雨水管。

(水务集团 曹振)

【拥军路雨、污水管道工程】 拥军路雨、污水管道工程(江洲东路—扬子东路)于2019年9月2日开工，11月完工。工程范围江洲东路至扬子东路。该工程建设拥军路雨、污水管道。其中污水管道全长269米，采用DN400球墨铸铁管，污水从江洲东路和拥军路交界处，由北向南接入扬子东路设计污水管。雨水管道全长270米，采用DN800球墨铸铁管，雨水从江洲东路和拥军路交界处，由北向南接入扬子东路设计雨水管。

(水务集团 曹振)

【风雅苑水环境整治工程】 城西水环境整治工程K标——风雅苑小区整治工程于2018年12月8日进场施工，截至2019年5月，管道敷设全部完成。该工程范围东至三沙路、西至新扬路、南至迎宾大道、北至建设路，包括新扬南区、风雅苑、迪雅苑等，总面积30公顷。该区域均为雨污合流制，部分排水管网淤堵较为严重。工程计划新建一套污水管网收集小区内部厕所、厨房、院内盥洗池、化粪池及南阳台污水，新建一套雨水管网收集雨水，对现状保留化粪池和合流管网进行全面清淤疏通。该工程新建DN300~DN500污水主管网，总长度9800米；新建DN400~DN800雨水主管网，总长度6600米。 (融媒体中心)

风雅苑水环境整治工程 (融媒体中心供图)

【新世界花苑北区雨污分流工程】 2019年6月，新世界花苑北区雨污分流工程进入路面恢复阶段。该工程于2018年10月进场，工程西至新扬南路、东至明珠湾、北至扬子西路、南至金苇西路，包括静湾小区、明珠园山庄、新世界花苑、沿街商铺等，总面积15公顷。该区域新世界花苑部分为雨污分流制，其余均为雨污合流制，部分排水管网淤堵较为严重。工程新建一套污水管网收集小区内部厕所、厨房、院内盥洗池、化粪池及南阳台污水，新建一套雨水管网收集雨水，对现状保留化粪池和合流管网进行全面清淤疏通。新建DN300~DN400污水主管网4360米，新建DN400~DN600雨水主管网约2810米。 (融媒体中心)

【明珠湾污水箱涵修复工程】 2019年3月1日，水务集团对明珠湾污水箱涵实施清淤、修复工程，已解决明珠湾黑臭问题。明珠湾内过河污水管道有7道，其中部分管道存在渗漏问题，导致污水流入河中污染水环境，因管道高于河底，影响水体流动，在明珠湾周边实施雨污分流工程后，7道过河管道原承载污水将通过新建污水管网进入污水处理厂处理。过河污水箱涵的拆除工作分南北两侧进行，拆除工作从3月初开始，5月中下旬完成拆除工作。 (融媒体中心)

【扬子西路城西公园段箱涵修复工程】 2019年，扬中市水务集团对新丰桥至城西公园段箱涵修复的方案进行论证确认，根据前期调查结果及勘探资料，箱涵修复设计考虑采用12米长Ⅳ型拉森钢板桩支护后，挖除下沉严重的现状涵，清除原箱涵底板下加固地基的块石，块石清除后采用10%水泥土分层回填至设计标高，采用高压旋喷桩对箱涵下部地基进行加固，新建钢筋混凝土箱涵，与现状保留箱涵良好衔接，分缝处通过橡胶止水带衔接。该箱涵修复开挖1600平方米，距离地面深7米，存在地下水涌出等各类难点，施工方施工过程中结合地质情况和周边环境，采用基坑内明排及管井方式等有效排降水措施，确保城西公园水系处于低水位状态，排干箱涵内部水。工程工期4个月，7月底完成施工。 (融媒体中心)

扬子西路箱涵修复工程 (融媒体中心供图)

【清淤改厕工作】 2019年，扬中市清淤疏浚城乡河道253条，完成农村改厕1000户，超标准完成清淤改厕工作，并取得预期效果。全年疏浚县级河道6条，长度25.65千米，疏浚土方29.37万立方米；城区重要河道1条，长度2.38千米，疏浚土方2.5万立方米；乡级河道22条，长度24.51千米，疏浚土方14.18万立方米；村庄河塘279条，长度91.59千米，疏浚土方39.62万立方米。整治中，各镇(街、区)根据河道淤积现状进行清淤、清障和清杂，修整河道迎水坡坡面，改善河道引排、蓄水能力和河道周边水环境，维修翻建病险涵闸，更新改造影响引排水的坝头，全市河道较好服务工农业发展。在农村改厕方面，省下达扬中市农村无害化卫生户厕任务数为1000座，各镇(街、区)自行实施的农村无害化改厕“提升扫尾”600座，合计1600户，全市农村无害化卫生户厕普及率提高到98.05%。按照省质量技术监督局《农村无害化卫生户厕技术规范》要求，扬中市农村改厕模式均为三格式无害化卫生户厕，以砖砌式混凝土浇注为主要施工模式，全面禁用塑料材质、氧化镁材质的化粪池。改厕施工以镇(街、区)为单位，集中招标，组织专业队伍实行统一施工，确保工程质量，改善城乡环境卫生面貌。 (融媒体中心)

科学技术

综 述

【概况】 2019年，扬中市围绕国家创新型县（市）建设，完善技术、平台、政策、金融四大创新支撑体系，强化创新资源配置，优化创新生态环境，全市高新技术产业产值384亿元，占规模以上工业产值比重72%，创建国家智慧电气高新技术产业化基地。 （科技局 曹霞）

【111家企业获企业研究开发费用省级奖励】 2019年1月，江苏省科技厅公布2018年度企业研究开发费用省级奖励名单，扬中市111家企业获研发费用省级奖励1066万元，获奖企业数量和奖励金额均占镇江全市的1/4左右。此项奖励政策是江苏省科技厅、江苏省财政厅为落实江苏省“科技改革30条”，鼓励企业加大研发投入的普惠性科技创新优惠政策。实施研发费用奖励补贴，发挥财政资金对企业研发投入的引导和促进作用，增强企业研发动力和自主创新能力，提升核心竞争力。 （融媒体中心）

高新技术产业化

【概况】 2019年，扬中市对照高质量发展考核体系，突出创新队伍建设，将高企培育作为重中之重，增加高企培育资金，打造创新型企业集群。全年获批高新技术企业92家，总数199家，江苏省高新技术企业入库培育113家，获得省高新技术企业培育资金1121万元，认定国家科技型中小企业97家。 （科技局 曹霞）

【全国高新技术企业认定管理专题培训】 2019年9月25日，“2019年全国高新技术企业认定管理专题培训班”在扬中开班，培训班由科技部火炬中心举办。全国31个省、市、自治区和5个计划单列市的120余名科技部门负责人参加培训学习。培训班为期4天，采取讲座与研讨、案例教学与学员交流相结合的学习方式，邀请国家有关部门人员、专项研究人员现场授课交流。 （科技局 曹霞）

2019年9月25日，全国高新技术企业认定管理专题培训班开班 （科技局供图）

【扬中新增5家省级专精特新小巨人企业】 2019年，扬中新增5家省级专精特新小巨人企业，镇江默勒电器有限公司、江苏亿阀股份有限公司被认定为省级专精特新产品企业，镇江西门子母线有限公司（制造类）、江苏大全凯帆开关有限公司（创新类）、江苏森林建筑新材料股份有限公司（创新类）被认定为省级科技小巨人企业。全市省级专精特新小巨人企业总数16家。 （融媒体中心）

2019年度扬中市获批高新技术企业一览表

表16

序号	企业名称	所属地
1	现代重工（中国）电气有限公司	新坝镇
2	镇江苏惠乳胶制品有限公司	新坝镇

续表 16

序号	企业名称	所属地
3	江苏锋芒复合材料科技集团有限公司	新坝镇
4	镇江市江岛电器制造有限公司	新坝镇
5	江苏士林电气设备有限公司	新坝镇
6	扬中市神洲化工电力设备有限公司	新坝镇
7	江苏长凯机械设备有限公司	新坝镇
8	江苏超宇电气有限公司	新坝镇
9	江苏国华电力器材有限公司	新坝镇
10	宜禾股份有限公司	新坝镇
11	江苏大航电子商务有限公司	新坝镇
12	江苏华彤电气股份有限公司	新坝镇
13	江苏佳鑫环保工程有限公司	新坝镇
14	江苏科源铝业有限公司	新坝镇
15	江苏同益电力设备有限公司	新坝镇
16	江苏威腾配电有限公司	新坝镇
17	江苏宇恒电气有限公司	新坝镇
18	江苏创大电气有限公司	新坝镇
19	江苏乐仕电气科技有限公司	新坝镇
20	江苏乾元飞达电力设备有限公司	新坝镇
21	江苏万威电气有限公司	新坝镇
22	江苏旭彤电气有限公司	新坝镇
23	江苏扬中印刷有限公司	新坝镇
24	江苏优尚建筑装配科技有限公司	新坝镇
25	江苏砺源科技有限公司	新坝镇
26	扬中申扬换热设备有限公司	新坝镇
27	镇江市电器设备厂有限公司	新坝镇
28	江苏和纯化学工业有限公司	新坝镇
29	镇江力帆防爆电器有限公司	三茅街道
30	长江三星能源科技股份有限公司	三茅街道
31	江苏中能电力设备有限公司	三茅街道
32	镇江市华阳机电制造有限公司	三茅街道
33	江苏奇佩建筑装配科技有限公司	三茅街道
34	江苏文昌新材料科技有限公司	三茅街道
35	江苏大印电子科技有限公司	三茅街道
36	江苏荣威电气有限公司	三茅街道
37	江苏为恒智能科技有限公司	三茅街道

续表 16

序号	企业名称	所属地
38	江苏中天电气有限公司	三茅街道
39	扬中市众成管路配件有限公司	三茅街道
40	镇江港龙机电有限公司	三茅街道
41	镇江华翔机电制造有限公司	三茅街道
42	江苏万宝航天电气有限公司	三茅街道
43	江苏兴阳能源科技有限公司	三茅街道
44	雷朋电气集团有限公司	三茅街道
45	润圣集团有限公司	三茅街道
46	扬中海潮电力设备有限公司	三茅街道
47	镇江市营房塑电有限公司	三茅街道
48	江苏通华机电成套有限公司	三茅街道
49	江苏宝纳电磁新材料有限公司	三茅街道
50	江苏银佳企业集团有限公司	经开区
51	爱士惟新能源技术(扬中)有限公司	经开区
52	金海新源电气江苏有限公司	经开区
53	江苏航天惠利特环保科技有限公司	经开区
54	江苏星河集团有限公司	经开区
55	江苏银佳电子设备有限公司	经开区
56	江苏佳威研磨科技有限公司	经开区
57	江苏亚奥精密机械有限公司	经开区
58	荣马电器有限公司	经开区
59	镇江德仑电气有限公司	经开区
60	镇江茗驰电气有限公司	经开区
61	镇江市南方工矿器材有限公司	经开区
62	江苏金源腾峰换热设备有限公司	经开区
63	镇江景宇管道设备有限公司	经开区
64	镇江伟民新材料制品有限公司	经开区
65	江苏天地人新材料有限公司	经开区
66	江苏天力钢结构有限公司	经开区
67	江苏新锐塑料科技股份有限公司	经开区
68	江苏润弛太阳能材料科技有限公司	油坊镇
69	江苏海纬集团有限公司	油坊镇
70	江苏吉星新材料有限公司	油坊镇
71	江苏科海生物工程设备有限公司	油坊镇
72	江苏恒兴制漆有限公司	油坊镇

续表 16

序号	企业名称	所属地
73	镇江远东电讯电机有限公司	油坊镇
74	江苏国美钢网桥架有限公司	油坊镇
75	江苏宏明电气集团有限公司	油坊镇
76	镇江昌达电气有限公司	油坊镇
77	江苏海纬电气有限公司	油坊镇
78	镇江市德利克真空设备科技有限公司	油坊镇
79	镇江维纳特气门有限公司	八桥镇
80	江苏大方金属粉末有限公司	八桥镇
81	江苏省绿岛管阀件有限公司	八桥镇
82	江苏金利电气有限公司	八桥镇
83	镇江市恒升达化工科技有限公司	八桥镇
84	扬中飞达纸制品有限公司	八桥镇
85	有能集团江苏威同电气设备有限公司	八桥镇
86	镇江龙成绝缘材料有限公司	八桥镇
87	镇江日辉电动工具配件有限公司	八桥镇
88	镇江日进磨具有限公司	八桥镇
89	镇江市清安电器有限公司	八桥镇
90	中南朗杰膜科技(江苏)有限公司	八桥镇
91	镇江市江冠电器有限公司	西来桥镇
92	扬中市惠丰包装有限公司	西来桥镇

(科技局 曹霞)

科技计划

【概况】 2019年，扬中市发挥科技计划的支撑引领作用,围绕智能装备、新材料、高效能源等领域,根据国家、省市科技计划指南,组织企业联合高校院所提炼重点产业创新链、关键技术创新点,实施镇江市级以上项目23项、市本级科技项目49项。大全集团、江苏士林电气获江苏省科学技术二等奖和三等奖。 (科技局 曹霞)

【《扬中市科技创新专项管理办法》修订】 2019年,扬中市根据省、市有关资金管理规定,对原管理办法及实施细则进行修订与完善,出台《扬中市市级科技创新专项资金管理办法》。该办法进一步规范和加强重点研发与成果转化、产学研合作及创新平台建设、科技三项费用、科技金融等科技创新专项资金的使用管理,提高资金使用效益。 (科技局 曹霞)

【科技创新专项评审】 2019年,扬中市科技创新专项经指南发布、申报受理、形式审查等程序,有71项科技项目进入专家评审环节。11月13日，专家评审会召开,东南大学、南京航天航空大学、河海大学等高校院所25名专家教授担任评委。11月19日,根据评审专家及财务专家的意见和建议,经财政科技会商、局长办公会讨论、向市政府请示等程序,确定2019年度扬中市级科技创新专项工业类立项26项(成果转化类10项、重点研发类16项)、农业类立项10项、社会发展类立项8项、软科学研究类立项6项。 (科技局 曹霞)

【大全集团获省科学技术奖二等奖、江苏士林电气设备有限公司获三等奖】 2020年3月5日,《江苏省人民政府关于2019年度江苏省科学技术奖励的决定》公布

2019年度江苏省科学技术奖获奖名单，江苏大学与大全集团、清华大学、西安电子科技大学、南京烽火星空通信发展有限公司共同合作研发的项目“异构物联网安全融合关键技术及产业化应用”获江苏省科学技术奖二等奖。江苏士林电气设备有限公司与西南交通大学合作的“三层共挤乙丙橡胶绝缘复合屏蔽封闭管型母线系统研发及产业化”项目获江苏省科学技术奖三等奖。

（科技局 曹霞）

2019年扬中市获批镇江市级以上科技项目一览表

表17

项目类别		序号	项目名称	承担单位	金额（万元）	文号	镇街区
国家级	国家高新技术产业化基地	1	扬中国家智慧电气高新技术产业化基地	新坝镇	—	国科发〔2019〕334号	新坝镇
	国家级科技企业孵化器奖评	2	扬中市新坝科创服务有限公司	新坝镇	—	国科火字〔2019〕213号	新坝镇
省级	产业前瞻与关键核心技术—竞争项目	3	基于人工智能的自适应高效长寿命混合储能关键技术	江苏为恒智能科技有限公司	120	苏财教〔2019〕117号	三茅街道
	产业前瞻与关键核心技术—竞争项目	4	宇航用空间级硅橡胶面向高端民用的共性关键技术研发	江苏天辰新材料股份有限公司	120		经开区
	产业前瞻与关键核心技术—竞争项目	5	光伏硅片切割废料精制再生高纯硅关键技术研发	江苏高照新能源发展有限公司	120		经开区
	政策引导类计划（国际科技合作）—政府间双边创新合作项目	6	破冰型科考测量船关键技术研发	江苏大津重工有限公司	100	苏财教〔2019〕205号	西来桥镇
	政策引导类计划（引进外国人才专项）	7	LI密集型高防护等级低压智能母线系统的技术引进	镇江西门子母线有限公司	8		新坝镇
	政策引导类计划（引进外国人才专项）	8	金属磨削用超宽精磨砂带关键技术开发与产业化	江苏锋芒复合材料科技集团有限公司	8		新坝镇
	重点研发（农业项目）	9	长江刀鲚绿色养殖与浮床薄荷耦合的立体种养关键技术研究	镇江江之源旅游发展有限公司	50	苏财教〔2019〕120号	三茅街道
	科技服务基地	10	江苏省科技服务业特色基地（研发设计服务）	新坝镇	—	苏科条发〔2018〕381号	新坝镇
	科技企业孵化器奖评	11	2018年度江苏省科技企业孵化器评价A类	扬中市智能电器科技创业服务中心	30	—	新坝镇
		12	2018年度江苏省科技企业孵化器评价B类	扬中高新技术创新创业服务中心	23	—	八桥镇
		13	2018年度江苏省科技企业孵化器评价B类	扬中市科技创业服务中心	23	—	经开区
		14	2018年度江苏省科技企业孵化器评价B类	扬中新城科技企业孵化器	23	—	三茅街道

续表 17

项目类别		序号	项目名称	承担单位	金额(万元)	文号	镇街区
省级	众创空间	15	阳光创客众创空间	扬中市新能源产业科技服务中心	—	—	油坊镇
	研究生工作站	16	江苏大全封闭母线有限公司—江苏大学研究生工作站	江苏大全封闭母线有限公司	—	—	新坝镇
		17	江苏大全长江电器股份有限公司—江苏大学研究生工作站	江苏大全长江电器股份有限公司	—	—	新坝镇
	省创新型领军企业培育计划	18	省创新型领军企业培育计划 2018 年度入库企业	大全集团有限公司	—	苏科高发〔2019〕6 号	新坝镇
		19		中电电气(江苏)股份有限公司	—		新坝镇
		20		江苏和成显示科技有限公司	—		新坝镇
镇江市级	重点研发计划(重大科技专项)	21	LNG 用超低温高可靠性阀门关键技术研发及产业化	江苏亿阀股份有限公司	100	镇财教〔2019〕40 号	西来桥镇
	重点研发计划(社会发展)	22	不同干预措施对痛风合并肾功能不全疗效及预后的探讨	扬中市人民医院	5	镇财教〔2019〕34 号	三茅街道
	重点研发计划(社会发展)	23	加速康复外科对腹腔镜胃癌根治术患者围术期应激及免疫反应的影响和机制研究	扬中市人民医院	2		三茅街道

(科技局 曹霞)

2019 年度扬中市科技创新专项一览表

表 18

类别	序号	项目名称	承担单位	金额(万元)	所属地
成果转化	1	基于物联网的智能云控断路器研发及产业化	江苏士林电气设备有限公司	20	新坝镇
	2	轨道交通接触网恒张力补偿装置的研发及产业化	江苏大力城电气有限公司	25	新坝镇
	3	智能型电子式塑壳断路器的研发与产业化	江苏大全凯帆开关有限公司	25	新坝镇
	4	危险品智能防爆储物柜研发及产业化	江苏中远环保科技有限公司	20	新坝镇
	5	PERC 高效光伏电池高性能低成本背面银浆研发与产业化	江苏正能电子科技有限公司	25	油坊镇
	6	海工平台用长寿命高压差迷宫式调节阀研发及产业化	江苏亿阀股份有限公司	25	西来桥镇

续表 18

类别	序号	项目名称	承担单位	金额（万元）	所属地
成果转化	7	弹簧止回式反吹限流孔板装置关键技术研发及产业化	扬中市众成管路配件有限公司	20	三茅街道
	8	高比能量锂离子动力电池研发及产业化	江苏津谊新能源科技有限公司	20	经开区
	9	化工行业有机废气全过程控制技术研发及产业化	江苏航天惠利特环保科技有限公司	20	经开区
	10	高效能双面研磨砂盘的关键技术研发及产业化	江苏佳威研磨科技有限公司	20	经开区
重点研发	11	舰船及海洋平台用超耐候母线干线系统的研发	江苏江城电气有限公司	15	新坝镇
	12	高性能硅橡胶绝缘的干式电力变压器关键技术研发	江苏大航有能输配电有限公司	15	新坝镇
	13	旋切式原煤仓自动高效清堵机的研制开发	江苏乾元飞达电力设备有限公司	10	新坝镇
	14	新型源网荷储互动互联的综合能源管控研究	镇江大创智能电气有限公司	10	新坝镇
	15	智能电力测控系统的研发	江苏弘历电气有限公司	10	新坝镇
	16	变压器智慧云平台	中电电气(江苏)变压器制造有限公司	10	三茅街道
	17	干湿结合催化氧化法废气处理装置关键技术研发	江苏新久扬环保设备科技有限公司	15	三茅街道
	18	高性能异构薄材齿形多极点无损连接工艺及智能装备研发	江苏万奇电器集团有限公司	10	三茅街道
	19	矿用智能型便携仪管理系统关键技术的研发及应用	扬中市南方矿用电器有限公司	10	三茅街道
	20	面向能源交通领域智能高电压传感技术的研发	镇江英创电力电子有限公司	10	三茅街道
	21	高致密低导热真空绝缘复合材料技术研发	扬中市华龙橡塑电器有限公司	15	油坊镇
	22	大口径阻燃抗静电 PP 管材制备的关键技术研究	江苏省绿岛管阀件有限公司	10	八桥镇
	23	基于边缘计算的面向 ETO 型成套电气行业精益生产关键技术研发	镇江茗驰电气有限公司	15	经开区
	24	新型高效节能循环式短路加热器的研究与开发	江苏金源腾峰换热设备有限公司	10	经开区
	25	FRPP 增强聚丙烯材料改性及制品(耐腐蚀液下泵支柱)的研发	镇江市神龙电器管件有限公司	10	经开区
	26	动物疫苗大规模细胞悬浮培养技术及装备研发	江苏弗洛瑞生物工程设备有限公司	10	经开区
农业	27	美洲鲥耐应激新品系选育及规模化养殖技术集成	镇江市江海渔业科技有限公司	10	江苏省扬中市现代渔业产业
	28	暗纹东方鲀秋季规模化繁育技术的研发	镇江江之源渔业科技有限公司	10	江苏省扬中市现代渔业产业

续表 18

类别	序号	项目名称	承担单位	金额(万元)	所属地
农业	29	稻鱼共作生态种养技术研究与示范	镇江大全现代农业发展有限公司	10	新坝镇
	30	“三茄”穴盘基质育苗技术集成研究与应用	扬中市洲安果蔬种植家庭农场	5	三茅街道
	31	秧草—龙虾生态综合种养	扬中市望望家庭农场	5	油坊镇
	32	镇江香醋专用糯米产业链关键技术创新与应用	江苏紫江生态农业有限公司	5	三茅街道
	33	高效无土栽培芽苗菜种植研究及示范	扬中市八桥镇利民村农地股份专业合作社	5	八桥镇
	34	稻虾共作生态综合种养开发项目	扬中经济开发区虾满塘家庭农场	5	经开区
	35	苏南地区金霞油蟠桃设施清洁栽培关键技术集成与示范	镇江市森羽农业科技有限公司	5	经开区
社会发展	36	流式细胞术检测胃癌手术腹腔冲洗液脱落细胞的应用研究	扬中市人民医院	10	卫计委
	37	伊伐布雷定对房颤病人心室率以及预后的影响	扬中市人民医院	5	卫计委
	38	内镜下蓝激光成像技术对食管癌前病变、早期癌的临床研究	扬中市中医院	5	卫计委
	39	环保型全自动智能化电镀生产线的研发及产业化	扬中新江镀业有限公司	10	新坝镇
	40	二球悬铃木飞絮控制技术研究与应用	扬中市园林花木有限公司	10	三茅街道
	41	基于物联网的微生物智能喷雾除臭系统及其相关配套服务的关键技术研究	镇江首帆物联科技有限公司	5	三茅街道
	42	分布式污水处理设施集中管控物联云平台关键技术研究	镇江市天沁绿源环保科技有限公司	5	八桥镇
	43	生物秸秆育秧盘与印刷式精量播种技术集成创新研发	江苏华瑞农业科技有限公司	5	经开区
软科学研究	44	提升扬中农村“八位一体”公共服务研究	中共扬中市委党校	3	—
	45	“五 lì”工程,助推效能党建融合式发展	扬中市委市级机关工作委员会	3	—
	46	关于推进扬中乡村振兴有效路径的研究	扬中市统计局	3	—
	47	关于扬中岛园文化与移民文化交相辉映的研究	扬中市老科技工作者协会	3	—
	48	关于在全市社区开展科普讲座的研究	扬中市老科协科普讲师团	3	—
	49	关于革命老区(扬中)发展的调查与研究	扬中市老区开发促进会	3	—

(科技局 曹霞)

通过校地合作委员会第二次会议纪要。(科技局 曹霞)

产学研合作

【概况】 2019年,扬中市围绕智能装备、新材料、高效能源、人工智能等领域,依托西安交通大学国家技术转移中心扬中分中心、华东理工大学国家技术转移中心扬中分中心、江苏大学扬中技术转移分中心等校地合作中心,征集企业创新需求60项,举办扬中与上海、成都、东北地区等地高校院所大型政产学研活动12场,精准引进具有合作基础、面向未来发展的科技项目和高层次人才,签订产学研合作协议63项,形成一批具有自主知识产权的新产品,提升产业核心竞争力。

(科技局 曹霞)

【华东理工大学开展产学研对接交流】 2019年7月8—9日,扬中市长张德军与各镇(街、区)、部门以及部分企业负责人,赴华东理工大学开展产学研对接交流,推动高校科研院所科技成果在扬中实现产业化,促进经济高质量发展。3月,扬中向华东理工大学发布部分企业技术需求,华东理工大学两次派专家到扬中实地考察,扬中企业、科技部门多次赴高校对接。对接会上,与会的16家企业分别与华东理工大学专家进行"一对一"交流洽谈,3家企业分别与3位专家教授签订合作协议。 (科技局 曹霞)

2019年7月8—9日,扬中市与华东理工大学开展产学研对接交流 (科技局供图)

【华北电力大学—扬中校地合作委员会第二次会议召开】 2019年7月26日,华北电力大学—扬中校地合作委员会第二次会议在华北电力大学扬中智能电气研究中心举行。会议听取校地合作委员会第一次会议以来的研究中心工作报告及下一年度工作计划,修订《华北电力大学扬中智能电气研究中心管理办法和管理制度实施细则》,下达《2019年度工作目标任务书》,讨论并

【扬中—成都地区高校产学研对接交流会】 2019年10月30日,扬中—成都地区高校产学研对接交流会在成都举行,扬中市科技局征集参会企业技术需求25项,与四川大学、西南交通大学两所高校科研院对接,形成有合作意向项目13项。四川大学与江苏佳鑫环保工程有限公司、镇江伟民新材料制品有限公司签订合作协议,西南交大与江苏士林电气设备有限公司、江苏宇恒电气有限公司签订合作协议。 (科技局 曹霞)

【扬中—东北地区产学研对接活动】 2019年12月24—26日,扬中—东北地区产学研对接活动在哈尔滨举行。扬中市与哈尔滨理工大学、哈尔滨工程大学、中国科学院沈阳分院金属研究所进行产学研合作交流。校地、校企在技术研发、重大科研项目合作、人才联合培养、技术培训、科研成果产业化等方面建立长期的产学研合作关系。 (科技局 曹霞)

【中国技术交易所(扬中)技术服务平台线下对接交流会】 2019年12月5日,中国技术交易所(扬中)技术服务平台新材料领域线下对接交流会举办。中国建筑材料规划研究院、中国材料研究学会、安泰创明新能源材料研究院、北京中材人工晶体研究院有限公司、北京沃尔德金刚石工具股份有限公司、中国石油和化学工业联合会等机构多位专家分成三个小组分别走访企业,与企业负责人深入对接,切实帮助企业解决技术需求。 (科技局 曹霞)

【6个产学研合作项目在河豚文化节签约】 2019年4月27日,第十六届中国·扬中河豚文化节闭幕式上,长城蜂巢易创、亿能电气、大航微电网、镇江仁德、士林电气、大航集团6家企业与高校院所签订产学研合作项目,加速高校院所科技成果落地扬中、高层次人才落户扬中,为区域新兴产业发展提供直接的技术支撑。

(科技局 曹霞)

【西南交通大学—扬中市校地合作交流】 2019年1月23日,西南交通大学—扬中市校地合作交流会暨西南交通大学—江苏士林电气集团合资经营签约仪式举行。2013年,西南交通大学参加扬中在成都的产学研活动以来,与大全集团、士林电气、威腾集团、华威线路、磊金建材等数十家企业合作,在高层次人才引进、科技项目申报上相助,帮助士林电气引进顶尖人

才3名、研发新产品2个、申报立项优质科技和人才项目5个。 (融媒体中心)

【油坊与南航开展政产学研对接活动】 2019年5月，扬中油坊—南京航空航天大学政产学研合作对接活动在南京航空航天大学自动化学院举行。活动中，油坊镇与南京航空航天大学自动化学院签订科技人才合作协议，南京航空航天大学自动化学院与朝阳机电、裕太防爆签署共建研究生工作站协议，裕太防爆与刘巧珏签署人才引进协议。通过活动，南京航空航天大学自动化学院和油坊科技企业建立良好的互动交流机制，围绕技术创新和产业升级加强双方的交流和合作，促进科技成果转化，为校企长期合作夯实基础。(油坊镇 朱琳)

创新平台

【概况】 2019年，扬中市抓住长三角一体化、长江经济带以及苏南自主创新示范区建设机遇，从规划设计、专项资金和配套政策入手，集中资源力量，建设一批实用、高效的创新平台，打造集聚各类创新要素的集聚区。 (科技局 曹霞)

【油坊镇阳光创客获批省级众创空间】 2019年12月10日，江苏省科技厅发文公布2019年拟备案省级众创空间名单，全省104家众创空间入选，油坊镇阳光创客众创空间获批。“阳光创客众创空间”由扬中市新能源产业科技创业服务中心联合镇江丰源新能源科技有限公司、江苏吉星新材料有限公司和江苏太阳集团有限公司于2015年7月2日创办，旨在充分利用新能源产业园产业优势，为有创业想法和有创业热情的优秀团队提供空间、机会和适当的资金，并且帮助创客空间内项目和企业充分对接市场需求，有效整合资源，集成落实政策。 (科技局 曹霞)

【高新区获批江苏省科技服务业特色基地】 2019年1月25日，江苏省科技厅公布4家第三批科技服务业特色基地名单，扬中高新技术产业开发区获评“江苏省科技服务业特色基地(研发设计服务)”。该基地围绕主导产业，通过规划引导和政策扶持等手段，集聚创新资源，因地制宜，发展科技服务特色产业，营造良好的创新生态环境。 (科技局 曹霞)

【新坝国家级科技企业孵化器获评优秀】 2019年11月22日，科技部火炬中心发文公布国家级科技企业孵化器2018年度考核结果，全国有143家国家级孵化器被评为优秀(A类)，扬中市新坝科创服务有限公司获评。 (科技局 曹霞)

2019年扬中市科技创新平台建设一览表

表19

项目类别		序号	项目名称	承担单位	金额(万元)	文号	镇街区
国家级	国家高新技术产业	1	扬中国家智慧电气高新技术产业化基地	新坝镇	—	国科发〔2019〕	新坝镇
	国家级科技企业孵	2	扬中市新坝科创服务有限公司	新坝镇	—	国科火字〔2019〕	新坝镇
省级	科技服务基地	3	江苏省科技服务业特色基地(研发设计服务)	新坝镇	—	苏科条发〔2018〕381号	新坝镇
	众创空间	4	阳光创客众创空间	扬中市新能源产业科技服务中心	—	—	油坊镇
	科技企业孵化器奖评	5	2018年度江苏省科技企业孵化器评价A类	扬中市智能电器科技创业服务中心	30	—	新坝镇
		6	2018年度江苏省科技企业孵化器评价B类	扬中高新技术创新创业服务中心	23	—	八桥镇

续表 19

项目类别		序号	项目名称	承担单位	金额(万元)	文号	镇街区
省级	科技企业孵化器奖评	7	2018 年度江苏省科技企业孵化器评价 B 类	扬中市科技创业服务中心	23	—	经开区
		8	2018 年度江苏省科技企业孵化器评价 B 类	扬中新城科技企业孵化器	23	—	三茅街道
	研究生工作站	9	江苏大全封闭母线有限公司—江苏大学研究生工作站	江苏大全封闭母线有限公司	—	—	新坝镇
		10	江苏大全长江电器股份有限公司—江苏大学研究生工作站	江苏大全长江电器股份有限公司	—	—	新坝镇

（科技局 曹霞）

科技金融

【概况】 2019 年，扬中市促进科技金融深度融合，完善“苏科贷”工作流程，严格资金监管，合作银行逐步增多，解决 56 家企业融资难题 1.46 亿元，被评为江苏省“苏科贷”A 类合作地区。在“苏科贷”的基础上增加“科保贷”，帮助 1 家企业解决融资 500 万元，扬中市科技人才创新创业种子投资基金正常运作，以政府投入为引导，以企业投入为主体，建立并完善金融资本、民间资本共同投入的市场化多元投融资体系。

（科技局 曹霞）

【江苏省科技企业融资路演服务中心扬中工作站揭牌】 2019 年 8 月 30 日，江苏省科技企业融资路演服务中心扬中工作站在扬中市高新区揭牌，为镇江市辖市区首家。该平台以路演为主要形式，突出科技型企业融资需求的精准对接，在企业和金融机构之间打造资源互通、项目展示的平台，为企业提供科技信贷、创业投资、上市辅导等全方位、多层次的专业服务。扬中工作站面向全市 5500 家工业企业，360 余家规模骨干企业和 152 家高新技术企业，通过市场化的方式，吸引创投、担保、银行等各类金融机构的集聚，为企业创造良好的融资环境。

（科技局 曹霞）

【科技金融进孵化器】 2019 年 3 月 5 日，扬中市科技局邀请省、市生产力促进中心领导到经开区科创心中开设科技金融进孵化器专场活动，江苏银行、南京银行等 8 家银行、经开区 30 余家企业以及科创中心负责人参加活动。10 月 23 日，镇江市生产力促进中心和江苏省科技企业融资路演服务中心镇江分中心应邀到油坊镇“阳光创客”举办科技金融进孵化器活动。各大银行针对初创科技型企业不同特点，推出形式多样的金融产品。

（科技局 曹霞）

科技惠民

【概况】 2019 年，扬中市科技局围绕农业、民生领域需求，突出农业科技支撑作用，培育农业科技型企业，加快农业园区载体建设，加速农业科技成果转化，农业科技进步贡献率 69%。

（科技局 曹霞）

【镇江江之源旅游发展有限公司获批省重点研发(现代农业)项目】 2019 年 4 月，镇江江之源旅游发展有限公司“长江刀鲚绿色养殖与浮床薄荷耦合的立体种养关键技术研究”项目获批 2019 年省重点研发(现代农业)项目，该项目与中国水产科学研究院淡水渔业研究中心合作研发，创建大规格长江刀鲚绿色高效生态养殖的产业化技术体系。

（科技局 曹霞）

【“扬中特种水产产业分店”被评为优秀科技超市】 2019 年，镇江市科技局根据江苏省科技厅《关于开展江苏农村科技服务超市 2019 年度考评工作的通知》考评科技超市。镇江江之源渔业科技有限公司“扬中特种水产产业分店”被评为优秀科技服务超市。三茅街道、八桥镇 2 家便利店被评为合格。

（科技局 曹霞）

教　育

综　述

【概况】 2019年,扬中市教育系统围绕“高质量”关键词,坚持向高标准看齐、向高质量努力,在六个“高”目标上持续发力。高起点规划,加强统筹规划,确保教育资源优先布局、优先投入、优先建设。明珠幼儿园、外国语中学(本部)综合教学楼竣工交付并投入使用;推进新特教中心建设,具备搬迁条件;第二幼儿园建筑主体封顶,预计2020年6月建成;三跃中心小学腾仓至滨江小学,新校建设有序推进。新建扬中市生命安全体验馆,全市特色场馆增至20所。高水平均衡,通过六个“一体化”推进(管理团队一体化、文化建设一体化、课程建设一体化、教师发展一体化、日常研修一体化、资源分享一体化),加快区域教育优质均衡发展,“集团化办学,让教育变得公平而有质量”项目被评为镇江市“2018年教育行风建设十大亮点”。高质量育人,坚持德智体美劳五育并举、全面发展,提升各学段育人质量。开展“传承中华优秀传统文化和传统美德”“庆祝新中国成立70周年”系列主题教育活动,加强中小学生爱国主义教育,在全国“新时代好少年·我为祖国点赞”主题读书活动中获得多个奖项;倡导“健康第一”的教育理念,在各级各类体育竞赛中屡获佳绩;常态化开展中小学生艺术素养比赛、小学生文艺汇演,推进戏曲进校园;市教育局在全国第六届中小学艺术展演中获优秀组织奖,1个美育案例获全国一等奖;教育部“1+1”系列发布采访活动走进扬中,13家主流媒体集中宣传扬中市美育发展新亮点、新经验。高平台支撑,坚持以信息技术为支撑,推进教育现代化发展。扬中市2018年度教育现代化建设监测综合得分96.13分,位列全省第一。高品质服务,推进家校共育、“阳光食堂”信息化监管服务平台建设和课后服务工作,增强教育服务能力,扬中市先后被江苏省教育系统关工委授予“江苏省合格家长学校总校”“江苏省家庭教育先进市”等称号。高效能治理,成立专项整治工作领导小组,组成7个督查组分两轮全面督查指导义务教育阶段学校规范办学工作,围绕6条整治重点(违规举行考试、违规进行排名、违规分快慢班、违规超前教学、校外培训机构违规办学、食堂管理不规范),集中整改,通过镇江市义务教育学校违规办学问题专项整治督导;持续开展校外培训机构治理“回头看”工作,回应社会群众关注的热点问题,办好人民满意教育。 (教育局 文婷)

【教育投入】 2019年,扬中市累计实现教育支出7.75亿元(含教育费附加和地方教育附加费),占财政一般预算支出19.04%,财政预算内教育拨款6.55亿元(不含教育费附加和地方教育附加费)。征收1.47亿元,其中教育费附加8824.5万元,地方教育附加费5871.5万元。义务教育阶段生均公用经费比省基准提高。小学省定标准为每生每年700元,扬中市按1000元执行;初中省定标准为每生每年1000元,扬中市按1300元执行,对小学不足600人的按600人拨付,初中不足500人的按500人拨付;非义务教育阶段的按照农村公办幼儿园每生每年500元(市财政200元,镇财政300元)、城市幼儿园每生每年385元、高中阶段每生每年1100元执行。在资助政策上,加大家庭经济困难学生的资助力度,2019年资助困难学生4358人,402余万元,各学段资助覆盖面均达到省定标准(幼儿园10.14%,小学7.62%,初中8.67%,高中11.03%,特教100%),全市没有一名学生因家庭贫困而辍学。

(教育局 文婷)

【资源建设】 2019年,扬中市加大优质教育资源供给力度,优化统筹配置。明珠幼儿园于暑期正式投入使用,三跃中心小学整体腾仓至滨江小学,完成八桥中心小学食堂重建工程,外国语中学(本部)教学楼扩建工程竣工交付。协调推进新坝中学、三跃中心小学、金港小学的建设,特教中心基本具备搬迁条件。第一幼儿园、第二幼儿园、云腾幼儿园建设按序时推进。出台《扬中市居住区配套幼儿园规划建设管理办法》,规范小区配套园的建设。 (教育局 文婷)

【家校共育工作】 2019年，扬中市“落地式”家长学校试点校从1所扩展到19所，覆盖幼儿园至高中全学段。借鉴先进地区“家校共育课程项目”，出台《关于进一步加强家校合作共育工作的实施意见》，以课程为载体，将家庭教育的“显性知识”和“隐性知识”结合起来，形成初步家庭教育课程体系。培养首批家校共育核心教师团队，组织家庭教育入区培训，遴选60余名优秀学员赴山东潍坊开展家庭教育初级指导师培训，加大班主任通识培训、骨干教师升级培训和优秀讲师校内外宣讲力度。组建家校共育教研团队，开展家校共育调研和教研活动。探索、实践个性化的家庭教育指导方式，采取“互联网+”、互动合作式等家庭教育指导模式，营造贯穿全年、覆盖全域的家庭教育服务网络，市家长学校总校讲师团入校入村入企宣讲，全市各级各类学校开设家庭教育讲座100余场，开展线下读书沙龙活动约150余次，参加活动的家长人次2万余人。扬中市获得江苏省家庭教育先进市，扬中市家长学校总校获评江苏省合格家长总校。 （教育局 文婷）

【中央级媒体报道美育成果】 2019年4月，教育部“落实全教会奋进迎华诞”“1+1”系列发布采访活动走进扬中，《光明日报》、《中国教育报》、中国教育电视台、人民网、新华网、央广网、微言教育政务新媒体等13家主流媒体多角度聚焦扬中市美育改革发展中呈现的新亮点、新做法、新经验。扬中市美育教学注重城乡优质均衡发展，各校按照“1+X”(1个特色，在此基础上发展多样化特色课程)的特色发展思路，培育出面塑、草编、剪纸等艺术特色项目20余个。深化艺术课程改革，全市开发艺术类校本课程40余门，艺术社团有265个，组织艺术展演、文艺汇演、校园文化艺术节等品牌艺术活动30场。坚持教育资源有效整合，高标准建成民乐坊等主题场馆10余个，一校建成，多校辐射。争取校外民间艺术团体、外市高水平艺术专家定期指导，鼓励学生参加校外艺术实践活动，创新推出“艺术教育进社区”等活动。与德国、美国、荷兰、丹麦、挪威等学校师生及艺术团开展艺术交流，拓宽学生国际艺术视野。4月，扬中市教育局获全国第六届中小学艺术展演优秀组织奖和中小学美育改革创新优秀案例一等奖。

（教育局 文婷）

【“新时代好少年·我为祖国点赞”主题读书活动】 2019年，教育部关心下一代工作委员会开展“新时代好少年·我为祖国点赞”主题读书活动。外国语中学教育集团高彤瑶、外国语小学教育集团刘昱灵、江苏省扬中高级中学李小宝3名同学赴延安参加全国读书演讲比赛，分获一二三等奖；外国语小学教育集团温博尧、江苏省扬中高级中学黄雨娴、新坝中心小学周彦彤和联合中心小学蔡梦卿的4名同学的书画作品分获一二三等奖；全市有3篇征文获一等奖、171篇征文获二等奖。外国语中学教育集团、外国语小学教育集团、南师扬中附小教育集团三所学校获全国示范学校，市教育局获全国先进集体。 （教育局 文婷）

【校园慈善文化教育基金成立】 2019年4月11日，扬中市召开校园慈善文化教育现场观摩暨推进会，启动校园慈善文化教育基金。校园慈善文化教育基金旨在弘扬慈善文化，推动校园慈善文化教育工作，筹募200万元创始资金(镇江市、扬中市慈善总会，镇江市、扬中市教育局各筹资50万元)，构建起以政府财政资助为主渠道、慈善基金为补充、社会各界参与的贫困学生助学体系。 （教育局 文婷）

【课后服务试点工作】 2019年11月22日，扬中市印发《关于开展中小学生课后服务工作的实施意见（试行）》。课后服务旨在帮助家长解决接送难的问题，引导学生自主学习，培养兴趣爱好，促进个性发展。对照省、市有关要求，结合前期调研结果和扬中市实际情况，召开城区学校联席会议，决定从2019—2020学年第二学期开始，开展课后服务试点工作，试点范围为城区3所小学的1~3年级。3所试点学校完成课后服务的方案制定、教师安排、学生摸底等工作，新学期开学第二周正式施行。 （教育局 文婷）

【庆祝第35个教师节表彰大会】 2019年9月9日，扬中市召开庆祝第35个教师节表彰大会。市领导为受表彰的先进集体、个人颁奖。大会表彰新坝镇等4个“扬中市重教兴学先进集体”、蔡红林等20名“扬中市优秀教育工作者”、江苏省扬中高级中学等“十佳优质发展先进集体”、黄兰等“十佳优秀教师”、赵誉涵等“十佳德育工作者”、吴纪荣等“十佳乡村教师”、尤超群等“十佳教坛新秀”、张庆明等“十佳服务先锋”。

（融媒体中心）

【“阳光食堂”信息化监管服务平台建设】 2019年，扬中市教育系统推进“阳光食堂”信息化监管服务平台建设工作。8月23日，教育系统召开学校“阳光食堂”信息化监管服务平台建设推进会，组织全市中小学、幼儿园总务主任、食堂管理、食堂会计200余人参加平台操作专题培训。学校设立食堂管理员专人专项负责平台录入，教育局发展规划与后勤管理科专设一人专门负责平台管理；学校食堂实行双岗双时管理，分设二人AB岗，分上午、下午双时段集中上传。9月1日起，扬中市实现49所学校(不含成教中心)，48个食堂(江洲小学与江洲中学并用食堂)“阳光食堂”登录覆盖率100%。扬中市加大投入，完善规范部分学校食堂布局，投资约120万元，补充、提挡升级20所学校监控和磅秤等设施设备，保障全市“阳光食堂”信息化监管服务平台正常运行。 (教育局 文婷)

链接:“阳光食堂”信息化监管服务平台

平台充分利用信息化技术，提高家长和社会的知情权、参与度和满意度，最大的特点是实时、远程、透明，其先进性主要体现在以下几个方面:①每日食堂采购时，所有食材过秤均用手机拍照上传记录，防范采购造假、资金挪用等风险;②视频直播操作间、库房和分餐间，全时段、全方位监管食堂卫生安全;③平台投标供货，比质比价采购，杜绝食堂“微腐败”;④通过数据汇总比对分析，解决食堂“采购价格差异较大”“管理成本偏高”“挤占学生伙食费”等问题;⑤平台设有市纪委、教育局、学校和家长四个监管端口。家长的建议类信息直接反馈给学校，投诉类信息直接提交给教育局和纪委。

学前教育

【概况】 2019年，扬中市学前教育以课程游戏化为抓手，强化规范办园，坚持标准引导，增强学前教育实力和竞争力，成功申报江苏省课程游戏化建设项目。三环幼儿园创成省优质幼儿园，西来桥中心幼儿园、丰裕中心幼儿园、小海龟幼儿园3所省示范性实验园通过(省优质园)复审工作，区域内通过率100%。专项视导三之三幼儿园、小海龟幼儿园(鸣翠山庄、长江花城)、大地幼儿园4所民办幼儿园课程游戏化建设情况，三环幼儿园、滨江幼儿园、明珠幼儿园开展扬中市级《指南》园认定，确保区域改革试验项目全覆盖。加强师资队伍建设，全市公办园中公办教师在编率85%，两教一保配备率100%，专任教师本科及以上学历90%。优化学前教育专兼职教研责任片区制度，全市22所幼儿园分为四个责任片区，继续采用教研4个“1”模式，由1~2名省级专家、1名扬中市级学前领衔人、1名兼职研训员组成领衔团队，以“满足儿童需要的幼儿在园一日活动的优化”为主题进行区域课改项目研究。(教育局 文婷)

【明珠幼儿园投入使用】 2019年7月，明珠幼儿园投入使用。该园座落于新扬北路409号(明珠小学旁)，规模为3轨9班制，园所教学楼面积4800平方米，户外面积3990平方米，其中绿化面积2055平方米。幼儿园设计遵循低碳、环保、绿色的原则，将现代的设计元素贯穿整个公共空间。 (教育局 文婷)

【江苏省课程游戏化建设项目申报】 2019年5月，扬中市区域幼儿园课程游戏化项目建设成功申报“江苏省幼儿园课程游戏化建设项目”。项目旨在以游戏精神为切入点，树立“一日生活皆课程”的理念，坚持游戏为基本活动，在进行幼儿学习环境创造设计、实施一日作息时间弹性管理、生活环节的教育价值挖掘、资源的有效利用、游戏活动的组织实施等实践中，优化课程实施，构建幼儿发展需要的、符合幼儿园实际的课程体系。 (教育局 文婷)

【新坝幼儿园“儿童工作坊”参加全国第五届教博会】 2019年11月20日，第五届中国教育创新成果公益博览会在广东省珠海市珠海国际会展中心开幕。此次教博会从全国900余个学前项目中甄选248个学前教育项目，扬中市新坝镇中心幼儿园“农村幼儿园‘儿童工作坊微型主题’课程”项目入选参会。在工作坊演讲中，扬中市新坝镇中心幼儿园园长王海英从项目背景、价值理念、内容界定、解决方案、标准准则、实践案例、成果创新等几个方面对展示课程作汇报。(教育局 文婷)

义务教育

【概况】 2019年，扬中市持续加大优质义务教育资源供给力度，优化统筹配置，制定出台《2019年扬中市义务教育学校招生工作实施意见》，确保所有随迁子女与本地户籍学生享受同城待遇，全面实行免试就近入学。出台《2019年扬中市初中学业水平考试与高中招生工作方案》，依据2019届初中毕业生数和办学水平等因素，将热点高中70%的招生计划合理分配到各初中。注重品格提升，开展“传承中华优秀传统文化和传统美德”“庆祝新中国成立70周年”系列主题教育活动，加强中小学生爱国主义教育。推进现代班集体建设，举办扬中市中小学生品格提升工程项目现场答辩会，4篇关于现代班集体建设文章在《中国教师报》第10版整版报道，八桥中心小学李敏玉被评为“新时代江苏好少年”。 (教育局 文婷)

【中小学生品格提升工程项目现场答辩会】 2019年4月2日，扬中市教育系统举行中小学生品格提升工程项目现场答辩会。答辩分为项目陈述和专家问答两个环节。17所学校的项目负责人就品格提升项目建设思路、建设内容、措施保障、时序进度及预期效能等方面依次陈述，并根据评委们提出的相关问题现场答辩。（教育局 文婷）

【初中学科课程基地启动】 2019年5月17日，扬中市初中学科课程基地启动仪式暨第一次研讨活动如期举行。学科课程基地旨在推进全市初中协调发展，发挥优势学科示范辐射引领作用，助推初中教师专业化发展。年内，出台《扬中市初中学科课程基地建设方案》，评审确定3所学校4个学科（外国语中学教育集团写作课程基地、外国语中学教育集团数学课程基地、第一中学教育集团阅读课程基地、新坝中学物理课程基地）为扬中市首批初中学科课程基地。（教育局 文婷）

【兴隆中学照明系统改造】 2019年3月，WWF（世界自然基金会）实地考察兴隆中学，项目组发现兴隆中学的教室照明环境有待改善，在制定详细照明系统改造方案后，WWF项目组于2019年8月2日系统改造兴隆中学部分班级。兴隆中学成为WWF世界自然基金会在中国第一个综合性节能改造的低碳试点学校。WWF联合挪威能源署和阿里巴巴基金会为项目改造筹集资金，制定详细计划，聘请相关专家和技术人员，投资5万元，通过选择高能效、高质量的照明产品，提升教室课面照度和照明舒适性。WWF设备替换升级两间教室的空调系统，最大化提升教室节能减排效果。12月13日，在西班牙马德里举行的联合国世界气候大会上，WWF向大会发布兴隆中学低碳试点项目成果视频，通过评估实际效果、测算减排潜力，为低碳学校地方标准的制定提供数据支持。（教育局 文婷）

【江苏省基础教育前瞻性教学改革实验项目成果申报】 2019年5月，扬中市外国语小学教育集团申报的“支持儿童挑战性学习的支架建构实践探索”入选2019年江苏省基础教育前瞻性教学改革实验项目，评审成绩位列全省第六名，小学组第二名。该项目通过研发支持挑战性学习的支架平台，帮助学生完成挑战性任务，提高学生的合作学习能力；助推学科建设与教学变革，让每一个学生在学科活动中挑战自我；培养学生自主学习与合作学习，在挑战性任务中实现自我成长和终身发展。（教育局 文婷）

【首届亚洲少儿田径运动会获金牌】 2019年12月1日，首届亚洲少儿田径运动会在中国澳门关闸工人体育场开幕。南京师范大学附属扬中小学的运动员到澳门参加比赛，经过数天比赛，南京师范大学附属扬中小学运动员获得跨栏接力、速度阶梯、十字跳、投掷少儿标枪等四个单项第一，并获得2019亚洲少儿田径运动会团体第一名，获得亚洲赛事的金牌。（教育局 文婷）

2019年12月1日，南京师范大学附属扬中小学获首届亚洲少儿田径运动会团体第一名　（教育局供图）

普通高中教育

【概况】 2019年，扬中市高中教育深化教研，加强对新高考、选课分班、学业水平考试、综合素质评价领域研究，全市本一上线402人，本二上线867人，400分以上10人；本一达线率41.3%，本二达线率89%，2人被清华大学录取，2人达到北大录取分数线，17人考取C9联盟高校。（教育局 文婷）

链接：C9联盟高校

九校联盟（C9 League），简称C9，是中国首个顶尖大学间的高校联盟，于2009年10月启动。联盟成员都是国家首批“985工程”重点建设的一流大学，包括北京大学、清华大学、复旦大学、上海交通大学、南京大学、浙江大学、中国科学技术大学、哈尔滨工业大学、西安交通大学9所高校。

【全国印章艺术进校园活动】 2019年4月24日，全国印章艺术进校园活动启动仪式在扬中市举行，活动旨在进一步推广篆刻艺术。与会人员参观全国教育书画协会举办的“原来印章这么有趣”作品展览和江苏省扬中高级中学篆刻艺术课程。（教育局 文婷）

特殊教育

【概况】 2019 年,扬中市提前完成 18 个融合教育资源中心布点要求,实现 6 个镇(街、区)学前、小学和初中学段融合教育资源中心全覆盖。依托江苏省扬中中等专业学校建成高中阶段融合教育资源中心,满足各学段适龄特殊需求学生(幼儿)教育需求。 (教育局 文婷)

【融合教育资源中心建成】 2019 年,扬中市出台《扬中市融合教育资源中心建设与认定管理办法》,认定 18 家融合教育资源中心。开展分层培训,个性化培训与指导全市融合教育资源中心布点学校校长、分管校长、班主任、资源教师、巡回指导教师。打造幼小衔接(八桥幼儿园、八桥中心小学)、九年一贯制(西来桥学校)、艺术教育(新坝中心小学、丰裕中心小学)、课程特色化(南京师范大学附属扬中小学教育集团)等资源中心品牌化建设。引入"苏台合作"项目,以项目校(园)为基地,提升全市课程建设。结合普通学校和特教学校课程标准重新设置和调整融合教育学生的课程,制定"一人一课表",实施个别化教育辅导。 (教育局 文婷)

【特殊教育专家委员会成立】 2019 年,扬中市成立特殊教育专家委员会,每年 6 月份各中小学、幼儿园筛查疑似特殊需要学生,在征求家长同意后上报,由残联、民政、卫健委及教育四部门组成的特殊教育专家委员会集中医疗和教育评估有特殊教育需求的儿童少年,提出安置、转介建议,根据安置情况配置资源。6 月 20 日,全市 0~17 岁特殊需要儿童医疗诊断评估在市人民医院进行。专家组分组于学期中、学期末进行两次跟踪指导。 (教育局 文婷)

职业教育和社会教育

【概况】 2019 年,扬中市职业教育强化管理、深化改革、提升内涵,新建江苏省学业水平测试电力电气、机电类两个考点;江苏省学业水平测试文化课合格率 98.6%,专业技能合格率 95.48%,对口单招升学率 99%。深化校企合作,与长城汽车签约。获江苏省教学大赛三等奖 2 个,江苏省职业学校技能大赛一等奖 1 个,三等奖 3 个,江苏省创业创新大赛三等奖 1 个。提高职业教育办学质量,社会教育完善教育网络,推进各类职技培训,从业人员参培率 70%,6 家居民学校被评为省标准化居民学校,全市省级标准化居民学校占比 100%。深入开展全民终身学习活动周活动,倡导全民阅读。江苏省扬中中等专业学校 17 级计算机专业学生姚荣俊和 17 级艺术设计专业学生李静茹获首届中职国家奖学金。 (教育局 文婷)

【"长城学院"共建】 2019 年 10 月 11 日,江苏省扬中中等专业学校与长城汽车集团扬中蜂巢易创工厂共建"长城学院"。实行学生在高一进行企业课程学习、高二进行企业实践、高三进行顶岗实习的育人模式,建立三年共育培养体系,实现学校育人途径和社会经济发展需求的同频共振。 (教育局 文婷)

2019 年 10 月,江苏省扬中中等专业学校学生在蜂巢易创参加入职培训 (教育局供图)

【全民终身学习活动周】 2019 年 11 月 10 日,扬中市举行"扬中市暨三茅街道全民终身学习活动周"启动仪式。活动周以"推动全民终身学习,加快建设学习强市"为主题。活动周期间,全市各社区教育中心结合各地特点,围绕法律法规、科普知识、生活百科、健康保健、安全教育等内容开展以辅导、讲座、展览、发放宣传资料和参加社会实践等为主要形式的活动,参加镇江开放大学组织的社区书画大赛、社区摄影大赛和社区歌咏大赛等系列比赛。 (教育局 文婷)

2019 年 11 月 10 日,扬中市全民终身学习活动周启动 (教育局供图)

【部分云南学生免费享受中职教育】 2019年,江苏省扬中中等专业学校招收云南省普洱市建档立卡贫困家庭子女接受中职教育。学校开展“怀匠心、践匠行、做匠人”行动,对在校学习的103名云南学生实行私人订制、温情管理。为所有云南生免学费、住宿费,无偿提供生活用品,特开云南餐饮窗口,所有学生享受江苏省助学金补助,减轻家庭负担。开展暖冬行动,帮助募捐冬衣。利用周末时间组织学生游学,感受扬中风土人情。

(教育局　文婷)

教师队伍建设

【概况】 2019年,扬中市培养学科知识扎实、专业能力突出、教育情怀深厚的高素质复合型教师队伍。持续实施定向培养乡村教师和免费师范生培养项目,年内定向培养乡村教师10名,扬中籍免费师范生6名。印发《关于做好2019年教师交流工作的通知》,推进教师交流工作,义务教育阶段238名专任教师参与交流,占比21.75%,其中骨干教师交流58人,流动率24.5%,发挥优质教师资源的辐射引领作用。推进乡村教师支持计划,按月发放乡村教师补贴,年内,发放补贴515.23万元。加速拔尖人才培养,全年新增省名师工作室导师1人(文化新村幼儿园,朱丽华),1人入选教育部乡村优秀青年教师培养奖励计划人选(三跃中心小学,徐源),3人入选镇江市第二批特级教师后备人才库(江苏省扬中高级中学,王成杰;实验小学,石群;第一中学,杨香涛),评选扬中市学科带头人100余人,13人获省级赛课一等奖,18名青年教师入选镇江市第三批“教坛新秀”。组织教师参加各类竞赛、课题申报、论文评比等活动,其中获省级课题研究成果奖2项(省精品课题1项),申报省级课题17项、镇江市级课题40项,1000余篇论文在省、市级评比中获奖,100余篇论文在省级及以上刊物发表;推进“一师一优课、一课一名师”活动,参与率100%;全市教师参加市级以上赛课或展示活动累计182人次。

(教育局　文婷)

【徐源入选教育部乡村优秀青年教师培养奖励计划】 2019年6月,扬中市三跃中心小学教师徐源入选教育部乡村优秀青年教师培养奖励计划(全省仅6人,镇江1人)。

(教育局　文婷)

链接:教育部乡村优秀青年教师培养奖励计划

2018年,教育部教师工作司、中国教师发展基金会共同启动实施“乡村青年教师培养奖励计划”,五年间每年遴选300名乡村优秀青年教师,通过培养和奖励相结合的方式,帮助他们专业成长,造就一批新时代下得去、留得住、教得好的乡村骨干教师。入选的乡村优秀青年教师将分批纳入教育部名师领航工程名师工作室进行培养,或采取其他培训方式促进其专业成长。各省级教育行政部门会将入选的乡村优秀青年教师,纳入当地骨干教师、名师等培养序列,予以重点支持和培训。

【江苏省幼儿园名师工作室集中研修班】 2019年12月26—29日,江苏省名师朱丽华园长工作室集中研修开班,省内13个市、县、区的22所幼儿园园长参与此次集中研修系列活动。扬中市文化新村幼儿园朱丽华园长,是江苏省人民教育家培养对象、江苏省特级教师、正高级教师,她主持的幼儿园混龄项目研究曾获江苏省基础教育成果奖特等奖,此次研修,她作为省名师工作室主持人,引领工作室成员开展混龄教育研究。

(教育局　文婷)

【第十一期青年后备干部培训班】 2019年7月2日,扬中市教育系统第十一期青年后备干部培训班在市委党校正式开班,此次培训为期三天。各校、各单位通过民主推荐、民意测评、公开公示、综合考察等环节,选拔69名青年后备干部参加培训。培训围绕《不忘初心跟党走,牢记使命勇担当》《教学改革的经历与反思》《教育的“芯片”与学校的“名片”》等主题进行集中授课,设置小组讨论、交流发言、结业考核等环节。

(教育局　文婷)

【教育管理者综合能力提升高级研修班】 2019年8月7—11日,扬中市教育系统教育管理者综合能力提升高级研修班在成都体育学院举办。研修班学员为全市各中小学校、幼儿园的一把手校(园)长及局机关相关单位、部门负责人。课程内容涉及学校文化设计、优质学校的内涵建设、学校德育管理、体育教学与体质健康、学科核心素养、团队打造、师生沟通艺术等方面。

(教育局　文婷)

文　化

综　述

【概况】 2019年，扬中市文化工作以为民惠民为导向，以高质量发展为目标，以改革创新为动力，推进现代公共文化服务体系建设，各项工作保持良好发展势头。加快推进设施建设，扬中博物馆宣传布展并试运行，三茅街道文体服务中心新站舍投入使用，新坝镇文体服务中心新址完成装修。建成农村文化礼堂15个，八桥镇红旗村文化礼堂获评镇江市农村文化礼堂示范点。文化活动蓬勃开展，以庆祝新中国成立70周年为主题，举办市第十四届社区(农民)文化艺术节、精品书画展等大型文化活动12余场。与市委宣传部等部门举办扬中市庆祝新中国成立70周年大合唱比赛。举办“正月里来看大戏”传统戏曲展演、开展“周末戏相逢”惠民戏曲巡演12场，举办小戏小品大赛等文艺赛事。文化遗产保护工作成效明显，省级文保单位—培根师范旧址修缮完成。全市新增4个非物质文化遗产代表性项目，扬中竹编参加第二届中国(淮安)大运河文化带城市非遗展。加强监管全市广播影视节目传输、监测及广告播出的内容、时长，推进无“小耳朵”城市创建工作，加快应急广播体系建设。加强对播出部门的安全检查以及监管，确保重点节假日期间特别是庆祝新中国成立70周年期间安全播出无事故。配合公安机关对辖区内广播电视台、无线发射台、网络公司等相关业务单位进行网络安全专项执法检查工作。

(文体广电和旅游局 戴月娥)

【主要文艺成果】 2019年，扬中市获得国家级文艺成果20余件，省级成果40余件，镇江市级成果60余件。主要获奖、入展、发表、出版、演出的作品如下：

国家级成果：郭春海、金永祥刻字作品入展第十二届全国书法篆刻展，郭春海版画作品入展第十三届全国美术作品展，这在扬中市历史上尚属首次。王成斌篆刻作品入展“书圣故里·中国临沂”中国书法临书大会、首届吴昌硕国际艺术奖。赵蔚书法作品获得中国书协书法培训中心教学成果评审前50名，具备中书协1次入会条件。朱敏辅导的学生作品入展中美协主办的东海全国第六届少儿版画双年展。杨祥生长篇小说《双飞》由团结出版社出版。姚毅两篇散文作品分别获得“40年记忆——我与改革开放”全国有奖征文二等奖、“我与改革开放40年”全国有奖征文优秀奖。姚毅、叶贵、王文咏的文学作品在《中国劳动保障报》《语言文字报》等媒体发表。范永贵摄影作品获得中国县市新闻好新闻评比二等奖。吉战顺、陈文、范永贵等的摄影作品在《人民公安报》、《瞭望》杂志、《中国民兵》杂志等媒体发表。西来桥舞龙队在2019年中华龙狮大赛中获舞龙传统套路“金奖”。耿月新竹编作品在首届中国大运河博览会非遗博览展现场大赛中获一等奖，在中国旅游协会举办的“2019中国特色旅游商品大赛”中获铜奖。杨荣芳、倪玉蓉4幅作品入展“全国第二届非遗进校园”活动，2人剪纸作品发表于《中国语言文字报》。在第十二届中国玉石雕神工奖大赛中奚彩军玉雕《芭蕉仕女》获“银奖”；玉雕《貂蝉拜月》获“最佳工艺奖”；玉雕《指日高升》获“最佳创意奖”。

省级成果：郭春海、金永祥书法作品入展江苏省当代名家邀请展。王中明、蔡风、王成斌、赵蔚4人作品入展家国情怀——庆祝新中国成立七十周年全省群众美术书法优秀作品展。钱金荣、王中明美术作品分别入展、入选“祖国礼赞”庆祝中华人民共和国成立70周年江苏美术作品展。王中明、赵蔚、蔡风、郭春海、方莹莹5人作品入展由省文化和旅游厅主办的“灵秀镇江”优秀书画作品展，在省美术馆展出。周志华作品《中华魂》入选“2019年江苏省优秀花鸟画展”。王成斌篆刻作品获得“我和我的祖国”全省财政系统书画摄影展一等奖。赵蔚书法作品入展“江左风流奖”江苏省第九届青年书法篆刻作品展。方莹莹书法作品入展第三届“青春时光·江苏省青年艺术家作品展”。在江苏省第七届新人美术作品展评选中，朱敏、王美玲作品，卜琳、金永祥、钱金荣、祝瑞涛作品入选。在《劳动献礼新中国》全省职工庆祝新中国成立70周年“和谐中国·美丽江苏”全省职工书画大赛评选中，王成斌篆刻作品、方莹莹书法作品分别获得银奖、铜奖。西来桥舞龙队创作表演的作品《映日荷花别样红》获得江苏民间文艺奖·优秀民间艺术表演奖。孙永青剪纸作品《我送亲人过大江》在由江苏省文明办等单位举办的“文明展风采”大赛中荣获“一等奖”。奚彩军的玉雕《茶壶一套》、杨荣芳的剪纸《勤为本》入展“江苏省第五届东博会暨民间文艺奖——优秀民间工艺美术作品奖展览”。奚彩军的玉雕《羲之爱鹅》在江苏工艺美术精品博览会——第十届“艺博杯”工艺美术精品大奖赛中获铜奖。武玉和在由江苏省戏剧家协会举办的第二十三届中国少儿戏曲小梅花荟萃江苏赛区选拔活动中，获银花称号。

（文联 陈茜）

【南京颜真卿书画院扬中指导基地揭牌】 2019年11月23日，南京颜真卿书画院指导基地在扬中市青少年校外活动中心揭牌成立。双方将在学术交流、培训讲座、教学指导、公益讲堂等多方面开展合作。揭牌仪式上，书画院院长周积寅等名家向青少年校外活动中心赠送个人书画作品及部分书画院出版物；书画院执行院长、国家一级美术师朱敏，书画院副院长、省青少年书画协会副主席李建军等名家走进校园，为师生开展临摹与创作、书法基础知识等专题讲座。（融媒体中心）

文艺活动

【“倡导移风易俗、弘扬时代新风”江苏省群众文艺巡演】 2019年4月22日，“倡导移风易俗、弘扬时代新风”的江苏省群众文艺巡演在新坝大剧院演出，500余名群众观看。演出节目包括评弹《明天我要嫁给你》、音乐快板《老兵新传》、小品《求仙记》《面子和里子》、徐州琴书《落叶归根》、相声《两头忙》和淮海戏《婆媳会》等。

（文体广电和旅游局 戴月娥）

【2019新春惠民戏曲展演】 2019年2月20—22日，扬中市开展“正月里来看大戏”新春惠民戏曲展演活动。展演活动连续三天，每晚七点，在市影剧院演出《玉蜻蜓》《清风亭》《珍珠塔》3部经典剧目，扬中市锡剧团首次全权担任演出单位。其中《清风亭》改编自中国古代传统故事，讲述张继保富贵不知报养育之恩的故事，启迪人们对“真、善、美”以及“道德”“良心”“孝悌”等中华民族传统美德的思考。市锡剧团花旦演员袁彩琴首次担纲演出老旦行当。（文体广电和旅游局 戴月娥）

锡剧《清风亭》 （融媒体中心供图）

【“吾悦广场杯”2019扬中群众文艺系列大赛】 2019年8月17日，“吾悦广场杯”2019扬中群众文艺系列大赛开幕。大赛由市委宣传部、文明办、文体广电和旅游局、融媒体中心和各镇（街、区）联合主办，扬中吾悦广场独家冠名赞助。开幕式现场表演竹笛演奏、舞蹈、华服秀等文艺节目，扬中吾悦广场项目启动开工仪式。大赛持续至10月，根据扬中市庆祝新中国成立70周年系列活动的总体安排，结合第十四届社区（农民）文化艺术节，此次系列群众文艺大赛采取统一部署、各地承办的形式，分别在新坝镇、三茅街道、经开区、油坊镇、八桥镇、西来桥镇举办少儿才艺大赛、青年歌手大赛、爱国诗词朗诵大赛、少儿故事创作演讲大赛、戏曲小品大赛、舞蹈大赛等。 （融媒体中心）

2019年8月7日，扬中群众文艺系列大赛开幕

（融媒体中心供图）

【第十四届社区（农民）文化艺术节】 2019年6—11月，扬中市举办第十四届社区（农民）文化艺术节。6月7日，扬中市第十四届社区（农民）文化艺术节开幕式暨“品味浓情端午、畅享美丽乡村”——2019年新坝镇乡村亲子文旅体验节在渡江文化园举行。文化艺术节以“辉煌七十年、逐梦新时代”为主题，举办星空露营

节、系列群众文艺大赛、"周末戏相逢"传统戏剧巡演、"筑梦新时代"庆祝新中国成立70周年书画作品展、庆祝新中国成立70周年大合唱比赛、优秀文艺节目巡演等文化活动10余场,丰富全市干部群众文化生活。

(宣传部 朱玮)

档案工作

【概况】 2019年,扬中市档案馆完成全市机构改革档案处置工作。微视频《腾飞——一岛五桥见证城市巨变》获全国建设项目档案微视频大赛二等奖,被学习强国平台采用。开展"扬中名人库"建设,征集到张家春、郑云、王龙等11位名人档案1302件。开展"费孝通六下扬中"专题史料征集编研工作,完成陆朝银、郭道鹏、唐本荣等16人口述档案采集整理工作。完成"百村万户"口述历史档案采集工作,采集28个专题录制的音视频,整理出口述稿,获得2018—2019年度全省"百村万户"口述历史采集工作三等奖。加强数字档案馆(室)建设,开展档案数据校核,确保实体、目录、扫描件三者之间的准确一致。升级部署数字档案室综合管理平台的硬件环境,在全市范围内全面启用数字档案室综合管理平台,建立21个专题民生档案数据库。接收原法制办、地震局、物价局、侨办、台办5家涉改单位2007—2019年文书档案和民政局烈士档案5338件,接收涉改撤销单位门牌14块,征集与海纳集团有关的费孝通、任正非档案9卷(张),征集《郭氏族谱》《红色江洲》等档案资料32册。全年接待对外查档2137人次,调档6122卷(件)。策划"6·9"国际档案日系列活动,开展"走进档案馆之寻觅扬中记忆"活动。

(档案馆 朱颖)

2019年6月,外国语小学师生参观档案馆(档案馆供图)

【建设项目档案微视频】 2019年10月,国家档案局与国家发展改革委组织开展的建设项目档案微视频评选结果揭晓,市委办公室、市档案局、市档案馆报送的《腾飞——一岛五桥见证城市巨变》获二等奖。建设项目档案微视频征集活动旨在通过深度挖掘档案价值,以档案视角宣传中国经济建设成就,扩大宣传效果,提升建设项目档案工作水平,为档案工作更好服务项目建设和经济社会发展做出更大贡献。微视频《腾飞》从市档案馆保存的一名普通百姓为扬中大桥捐款的票据展开叙说,将历史与现实完美融合,通过当事人的讲述、相关建设项目档案的展现,还原"众人捐款建大桥"的历史岁月,弘扬"万众一心,众志成桥"的扬中精神。

(档案馆 朱颖)

【口述史采集工作】 2019年3—7月,扬中市档案馆赴新坝镇立新村开展"百村万户"口述历史采集工作,完成采集任务,阶段性成果显著。工作人员围绕村史、名人、工业、供销、文化等28个专题,采访村委会工作人员及村民46人,全方位、多角度地反映立新村在党的领导下政治、经济、社会、文化等方面的发展变迁,形成录音107段,总时长22时25分29秒;视频92段,总时长14时18分02秒;图片71张。后期文字整理阶段中,形成文稿111篇、23万字。12月,全省"百村万户"口述历史采集工作总结表彰会议召开。会议通报表彰2018—2019年度全省"百村万户"口述历史采集工作先进单位,扬中市档案馆获三等奖。(档案馆 朱颖)

【涉改单位档案处置工作】 2019年2月,扬中市开展全市涉改单位档案处置工作,根据机构改革进度和节点安排,及时跟进,加强督促指导,实现对涉改单位零距离、全覆盖的"上门式服务"。截至6月底,涉改单位档案处置工作基本完成,原地震局等6家单位涉改档案移交进馆,原文化体育旅游局等11个单位门牌接收进馆;11家不进馆涉改单位中,8家上报涉改档案移交清单,2家尚未开始改革;其他未产生档案移交的单位上报档案去向。

(档案馆 朱颖)

【扬中名人档案征集工作】 2019年,扬中市档案馆启动"扬中名人库"建设,征集扬中籍或曾在扬中工作、生活、活动过的非扬中籍领导人、专家、学者、社会贤达、英雄模范及其他重要人物的历史记录材料。截至2019年年底,征集到马伟明、包信和、张家春、郑云等30余人的珍贵档案,整理书籍文稿、出版物、工作笔记、荣誉证书、奖章、照片画册等文字资料和实物档案2000余件。制作扬中名人库建设剪影——《小岛记忆的守护》微视频,彰显地方名人特色,丰富档案馆藏,突出档案人文特色，给后人留下可供借鉴的名人史料。

（档案馆 朱颖）

【档案年检工作】 2019年9—12月，扬中市档案馆针对全市85家机关企事业单位开展档案工作年检。下发全市档案年检情况督查专报，公安局、新坝镇等10家单位为年检综合评定优秀单位。此次年检采取网上指导和实地调研相结合的方式，首次利用综合管理平台开展业务检查。网上指导阶段，业务科室对各立档单位的档案工作进行远程检查，重点检查各单位档案目录输入是否规范、归档文件有无缺失、保管期限划分是否准确等。实地调研阶段，对人社局、市政园林工程处、总工会等12家单位的档案工作开展现场抽检，着重考察档案库房是否符合要求、档案是否集中保管、档案整理是否规范等。针对调研中发现的问题，市档案局及时向相关单位反馈意见，对两家单位下发整改通知书，整改单位已按要求书面反馈整改措施。（档案馆 朱颖）

【《江苏省出生医学证明档案管理办法》落实】 2019年3月，江苏省委办公厅、省卫生健康委、省档案馆联合印发《江苏省出生医学证明档案管理办法》，加强出生医学证明档案管理，长期、有效保护新生儿出生医学证明档案。扬中市档案馆研究制定工作方案，排定时间计划表，按时推进工作进度，确保出生医学证明档案不遗失，按期接收进馆。1981—2006年，市妇幼保健所保管的两万余份出生医学证明档案，于2016年移交市档案馆保管。2006年后，因职能调整，档案资料由出生医院保管。市档案馆联合市卫健委召开业务培训会和推进会，对全市出生医学证明档案开展上门指导、规范化整理，确保出生医学证明档案能按序时进度移交进馆。

（档案馆 朱颖）

【扬中市数字档案室综合管理平台启用】 2019年，扬中市档案馆在创成省AAAAA数字档案馆的基础上，部署升级数字档案室综合管理平台的硬件环境，确保综合管理平台高效、安全运行，服务全市基层档案室。截至2019年年底，数字档案室综合管理平台全面启用。该平台具备“整理编目”“档案年检”“在线移交”等功能，借助平台，可在线指导各档案室，实现馆室联动、远程服务，满足数字档案馆在数据采集、数据存储、数据管理、数据利用等方面的要求，为档案保管利用提供科学、安全、信息化的环境。（档案馆 朱颖）

史志工作

【概况】 2019年，扬中市史志办以“资政、存史、育人”为根本任务，拓展党史、志鉴工作领域，较好地完成各项工作任务。开展“礼赞共和国、奋进新时代——我和国旗合个影”主题图片展、“史志伴我行”——史志书籍义卖活动。《红色江洲——扬中革命斗争纪事》编印发行，《中国共产党扬中历史》三卷本提前结束200万字的前期资料搜集工作，完成初审。《扬中年鉴(2019)》出版发行，《扬中年鉴(2018)》获第六届全国地方志优秀成果(年鉴类)三等奖。《工会志》《审计志》完成编纂。启动三茅街道、八桥镇、油坊镇和经开区志书编纂工作，《西来桥镇志》出版发行，实现镇(街、区)志全覆盖。村志编纂工作开启，新坝镇公信社区志编纂工作全面启动，史志办提前介入，开展业务指导。扬中首部大型姓氏研究成果《我从哪里来——扬中百家姓氏探源》出版发行，填补扬中姓氏典籍研究空白。（史志办）

【《我从哪里来——扬中百家姓氏探源》首发式】 2019年7月，《我从哪里来——扬中百家姓氏探源》举行新书首发式。2017年，扬中市民俗文化研究会启动《我从哪里来——扬中百家姓氏探源》编纂工作。该书收录张、王、陈、朱等30个姓氏、52支家谱，包含姓氏概述以及宗族迁徙、字辈、名人、家训、祠堂等信息，其中很多信息属于首次发掘，包含何士俊、姚湘、朱宝鎏等扬中名流、名家的文章及手迹影印件。（史志办）

【《红色江洲——扬中革命斗争纪事》编印发行】 2019年9月，扬中市史志办编纂的《红色江洲——扬中革命斗争纪事》编印发行。该书从红色档案、对敌斗争、英烈风范、革命遗址、大事纪要5章节，用纪实手法重现革命岁月。首次载入扬中地方党史资料的有：毛泽东同志致渡江战役总前委的电报《令卯卽一举攻占安庆至南通一线据点》及其为新华社撰写的新闻稿《人民解放军百万大军横渡长江》手迹（影印件），1957年入编人教版小学语文教材的《第二十四号船》背后的真实历史。该书部分图片资料由茅山新四军纪念馆提供，部分图片源自中央档案馆。

（史志办）

【“我和国旗合个影”主题图片展】 2019年10月13日，扬中市史志办开展“我和国旗合个影”主题图片展和“史志伴我行”史志书籍义卖活动。在新中国成立70

周年之际，史志办拍摄一组扬中各类群体与国旗合影的图片，并以中国健走大赛为平台，以图片展的形式集中展示扬中人礼赞祖国的感恩之情。史志办党员作为志愿者，在健步走大赛现场开展主题为“史志伴我行”的史志书籍义卖活动，义卖《红色江洲——扬中革命斗争纪事》《春潮激荡40年——扬中改革开放大事记》，义卖款直接捐献给扬中麦田慈善组织。（史志办）

2019年10月13日，扬中市史志办开展“我和国旗合个影”主题图片展（史志办供图）

图书及出版管理

【概况】2019年，扬中市图书馆馆藏纸质图书32.59万册，电子书11万册。拥有持证读者8043人。全年流通图书11.75万册次，流通2.69万人次，分编图书1.22万册，分编报纸杂志600余种。年内，图书馆推动全民阅读，开展形式多样的读者活动，结合元宵、端午等传统节日开展主题活动，开展“故事妈妈”绘本阅读8期，策划、举办“图书馆之夜”大型主题活动、“一封家书”征集等各类读者活动40余场，受惠群众6000人次。

江苏凤凰新华书店集团有限公司扬中分公司实现营业收入2823.7万元，利润201万元。做好政治读物征订工作，完成第二轮《习近平新时代中国特色社会主义思想30讲》征订发行349册；《第五批领导干部培训读本》150套，其中《国家安全观》单本发行560余册；征订《习近平新时代中国特色社会主义思想学习纲要》2.3万册，《新中国发展面对面》509册，十九届四中全会学习读物单行本发行331册，汇编、辅导读本、辅导百问发行百余册。发行全市中小学和高中教材83.2万余册，幼儿教材2.6万余册。开展校园人文行活动，开展“读书让我们美好安祥”主题讲座6场。开展《伟大的复兴之路、强国之路——纪念改革开放40周年》“江洲杯”扬中市第30届青少年读书活动。开展“新华悦读，朗读者”活动，开展朗读者公益体验活动和亲子阅读活动42场，服务读者300余人次。

（文体广电和旅游局 戴月娥、新华书店 朱雪萍）

【印刷出版和电影行业监管】2019年，扬中市委宣传部印刷出版和电影管理科强化对全市57家印刷企业、80家出版物发行单位和城市影院的日常监管工作。每季度联合文化旅游综合执法大队、公安局、市场监管局、城管局等部门开展专项检查工作。全年检查出版物发行单位55家，印刷企业57家，出动执法人员180人次，没收非法出版物244册，针对部分印刷企业五项制度未上墙、消防设施陈旧的情况，要求其整改。推进农村电影公益放映，全年放映公益电影735场次，超额完成农村电影公共服务696场次任务，满足农民群众文化生活需求。（宣传部 姚青）

【作品版权登记工作】2019年，扬中市委宣传部按照江苏省版权工作站建设试行标准开展版权登记工作，做好政策宣传，动员扬中市诗词协会、摄影家协会等社会团体及个人参与版权登记工作，促进全社会“保护正版、为原创者点赞”的共识，超额完成400件作品版权登记任务。（宣传部 姚青）

【“扫黄打非”规范化工作】2019年8月，扬中市委宣传部调整扬中市“扫黄打非”工作领导小组组成成员名单，出台扬中市“扫黄打非”工作领导小组联席会议工作规则，部署2019年扬中市“扫黄打非”工作重点任务。持续开展“剑网2019”及“清源”“固边”“净网”“护苗”“秋风”五大专项行动。根据《2019年扬中市推进“扫黄打非”基层站点规范化标准化建设的实施方案》的通知，明确基层站点建设目标，确定基层站点规范化标准化建设的时间和任务要求，9月底完成全市80家“扫黄打非”基层站点规范化标准化建设工作，完成率100%，超额完成2019年80%的建设任务。（宣传部 姚青）

【校园周边出版物市场专项整治】2019年9月，根据“扫黄打非护苗2019”专项行动要求，市“扫黄打非”办公室会同教育局、公安局、城管局、市场监管局、文化旅游综合执法大队等相关部门重点对校园周边出版物市场开展专项整治工作。检查全市12个点位，出版物经营单位30家。检查中有5家无证经营，4家涉嫌出售盗版书籍。查缴出版物126本，其中掌中宝78本、涉嫌盗版书籍35本。现场执法人员对无证经营、涉嫌出售盗版书籍的书店明确整改要求。（融媒体中心）

【"带一本好书回家过年"活动】 2019年1月22日，扬中市2019年"全民阅读春风行动"启动。扬中市全民阅读领导小组在扬中市汽车客运总站举办"带一本好书回家过年"活动，向市民和外来务工人员赠书，倡导全民阅读、加快书香城市建设，提升春节文化内涵，让普通民众尤其是返乡务工人员及农村青少年感受阅读惠民的氛围。活动现场送出图书、期刊300余册及150个福字，内容涵盖哲学、政治、法律、经济、文化、科技、历史、医药等类别。 (文体广电和旅游局 胡春霞)

【全民阅读】 2019年6月6日，扬中市委宣传部专题召开全市全民阅读活动领导小组(扩大)会议，从阵地建设、活动开展、推广宣传等方面明确重点工作和目标任务，完善书香建设考核机制。围绕"书香礼赞新中国、阅读追梦新时代"主题，着力打造以"江洲读书节"为龙头的品牌阅读活动，收集发布"书香扬中"建设实施项目124个。全面做好全民阅读宣传报道工作，在书香江苏在线网站发布10余篇全民阅读报道，提升"书香扬中"品牌的影响力和传播力。招募阅读推广人100名，举办1期阅读推广人培训班。推动阅读新空间的建设，在滨江公园、吾悦广场内建设融合公共阅读、休闲娱乐和文创活动一体的"滨江驿站""城市书吧"阅读新空间。 (宣传部 姚青)

【百姓书店】 2019年，"4·23"全民阅读日前期，扬中市邮政分公司在步行街北侧入口处搭建简易帐篷，开设"百姓书店"。市邮政分公司响应国家"全民阅读"号召，以"全民阅读书香扬中"为主题，通过开设"百姓书店"，筛选优秀、正版图书，优惠出售。"开店"18天，累计销售图书8.5万元，接待"书友"4500人次。

(融媒体中心)

【农家书屋】 2019年7月，扬中市委宣传部印发《关于开展扬中市三星级示范农家书屋评选命名活动的通知》，通过初审和推荐、督查和复审情况，全市43家农家(涉农)书屋达到三星级以上标准(新标)，完成率50%以上。与新时代文明实践中心(所、站)建设相结合，针对农村不同读者群体，组织名家讲座、读书征文、诗歌创作、经典诵读、书画展示等活动，每个农家书屋开展不少于6场阅读活动，满足农民群众阅读需求。

(宣传部 姚青)

融媒体建设

【概况】 2019年，扬中市融媒体中心推进媒体融合改革，引领主流舆论，弘扬主旋律、汇聚正能量。市融媒体中心履行党媒职责，坚持正确的政治方向和舆论导向，紧扣全市经济社会高质量发展主线，开展"在习近平新时代中国特色社会主义思想指引下——新时代新气象新作为"主题宣传，完成河豚文化节、机构改革、"扫黑除恶"专项斗争、生态环境综合治理、新时代文明实践、市委十二届六次全会、庆祝新中国成立70周年、"不忘初心、牢记使命"主题教育、第二届绿色能源发展大会等宣传任务。组织对外宣传，传播扬中好声音、展示扬中好形象。"学习强国"有效供稿186篇，累计采用68篇，其中14篇被全国平台采用，提前超额完成年度指标任务。在《人民日报》《新华日报》等中央、省级报刊用稿106篇；央视用稿8条(含新闻联播3条)，中央广播电台用稿15条(含全国联播2条)，省电视台用稿190条，省电台用稿160篇次。强化"社会""热线""新闻110""民生长廊"等版面和栏目，加强热点引导和舆论监督，增强新闻的贴近性和社会影响力。

推动构建新型平台，建设县级融媒体中心，推进"平台重整"，对原有报纸、网站、电视、广播、微信、微博等平台进行整合，构建"报、网、台、微、端、屏"新型融媒体矩阵，"掌上扬中"移动客户端内测版完成。推进"架构重建"，制定《扬中市融媒体中心"三定"方案》，优化部门和岗位设置，拟设立五大中心、18个部门，建立科学合理、运行高效的组织架构体系。推进"流程重构"，与省荔枝云技术平台对接，搭建融媒体采编平台，优化"策、采、编、播、发、评"工作流程，初步构建"集中策划、一次采集、多元生成、全网覆盖"的融合传播新格局。推进"技术重塑"，运用H5、VR等新技术新应用，创造更多具有主流媒体气质和品格的融媒体产品，提升品牌影响力。在河豚文化节、纪念扬中解放70周年活动期间，推出抖音短视频"烟花三月下扬中"、快闪"我和我的祖国"、河豚微信表情包等。 (融媒体中心)

【"壮丽70年、奋斗新时代"主题宣传】 2019年是新中国成立70周年，扬中市融媒体中心推出"壮丽70年、奋斗新时代"主题宣传好新闻竞赛活动，动员融媒体中心全媒体记者采访挖掘，讴歌新中国扬中大地的峥嵘岁月和沧桑巨变，展现人民奋斗，书写精品力作，激发扬中人民家国命运紧密相连的情感共鸣，唱响70年昂扬奋进，砥砺前行的时代赞歌，凝聚起新时代团结一心，艰苦奋斗的磅礴力量。活动通过新闻报道竞赛、新闻摄影竞赛、微信制作竞赛等形式，以颂扬新中国成立以来扬中的历史成就和习近平新时代中国特色社会主义思想在扬中的生动实践为主要内容，展示扬中人

民向往美好生活的不懈奋斗，抒发爱党爱国爱家乡的真情实感。 (融媒体中心)

【扬中市融媒体中心成立】 2019年6月28日，扬中市融媒体中心成立，扬中市媒体建设和媒体宣传进入融合发展的新时代。作为全省首批县级融媒体中心建设试点市，扬中坚持移动优先战略，新成立的融媒体中心整合扬中日报、扬中电视台、扬中广播电台、扬中新闻网、微扬中、扬中发布等媒体资源，打破原有平台界限，依托省级“荔枝云”技术平台，重构“报、网、台、微、端、屏”新型融媒体矩阵，形成“一体策划、一次采集、多元生成、全网覆盖”的融合媒体传播新格局。扬中市融媒体中心适时加快市域公共媒体资源重组步伐，包括政府部门、各镇(街、区)所办政务信息网站、微信公众号等新媒体资源，参与智慧城市建设，解决老百姓“衣食住行娱乐购”等民生问题，成为主流声音的传播平台、网络问政的议事平台、便民利民的服务平台和文明实践的展现平台。 (融媒体中心)

2019年6月28日，扬中市融媒体中心成立

(融媒体中心供图)

【融媒体中心一批作品获省级新闻奖】 2019年度江苏省县市融媒体优秀作品评比和2019年度江苏省县市新闻中心好新闻奖评选结果公布，融媒体中心19篇作品获奖。在2019年度江苏省县市融媒体优秀作品评选中，3件作品获奖，其中《要赛扬中，必赛养猪！》《渡江！渡江！扬中的这一天，比电影更燃更热血》《今天11时29分19秒，扬中骄子何明驾驶舰载机惊艳亮相天安门上空！独家视频和照片！》分获微信公众号图文类一、二、三等奖。在2019年度江苏省县市新闻中心好新闻奖评选中，16件作品获奖。其中《这里的党小组专解百姓难》获通讯类一等奖，《利民村为什么值钱(系列)》《永兴村：乡村振兴搭上“电商快车”》获通讯类二等奖；《扬中走起，留下了什么》获言论类一等奖，《寻“味”扬中》获言论类二等奖；《小康路上一个不掉队》获消息类二等奖；另有3件作品获通讯类三等奖、1件作品获消息类三等奖、好标题奖2件、好专栏奖2件、摄影图片二等奖2件。在2019年度江苏省优秀广播电视节目奖评比中，《腾飞》获电视社教节目奖专题片三等奖；在2019年度镇江市优秀广播电视节目奖评比中，《万福村连续65年出兵不断线》获广播新闻奖短消息一等奖，《腾飞》获电视社教节目奖专题片一等奖，《从河豚岛到生态岛》获广播新闻奖专题二等奖，《薪火相传，爱我中华》获广播社教节目奖对象性节目三等奖，《三分钟救两人，车祸目击者上演极速救援》获电视新闻奖短消息三等奖。 (融媒体中心)

【《中国影像方志》摄制组到扬中拍摄】 2019年7月，中央电视台《中国影像方志》到扬中市，用镜头探索和纪录扬中市的前世今生及其独特魅力。摄制组先后深入扬中主要景区景点、文化单位等处进行全方位踩点和拍摄，多视角、深层次对扬中的历史、文化、旅游、物产等有代表性的元素进行深入挖掘和解读。《中国影像方志》作为大型文化影像工程，以行政区划中的县和县级市为拍摄主体，每地1集，计划摄制2300集以上，2017年在中央电视台播出40余集。该纪录片旨在为时代而歌，为人民立传，展示改革开放、尤其是党的十八大以来各地经济社会建设取得的巨大成就和沧桑巨变，揭示中国传统文化根脉，凝聚中国力量，讲好中国故事，增强文化自信。 (融媒体中心)

2019年7月，《中国影像方志》摄制组到扬中拍摄

(融媒体中心供图)

非物质文化遗产保护

【概况】 2019年，扬中市贯彻落实《中华人民共和国非物质文化遗产法》，坚持落实“保护为主、抢救第一、

合理利用、传承发展”的工作方针，加大非物质文化遗产保护传承力度，非遗保护工作取得新的进展和成效。公布第二批市级非物质文化遗产代表性项目名录，扬中市级“非遗”项目累计19项，组织非遗项目、非遗传承人参加各类展示竞赛，提升扬中市非遗项目的知名度和影响力。 （文体广电和旅游局 戴月娥）

【4名传承人入选第四批镇江市级非物质文化遗产】2019年，扬中市4名传承人入选第四批镇江市级非物质文化遗产项目代表性传承人名单。新入选的非遗传承人分别是钱小明（扬中九狮图）、陈兰华（扬中玉雕）、奚彩军（扬中玉雕）、常阳（扬中箫笛制作技艺）。截至2019年年底，扬中市省级非遗传承人1人，镇江市级非遗传承人10人，扬中市级非遗传承人3人（不含省、镇江市级）。 （融媒体中心）

【4项目入选扬中市级非物质文化遗产项目名录】2019年，扬中市组织第二批扬中市级非物质文化遗产项目的申报推荐工作，4个项目申报，“西来桥舞龙”“八桥花绳”“新坝哨口风筝制作技艺”“泥塑”4个项目入选第二批扬中市级非物质文化遗产项目名录。

（文体广电和旅游局 戴月娥）

2019年，“八桥花绳”入选第二批扬中市级非物质文化遗产项目 （融媒体中心供图）

扬中市非遗名录及代表性传承人一览表

表20

序号	类别	项目名称	项目级别	代表性传承人
1	传统美术	扬中竹编	江苏省级	江苏省级：耿月新 镇江市级：丁红梅
2		扬中玉雕	镇江市级	镇江市级：王贤贵 陈兰华 奚彩军
3		面　塑	镇江市级	镇江市级：黄金龙
4		剪　纸	扬中市级	扬中市级：杨荣芳 倪玉蓉 孙永青
5		扬中木雕	扬中市级	—
6		泥塑	扬中市级	—
7	民间音乐	唱麒麟	扬中市级	—
8	传统舞蹈	九狮图	镇江市级	镇江市级：钱小明
9	传统技艺	扬中箫笛制作技艺	江苏省级	镇江市级：常敦明 常　阳（常敦明之孙）
10		青铜铸造	镇江市级	镇江市级：陆纪才
11		织毯	镇江市级	—

续表 20

序号	类别	项目名称	项目级别	代表性传承人
12	传统技艺	扬中江鲜菜	镇江市级	—
13		柳编	扬中市级	—
14		新坝哨口风筝制作技艺	扬中市级	—
15	传统医药	韩氏膏药	扬中市级	—
16	民　俗	扬中河豚食俗	江苏省级	镇江市级:孔庆璞
17		虎头鞋	镇江市级	—
18	传统体育、游艺与杂技	西来桥舞龙	镇江市级	—
19		八桥花绳	镇江市级	—

(文体广电和旅游局 戴月娥)

链接:第二批扬中市级非物质文化遗产项目

西来桥舞龙:民国初期,扬中市西来桥镇爱好者利用身边随处生长的芦柳竹等材料扎制简易长龙,自发成立舞龙队,开展舞龙竞技展示、节庆娱乐,增添喜庆氛围。西来桥舞龙集武术、舞蹈艺术、民族鼓乐等综合因素于一体,通过鼓乐的击打节奏将武术和舞蹈有机结合起来。舞龙时,一人手拿“宝珠”(球形的彩灯),在龙头前领舞,表现龙抢宝珠,舞龙者在变化多端的节奏中,利用人体运动和姿势的变化,在动态行进和静态造型中将力度、幅度、速度、耐力等揉合于舞龙技巧中,完成龙的游、穿、腾、跃、翻滚、戏、缠、组图造型等动作和套式,充分展示龙的精气神韵。

八桥花绳:花式跳绳简称“跳花绳”,指在平常跳绳基础上结合体操、舞蹈等元素,设计出的跳绳花样动作。其跳式灵动,跳法多变,富含艺术和趣味,由一人或多人完成一套动作。八桥跳花绳主要分布在扬中市八桥镇,尤以八桥中心小学(原八桥小学)为主。1927年,八桥小学创立,建校之初就大力推广跳绳踢毽活动。新中国成立后,跳绳踢毽得到推广,陆续成为八桥各中小学、幼儿园主要体育项目之一,八桥小学更是将跳绳这一传统项目提升到更高层次和水平。在90余年校史中,八桥小学坚持推崇跳绳运动,在原有民间简单跳法上创新,增加花样和难度,开创具有八桥小学特色的花式跳绳法:彩虹跳、车轮跳、三角转换跳、S绳跳、十字绳跳、同步齐飞、铃跳、一字绳跳等,形成八桥镇独有的绳文化特色品牌。

泥塑:即用黏土塑制成各种形象的一种民间手工艺,因其用料简单,场地简单,深受百姓欢迎。扬中泥塑经过几十年的发展,技艺得以传承和改良。泥塑的制作流程较为复杂,工艺要求颇高,泥塑的基本用料——泥土需精心准备,一般选用带些粘性又细腻的土,经过捶打、摔、揉,有时还要在泥土里加些棉絮、纸、蜂蜜等。制作过程中一般要经过制原型、翻模、脱胎、着色这几个步骤。扬中泥塑具有题材多样广泛、工艺积淀深厚、夸张中见真实、俗中见淡雅、色彩简洁鲜亮等艺术特点。

新坝哨口风筝制作技艺:扬中盛产芦柳竹,新坝人利用“扬中三宝——芦柳竹”专门制作风筝玩乐或出售。七十年代初,八十年代末,新坝哨口风筝制作技艺初步形成,并得到完善和提升。新坝哨口风筝制作工艺须精心选材、拼扎成型,用事先按其尺寸绘好的布缝合,制作风筝的尾档。哨口风筝制作技艺融烤、扎、画等多种工艺于一体,技术精良,工艺精湛。每一件作品都是精心、严格打造,倾注着艺人的心血和智慧。

【扬中竹编参加第二届中国(淮安)大运河文化带城市非遗展传统工艺竞赛】 2019年6月,扬中市组织作品《观音》《女式八卦鱼包》《月饼盒》参加第二届中国(淮安)大运河文化带城市非遗展传统工艺竞赛,省级非遗传承人耿月新参加传统工艺比赛获得“最佳技艺奖”。(文体广电和旅游局 戴月娥)

卫 生

综 述

【概况】 2019年，扬中市有各级各类医疗卫生机构115所，包括公共卫生机构2所、妇幼保健计划生育服务中心1所、二级综合医院1所、中医院1所、乡镇卫生院4所、社区卫生服务中心2所、皮肤病防治所1所，一级综合医院1所，门诊部7所、护理院(站)4所，村卫生室38所，社区卫生服务站9所，诊所、医务室43所。全市医疗机构设置总床位1285张，其中扬中市人民医院700张、扬中市中医院200张、乡镇卫生院(社区卫生服务中心)220张、护理院140张，一级综合医院25张。全市卫生从业人员2566人，其中卫生技术人员2142人，执业(助理)医师793人，注册护士856人。全市各级各类医疗卫生单位完成门急诊238.89万人次，住院4.22万人次。 (卫健委 黄朝华)

【医药卫生体制改革】 2019年，扬中市组建医共体，全市2所公立医院、6所基层医疗机构、1所公共卫生机构和1所妇幼保健机构参与医共体建设，逐步形成较为完善的扬中市医共体体系。5月，人民医院托管八桥中心卫生院形成紧密型医共体。中医院通过成立中医联盟的形式，参与医共体建设。截至2019年年底，市中医院与油坊镇卫生院、新坝中心卫生院、西来桥镇卫生院建立中医联盟。落实双向转诊，实现上转455人，下转201人，康复联合病房142人，开设“全科—专科联合门诊”4个，累计服务患者841人次。临检中心为基层开展各项临床检验服务4.8万人次；影像中心为基层远程审核摄片质量和报告6.49万人次，驳回修正报告407人份；消毒供应中心为基层集中供应消毒包599个，植入性器械1.35万件。病理诊断中心提供病理诊断795人次。卫生质量管理中心开展各类质量控制活动7次。 (卫健委 黄朝华)

医政管理

【医疗行业监管】 2019年，扬中市批准设置医疗机构4所，执业登记9所，中医备案6所。养老机构内设护理站、医务室各1所。完成82所医疗机构校验审核工作。完成医师注册17人、变更32人、多机构备案41人，医务人员离职备案1人。配合国家下放护士执业注册审批权限，做好护士执业注册审批有关工作。完成护士首次注册11人、延续注册8人、变更注册18人。做好85名医师资格考试报名审核工作。完成2017—2018年771名医师定期考核工作。联合多部门印发《开展医疗乱象专项整治实施方案》，联合督查，落实整改。印发《扬中市卫生健康行业行风建设考核评分细则(2019版)》，并纳入各单位目标责任制考核。开展医疗机构相关法律法规培训2次，召开药品耗材监管会议2次，促进辖区医疗机构依法执业、健康发展。

(卫健委 黄朝华)

【医疗服务】 2019年，扬中市加强专科建设和推动专科发展，加强学术研究与人才培养，促进学术交流与成果转化，在原有专家工作室的基础上，成立“罗清泉教授工作室”“孙跃明教授工作站”“刘晓安教授工作站”“骆丹教授工作站”“李晓华教授工作站”“王业皇教授工作站”“王中林教授工作站”“王毅教授工作室”“李德志教授工作室”“王中林教授工作室”，累计有17个名医工作室。推动“名院、名科、名医”建设，打造院有专科、科有专病，病有专技，技有专人的特色品牌医院，满足扬中市民高端、优质的诊疗需求。扬中市人民医院胸外科团队完成全国首例经单孔纵膈镜、联合腹腔镜食管癌、胃癌双源癌根治术加结肠代食管术。

(卫健委 黄朝华)

【老龄工作】 2019年,根据机构改革统一安排,市老龄工作委员会办公室职能调整至市卫健委,与市民政局养老服务科对接,理顺工作职能和流程,配合完成全年各项老龄工作。牵头召开"庆祝全国第七个老年节暨全市老干部情况通报会",表彰"尊老、敬老"先进单位和个人。配合民政和老年协会完成"敬老助老爱老先进个人、最美养老护理员""标准化社区(村)老年活动中心""扬中市长寿村"的评选工作。 (卫健委 黄朝华)

【医疗质量管理】 2019年,扬中市落实《江苏省医疗质量管理实施办法》,强化医疗质量安全核心制度落实。持续开展医疗安全核心制度落实年活动,定期组织开展医疗质量检查和指标分析,及时纠偏和指导,促进医疗质量持续改进。根据《江苏省"优质服务基层行"活动实施方案》的要求,组织开展自评工作,开展多场专项培训,组织专家对各单位自评材料进行现场和线上审核等方式,对标找差,及时落实整改。全市6家基层医疗机构通过乡镇卫生院(社区卫生服务中心)服务能力基本标准评审。继续强化医院感染及医疗废物管理,加强环节质量管理,防控结合。加强院感重点部门、重点环节的管理,强化卫生工作,重视医务人员的职业损害和自我防护。规范开展医院感染监测,落实民营医疗机构第三方监测工作。开展全市范围内院感专项培训3次、"回头看"督查2次,落实整改措施。市人民医院医废管理信息化系统平稳运行。 (卫健委 黄朝华)

【中医药管理】 2019年,扬中市通过"全国基层中医药工作先进单位"复审。实施基层中医药服务能力提升工程"十三五"行动计划。扬中市人民医院按序时进度开展江苏省综合医院示范中医科建设工作。油坊镇卫生院中医内科建成镇江市级基层医疗机构特色科室。新建新坝镇丰乐桥村卫生室等11个村卫生室中医阁,累计拥有18个中医阁。开展中医药适宜技术培训5次,组织开展"中医药就在你身边"健康巡讲和中医"大篷车"进机关、进校园、进社区活动25次。完成"健康扬中、'医'站到底"医学知识擂台比武(中医专场)竞赛。 (卫健委 黄朝华)

【平安医院创建】 2019年,扬中市医疗机构落实医疗责任险79.36万元,理赔38.22万元。全年发生医疗争议事件经第三方医疗纠纷调处18起,调解成功率100%。全年未发生重大医疗责任事故和涉医违法犯罪案件。 (卫健委 黄朝华)

【对口支援】 2019年,扬中市完善城市医生晋升职称制度,城市医生晋升前必须到基层医疗机构对口支援,安排8名二级医院医生到基层医疗机构参加支援服务。组织做好东西部对口扶贫工作,安排1名医生对口援疆,安排7名医务人员对口援陕。 (卫健委 黄朝华)

【医学知识比武】 2019年8月19日,由市文明办、市总工会和市卫健委联合举办的"健康扬中、'医'站到底"中医技能比武决赛举行。全市2个二级医院,6个乡镇卫生院,100余人参加笔试,海选出18名选手进入初赛,6名选手进入总决赛。通过表演养身中医保健操八段锦、树立中医药宣传展板、循环播放中医药视频、发放养生保健茶等,市人民医院主治中医师许欣获得冠军。10月22日,"健康扬中、'医'站到底"家庭医生团队服务擂台比武决赛举行。经过笔试和初赛两轮选拔,新坝镇新坝团队、三茅街道中桥团队等6支家庭医生服务团队参加决赛。新坝镇联盟团队成为家庭医生服务团队的总擂主,市中医院、新坝中心卫生院、油坊镇卫生院、西来桥镇卫生院获得"医站到底"组织奖。"健康扬中、'医'站到底"旨在鼓励医务人员加强学习,传播健康知识,提升群众健康素养,全面推进"健康扬中"建设。 (卫健委 黄朝华)

2019年8月19日,"健康扬中、'医'战到底"中医技能比武决赛 (卫健委供图)

卫生科技与教育

【卫生科技】 2019年,扬中市组织申报江苏省科技厅项目2项,申报镇江市重点研发计划(社会发展)项目5项,立项3项,结题1项。全市各级医疗机构开展新技术新项目82项,实施72项,受益群众3.5万人次。全系统发表省级以上科技论文70篇,其中国家级杂志期刊44篇,省级杂志期刊26篇。 (卫健委 黄朝华)

【人才、专科建设】 2019年，扬中市新安排住院（全科）医师规范化培训17人，在镇江市三级医院培训14人，落实全科医生转岗培训3人。组织19名基层医务人员到上级医院进行1~12个月的专科培训；扬中市人民医院、扬中市中医院组织29名医务人员赴三级医院进行1~12个月的培训学习。落实32名临床护士规范化培训，培训通过率100%。组织14名护士参加镇江市专科护士培训（含基层1名）。累计有省级专科护士14人，在读2人，市级专科护士56人。扩大农村订单定向医学生招生规模，本、专科名额由2018年的10个增加到15个，从源头上解决人员紧缺问题，确保人员“留得住”。落实农村订单定向医学生15名。在职卫技人员学历提升教育85人。新增2个镇江市重点专科（建设单位），市人民医院消化科、肿瘤科、胸外科、肾内科通过新一轮镇江市重点专科评审，普外科新创成镇江市临床重点专科，眼科新创成建设单位。市人民医院按序时进度开展江苏省综合医院示范中医科建设工作。新坝中心卫生院慢病专科、八桥中心卫生院腹腔镜专科创建成省级基层特色专科，扬中市级另有基层特色专科3个（三茅街道社区卫生服务中心肛肠科、兴隆街道社区卫生服务中心骨科、八桥中心卫生院体外碎石科）。油坊镇卫生院中医内科新建成镇江市级基层医疗机构特色科室。（卫健委 黄朝华）

【学术交流】 2019年，扬中举办镇江市级继续医学教育29期，累计培训5400余人次。举办“2019第二届中国河豚岛”消化和消化内镜高峰论坛暨国家级继续教育项目消化道早癌诊治进展学术会议，200余名镇江基层医务人员参加“超级镜彩”奥林巴斯—中大医院超声内镜专题培训。举办全国“内分泌专科医联体建设与社区规范化诊疗教育计划”项目暨社区糖尿病管培一体化培训。（卫健委 黄朝华）

疾病预防控制

【传染病防治】 2019年，扬中市报告乙类传染病7种、333例，病例数比上年下降5.67%，其中淋病报告28例，下降26.32%，梅毒报告126例，下降27.17%，无甲类传染病报告。丙类传染病5种、988例，下降30.76%，其中手足口病报告486例，下降62.93%，传染病报告信息质量评价综合率100%。全市肠道门诊病原检索率20.17%，全人口检索率1.66‰。规范处置突发公共卫生事件7件，指导或协助调查处理手足口病等聚集性疫情62起，处置各类预警信息137条，及时处置率100%，填报及时率99.27%。及时处理八桥狂犬病疫情事件。（卫健委 朱纪文）

【血吸虫病防治】 2019年，扬中完成钉螺调查2130.76万平方米，发现钉螺面积242.32万平方米，灭螺面积652万平方米，灭螺后钉螺死亡率91.2%，活螺密度下降率92.23%。完成各类人群血吸虫病检查1.56万人次，其中血清学检查1.34万人次，病原学检查2168人次，血清学阳性率0.92%，病原学检查未发现阳性。全年未发生“急感”病例，实施晚血救助1人。（卫健委 朱纪文）

【艾滋病防治】 2019年，扬中市推广医务人员主动提供艾滋病检测咨询工作（PITC）策略，完成全人群艾滋病检测率13.7%，确诊阳性6例。强化艾滋病病例社区随访管理，病例管理下沉率95%。艾滋病感染者/病人的随访管理工作按规定完成。治疗覆盖率96.7%，CD4T（免疫细胞）淋巴细胞检测完成率97.5%，治疗病人病毒载量检测完成率96.3%，结核病筛查率、配偶筛查完成率100%。（卫健委 朱纪文）

【结核病防治】 2019年，扬中市推进结核病分级诊疗和综合防治服务模式工作，健全“防、治、管”三位一体的服务体系，推广使用电子药盒管理模式。病原学阳性病人占活动性肺结核病人比例51.9%，临床诊疗规范率100%，社区肺结核病患者规范管理率98.3%，肺结核患者完成治疗率90.9%，规范服药率100%。（卫健委 朱纪文）

【慢性非传染性疾病防治】 2019年，扬中市完成居民健康调查工作，调查居民5334人。完成国家慢阻肺监测项目，调查居民600人，肺功能检查569人，全市启动慢阻肺登记报告工作。运行基本公共卫生技术指导中心。组织25个单位、574人参加全国第四届“万步有约”职业人群健走大赛，获得“江苏省先进单位三等奖”“全国优秀健走示范区”称号。（卫健委 朱纪文）

【免疫规划】 2019年，扬中市加强疫苗和预防接种管理工作，完成全市儿童预防接种标准化门诊建设，通过考核验收，健全疫苗储存运输管理制度，加强疫苗集中采购与供应，完善温湿度自动监测系统，建立疫苗全程追溯体系。单苗接种率99.73%。开展91例副反应监测报告、异常反应调查报告，规范撰写率100%。组织落实入托、入学查验预防接种证和漏种儿童补种工作，接种

证查验率100%。举办预防接种服务与管理全员培训班2期,培训272人。 (卫健委 朱纪文)

【居民健康档案】 2019年,扬中市提高健康档案的工作质量,完善健康档案,删减档案信息不全,死档废档等。加强流动人口建档工作,累计建立电子健康档案29.29万份,建档率85.32%,健康档案使用率90.8%。
(卫健委 王毓彬)

【老年人保健】 2019年,扬中各基层医疗机构摸清辖区内65岁以上老人基本资料,开展集中体检,部分机构通过村(社区)委会集中组织,统一用大巴车接送,提升体检率和群众满意度。全年完成65岁以上老年人体检3.23万人,开展健康危险因素调查,提供疾病预防、自我保健及伤害预防、自救等健康指导。
(卫健委 王毓彬)

【生活饮用水水质监测】 2019年,扬中市设立各类生活饮用水水质监测点,监测全市10家生活饮用水制供水单位饮用水水质。丰枯水期(3月、8月)、另两个季度的城市饮用水(6月、10月)监测34项指标;其它月份常规监测12项指标;学校直饮水常规监测11项;二次供水半年监测1次12项常规指标。按照国家省市要求,网络直报34项指标样品监测结果。全年监测各类样品211份,合格203份,样品合格率96.21%;检测项次4010项,合格项次为3998项,项次合格率99.70%。每季度城市饮用水监测结果在市政府网站公示,每月形成饮用水通报,反馈给相关部门。(卫健委 曹佩红)

【家庭医生签约服务】 2019年,扬中市将慢病管理作为有偿签约的重点,其中无偿签约服务包6个,有偿签约服务包15个。在全市所有村卫生室实行"4+N"("4"是指二级医院的专科医生、专业公共卫生机构医生、基层医疗机构的全科医师、村卫生室的乡村医生,"N"是指社区护士、公共卫生医师、技师、药师等其他卫生专业技术人员,还可吸收健康管理师、心理咨询师、社工、社会志愿者等加入团队担任家庭医生助理)家庭健康责任团队和门诊医生中实施签约服务,累计签约13.16万人,常住人口签约率38.35%。建档立卡的贫困人口和计生特扶家庭做到应签尽签,全市老年人、孕产妇、0~6岁儿童、残疾人、慢性病等十类重点人群12.65万人,签约服务8.68万人,重点人群签约率68.61%,累计有偿签1.5万人。5月,扬中市举行"家庭医生签约"App上线启动仪式。移动端"家庭医生签约"App是扬中市在"互联网+家庭医生签约服务"上的创新尝试,借助便携式家庭医生签约服务一体机,家庭医生为病患上门签约、慢病随访、建立健康档案,现场测量血压、血糖、血脂、心电图等多个健康指标,实现个人电子健康档案的及时上传。年内,全市81个家庭医生团队配齐签约服务一体机。 (卫健委 王毓彬)

【学生常见病和健康影响因素监测项目启动】 2019年9月19日,扬中市卫健委、教育局联合举办的2019年学生常见病和健康影响因素监测与干预项目启动。监测范围包含5所学校(2所小学、2所初中、1所高中)、7所幼儿园,监测中小学学生数1680人,幼儿园学生560人。此次监测内容涉及学校卫生工作基本情况调查;学生近视等常见病监测;学校教学生活环境卫生监测。监测工作将推进落实国家《综合防控儿童青少年近视实施方案》和《"健康江苏2030"规划纲要》对学校卫生相关工作的要求,掌握儿童青少年近视、肥胖等主要常见病情况和影响健康的主要因素,依托江苏省学生常见病和健康影响因素监测平台,开展学生近视等相关监测工作,掌握学生常见病和健康影响因素情况,为进一步采取针对性干预措施提供依据,保障和促进儿童青少年健康奠定基础。 (融媒体中心)

【卫生应急】 2019年,扬中市完善卫生应急组织、明确岗位职责、细化应急处置流程,落实传染病监测与报告及24小时值班制度,新制定《狂犬病疫情应急处置预案》《狂犬病疫情应急处置技术方案》,组织开展实验室生物安全及食源性疾病应急处置演练。修订完善卫生应急事件处置程序并规范实施,有力有效应急处置预警信息和突发公共卫生事件,未发生较大暴发疫情和突发公共卫生事件,规范处置突发公共卫生事件相关信息3起、暴发疫情1起,处置各类预警信息111条,及时处置率100%,填报及时率100%。扬中市疾控中心根据突发公共卫生事件的特点,做好应急物资储备工作,增补更新部分防护用品、添置消杀药械、诊断试剂及耗材、后勤保障设备等,累计金额2万余元。
(卫健委 朱纪文)

卫生监督执法

【行政许可及处罚】 2019年,扬中市建立健全各项工作机制,落实行政执法公示制度。推行行政执法全程记录制度,严格执行重大执法决定法制审核制度。实行法律顾问制度,推进依法行政。办理卫生行政许可559

件，其中公共场所许可223件(小型公共场所许可119件)，放射卫生许可14件，饮用水卫生许可5件，母婴保健技术服务机构执业许可9件，母婴保健技术考核合格证许可7件，医疗机构设置审批与执业登记许可17件，医疗机构校验95件，职业医师许可99件，护士首次、延续、变更注册许可37件，中医诊所注销许可7件，再生育审批许可46件。全面推行“不见面”审批制度，办结“不见面”审批93件。办理行政处罚案件34件，一般程序行政处罚案件22件(公共场所10件、无证行医7件、传染病4件、职业卫生1件)，结案20件，未结案2件；简易程序12件。全年未发生一起卫生行政诉讼和行政复议案件。 (卫健委 朱月利)

【非法行医查处】 2019年，扬中市受理涉及非法行医投诉举报18起，立案查处6起，罚款人民币7.8万元，没收违法药品器械300千克。依据“行刑”两法衔接规定，移交公安1起。开展医疗机构和中医备案诊所依法执业检查，1家未按核准诊疗科目开展医疗活动的医疗机构被给予警告的行政处罚。 (卫健委 朱月利)

【“双随机”监督检查】 2019年，扬中市完成“双随机”(在随机抽查对象和检查人员名录库中随机抽取检查对象和执法检查人员)检查任务98家，涵盖公共场所、生活饮用水、学校卫生、放射卫生、医疗卫生、传染病、计划生育、职业卫生8种类型，完结89家，关闭9家，任务完成率100%，完结率90.8%。监督抽检不合格的10家公共场所被立案查处并实施行政处罚6500元。

(卫健委 朱月利)

【公共场所卫生监管】 2019年，扬中市实施公共场所量化分级管理614户，其中住宿业185户，美容美发业340户，沐浴业83户，游泳场所6户，实施率100%。审核公共场所卫生许可新证、延续、变更150户，抽样检测63户，实施行政处罚10户。 (卫健委 朱月利)

【饮用水卫生监管】 2019年，扬中市开展网络销售净水器专项监督抽检工作，抽查网上销售净水器3种，检查营业执照、卫生许可批件等材料10份，未发现有违规产品网上销售情况。举办7场以“关注饮水安全、共享健康生活”为主题的饮用水卫生咨询服务活动，开展“卫生监督开放日”活动。开展饮用水卫生监测，检测监督抽检水样10份，检测合格率100%，实施末梢水监测620次。 (卫健委 朱月利)

【职业健康监督】 2019年，扬中市完成尘肺病主动监测免费体检201例，重点行业用人单位职业病危害因素监测30户，尘肺病患者随访和回顾性调查43名。《中华人民共和国职业病防治法》宣传周开展主题宣讲7次，宣传咨询12次，警示教育2次，印发宣传材料6900份，进企业宣传职业病防治法律与知识20次。开展职业病危害专项治理10次，走访慰问5户贫困尘肺病人。接待涉及职业健康来访12次，到企业检查2次，与油坊镇政府及相关部门开展矛盾调处8次，出具信访答复意见书1份。 (卫健委 朱月利)

【放射诊疗监督】 2019年，扬中市医疗机构取得“放射诊疗许可证”14家，“职业健康检查机构批准证书”2家，“放射卫生技术服务机构资质证书”1家，检查所有医疗机构。针对检查中出现的问题，卫生监督员提出整改意见，问题限时整改到位。 (卫健委 朱月利)

【食品安全督查】 2019年，扬中市加强食品安全标准宣贯和跟踪评价工作的督查考核。全年开展食品安全标准进学校、进社区活动14次，发放宣传资料3500余份，接受宣传的学生、群众1900余人次。组织各镇(街、区)食药安办、市场监管分局食品监管人员、各镇(街、区)中心卫生院卫生监督协管员及100家食品生产经营单位参加镇江市级培训，加强全市食品安全标准宣传教育，推进食品安全标准贯彻落实。 (卫健委 朱纪文)

妇幼健康

【妇女保健】 2019年，扬中市产妇1912人，活产数1941人，建卡1911份，建卡率100%。其中非本省居住(1年以下)活产数184人，建卡率100%；早建数1848人，早建率96.6%。产前检查1911人，检查率100.0%，产前五次检查1874人，五次率96.6%。产后访视1877人，访视率96.7%。孕产妇死亡0人，发现孕产期妊娠风险评估分级低风险501人，一般风险1212人，较高风险189人，高风险9人，传染病9人，分级分类管理。全市助产医疗机构活产数1653人，住院分娩率100%。剖腹产1144人，剖腹产率69.2%，非医学需要剖宫产数450人，非医学需要剖宫产率27.2%。新生儿出生缺陷5人，出生缺陷率3.03‰。完成910对适龄青年婚前保健服务，婚检率90.8%，疾病检出率9.5%。完成1295对适龄夫妇孕前优生健康检查，检出高风险594例，对异常对象给出相应的干预措施及指导。

(卫健委 朱纪文)

【儿童保健】 2019年,扬中市全年新生儿1941人,建卡1941人,建卡率100%;纯母乳喂养1615人,纯母乳喂养率83.2%。全市0~2岁儿童8008人,系管率96.0%,0~6岁儿童17647人,健康管理1.73万人,健康管理率98.2%;全市婴儿死亡3人,死亡率1.55‰;5岁以下儿童死亡7人,死亡率3.61‰。(卫健委 朱纪文)

【托幼机构管理】 2019年,扬中市22家托幼机构卫生保健合格率100%;开展托幼机构保教人员和入园新生健康体检,保教人员体检1055人,受检率100%;儿童入托体检2977人,体检率100%;健康体检在园儿童8656名,体检率100%。(卫健委 朱纪文)

【避孕节育服务】 2019年,扬中市开展避孕节育随访业务指导,服务率100%。完成各项计生手术4905例,其中放置宫内节育器671例,取出宫内节育器1937例,终止妊娠2296例,发放避孕套9万余盒。开展“避孕药具不良反应监测与防治”工作,全年发现、上报避孕器械不良事件240例,健康报告139例,年均报告率每百万人口706例。(卫健委 朱纪文)

【妇幼重大公共卫生服务项目】 2019年,扬中市完成2.9万名农村妇女宫颈癌筛查,完成3.02万名农村妇女乳腺癌检查,确诊宫颈癌10例,乳腺癌14例,免费发放叶酸3528人。全市孕妇艾滋病毒抗体、梅毒初筛、乙肝表面抗原检测率100%。规范治疗、随访1名艾滋病阳性孕产妇及所生儿童、5名梅毒感染孕妇及所生儿童,给67名乙肝表面抗原阳性孕产妇所生的新生儿免费注射乙肝免疫球蛋白。(卫健委 朱纪文)

【新生儿疾病筛查】 2019年,扬中市新生儿听力筛查1661人,筛查率100%。新生儿遗传代谢性疾病筛查1653人,筛查率100%,发现2例高促甲状腺激素和甲状腺功能低下病例。(卫健委 朱纪文)

【“健康宝宝”计划新增新生儿先天性心脏病免费筛查】 2019年6月,扬中市“健康宝宝”惠民实事三级计划再次拓展筛查项目,新增新生儿先天性心脏病免费筛查,降低出生缺陷发生率增加一道保障。扬中市2018年起启动实施出生缺陷综合防治民生实事项目,免费提供“三级预防”,包括健康教育、婚前医学检查、孕前优生健康检查等一级预防,唐氏筛查等二级预防;苯丙酮尿症、先天性甲状腺功能减低症、先天性肾上腺皮质增生症3种遗传代谢性疾病筛查和听力筛查在内的等三级预防。此次卫健委联合财政局、妇儿工委办出台新政策,将新生儿先天性心脏病筛查列入免费筛查项目,出生6~72小时的新生儿均可以免费参加先天性心脏病筛查。健康福利覆盖扬中市户籍人口以及居住6个月以上的外来人口。(融媒体中心)

爱国卫生

【概况】 2019年,扬中市巩固国家卫生城市创建成果,抓好国家卫生城市长效管理工作,修改完善国家卫生城市长效管理考核工作的实施意见,调整国家卫生城市长效管理考核领导小组,联合城管数字化平台认真组织长效管理工作考核,巩固提升全市国家卫生城市建设成果。指导新坝镇、西来桥镇做好国家卫生镇复审迎检工作,通过国家复审。推进省级健康镇、村(社区)创建工作,全市建设成为省级健康村(社区)13个,省级健康单位3家,八桥镇建设成省级健康镇,全市实现省级健康镇全覆盖。开展健康促进工作和爱国卫生活动,开展健康素养巡讲活动,举办国家级讲座1场、镇江市级“健康大讲堂”健康巡讲2场次、市级巡讲8场次、乡镇级健康知识讲座148次。在全市范围内推广使用“健康教育视频联播平台”,播放点安装43台。高质量完成国家级健康素养监测点健康素养监测工作。高标准完成全年改厕任务省改厕项目1000户、全市自行提升改厕任务600户和市政府水环境改厕项目任务7473户。(卫健委 曹佩红)

【世界害虫日宣传活动】 2019年6月6日是第三个“世界害虫日”,扬中市疾控中心联合市爱卫办在市民广场开展“社区健康与有害生物防制”公益宣传活动,传播科学的防制理念。“世界害虫日”宣传活动的开展旨在增强居民群众对病媒生物性疾病的认识和重视,提高病媒生物防制知识的了解和防控能力,控制有害生物,提高健康生活质量,共同维护社区健康。活动现场,工作人员开展病媒生物防治咨询、病媒生物标本展示等活动,为市民解疑答惑,提供病媒生物防控、防护设施设置技术指导,免费发放公益药品。(融媒体中心)

计划生育

【概况】 2019年,扬中市上报出生人口一孩率56.31%,比上年增加4.31个百分点。节育率88.73%,节育措施落实率99.81%。江苏省人口和计划生育综合信息平台人口数据逻辑关系准确率98%，人口信息化建设达标率99%。全年上报出生数1641人,减少363人,出生人口持续减少，往年出生补报7人，出生政策符合率99.5%以上。 （卫健委 杨全华）

【流动人口管理】 2019年,扬中市实施全面两孩生育政策,人口自然增长率-2.43‰。流动人口出生政策符合率100%。流动人口管理服务率95%；信息入库率95%,省际间协查信息反馈率100%,流动人口协会覆盖率100%,流动人口建档率82.5%,流动人口接种率99%，传染病报告率100%，计划生育服务覆盖率100%,育龄妇女避孕服务覆盖率100%,孕产妇保健手册率98%,儿童保健手册率95%,健康教育率95%,精神病患者服务率100%。 （卫健委 曹丽蓉）

【全面两孩】 2019年,扬中市继续开展全面两孩政策宣传,发放宣传资料3500余份,受益群众2万余人。实行生育登记服务制度,全市生育登记1293户,其中一孩775户,二孩518户。受理再生育一孩审批42例,审批通过42例。 （卫健委 曹丽蓉）

【奖特扶发放】 2019年，扬中市新增奖励扶助对象1361人，全市发放农村部分计划生育家庭奖励扶助3.83万人次,发放奖励扶助金1840.94万元。新增特扶对象77人，其中独生子女死亡55人，独生子女伤残22人。发放计划生育特别扶助1534人次,发放特别扶助金569.81万元,其中独生子女伤残特别扶助574人次,发放特别扶助金192.37万元;独生子女死亡特别扶助960人次,发放特别扶助金377.44万元。2019年,"持独生子女父母光荣证" 企业退休职工一次性奖励2623人,发放一次性奖励金786.27万元;"持独生子女父母光荣证"城镇非从业人员80人,发放一次性奖励金23.89万元。 （卫健委 曹丽蓉）

【计生困难救助】 2019年,扬中市开展计生特殊困难家庭救助,救助资金80万元。为全市"失独"家庭483人提供每年500元的"慈善关爱"保险。为全市60周岁以上失独老人319名购买意外伤害保险。为全市计划生育特殊家庭354人办理免费出行公交卡。启动对失独第三代进行帮扶工作的"润苗工程",依托"康扬杏林"志愿服务组织,一对一帮扶培养计划生育特殊家庭中的未成年第三代,直至18周岁或高中学业结束,"康扬杏林"志愿者与31名孩子结对,根据计生困难家庭的实际情况,为计生特殊家庭未成年第三代赠送"连心相伴"保险。 （卫健委 曹丽蓉）

2019年，"康扬杏林"志愿服务队义诊 （卫健委供图）

医疗机构选介

【扬中市人民医院】 扬中市人民医院（简称市人民医院)总建筑面积5.1万平方米。编制床位700张,实际开放床位710张。现有职工930人,其中在编职工615人;专业技术人员844人,高级专业技术职称134人,中级技术职称267人,硕士研究生46人,兼职教授、副教授13人,省、镇江市级有突出贡献的中青年专家3人,省"333高层次人才培养工程"学术技术带头人2人,镇江市"169技术骨干"8人,扬中市"321专业技术带头人"18人。设有临床科室35个,医技科室8个,其中胸外科、肿瘤科、消化内科、肾内科、普外科为镇江市临床重点专科,眼科为镇江市临床重点专科建设单位。医院总资产6.16亿元,资产负债率31.39%。医院全年完成业务收入5.4亿元，门急诊患者90.76万人次,出院病人2.81万人次,住院手术9113人次,三、四级手术占比51.2%,床位使用率87.25%。举办学术讲座59次,其中省市级10次,院级49次,9111人次参加,7名医疗人员到三甲医院进修培训学习,2名护理骨干参加省级专科护士培训,12名护理骨干参加市级专科护士培训。年内,市人民医院扩大院际合作范围,合作的三级医院12家,"罗清泉教授工作站"、"孙跃明教授工作站"(大肠外科)、"刘晓安教授工作站"(乳腺外科)、"骆丹教授工作站"(皮肤科)、"李晓华教授工作站"、"王业皇教授工作站"、"沈文荣教授工作站"、"王中林教授工作室"8个知名专家工作站落户,加入南京鼓楼医院"整形美容专科联盟"。成立"西京消化病医院扬中整合医学中心"。有知名教授工作站14个,与上级医院建立协作的专科27个,30余名专家通过定期来院坐诊、查房、手术、讲学。推进分级诊疗,下转康复联合病房患者201例，挂职基层医疗机构的专家团队到基层坐诊228人次,查房、手术58人次。检验中心为基层卫生机构检验标本4.81万人次;影像中心完成质量控制6.23万人次；消毒供应中心为基层及公共卫生单位消毒植入性器械包570个、器械1.53万件;病理质量控制中心完成病理读片质控785人次，心电中心完成心电诊断质控2996人次。市人民医院实施临床路径病种147个,实施单病种收费52个;患者平均住院日8.27天,人均药费2356.21元;住院患者药占比25.64%,门诊患者药占比21.89%。消化道早诊早治项目2416例群众实施免费内镜检查,发现癌前病变194例,上消化道癌19例。开展健康下乡活动,“健康快车”“光明进社区”送健康下乡活动,举行大型义诊13次,服务群众3000余人次,290人次医务人员参加义诊活动;“居家延续护理”小组累计为患者更换胃管、尿管、伤口换药、腹膜透析指导、出院访视90余次。眼科、口腔科、儿科、康复科、心理科等参与卫健系统“健康校园行”活动。开展“肺癌早筛”活动,完成筛查1200余例,确诊肺癌患者4例。全年医院完成各类社会医疗保障75次。5月,人民医院肾内科主治医师宋磊赴新疆建设兵团第四师医院参加为期半年的“援疆”医疗活动;7月,人民医院普外科主任医师黄良平、神经内科护士长耿留珍赴陕西省白水县医院参加为期分别为一年、半年的“援陕”医疗活动。 (人民医院 郭莹)

【扬中市肿瘤防治研究所】 2019年,扬中市肿瘤防治研究所通过镇江市级医学临床重点专科评审，年内发表论文6篇,1篇论文获得镇江市预防医学会优秀论文三等奖;2项科研项目通过镇江市科技局专家组验收,继续与国家癌症中心合作开展国家“十三五”重点研发项目“食管癌专病队列研究”;1人入选中国抗癌协会肿瘤流行病学专业委员会中青年委员。继续开展人群为基础的高精度肿瘤登记，报告新发肿瘤病例1143例(男性696例,女性447例),报告恶性死亡病例873例(男性565例,女性318例)。通过全国早诊早治督导组验收及省疾控中心肿瘤登记检查，继续承担国家医改重大项目、扬中市重大公共卫生项目“上消化道肿瘤早诊早治”；获得全国肿瘤登记工作杰出贡献奖、全国上消化道癌早诊早治优秀项目单位等奖项,4名早诊早治人员获得“全国上消化道癌早诊早治先进工作者”,2人获得“全国上消化道癌早诊早治内镜、病理图像竞赛优秀奖”。 (肿瘤研究所 华召来)

【镇江市急救中心扬中市分站】 2019年,扬中市急救医疗站挂靠扬中市人民医院,为独立法人机构,有专科医生16人(包含急诊科医师),跟车护士和担架员各9人,实行24小时值班制,出诊时做到一医一护一驾一担架,能熟练处置各种急危重病例。急救站拥有救护车10辆,其中监护型救护车8辆,配有急救药品、呼吸机、除颤机、吸引器等医疗设备。急救医疗站采取“120”“110”联动机制,利用“120”监控指挥系统进行科学、合理的调度。年内，急救医疗站处理急救电话1.67万次,出车5844次,处置病人4875人次,参与各类应急保障75次。 (人民医院 侯艳)

【扬中市中医院】 2019年，扬中市中医院占地面积1.7万平方米,建筑面积2.09万平方米。编设病床200张,实际开放病床260张。现有职工326人,其中在编人员191人，高级职称卫技人员46人，中级职称76人,镇江市名中医4名、镇江市专业技术带头人4名、扬中市专业技术带头人16名，返聘退休中医专家4名。设有临床科室15个,医技科室7个,其中脾胃病科、儿科为镇江市中医临床重点专科,被确认为江苏省基层医疗机构中医特色专科建设单位,针灸推拿科、肛肠科、脑病科为扬中市中医临床重点专科,针灸推拿科被确定为镇江市中医临床重点专科建设单位。总资产8869.96万元，资产负债率84.4%,2019年业务总收入14125.74万元，门急诊患者22.08万人次，出院病人11447人次,住院手术2950人次,床位使用率94.62%。开展“改善医疗服务,改善医疗质量”主题活动。举办学术讲座33次,其中省市级4次,院级29次,3520人次参加,有7名医疗人员到三甲医院进修培训学习,1名护理骨干参加市级专科护士培训。完成省级二甲复评。医院有“王毅教授工作站”“施瑞华教授工作站”“邵将教授工作站”3个教授工作站。加入镇江市中医发展联盟,与油坊镇卫生院、新坝中心卫生院、西来桥镇卫生院建立中医联盟，筛选高年资中医药专家组建技术队伍,开展中医药适宜技术推广、坐诊、查房、科普宣传等工作,接收基层医疗机构医务人员到院务实进修。中医药服务量比上年增长40%，中医内科建成镇江市基层医疗卫生机构特色科室。举办第十届“冬病夏治”、第十一届膏方节活动。申报镇江市级科技项目1项,发表省级以上学术论文8篇,开展“有创血压监测、术中血糖监测、腹腔镜下直肠癌根治术”等新技术、新项目3项。推进“结直肠癌筛查”“中医中药中国行”“中医药就在你身边”活动等健康惠民项目,每月前往各乡镇、社区,为群众提供“简便验廉”的中医药服务。“中医大篷车进乡村、进校园、进机关”活动10次,宣传推广中医药文化知识,发放资料4000余份。7月,中医院肛肠科主治医师吴其成赴陕西省白水县开展为期半年的“援陕”医疗活动。

（中医院 蒋长洪）

【扬中市新坝中心卫生院】 2019年，新坝中心卫生院在编职工124人，其中卫生专业技术人员95人，高级职称40人，中级职称28人，江苏省基层卫生骨干人才3人，扬中市基层卫生骨干人才2人，镇江市“169五期工程”乡村优秀科技人才2人，镇江市“169五期工程”学术技术带头人1人，扬中市“321工程”四期专业技术带头人8人。被江苏省卫生健康委员会确定为“2019年家庭医生服务模式创新试点单位”；2019年被江苏省卫生健康委员会办公室确定为首批“江苏省星级家庭医生工作室”。全年门急诊19.51万人次，住院626人次，病床使用率42.08%，完成医疗收入1940.53万元。医院总资产2283.85万元，净资产1767.16万元，资产负债率22.62%。完成居民健康档案4.84万份，建档率85.15%，其中65岁及以上老年人9525人，接受健康管理5875人，管理率61.68%。全镇登记慢性病患者8157人，其中高血压健康管理患者6328人，规范管理4686人；糖尿病健康管理患者1829人，规范管理1205人，慢病随访36260人次。重性精神病患者270人，规范管理265人，管理率98.15%。0~3岁儿童数1205人，健康管理率96.27%，辖区内活产数353人，新生儿访视345人次，访视率97.73%；全镇孕产妇总数为346人，系统管理332人，系统管理率95.9%。产后访视341人，访视率96.6%。免费发放叶酸232人份，服用依从率99.1%。调查14个行政村、江滩22条块，面积420.57万平方米；内陆96条块，面积182.1531万平方米。查出江滩有螺条块1个，面积131.15万平方米（老螺点），两次药物灭杀15个条块，面积478万平方米有螺江滩和雷公岛34万平方米地块；完成血吸虫病血清学检查3137人份、病原学检查442人份；连续47年未发生血吸虫病急性感染。宫颈癌（TCT）检查4863人，阴道镜检查269人，确诊宫颈癌3例；乳腺癌检查5094人，乳腺钼靶检查213人，查出乳腺癌3人。开展乡村医生签约服务，签约收费包8003人，其中健康体检2847人，糖尿病型391人，高血压型870人。

（新坝中心卫生院 唐琴）

【扬中市三茅街道社区卫生服务中心】 2019年，三茅街道社区卫生服务中心在编职工160人，乡村医生及社会化用工48人，其中在编职工中高级职称114人。江苏省基层卫生骨干人才5人，扬中市基层卫生骨干人才2人，扬中市“321”人才5人。设有临床、医技科室29个。开展基本医疗和基本公共卫生、重大公共卫生服务。全年总收入6060.66万元，其中医疗收入2959.82万元，门、急诊27.93万人次；住院病人570人次，开展手术348例。完成妇女病“两癌”筛查宫颈癌7202人次，乳腺癌8096人次，发现乳腺癌1人、宫颈癌1人；新发现高血压病人366人、糖尿病人163人、冠心病32人、脑卒中66人，高血压随访1.12万人次，规范管理1.01万人，糖尿病随访3052人次，管理2757人；为65岁以上老人体检8892人次；结合社保退休职工体检和老年人体检开展老年人中医药健康管理服务8007人；开展个性化家庭医生（乡村医生）签约服务模式1160人。年内，上转病人79人次，联合病房下转病人3人次，临床检验中心检验病例5486份、影像会诊1万余人次。该院的中医肛肠科为扬中市临床特色专科。该科室有副主任医师2名、10张床位及2个专科手术室，配有全自动灌肠仪、高频电离肛肠治疗仪、微波理疗仪、电子肛肠镜等仪器。全年住院269人次，手术297人次。开展项目有中医中药生物反馈治疗出口梗阻性便秘、痔上粘膜吻合器术治疗重度内痔、高位复杂性肛瘘、混合痔RPH微创手术、环状混合痔无痛手术、出口梗阻性便秘等痔种技术。

（三茅街道社区卫生服务中心 丁美华）

【扬中市兴隆街道社区卫生服务中心】 2019年，兴隆街道社区卫生服务中心现有在编职工94人，其中卫生专业技术人员78人，高级职称15人，镇江市学科带头人2人，扬中市学科带头人5人，全院全年门急诊人次10.03万人次，住院病人508人次，床位使用率72.6%，手术200人次。免费上门体检所有重残、贫困人群惠民。完成重残、贫困体检人数251人，贫困户建档立卡254人。全年建立居民健康档案2.75万人，建档率83%，重点人群建档率95%。与经开区政府、计生、妇联、村委会等多部门配合和协调，65岁以上老人体检工作由各村包车，护送人员统一到卫生院体检。

（兴隆街道社区卫生服务中心 耿昌瑜）

【扬中市精神病防治院】 2019年，扬中市精神病防治院有副主任医师2人，住院医师4人，床位10张。门诊2.3万人次，住院94人次。有3名医师在镇江精神卫生中心规培，其中镇江市学科带头人1人，扬中市321培养人才1名。2019年成为镇江精神卫生中心医共体单位，该中心定期派专家开展坐诊、查房、讲学、疑难病例讨论，提高专科诊疗水平。全年以重大节日严重精神障碍排查为契机，为严重精神障碍患者开展免费体检，排查随访严重精神障碍患者800余名，以奖代补患者311人，精防工作在镇江县市区名列前茅。

（兴隆街道社区卫生服务中心 祝勇）

【油坊镇卫生院】 2019年，油坊镇卫生院在编职工82人，乡村医生9人。其中卫生专业技术人员64人，高级职称12人，中级职称24人，扬中市“321”工程学科带头人7人，省基层卫生骨干人才1人，扬中市基层卫生骨干人才2人。全年完成门急诊12.82万人次，住院病人216人，业务总收入3124.25万元；医院总资产799万元，净资产514万元。更换电子胃镜、血球仪。中医科新增中医推拿、正骨、中药敷贴项目，化验室新增C反应蛋白、糖化血红蛋白项目，心电超声室新增颈动脉超声、下肢血管超声、24小时动态心电图项目，胃镜室增加幽门螺旋杆菌检查项目。全院医疗收入保持10%的增长率。年内，完成重点人群签约2.8万人，开展个性化签约2965人；高血压健康管理5030人，糖尿病健康管理1495人，开展慢病随访2.61万人次；精神病人健康管理236人；农村妇女增补叶酸195人，完成“两癌”普查3924人。6月，成为南京中医药大学护理学院实践基地。7月，首次开展中医非药物治疗惠民体验治疗278人次，惠及2个村、96名群众。10月，出台《油坊镇低收入人口家庭及失独家庭高血压糖尿病患者用药补助实施方案》，为全镇138名符合条件的对象体检，常态化实施免费服药政策。“医心为民，先锋领航”的党建品牌被评为油坊镇十大党建品牌之一。

（扬中市油坊镇卫生院 杨芬）

【八桥中心卫生院】 2019年，八桥中心卫生院在编职工105人，乡村医生8人。在编职工中卫生专业技术人员88人，高级职称28人，中级职称40人，扬中市“321”工程学科带头人5人，省基层卫生骨干人才3人，扬中市基层卫生骨干人才2人，镇江市“169”工程乡村优秀人才4人。全年完成门急诊14.29万人次，住院病人672人，开展各类手术278例，完成业务总收入3888万元；计提折旧后，医院总资产1815.56万元，净资产1265.85万元，资产负债率30.28%。推进永胜门诊部、临时性过渡用房、血液净化病区工程建设。5月16日，该院召开市人民医院托管八桥中心卫生院布置会，举行市人民医院八桥分院揭牌仪式，建设人民医院—八桥中心卫生院紧密型医共体。通过国家“优质服务基层行活动”申报评审。协助八桥镇通过“江苏健康镇”评审。组建24支家庭医生服务团队，为每个网格配备一个家庭医生服务团队，做到全镇全覆盖，针对重点人群和低收入人群开展签约服务，购置9台康尚签约服务一体机，在全镇推广“手机筷子家医”App移动签约家庭医生服务协议。完成重点人群签约3.43万人，开展个性化签488余人；高血压健康管理3437人，糖尿病健康管理962人，开展慢病随访2.02万人次；精神病人健康管理167人；农村妇女增补叶酸167人，完成“两癌”普查2855人。在红旗村和幸福村完成200人的新一轮国家慢阻肺检测调查，在永胜村和利民村完成120人的国家居民健康素养监测，开展慢性病高危人群健康干预与“健康校园行”相关活动。

（八桥中心卫生院 祝贞贵）

【西来桥镇卫生院】 2019年，西来桥镇卫生院在编职工45人，乡村医生2人。其中卫生专业技术人员34人，高级职称6人，中级职称12人，扬中市“321”工程学科带头人2人，扬中市基层卫生骨干人才1人。全年完成门急诊6.5万人次，住院病人64人，完成业务总收入1559.5万元；医院总资产1126.5万元，净资产929.6万元。更新彩超、全自动生化分析仪。建立独立的中医诊疗区域，与南京中医药大学王中林副教授合作成立整脊工作室；中医内科通过优质资源下沉，促成二级医院名中医定期坐诊。全院医疗收入比上年增长13.7%。年内，完成农村妇女“两癌”筛查1591人。完成2400名65岁以上老年人体检，老年人健康管理率67%。完成查灭螺面积200万平方米，血检1080人，巩固省级血防达标镇成果。完成农村低收入家庭基本信息核实，健康教育、传染病防治(结核病、艾滋病防治等)、儿童保健工作、妇女保健、老年人保健、慢性病管理、重性精神病患者管理等工作按要求有序开展、上消化道肿瘤筛查完成200例的目标任务。社区家庭医生工作站6个村(社区)全覆盖，家庭医生工作团队定时、定点进站开展服务。完成家庭医生签约服务8769人，其中农村低收入家庭签约率100%，慢性病、60岁以上老年人签约率100%。

（西来桥镇卫生院 叶鸣）

体 育

综 述

【概况】 2019年,扬中市体育事业稳健发展。体育设施建设更加完善,细化和调整《扬中市村级公共服务"八位一体"运行维护工作考核标准》(文体活动设施管护),完善考核方法,形成齐抓共管的良好氛围;全市范围内新建(更新)健身路径28条,健身步道6千米,体育公园7个,健身广场3个。体育活动赛事有序开展,组织开展有影响的全民健身活动和赛事20余次,举办中华龙狮大赛、国际男子篮球对抗赛(阿根廷国家联队VS美国职业明星队)、2019"全民健步走中国行"中国健步走大赛暨文艺明星篮球赛——江苏扬中站、江苏省桥牌等级赛、市第十届男子篮球联赛、市第二届职工拔河大赛等群众性赛事活动。体育竞技水平有新突破。扬中籍射箭运动员张心妍在亚洲杯排位赛中位居榜首,个人、团体、混团均夺冠,包揽射箭所有项目金牌;全国青少年U系列曲棍球锦标赛上,扬中女子曲棍球队夺得高中女子组冠军;组队参加亚洲少儿田径运动会,扬中市代表队获得团体第一名;组队参加全国少年轮滑锦标赛,获U11组和U8组的轮滑阻拦亚军;扬中市广场舞代表队获江苏省第四届广场舞精英赛自选套路一等奖、规定套路二等奖、团体总分一等奖。扬中市广场舞代表队参加全国健身秧歌(大赛),获规定套路二等奖、自选套路二等奖,在规定、自选套路前六名代表队的健身秧歌赛中,获得总决赛唯一的最佳创意奖;扬中市田径运动代表队在江苏省县组田径比赛中荣获第一赛区混合团体第四名。举办"同唱祖国好、幸福舞起来"广场大赛,"复旦科技园"杯迷你马拉松赛等赛事。 (文体广电和旅游局 潘凡)

【体育产业】 2019年,扬中市体育产业发展速度较快,各健身场馆运营正常,营业收入1180万元。奥体中心投资100余万元,扩建4000平方米健身房,投入使用。体育馆体育场健身馆全年开放350天以上,游泳馆全年开放330天以上,获得中央和省级对于公共体育场馆免费或低收费开放补助资金200余万元。承办国少U15女足驻训、扬中河豚文化节"放歌河豚岛"专场文艺晚会、"天禾旅游"杯国际男子篮球对抗赛等大型活动赛事。体育彩票销量稳步发展,累计发行体育彩票9236万元。年内,新增体育俱乐部2家,全市有体育社会组织45家,其中体育单项协会21家、体育俱乐部24家。 (文体广电和旅游局 潘凡)

群众体育

【中国健步走大赛江苏扬中站】 2019年10月13日,2019"全民健步中国行"中国健步走大赛(江苏·扬中站)开赛,比赛项目氛围18千米健步走和5千米快乐健步走,3000余人报名参与。大赛由国家体育总局社体中心主办,江苏省社会体育管理中心、镇江市体育局、扬中市人民政府承办。赛程路段设置花船、花担、打莲湘等扬中地域文化展示表演。比赛结束后,国家体育总局社会体育指导中心副主任杨善德为扬中市人民政府颁发突出贡献奖奖牌,向扬中市健康委员会等4家最佳风采奖单位、鄂尔多斯徒步协会等4家优秀团、扬中市文体广电和旅游局等4家优秀组织奖单位颁发赛事奖牌。 (文体广电和旅游局 潘凡)

2019年10月13日,中国健步走大赛开赛

(融媒体中心供图)

【江苏省桥牌等级赛】 2019年10月17日，“天禾旅游”杯江苏省桥牌等级赛在扬中市奥体中心开赛。比赛由江苏省桥牌协会主办，扬中市文体广电和旅游局、镇江市桥牌协会承办，比赛时间为10月17—20日。全省70支桥牌代表队参赛。比赛分为三个组别，采用中国桥牌协会最新审定的《中国桥牌竞赛规则》比赛。甲级队A组前六名、甲级队B组前三名给予奖励，比赛优胜者经中国桥牌协会审核后授予中国桥牌协会大师分，根据江苏省《江苏省桥牌协会会员技术等级标准》授予相应的大师分；乙级队前六名、女子组前二名的队给予奖励并根据《江苏省桥牌协会会员技术等级标准》授予相应的大师分。 (文体广电和旅游局 潘凡)

【江苏省老年人体育节扬中分会场】 2019年4月8日，江苏省老年人体育节扬中分会场开幕式在西来桥镇文体活动中心广场举行。60名中老年广场舞爱好者集体表演广场舞《爱我中华》，村、社区代表队展示优秀文体节目，扬中市老体协旗袍专委会表演旗袍秀。 (融媒体中心)

2019年4月8日，江苏省老年人体育节扬中分会场开幕式
(融媒体中心供图)

【扬中首届迷你马拉松】 2019年4月21日，扬中市举行“复旦科技园杯”扬中首届迷你马拉松，扬中及周边地区1000余人迷你马拉松爱好者参加活动。此次迷你马拉松全程6千米，从滨江公园出发，途径迎江大道、滨江大道、扬中大道至园博园，根据参赛者组别不同，赛道上对应设置1.5千米亲子打卡点、3.5千米团队打卡点和4千米个人打卡点。京口区的曾佳斌以23分02秒获得个人组第一。 (融媒体中心)

【乒乓球团体邀请赛】 2019年6月2日，扬中市“超宇杯”乒乓球团体邀请赛在市奥体中心坤全乒乓馆开幕，丹阳、淮安、江都、泰兴和扬中市部分企业机关等16个代表队60余人运动员参加比赛。比赛邀请国家乒乓球队运动员郝帅、崔庆磊等为比赛开球。比赛分4个小组循环，循环赛采用3局5胜11分制，决赛采用5局2胜11分交叉淘汰制。 (融媒体中心)

2019年6月2日，扬中市“超宇杯”乒乓球团体邀请赛开幕
(融媒体中心供图)

【广场舞赛事】 2019年3月，扬中市在全市范围内举办“同唱祖国好，幸福舞起来”广场舞大赛，各镇(街、区)新时代文明实践所站、文明单位的56支队伍、近700人参加比赛。经过市、镇、村逐级选拔，三茅街道广宁社区代表队等6支队伍获一、二、三等奖，戴道怀等3人获最佳个人表演奖。5月16—18日，江苏省第四届广场舞精英赛中，扬中市广场舞代表队获该项赛事自选套路一等奖、规定套路二等奖、团体总分一等奖。8月11日，扬中舞韵芳洲代表队在“2019年‘舞动江苏’广场舞大赛镇江城市冠军赛”中获第二名。9月21日，省级决赛中获得“最佳表演奖”第一名，扬中市文明办获组织奖。12月13日，全国健身秧歌(鼓)大赛总决赛中，扬中舞韵芳洲舞蹈队获得规定套路二等奖、自选套路二等奖，获最佳创意奖。 (融媒体中心)

【第二届职工拔河大赛】 2019年9月18日，“凝成一股绳，永远跟党走”第二届职工拔河大赛决赛在奥体中心开赛。比赛由市委宣传部、文明办、机关工委、总工会、文体广电和旅游局联合举办。镇(街、区)及机关部门44支队伍、600余名队员参赛。三茅街道锦程村代表队和教育局代表队分别获镇(街区)组和机关部门组第一名。 (文体广电和旅游局 潘凡)

【志成太极拳健身俱乐部成立】 2019年，扬中市志成太极拳健身俱乐部成立。志成太极拳健身俱乐部为扬中市一支专业性、地方性、非营利性社会组织，有会员200余人。俱乐部成立后，开展与太极拳有关的各类比

赛、专题活动、业务交流、讲座培训、公益事业等活动，提升扬中市太极拳运动水平。 （融媒体中心）

2019年7月，志成太极拳健身俱乐部成立
（融媒体中心供图）

【长江拥军足球队成立】 2019年11月30日，长江拥军足球队在市第二高级中学成立。长江拥军足球队由市长江拥军服务社的部分志愿者、中小学体育教师、退伍军人、足球业余爱好者25名成员组成。（融媒体中心）

竞技体育

【国际男子篮球对抗赛】 2019年5月21日，“天禾旅游”杯国际男子篮球对抗赛在奥体中心体育馆举行，对阵双方分别是阿根廷国家联队、美国职业明星队。经过四节比拼，美国职业明星队以91:82战胜阿根廷国家联队，取得比赛胜利。 （文体广电和旅游局 潘凡）

【全国青少年U系列曲棍球锦标赛】 2019年8月20日，第十一届全国曲棍球后备人才基地夏令营暨全国青少年U系列曲棍球锦标赛(U18、U15组)在常州武进曲棍球训练基地落幕。比赛赛程为7天，47支全国各地的代表队参赛。江苏省扬中第二高级中学女子曲棍球队和扬中市第一中学女子曲棍球队参加U18组和U15组的比赛，分别夺得高中女子组冠军和初中女子组亚军。 （文体广电和旅游局 潘凡）

【江苏省青少年田径比赛扬中市队载誉而归】 2019年4月，在江苏省青少年阳光体育运动联赛江苏省青少年田径锦标赛暨县组田径比赛上，扬中市代表队获第一赛区混合团体第四名及道德风尚奖，吴冰获女子甲组3000米和5000米冠军，吴冰、季杰、方瑞龙3人入选江苏省田径代表队，参加全国第二届青年运动会。该项比赛每年一度，全省64个县(市、区)参加比赛，是江苏省规模较大的青少年竞技体育活动。
（融媒体中心）

【邹莉娟夺冠】 2019年8月26日，全国第十届残运会暨第七届特奥会上，扬中籍运动员邹莉娟获F34铅球冠军，投掷出8.82米的成绩，打破世界记录。
（融媒体中心）

链接：邹莉娟简介

邹莉娟，江苏扬中人，国家级运动员，F34级。2012年12月，进入国家队集训。2014年10月，邹莉娟在韩国仁川亚残会获得标枪、铅球金牌。2015年，四川全运会获得两块金牌，打破两项全国纪录。2015年11月，多哈世锦赛邹莉娟获得2块金牌。2016年9月，巴西里约残奥会，邹莉娟获F34铅球比赛金牌、F34级标枪比赛金牌，打破两项世界纪录。2017年，邹莉娟参加伦敦世锦赛，取得铅球、标枪两金的成绩。2018年，雅加达亚残会女子F34级标枪比赛中，邹莉娟获得金牌，打破世界纪录。

【江苏省老年人体育节镇江市(市、区)气排球展示交流活动】 2019年11月2—3日，江苏省老年人体育节镇江市(市、区)气排球展示交流活动在扬中市举行。镇江市各辖市区、市直单位14支代表队，近200名运动员、裁判员参加活动。 （融媒体中心）

【第十届男子篮球联赛开赛】 2019年5月18日，“扬中农商银行”杯扬中市第十届男子篮球联赛在市奥体中心体育馆开赛。本届比赛设有竞赛组、健身甲组、健身乙组、健身丙组四组别，34支球队、500余球员参赛。赛事历时四个月，经过两个阶段14轮预选赛，163场次的比赛，在竞赛组中，江洲篮球俱乐部、西来风驰篮球俱乐部、黑豹篮球俱乐部分别获第一、二、三名。
（文体广电和旅游局 潘凡）

社会生活

收入与消费

【居民收入情况】 2019年，扬中市居民收入稳步增长。据城乡住户一体化调查，居民人均可支配收入46906.6元，比上年增长8.4%。其中城镇居民人均可支配收入57829.4元，增长7.7%，农村居民人均可支配收入30635.9元，增长8.6%。 (统计局 赵沅辰)

【居民消费情况】 2019年，居民消费水平继续提高，人均生活消费支出25294.1元，比上年增长6.4%。其中城镇居民人均生活消费支出28406.6元，增长5.9%，农村居民人均生活消费支出20657.7元，增长6.8%。居民生活持续改善，旅游休闲和健身娱乐活动消费稳步增长。文化娱乐教育支出占人均消费性支出的19.1%，提高0.2个百分点，其中城镇提高0.3个百分点，农村提高0.1个百分点。 (统计局 赵沅辰)

就业创业

【概况】 2019年，扬中市城镇新增就业1.15万人，城镇失业人员再就业2280人，城镇失业登记率1.36%，新增转移农村劳动力380人，就业困难人员再就业510人。扶持创业850人，创业带动就业4400人，发放创业贷款2790万元，新增农民创业383人，引领大学生创业206人，失业保险参保人数5.53万人。开展创业培训830人，城乡劳动者职业技能培训2211人，城乡新成长劳动力技能培训980人。 (人社局 施吉鸿)

【创业大讲堂】 2019年5月13日，扬中市人社局在金山学院举行创业大讲堂活动。活动以“创业生涯规划”为主题，解读和交流创业的“初创阶段—生存阶段—发展阶段—起飞阶段—成熟阶段”5个阶段。活动邀请国际劳工组织创办和改善你的企业(SIYB)国家级培训师栾文涛作以“创业生涯规划”为主题的宣讲活动。以“宣讲—互动”的方式为创业者释疑解惑，帮助创业者规避创业风险，引导创业者增强创业创新意识，100余位大学生创业者参加活动。 (人社局 常春)

【青年创业创新大赛】 2019年4月1日至6月6日，扬中市举办青年创业创新大赛，比赛分为预赛、复赛、决赛3个阶段，46名选手参赛，涵盖科技新材料、电子商务、生态农业、环境保护、节能降耗等项目。选手通过演讲和PPT，围绕创意产品和创业项目特点、开发过程等展示成果，10名选手入围决赛。6月6日，“磊金杯”青年创新创业暨公益创投大赛决赛在扬中市油坊镇举行。光伏电站数据分析及运维项目获一等奖，水暖毯项目获二等奖，养生紫米项目获三等奖，纳米级外墙材料的研发与推广项目、青苗成长公益创投项目、青禾圆梦公益项目、凤华农庄生态种植及休闲体验项目、阴极电泳涂装项目、珍珠棉项目、电缆桥架的创业项目获优秀奖。 (人社局 施吉鸿)

2019年4—6月，青年创业创新大赛 (人社局供图)

【用工难问题调研】 2019年7月，扬中市人才服务中心围绕企业用工难问题开展专题调研，分析了解企业用工存在的困难及原因，找出问题对症下药。调研实地走访重点缺工企业20家，电话调查15家，收集有效企业问卷调查表175份，有效个人问卷调查表92份。通过调研进一步了解当前企业用工情况、用工存在困难的原因。调研数据显示全市制造业企业中存在招工难问题的占64%，矛盾的主要原因是供求双方期望值不对等，《关于扬中市制造业企业用工难问题的调研报告》在扬中决策资讯2019年第20期刊登。

（人社局 马思怡）

【毕业生就业双选暨春季人才交流大会】 2019年1月18日，扬中市2019年毕业生就业双选暨春季人才交流大会在市奥体中心体育馆举行。131家招聘单位入场，包括22家“30强”、27家高新技术企业，提供岗位3687个。首次设置残疾人招聘专区，6家福利企业提供岗位76个。从学历来看，要求大专及以上学历岗位1091个，占32.7%，以电气机械、管理、营销类专业为主；从行业来看，传统智能电气产业需求稳定，提供岗位785个，新能源产业数量下降明显。从薪酬待遇上看，月薪4000元以上的岗位2130个，占63.9%，技术研发人才、技术工人工资较高。1951名求职者报名登记，705名求职者与企业达成初步意向。 （人社局 马思怡）

2019年1月18日，毕业生就业双选暨春季人才交流大会

（融媒体中心供图）

【人力资源管理培训】 2019年5月10日，扬中市人才服务中心组织举办“新时代人力资源管理：机遇与挑战”培训班，61家企业的人事经理、人力资源主管、办公室主任参加培训。培训结合企业需求，邀请江苏大学管理学院副院长李国昊教授授课。李教授结合与多家企业人力资源讲座的知识点，讲授人力资源管理与企业文化建设、新生代员工管理、共享经济下人力资源管理等相关知识。 （人社局 马思怡）

【人才科技创业投资基金成立】 2019年4月25日，扬中市人才科技创业投资基金成立仪式暨首批基金拟投项目路演在金控集团举行。扬中市人才科技创业投资基金是市委、市政府同意设立，人才办、科技局、金控集团共同组建的扬中市首家人才科技创业投资基金。该基金总规模2亿元，存续期7年，首期到位2000万元。基金采用有限合伙制，重点支持符合产业政策导向的初创期、成长期科技人才企业及市委、市政府确定的其他科创型项目。原则上对符合条件的科技人才企业进行投资，单家企业累计投资不超过1000万元，且持股比例不超过被投企业实收资本的20%。签约仪式后，设置基金首批拟投项目的路演环节。路演包括西安交通大学的压电材料产业化等5个项目，项目涉及新能源新材料、装备制造、信息管理等诸多行业，集中体现创新、协调、绿色、开放、共享五大发展理念。 （融媒体中心）

2019年4月25日，扬中市人才科技创业投资基金成立

（融媒体中心供图）

社会保险

【概况】 2019年，扬中市社会保险参保率99%。企业职工养老保险在职参保人数9.8万人，基金征缴收入6.29亿元；工伤保险参保人数7.5万人，基金征缴收入1711万元。机关单位参保人数8428人。城乡居民养老保险基础养老金发放率100%，参保人数3.47万人。全市有退休人员8.86万人，其中企业离退休人员2.96万人，机关事业单位离退休人员4399人，城乡居民养老保险领取人数5.46万人。职工医保12.66万人，居民医保15.69万人，全市参保总人数28.35万人，户籍人口参保率超100%。策应乡村振兴战略要求，建档立卡人

员居民大病保险起付线由2万元降至0.3万元，低收入人群居民大病保险起付线由2万元降至1万元，各费用段报销比例较普通居民提高5个百分点。定向走访帮扶大病患者及特定群体34人，累计帮扶14.38万元。（医疗保障局 毛琳）

【医疗保障局挂牌】 2019年2月26日，扬中市医疗保障局挂牌。根据三定方案，行政编制6个，内设办公室、综合科。下属医保中心为事业单位，事业编制30个，设医疗科、医保科、基层业务科、异地就医科、稽查科、信息科、内审科、救助科、财务科、结算科10个科室。新组建的医疗保障局将原人社局的医疗保险职能，原物价局的药品、医疗服务价格监管职能，原民政局的医疗救助职能，原卫计委的药品、耗材招采职能统一划转合并。主要承担九项职能：研究分析全市医疗保障形势，拟订全市医疗保障发展政策和计划；开展医疗保障基金预、决算管理；拟订医疗保障筹资和待遇政策，建立医疗保障待遇调整和确定机制，完善城乡医保筹资机制，统筹城乡医疗保障待遇标准；组织实施医疗保障精准扶贫工作；拟订并组织实施定点医药机构医保协议和支付管理、异地就医管理办法和结算政策，组织推进医保支付方式改革；组织实施药品、医用耗材价格和医疗服务项目、医疗服务设施收费等政策，建立价格信息监测、成本调查和发布制度；配合省、市药品、医用耗材的招标采购、配送及结算制度规范并监督实施，制订本市补充低耗材价格；拟订医疗保障基金监督管理实施办法并组织实施，组织开展打击欺诈骗取医疗保障基金行为；加强医保信息化建设，发挥数据分析、智能监管作用。（医疗保障局 毛琳）

【医保保龄与待遇挂钩】 2019年，扬中市职工医保实行保龄与待遇挂钩的原则，连续参保15年以上人员保龄每增加一年，年度可结算费用增加2万元，政策范围内住院费用补偿比90%以上；居民医保门诊年度可结算费用由1000元提高到1200元，报销比例提高5个百分点；居民医保住院各费用段报销比例分别提高5个百分点，政策范围内补偿比稳定在70%；整合居民大病0~5万元、5万~10万元报销比例统一提高到60%。（医疗保障局 毛琳）

【"2+N"监管体系】 2019年，扬中市医疗保障局执行"2+N"监管体系，以定点医疗机构、定点零售药店为监管主轴，监管对象辐射延伸到参保者、医院医保医师、药店从业人员、村卫生室从业人员，监管手段采取视频监控、常规检查、明查暗访、驻院代表巡查、群众举报、第三方监管，监管方式采取定点药店分级管理、重点科室医生诚信积分管理等，多维度织密基金支出各个节点的监管网格。全年巡查定点医院112家（次），药店210家（次），核查住院、门诊病人3000余人（次），约谈12人（次），追回基金130余万元。（医疗保障局 毛琳）

【医疗价格监管】 2019年，扬中市医疗保障局组织开展全市医疗价格专项检查，调查摸底全市5家公立医疗机构高值耗材使用情况，开展业务指导。每季度发布550种常用药品价格指数，全市所有公立医疗机构全部纳入省和镇江药品、耗材招采平台。10月，扬中市人民医院首次参加江苏省55家首轮组团联盟集中采购，累计采购心脏支架耗材98.63万元，单件最大降幅56%，平均降幅46.8%。（医疗保障局 毛琳）

【智慧医保】 2019年，扬中市医疗保障局推行综合柜员制，服务大厅设置综合受理窗口8个、咨询窗口1个，配备大堂经理1名，"群众跑多个窗口"转变为"一窗受理、后台办理"，人均办事时间缩短一半。推行移动支付，实行线上挂号、缴费、信息查询全流程服务。推行医保经办公共服务智能化，"扬中医保" 微信公众号集政策查询、业务办理、保费缴纳、就医结算、动态宣传、信息反馈、健康档案等多功能于一体。

（医疗保障局 毛琳）

【"向日葵"医保志愿者服务平台】 2019年，扬中市医疗保障局成立"向日葵"医保志愿者服务平台，招募医保志愿者队伍，征集主题词、形象LOGO，统一制作文化衫。联合扬中麦田开启"麦田·向日葵"儿童关爱基金，组织机关女职工为全市237名孤寡老人量身编织爱心羊绒衣，组织"爱心妈妈"关爱单亲家庭孩子，参加慈善募捐、义务献血、"520"夜跑等公益活动。做好医保结算"爱心档案"，对各类低收入人群实施精准医疗救助，帮助6000余名贫困群体参保，救助基金支出500万元。医保服务大厅（结算科）创成市"十佳优质服务科室"。（医疗保障局 毛琳）

【两级财政补贴城乡居保】 2019年，扬中市两级财政补贴城乡居保1600万元，惠及城乡居民3万余人。扬中市城乡居保缴费分为两种标准：按比例缴费，缴费标准为每人每年3110.4元，其中两级财政补贴933.12

元,个人实际缴纳 2177.28 元,人均财政补贴比上年增加 75.6 元；按定额缴费，缴费标准分为 100~600 元 6 个档次,两级财政人均补贴补贴 60 元或 100 元。

(融媒体中心)

民族宗教事务

【民族概况】 2019 年,扬中市有 23 个少数民族,分别为土家族、回族、壮族、满族、侗族、蒙古族、瑶族、布依族、彝族、黎族、朝鲜族、苗族、仡佬族、土族、达斡尔族、白族、哈尼族、傣族、畲族、仫佬族、锡伯族、阿昌族、维吾尔族，人数 555 人。扬中市民族团结促进会会员有 32 人。全市现有伊香源清真拉面馆 21 家、新疆烧烤店 1 家，其中扬中市惠众花苑伊香源拉面馆是江苏省清真食品基本供应点。(民宗局 施奇)

【宗教概况】 2019 年,扬中市有佛教、基督教、伊斯兰教三大教派。佛教信众 5000 余人,基督教信众 1200 余人,伊斯兰教 100 余人。全市依法登记的宗教活动场所 18 处,其中佛教 4 处,分别是太平寺、新坝镇老甸庙、新坝镇联合念佛堂、观音禅院;基督教 13 处,其中新坝镇 2 个,三茅街道 1 个,油坊镇 6 个,八桥镇 1 个,经开区 3 个;伊斯兰教临时礼拜点 1 处。宗教活动场所现有教职管理人员 50 人,其中佛教 23 人,基督教 26 人,伊斯兰教 1 人。各宗教活动场所都成立管理小组,分别负责传教、财务、宣传等各项事务。全市有宗教团体 2 个,市佛教协会长由心和担任，市基督教三自爱国运动委员会主席由徐和娣担任。(民宗局 施奇)

【太平禅寺天王殿上梁庆典活动】 2019 年 9 月 22 日,扬中市太平禅寺举行天王殿上梁庆典法会,法会由太平禅寺方丈心和主持,邀请全国佛教协会副会长、江苏省佛教协会会长、镇江金山江天禅寺心澄大和尚和周边地区寺院方丈住持参加法会，各地信众和其他社会各界 1000 人参加。(民宗局 施奇)

【太平禅寺慈善功德会捐资助学】 2019 年 8 月 22 日，扬中市慈善总会太平禅寺慈善功德会在经开区双跃村举办第十三届捐资助学活动,扬中 27 位贫困学生每人接受 1000 元捐赠。(民宗局 施奇)

第十三届捐资助学活动 (民宗局供图)

【民族宗教法治宣传阵地】 2019 年 11 月，扬中市民宗局在油坊镇会龙村党员干部法治教育基地开辟民族宗教政策法规宣传栏。宣传栏长 5 米、高 2.8 米,集中展出 6 个涉及民族宗教政策法规的版面,涵盖《中华人民共和国宪法》第四条,民族平等、团结之间的相互关系,习近平总书记关于民族平等的重要论述,宗教和宗教团体,坚持宗教中国化方向的基本要求,习近平总书记关于必须坚持宗教中国化方向的重要论述以及《宗教事务条例》(修订版)等相关内容。(民宗局 施奇)

会龙村民族宗教政策法规宣传栏 (民宗局供图)

【民宗领域安全生产专项整治】 2019 年 12 月，扬中市民宗局会同各镇(街、区)对全市民族宗教活动场所开展安全工作大检查、大排查、大整治,消除各类风险隐患,建立长效机制,防范遏制安全事故,坚决杜绝重特大事故。(民宗局 施奇)

2019 年扬中市宗教活动场所一览表

表 21

场所名称	负责人	地　点
太平寺	心　和	经开区双跃社区
新坝镇老甸庙	心　和	新坝镇新宁村
新坝镇联合念佛堂	心　和	新坝镇红联村
观音禅院	仁　智	国土公园
扬中市基督教中心教堂	徐和娣	经开区德云社区
新坝镇新坝基督教活动点	匡　燕	新坝镇新坝社区
新坝镇公信村基督教活动点	田成生	新坝镇公信 6 组
三茅街道康福弄基督教活动点	成兰芳	三茅街道春柳南路
经开区新星村基督教活动点	张纪珍	经开区新星村 12 组 207 号
经开区双跃村基督教活动点	丁兰风	经开区双跃社区长征小区
油坊镇同乐村基督教活动点	倪小兰	油坊镇同乐村 8 组
油坊镇太平村基督教活动点	李明兰	油坊镇太平村
油坊镇老桥村基督教活动点	王桂英	油坊镇老桥村五组
油坊镇油坊村基督教活动点	朱霞芳	油坊镇油坊村七组
油坊镇鸣凤村基督教活动点	董秀芬	油坊镇鸣凤村 10 组
油坊镇老郎村基督教活动点	侯纪娣	油坊镇老郎村 17 组 127 号
八桥镇利民村基督教活动点	钱克龙	八桥镇幸福社区 4 组
三茅街道伊斯兰教礼拜点	马忠义	三茅街道惠众花苑 418 号

(民宗局 施奇)

民政事务

【概况】 2019 年,扬中市开展殡葬领域突出问题专项整治,整治复绿散坟及硬质化坟墓。全年惠民殡葬减免 560 万元,惠及 2424 户。婚姻登记 2617 对(结婚登记 1850 件,离婚登记 767 件),收养登记 13 件,重新布置婚姻颁证室,提供温馨庄重的颁证服务。销售福利彩票 6407 万元,筹集福彩公益金 550 万元。年内,收到人大代表建议和政协委员提案 9 件,办结率、满意率 100%。完成全市各镇(街道)、村(社区)管理线勘定、制图。全年答复、办理"12345"公共服务热线 78 件、数字城管 83 件,满意率 100%。 (民政局 方超)

【"'橙'心有约"志愿服务基地】 2019 年,扬中市依托民政服务大厅,建设"'橙'心有约"志愿服务基地。基地设读书沙龙、志愿者活动室、志愿服务展陈室等功能区,提供读书充电,志愿服务活动设计、交流,新时代文明实践成果展示等服务,面向孤寡空巢老人、困境留守儿童等特殊群体,开展志愿服务活动 10 余场次。

(民政局 方超)

"'橙'心有约"志愿服务基地　　(民政局供图)

【殡葬领域专项整治】 2019年，扬中市开展殡葬领域突出问题专项整治，摸排查实散坟及硬质化坟墓分布情况，明确数量和性质，开展集中整治。新坝镇采取去坟头、去硬质化、去立碑和填土的方式平迁整治散坟8000余座；三茅街道整治复绿兴阳村和普济村的重点区域集中骨灰埋葬地，完成市区翠竹南路绿化带内骨灰(骸)的搬迁；西来桥全面整治非法殡葬经营户。

（民政局 方超）

养老服务

【概况】 2019年，扬中市提高高龄老年人尊老金发放标准，全年新建标准化居家养老服务中心3家、标准化老年活动中心6家，建成运营扬中市老年活动中心。加速公办民营改革，八桥镇敬老院、市社会福利院改革成功。推广镇级区域性居家养老服务模式，提高服务的集约化、专业化程度；扩大智慧养老覆盖面，智慧居家养老服务在覆盖三茅街道的基础上，延伸到油坊镇和经开区。提升机构养老服务质量。新增一家养老护理院——镇江力康医院管理有限公司。强化民政服务机构安全生产，全年开展检查、抽查10余次，实现零事故。截至2019年年底，全市有养老机构27家，养老床位2655张，每千名老人拥有床位数44张。

（民政局 方超）

【尊老金标准提高】 2019年1月起，扬中市尊老金标准提高，年满79周岁(80虚岁)的老人可申请享受尊老金待遇。79~88周岁老年人尊老金发放标准由50元/人/月提高至60元/人/月，资金由市、镇(街、区)财政按照6:4比例分担；89~98周岁老年人尊老金发放标准由100元/人/月提高至120元/人/月，资金由市、镇(街、区)财政按照6:4比例分担；99周岁及以上老年人尊老金发放标准由500元/人/月提高至800元/人/月，资金由市财政全额承担。扬中市建立高龄老年人尊老金动态调整机制，根据扬中市经济发展和江苏省、镇江市尊老金发放标准动态调整。

（民政局 方超）

【智慧居家养老服务】 2019年，扬中市全面推进养老服务业发展，全年新增标准化老年活动中心6家(新坝镇新坝社区老年活动中心，三茅街道丰裕社区老年活动中心、扬子新村社区老年活动中心，油坊镇同德村老年活动中心，八桥镇幸福村老年活动中心，西来桥镇东来村老年活动中心)，新增标准化居家养老服务中心3家(油坊镇居家养老服务中心、八桥镇幸福村居家养老服务中心、西来桥镇东来村居家养老服务中心)，其中八桥和油坊的属于镇级区域性居家养老服务中心。居家养老服务呈现智能化、信息化、精细化趋势。智慧居家养老服务在2020年年底前覆盖全市，为老年人提供生活帮助、家政服务、紧急救援、政策咨询、健康管理、精神关爱、志愿者服务等综合性服务。（民政局 方超）

新扬社区居家养老服务中心 （融媒体中心供图）

【老年活动中心建成运营】 2019年11月18日，扬中市老年活动中心对外试运营，12月19日，正式对外运营。中心总投入800万元，总建筑面积4300平方米，可容纳400名老年人活动。中心集休闲、健身、娱乐、文化、学习于一体，设有棋牌、乒乓球、台球、器乐、舞蹈、书画、阅览、健身、影视等功能室。活动中心五层楼，老年人活动集中在三层及以下，每层设计有活动区、休息区、卫生间、茶水间等公共设施，公共服务区域配有电梯、紧急呼叫系统、视频监控系统、无障碍通道等老年专用设施。

（民政局 方超）

2019年12月19日，扬中市老年活动中心对外运营

（民政局供图）

基层自治

【概况】 2019年,扬中市深化政社互动,落实社区事务准入制,推进减负增效。完善城乡社区三级网格科学划分,划分一级网格81个、二级网格565个、三级网格2231个以及专属网格48个。三茅街道企东村、油坊镇振华村、八桥镇永兴村开展农村社区建设试点,油坊镇同德村和八桥镇八桥村开展村民小组自治试点。创新村规民约和社区治理工作方法,指导成立三茅街道中扬社区、新联社区,新坝镇新城社区。村务监督委员会规范化建设,印发《关于进一步加强规范村务监督委员会工作的意见》,指导各村、涉农社区按程序选举村务监督委员会成员,举办全市村务监督委员会主任培训班,74名新当选村务监委会主任参加培训。开展2019年度社会组织年检、等级评估,全年新成立社会组织16家,新增AAA社会组织1家、AAAA社会组织2家,复评AAAA社会组织1家。截至2019年年底,全市有社会组织349家,其中社会团体142家,民办非企业单位207家。 (民政局 方超)

【社会组织发展中心揭牌】 2019年10月25日,扬中市社会组织发展中心揭牌成立。扬中市社会组织发展中心依托于新时代文明实践中心,旨在推动扬中社会组织的规范化、专业化、常态化发展。市社会组织发展中心结合功能定位,设有团队辅导、公益孵化等5个功能室,致力于打造集社会组织党建、能力建设、组织发展、资源平台、公益创投、登记年检指导、等级评估等多位一体的市级社会组织综合服务平台。(民政局 方超)

【第五届社会组织公益创投大赛】 2019年10月25日,扬中市举行第五届社会组织公益创投大赛。大赛围绕“展示公益风采,塑造服务品牌,共建美好扬中”主题,面向全市社会组织征集优秀公益服务项目,发掘并宣传一批深受群众欢迎,具有一定影响力、公信力和专业服务能力的优秀社会组织。经初审15个项目入围,15家社会组织通过幻灯片形式介绍组织项目的基本情况,评委就各项目的创新程度、社会效益、参与程度、可推广程度等方面进行提问、评分并提出建议。扬中麦田义工服务社的“妙笔生画”项目获得一等奖。(融媒体中心)

【优秀社区工作法和优秀村规民约征集评选】 2019年,扬中市在全市城乡社区征集优秀社区工作创新案例和优秀的村规民约。活动总结提炼17个特色社区治理工作法和16个内容丰富的《村规民约》,经过专家评选,以现场演说、印发成册的方式,展示和交流其中高质量、可推广的村规民约。其中八桥镇永兴村“契约式社会治理工作法”作为镇江地区成果推荐到省里参加评选,获得2018—2019年度江苏基层社会治理创新成果奖。 (民政局 方超)

链接:八桥镇永兴村“契约式社会治理工作法”

八桥镇永兴村通过组织村、组、户之间签订协议,制定村规民约考核细则,成立考核小组,设立专项考项基金,构建“村—组—户”三级联动模式,以正方向激励措施对村民执行村规民约的情况进行考核,形成村民小组、家庭户之间互评互促的氛围,推动村民自觉遵守执行村规民约。

【社区工作者职业体系建设】 2019年,扬中市举办“全科+全能”社区工作者培训和考试,督促社区工作者学政策、懂方法、精业务、出实效,实现一人多岗、一专多能,逐步构建“一门受理、一站式服务、全科社工、社区轮值、下沉网格”社区工作服务模式。(民政局 方超)

社会救助

【概况】 2019年,扬中市提高困难群众救助保障标准,城乡低保标准提高至每人每月750元,特困人员供养标准提高至每人每月975元,机构供养孤儿和散居孤儿养育津贴标准分别提高至每人每月2400元、1800元。按照类别化、分层次、阶梯式救助的模式实施临时生活救助,临时救助163人、27万元,下拨各镇(街、区)临时救助资金122万元。全年实施农村危房改造30户,拨付补助资金42万元,发放困难群众越冬棉被1100条,保障困难群众的基本生活。推进低保专项治理行动,建立“互联网+监督”机制。加强慈善组织能力建设,规范慈善资金的募集、管理和使用,全年慈善总会支出救助金500万余元。截至2019年年底,全市城乡低保1079户、1495人,其中农村低保865户、1191人;困境儿童33人,农村留守儿童38人;特困人员322人,其中集中供养209人,集中供养率64.9%,领取残疾人生活补贴3157人,护理补贴对象555人。

(民政局 方超)

【城乡低保专项治理】 2019年,扬中市推进城乡低保专项治理行动,建立“互联网+监督”机制,开展信息比对、核查抽查，杜绝城乡低保工作中的腐败、作风问题和“人情保”“关系保”“错保”“漏保”等问题，全年累计新增保障对象16人，退出287人。 （民政局 方超）

【助学资金发放】 2019年8月19日，扬中市慈善总会举行2019年助学资金发放仪式，发放助学金30.3万元，110名贫困大学生受益。2019年，慈善总会收到家庭困难大学生助学申请114份，经村（居）委会初步核对和镇（街、区）民政办复核，市慈善总会逐一调查核实，确定110名大学生为2019年慈善助学对象。32名学生在发放仪式现场接受资助，其余委托各镇（街、区）民政办代为发放。 （融媒体中心）

住房保障

【概况】 2019年，扬中市棚改安置房建设项目505套，分为扬子新村片区旧城改建安置房（九里香畔1#、15#）325套和西城区棚户区改造安置房（1#、2#）180套，建筑面积67826.77平方米。出租公租赁房23套，其中中低下收入13套，新就业8套，外来务工2套；出售经济适用房5套。 （住建局 郭佩芝）

【城中村改造】 2019年，扬中市通过“点线面”结合，推动城中村改造。将主城区脏、乱、差的棚户区和已鉴定为危险房屋的住宅作为改造重点，通过工程项目以“点”带动实施改造。将改造工程与市政配套基础设施工程相结合，通过建设项目以“线”推动实施改造。加大对滨江新城、西城区等片区综合开发力度，通过片区板块建设，以“面”整体推动改造。滨江新城西城区棚户区（城中村）改造项目工程涉及3个片区，改造中建设满足群众所需的卫生、文化、教育等公共服务设施，惠及4个村（社区）400余户群众。 （融媒体中心）

【农村危房改造】 2019年，扬中市按照“因户而异、注重实效、逐年实施”原则，通过翻建、维修、置换、提前拆迁安置等形式实施危房改造，实施危房改造30户，拨付补助资金42万元，改善农村困难群众住房条件，提升防灾抗灾能力。 （民政局 方超）

社会公益

【概况】 扬中市高度重视慈善工作，重点围绕助医、助学、助困、助老、助孤、助残等方面，开展各类慈善救助活动，每年发放救助款500余万元。扬中市慈善总会本级收入887.97万元，其中冠名基金260万元，“慈善一日捐”活动136.59万元，母本基金储存利息289.68万元，江苏省慈善总会、扬中市教育局校园文化教育基金100万元，福利企业46.1万元，省镇慈善专项救助和慰问资金24.4万元，待分配收入1.3万元，单位定向捐款16.1万元，市财政拨付人员经费13.8万元。截至2019年12月底，全市包括基层组织在内慈善基金账面实有资金1.41亿元，其中市总会本级实有结存资金3942万元，基层分会实有结存资金5123万元，村（社区）工作站实有结存资金3577万元，企业基金1501万元。香江慈善基金向扬中市慈善总会捐赠1000万元，成立香江慈善基金。 （民政局 方超）

【“博爱送万家”发放仪式】 2019年，扬中市红十字会举行“博爱送万家”活动。各镇（街、区）举行2019年“博爱送万家”发放仪式，将慰问物资直接送到困难群众手中，传递党和政府的温暖。活动发放大米200袋、菜籽油300桶，救助103个大病家庭（每户发放救助金1000元）、228个困难家庭（每户发放救助金500元），累计发放救助款物24余万元，331人受益。 （融媒体中心）

【“爱心年夜饭”捐赠仪式】 2019年1月27日，扬中市烹饪协会举行2018年“爱心年夜饭”捐赠仪式，31家爱心餐饮企业认捐“爱心年夜饭”555份，江苏豚岛食品有限公司认捐555份河豚水饺，另有2家餐饮企业捐赠14桌年夜饭。每份“爱心年夜饭”包括红烧肉、红烧鱼、红烧肉圆、红烧鸡块以及江苏豚岛食品有限公司认捐的河豚水饺。烹饪协会与彩虹义工服务社“多益餐”项目合作，其中180份年夜饭和河豚水饺由彩虹义工服务社“多益餐”发放给孤寡老人，375份年夜饭和河豚水饺于1月29日统一烹制好，由志愿者逐一发放给贫困农户、孤寡老人、贫困职工等。 （融媒体中心）

【学雷锋广场志愿服务活动】 2019年3月3日，扬中市举行“文明实践志愿同行”2019年学雷锋广场志愿服务活动。活动现场，表彰城市创建、理论宣讲、风尚引领、帮扶济困、文化传承等各个领域先进典型和优秀项目。首批村社区、文明单位与优秀社会公益组织现场授牌结对。全市30余家机关部门、爱心商家、公益组织的200余位志愿者现场开展义卖、健康咨询、就业指导等便民公益活动。 （融媒体中心）

【“520”夜跑】 2019年5月20日，第五届520公益夜跑在滨江小学开跑。活动由扬中市麦田慈善基金会举办,52 支队伍、520 名公益跑者参加，赛事总长 5.2 千米。“520”夜跑采用不计时、不排名形式,所有报名费用和募集善款,全部用于公益项目。活动吸引 4808 人参与捐款,累计募集善款 48 万元。52 支夜跑队伍中,单支队伍最高筹款 3.1 万元。爱心款用于“520”成长计划,包括“520”关爱基金、麦苗班、金色麦苗夏令营、小麦苗合唱团等 9 个公益项目。其他公益团队组队参加夜跑所筹集资金用于团队公益项目。 (融媒体中心)

第五届“520”公益夜跑 (融媒体中心供图)

【造血干细胞志愿者血样沙龙】 2019 年 6 月 22 日，扬中市举办“不忘初心、大爱相髓”——2019 年造血干细胞志愿者血样沙龙。活动由扬中市新时代文明实践中心、红十字会、团市委共同举办。活动现场,已捐献的志愿者讲述捐献经历，医务人员现场采集,35 位志愿者捐献造血干细胞。截至 2019 年 6 月,扬中市集中开展血样采集活动 10 余次，完成志愿者血样检测入库1300 余人份,其中 6 名志愿者实现捐献,捐献数在镇江市名列前茅,创造扬中“人口基数少,捐献成功率高”奇迹。 (融媒体中心)

【慈善一日捐】 2019 年 11 月 12 日,2019 年度“慈善一日捐”市级机关集中捐赠仪式在市行政中心一楼大厅举行，市四套班子全体领导以及市级机关部门的负责人带头捐款。现场募集善款 11.70 万元。“慈善一日捐”活动开展 13 年,作为扬中市募集善款的主渠道,成为社会各界奉献爱心的重要平台,市领导、市级机关以及党员干部率先垂范,帮助弱势群体解决实际困难,平均每年募集善款约 130 万元。 (融媒体中心)

关心下一代工作

【概况】 2019 年,扬中市各级关工委从老少携手“三走进三寻访”(走进社区、走进农村、走进企业,寻访家乡巨变、寻访爱国故事、寻访改革先锋)入手,以“双零”(青少年零犯罪、零受害)创建为抓手,以校外教育辅导站为平台,开展系列活动,加强青少年思想道德及法治教育,促进青少年健康成长,各项工作取得成绩。整合资源,完善站点布局,通过调整、筹建,全市 6 个总站,78 个中心站,56 个分站(点)、30 个家庭工作室,236 个法制教育场馆、革命遗址等相对固定的教育基地,形成镇(街、区)总站为龙头,村(社区)中心站为主体,村组、小区分站为延伸,家庭(辅导)工作室为补充的较为完善的辅导网络。开门办站,优化辅导队伍,各村(社区)关工委根据特长建立五老“资源库”,深入学校、企业、机关等单位,建立本地“专业人才库”,选聘优秀辅导员。全年到站五老辅导员 463 人,在职辅导员 716 人。突破青少年思想道德教育说教模式，开展系列活动渗透思想教育,打造“一站一品”吸引青少年,涌现出以“孝”文化育人的新治村校外教育辅导站、“站校企三结合育新人”的三茅街道新胜社区校外教育辅导站、“以书育人”经开区三跃社区校外教育辅导站、“学军拥军”八桥镇万福村校外教育辅导站、“以法育人”油坊镇振兴村校外教育辅导站以及关工委、妇联、团委等合力关爱流动儿童、留守儿童的西来桥镇雏鹰俱乐部等多个省市典型。 (关工委 朱斌、朱华庆)

【青少年“预减”工作】 2019 年,扬中市关工委落实全省关工委预防和减少青少年违法犯罪重点推进工作经验交流会精神,推进青少年零犯罪、零受害工作。以油坊镇及新坝镇联合村、立新村等“一镇十村”为“双零”工作试点镇村,及时推广工作经验做法,实现扬中(本地)未成年人“零犯罪”。抓住红线,守住底线,坚持抓住听党话跟党走的红线，守住不违法不犯罪的底线的工作思路,加强以法治教育为主的规范教育,以直观的是非标准增强青少年的法治观念；加强以爱国主义为核心的思想道德教育，以正能量增强青少年抵御违法犯罪的能力。密织网络,掌握信息,把青少年信息工作融入到综治网格化管理之中，形成较为完善的青少年信息搜集、分析、处置体系,使得青少年信息及时准确,及时跟进,动态管理,为长期有针对性地开展帮教工作打下基础。突出重点,结对帮教,把失亲、失学、失足、失业、失管和失能(简称“六失”)青少年作为重点,创新帮教措施,摸索出多个集“扶困、扶志、扶就业”于一体的系统帮教模式。活动育人,润物无声,用主题教育等活动渗透规范教育、法制教育,增强青少年抵御违法犯罪的能力。 (关工委 朱斌、朱华庆)

镇·街道·区

新坝镇

【概况】 新坝镇位于扬中市西北部，下辖12个行政村、3个社区居委会，总面积49.5平方千米，人口4.57万余人；是中国乡镇之星、全国文明镇、国家卫生镇、全国环境优美乡镇，全国先进基层党组织，国家级特色小镇。2019年，全镇申报纳税销售278.13亿元，完成一般公共预算收入7.08亿元，位列全国百强镇第66位。新坝镇通过经济发达镇行政体制改革工作省级实地评估验收。行政审批局"互联网+政务服务"有效运行，建成24小时自助服务区和村(社区)便民服务站，承接便民事项65项，其中"不见面"审批(服务)11项，办结率和满意率实现双100%。综合行政执法局承接383项行政执法事项，以"1+4+25"(即一个指挥中心加四大平台系统，协调25个职能部门的工作机制)运行模式为引领，创新网格化社会治理，接收事件1.6万件，办结1.57万件。

产业经济基础雄厚。新坝是全国电力电气产业基地，是江苏省扬中高新技术产业开发区的主要核心区域，高新技术产业产值占规模以上工业总产值比重的80%，经济总量占全市工业经济份额的35%，2019年被科技部认定为"国家智慧电气高新技术产业化基地"。

科技创新实力突出。与全国600余家科研院所、大专院校建立合作关系。全镇拥有院士工作站7个，博士后科研工作站6个，1家国家级技术研发中心，1家国家863计划成果转化基地。科技对全镇经济增长贡献额75%。龙头企业大全集团先后获得国家科技进步奖特等奖、中国工业大奖表彰奖等高水平奖项，拥有锋芒集团、苏惠乳胶、和成显示、宜禾职业装等一批行业专精"小巨人"。

城乡环境美丽宜居。打造中国电气博物馆、中国职业装博览馆、中国民族乐器陈列馆等一批文化景点。全年新增绿化面积4500平方米，建成新坝公园、渡江文化园、滨江湿地公园等生态景观，谋划、新治村"海棠园"等"一村一品"、立新村"蒲草滃"，获评"中国人居环境范例奖""江苏省生态文明示范镇"。年内，完成新农贸市场改造、全红河污水管网、长虹路与中兴路交接处雨水管网等建设，建成雷公岛直达通道。

百姓生活物阜民丰。以产业为抓手，做大"富民蛋糕"，城乡居民就业率98.5%。城乡居民人均可支配收入分别6.68万元、4.61万元。368户、671人建档立卡贫困户全部实现脱贫，全面消除人均收入1万元以下低收入户。以庆祝新中国成立70周年为主线，推进文化惠民，全年开展系列群众文艺、文化惠民活动20余次。

社会环境和谐稳定。镇村新时代文明实践站所实现全覆盖，两级法治文化阵地15个。完成强镇扩权改革，运行"互联网+政务服务"，创新"网格化管理"，实现技防监控、专群联控、人口管控、"扫黑除恶"四个"全覆盖"。新坝镇获评"全国乡村治理示范镇"，镇派出所创成全国首批"枫桥式公安派出所"，镇司法所上榜"全国先进司法所"。 (新坝镇 王志斌)

【渡江文化园获评"省级社科普及基地"】 2019年9月16日，扬中市渡江文化园通过省级评审，创成2020—2023年"江苏省社会科学普及示范基地"。基地于2012年开建，总投资1.5亿元，占地面积6.67公顷，2014年9月25日建成开园。主要由"我送亲人过大江"主题雕塑广场、"我送亲人过大江"展馆和扬中革命斗争发展馆三部分组成。自开园以来，坚持提供免费参观和讲解服务，累计接待参观人员20万人次。

(新坝镇 王志斌)

【乡村亲子文旅体验节】 2019年6月7日，"品味浓情端午、畅享美丽乡村"——2019年新坝镇乡村亲子文旅体验节在渡江文化园举行。活动将文化艺术、亲子活动、劳作体验、社会公益作为核心支撑内容，以国防园打靶场为主场，串联新坝江边的梓阳植物园、渡江文化园、宿予民宿、美丽乡村等全域旅游的重要景点，实现以文化带动旅游、以旅游丰盈文化的新突破。活动累

计吸引游客1.5万人次,首次以体验式活动的形式,向社会推介新坝沿江旅游线路。（新坝镇 王志斌）

2019年6月7日,新坝镇举办乡村亲子文旅体验节

（新坝镇供图）

【新坝镇综合实力跃居全国百强镇排行榜第66位】2019年10月8日,《人民日报》发布《2019年中国中小城市高质量发展指数研究成果》,新坝镇入选,比上年上升1位,位居全国第66位。城乡居民人均可支配收入分别6.68万元、4.61万元,增长9.1%、4.77%。

（新坝镇 王志斌）

【新坝镇获评江苏省"味稻小镇"】2019年,新坝镇创成江苏省"味稻小镇"、省绿色优质水稻生产基地。全年全镇水稻种植面积973.33公顷,平均单产9825千克/公顷,比上年亩增9千克,总产955.65万吨。推广优质食味水稻品种,实现稻麦良种覆盖率100%,其中优质食味品种占85%。（新坝镇 王志斌）

【新坝司法所获评"全国先进司法所"】2019年1月,新坝镇司法所获得"全国先进司法所"称号。新坝司法所牢固树立司法为民理念,坚持不懈地抓基层、打基础,推进司法所规范化建设,发挥司法所在构建基层大调解、大综治、大法治工作格局中的基础平台作用,服务"和谐新坝""平安新坝""法治新坝"建设。年内,上报市扫黑办13条涉黑涉恶有价值的线索,排查矛盾纠纷530件,调解矛盾纠纷526件,调解成功526件,调解成功率100%。（新坝镇 王志斌）

【"2+N"新时代文明实践阵地】2019年,新坝镇实施"2+N"("2"指镇级实践所和村级实践站,"N"指已有或即将建成的直接面向群众的渡江文化园、陈履生博物馆群等各类载体)新时代文明实践阵地建设形式,两者同步建设、统筹整合、共享使用。加快建设镇级新时代文明实践展示体验中心和陈履生博物馆群,村级文明实践站全部挂牌,渡江文化园、联盟科教馆获批扬中市新时代文明实践示范基地。10家单位获得"2016—2018年度省级文明招牌",其中新增双新村、新治村两家省文明村,大航集团、威腾集团两家省文明单位。

（新坝镇 王志斌）

【国家卫生镇通过复审】2019年12月,新坝镇通过国家卫生镇复审。新坝于2005年创成国家卫生镇,每3年接受一次复检。此次复检暗访组先后两次对新坝暗访检查,重点抽查新坝镇建成区的日常卫生管理、城镇基础设施建设和巩固国家卫生乡镇工作开展情况。新坝镇通过复检。（新坝镇 王志斌）

【研究生双创实践基地】2019年1月25日,扬中高新区与上海电力大学开展"1+1+N"(1所高校+政府+N家企业)研究生工作共建活动,4月19日,扬中高新区与上海电力大学举办2019年长三角融合共建研究生双创实践基地推进会。研究生双创实践基地旨在利用长三角区域大学的人才资源和科研优势精准对接、直接服务于高新技术企业。年内,扬中高新区与长三角地区十家高校、四家服务机构共建扬中高新区研究生双创实践基地,签约26个立项项目,其中科研创新类11个,社科课题类15个。（高新区 高颖）

【扬中高新区被科技部认定为"国家高新技术产业化基地"】2019年9月30日,科技部印发《关于认定2018年国家高新技术产业化基地的通知》,公布国家高新技术产业化基地认定名单,扬中国家智慧电气高新技术产业化基地入选,成为镇江首个国家高新技术产业化基地。2018年,扬中市委、市政府成立扬中国家智慧电气高新技术产业化基地建设领导小组,推进国家高新技术产业化基地创建工作。该基地产业特点鲜明,以工程电气为核心,以通信技术、量测技术、计算机技术等新一代信息技术为支撑,跨界融合大数据、物联网、人工智能等新业态,推进工程电气产业与新材料、新能源等领域集成创新发展。扬中国家智慧电气高新技术产业化基地现有规模以上工业企业395家,其中国家创新型企业2家、省级创新领军企业3家、高新技术企业152家,有院士工作站8家、省级研发平台137家,与华北电力大学共建华电扬中智能电气研究中心,与西安交通大学、华东理工大学、江苏大学3家高校共建国家技术转移中心扬中分中心。

（科技局 曹霞、高新区 高颖）

【光伏产业论坛】 2019年10月15日，扬中高新区与扬中市科技镇长团、扬中市青企会于扬中高新区项目路演室举办光伏产业论坛。会上浙江大学台州研究院院长、浙江大学电气自动化研究所所长颜文俊教授分享《分布式光伏系统智慧运维技术》主题讲座，聚焦光伏产业发展的焦点问题，助推高新区光伏产业高质量发展。 （高新区 高颖）

【江苏省知识产权示范园区获批】 2019年9月16日，根据省知识产权局《关于确定2019年江苏省知识产权示范园区的通知》，扬中高新区获批江苏省知识产权示范园区。扬中高新区结合区域经济发展的总体思路，围绕创新驱动发展战略，推进园区知识产权战略实施。2016年，成功申报江苏省知识产权试点园区项目。项目实施过程中，扬中高新区建章立制，成立领导小组，出台纲领文件，深化管理体系，依托和发挥园区企业与高校和科研院所、服务机构产学研协同创新的机制，建立以企业为主体、市场为导向、科研及科技型服务机构为技术支撑、产学研相结合的自主知识产权创造体系。推进企业开展知识产权标准化管理，提升企业知识产权战略管理能力，培育大全集团、和成显示、威腾股份、向荣集团等一批知识产权优势企业。根据《江苏省知识产权试点示范园区管理办法》及《关于做好2019年度江苏省知识产权示范园区工作的通知》要求，对照梳理，做好申报材料，经过专家评审，江苏省知识产权局办公会审定，入选2019年江苏省知识产权示范园区公示名单。 （高新区 高颖）

2019年新坝镇行政村、居委会情况一览表

表22

行政村、居委会名称	书记姓名	主任姓名	总人口(人)	工业产值(万元)	人均年纯收入(元)
丰乐桥村	施国平	陈国生	3065	12000	26000
五一村委会	戴海旺	顾秀兵	2578	6000	24000
立新村委会	肖　胜	赵　群	3780	35000	30000
永平村委会	朱家明	王德宏	4592	125000	50000
红联村委会	郭兰彪	郭兰彪	4860	103000	32000
向阳村村委会	朱　伟	周春郁	2856	15000	25000
新坝社区居委会	奚一培	卢　剑	6812	85702	50000
联合村村民委员会	陆建军	陆建军	3530	210000	43000
公信社区居民委员会	郭荣根	李小杰	2453	17000	30000
新宁村民委员会	徐　平	徐　平	3181	55300	46000
联盟村委会	周其勇	徐金娣	2236	30000	45000
新治村民委员会	马　军	—	4826	497800	35000
新安村民委员会	田启兵	王　彬	3549	47800	36000
双新村民委员会	徐吉华	徐吉华	3813	16000	36200

（新坝镇 王志斌）

2019年新坝镇主要经济社会指标一览表

表23

地区生产总值(亿元)	193.79	私营企业数(家)	1949
财政收入(万元)	183743	当年新办三资企业(家)	2
工业总产值(万元)	1610017	实际利用外资(万美元)	1736

续表 23

产品销售收入(万元)	2124700	进出口总额(万美元)	17260.17
农业总产值(万元)	51190	第三产业增加值(万元)	621394
粮食总产量(吨)	16492	三产从业人员(人)	3814
水果产量(吨)	1352	个体工商户(户)	3183
水产品产量(吨)	1412	中小学校(所)	3
工业投入(万元)	85028	医院、卫生院(所)	2
工业用电(万千瓦小时)	16450	卫生室(个)	8
工业企业总数(家)	1231	职工年人均工资(元)	60000
三资企业数(家)	25	农民年人均纯收入(元)	46100

(新坝镇 王志斌)

2019年新坝镇骨干企业情况一览表

表 24

企业名称	法人代表	工业总产值(万元)	销售收入(万元)	利税总额(万元)
镇江西门子母线有限公司	Stephan May	134301	139357	30811
镇江默勒电器有限公司	徐广福	103295	89433	11190
威腾电气集团股份有限公司	蒋文功	94049	101675	9130
扬中凯悦铜材有限公司	陈和平	86071	86091	3977
江苏大航智能电气有限公司	孙　伟	80073	70861	11974
江苏美联集团有限公司	孙建强	70020	79020	5494
江苏大全长江电器股份有限公司	徐　翔	67466	66806	9679
现代重工(中国)电气有限公司	申甲柱	65459	62841	6374
江苏士林电气设备有限公司	陈红喜	48375	47979	5040
江苏康祥实业集团有限公司	朱康洋	44774	45053	4443
镇江大全太阳能有限公司	徐广福	44212	49171	1052
江苏锋芒复合材料科技集团有限公司	王荣生	40112	41909	4840
扬中势坤新材料有限公司	郭小平	40011	50022	5932
江苏宏强电气集团有限公司	吴玉林	39614	39614	2978
向荣集团有限公司	张真明	37484	57013	385
江苏中远稀土新材料有限公司	徐广林	31700	31723	2156
江苏大全凯帆开关有限公司	徐广福	28181	27663	4834
江苏中环电气集团有限公司	王永贵	27727	27727	2898
江苏华彤电气股份有限公司	赵　青	26741	36740	3121
江苏华强电力设备有限公司	陈廷国	24491	26156	1524
江苏华威线路设备集团有限公司	孙建国	24194	25255	355
宜禾股份有限公司	马金芳	22787	21613	1028

续表 24

企业名称	法人代表	工业总产值（万元）	销售收入（万元）	利税总额（万元）
镇江大全伊顿电器有限公司	TANG KOK MENG	22189	21214	2481
江苏新坝电气集团有限公司	陈　春	21476	20453	1366
江苏雷朋电气有限公司	钟　星	18899	18907	175
镇江市江岛电器制造有限公司	戴跃明	17910	17152	2043
江苏大全凯帆电器股份有限公司	徐广福	15786	18717	1218
镇江苏惠乳胶制品有限公司	王学斌	15514	15635	−119
镇江市电器设备厂有限公司	徐广福	15089	15465	1348
镇江大全赛雪龙牵引电气有限公司	徐　翔	14725	15346	3147
江苏弘历电气有限公司	何红芳	14152	14152	1117
江苏超宇电气有限公司	周怡琴	12800	12382	498
江苏飞跃橡胶有限公司	张卫萍	12118	12187	−351
江苏大全封闭母线有限公司	徐广福	12094	12925	1153
江苏大全箱变科技有限公司	徐　翔	11948	12422	−89
江苏成城电气有限公司	阚小海	11505	11505	1537
江苏海航电气科技有限公司	阮立恒	11382	15174	982
镇江大全金属表面处理有限公司	徐　翔	11153	11486	1934
镇江天源华威母线制造有限公司	黄庆东	10744	4270	34
江苏火蓝电气有限公司	乔东风	10263	9264	−81
江苏福泰电力设备有限公司	黄喜福	10153	8931	604
镇江东丰特殊合金有限公司	入交建太	8723	8149	323
镇江市中南电力设备有限公司	裴　斐	8339	8339	319
江苏万威电气有限公司	袁春香	7609	7609	511
江苏正泰电气集团有限公司	刘荣余	7305	7305	902
江苏科源铝业有限公司	王　勇	6596	6596	392
江苏江城电气有限公司	解良洪	6546	6011	135
江苏鑫开源电气集团有限公司	张生红	6500	4519	323
镇江市美盛母线有限公司	张金荣	6298	5929	648
江苏华威电气化铁路器材有限公司	孙建国	6295	15019	−273
江苏帅天电气有限公司	郭　磊	5844	5845	989
江苏乐仕电气科技有限公司	袁　静	5417	5266	704
华鹏集团有限公司	郭道鹏	5132	5001	−85
镇江华威电力设备有限公司	印德明	5125	5725	249
江苏永嘉新能源科技有限公司	赵纯亮	4634	4634	125
江苏雄海智能电气有限公司	马高松	4516	4364	1012

续表 24

企业名称	法人代表	工业总产值(万元)	销售收入(万元)	利税总额(万元)
江苏扬中印刷有限公司	印农春	4450	4436	-665
江苏康尔臭氧有限公司	乐　飞	3934	3549	458
江苏多仁电气有限公司	崔相杰	3832	3832	268
镇江市飞利达焊料机电厂	胡金福	3789	3789	324
江苏省华能电气有限公司	蓝厚勤	3558	3558	246
江苏长凯机械设备有限公司	胡永波	3506	3506	343
江苏东方电热器制造有限公司	陶美华	3502	4237	373
镇江纽普兰气力输送有限公司	姜爱明	3433	3427	-193
江苏乾元飞达电力设备有限公司	戚学林	3423	3427	124
江苏欣浪电气有限公司	刘珍美	3145	3145	363
镇江金阳机电有限公司	张有鹏	2720	2720	335
镇江春卓电气有限公司	徐月琴	2706	2706	470
江苏国华电力器材有限公司	张加凤	2544	2228	187
镇江市飞龙电纺设备有限公司	陈定贵	2292	2293	245
江苏宇恒电气有限公司	包　乐	2100	2033	111
江苏华一电气有限公司	王定华	2065	2020	404
扬中市红洲磨具有限公司	马　琳	2023	1923	164
扬中金祥乳胶制品有限公司	薛国荣	2001	1897	-274
江苏可邦电气科技有限公司	张荣娟	1939	1954	81
江苏华能电站辅机设备有限公司	卢运升	1800	1749	126
江苏鸿承机电设备有限公司	孙传祥	1783	1783	-149
扬中市华电电力设备有限公司	王世平	1637	1689	87
镇江海泰电气有限公司	刘　潇	1570	1570	150
江苏天海光电科技有限公司	杨怀圣	349	824	-176

（新坝镇 王志斌）

油坊镇

【概况】 油坊镇镇域面积45.93平方千米，常住人口4万人，下辖10个行政村和2个社区。2019年，该镇围绕“接续打造更具实力和内涵的亲情油坊”目标，团结带领全镇人民锐意进取、担当作为，保持全镇经济社会各项事业健康稳定的发展态势。全镇实现地区生产总值47.48亿元，同口径增长5.5%；农民人均纯收入2.76万元，比上年增长9.1%；完成一般预算收入2.22亿元，增长7.9%。

工业经济稳中有进。全镇完成应税销售总额99.34亿元，增长13.1%，其中工业销售83.33亿元，增长13.6%。全镇排定市级重点工业项目9个，开工率100%，竣工率87.5%。全年工业投资完成9.1亿元，新增定报企业7家，亿元企业2家，3亿元企业1家，5亿元企业1家。太阳、利奥、海纬3家企业入选市“三十强”，太阳集团实现纳税销售10亿余元。永拓电气、隆鑫电气在省股权交易中心挂牌，申报省两化融合贯标重点培育企业3家，完成企业上云10家。深化绿色能源岛建设，工业厂房安装3兆瓦，居民户并网550户以上。

高效农业特色显著。全年种植小麦1100公顷，水稻1600公顷，水稻机插秧面积和小麦机耕面积90%以上。加强与高校院所产学研合作，签订466.67公顷特优糯稻订单，帮助农民每亩增收20%以上。省绿色优质水稻基地创建工作通过验收，落实省级稻麦绿色高产增效创建示范片5个、241公顷，示范片水稻单产56250千克/公顷。强化农产品安全监管，全年完成农产品检测4800个，检测合格率100%。加大农业基础设施建设力度，完成邻丰村小微水体综合整治、油坊村如意片节水灌溉等工程。

三产经济发展增速。加速推进全域旅游发展，醉美长旺·田园综合体项目、鸣凤人家项目完成规划设计方案编制。举办扬中市首届乡村中秋游园会，全方位立体化展示油坊新面貌新风采。新增服务业企业51个，全镇实现服务业应税销售16.01亿，增长10.41%；新增私营企业197家，增长3.55%；新增注册资本21.13亿元，引进市外民资12.92亿元。

镇村建设成效明显。持续完善基础设施配套，实施各类基础工程12项。推进农村道路维护，完成长旺东街、老238公路等镇村道路的修复工作及环太桥改造工程。加快推进居民点建设，新增振华、老郎居民点，拓展353户居民点规模的基础设施建设。严格巡查监管，查处违法违章建设20起，居民建房管理及居民点管理规范有序。推进美丽宜居村建设，鸣凤村、长旺村创建镇江市级美丽宜居村。强化规划和用地保障，稳步推进土地整治，入库27个增减挂钩项目，总规模16.2公顷，通过镇江市级验收。

民生实事有序推进。推进集镇管网建设，完成丰收河东侧及先锋创业园污水管网建设，完工五个居民点及长旺东街雨污分流工程，投入使用长旺西街污水管网、油坊西街集中式污水处理设施，计划实施老居民点宅前路硬化工程，集镇污水处理厂扩容1000吨项目具备试运行条件。新建镇级为民服务中心，首批进驻8个部门，可受理镇级服务事项44项，提升服务质效。

生态环境持续优化。建立环保安全全天候联合巡查机制，全年巡查企业1027次，上报环境问题106项，完成新材料园区“一企一管”整改工作，解决一批问题隐患。扎实开展农村人居环境整治工作，高质量完成改厕任务1161座，农村公共服务“八位一体”继续保持全市前列。完成河道疏浚整治61条，总长26千米、21.3万立方米；推进长江“两违”整治攻坚，19处整改规范类项目完成17处。

民生保障全面升级。全年新增城镇就业人员875人，扶持创业46人，带动就业292人，举办首个乡镇级创新创业暨公益创投大赛。开展新一轮慈善募捐，募得善款420万元，镇慈善基金规模1100万元，全年慈善救助发放善款148万元，惠及1783人。落实精准扶贫工作，345户建档立卡户全部实现脱贫。创新优抚举措，承办扬中市退役军人返乡欢迎大会，举办退役军人专场招聘会。加大残疾人帮扶力度，开展残疾人电商培训，规范化运营镇“残疾人之家”，为14户残疾人家庭免费安装光伏太阳能屋面。

公共事业均衡发展。加快推进创新企业培育，投入各类科技研发经费2.45亿元，新增高企后备入库企业14家，21家企业申报国家高新技术企业认定，创建江苏省级众创空间。开展招才引智活动4场，4人入选“江雁计划”，2人入选“金山英才计划”，3人入选“双创计划”科技副总项目，引入“千人计划”1人。持续改善医疗卫生服务体系，出台《油坊镇特定人群高血压、糖尿病门诊药品补助实施方案(试行)》，惠及151人。建成镇江市首家镇级乡贤馆，扬中市首家镇级文明实践所，对外开放镇羽毛球馆，开展11场“家门口的舞台”文艺巡演活动，举办“油坊榜样”情境演出。足额兑现助学兴教政策资金，奖励资金30万元；同德中学中考被江苏省扬中高级中学录取22人。

法治建设不断加强。推进“扫黑除恶”专项斗争，获取各类涉黑涉恶线索35条，办结27条，移交1条，7条调查中。做好新中国成立70周年信访稳定工作，持续加强矛盾调处力度，接待群众来访189批、387人次，受理矛盾纠纷40起，调处成功率100%，受理上级转来信件23件，全部按时办结。推进“七五”普法工作，开展普法宣传活动十余场次，获得江苏省“七五”普法中期先进集体称号；会龙村建成全市首家新市民法治教育基地。坚持抓好各项安全生产工作，组织开展7次安全大检查，检查各类场所1197个，整改率97.5%。

(油坊镇 左丽)

【“青苗成长”工程】 2019年，油坊镇注重培养年轻干部。5月6日，油坊镇举行“青苗成长”三期工程暨“四信”主题教育实践活动启动仪式。通过活动，号召油坊“青苗”们树立奋斗“信心”、增进相互“信任”、坚定理想“信念”、笃定初心“信仰”。11月14日，油坊镇“四信”主题教育实践活动“青苗成长”特训营开营。油坊镇村137名35周岁以下年轻干部分成8个小组接受脱产集训，提升年轻干部的学习能力、实践能力、综合能力，

为建设“更具内涵的产业强镇、更有温度的亲情油坊”提供人才保障和智力支持。 (油坊镇 左丽)

油坊镇“青苗成长”三期工程 (油坊镇供图)

【首届乡村中秋游园会】 2019年9月13日,“情满油坊、家和长旺”2019扬中市乡村中秋游园会专场文艺晚会在油坊镇长旺村举行,线上线下26.5万名观众参与。晚会由市委宣传部、市文体旅游局、油坊镇政府、江苏天禾旅游发展有限公司主办。活动将传统节日与乡村旅游融合,晚会现场设198桌赏月宴,游园会包括亲子游活动、现场互动等项目,现场观众在赏花、赏景、赏月中领略中秋传统文化魅力。活动现场启动首届星空露营节,将星空露营概念与长旺景区融合。游园会原址建造可不断重复使用的景区,助推长旺村乡村旅游事业发展。 (油坊镇 左丽)

2019年9月13日,乡村中秋游园会专场文艺晚会 (油坊镇供图)

【油坊镇公益创投大赛】 2019年6月6日,“青创扬帆起航、青苗筑梦油坊”2019年油坊镇“磊金杯”青年创新创业暨公益创投大赛决赛在长旺中心小学举行。该活动由油坊镇党委、政府主办,扬中市磊金建材有限公司、镇社区教育中心协办。经过初选,10个优秀项目进入决赛。经过比赛,镇江吉布斯能源有限公司刘科“光伏电站数据分析及运维”项目、扬中市宏彬冷暖设备有限公司郭宏彬“水暖毯”项目、江苏紫江生态农业有限公司倪新华“养生紫米”项目分获一、二、三等奖。 (油坊镇 左丽)

【“油坊榜样”第四届“好家庭、好邻里”表彰活动】 2019年12月28日,油坊镇举办“油坊榜样”第四届“好家庭、好邻里”表彰暨新时代文明实践周年庆典。晚会包含“家庭典范”“身边楷模”“文明力量”三个篇章,节目类型涵盖诗朗诵、沙画、情景剧、歌曲、舞蹈等。8月,油坊镇党委、政府在全镇开展“好家庭、好邻里”寻访评比活动,经过各村社区、企事业单位及社会各界的参与和推荐,推选出22户家庭参与初评。经过镇评选活动组委会综合审议,评选产生“孝老爱亲、文化书香、创业致富、热心公益、情系家庭”五个类别12户好家庭、4个亲情油坊好邻里。 (油坊镇 左丽)

【村级“非现金”结算】 2019年,油坊镇全面推行村级“非现金”结算,减少村级会计代理结算的中间环节,保证资金安全运行。非现金结算基本实现“三个全覆盖”:实现全镇所有行政村、集体经济股份合作社、村干部、农户等对象全覆盖;覆盖村干部工资发放、办公经费报支、农户各项补贴补偿款发放等项目;除零星慰问费、零星困难补助和零碎日常支出可支付少量现金,其余支出全部实行非现金结算,实现金额全覆盖。 (油坊镇 左丽)

【油坊慈善分会长旺街社区工作站成立】 2019年7月30日,油坊慈善分会长旺街社区工作站成立,是扬中市首家以纯社区形式募集善款、开展救助的社区慈善工作站。该站倡导“人人慈善”理念,动员全社会力量参与扶贫济困活动。 (油坊镇 左丽)

【油坊镇为民服务中心揭牌】 2019年12月25日,油坊镇为民服务中心揭牌启用。为民服务中心位于政前路财政所大楼一楼,建筑总面积530平方米,设置服务窗口13个,首批进驻单位包含民政、残联、军人事务、人社、劳保、村建、卫计、综合治税等部门,服务大厅按照“前台受理、后台办结”的原则,可办理的行政事项50余项。 (油坊镇 左丽)

【新市民法治教育基地】 2019年9月25日,会龙村探索外来人口管理新模式,建成全市首家新市民法治教育基地,为辖区内1000余名新市民构造集中普法、集中教育、法律咨询、劳资纠纷快速调解室等多元法律服务为一体的法治教育基地。新市民法治教育基地建成以来,集中办理法律援助2起,调处矛盾纠纷23起,排查矛盾纠纷39起。新市民纳入网格化管理,建立网格6个。以网格为单位,建立以网格组长、网格员为主要成员的互助小组,明确网格责任主体,健全和完善网格内纠纷信息采集、报送、处理的基本程序和要求。每个网格培育一户"学法中心户",培养一名以上"法律明白人",以"学法中心户""法律明白人"为辐射点,利用学法活动契机,鼓励本地居民与新市民加强沟通。

(油坊镇 左丽)

2019年油坊镇行政村、居委会情况一览表

表25

行政村、居委会名称	书记姓名	主任姓名	总人口(人)	工业产值(万元)
振华村	王笃平	丁　蔚	3535	26800
油坊村	张林根	施青萍	8218	138286
同德村	宣兴芳	解　鹏	7126	142705
太平村	唐建军	赵洪余	3497	22619
鸣凤村	陈兴云	陈吕荣	4618	37231
振兴村	朱纪君	施周文	2653	53696
会龙村	王荣华	陈美华	3909	157983
邻丰村	王笃才	张逢华	3124	92205
老郎村	王常林	黄万林	5224	44966
长旺村	何霞文	—	2258	183901

(油坊镇 左丽)

2019年油坊镇主要经济社会指标一览表

表26

地区生产总值(亿元)	47.48	私营企业数(家)	1384
财政收入(万元)	14172.47	当年新办三资企业(家)	0
工业总产值(万元)	663565	实际利用外资(万美元)	500
产品销售收入(万元)	993400	进出口总额(万美元)	1977.33
农业总产值(万元)	56439	第三产业增加值(万元)	158200
粮食总产量(吨)	21973	三产从业人员(人)	5069
水果产量(吨)	1688	个体工商户(户)	2321
水产品产量(吨)	1939	中小学校(所)	3
工业投入(亿元)	9.1	医院、卫生院(所)	1
工业用电(万千瓦小时)	17026.41	卫生室(个)	8
工业企业总数(家)	957	职工年人均工资(元)	49600
三资企业数(家)	30	农民年人均纯收入(元)	27600

(油坊镇 左丽)

2019 年油坊镇骨干企业情况一览表

表 27

企业名称	法人代表	工业总产值（万元）	销售收入（万元）	工业增加值（万元）	利税总额（万元）
江苏太阳集团有限公司	冷青松	108496	108436	28895	11271
江苏利奥新材料科技有限公司	方　彬	90073	90073	24138	4851
江苏海纬集团有限公司	董　健	63908	63906	17127	8626
扬中市大地水泥有限公司	马爱民	58817	58968	15763	3936
镇江丰源新能源科技有限公司	施正国	50524	50007	13540	1688
江苏盛达新能源科技有限公司	王荣生	25902	25902	6942	–4
江苏吉星新材料有限公司	左振聪	17302	16471	4637	–2980
江苏润弛太阳能材料科技有限公司	季勇升	15123	15368	4053	1058
江苏隆鑫电气设备有限公司	方道宏	13996	13996	3751	975
镇江远东电讯电机有限公司	陆宝富	11556	11558	3097	989
镇江金茂伟业工艺品有限公司	董菊萍	10006	9988	2682	533
江苏金大地混凝土有限公司	马　群	9380	9380	2514	349
镇江辉煌电子有限公司	朱朝平	8342	8342	2236	558
江苏荣安电仪设备有限公司	黄良荣	7941	7918	2128	582
扬中市华龙橡塑电器有限公司	冷柏平	7737	7732	2074	371
江苏希尔达新材料有限公司	鄂洪章	6297	6296	1688	163
镇江飞天纺织科技有限公司	秦安清	6234	6232	1671	431
镇江晶晶化工有限公司	何宇华	5954	5854	1596	759
江苏帅雅服饰有限公司	解恒明	5913	5913	1585	450
江苏宏明电气有限公司	陈宏明	5834	5834	1564	499
镇江裕太防爆电加热器有限公司	王太峰	5793	5795	1553	757
江苏沪运制版有限公司	赵国平	5438	5566	1457	1198
江苏欣安新材料技术有限公司	张　望	5042	5042	1351	524
扬中市荣海新材料有限公司	何世海	5012	5012	1343	324
江苏永丰电器仪表有限公司	解恒明	4907	4907	1315	464
江苏全友电气有限公司	董　平	4589	4588	1230	430
江苏长江盖业有限公司	黄纪龙	4343	4255	1164	412
镇江市化剂厂有限公司	薛恒芝	4274	4275	1145	342
江苏恒兴制漆有限公司	杨　林	3848	3848	1031	163
镇江化工仪表电器有限公司	黄乔年	3842	3842	1030	410
江苏虹亿电气有限公司	陆纪荣	3465	3460	929	188
镇江昌达电气有限公司	郭如海	3373	3373	904	291
扬中市橡胶塑料厂有限公司	蔡德扬	3363	3289	901	542

续表 27

企业名称	法人代表	工业总产值（万元）	销售收入（万元）	工业增加值（万元）	利税总额（万元）
扬中市宏辉橡胶制品有限公司	陆纪才	3356	3231	899	413
镇江嘉弘海绵有限公司	许红林	3333	3216	893	195
扬中市仁君塑料制品有限公司	吴仁军	3279	3279	879	253
扬中市通达电气有限公司	顾卫星	3153	3132	845	348
扬中市华是塑胶有限公司	丁永明	3117	3118	835	266
江苏天晟新材料科技有限公司	朱　峰	3038	3104	814	107
扬中市鸿运制盖厂	陈正香	3012	3012	807	140
扬中市双旺电器设备有限公司	陈月红	3005	3005	805	209
江苏科海生物工程设备有限公司	陈永琪	2988	2989	801	94
江苏永拓电气有限公司	何宇龙	2785	2785	746	161
镇江太平洋电气有限公司	董志强	2765	2741	741	465
镇江华工仪表电器有限公司	陈太俊	2718	2719	728	291
江苏万利制鞋有限公司	朱　峰	2692	2692	721	134
扬中市亚威化工电涂有限公司	黄振良	2449	2449	656	67
扬中市东风皮鞋厂	顾大明	2431	2432	652	250
江苏鼎荣电气有限公司	黄荣年	2231	2230	598	217
江苏美凯电气有限公司	张福生	2106	2106	564	157
江苏良威电气有限公司	刘良平	2090	2160	560	190
扬中市宏达针织漂染厂	杨宏根	2041	1983	547	96
镇江财云电器有限公司	钱　云	2027	1527	543	-93
江苏林诚电仪设备有限公司	奚陈俊	2019	1958	541	537
江苏虹宇电器有限公司	陆纪荣	1978	1971	530	450
扬中市益盛硅材料有限公司	缪士良	1945	1940	521	233
镇江市三维电加热器有限公司	丁基群	1941	1970	520	103
江苏友谊手套服饰有限公司	陈吕荣	1905	1900	511	77
江苏金能电气科技有限公司	张锦忠	1902	1902	510	-88
扬中市和平包装用品厂	施正国	1894	1897	508	-175
镇江市绿日车辆配件有限公司	黄克明	1875	1875	503	67
扬中市瑞通化工镀业有限公司	林祥华	1872	1821	502	373
江苏万成电气集团有限公司	朱秀明	1826	1828	489	59
镇江市鸿创化工有限公司	徐君伟	1587	1587	425	122
江苏凯益动力科技有限公司	陆　凯	1581	1784	424	86
江苏海纳机电集团有限公司	王　征	0	0	0	0

（油坊镇 左丽）

八桥镇

【概况】 八桥镇位于扬中市东南部，镇域总面积55.6平方千米，其中陆地面积34.58平方千米，下辖9个行政村、2个社区，人口3.17万人。2019年，八桥镇全年完成工业申报销售71亿元，比上年增长8.5%。镇“二十强”企业完成纳税销售54.74亿元，增长9.01%；天舜金属、新韩通重工分别完成纳税销售16.54亿元、12.54亿元，分别增长16.84%、24.38%；海天微电子、华太电仪、金利电气、华森密封等骨干企业增幅20%以上。提前半年超额完成产业类外资年度目标。新增15亿元企业1家，亿元企业3家，规模工业企业3家。

项目建设成效显著。全镇累计完成固定资产投资10.93亿元。7个市级重点产业项目开工率100%，其中领誉防弹纤维、永航动力总成等5个项目全面竣工。“以商引商”“乡贤招商”成果显著，总投资8亿元的新韩通福麟智能装备制造项目开工建设，总投资3亿元的华通船舶脱硫脱硝设备项目签约落户，船舶装备制造产业集群初步形成。承办省重大产业项目建设现场会镇江分会场活动、镇江市重点项目现场会。转型升级步伐加快。高创园科技孵化器通过省级验收，华银仪表、华太电仪分别通过省级工程技术研究中心、省级企业技术中心认定，净增国家高新技术企业8家。与浙江大学、湖北工业大学等高校合作，达成政产学研合作意向8项。10家科技型中小企业获得“苏科贷”3000余万元，森林新材料创成省级“专精特新”小巨人企业。引进高层次人才1人，入选镇江市“金山英才”项目2个。营商环境持续优化。强化政策引领，兑现经济发展奖励资金300余万元。实施“亲情式”服务，召开政银企对接会、企业家座谈会，化解企业互联互保风险，促进银行与企业深度合作。召开发展促进会八桥分会第二次会员代表大会，承办扬中发展促进会直属分会会长会议。强化镇村商会联动，促进行业自律、经验分享、资源共享。

水环境治理有序实施。推进集镇建成区主干管网铺设，完成心安南区、华生小区等老旧小区雨污分流管网改造，新建雨污管网16.8千米。实施污水厂扩能工程，新建心安南区、团结、八桥、幸福等居民点分散式污水处理设施5座。疏浚整治团结港、卞家港、德胜港等河道65条、36.8千米，清理土方14.2万立方米，整修岸坡16.7千米，新开联通河道3条。完成火叉港全线、双龙港部分节点生态驳岸及绿化工程。污染防治攻坚有力推进。推进化工企业“四个一批”专项整治，关闭拆除化工企业1家。扎实开展喷涂、小五金等行业“散乱污”整治和生物质锅炉专项整治，企业环境管理水平稳步提升。配合生态环境部完成入江入河排口普查，编制完成大气污染防治管控方案。完成中央、省级环保督察交办件整改工作，西江河整治工程被省、市媒体作为正面经验宣传推广。绿色发展底色更加彰显。推进沿江生态修复，新增造林绿化7.33万平方米，完成长江干线“两违” 整治项目10处。常态化开展农业生产用房排查，保持“大棚房”零违规。扎实推进“金屋顶”工程，新增分布式光伏电站3兆瓦、居民屋顶光伏400户，创成“光伏示范小区”1个。

基础设施不断完善。富民西路、港东南路重建工程高标准完成，爱民路、红鑫路、爱生路等7条农路提档升级，道路“外联内畅”能力不断增强。投入1100万元，完善永兴小区1~3期、长胜居民点基础设施及绿化、亮化等配套工程。永胜集镇一体化改造工程全面完成，永胜农贸市场、集镇路面、临街立面全面出新。水利基础设施建设持续加强，新建泵房23座、固定沟15千米，利民、永胜获得“全国农民用水合作组织示范社”称号。

人居环境不断优化。在全市率先打响农村人居环境攻坚战，通过党员示范，全民参与，全域整治，镇容村貌不断改善，成为扬中唯一的镇江市级“四清一治一改”示范镇，利民、永胜创成省级农村人居环境示范村。全力推进省垃圾分类试点镇建设，建成餐厨废弃物与有机易腐垃圾处理中心，实现集镇厨余垃圾收集全覆盖，新增垃圾分类亭88个、农户分类垃圾桶1200余个。推进“厕所革命”，完成农村改厕950户。全面启动废旧农膜回收利用工作，建成固定回收点2个。利民村高标准推进省级特色田园乡村建设，万福村创成省级“水美乡村”，心安南区、永兴小区创成省级“美丽宜居村庄”。管护水平不断提高。巩固“国家卫生镇”创建成果，优化集镇网格管理，健全长效机制，实行保洁末位淘汰制，开展违章建筑、停车秩序、永胜农贸市场、新韩通商贸疏导点等专项整治，集镇管理井然有序。“八位一体” 运行维护机制日益健全，管护成效日益彰显，8个村进入全市前30名，其中利民、红旗、永胜3个村分别位列全市第一、第二、第四名，在全市树立村级公共运行维护的“八桥标杆”。

富民增收持续发力。聚焦精准扶贫，完成48户农村危房改造，实现269户、467人全部脱贫，成功入选镇江市精准脱贫典型案例。多措并举稳定就业，培扶自主创业38人，入选镇江“三带”乡土名人名录5人，新增城镇就业802人。加大欠薪排查化解力度，规模以上企业劳动合同签订率98%。

社会事业稳步发展。创成省健康镇,探索医联体建设新模式,成立市人民医院八桥分院,建成永胜门诊部,实施八桥医院改造工程。推进教育特色发展,八桥中学成为镇江市首个“校园文化慈善教育基地”,八桥中心小学花绳项目成为镇江市非物质文化遗产,成教中心与红旗村创成省级教育服务“三农”高水平示范基地。全力推进文化惠民,组织庆祝新中国成立70周年系列活动,举办“激荡家国情、八桥再出发”文艺晚会,实现新时代文明实践站全覆盖,万福村创成省级国防教育示范基地。完善养老服务体系,建成区域性居家养老服务中心1家、标准化老年活动中心1家。开通“利民—齐家”319路镇村公交。

社会环境和谐稳定。全面开展安全生产专项整治,“8·6”事件得到快速妥善处置。强化政治站位,纵深推进“扫黑除恶”专项斗争,通过中央“扫黑除恶”督导组督查,6个方面、15项问题清单、35条督导整改措施得到落实,群众安全感、法治建设满意度95%以上。建立镇信访工作联席会制度,健全多元化解机制,化解市级交办信访积案4起,完成新中国成立70周年大庆安保任务。推进“七五”普法工作,加强法治文化阵地建设,完善“法+N”法治文化体系。推进组级自治,利民村“三全三治”工作法、永兴村“契约式管理法”在全市社会治理创新案例评选中获得一等奖。 (八桥镇 耿兴兵)

【八桥镇船舶装备制造产业集群形成】 2019年3月22日,总投资8亿元的新韩通福麟智能装备制造项目签约落户八桥镇;8月16日,总投资3亿元的华通船舶脱硫脱硝设备项目签约落户八桥镇,船舶装备制造产业集群初步形成。八桥镇发挥海工船舶制造产业优势,聚焦海洋工程装备、高技术船舶、船舶海工配套、装备制造高端服务等领域,加速产业壮大步伐,深化仪表管阀、电线电缆等产业的跨界融合,推进与船舶制造的配套合作,打造链条长、配套深的先进装备制造产业集群。 (八桥镇 耿兴兵)

【扬中市首个医联体揭牌】 2019年5月18日,扬中市人民医院与八桥中心卫生院医联体医院签约揭牌仪式在八桥中心卫生院门诊大楼举行,扬中首个“医联体”医院成立。两家医院作为扬中市深化医改的“先行者”,探索医联体建设的新模式,丰富合作内涵,拓展服务范围,提升服务水平,为全市的医联体建设提供模版,建立路径,做好表率。八桥镇借医联体契机,依托市人民医院的帮扶实现新提升,为八桥百姓提供更多“点单式服务”,为双向转诊,分级诊疗夯实基础。(八桥镇 耿兴兵)

【红菱文化节】 2019年8月17日,八桥镇永胜村第二届红菱文化节在永胜村农业基地举行。全市近千市民采菱、捉鱼,感受田园风光,体验农耕文化。红菱文化节现场,提供粳子粥、苋菜烧饼、八宝酱等扬中本土美食,提升永胜村红菱、农业基地知名度和影响力。

(融媒体中心)

2019年8月17日,八桥镇永胜村举行第二届红菱文化节

(融媒体中心供图)

【“激荡家国情、八桥再出发”庆祝新中国成立70周年文艺晚会】 2019年9月24日,八桥镇举办“激荡家国情、八桥再出发”庆祝新中国成立70周年大型文艺晚会。晚会通过歌舞、诗朗诵、快板等丰富的形式,歌颂新中国成立70周年来八桥的变迁和发展,展望“创新创业福地、厚德广善八桥”美好蓝图。晚会分为红色记忆、奋楫争先、逐梦前行3个篇章,回望历史,鉴往知来。 (八桥镇 耿兴兵)

2019年9月24日,八桥镇举办庆祝新中国成立70周年文艺晚会

(八桥镇供图)

【镇江市党员实践课堂基地建设】 2019年,扬中市现场推进利民村省特色田园村庄及镇江市党员实践课堂基地建设。3月,利民村省级特色田园村庄开工建设,项目包括生态环境类、产业发展类、文化建设类、乡村治理类、党建引领类及其他方面。6月,建成文体广场、

新时代文明实践中心、公厕等部分基础设施，蔬果基地、开心农场等重点工程，生活污水治理、滨河景观提升等配套工程进入实施关键阶段。镇江市党员实践课堂基地为特色田园村庄核心工程，分“精神堡垒、先锋广场、先锋讲堂、廉政之路、拓展培训、阳光党园、红色足迹、成果体验”八大板块。 （融媒体中心）

2019 年八桥镇行政村、居委会情况一览表

表 28

行政村、居委会名称	书记姓名	主任姓名	总人口(人)	工业产值(万元)
长胜村	杨　剑	杨　剑	3520	39377
利民村	刘乔荣	施瑞红	3315	41122
八桥村(社区)	祝启国	王大华	5201	49676
幸福村	朱志银	钱克林	5895	44148
永胜村(社区)	李卫东	印金龙	5072	42548
红旗村	刘美红	刘美红	2736	17834
永兴村	施大年	施大年	3480	21538
万福村	范永华	董　俊	3619	23723
红光村	黄克才	黄克才	3706	22289

（八桥镇 王存霞）

2019 年八桥镇主要经济社会指标一览表

表 29

地区生产总值(亿元)	44.89	实际利用外资(万美元)	836
财政收入(万元)	32436	自营出口额(万美元)	2069
工农业总产值(亿元)	63.83	第三产业增加值(亿元)	12.35
产品销售收入(亿元)	76.77	三产从业人员(人)	4812
粮食总产量(吨)	12733	个体工商户(户)	2218
粮经种植比例	75:25	有线电视开通数(户)	11194
水果产量(吨)	1171	有线电视普及率(%)	92
水产品产量(吨)	928	农民人均纯收入(元)	27355
工业投入(万元)	73500	—	—

（八桥镇 王存霞）

2019 年八桥镇骨干企业情况一览表

表 30

企业名称	法人代表	工业总产值(万元)	销售收入(万元)	工业增加值(万元)	利税总额(万元)
江苏新韩通船舶重工有限公司	孟成君	143903.3	143903.3	28780.66	4236.8
江苏利民纸品包装股份有限公司	周志辉	14969.4	15563.7	2993.88	-802.6
镇江市华银仪表电器有限公司	季忠银	30857.7	32089.8	6171.54	4738.4
江苏天舜金属制品有限公司	姚圣法	67269.4	67269.5	13453.88	3044.9

续表 30

企业名称	法人代表	工业总产值（万元）	销售收入（万元）	工业增加值（万元）	利税总额（万元）
镇江维纳特气门有限公司	金　龙	9434	11178.3	1886.8	722.9
镇江海天微电子股份有限公司	匡习龙	21570.1	21553.3	4314.02	1847.05
扬中飞达纸制品有限公司	陈廷保	11434.5	11434.5	2286.9	555.9
江苏大方金属粉末有限公司	方义强	15629.6	13659.7	3125.92	1575.9
江苏华太电力仪表有限公司	陈道金	13315.9	13133.9	2663.18	1423.5
江苏金利电气有限公司	顾纪阳	16500	16352.5	3300	1556.9
扬中鸿运医药包装有限公司	陈正香	5474	5462.6	1094.8	333.6
江苏省绿岛管阀件有限公司	许长友	3953.4	4061.6	790.68	450.3
江苏吉庆管材有限公司	朱加祥	6625.5	6627.3	1325.1	514.4
扬中市旭升电器配件有限公司	梅仁平	2320	2010.5	464	96.6
扬中市扬子铝加工有限公司	张荣华	15571.2	15586.2	3114.24	455.6
扬中市丰华塑电有限公司	张跃风	4650.5	4650.5	930.1	485.2
镇江龙成绝缘材料有限公司	丁兆龙	3490.3	3490.3	698.06	424.6
镇江春环密封件集团有限公司	刘　剑	10345.2	10405.4	2069.04	931.9
江苏利民纸业有限公司	刘平其	40750	39981.2	8150	−96
镇江中佳电器有限公司	季忠银	6433.9	8702.3	1286.78	1878.6
江苏森林建筑新材料股份有限公司	姚圣法	83654.9	84349.4	16730.98	416.1
镇江绿环机电成套有限公司	顾洪林	2411.5	2568.1	482.3	214.8
镇江宏宇厨具有限公司	匡习风	3608.1	3745.7	721.62	211.3
江苏同庆车辆配件有限公司	陆廷宝	3019.5	3017.8	603.9	251.1
镇江日进磨具有限公司	王茂桥	1379.5	1309	275.9	3.6
扬中市华森密封件有限公司	季晓华	3976.1	3976.1	795.22	366.7
扬中市红光金属制品有限公司	王忠祥	2125.1	2125.8	425.02	62.2
镇江市清安电器有限公司	陈士清	2657.1	1935.1	531.42	134.6
镇江市华成电子器材有限公司	孟明华	2930	2775.9	586	124.8
扬中市德立医药化工有限公司	黄友德	2450	2666.4	490	395.7
江苏美杰新材料有限公司	于德怀	2083.2	1843.5	416.64	163.6
扬中普荣电器有限公司	张加文	3542	3542	708.4	284.9
扬中市昌宇安全玻璃有限公司	江文霞	3180.1	3180.1	636.02	42.5
镇江市速达气动管缆有限公司	刘贤松	2422.3	2421.7	484.46	381.6

（八桥镇 王存霞）

西来桥镇

【概况】 西来桥镇位于扬中市东南部,总面积19.5平方千米,辖5个行政村、1个社区,总人口1.72万人。2019年,完成工业申报销售52亿元,完成一般公共预算收入8027万元,完成固定资产投资6.58亿元。

威金斯肥业造粒项目投入生产,新增销售7500万元;上海港联机械技术有限公司扬中分公司挂牌,预计2020年新增销售8000万元;海晟涂料高性能重防腐涂料项目完成基建,开展试生产,预计2020年销售1.5亿元;汇森生物大容量发酵罐项目基建稳步推进;大津清洁能源装备产业园与中远海运物流洽谈顺利;鲁花食用油精炼、上海派米雷·西来桥临港科技城等项目按计划对接。亿阀股份成为全市唯一一家"新三板"挂牌企业,全年完成纳税销售4亿元,比上年增长71.31%,实现税收2000万元,首次进入市工业企业"三十强"。江苏海晟涂料全年纳税销售1.2亿元,增长55.04%,税收700万元。江冠电器、兴鼎科技、汇森生物等企业发展态势良好。西来桥镇赴华东理工、哈工程等高校举办科技人才项目对接会,人才引进力度逐步加大,3人入选"江雁计划",新增2家高新技术企业,全镇申请发明专利11件,发明专利授权45件。扬中市飞达通信设备有限公司专精特新板挂牌。

开展"创建美丽乡村、创享美好生活"农村人居环境综合整治提升专项行动,治理农村生活垃圾,加大河道管理和绿化管护。提升建设和管护水平,完成农村卫生厕所改造700户,增设村庄标识3座,创成省级健康村1个,通过国家级卫生镇复检。坚决打赢生态环境保护攻坚战,取缔非法排污口9处,排污治理进一步提升;稳步推进"散乱污"整治工作,15家作坊全部整治到位。长江岸线"两违"整治完成整改验收12家,完成进度的75%。

2019年,西来桥镇完成幸福花苑一期2栋楼加固维修工程,幸福花苑一期道路及停车位工程有序推进;污水处理厂新建工程通过验收,新老污水处理厂配套管网工程、富民工业园区管网连接工程完成,开展调试运行;抓好"四好农村路"建设,完成为民路等集镇道路的破损处的维修,建成花海基地连接江堤道路,农村交通条件和出行环境进一步改善。

有效实施《全面推行河长制工作方案》,镇、村两级河长巡河325人次,河港环境进一步优化。结合市"八位一体"运行维护机制要求,以"创建美丽乡村,创享美好生活"专项行动为契机,推进农村人居环境、水环境综合治理,各村(社区)"八位一体"排名大幅度提升。严格执行《西来桥镇农村居民建房安全管理实施意见》,查处并拆除违章建筑3处,农村建房管理更加规范。结合国家卫生镇复审工作,规范集镇秩序,强化长效管理,设立垃圾分类亭12个,着力整治店外占道经营、非机动车乱停乱放等问题。

全域旅游工作亮点频现,实施20万平方米"红花海·葵花海"项目,"大江东去、花海西来"的品牌逐步打响,春、秋两季吸引游客10万余人。民俗文化魅力更加显现,糨塑作品参展"大美民间"中国"花馍艺术节"。举办首届中国扬中西来桥龙灯文化节、"一带一路" 国际龙狮文化论坛、2019国际中华龙狮大赛,获称"全国龙狮竞赛优秀赛区",成功申报"中国龙狮运动之乡"。获评"大运河城市十佳文旅示范名镇"称号,举办江苏扬中西来桥生态旅游项目推介会。

全年发放低保金105.07万元,发放低保内残疾补助金8.32万元,为271名残疾人发放补贴238.37万元。发放失地农民保障资金767万元,老年补贴408万元。新增公益性岗位2个,教育帮扶28户,发放助学金超2.5万元。培护教育事业发展,兑现教育事业助力工程资金41万元。转移农村劳动力40人,培训农村劳动力150人,企业职工岗位技能提升培训192人,申报2名"扬中高技能人才",推荐4名乡土人才参加"镇江市乡土人才"评比。以实现"两不愁三保障"为抓手,细化责任、强化举措,建立识贫、走访、督查三项机制,重点用好光伏扶贫、教育扶贫、危房改造、财政兜底、就业扶贫和救济扶贫等帮扶举措,镇、村两级扶贫干部定期走访慰问贫困户,利用阳光扶贫APP完善扶贫户档案,全力打好扶贫攻坚战。全年实现脱贫79户、148人,全镇建档立卡户全部实现脱贫。

开展"扫黑除恶"专项斗争,摸排涉黑涉恶线索2条,建成最新网格规范达标率监测评价体系,完成网格规范率达标工作,社会治理水平和治理能力进一步提升。办理信访案件31条,接待群众来访45批、285人次,全年未发生赴省进京上访事件。严格落实安全生产常态化巡查制度,开展安全生产专项整治行动,安全生产形势总体平稳。

(西来桥镇 何跃波)

【首届中国·扬中西来桥龙灯文化节】 2019年3月6—26日,西来桥镇举办首届中国·扬中西来桥龙灯文化节。文化节包含子活动9项,为期20天。3月7日,西来桥举办"一带一路"国际龙狮高峰论坛。论坛以创造开放共赢的龙狮世界——携手共建龙狮发展共同体为主题,探讨龙狮文化世界共建、青少年龙狮发展、竞赛规则研讨、龙狮发展新动力等议题。3月8日,2019年中华龙狮大赛(扬中站)在西来桥镇文体中心广场举行,国内外21支代表队、270余人应邀参赛,央视中文国际频道、人民网、新华网、《中国体育报》等媒体予以报道。文化节期间,西来桥镇举办首届“雕龙画凤”糨塑展,征集、展览西来桥糨塑技艺民间传承人糨塑作品,创作一批与龙灯文化有关联的糨塑作品,展示精湛糨塑技艺,推动糨塑技艺传承与发展。(西来桥 何跃波)

【“大津杯”2019年中华龙狮大赛】 2019年3月8日,“大津杯”2019年中华龙狮大赛暨扬中西来桥镇第四届舞龙大赛在西来桥镇文体中心广场开赛。此次大赛是2019年中华龙狮大赛系列赛的首站比赛,由国家体育总局社会体育指导中心、中国龙狮运动协会、扬中市人民政府主办,江苏省社会体育管理中心、江苏省龙狮运动协会、扬中西来桥镇人民政府承办。比赛为期两天,国内外21支代表队、270余人应邀参赛,其中包括泰国、马来西亚等国家的“国际狮王”“龙王”,科摩罗、多哥、塔吉克斯坦、哈萨克斯坦、印度尼西亚等10余个国家的留学生代表队伍参赛。此次龙狮大赛设置舞龙自选、舞龙传统、南狮高桩自选、北狮自选等多个比赛项目,内容丰富、主题多样。21支参赛队伍的队员利用多种姿态将力度、幅度、耐力等揉于舞龙舞狮技巧。中华台北舞龙队、江苏西来桥、中国黄飞鸿中联、福建集美大学四个代表队分别获得舞龙自选、舞龙传统、南狮自选、北狮自选项目第一名。(融媒体中心)

2019年3月8日,中华龙狮大赛暨扬中西来桥镇第四届舞龙大赛 (融媒体中心供图)

【“一带一路”国际龙狮文化论坛】 2019年3月7日,“玉龙杯”2019年“一带一路”国际龙狮文化论坛在扬中举行。论坛以“创造开放共赢的龙狮世界、携手共建龙狮发展共同体”为主题,百余位国内名校专家、海外代表、留学生代表以及众多龙狮运动教练、队员参加论坛,探讨龙狮文化内涵。论坛围绕《龙狮文化世界共建》《龙狮运动发展新动力》议题,10余位专家学者结合各自的研究从不同角度阐释龙狮文化的起源与演变,就如何在全世界范围内更好地保护、传承、发扬龙狮运动,助力“一带一路”发展等发表专业的指导和建议,鼓励更多国家和地区开展龙狮运动,促进龙狮运动的对外传播与文化交流,弘扬中华优秀传统民俗文化。(融媒体中心)

【《东去西来》新闻发布会】 2019年10月24日,舞龙文化主题电影《东去西来》启动仪式暨新闻发布会在扬中市举行。《东去西来》是中国首部与澳大利亚合作拍摄的院线电影,2019年年底开拍,2020年10月中旬首映。影片由中国龙狮运动协会、江苏省龙狮运动协会、扬中市委宣传部、西来桥镇人民政府、福建省平潭鱼乐影业有限公司、镇江市尹予文化传媒有限公司联合出品,江小鱼导演执导,范继平、陈思妍编剧,廖京生、臧金生、华子等演员参演,影片以扬中传统舞龙文化为切入点,展现中国人筑梦、逐梦、圆梦的伟大历程,反映中澳两国人民之间的情感互动。(西来桥 何跃波)

2019年10月24日,电影《东去西来》新闻发布会
(融媒体中心供图)

【西来桥生态旅游项目推介会】 2019年4月21日,西来桥镇举办江苏·扬中西来桥生态旅游项目推介会,省内外30余位客商、相关部门负责人参加推介会。推介会上,与会人员观看西来桥宣传片《我的江岛,你我的江南——西来桥》;南京中陆必得旅游规划设计研究院和上海领易咨询公司分别推介“龙庄花洲”“长江·沙洲湾”2个旅游项目。(西来桥 何跃波)

【西来桥镇获评“中国龙狮运动之乡”】 2019年10月9日,西来桥镇举行“中国龙狮运动之乡”考核评审汇报会,中国龙狮协会专家组就西来桥镇申报“中国龙狮运动之乡”检查评估。会上,专家组观看宣传片《龙的传人》和2019中国·西来桥首届龙灯文化节系列活动剪影,听取西来桥申报“中国龙狮运动之乡”工作汇报,了

解西来桥“龙庄花洲”项目规划。经过讨论,专家组给出西来桥镇符合申报“中国龙狮运动之乡”条件的初步评审意见。10月10日,西来桥镇被中国龙狮协会授予“中国龙狮运动之乡”称号。龙狮协会认为,该镇龙狮运动历史悠久、群众基础深厚,对弘扬龙狮精神,传承龙狮文化,促进龙狮运动做出积极贡献。

(西来桥 何跃波)

【西来桥“两违”整治项目】 2019年,西来桥镇开展“两违”整治,从“堵源头、截过程、拆违建”着手,多措并举、合力推进,“两违”整治工作取得突出成效。截至6月初,拆除面积1550.82平方米,占自行拆除任务的88%。自镇级“两违”专项推进会召开后,西来桥镇推动“防违、查违、拆违”工作分阶段、有重点地逐步推进,在全面排查的基础上,根据具体情况,坚持整改、规范、拆除同步推进。第一时间创立“西来桥镇两违整治工作群”,加强对“两违”拆除工作全过程的监管力度,落实长效管理措施,做到“发现及时、制止有效、拆除迅速、不反复”。镇级分片领导及村干部放弃节假日,将与群众沟通作为一项工作日常,秉持公平、公正、合法、合理的工作原则,确保做到“减存量、遏增量”。根据市委、市政府下发的扬中市河湖“两违”整治项目清单,西来桥镇2019年度需整改“两违”项目12项,其中2家企业已制定详细整改方案,2处码头已按防洪论证整改到位,6月自行拆除到位的8处违章建筑物。

(融媒体中心)

2019年西来桥镇行政村、居委会情况一览表

表31

行政村、居委会名称	书记姓名	主任姓名	总人口(人)
东来村	沈大庆	施正兵	1785
三新村	陆红卫	唐纪红	3017
新程村	顾大辉	温德智	3278
西来村	施为民	施为民	4068
北胜村	盛习章	宦龙军	1859
幸福社区	吴纪挽	吴纪挽	2310

(西来桥 何跃波)

2019年西来桥镇主要经济社会指标一览表

表32

地区生产总值(亿元)	18.44	私营企业数(家)	153
财政收入(万元)	13587	工业投入(亿元)	6.58
工业总产值(万元)	412112	工业企业总数(家)	155
产品销售收入(万元)	544301	中小学校(所)	2
农业总产值(万元)	19165	医院、卫生院(所)	1
粮食总产量(吨)	5434	卫生室(个)	2
水果产量(吨)	65	三产从业人员(人)	2465
水产品产量(吨)	468	—	—

(西来桥 何跃波)

2019 年西来桥镇骨干企业情况一览表

表 33

企业名称	法人代表	工业总产值（万元）	销售收入（万元）	工业增加值（万元）	利税总额（万元）
江苏中海粮油工业有限公司	周世悦	269049	222831	32383	291.34
江苏亿阀集团有限公司	钱存根	42763.75	41480.79	12401.57	4325.15
江苏大津重工有限公司	占金锋	37277	37277	641	886
江苏新达能汽车部件有限公司	陈金虎	4975.20	4970	1200.36	234.75
江苏海晟涂料有限公司	陈廷生	13471.3	12829.8	630	1302.6
江苏神力电源科技有限公司	白纪林	4780	4778	1223	766

（西来桥 何跃波）

三茅街道

【概况】 三茅街道是扬中市委、市政府驻地，西部毗邻新坝镇，东南与经开区接壤，北隔长江主航道与泰州市高港区相望。行政区域面积 77.16 平方千米，下辖 16 个行政村和 17 个社区(含新联社区、中扬社区和长江花城社区 3 个在筹社区)，252 个小区，户籍人口 11.29 万人。2019 年，实现地区生产总值 113.56 亿元，一般公共预算收入 10.88 亿元，销售总额 325.26 亿元，出口销售 5.56 亿元。全社会固定资产投资 30 亿元。农村居民人均可支配收入 30710 元，城镇居民人均可支配收入 57692 元。

产业结构持续优化。实施市重点项目 20 个，开工率 94.12%。欣亚科技、大重机电和中电电气 3 个亿元项目已入库，超额完成全年任务；泰德环保标准化厂房、恒大养生谷康养中心大楼、金源时代购物广场所有楼层完成封顶；香江数字扬中、正丰智能电气、北京学而思创客教育基地、丽笙大酒店等项目有序推进。

发展活力显著增强。新办民营经济 1164 户，新办个体工商户 2120 户，新增注册资本 137 亿元，新增规模工业企业 4 家。税源吸引成效明显，1—12 月入库 2.87 亿元，形成一般公共预算收入 1.19 亿元。绿色能源岛建设工作受 531 光伏新政影响，截至 12 月完成并网 3.5 兆瓦，居户并网 884 户。1—11 月，通过预算安排、资产变现累计化解隐性债务本金 4.81 亿元，全年化解债务本金 6.41 亿元。

创新转型步伐加快。全年高企申报企业 31 家，完成高企入库 29 家。申报国家、省、市科技项目 14 项，申报江苏省工程技术研究中心 1 家，镇江市工程技术研究中心 10 家。高端人才加速集聚。全年申报江苏省双创人才 1 人，金山英才 3 人，获批江雁计划 3 人。配合市级人才信息库建设，本土人才信息录入率全市第一。

城乡面貌日益改善。建成园区道路 5 条，农村公路提档升级建设道路 7 条，实施农村公路安全防护工程建设。加快扬子新村西侧片区旧城改造扫尾，序时推进东侧片区的征收工作和滨江新城片区棚户区改造任务。全面启动 11 个居民点建设。严格建房管理，查处辖区内违章建设 84 起，组织拆违行动 31 次，拆除面积 6500 平方米。强化创卫长效管理，截至 10 月中旬，街道“数字城管”总案件 1.93 万起，处置率 99.14%，结案率 98.55%；营房村获批镇江市第二批特色田园乡村建设试点乡村。

生态环境全面提升。实施完成建中河、三桥排涝河 9 条一级河道的水环境整治工程。完成新民片区、新扬片区、建设片区、广宁河区域、绿柳河区域、明珠湾区域的雨污分流和截污工程建设。推进三格式化粪池改造工作，年计划完成 3600 户。完成市级河道“两违”整治任务 12 处，9 件中央和 9 件省级交办件销号材料已完成整改，其中 3 件中央交办件已销号。扎实做好“减煤”“减化”“抑尘”等工作，推进喷涂行业整治提升。开展“绿盾 2019”专项行动，完成 498 个点位现状核查。配合国家生态环境部专家组做好长江入河排污口现场排查工作，现场排查点位 804 个，完成建档成册。

民生事业稳步发展。结合“春风行动”等各类招聘活动，为 28 家企业招聘 300 余名员工，新增城镇就业 2358 人，新增转移农村劳动力 112 人。全面落实创业政策，扶持创业人员 116 人，其中办理创业贷款 106 笔，初始创业补贴 10 笔。广泛推进低保救助，受益群众 259 户、336 人；新办重残 111 人，取消重残 77 人，调整补差 817 人;街道慈善救助 212 人、37.95 万余元。提升养老水平，指导广宁社区创建省级示范性居家养老服务中心。以危房改造、优先安排就业、公益性岗位和攻坚托底等方式，完成 135 户建档立卡户脱贫任务。计生、文卫、群团等工作有序开展，群众满意度、幸福感显著提高。

社会治理不断加强。推动网格化服务管理中心及网格化社会治理联动指挥中心建设。完善基层社会治理“一张网”,划分 31 个一级网格,208 个二级网格,5 个专属网格,674 个三级网格。纵深推进“扫黑除恶”,会同公安机关滚动排查 273 家重点单位场所，收到线索 169 条。登记交办信访事项 120 件,已答复 88 件,正在办理 32 件,信访积案化解 3 件,未发生超期办理的现象。“12345”工单受理 2437 件,全部在规定的时间内办结。排查各类矛盾纠纷 175 件,调处 175 件,调处率 100%。在长江花城 5 期试点推行“智慧物管”。成立扬中首家“红色物管会”,组织编印三茅街道住宅区业主大会和业主委员会规范建设指导手册。率先开展安全生产“双随机”安全检查制度。创建成镇江应急能力标准化乡镇,友好村获评国家防震减灾示范社区。

(三茅街道 蔡培)

【科创产业园区党群服务中心成立】 2019 年 2 月 15 日,科创产业园区党群服务中心成立,举办首届企业家沙龙。会上,部分企业家、共建单位代表围绕党群服务中心建设、非公企业党建工作以及园区和企业高质量发展等方面提出意见和建议；银行系统代表围绕如何服务企业发展交流发言。科创产业园区党委下设 8 个支部,100 余名党员。党群服务中心以科创产业园区党委为核心,以工会、团委等群团组织为依托,推行工作联合、队伍联盟、组织联建、资源联动、活动联办的运作模式,实现党群工作一体化;引入社团组织创新开展自主活动,有计划地开展各类创业者感兴趣、党员欢迎的社团活动;通过“区域共联共建”的方式加强属地共建、职能共建、产业共建,助力园区企业发展。

(三茅街道 蔡培)

【纪念国际“三八”妇女节 109 周年暨“巾帼心向党”知识竞赛】 2019 年 3 月 6 日，三茅街道在兴阳村举办纪念国际“三八”妇女节 109 周年暨“巾帼心向党”知识竞赛。街道村(社区)的妇联主席、妇女代表及各阶层代表们参加活动。比赛分 5 个片区代表队，竞赛分为两轮,分别是必答题和抢答题,题目的内容来自于《中华人民共和国婚姻法》《中华人民共和国反家暴法》《江苏省女职工劳动保护特别规定》《中华人民共和国未成年人保护法》等法律法规。港联片区获得团队一等奖,锦程片区和中桥片区获得团队二等奖，友好片区和营房片区获得团队三等奖。 (三茅街道 蔡培)

【生态环境综合治理攻坚行动动员大会】 2019 年 3 月 23 日,三茅街道召开生态环境综合治理攻坚行动动员大会。街道全体党政领导、机关副股级以上干部、各村(社区)党委书记、村(居)委会主任以及基层站所负责人 170 人参加会议。会议印发生态环境治理攻坚行动指挥部文件及 2019 年度生态环境综合治理攻坚行动任务分解表。指挥部成立“大棚房”清理整治、水环境治理等四个专项行动小组。各村(社区)现场签订生态环境综合治理攻坚承诺书。部分村(社区)书记递交承诺书。 (三茅街道 蔡培)

【安全生产大检查工作部署会】 2019 年 3 月 29 日，扬中市三茅街道召开安全生产大检查工作部署会。街道安委会成员单位负责人,各村(社区)主要领导、安全员以及安全生产重点企业、规模以上企业主要负责人参加会议。会议传达学习党中央、国务院和省委省政府关于江苏响水天嘉宜公司“3·21”特别重大爆炸事故的指示批示精神。会议通报街道安全生产形势,部署下阶段安全生产大检查工作，就做好当前全街道安全生产工作提出意见。会后,街道领导带队开展全街道范围内安全生产大检查,按照“谁检查谁负责、谁签字谁负责”的原则,对检查中发现的隐患,及时下发整改通知,限期整改,做好跟踪督查,确保整改到位。 (三茅街道 蔡培)

【税法暖企讲座】 2019 年 4 月 9 日,镇江市工业和信息化局与扬中市泽熙品牌策划公司、扬中新城科技企业孵化器在三茅创客空间共同举办“服务机构公益行活动”，邀请专业律师为全市 34 家中小企业解读税改新政和涉企法律规范。 (三茅街道 蔡培)

【长江渔文化风情小镇第二届乡村旅游文化节】 2019 年 4 月 12—16 日,扬中市三茅街道兴阳村举办长江渔文化风情小镇第二届乡村旅游文化节。此次乡村旅游文化节由三茅街道主办,市文体广电和旅游局、江苏天禾、市旅游协会协办,三茅街道兴阳村委会、长江渔文化风情小镇承办。活动吸引江苏省内外及本地游客约 6 万人次,美食区、游乐场和扬中民俗展览区及周边饭店、农家乐创收 200 万元。省内外 30 家各地小吃、20 家扬中民俗和兴阳村本土特色农产品参展,举行舞龙、

健身秧歌、喜庆莲湘等文艺演出，开展拔河比赛、广场舞大赛、音乐节等活动。（三茅街道 蔡培）

2019年4月12日，三茅街道兴阳村举办长江渔文化风情小镇第二届乡村旅游文化节（融媒体中心供图）

【城区物业管理工作会议】 2019年4月18日，扬中市召开城区物业管理工作会议。三茅街道21个村(社区)书记、主任、物管站常务副站长，分工定村(社区)干部，物业服务企业负责人，业委会主任、副主任参加会议。会议表彰2018年度物业管理工作先进单位和先进个人以及“扬中市优秀住宅小区”和“星级老旧小区”，集中下发物业管理工作任务书，层层传递责任，部署下一阶段物业管理工作。（三茅街道 蔡培）

【“相伴零距离、关爱心连心”系列活动】 2019年5月26—29日，三茅街道新时代文明实践所以“相伴零距离、关爱心连心”为主题开展纪念中国计生协会成立39周年系列活动。26日，三茅街道邀请计生特殊家庭第三代和流动儿童及家长在扬中童学馆开展“走进国学，感知魅力”国学体验活动，体验茶道，制作甜品。27日，志愿者与村社区计生协会会员开展无偿献血活动。29日，在中林小学举办零距离趣味运动会，各村(社区)卫计干部，学校老师和流动儿童80余人参加运动会。活动中，志愿者走访慰问辖区内6户计生特殊家庭和4户贫困计生家庭。（三茅街道 蔡培）

【食品安全宣传周活动】 2019年7月8—12日，三茅街道开展食品安全宣传周系列活动。举行“尚德守法、食品安全让生活更美好”知识竞赛，各村(社区)食品安全信息员参加比赛。开展食品安全宣传进校园、社区、企业科普活动，通过调查问卷、宣传栏、广场活动等形式，普及食品安全相关知识。（三茅街道 蔡培）

【庆祝建党98周年暨思政学堂成立仪式】 2019年6月30日，三茅街道举行庆祝建党98周年暨思政学堂成立仪式，江苏大学党委常委、宣传部长、博士生导师金丽馥，江苏大学继续教育学院直属党支部书记莫纪平，江苏大学继续教育学院副院长陆雨林参加活动。会上，街道为基层组织员发放聘书，街道党工委与江苏大学继续教育学院签订合作协议，金丽馥为全体党员上“马克思主义中国化的科学内涵和实质”党课。思政学堂发挥高校在思想政治教育方面的教学科研优势，结合高校的党建实践，为地方基层党组织开展党员教育、推进基层党组织建设。（三茅街道 蔡培）

2019年6月30日，三茅街道与江苏大学合作创办“思政学堂”（三茅街道供图）

【三茅街道新时代文明实践所开放】 2019年8月8日，三茅街道举行新时代文明实践所开放仪式暨全民健身文体展演，现场开展文艺展演和义诊活动。1月，新时代文明实践所挂牌，三茅街道按照市委宣传部统一部署，以文化人、以文兴街，推进新时代文明实践所(站)融合化、规范化、品牌化建设；注重以“小中心”盘活“大资源”，优化整合工青妇、民政、综治、文体、居家养老等公共服务职能。三茅街道新时代文明实践所内设有“三茅·书香+”“三茅·创客+”“三茅·志愿者服务中心”等9个功能室，每个功能室作区域、功能划分，体现出多元融合、资源共享的理念。（三茅街道 蔡培）

【“垃圾分类、从我做起”广场宣传活动】 2019年8月16日，扬中市新时代文明实践中心、城市管理局、三茅街道联合举办“垃圾分类、从我做起”广场宣传活动。活动邀请居民代表、物业公司代表以及公益组织志愿者代表分享垃圾分类经验，宣读垃圾分类倡议书。通过小品《小垃圾，大文章》、现场互动小游戏以及赠送宣传环保袋等方式，营造垃圾分类宣传氛围，推动市民养成垃圾分类的良好习惯。（三茅街道 蔡培）

【“青动西城”亲子公益体验活动】 2019年10月19日，三茅街道团工委、新联社区(城西社区筹备组)在恒大养生谷举办“青动西城”亲子公益体验活动。活动包含亲子绘画、亲子游戏、爱心义卖和扶贫慰问等环节。活动通过线上线下募得资金2180元,全部用于困境儿童的资助。

(三茅街道 蔡培)

2019年三茅街道行政村、居委会情况一览表

表34

行政村、居委会名称	书记姓名	主任姓名	总人口(人)	工业产值(万元)
民主村	陈益俊	郭宏军	3843	116280
指南村	田　青	张　勇	2098	24150
兴华村	林晓宁	朱秀才	2145	30270
大众村	郑顺芝	张建国	2971	21660
三桥村	陈永福	陈永福	2878	18860
锦程村	季　斌	崔正贵	2569	11060
永勤村	顾大军	顾大军	2537	52260
企东村	张怀根	张怀根	3753	590
滨江村	刘建忠	刘建忠	4591	5700
普济村	钱廷伟	吴昌生	3852	12400
中华村	严荣斌	严荣斌	3579	21050
友好村	郭茂祥	郭茂祥	3429	37900
兴阳村	陆廷余	孙纪华	3048	35090
永和村	陈纪福	王龙美	3552	18110
明华村	印洪生	印洪生	3013	18400
营房村	宦建明	冯义永	1677	9780
新扬社区	王笃成	张纪贵	6329	20960
新胜社区	黄永华	朱茂军	3217	13360
港联社区	唐　庆	唐　庆	5747	1660
新民社区	郭纪才	郭文华	3117	28570
丰裕社区	陈高健	陈高健	2877	62010
英雄社区	秦安荣	秦安荣	4216	23420
金星社区	郭道元	—	2207	52890
中桥社区	朱照明	朱照明	3818	11840
广宁社区	郭玉妹	陆廷军	4960	32100
建设社区	郭俊峰	陆纪平	8292	54720
同心社区	朱美玲	徐　明	2610	10940
扬子新村社区	吴晓芳	—	2098	—
文化新村社区	祝元元	秦　伟	7403	—
江洲路社区	徐红月	—	10215	—

续表 34

行政村、居委会名称	书记姓名	主任姓名	总人口(人)	工业产值(万元)
长江花城社区	马 云	—	2809	—
新联社区	季成辰	—	—	—
中扬社区	蒋 伟	—	—	—
集镇人口(含水上人口)	—	—	664	—

(三茅街道 蔡培)

2019 年三茅街道主要经济社会指标一览表

表 35

地区生产总值(亿元)	113.56	私营企业数(家)	1282
财政收入(万元)	182052	实际利用外资(万美元)	2400
工业总产值(万元)	785033	进出口总额(万美元)	9764
产品销售收入(万元)	1245631	第三产业增加值(万元)	716011
农业总产值(万元)	59900	三产从业人员(人)	104094
粮食总产量(吨)	14285	个体工商户(户)	13251
水果产量(吨)	991	中小学校(所)	10
水产品产量(吨)	2216	医院、卫生院(所)	6
工业投入(亿元)	6.6	卫生室(个)	16
工业企业总数(家)	1912	农民年人均纯收入(元)	30710

(三茅街道 蔡培)

2019 年三茅街道骨干企业情况一览表

表 36

企业名称	法人代表	工业总产值(万元)	销售收入(万元)	工业增加值(万元)	利税总额(万元)
江苏百乐电器有限公司	孙 宏	3010	3016	692	204
镇江市电站辅机厂	虞瑞鹤	70528	45842	16220	-1222
镇江市长江机电设备厂	丁恒井	4628	4628	1064	537
江苏扬子江制衣有限公司	童中连	5297	5532	1218	749
江苏港龙集团公司	高金保	2594	2594	596	303
江苏省福达特种钢有限公司	顾炳福	38900	44145	8946	1111
万宝电气集团有限公司	陈建军	21832	15420	5021	1726
扬中市中保机电设备有限公司	朱秀才	1787	1787	411	111
扬中金州水务有限公司	严 肃	3180	3836	731	588
镇江华翔机电制造有限公司	栾建华	4548	3992	1046	329

续表 36

企业名称	法人代表	工业总产值(万元)	销售收入(万元)	工业增加值(万元)	利税总额(万元)
江苏康华电气设备有限公司	何　华	1801	1705	414	325
扬中市盛大实业有限公司	姚圣法	1954	1789	449	226
江苏双联集团公司	冯锦辉	17230	12576	3962	1134
扬中市永新镀业有限公司	杜庆新	13707	14007	3152	864
江苏东升电器集团公司	陈志斌	5964	5365	1371	555
江苏荣威电气有限公司	戴　震	16281	16286	3744	1067
鼎圣集团有限公司	张开银	30079	23526	6917	3395
江苏泰宇电气有限公司	朱　云	1373	1285	315	134
江苏凯芙科技有限公司	马真才	1256	1395	288	144
江苏恒隆电气智能科技有限公司	严维祥	3561	3365	819	285
扬中市弘宇机械制造有限公司	董祯祥	2414	2414	555	113
江苏浩威新材料有限公司	刘惠香	4768	4768	1096	313
江苏中顺电气有限公司	杨　燕	14399	14399	3311	1879
天净中保电气镇江有限公司	高国庆	1875	1782	431	256
江苏康盛电气集团有限责任公司	倪建华	6386	6386	1468	531
江苏勇进电力设备有限公司	冷祥生	4817	4237	1108	920
镇江港龙机电有限公司	高金保	5178	5178	1190	501
镇江德利纺织制品有限公司	郭克元	53259	52128	12248	2341
江苏香江电信设备有限公司	沙正勇	33193	30125	7633	7310
江苏瑞克健身用品有限公司	朱庆豹	20472	20087	4708	6490
镇江市华阳机电制造有限公司	陈雨民	7959	7959	1830	1352
镇江市惠普车辆配件有限公司	戴道圣	13300	13282	3058	933
镇江易旺宠物用品有限公司	张荷娣	691	670	159	86
江苏奇佩建筑装配科技有限公司	张茂先	4033	4066	927	333
江苏京恒电气有限公司	于根生	1286	1772	295	186
江苏中天电气有限公司	苏　文	8943	8943	2056	886
扬中市宏飞镀业有限公司	张秋红	4143	4143	952	706
江苏中能电力设备有限公司	丁为平	2931	4627	674	574
江苏三星科技有限公司	刘建春	28600	25592	6577	2720
扬中市群英塑电有限公司	许荣祥	1909	1804	439	267
扬中市海腾氟塑制品厂	季　明	9941	9433	2286	781

续表36

企业名称	法人代表	工业总产值（万元）	销售收入（万元）	工业增加值（万元）	利税总额（万元）
江苏华中电器有限公司	印洪学	14062	14062	3234	357
镇江市耐尔特钻石有限公司	方国祥	3054	3054	702	126
镇江市扬子化塑制品有限公司	叶　祥	2258	2258	519	438
江苏万奇电器集团有限公司	马松涛	4875	4875	1121	358
江苏润圣电气有限公司	蔡拥军	6514	6542	1498	393
扬中市锦程金属表面处理中心	朱孝阳	4718	4580	1085	266
江苏普尔菲电气有限公司	陈文龙	1392	1879	320	197
镇江市云鹏电器有限公司	仲章云	2801	2801	644	266
江苏华联电力器材有限公司	鄂友亮	4320	3925	993	324
扬中市南方矿用电器有限公司	陈广英	8600	8600	1977	1218
镇江欣亚汽车部件有限公司	张　欣	2150	1885	494	–258
江苏泰德电气制造有限公司	孙可武	1966	1812	452	277
江苏中电输配电设备有限公司	陆廷秀	12530	12531	2881	–135
扬中市江洲汽车内饰件有限公司	蒋丰根	2398	2895	551	59
扬中市神华电仪设备有限公司	蔡文华	3654	3576	840	336
通华机电集团有限公司	钱巧林	4815	4806	1107	417
中电电气(江苏)股份有限公司	陆廷秀	17587	17587	4044	–2552
江苏华鼎电气有限公司	张华勤	1506	1240	346	127
扬中中燃燃气发展有限公司	吴爱梅	22882	22882	5262	5942
江苏华坤电气有限公司	施正坤	1267	1203	291	218
江苏恒邦工艺品有限公司	秦　梅	8788	8549	2021	850
镇江市建成电器有限公司	郭建明	4892	4892	1125	372
扬中市红叶管阀密封件有限公司	刘爱萍	5875	5875	1351	280
江苏华吉电气科技有限公司	吴美珍	3773	3773	867	351
镇江市利浦电器设备有限公司	印金萍	1355	1485	311	143
江苏大唐电器制造有限公司	唐瑞仙	4447	4447	1022	182
扬中市三利石化机械有限公司	邱昌海	2230	2249	512	252
香江科技股份有限公司	王志远	109900	109605	25274	30177
扬中市荣昌汽配有限公司	常月兰	2927	2927	673	228
扬中市美达电力器材配件有限公司	陈志美	4072	4072	936	335

续表 36

企业名称	法人代表	工业总产值(万元)	销售收入(万元)	工业增加值(万元)	利税总额(万元)
扬中市华能电力设备有限公司	丁基成	2590	2628	595	336
镇江皆通承龙纺织制品有限公司	郭克元	27537	26143	6333	797
江苏鸿远家纺有限公司	黄星娣	3265	3102	751	227

(三茅街道 蔡培)

江苏扬中经济开发区

【概况】 江苏扬中经济开发区位于江苏省扬中市东南部,下辖8个村(社区),总面积27.4平方千米,常住人口2.8万人,拥有深水岸线7.2千米。2019年,经开区实现应税销售总额172.5亿元,工业销售129.4亿元,地方一般公共预算收入4亿元,固定资产投资15.7亿元,实际利用外资2610万元,新增民营企业221家,亿能、益宝、景宇、昌河4家企业上市。在全省经开区综合考核排名中,扬中经开区在88家省级开发区中排第14位,比上年上升3位,创历史新高。

2019年,经开区排定千万元以上项目16个,总投资127.68亿元,其中市级以上重点项目7个,含省重大项目1个、镇江市重点项目2个。总投资95亿元的省重大项目扬中长城汽车核心零部件项目正式开工建设。开工以来,长城汽车核心零部件项目进展顺利、序时超前,全年改造利用旧厂房、办公楼4.4万平方米,完成15万平方米新建厂房钢结构施工,263台(套)设备进场安装。

2019年,经开区以国际绿色能源大会、河豚文化节、深圳招商会为契机,签约云轨高地铁内饰零部件等亿元以上项目7个。全年接待、拜访长城集团、中国电子、中节能、亚洲生态集团等客商40余批次,取得有效项目信息20余个,蜂巢易创召开首届供应商年会,400余家高端汽车配件制造商齐聚会场,"以商招商"作用显现。

2019年,经开区创成省知识产权示范园区,认定国家高新技术企业18家,高新技术企业培育入库20家,获批省重点科技项目3项,科创中心在孵企业全年销售3亿元,辖区企业研发投入超4.5亿元,仁德新能源创成国家级绿色工厂,获国家级知识产权贯彻国家标准认证,美科硅能源获评国家知识产权优势企业,通灵电器获评省五星级上云企业,4家获批省两化融合贯标试点企业。全年组织企业赴华东理工大学、浙江大学、厦门大学等多所高校开展项目对接和人才招引,举办"江苏·合肥精英人才对接峰会——扬中经开区专场推介会"、"扬中—华理产学研合作"等主题活动,新增在手人才项目18个,签订产学研合作项目14个,获评省"双创计划"2个,扬中"江雁计划"4个。

2019年,经开区全面开展生态环境综合治理攻坚行动,完成9处河湖"两违"整治任务并高标准复绿,完成各类企业作坊"散乱污"整治207家,5宗"大棚房"停止经营并整治到位,查违拆违实现"无增量、减存量",园区主干道路雨污管网检测修复和农村河道疏浚整治完工,三跃污水提升泵站竣工验收,600户农村改厕工作提前完成。智慧大楼土建安装工程收尾,港湾新城二期13栋安置房竣工并交付,安置410户拆迁群众,兴茂路南延工程竣工,农村公路养护和国省干线沿线绿化保洁工作持续开展。

2019年,经开区提前完成精准扶贫任务,全区119个建档立卡户人均收入实现1万元,16户危房改造全部竣工验收,发放各类慰问补助金445万元,助医兴教奖励资金120万元,办理各类生活保障275人,提供就业岗位1200余个。举办中国计生协会成立39周年主题活动,组织各类体检近5000人次,4个村(社区)获评江苏省健康村,新增镇江、扬中两级骨干教师25名。举办"携手长城·共创辉煌"等大型文化活动12场,创作歌曲《幸福太平洲》,区合唱团获得扬中市庆祝新中国成立70周年大合唱比赛一等奖。

2019年,经开区全力开展安全生产专项整治工作,组织开展"3·21"事故后、夏季高温等安全生产督查活动,签订安全生产责任制182份,检查生产经营单位212余家次,查找各类生产安全隐患问题255余条并全部整改到位。纵深推进"扫黑除恶"专项斗争,排查辖区拆迁公司、小额贷款公司等重点单位14家,回查警情217起,侦破涉黑涉恶案件4起。全年调解矛盾纠纷380起,受理人民来信来访298人次,完成新中国成立70周年大庆、全国"两会"等重大活动维稳任务。

(经开区 吴尚志)

【新时代青锋论坛】 2019年1月15日，经开区举办“新时代青锋论坛”总决赛。经过机关党群、经济、社会事业条口和大行公司以及各村(社区)5个类别前期选拔，9位优秀演讲选手参加决赛。作为经开区新时代文明实践活动之一，此项论坛活动自2018年3月开展以来，先后组织初赛、复赛、决赛15余场，参赛选手92名，参与观看党员干部群众1500余人次，为该区年轻干部展示、提升自我搭建展示平台，掀起全区年轻干部学习新思想、展现新作为的热潮。决赛中，选手围绕“担发展重任、做时代先锋”主题，结合自身工作实际，通过富有感染力的语言、鲜活真实的事例，从不同角度讲述新时代年轻干部对责任与使命的理解和认识。该区党政办的曹燕和文体中心的龚然获得比赛一等奖。

(经开区 吴尚志)

【军民融合产业园项目】 2019年1月6日，扬中市举行军民融合产业园项目合作签约仪式，开展园区投资、基金合作签约，部分入园企业代表、市相关部门、金融机构主要负责人参加签约仪式。此次签约的军民融合产业园位于经开区，由地方政府、基金公司、地方国资企业、园区管理公司4方共同投资建设。园区规划占地64万平方米，总投资50亿元，建成后园区企业年经营收入100亿元。项目分二期实施，一期用地28万平方米，二期可落户5~10个项目。 (融媒体中心)

2019年1月6日，军民融合产业园项目签约仪式

(融媒体中心供图)

【新时代文明实践所(站)及七彩活动】 2019年3月5日，经开区及8个村(社区)举行“新时代文明实践所(站)”揭牌及“新时代文明实践志愿服务队”成立仪式。经开区以“我们的家”为主线，在港湾新城拆迁安置小区建设成占地约1800平方米，集教育学习、理论宣讲、文化休闲、成果展示于一体的新时代文明实践所。各村(社区)新时代文明实践站结合各自特色，打造“家风家训林”“志愿服务驿站”“文明实践文化墙”等特色阵地。区村两级志愿服务队对应七彩活动要求，建立15支各具特色、服务项目多样的志愿服务分队，结合每月节点和阶段性工作，全年累计开展各类实践活动550余次。

(经开区 吴尚志)

【港湾新城二期选房】 2019年4月8日，经开区完成港湾新城二期选房工作。港湾新城二期提供13栋、510套房源，410户拆迁安置户根据前期选房证顺序号分批次选房，本轮选房持续两周时间。经开区成立选房工作领导小组，组织公安、纪检、拆迁办等部门现场监督选房，确保公开、公平、公正，确保选房工作顺利有序实施。 (经开区 吴尚志)

2019年4月8日，经开区港湾新城二期选房(经开区供图)

【校企合作项目签订】 2019年7月10日，经开区天辰新材料、航天惠利特、景宇管道3家企业与华东理工大学分别签订“高压电绝缘型液体硅橡胶的研发”“有机废气回收处理技术的开发研究”“高性能阻燃管道开发”3个项目，推动企业转型升级，深化校地、校企融合发展。 (经开区 吴尚志)

【“稻虾共作”示范基地】 2019年7月，经开区兴隆社区“稻虾共作”示范基地养殖的优质龙虾进入成熟期，开始捕捞上市。经开区兴隆社区“稻虾共作”示范基地占地9.33公顷，种养殖流程按照盱眙红富贵模式执行，预计亩均年产龙虾150千克、生态水稻500千克，产值超1万元。经开区将“稻虾共作”作为实施乡村振兴战略的重要抓手，按照“政府引导、企业主体、农民参与”的基本原则和发展思路，以“一水两用、一田两产、粮虾双赢”为目标，促进水稻、水产两大优势产业有机融合。

(经开区 吴尚志)

【镇江市委第五巡察组对兴隆街道4个村(社区)开展提级巡察"回头看"】 2019年9月16日,镇江市委第五巡察组召开巡察兴隆街道4个村(社区)党组织工作动员会。据镇江市委统一部署,镇江市委第五巡察组对兴隆街道兴城村、恒跃村、兴隆社区、三跃社区开展为期一个月的提级交叉巡察"回头看"。巡察对照村(社区)巡察重点清单,重点检查基层党组织建设情况、群众身边的腐败和作风问题、民生领域和社会治理方面问题,以及村(社区)整改的实际成果,督促被巡察基层党组织切实强化管党治党的政治责任。

(经开区 吴尚志)

【福源村孝文化园开园】 2019年10月7日,经开区举办福源村"孝文化园"开园仪式暨重阳节文艺晚会,集中表彰经开区"长寿之星""孝和之星""法治之星"典型家庭。经开区福源村孝文化园是江苏省首个村级投资打造的孝文化园,全园占地8000平方米,总投资200余万元,分为寿文化、和文化、德文化及法文化四个区域,通过雕塑、绘画等形式向市民传递尊老敬老、遵纪守法、崇德向善等理念。 (经开区 吴尚志)

【"携手长城、共创辉煌"文艺晚会】 2019年10月29日,经开区举办"携手长城、共创辉煌"文艺晚会。晚会在江苏省重大项目长城汽车核心零部件项目工地上举行,分为"恒心如擎、腾飞之翼、筑梦前行"三个篇章,集中展现经开区各行各业特别是经济发展方面取得的成果,激发经开区人与长城员工携手推进重大项目建设的斗志。晚会邀请辖区企业家分享慈善心得,公布经开区"慈善捐款榜",经开区慈善基金总额1380万元。

(经开区 吴尚志)

【初心政治生活馆】 2019年12月25日,经开区综合性党建活动阵地"初心政治生活馆"举办开馆仪式。"初心政治生活馆"于"不忘初心、牢记使命"主题教育期间建设完工,总面积约400平方米,馆内设1个服务大厅、1个功能展厅、1个初心学堂。该馆内设初心传承篇、政治生活篇、党建在线篇、党群联动篇、党旗飘扬篇5个篇章,分别展示原兴隆籍烈士事迹、党内法规条例、经开区党建品牌、先进典型榜样、党群联动等内容,功能展厅实现线上云平台、线下实景展示一体化,致力打造集红色传承教育、思想政治教育、党员互动学习为一体的综合性党建活动阵地。 (经开区 吴尚志)

2019年扬中经济开发区行政村、居委会情况一览表

表37

行政村、居委会名称	书记姓名	主任姓名	总人口(人)	工业产值(万元)
兴隆社区	蔡　文	张　峰	4560	6725
三跃社区	王正法	夏太君	5030	143789
新星村	鄂道林	—	3205	84867
德云村	陆昌鹏	范公成	2436	10917
福源村	徐纪荣	—	3575	13954
双跃村	张立华	王炳良	2610	13426
兴城村	姚月萍	—	3601	3437
恒跃村	王世海	刘贤春	4118	12662

(经开区 黄振杰)

2019年扬中经济开发区主要经济社会指标一览表

表38

地区生产总值(亿元)	50.78	农业总产值(万元)	29090
财政收入(万元)	43616	粮食总产量(吨)	6999
工业总产值(万元)	1144808	水产品产量(吨)	782

续表 38

产品销售收入(万元)	1388700	第三产业增加值(万元)	122200
实际利用外资(万美元)	2610	三产从业人员(人)	4937
进出口总额(万美元)	12030	个体工商户(户)	207
工业投入(亿元)	14.93	中小学校(所)	3
工业用电(万千瓦小时)	44429	医院、卫生院(所)	1
工业企业总数(家)	293	卫生室(个)	5

(经开区 黄振杰)

2019 年扬中经济开发区骨干企业情况一览表

表 39

企业名称	法人代表	工业总产值(万元)	销售收入(万元)	工业增加值(万元)	利税总额(万元)
江苏环太集团有限公司	王禄宝	293481	294732	72783	4616
江苏亿能电气有限公司	周桂根	82504	79383	16186	3924
江苏天辰新材料股份有限公司	王栋葆	47832	54735	11807	3726
镇江仁德新能源科技有限公司	戴晓文	171492	189210	42531	1861
江苏银佳企业集团有限公司	姚建明	60821	70941	15022	2840
江苏尚昆集团	严荣飞	85205	85053	20569	2856
金海新源电气江苏有限公司	朱冬宏	34988	45533	8637	2477
江苏星河集团公司	匡锡和	24115	36553	5160	2112
江苏航天惠利特环保科技有限公司	张炳权	11948	11475	3194	2177
镇江安华电气有限公司	韦成歌	19252	18940	4752	1459
爱士惟新能源技术(扬中)有限公司	张　勇	49613	43231	12247	655
江苏荣胜集团	黄良胜	12778	13957	3156	1017
江苏绿洲制衣有限公司	孙华忠	18402	18198	4544	1766
江苏兴盟包装材料有限公司	陈　华	16445	16425	4055	670
江苏舒克服饰有限公司	杨俭春	10391	10062	2577	352
镇江华舟电器有限公司	姚美英	8972	8989	2225	316
扬中市阀门厂有限公司	吴会友	8087	8090	2006	289
江苏天力钢结构有限公司	朱鸿钧	6397	6396	1586	214

(经开区 黄振杰)

人物·荣誉

市级新任领导

殷敏,女,1970年12月出生,江苏丹徒人,汉族,在职硕士,1994年10月加入中国共产党,1990年8月参加工作。1990年8月,镇江市供销社工业科工作(其间:1991年5月至1992年5月,镇江市供销机械厂挂职);1993年5月,镇江市供销社团委副书记;1993年10月,镇江市供销社团委副书记兼外经科副科长;1994年9月,镇江市供销社社务管理部副部长兼团委副书记;1995年10月,镇江市供销社社务管理部部长兼团委副书记;1998年4月,共青团镇江市委副书记;2002年1月,共青团镇江市委副书记、党组成员,市青联主席;2006年6月,润州区委常委、宣传部长;2007年11月,润州区委常委、组织部长;2008年2月,镇江市司法局局长、党组书记(2008年12月,兼任镇江市委政法委委员);2015年7月,镇江市商务局局长、党委书记,中国贸促会镇江支会会长;2016年4月,京口区委副书记、代区长;2017年1月,京口区委副书记、区长;2017年7月,京口区委书记;2019年9月,扬中市委书记。

张永意,男,1985年4月出生,安徽濉溪人,汉族,大学本科,2004年6月加入中国共产党,2006年8月参加工作。2006年8月,被省委组织部选调至丹阳市劳动和社会保障局工作,任局办公室科员;2008年4月,丹阳市劳动和社会保障局办公室副主任;2009年4月,丹阳市延陵镇党委组织委员、人大副主席;2010年8月,丹阳市延陵镇党委副书记;2011年3月,丹阳市延陵镇党委副书记、镇长;2012年12月,共青团镇江市委副书记、党组成员(2017年1月,赴新疆工作);2017年12月,共青团镇江市委书记、党组书记,市援疆工作组纪委书记、党委委员;2018年7月,共青团镇江市委调研员,市援疆工作组纪委书记、党委委员;2019年6月,共青团镇江市委二级调研员,市援疆工作组纪委书记、党委委员;2019年11月,扬中市委常委、二级调研员。

孙丽君,男,1977年11月出生,江苏丹阳人,汉族,在职硕士,1999年3月加入中国共产党,2000年9月参加工作。2000年9月,京口区汝山乡党政办公室工作;2001年3月,京口区丹徒镇党政办公室工作(2001年3—7月,借调京口区委宣传部办公室工作,2001年7—9月,丹徒镇新生村挂职);2001年10月,京口区人事劳动和社会保障局办公室科员;2002年7月,京口区委组织部干部科科员;2003年11月,镇江市委组织部党员教育管理处干部;2004年3月,镇江市委组织部党员教育管理处副科级组织员;2008年3月,镇江市委组织部党员教育管理处副处长;2010年9月,镇江市委组织部办公室副主任;2011年7月,镇江市委组织部办公室副主任、主任科员;2013年3月,镇江市委组织部政策研究室主任、办公室副主任;2015年9月,镇江市委组织部政策研究室主任;2016年6月,镇江市委组织部人才工作处处长;2017年6月,镇江市人才办专职副主任、市委组织部人才工作处处长;2018年5月,镇江市人才办专职副主任;2019年2月,镇江市委非公有制企业和社会组织工委副书记;2019年12月,扬中市委常委、组织部部长、统战部部长。

周勇,1971年12月出生,山东济南人,汉族,党校研究生,1999年6月加入中国共产党,1989年8月参加工作。1989年8月,镇江焦化厂工人;1993年1月,镇江市公安局交警支队民警;1993年4月,镇江市公安局防暴队民警;1993年7月,镇江市公安局京口分局防暴队民警;1994年7月,镇江市公安局丁卯派出所民警;1999年6月,镇江市公安局经侦支队驻税办民警;2002年3月,镇江市公安局经侦支队驻税办办公室副主任;2005年2月,镇江市公安局经侦支队侦审大队副大队长;2005年10月,镇江市公安局京口分局经侦大队大队长;2007年12月,镇江市公安局京口分局大市口派出所所长;2009年1月,镇江市公安局京口分局健康路派出所所长;2011年1月,镇江市公安局纪委副书记;2014年1月,镇江市公安局警务保障处政委;2016年4月,镇江市公安局警务保障处处长;2017年8月,镇江市公安局经侦支队政委;2019年11月,扬中市政府党组成员,市委政法委副书记,市公安局党委书记、督察长;2019年12月,扬中市公安局局长。

组织机构及负责人

中共扬中市委员会

书　记　潘早云(9月免)
　　　　殷　敏(女,9月任)
副书记　张德军
　　　　马家胜
常　委　王成明
　　　　张永意(11月任)
　　　　黄子来(12月免)
　　　　孙　健
　　　　卜兴荣
　　　　巫晓辉
　　　　王汉英
　　　　潘　杰(12月援疆)
　　　　孙丽君(12月任)
　　　　于德祥
　　　　李世杰

市委办公室

主　任　姚新春
副主任　郭　渝(女,2月任)
　　　　陆学兵(2月免)
　　　　陈　薇(女,2月任)
　　　　郭建中
　　　　徐子平
　　　　左　杰(2月免)
领导班子成员　马晓梅
副主任　贾子彬

市档案局

局　长　郭　渝(女)

市委研究室

主　任　郭建中(5月任)
副主任　沈　韵(3月任)

市委机要局

局　长　陈　薇(女,2月任)
副局长　马　健(2月任)

市国家密码管理局

局　长　陈　薇(女,5月任)

市国家保密局

局　长　陈　薇(女,5月任)

市委组织部

部　长　黄子来(12月免)
　　　　孙丽君(12月任)
常务副部长　徐昌桂(2月任)
副部长　周春林(2月免)
　　　　张小华(女,2月免)
　　　　姚建华
领导班子成员　鄂彩华(女)
副部长　王乔林(2月任)
　　　　吴昌松(2月任)

组织员办

副科级组织员　吴昌松(2月免)
　　　　　　　施　超(女)
　　　　　　　李　夏(女,3月免)

市委“两新”工委

书　记　姚建华
副书记　陈　雄(5月免)
　　　　蒋　敏(女,5月任)

市人才办

主　任　姚建华

市考核办

副主任　陈　雄(5月任)

市委宣传部

部　长　卜兴荣
常务副部长　严　峰
副部长　王晓东
　　　　方学建(2月免)
　　　　李　波(女,3月任)
　　　　祝启彤(2月任)
领导班子成员　蒋陈超

市委网信办

主　任　李　波(女,3月任)
副主任　郭泰莱(3月任)

市文明办

主　任　严　峰
副主任　唐　玲(女,3月免)

市融媒体中心

主　任　王晓东(12月任)
副主任　夏福洪(12月任)
　　　　解春玲(12月任)
　　　　戴维平(12月任)
　　　　左菁华(12月任)
　　　　蔡小俊(12月任)
　　　　郭　岚(12月任)
　　　　徐彦玲(12月任)
纪检组长　黄　刚
网络中心主任　左元俊

市委政法委

书　记　于德祥
副书记　吴明成(11月免)
　　　　周　勇(11月任)
常务副书记　殷　晗(2月任)
副书记　孙廷俊(2月免)
　　　　吴国彬(2月免)
　　　　戴振东(2月任)
　　　　缪　剑(2月任)
领导班子成员　朱霞萍

市委政法委政治处

主　任　王国平

市委统一战线工作部

部　长　孙丽君(12月任)
　　　　黄子来(12月免)
副部长　瞿廷辉(2月免)
常务副部长　朱建兰(女,2月任)
副部长　张　俊
　　　　沈　勤(女,2月任)
　　　　杨全贵

市民族宗教事务局

局　长　瞿廷辉(2月免)
　　　　朱建兰(女,2月任)
副局长　张　俊(2月免)
　　　　朱家生(2月任)

台湾工作办公室

主　任　朱建兰(女,2月免)

张　俊(2月任)
副主任　朱家生(2月免)

侨务办公室

主　任　沈　勤(女)

市委机构编制委员会办公室

主　任　周春林(2月免)
　　　　薛　兵(2月任)
副主任　吴　敏(女)
　　　　蔡　勇(3月任)

市事业单位登记管理局

局　长　蔡　勇(3月免)
副局长　黄　娟(女,4月任)

市委市级机关工委

书　记　陈　兵(2月任)
　　　　吴昌连(2月免)
副书记　徐美琴(女)
　　　　王乔林(2月免)
　　　　周小波(3月任)
纪工委书记　徐庆文(2月免)
　　　　　　朱孝卫(3月任)

市委党校

市行政学校校长　王成明
市行政学校副校长　周春林(2月免)
校　长　孙　健
副校长(主持工作)　孙国荣(2月免)
　　　　　　　　　姚中庆(2月任)
副校长　张广武(2月免)
　　　　陈定春
　　　　郭伟英(女)
　　　　钱吕军(4月任)

市机关事务管理局

局　长　高　琴(女,2月任)
　　　　朱华根(2月免)
副局长　倪明霞(女)
纪检组组长　薛　丽(女)
副局长　封　光
　　　　王　凯(3月免)
　　　　盛　峰(3月任)

市信访局

局　长　陆学兵(2月免)
　　　　王义波(3月任)
副局长　吴江霞(女)
　　　　何光林
　　　　于梅华(4月免)

市档案馆

馆　长　郭　渝(女)
副馆长　徐凤琴(女,2月免)
　　　　姚纪才
　　　　孙烨婷(女)
　　　　包艳梅(女,4月任)

市委老干部局

局　长　张小华(女,2月免)
　　　　陈　钧(2月任)
副局长　陈　钧(2月免)
　　　　赵　洁(女,3月免)
　　　　马侦杰(3月任)
　　　　马　旭(女,3月任)

史志办

主　任　张初明
副主任　朱怀林(2月免)
　　　　常燕萍(女)
　　　　顾大志(5月任)

扬中市人大常委会

主　任　冯锦跃
副主任　唐崇林
　　　　王继兰(女)
　　　　常　云
　　　　蒋金龙
副处级干部　戴少华(2月免)
党组成员、副处职干部　祝寒冰
党组成员　章　琴

办公室

主　任　张　伟
副主任　郭伟国
　　　　朱　伟(3月任)

财政经济工委

主　任　毛海金
副主任　王　凤

内务司法工委

主　任　张　林(2月免)
　　　　陆学文(3月任)
副主任　冯煜蘋(女)

环境资源城乡建设委

主　任　徐万军
副主任　陈廷明

科教文卫工委

主　任　戴桂平
副主任　黄海燕(女)

人事代表联络工委

主　任　施正裕
副主任　何　敏(女,3月免)

农业和农村经济工委

主　任　徐桂平
副主任　顾启伟

扬中市人民政府

市　长　张德军
常务副市长　王成明
副市长　张永意(11月任)
　　　　陈波涛(4月援陕)
　　　　宫金生
　　　　孙冬梅(女)
　　　　林成春
　　　　周　勇(11月任)
　　　　仲　泉(11月任)
　　　　陈晓斌(挂职,8月任)

办公室

主　任　仲　泉
党组副书记　耿晓琴(女,2月免)
　　　　　　薛　兵(2月免)
党组成员　高　琴(女,2月任)
副主任　王义波(12月任)

唐　健(3月免)
殷　晗(2月免)
陈小锋
党组成员　陆永生
副主任　马意俊
姚　星
林　帅
督查室主任　姚俊洪(3月免)
蔡国庆(2月免)
孟志强(3月任)
汪永新(3月任)

大数据管理局

局　长　陈小锋(5月任)
副局长　姚俊洪(3月任)

外事办

主　任　马意俊(5月任)
副主任　夏　璟(女,3月任)

接待办

主　任　孙春祥

经济发展局

党委书记、局长　仲　斌(2月任)
党委副书记　潘贤道(2月免)
何　勇(2月任)
郭连志(2月免)
张正荣(5月任)
副局长　包勇军(2月任)
朱光辉(2月免)
金红伟(女,2月免)
黄贤成(2月任)
曹广金(2月任)
孙显文(2月免)
陈丽明(女,2月任)
党委委员　张德贵(2月任)

粮食和物资储备局

局　长　仲　斌(2月任)
副局长　何　勇(4月任)

人社局

党委书记、局长　张　华(2月任)
周春林(2月免)
党委副书记　陆纪云(女,2月免)
刘国斌
党委委员、副局长　吴　敏(女)
周　斌
杨长秀
宗加洪
蒋长春
党委委员、社保中心主任　戴伟柱
党委委员、就管中心主任　李荣林
人才中心主任　蓝厚国
监察大队大队长　刘　巍(4月任)

医疗保障局

党组书记、局长　陆纪云(女,2月任)
副局长　吴永忠(2月任)
党组成员、副局长　施荣祥(2月任)

医疗保险基金管理中心

主　任　陆纪云(女)
副主任　黄高伟
冷新星(女)
蔡　刚(2月任)
张拥军(2月免)

行政审批局

局　长　杨立维(2月任)
副局长　黄　勇(4月任)
朱　莉(女,5月任)

政务服务管理办公室

主　任　杨立维
副主任　孔红梅(女)
朱　波
丁晓峰

公共资源交易中心

主　任　刘　俊

统计局

局　长　梅稳山(2月任)
童　峰(2月免)
副局长　王　清(3月免)
陆文龙
汤小丰
王小燕(女,4月任)
调查局局长　王丰硕

应急管理局

局　长　孙　斌(2月任)
副局长　黄贤华(2月任)
朱建中(2月任)
张泽民(2月任)
孙　平(2月任)

安委办

主　任　孙　斌(12月任)
副主任　张泽民(12月任)

安全生产监察大队

大队长　徐　良(4月任)

市场监督管理局

局长、党委副书记　兰乔根(2月免)
党委书记、副局长　陈　兵(2月免)
党委书记、局长　童　峰(2月任)
党委委员、副局长　杨恒春(2月免)
党委副书记　唐　立(5月任)
党委委员、副局长　唐　立
王　成
吴振军
李　红
姚　俊
陶书斌
陈佩银

知识产权局

局　长　童　峰
副局长　王秋平(4月任)
新坝分局局长　陈永祥
城区分局局长　杨怀龙
兴隆分局局长　张有斐
油坊分局局长　方　军
八桥分局局长　盛　艳
西来桥分局局长　王秋平(4月免)
陆学龙(4月任)
检验检测中心主任
陈红霞(女,4月任)

商务局

党组书记、局长　黄红兰(女)
　　印永洪(12月免)
党组副书记　郭明华
副局长　郭明华(3月免)
　　王　清(3月任)
　　莫纪奎
　　朱文生(3月免)
　　王　琪
党组成员　方　勇(11月免)
招商中心主任　袁　进(3月免)
　　陆赵华(3月任)

外贸公司

副经理　顾　彬(3月免)
　　黄　成(5月免)
　　杨　凡(女)

粮食收储中心

主　任　印永洪(2月免)
　　张正荣(2月任)
副主任　赵文俊
　　黄　馨(2月免)
　　郭马莉(女)
纪检组长　潘照瑾(女)
副主任　印和平(女)
　　秦　鸿(3月任)

工业集团总公司

总经理　何　勇(2月免)
副总经理　刘良福
　　魏　奇
　　王　洁
　　郭纪俊
纪检组长　徐秋霞(女,3月免)
　　朱耀宇(4月任)

供销总社

党委书记、主任　郭连志(2月任)
主任、党委副书记　陈宝瑞(2月免)
党委书记、副主任　赵徐平(女,2月免)
党委副书记　陆　俊(2月任)
副主任　王存峰(3月任)
　　施晓晖(女)
　　刘　俊

商业集团总公司

总经理　包良俊(2月免)
　　金　红(女,2月任)
副总经理　金　红(女,2月免)
　　陈国梅(女)
　　郭玉生
　　缪剑刚
纪委书记　朱　枫(女)
副总经理　张　勤(女)

住房与城乡建设局

党委书记、局长　周丁文(2月免)
　　殷新华(2月任)
党委副书记、副局长　杨富森
　　耿海铭
党委副书记　倪留章(2月免)
党委委员、副局长　陈学兵(3月任)
党委副书记　吴培枫(3月任)
　　祝瑞平
副局长　张开华
党委委员、副局长　翟　骏
　　姜金龙
　　王笃龙(2月免)
党委委员　郭　翔(2月免)
　　马万喜
党委委员、副局长　张　钰

拆迁办

主　任　成枝松

地震局

局　长　陈学兵

人民防空办公室

主　任　杨富森(2月任)
副主任　郭　翔(2月任)

市政园林工程处

党组书记　殷新华(3月任)
　　倪留章(2月免)
主任、党组副书记　吴培枫(3月任)
　　祝晓东(2月免)
副主任　朱新耀
　　张建荣
　　唐纪彬
　　景书红
　　方　敏(5月任)
　　王　凯(3月任,援陕)
　　黄振亮(3月免)
纪检组长　郑世红(女,5月任)
　　方　敏(5月免)

城市建设投资发展总公司

党委书记、董事长　方正和
党委副书记、总经理　孙万华
党委副书记　凌　松
　　姚俊岭
党委委员、副总经理　朱信洪
　　王东升
　　陶旭红
党委委员　张小强
　　张开慧
　　苏劲鸥
　　吴红梅(女)
总工程师　李伯和
党委委员、副总经理　王　飞(5月任)
总会计师　李云芳(女)
党委委员、纪委书记　冷松海(5月任)
　　王　飞(5月免)

中扬建设集团

总经理　凌　松
副总经理　张小强
　　张开慧
　　苏劲鸥
　　吴红梅(女)

绿洲新城实业集团有限公司

党委书记、董事长　张晓阳
党委副书记、总经理　董泽富
党委副书记　陆志扬
党委委员、副总经理　张玉荣(2月免)
　　张明荣
党委委员、纪委书记　徐　斌
党委委员、副总经理　恽　然
　　张秀娟(女)

城管局

局长、党组书记　匡越石(2月免)

陆学兵(2 月任)
副局长 赵启生
赵　阳
王家金
朱中宏
孙晓根(挂职)

城管综合行政执法大队

大队长 王　唯
党支部书记 黄伟良

交通运输局

党委书记、局长 陈廷荣
党委委员 张　华(2 月免)
党委委员、副局长 祝明伦(2 月免)
顾红俊
党委副副书记、副局长 朱爱锋
党委委员 顾锦川(2 月免)
党委委员、副局长 何柏进
孙　军
党委委员 孔祥熔(2 月免)
王中和

运管处

主　任 王　俊
党支部书记 张跃峰(3 月免)
朱　云(女,3 月任)

公路管理处

主　任 张　华(2 月免)
张跃峰(3 月任)
党支部书记 柴亚林(女)

交通运输综合执法大队

大队长 徐福根(4 月任)

财政局

党委书记、局长 季广华
党委副书记、副局长 田启发(2 月免)
党委副书记 姚红梅(女)
党委委员 朱志林(5 月任)
党委委员、副局长 吴跃峰(2 月免)
陆红艳(女)
印邦宁
高　飞(2 月任)
党委委员 丁　燕(女,2 月免)
狄明娣(女)
秦　云(女,3 月任)
郭殿中(3 月任)
新坝分局局长 朱秀平
油坊分局局长 王海燕(女)
八桥分局局长 刘效兵
三茅分局局长 施　稳
开发区分局局长 周　英(女)

会计服务中心

主　任 狄明娣(女,3 月免)
郭殿中(3 月任)

住房公积金管理中心

主　任 秦　云(女)

国有资产管理委员会办公室

主　任 吴跃峰(2 月免)
季广华(2 月任)
副主任 狄明娣(女,3 月任)

审计局

党组书记、局长 周春林(2 月任)
杜成福(2 月免)
党组副书记、副局长 宗秋生(2 月免)
党组副书记 蒋晓梅(女,3 月任)
副局长 沈　健(女)
蒋晓梅(女)

地方金融监督管理局

党组书记、局长 吴跃峰(2 月任)
党组成员、副局长 孙显文(2 月任)
党组成员、副局长 丁　燕(女,2 月任)
副局长 狄明娣(女,挂职)

金控集团

董事长 彭全胜
总经理 张克祥
副总经理 徐君明
纪检组长 方　清(女)
副总经理 曹章林

农业农村局

党委书记、局长 印　斌(2 月免)
印永洪(2 月任)
党委副书记、副局长 刘乔龙(2 月免)
何　玫(女,4 月任)
党委委员、副局长 仲纪跃(2 月任)
陆　军(2 月免)
彭　君(2 月任)
何　玫(2 月任)
顾春健(2 月任)
党委委员 白玉卿
副局长 王秀萍(女,挂职)
党委委员 施积文(2 月免)
张　俊(3 月免)
顾　彬(3 月任)
许鸿鸽(3 月任)
姚成凤(3 月任)

市委农办

主　任 印永洪(2 月任)
副主任 白玉卿(3 月任)

农业技术推广中心

主　任 施积文(2 月免)
姚成凤(3 月任)
书　记 姚成凤(3 月免)
左晓勇(3 月任)

良种繁育场

场　长 张　俊(3 月免)
顾　彬(3 月任)

农林行政执法大队

大队长 许鸿鸽

水利局

党总支书记、局长 黄声亮(2 月任)
党总支副书记 黄裕文(4 月任)
党总支委员、副局长 马万红(2 月任)
郭　峰(2 月任)
党总支委员 耿明华(女,2 月免)
党总支委员、副局长 黄裕文(2 月任)
杨　波(2 月任)
党总支委员 黄健芳(4 月任)

防汛抗旱办公室

主　任　黄健芳

水利农机综合执法大队

大队长　张小华

水务集团

董事长　范选华
总经理　卢　健
总工程师　郭佳亮
副总经理　方奇兵
纪检组长　耿志红

科技局

局长、党组书记　朱　勇
党组成员、副局长　陈学兵(3月免)
　　鞠　勇
副局长　左志鹏(11月任)
党组副书记、副局长　吴　燕(女,2月任)
党组成员、副局长　王小冬(3月任)
　　陈丽明(女,2月免)

教育局

党委书记、局长　张源泉(2月免)
　　印　斌(2月任)
党委委员、副局长　戴凤云(女,2月免)
党委副书记、副局长　王家新
党委委员、副局长　杨卫群
副局长　冯丽娟(女)
党委委员、副局长　冯义成(3月任)
党委委员　王成杰
　　蔡华新

市政府教育督导室

主　任　戴凤云(女,2月免)
　　王家新(2月任)

文体广电和旅游局

局　长　常本宽(2月免)
　　方学建(2月任)
副局长　胡敏生(3月免)
　　杨　敏(女,2月免)
　　潘　洁(女,2月任)
　　黄　成(5月任)
　　季　翔(2月任)

文化旅游综合执法大队

大队长　施建明(3月任)

卫健委

党委书记、主任　周春燕(女,2月任)
党委副书记、副主任　张贵福(2月任)
　　陈太全(2月任)
副主任　吴永忠(2月免)
党委委员、副主任　朱冠华(2月任)
　　朱戊申(2月任)
　　施　薇(女,2月任)
　　杨国荣(2月任)
　　贾美红(2月任)
保留副科职干部　陶卫国(2月任)

卫生监督所

所　长　杨国荣(5月免)
　　郭　炜(女,5月任)

疾病预防控制中心

主　任　张开祥
党支部书记　陶卫国(3月免)
　　何文华(3月任)

公安局

党委书记、局长　吴明成(11月免)
　　周　勇(11月任)
党委副书记、政委　仲纪华(4月免)
　　卞为民(4月任)
党委委员、副局长　卞为民(4月免)
党委委员、常务副局长　冯太伟(4月任)
党委委员、副局长　王昌法
　　钱学友
党委委员　刘良珍
党委委员、副局长　童国际
　　孔　勇
党委委员　何　龙
　　缪　剑(2月免)
　　陈　鹏

指挥中心

教导员　顾鸣鹤

政治处

主　任　陈　鹏

经济犯罪侦查大队

大队长　黄良保
教导员　吴蓉梅(女,4月免)
　　蒋元海(4月任)

交通警察大队

大队长　何　龙
教导员　陆纪权(2月免)
　　吴蓉梅(女,4月任)

巡特警大队

大队长　王　峰
教导员　吴圣海

刑事侦查大队

大队长　缪　剑(2月免)
　　聂朝军(4月任)
教导员　王小中

水上警察大队

大队长　蒋爱荣(2月免)
　　杨全荣(4月任)
教导员　钱吉凤

治安警察大队

大队长　孙德洪(2月免)
　　张瑞松(4月任)
教导员　孙　帆(4月免)
　　朱嵘臻(4月任)

国内安全保卫大队

大队长　朱嵘臻(4月免)
　　孙　帆(4月任)
教导员　蒋元海(4月免)
　　陆浩然(4月任)

警务督察大队

大队长　肖　峰
教导员　蒋道文

法制大队

教导员　崔卫东

网络安全大队

大队长　马万军

教导员　王顺祥

新坝派出所

所　长　朱巧生(4月免)

　　　　刘　忠(4月任)

教导员　刘修金(4月免)

　　　　蒋　勇(4月任)

城西派出所

所　长　郭宏生

教导员　杨侃淳(4月免)

　　　　耿　强(4月任)

城东派出所

所　长　张　教(4月免)

　　　　杨侃淳(4月任)

教导员　陆明强

开发区派出所

所　长　王　平

教导员　秦恒祥

油坊派出所

所　长　聂朝军(4月免)

　　　　刘修全(4月任)

教导员　张瑞松(4月免)

　　　　姜　文(4月任)

八桥派出所

所　长　刘　忠(4月免)

　　　　蔡文彬(4月任)

教导员　耿　强(4月免)

　　　　姚祥富(4月任)

西来桥派出所

所　长　施同群

教导员　蔡文彬(4月免)

　　　　刘志祥(4月任)

大桥派出所

所　长　耿武军(4月免)

　　　　蔡纪龙(4月任)

教导员　陆纪才(4月免)

二桥派出所

所　长　倪嘉聘

教导员　冷其刚(2月免)

　　　　许正平(4月任)

三桥派出所

所　长　耿昌宏

教导员　姜　文(4月免)

　　　　杨全兵(4月任)

二墩港派出所

所　长　蔡纪龙(4月免)

　　　　耿武军(4月任)

教导员　陆浩然(4月免)

泰州大桥派出所

所　长　刘　云(4月免)

　　　　杨全凤(4月任)

教导员　缪士扬

直属派出所

所　长　孙晓根

教导员　姚祥富(4月免)

　　　　陈留生(4月任)

水上派出所

所　长　左昌宇

教导员　张加根

看守所

所　长　杨全荣(4月免)

　　　　张孝文(4月任)

教导员　郭　勇

司法局

局　长　张庆平

副局长　孙小华(女)

党组副书记、副局长　蔡国庆(2月任)

党组成员、副局长　张　华(11月免)

　　　　　　　　　王晓雪

党组成员　蒋丰华(2月任)

党组成员、副局长　蔡　艳(女)

党组成员　黄贤勇(2月任)

全面依法治市委员会办公室

副主任　蒋丰华

矛调中心

主　任　黄贤勇

民政局

党组书记　李跃林(2月免)

党组书记、局长　吴昌连(2月任)

党组副书记　张雨冬(女,5月任)

副局长　张雨冬(女)

　　　　张正全

　　　　朱红芸(女)

　　　　常扣岚(2月免)

退役军人事务局

局　长　赵　斌(2月任)

副局长　常扣岚(2月任)

　　　　于梅华(4月任)

政协扬中市委员会

主　席　施健华

党组书记　施健华

党组副书记　沈大银

　　　　　　蒋相根

副主席　沈大银

　　　　陆国平

　　　　黄成刚

　　　　兰云林

　　　　倪　军

秘书长　姚中庆(2月免)

办公室

主　任　姚中庆(2月免)

　　　　方日新(2月任)

副主任　方日新(2月免)

　　　　胡　婕(女)

　　　　季　雍(女,3月任)

经济科技委员会

主　任　蔡爱华

副主任 朱发平

城乡建设委员会

主 任 杨怀康
副主任 羊国际

教卫文史委员会

主 任 卢正华(2月免)
黄克良(3月任)
副主任 左志鹏(11月免)
郭纪波

提案和委员联络委员会

主 任 施朝阳
副主任 孙 可(女)

社会法制和海外联络委员会

主 任 唐桂林
副主任 王秀萍(女)

中共扬中市纪律检查委员会

书 记 巫晓辉
副书记 何世平
王东升
常 委 赵 斌(2月免)
丁建东
黄 峰
石 力
章 静(兼,女,5月任)
办公室主任 俞锦平(兼)
纪检监察干部管理监督室主任
唐祥军
宣传教育室主任 祝 玲(女,5月任)
党风政风监督室主任 章 静(兼,女)
信访室主任 裴春会(兼)
案件监督管理室 刘家旺(5月任)
第一纪检监察室主任 温 剑
第二纪检监察室主任 韦庆春
第三纪检监察室主任 殷学鹏
第五纪检监察室主任
陆梦泽(5月任)
第六纪检监察室主任
施正荣(5月任)
案件审理室主任 朱长治

市监察委员会

主 任 巫晓辉
副主任 何世平
王东升
委 员 黄 峰
石 力
丁照霞(女,5月免)
俞锦平(5月任)
裴春会(5月任)

市委巡察机构

市委巡察办主任 王东升
市委巡察办副主任 徐友明
朱志林(5月免)
徐 剑(5月任)
市委巡察组组长 徐 跃(5月免)
刘 平
司晓玲(女)
丁照霞(女,5月任)
市委巡察组副组长 王 梅(女)
张 武
李卫国
蒋 勇
韩雪华(女)
何云峰

市纪委、市监委派驻纪检监察组

派驻第一纪检监察组组长 马晓梅(女)
派驻第二纪检监察组组长 章 琴(女)
派驻第三纪检监察组组长 鄂彩华(女)
派驻第四纪检监察组组长 蒋陈超
派驻第五纪检监察组组长 陆永生
派驻第六纪检监察组组长 朱霞萍(女)
派驻第七纪检监察组组长 张德贵
派驻第八纪检监察组组长 马万喜
派驻第九纪检监察组组长
高 飞(2月免)
朱志林(5月任)
派驻第十纪检监察组组长 杨国泉
派驻第十一纪检监察组组长 刘良珍

检察 审判机构

人民检察院

党组书记、检察长 黄卫群
副检察长 倪 军
党组成员、副检察长 张正祥
姚 俊
党组成员、检委会专委
施正矛
张澄华(女,4月任)
党组成员、政治处主任
蒋春富(4月任)

人民法院

党组书记、院长 岳益民(12月免)
党组书记、代院长 朱晓军(12月任)
党组副书记、副院长 祝纪网(2月免)
朱小中
党组成员、政治处主任
周 荣(4月任)
党组成员、审委会专职委员
周 荣(4月免)
朱亚平(2月免)
党组成员、副院长 王 彤
陈 明(4月任)
陆丽华(女)

社会团体

总工会

主席、党组书记 管拥军
副主席 王德洲(2月免)
方文忠
孙春艳(女)
方 勇(11月任)
赵 洁(女,3月任)

团市委

书 记 包熙鹏
副书记 田易加(女)

妇女联合会

主 席 高 琴(女,2月免)

耿晓晴(女,2月任)
副主席 祝志平(女)
段欢欢(女)
党组成员 奚 彩(女)

妇儿工委

主 任 奚 彩(女)

科学技术协会

主 席 董三明
副主席 方礼兵
李成明

归侨侨眷联合会

主 席 居春霞(女,2月免)
朱秋敏(女,4月任)
副主席 朱秋敏(女,4月免)
陈 薇(女,4月任)

工商业联合会

主 席 张孝明
党组书记 赵徐平(女,2月任)
瞿廷辉(2月免)
副主席 缪玉明

文学艺术界联合会

主 席 方泽华
副主席 王中明(2月免)
方莹莹(4月任)

残疾人联合会

理事长 姚久荣
副理事长 严久霖(2月免)
蔡华明
朱文生(3月任)

红十字会

常务副会长 耿晓晴(女,2月免)
杨 敏(女,3月任)
副会长 张 慧(女)

关心下一代工作委员会

主 任 戴正春
副主任 蔡贞洋

学校 医院

省扬高中

校 长 王成杰
副校长 黄安彪(2月免)
朱小明(2月免)
陈世明(3月任)
李 强
宫建红(女,3月任)
纪委书记 陈世明(3月免)
顾大成(4月任)

第二高级中学

校 长 陈大庆

省扬中中等专业学校

校 长 奚必政
党总支书记 陈 霞(3月免)
蔡 君(4月任)

教师发展中心

主 任 蔡华新

人民医院

院 长 朱进华
党委书记 朱阳春(2月免)
朱进华(2月任)
副院长 陆 洋(2月免)
瞿彩平(2月免)
蒋纪祥
党委副书记 胡红云(女)
纪委书记 杨 彬
副院长 张 军(3月任)
戴 春(5月任)

镇、街道、开发区

新坝镇

党委书记 潘 杰
吴玉青(12月任)
党委副书记、镇长 杨友军
人大主席 周中华
党委副书记 张皓玮(挂职)
张芙蓉(女)
张正荣(2月免)
陈泽坤(3月任)
党委委员、纪委书记 姚恒志
党委委员、副镇长 王义波(2月免)
党委宣传委员 顾永生
党委政法委员 朱巧生
党委委员、人武部长 徐晓静
党委组织委员 吴 燕(女,2月免)
周 红(女,2月任)
党委统战委员 周 红(女,4月免)
施 勇(4月任)
保留原职级待遇干部
徐 静(女,2月免)
副镇长 杨晨辉
祝启彤(2月免)
钱 宏
陆 春(女)
陈 健
孙晓湘(3月任)
丁正凤(女,2月任)
曾晓红(挂职,女,9月任)

江苏省高新技术开发区

党工委副书记、管委会常务副主任
张皓玮
管委会副主任
朱 阳(女)
顾小春
杨 峰(挂职,女,9月任)

大航集团

董事长 薛 军
副总经理 施建中
陈 晔(女)
孙 伟
黄 飞
纪委书记 安 乐

油坊镇

党委书记 陶建国
党委副书记、镇长 瞿惠辉
人大主席 黄克良(3月免)

胡敏生(3月任)
党委副书记 杨诗健(挂职,4月任)
蔡巧珍(女)
党委委员、纪委书记 陆 庆
党委政法委员 何桂根
党委委员、副镇长 瞿靖承(3月任)
党委委员、人武部长 施光宏
党委宣传委员 徐 莺(女)
党委组织统战委员
瞿靖承(3月免)
李 厦(女,3月任)
副镇长 王存峰(3月免)
周小波(3月免)
白玉卿(3月免)
徐秋霞(女,3月任)
黄克勇(3月任)
陆昌海
朱秀亭(3月任)
郭 健(挂职)

八桥镇

党委书记 吴玉青
党委副书记、镇长 童 涛
人大主席 姚永洪
党委副书记 王耀辉
党委政法委员 朱红军
党委宣传委员 潘菊梅(女)
党委组织统战委员 钱道兵
党委委员、副镇长
何耀武(党委委员4月任)
党委委员、纪委书记 杨 娟(女)
党委委员、人武部长 刘乔荣
副镇长 陈为民
贾 燕(女,3月任)
蔡 华(3月免)
孙晓湘(3月免)
孙国庆(3月任)
朱 威(挂职)

西来桥镇

党委书记 曹学松
党委副书记、镇长 张 豫
党委副书记 唐 健(3月任)
吴培枫(3月免)
人大主席 姚 红(女)
二级主任科员 陈金海(3月任)
党委委员、副镇长 郭 波
党委委员、纪委书记 蒋丰庆
党委宣传委员 张咏梅(女)
党委政法委员 汤仁文
党委委员、人武部长 陈雪华
党委组织统战委员
唐 玲(女,3月任)
郎 墨(女,3月免)
副镇长 陈金海(3月免)
郭如彬
李培志(3月免)
张 俊(3月任)
何 敏(女,3月任)
刘允航(挂职)

三茅街道

党工委书记 王汉英
党工委副书记、办事处主任 司信年
党工委副书记 孙 斌(2月免)
姚文笋(2月任)
党工委副书记 王 丹(女)
党工委副书记 姚文笋(2月免)
左 杰(2月任)
人大工委主任 潘金东
党工委委员、办事处副主任 陈小平
党工委委员、纪工委书记 王 震
党工委组织统战委员 杨淑静(女)
党工委委员、人武部长 左绍阳
党工委宣传委员 冯义成(3月免)
蔡 华(3月任)
党工委政法委员 陆学文(3月免)
林 峰(3月任)
办事处副主任 林晓宁(女)
马 云(女)
祝元元(女)
邹东平
李茂福
保留正科职待遇干部
陈春俊(2月免)
保留原职级待遇干部
宦建明(2月免)
钱廷伟(2月免)
保留副科职干部 奚松平
傅德军
办事处副主任 刘 超(挂职,4月任)
夏明亮(挂职,9月任)

科创产业园区

常务副主任 孙 斌(2月免)
姚文笋(2月任)
副主任 周艳阳(女)
李培志(3月任)

经开区

党工委书记 周鹤军
党工委副书记、管委会主任 陈 军
党工委副书记 蔡爱国
党工委委员 黄 勇
人大工委主任 李德才
党工委委员、党群工作部部长
田广权
党工委委员 李 波(女,3月免)
常加玲(女)
党工委委员、管委会副主任 傅法新
党工委委员 高绍海
朱天森
党工委委员、管委会副主任、招商部部长 奚松峰
党工委委员、管委会副主任、规划建部部长 王俊杰
党工委委员、纪工委书记 祝 华
党工委委员 薛 为(女)
党工委委员、人武部长 蔡 文
党工委政法委员 倪其兵
党工委委员、管委会副主任 王 华
党工委委员 郎 墨(女,3月任)
朱 剑
园区服务部部长 王 波(女)
党政办公室主任 田广权(4月免)
贺洪旗(4月任)
管委会副主任 王成云(挂职)

兴隆街道

党工委书记 蔡爱国
党工委副书记、办事处主任 黄 勇
人大工委主任 李德才

党工委副书记　田广权
党工委委员、办事处副主任
李　波(女,3月免)
常加玲(女)
高绍海
朱天森
党工委委员、纪工委书记　祝　华
党工委宣传委员　薛　为(女)
党工委委员、人武部长　蔡　文
党工委政法委员　倪其兵
党工委委员、办事处副主任
郎　墨(女,3月任)
党工委组织统战委员　朱　剑

科创中心

主　任　袁　进(3月任)
黄克勇(3月免)

大行公司

总经理　王宇峰
副总经理　姚永龙
张立华
纪委书记　童建敏(女)
副总经理　蔡惠武
朱　萍(女)

条线管理部门

国家税务总局扬中市税务局

党委书记、局长　王金龙
党委副书记、副局长　刘万龙
党委委员、副局长　蔡登明(4月任)
孙　玉(4月任)
张达峰
解庆红
周生和
何文革
丁勇林(4月任)
朱未彦
谭　啸(4月免)
方平香(4月免)
李元东(4月免)
党委委员、纪检组长　徐轶超

自然资源和规划局

局长、党委副书记　祝晓东(2月任)
党委书记、副局长　何跃兵(2月任)
党委副书记、副局长　王文生(2月任)
严华万(2月任)
党委委员、副局长　郭荣庆(2月任)
张红兵(2月任)
毛艳阳(女,2月任)
张恒平(2月任)
党委委员　陶华平(2月任)
规划管理处主任　周亚东(11月任)

生态环境局

党组书记、局长　郑鲁军(2月免)
匡越石(2月任)
党总支书记　匡越石(10月任)
党组副书记、副局长　朱春耕(2月免)
副局长　黄　勇(5月免)
钱建平(5月免)
陈　刚(5月免)
范　彬
肖勇泉
徐彩凤(女)

气象局

局　长　潘建梅(女)
副局长　缪士荣
巫丽君(女,12月任)

中国电信扬中分公司

总经理　张明乔(5月免)
肖国等(5月任)
副总经理　孙　彤
施红敏(女)
孙华斌(11月任)

中国移动扬中分公司

总经理　司马信辉
副总经理　樊　澎
朱绎晓(2月免)

中国联通扬中分公司

总经理　洪　伟

中国邮政扬中分公司

总经理、党委书记　冷　健(5月免)
袁玉元(5月任)
副总经理、纪委书记　李　杰
副总经理、工会主席
黄　萍(女,6月免)
王为民(6月任)

供电公司

总经理、党委副书记　周　鹏
党委书记、副总经理　徐向东(7月免)
党委书记、副总经理　许象明(7月任)
副总经理　周　健
纪委记、工会主席　张　毅
副总经理　鞠益宏
郑　杨(8月免)
孙　敏(8月任)
协理员　王慧生

长江扬中航道处

处长、书记　陆　华
副处长　王晶晶(女)
冯　欣(女)

石油公司

经　理　范公良

烟草专卖局

局长、经理　翟兆春(10月免)
周克玮(10月任)
副局长　陆　军
副经理　吴　军

荣 誉

2019年扬中市获国家级表彰的先进集体一览表

(部分荣誉选录)

表40

获奖单位	奖项	颁奖单位
扬中市	全国绿化模范单位(县、市、区、旗)	全国绿化委员会
扬中市	“七五”普法中期先进集体	全国普及法律常识办公室
扬中市	2019年国家级农村职业教育和成人教育示范县展示与交流平台优秀分平台	国家开放大学
检察院	青少年维权岗	全国创建“青少年维权岗”活动领导小组办公室
检察院	2019年度全国检察宣传先进单位	检察日报社
新坝派出所	全国首批“枫桥式公安派出所”	公安部
公安局	优秀合作伙伴奖	人民公安报社、中国警察网
司法局	坚持发展“枫桥经验”实现矛盾不上交试点工作表现突出集体	司法部
新坝司法所	全国先进司法所	司法部
创新农村公共服务“八位一体”运行维护机制	全国农村公共服务典型案例	农业农村部、国家发展改革委员会
医保中心服务大厅	全国巾帼文明岗	中华全国妇女联合会
审计局	2019年度全国审计宣传工作先进单位	中国审计报社
市场监督管理局	国家知识产权强县工程试点县	国家知识产权局
卫生健康委员会	2019年“全民健步中国行”中国健步走大赛(江苏·扬中站)最佳风采奖	国家体育总局社会体育指导中心
卫生健康委员会	2017年度全国避孕药具不良反应监测工作先进监测点	国家人口计生委计划生育药具不良反应监测中心
卫生健康委员会	2018年度全国避孕药具不良反应监测工作先进监测点	国家人口计生委计划生育药具不良反应监测中心
疾控中心	全国优秀健走单位奖	中国疾控中心慢病防制中心
扬中市人民医院	“2017—2019年度上消化道癌早诊早治项目”优秀项目单位	中国癌症基金会、国家卫生健康委农村癌症早诊早治项目专家委员会
档案馆	全国建设项目档案微视频大赛二等奖	国家档案局
供销合作总社	2018年度全国供销合作社系统百强县级社	中华全国供销合作总社
八桥供销合作社	2018年度全国供销合作社系统基层社标杆社	中华全国供销合作总社
团市委	全国“青少年维权岗”(2016—2018年度)	全国创建“青少年维权岗”活动领导小组办公室
总工会	2018年度基层职工互助互济保障考核优秀	中国职工保险互助会
科协	2019年全国科普日优秀活动	中国科协
恒跃村	全国综合减灾示范社区	国家减灾委员会、应急管理部、中国气象局、中国地震局
史志办	《扬中年鉴(2018)》获第六届全国地方志优秀成果年鉴类三等奖	中国地方志指导小组

续表 40

获奖单位	奖项	颁奖单位
镇江仁德新能源科技有限公司	国家级绿色工厂	工业和信息化部节能与综合利用司
镇江仁德新能源科技有限公司	全国模范职工小家	中华全国总工会
江苏美科硅能源有限公司	国家知识产权优势企业	国家知识产权局
江苏亿能电气有限公司	CCC 中国强制性产品认证生产企业分类管理等级 A 级	中国质量认证中心
大全集团	全国五一劳动奖状	中华全国总工会
威腾电气集团股份有限公司	全国总工会职工书屋示范点	中华全国总工会
扬中舞韵方洲广场舞队	全国健身秧歌(鼓)大赛(泰兴站)自选套路 一等奖、规定套路二等奖	国家体育总局社会体育指导中心
扬中舞韵方洲广场舞队	全国健身秧歌(鼓)总决赛健身秧歌自选套路 二等奖、规定套路二等奖、最佳创意奖	国家体育总局社会体育指导中心
扬中第二高级中学女子曲棍球队	第十一届全国曲棍球后备人才基地夏季训练营暨2019 年全国青少年 U 系列曲棍球锦标赛 U18 组冠军	中国曲棍球协会
新坝镇(高新区)	国家智慧电气高新技术产业化基地	科技部
新坝镇	全国先进司法所	中华人民共和国司法部
长旺村	国家森林乡村	国家林业和草原局
教育局	中小学美育改革创新优秀案例	中华人民共和国教育部
教育局	全国第六届中小学生艺术展演活动优秀组织奖	中华人民共和国教育部
第一中学教育集团	全国“新时代好少年”主题教育读书活动“我为祖国点赞”先进集体称号	教育部关心下一代工作委员会
第一中学教育集团	2019 年全国青少年曲棍球锦标赛二等奖	国家体育总局手曲棒垒球运动管理中心、国家体育总局手曲棒垒球运动管理中心
第一中学教育集团	江苏省田径比赛冠军	中国田径协会
外国语中学教育集团	“新时代好少年”主题教育读书活动“我为祖国点赞”示范学校	教育部关心下一代工作委员会
南师扬中附小教育集团	亚洲少儿田径运动会团体冠军	亚洲少儿田径发展联盟
南师扬中附小教育集团	全国青少年 U 系列曲棍球锦标赛女子 U12 学校组一等奖	中国曲棍球协会
南师扬中附小教育集团	中国曲棍球后备人才传统校	中国曲棍球协会
南师扬中附小教育集团	江苏省少儿校园趣味田径比赛团体第二名	全国少儿趣味田径运动会组委会
三茅中心幼儿园	全国足球特色幼儿园	中华人民共和国教育部

续表40

获奖单位	奖项	颁奖单位
长旺中心幼儿园	全国 STEM 教育创新实验学校	中国陶行知研究会
油坊中心幼儿园	全国“家校(园)共育”数字化项目试点园	国家行政学院家庭教育研究中心
长旺中心小学	2019 年全国车辆锦标赛 1/8 电动房车竞速赛团体第六名	中国车辆模型运动协会
南师扬中附小教育集团	“新时代好少年”主题教育读书活动“我为祖国点赞”示范学校	教育部关心下一代工作委员会

2019 年扬中市获省级表彰的先进集体一览表

(部分荣誉选录)

表41

获奖单位	奖项	颁奖单位
扬中市	2018 年度土地执法先进县(市、区)	江苏省自然资源厅
扬中市	江苏省巾帼文明岗	省妇女联合会、江苏省妇女“双学双比”“巾帼建功”活动领导小组
扬中市人民政府	生态环保领域真抓实干奖	江苏省政府办公厅
融媒体中心	2019 年度先进单位	江苏苏省县市新闻中心工委
检察院	2016—2018 年度江苏省文明单位	江苏省精神文明建设指导委员会
第五检察部 “针对民事案件错误执行制发建议保障被执行单位权益” 的检察建议	2018—2019 年度江苏省检察机关 “十大精品检察建议”	江苏省检察院
交通运输局	江苏省公共机构节能示范单位	江苏省机关事务管理局
扬中市“太平路·扬中行”	农村公路“一县一品牌、一区一特色”创建成果	江苏省交通运输厅
交通运输局	交通运输行业先进集体	江苏省人社厅、江苏省交通运输厅
水产技术推广站	江苏省渔业技术推广系统先进集体	江苏省渔业技术推广中心
江苏扬中经济开发区	江苏省知识产权示范园区	江苏省知识产权局
江苏扬中经济开发区总工会	“唱响时代最强音”江苏省职工合唱展示活动优秀奖	江苏省总工会
兴隆街道劳动人事争议调解中心	江苏省劳动人事争议优秀基层调解组织	江苏省人力资源和社会保障厅
司法局	2018 年度信息工作先进集体	江苏省司法厅
司法局	江苏省司法行政系统先进集体	江苏省人社厅、江苏省司法厅
公证处	江苏省公证服务能力提升先进单位	江苏省司法厅
司法局	2018 年度江苏省司法行政系统绩效评价优秀单位	江苏省司法厅

续表 41

获奖单位	奖项	颁奖单位
司法局	江苏省司法行政系统人才建设先进单位	江苏省司法厅
司法局社区矫正管理科	江苏省社区矫正和安置帮教工作先进集体	江苏省司法厅
法院执行局	江苏省法院执行工作和执行宣传工作先进集体	江苏省高级人民法院
法院	江苏法院第 30 届学术讨论会组织工作先进单位	江苏省高级人民法院
法院朱沪生调解工作室	江苏省金牌个人调解工作室	江苏省司法厅
驻扬中法院人民调解工作室	优秀人民调解工作室称号	江苏省高级人民法院、江苏省司法厅、江苏省律师协会
城西派出所	2016—2018 年度江苏省文明单位	江苏省文明委
刑侦大队	2019 年度江苏省“扫黑除恶”专项斗争成绩突出集体	江苏省“扫黑除恶”专项斗争领导小组
110 报警服务台	江苏省先进 110 报警服务台	江苏省公安厅
扬中市公安局经侦大队	集体二等功	江苏省公安厅
统计局	第四次全国经济普查先进集体	江苏省统计局
审计局	江苏省审计机关先进集体	江苏省人力资源和社会保障厅、江苏省审计厅
审计局	2016—2018 年江苏省文明行业	江苏省文明委
经济责任审计中心	青年文明号	共青团江苏省委
人才服务中心人力资源科	江苏省巾帼文明岗	江苏省城镇妇女“巾帼建功”活动领导小组办公室
人才服务中心人力资源科	2016—2018 年度江苏省文明单位	江苏省精神文明建设指导委员会
医疗保障局	江苏省文明单位	江苏省精神文明建设
医疗保障局	“初心·使命”党员教育全媒体	江苏省委组织部
档案馆	2016—2018 年度省级文明单位	江苏省文明委
档案馆	2018—2019 年度江苏省“百村万户”口述历史采集工作三等奖	江苏省档案局、省档案馆
党校	《发展“过夜经济”促进旅游升级——关于推进扬中生态旅游岛建设的思考》获“江苏省党校系统第九届优秀决策咨询奖”一等奖	江苏省委党校
妇女联合会	江苏省妇女儿童工作先进集体	江苏省人民政府妇女儿童工作委员会
供销合作总社	2018 年度江苏省供销社系统县级供销合作社综合业绩考核前二十位	江苏省供销合作总社
团市委	第五届江苏省中小学生自我保护情景剧大赛优秀组织奖	共青团江苏省委、江苏省未成年人保护委员会办公室
团市委	“新时代江苏青年精神”征集活动获优秀组织奖	共青团江苏省委
团市委	江苏省团属报刊宣传工作 2019 年度“先进单位”	共青团江苏省委

续表 41

获奖单位	奖项	颁奖单位
总工会	江苏省文明单位	江苏省文明委
总工会	2018 年度江苏省“安康杯”竞赛优胜单位	江苏省总工会、江苏省应急管理厅
总工会	江苏省工会劳动法律监督工作示范单位	江苏省总工会
总工会	2018 年度县以上工会财务会计工作竞赛评比一等奖	江苏省总工会
总工会	《劳动献礼新中国》江苏省职工庆祝新中国成立 70 周年“唱响时代最强音”江苏省职工合唱展示活动优秀奖	江苏省总工会
粮食收储中心	省政府发文通报表扬《江苏省人民政府办公厅关于对 2018 年落实有关重大政策措施真抓实干成效明显地方予以督查激励的通报》	江苏省人民政府办公厅
烟草局	2016—2018 年度江苏省文明单位	江苏省文明办
科协	2018 年度实施 “县级科协创新发展能力提升计划”优秀单位	江苏省科协
科协	2019 年全国科普活动周暨江苏省第 31 届科普宣传周优秀组织单位	江苏省科协
科协	2019 年县级科协“四服务一加强”单项工作创新案例	江苏省科协
文联	“春满江洲”文艺志愿服务项目被评为“2018 年江苏省文联系统优秀创新项目”	江苏省文学艺术界联合会
扬中队	2019 年中国·昆山全国百强县（市）男子篮球邀请赛第三名	江苏省篮球运动协会、昆山市人民政府
扬中市全民健身指导中心代表队	江苏省第四届广场舞精英赛自选套路(器械)一等奖	江苏省社会体育管理中心
扬中舞韵方洲广场舞队	江苏省“同唱祖国好 幸福舞起来”广场舞大赛最佳表演奖	中共江苏省委宣传部、江苏省文明办、江苏省文化和旅游厅、江苏省体育局、江苏省文联
文体广电和旅游局	2019 年度全省广电系统行政执法案卷评查优秀案卷奖一等奖	江苏省广播电视剧
文体广电和旅游局	2019 年度全省境外电视传播秩序专项整治工作先进单位	江苏省广播电视局
扬中市田径运动代表队	江苏省县组田径比赛 第一赛区混合团体第四名	江苏省体育局
扬中市女子曲棍球队	2019 年江苏省青少年女子曲棍球锦标赛第三名	江苏省体育局
扬中市渡江文化园	江苏省社会科学普及示范基地(2020—2023 年)	江苏省社科联
国家税务总局扬中市税务局	江苏省文明单位	江苏省精神文明建设指导委员会
国家税务总局扬中市税务局第一税务分局	江苏省文明单位	江苏省精神文明建设指导委员会
国家税务总局扬中市税务局第二税务分局	江苏省文明单位	江苏省精神文明建设指导委员会

续表 41

获奖单位	奖项	颁奖单位
国家税务总局扬中市税务局新坝税务分局	江苏省文明单位	江苏省精神文明建设指导委员会
国家税务总局扬中市税务局兴隆税务分局	江苏省文明单位	江苏省精神文明建设指导委员会
财政局第一团支部	2018 年度江苏省五四红旗团支部	共青团江苏省委
大航控股集团有限公司	江苏省“希望工程”突出贡献者	江苏省青少年发展基金会、江苏省希望工程办公室
疾控中心	“万步有约” 职业人群健走大赛先进单位三等奖	江苏省预防医学会
扬中市人民医院	普外科护理科普演讲比赛三等奖	江苏省护理学会普外科护理专业委员会
扬中市人民医院	江苏省医院品管圈比赛三等奖	江苏省医院协会
新坝中心卫生院	2019 年家庭医生服务模式创新试点单位	江苏省卫生健康委员会
新坝中心卫生院	江苏省星级家庭医生工作室	江苏省卫生健康委员会办公室
三茅街道	江苏省信息采集先进单位	江苏省退役军人事务厅
高新区	江苏省知识产权试点园区	江苏省知识产权局
新坝镇	江苏省文明乡镇	江苏省精神文明建设指导委员会
新坝镇	江苏省味道小镇	江苏省农业技术推广协会、江苏省作物学会、江苏省水稻产业技术体系
油坊镇	江苏省冬训工作示范镇	江苏省委组织部、江苏省委宣传部
油坊镇	江苏省众创空间	江苏省科技厅
油坊镇	江苏省文明镇	江苏省精神文明建设指导委员会
油坊镇	江苏省“七五”普法中期先进集体	江苏省委宣传部、江苏省法治宣传教育工作领导小组办公室、江苏省司法厅
长旺村	江苏省文明村	江苏省精神文明建设指导委员会
邻丰村	江苏省文明村	江苏省精神文明建设指导委员会
邻丰村	江苏省健康村	江苏省卫生健康委员会
兴城村	江苏省健康村	江苏省爱国卫生运动委员会
兴城村	江苏省村级农业科技服务示范站	江苏省农业农村厅
双跃村	江苏省健康村	江苏省爱国卫生运动委员会
双跃村	江苏省文明社区	江苏省精神文明建设指导委员会
三跃社区	江苏省健康社区	江苏省爱国卫生运动委员会

续表 41

获奖单位	奖项	颁奖单位
新星村	江苏省健康村	江苏省爱国卫生运动委员会
扬中市社区培训学院	2019 年度“在线学习优秀组织工作单位”	江苏省社区教育服务指导中心
南京师范大学附属扬中小学五(1)中队	江苏省优秀少先队中队	共青团江苏省委、江苏省教育厅、江苏省少工委
江苏省扬中高级中学团委	2018 年度江苏省五四红旗团委	共青团江苏省委
江苏省扬中高级中学	江苏省文明校园	江苏省精神文明建设指导委员会
第二高级中学	第十届江苏省普及机器人大赛年度总决赛第一名	江苏省教育厅
第二高级中学	江苏省青少年特色科学工作室	江苏省青少年科技中心
外国语中学教育集团	江苏省文明校园	江苏省精神文明建设指导委员会
外国语中学教育集团	“中国数学教育 2019 年颁奖盛典”特色学校	中国数学教育杂志社
同德中学	江苏省“绿色学校”	江苏省生态环境厅
实验小学教育集团	2019 江苏省小学乒乓球事业突出贡献奖	江苏省乒乓球运动协会
实验小学教育集团	江苏省优秀少先队集体	共青团江苏省委、江苏省教育厅
实验小学教育集团	江苏省 2018 年度餐饮质量安全示范食堂	江苏省市场监督管理局
实验小学教育集团	2019 棋类锦标赛体育道德风尚奖	江苏省教育厅
三跃中心小学	2018 江苏省健康促进学校(银奖)	江苏省教育厅
三跃中心小学	江苏省金钥匙·校园之间科技竞赛团体一等奖	江苏省教育厅、省科技厅、省科协、省文明委办公室、省科学传播中心
兴隆中心小学	红领巾寻访视频《探秘绿色能源岛》获 2019 年江苏省少先队辅导员少先队活动辅导技能展示红领巾寻访活动案例视频项目特等奖	共青团江苏省委、江苏省教育厅、江苏省少工委
兴隆中心小学	2018 江苏省健康促进金奖学校	江苏省教育厅
兴隆中心小学	2018 年度国际生态学校项目绿旗	生态环保部宣传教育中心
兴隆中心小学	2016—2018 年度江苏省文明校园	江苏省精神文明建设指导委员会
兴隆中心小学	2019 年度江苏省优秀科普教育基地	江苏省科学技术协会、江苏省科学技术厅、江苏省教育厅
长旺中心小学	2019 年江苏省青少年特色科学工作室	江苏省青少年科技中心
长旺中心小学	2019 年江苏省青少年科技创新基地	江苏省青少年科技中心
文化新村幼儿园	2016—2018 年度江苏省文明校园	江苏省精神文明建设指导委员会
油坊中心幼儿园	江苏省餐饮质量示范食堂	江苏省市场监督管理局
油坊中心幼儿园	江苏省第四批足球特色幼儿园	江苏省青少年校园足球工作领导小组办公室
油坊成人教育中心	江苏省社会教育优秀团队	江苏省社会教育服务指导中心

2019 年扬中市获国家级表彰的先进个人一览表

（部分荣誉选录）

表 42

获奖个人	奖项	颁奖单位
张心妍	射箭亚洲杯排位赛中位居榜首	国家体育总局射箭射击运动管理中心
张心妍	2019 全国射箭总决赛女子反曲弓个人淘汰赛第一名	国家体育总局射箭射击运动管理中心、中国射箭协会
耿月新	竹编《八卦果盘》中国特色旅游商品大赛铜奖	中国旅游协会
沈纪芳家庭	全国最美家庭	中华全国妇女联合会
缪士贵	全国技术能手	国家人力资源和社会保障部
缪士贵	全国农业行业职业技能大赛国家级裁判员	国家人力资源和社会保障部
严伟霞	中国计生协好新闻一等奖	中国计划生育协会
陈晓阳	坚持发展“枫桥经验”实现矛盾不上交试点工作表现突出个人	司法部
王晓雪	“七五”普法中期先进个人	全国普及法律常识办公室
宋陆军	2019 年度全国优秀网评员	中央网信办
陈　辰	优秀人才奖	人民公安报社、中国警察网
张莉莉	2018 年度全国检察宣传先进个人	检察日报社
姚久荣	2015—2018 年全国残疾人体育先进个人	中国残疾人联合会、国家体育总局
仝海员、孙丽萍、黄晓群	2014—2015 年中国居民慢阻肺监测工作先进个人	中国疾控中心慢病中心
韦加俊、姚圣华	“早癌图像竞赛”优秀奖	中国癌症基金会、国家卫生健康委农村癌症早诊早治项目专家委员会
朱阳春、华召来、夏　林、姚圣华	2017—2019 年度上消化道癌早诊早治项目先进工作者	中国癌症基金会、国家卫生健康委农村癌症早诊早治项目专家委员会

2019 年扬中市获省级表彰的先进个人一览表

（部分荣誉选录）

表 43

获奖个人	奖项	颁奖单位
蔡小俊、王晓东	2019 年度江苏省县市新闻中心系统优秀总编	江苏省县市新闻中心工委
李晨璐	2018—2019 年度江苏省检察网信建设和应用工作个人嘉奖	江苏省检察院
张晋毓	油画作品《农家春景》《江中明珠》获江苏省检察机关“不忘初心、牢记使命”庆祝中华人民共和国成立 70 周年书画摄影作品展三等奖和优秀奖	江苏省检察院政治部、江苏省检察官文联
朱天森	江苏省开发区统计工作先进个人	江苏省商务厅
缪士贵	江苏省农业技术能手	江苏省农业农村厅
吴尚志	江苏省大学生就业创业人物事迹评选三等奖	江苏省高校招生就业指导服务中心

续表 43

获奖个人	奖项	颁奖单位
顾祥云	2018 年度信息工作先进个人	江苏省司法厅
魏　敏	2018 年度后续照管工作先进个人	江苏省戒毒管理局
包拥琴	江苏省行政复议应诉办案能手	江苏省司法厅
朱沪生	江苏省政法系统关心下一代工作先进个人	江苏省政法委
王祥远	江苏省法院执行工作和执行宣传工作先进个人	江苏省高级人民法院
黄为群、朱沪生	派驻人民法院优秀调解员称号	江苏省高级人民法院、江苏省司法厅、江苏省律师协会
施桂芳	2019 年度江苏省“扫黑除恶”专项斗争成绩 “突出个人”	江苏省“扫黑除恶”专项斗争领导小组
王双磊	江苏省法院第三十届学术讨论会三等奖	江苏省高级人民法院
朱亚平、王晓洁	江苏省法院第 30 届学术讨论会二等奖	江苏省高级人民法院
何维玉	江苏省法院第 30 届学术讨论会优秀奖	江苏省高级人民法院
王晓洁	江苏省法院第 30 届学术讨论会优秀奖	江苏省高级人民法院
李　波	二等功	江苏省公安厅
吴国标	江苏省公安机关警体工作先进个人,个人嘉奖	江苏省公安厅
张炜康	“江苏公安政工在线”网站集群优秀管理员,记个人三等功	江苏省公安厅
吴　国	江苏省安保维稳集中暗访督察工作成绩突出个人	江苏省公安厅
王成勇	江苏省公安巡特警工作先进个人	江苏省公安厅
印喜鹏	2018 年度江苏省公安调研工作优秀个人,个人嘉奖	江苏省公安厅
施　颖	新中国成立 70 周年大庆安保维稳工作成绩突出个人,个人嘉奖	江苏省公安厅
刘　峰	2018 年度江苏省“扫黑除恶”专项斗争先进个人	江苏省“扫黑除恶”专项斗争领导小组
聂朝军	江苏省“人民满意的公务员”	江苏省委、江苏省政府
张瑞松	新中国成立 70 周年大庆江苏省安保维稳工作先进个人	江苏省委政法委、江苏省人社厅
朱宏伟	江苏省自然资源系统优秀共产党员	江苏省自然资源厅党组
王　婧	江苏省城建档案管理工作优秀馆长	江苏省住建厅
祝铮艳	江苏省债务审计先进个人	江苏省审计厅
张广武、郭伟英、周健	课题 “从过程先行到水平领先——县域治理法治化的扬中实践”获“江苏省党校系统第九届优秀科研成果奖”三等奖	中共江苏省委党校
戴　捷	2019 年江苏青年志愿者服务春运“暖冬行动”先进个人	江苏省志愿者协会
吴　琼	江苏省优秀团支部书记	共青团江苏省委

续表 43

获奖个人	奖项	颁奖单位
王　娟	江苏省优秀少先队辅导员	共青团江苏省委、江苏省教育厅、江苏省少工委
秦　鸿	江苏省粮食系统劳动模范	江苏省粮食和物资储备局
顾耀文	江苏省烟草系统优秀通讯员	江苏省烟草专卖局
方武扬	国税地税征管体制改革专项工作奖励(嘉奖)	国家税务总局江苏省税务局
郭怀保	江苏省“优秀五老”	江苏省农业农村厅、江苏省关工委
杨　勇	江苏省“创业之星”	江苏省农业农村厅、江苏省关工委
朱沪生	江苏省政法系统关心下一代工作先进个人	江苏省政法系统关工委
耿月新	最佳技艺奖	江苏省非物质文化遗产保护中心
朱连祥	江苏省执法工作先进个人	江苏省应急管理厅办公室
王江华	2018 年江苏省人口抽样先进个人	江苏省统计局
仝海员	江苏省“万步有约”职业人群健走大赛先进个人	江苏省预防医学会
吴荣凤	“2019 年江苏省血寄防知识宣传海报评比” 血防组三等奖	江苏省血吸虫病防治研究所
孙　强	江苏省寄生虫病防治技能竞赛个人全能优秀奖和理论二等奖	江苏省卫健委、江苏省人社厅
周　敏	第二届《手术室护理实践指南》授课比赛二等奖	江苏省护理学会手术室护理专业委员会
郝翠英	2019 年江苏省放射学基层医师优秀代表	江苏省医学会放射学分会
方冠楠	第五届“华东杯”江苏省医院药师演讲比赛三等奖	江苏省药学会
徐鹤鸣	“药健康科普中国行镇江站暨阳光科普宣教之星选拔赛”三等奖	江苏省研究型医院学会
郭　勇	2019 年江苏省卫生健康行业优秀共产党员	中共江苏省卫生健康行业委员会
曹　霞	2018 年度科技宣传工作成效突出个人	江苏省科技厅
叶　丹	2018 年度江苏省知识产权工作成绩突出个人	江苏省知识产权局
赵俊霞	2018 年度江苏省知识产权行政执法工作成绩突出个人	江苏省知识产权局
张　卿	二等功	中央军委联合参谋部情报局委员会
王冬林	二等功	解放军 73022 部队政治处
李跃伟	二等功	解放军 94565 部队政治处
徐彩敏	江苏省信息采集先进个人	江苏省退役军人事务厅

附　　录

统计资料

扬中市国民经济与社会发展主要指标一览表

表44

指　　标	单位	2019年	2018年
一、行政概况			
镇政府	个	4	4
街道办事处	个	2	2
经济开发区	个	1	1
村民委员会	个	68	58
村民小组	个	2259	2277
二、土地面积	平方公里	327	331
年末耕地面积	千公顷	8.76	8.77
三、人口			
总户数	户	106907	106268
总人口(户籍)	人	282073	282459
男	人	137935	138172
女	人	144138	144287
年平均人口	人	282266	282187
全年出生人数	人	2246	3346
出生率	‰	7.96	11.8
全年死亡人数	人	2199	2302
死亡率	‰	7.79	8.1
人口自然增长率	‰	0.17	3.69
常住人口	万人	34.48	34.39
四、人口密度	人/平方公里	863	853
城镇化率	%	65.23	64.26

续表 44

指　　标	单位	2019 年	2018 年
五、地区生产总值	亿元	487.83	462.05
第一产业增产值	亿元	15.57	15.29
第二产业增加值	亿元	262.31	244.01
# 工业增加值	亿元	247.11	229.76
第三产业增加值	亿元	209.96	202.75
人均地区生产总值	元	141482	134356
六、工农业总产值	万元	7293302	8456473
# 农业总产值	万元	284204	289305
工业总产值	万元	7009098	8167168
七、财政总收入	亿元	131.90	108.60
# 公共财政预算收入	亿元	34.01	32.77
财政支出	亿元	144.73	98.64
# 地方一般预算支出	亿元	49.57	42.13
八、进出口总额	亿美元	5.17	7.15
# 出口总额	亿美元	4.47	6.23
进口总额	亿美元	0.70	0.92
实际利用外资	万美元	6296	12548
九、社会消费品零售总额	亿元	134.55	134.48
十、全社会固定资产投资额	万元	774380	781532
# 全社会工业性投资额	万元	458443	558871
十一、粮食总产量	万吨	7.72	7.86
十二、全年用电量	万度	187547	192956
# 工业用电量	万度	123787	128533
城乡居民生活用电量	万度	32583	33018
十三、邮电业务总量	万元	259876	187700
客运量	万人/次	292	299
货运量	万吨	516	490
十四、保费收入	亿元	14.32	12.35
财产险	亿元	2.59	2.49
人身险	亿元	11.73	9.86

续表 44

指　　标	单位	2019 年	2018 年
赔款和给付	亿元	3.65	4.31
财产险	亿元	1.74	1.58
人身险	亿元	1.9	2.73
十五、人民生活			
城镇居民人均可支配收入	元	57829	53675
城镇居民人均生活消费支出	元	28407	26824
农村居民人均可支配收入	元	30636	28199
农村居民人均生活消费支出	元	20658	19342
十六、年末金额机构存款余额	亿元	663.18	630.25
# 城乡居民储蓄存款余额	亿元	337.67	305.40
年末金融机构贷款余额	亿元	528.03	489.99
城乡居民人均储蓄款余额	元	97932	88805
十七、教育、卫生			
普通中学在校学生数	人	10636	10375
小学在校学生数	人	15488	14850
幼儿园在园幼儿数	人	7853	7495
卫生机构数	个	106	102
医院、卫生院技术人员数	人	2107	2013
十八、年末从业人员	万人	21.77	21.76
# 第一产业	万人	1.29	1.31
第二产业	万人	11.23	11.40
第三产业	万人	9.25	9.05
# 交通运输	万人	0.07	0.10
批发和零售业	万人	0.20	0.24
年末从业人员中:个体从业人员	万人	4.22	3.75

扬中市各镇(区)社会经济指标一览表(一)

表 45

	单位	新坝镇		三茅街道		油坊镇	
		2019 年	2018 年	2019 年	2018 年	2019 年	2018 年
年末总人口	人	45683	46230	120114	117930	39754	40386
年平均人口	人	45957	46457	119022	116454	40070	40712
地区生产总值	亿元	193.79	186.27	113.56	107.07	47.48	45.95
# 第一产业增加值	亿元	2.95	2.80	3.47	3.30	3.25	3.07
第二产业增加值	亿元	128.70	124.95	38.49	36.31	28.41	26.01
第三产业增加值	亿元	62.14	58.52	71.60	67.46	15.82	16.87
工农业总产值	万元	1661207	1715133	844933	896977	720004	910353
# 工业总产值	万元	1610017	1666314	785033	838853	663565	856276
农业总产值	万元	51190	48819	59900	58124	56439	54077
行政区域面积	公顷	4950	4920	7716	7716	4593	4593
年末常用耕地面积	公顷	1645	1668	1798	1797	2086	2085

扬中市各镇(区)社会经济指标一览表(二)

表 46

	单位	八桥镇		西来桥		开发区	
		2019 年	2018 年	2019 年	2018 年	2019 年	2018 年
年末总人口	人	31718	32229	17168	17356	27636	28328
年平均人口	人	31974	32465	17262	17462	27982	28639
地区生产总值	亿元	44.89	43.02	18.44	17.89	50.78	49.24
# 第一产业增加值	亿元	2.19	2.11	0.99	0.94	1.58	1.48
第二产业增加值	亿元	30.35	28.22	13.56	13.20	36.98	35.90
第三产业增加值	亿元	12.35	12.69	3.89	3.75	12.22	11.86
工农业总产值	万元	638333	724372	431277	551187	1173898	2248638
# 工业总产值	万元	599581	686452	412112	532553	1144808	2220846
农业总产值	万元	38752	37920	19165	18634	29090	27792
行政区域面积	公顷	3458	3458	1950	1950	2740	2740
年末常用耕地面积	公顷	1492	1480	701	702	973	976

扬中市工业基本情况一览表(一)

表 47

单位:个、万元、人

项　　目	单位数	现价产值	职工人数
总　　计	5763	7009098	99631
其中:2000 万元以上企业	298	5215116	47266
2000 万元以下企业	5465	1793982	52365
村以下企业			
全部工业产值分组			
村以下工业			
2000 万元以下工业	5465	1793982	52365
2000-3000 万元	78	192007	6465
3000-4000 万元	44	155938	2764
4000-6000 万元	31	135329	4876
6000-8000 万元	21	142219	1510
8000-10000 万元	14	125216	1988
10000 万元以上	110	4464407	29663

扬中市工业基本情况一览表(二)

表 48

单位:个、人、万元

镇区	单位数	职工人数	工业总产值
合　计	298	47266	5215116
新　坝	66	14946	1610017
三　茅	81	8664	785033
油　坊	51	6717	663565
八　桥	37	4744	599581
西来桥	19	1716	412112
开发区	46	10479	1144808

扬中市工业基本情况一览表(三)

表 49

单位:万元

镇区	产品销售收入	利税总额	其中:利润总额
合 计	5030630	323982	168502
新 坝	1618807	147117	89615
三 茅	860632	94151	66015
油 坊	616052	46319	23878
八 桥	605804	30350	15391
西来桥	410453	-21717	-26922
开发区	918882	27762	525

扬中市规模工业分行业情况一览表

表 50

单位:个、万元

行业名称	单位数	工业总产值	销售收入
工程电器	155	2463434	2407993
新能源产业	19	1008426	912445
装备制造业	46	526386	512066
农副食品加工制造业	1	269048	263314
纺织、服装及鞋帽制造业	12	165634	161812
化工及医药制品制造业	14	177936	168644
木、纸制品及文体用品制造业	11	140199	138664
四氟、塑料制品制造业	19	129769	127419
砂布、焊料等非金属制造业	10	138857	139279
金属冶炼和压延加工制造业	2	125221	130488
仪器仪表及其他制造业	6	40486	38129
水、电及燃气的生产供应业	3	29720	30377

扬中市农林牧渔业总产值一览表(一)

表 51

单位:万元

	总计			种植业			林业		
	2019 年	2018 年	%	2019 年	2018 年	%	2019 年	2018 年	%
合计	284204	289305	-1.76	148119	140110	5.72	16214	10947	48.11
新坝	51190	48819	4.86	29085	27540	5.61	4093	2826	44.83
三茅	59900	58124	3.06	28731	27357	5.02	3049	2126	43.41
油坊	56439	54077	4.37	28828	26629	8.26	3521	2382	47.82
八桥	38752	37920	2.19	21712	20946	3.66	1502	1048	43.32
西来	19165	18634	2.85	8704	8363	4.08	1236	831	48.74
开发区	29090	27792	4.67	14270	13015	9.64	1548	1053	47.01
场圃	29668	43939	-32.48	16789	16260	3.25	1265	681	85.76

扬中市农林牧渔业总产值一览表(二)

表 52

单位:万元

	畜牧业			渔业			农业服务业		
	2019 年	2018 年	%	2019 年	2018 年	%	2019 年	2018 年	%
合计	41187	36677	12.30	44756	50598	-11.55	33928	50973	-33.44
新坝	5804	5178	12.09	8291	9129	-9.18	3917	4146	-5.52
三茅	10823	9626	12.44	13022	14295	-8.91	4275	4720	-9.43
油坊	9154	8146	12.37	10640	12409	-14.26	4296	4511	-4.77
八桥	6867	6118	12.24	5249	5979	-12.21	3422	3829	-10.63
西来	2979	2660	11.99	3055	3390	-9.88	3191	3390	-5.87
开发区	5527	4913	12.50	4248	5041	-15.73	3497	3770	-7.24
场圃	33	36	-8.33	251	355	-29.30	11330	26607	-57.42

扬中市农林牧渔业增加值一览表(一)

表 53 单位:万元

	总 计			种植业			林业		
	2019 年	2018 年	%	2019 年	2018 年	%	2019 年	2018 年	%
合计	182446	183604	-0.63	92599	90511	2.31	9668	6623	45.98
新坝	32557	30879	5.43	18178	17791	2.18	2439	1710	42.63
三茅	38032	36296	4.78	17957	17673	1.61	1817	1286	41.29
油坊	35845	33876	5.81	18018	17202	4.74	2099	1441	45.66
八桥	24598	23741	3.61	13570	13531	0.29	895	634	41.17
西来	12433	11782	5.53	5440	5402	0.70	737	503	46.52
开发区	18596	17374	-0.63	8919	8408	6.08	923	637	44.90
场圃	20385	29656	-31.26	10517	10504	0.12	758	412	83.98

扬中市农林牧渔业增加值一览表(二)

表 54 单位:万元

	畜牧业			渔业			农业服务业		
	2019 年	2018 年	%	2019 年	2018 年	%	2019 年	2018 年	%
合计	23656	18155	30.30	29846	32889	-9.25	26677	35426	-24.70
新坝	3331	2563	29.96	5530	5934	-6.81	3079	2881	6.87
三茅	6212	4765	30.37	8686	9292	-6.52	3360	3280	2.44
油坊	5254	4032	30.31	7097	8066	-12.01	3377	3135	7.72
八桥	3942	3028	30.18	3501	3886	-9.91	2690	2662	1.05
西来	1710	1317	29.84	2038	2204	-7.53	2508	2356	6.45
开发区	3172	2432	30.43	2833	3277	-13.55	2749	2620	4.92
场圃	35	18	94.44	161	230	-30.00	8914	18492	-51.80

扬中市农村住户人均收支情况一览表

表 55

指标名称	单位	2019 年	2018 年	增幅
常住人口	人	251.3	256.5	-2.0
农村常住居民可支配收入	元	30635.9	28199.4	8.6
(一)工资性收入	元	19545.7	18047.6	8.3
(二)经营净收入	元	6249.7	5809.1	7.6
(三)财产净收入	元	1807.5	1635.6	10.5
(四)转移净收入	元	3033	2707.1	12.0
生活消费支出	元	20657.7	19342.4	6.8
1、食品烟酒	元	6114.7	5706.0	7.2
2、衣着	元	2417	2282.4	5.9
3、居住	元	3284.6	3114.1	5.5
4、生活用品及服务	元	991.5	947.8	4.6
5、交通通信	元	2313.7	2185.7	5.9
6、教育文化娱乐	元	3883.6	3617.1	7.4
7、医疗保健	元	1074.2	986.4	5.9
8、其它用品和服务	元	578.4	502.9	15.0
恩格尔系数	%	29.6	29.5	0.3
文教娱乐系数	%	18.9	18.7	1.1
期末耐用消费品情况				
1.家用汽车	辆	39	38	2.6
2.摩托车	辆	17	17	—
3.助力车	台	115	115	—
4.洗衣机	台	85	85	—
5.电冰箱(柜)	台	88	88	—
6.微波炉	台	69	70	-1.4
7.彩色电视机	台	155	155	—
8.其中:接入有线电视	台	150	150	—
9.空调	台	172	172	—
10.热水器	台	90	90	—
11.其中:太阳能热水器	台	74	74	—

续表 55

指标名称	单位	2019 年	2018 年	增幅
12.吸尘器	台	7	7	—
13.洗碗机	台	—	1	-100.0
14.排油烟机	台	36	36	—
15.固定电话	线	34	37	-8.1
16.移动电话	部	211	211	—
17.其中:接入互联网	部	150	150	—
18.计算机	台	55	55	—
19.其中:接入互联网	台	55	55	—
20.照相机	台	1	1	—
21.中高档乐器	架	2	1	100.0
22.健身器材	台	3	2	50.0
23.空气净化器(含新风系统)	台	1	2	-50.0
24.居民人均住房建筑面积	平方米	68.6	68.6	—

扬中市城镇住户人均收支情况一览表

表 56

指标名称	单位	2019 年	2018 年	增幅
常住人口	人	425	429.8	-1.1
城镇常住居民可支配收入	元	57829.4	53675.0	7.7
(一)工资性收入	元	37300.0	34674.0	7.6
(二)经营净收入	元	10467.1	9822.5	6.6
(三)财产净收入	元	2775.8	2469.1	12.4
(四)转移净收入	元	7286.5	6709.4	8.6
生活消费支出	元	28406.6	26824.0	5.9
1.食品烟酒	元	8266.3	7886.3	4.8
2.衣着	元	3664.5	3594.4	2.0
3.居住	元	3380.4	3165.2	6.8
4.生活用品及服务	元	1335.1	1314.4	1.6
5.交通通信	元	3067.9	2843.3	7.9

续表 56

指标名称	单位	2019 年	2018 年	增幅
6.教育文化娱乐	元	5482.5	5096.6	7.6
7.医疗保健	元	2300.9	2119.1	8.6
8.其它用品和服务	元	909	804.7	13.0
恩格尔系数	%	29.1	29.4	-1.0
文教娱乐系数	%	19.3	19.0	1.6
期末耐用消费品情况				
1.家用汽车	辆	88	89	-1.1
2.摩托车	辆	17	16	6.3
3.助力车	台	163	164	-0.6
4.洗衣机	台	127	127	—
5.电冰箱(柜)	台	130	130	—
6.微波炉	台	116	117	-0.9
7.彩色电视机	台	270	270	—
8.其中:接入有线电视	台	236	236	—
9.空调	台	364	364	—
10.热水器	台	151	151	—
11.其中:太阳能热水器	台	110	110	—
12.吸尘器	台	1	1	—
13.洗碗机	台	2	2	—
14.排油烟机	台	104	104	—
15.固定电话	线	49	65	-24.6
16.移动电话	部	347	350	-0.9
17.其中:接入互联网	部	267	266	0.4
18.计算机	台	102	101	1.0
19.其中:接入互联网	台	100	99	1.0
20.照相机	台	27	28	-3.6
21.中高档乐器	架	5	8	-37.5
22.健身器材	台	15	16	-6.3
23.空气净化器(含新风系统)	台	10	11	-9.1
24.居民人均住房建筑面积	平方米	58.9	58.9	—

扬中市全社会固定资产投资完成情况一览表

表 57

单位:万元

	2019 年	2018 年
固定资产投资	774380	781532
一产投资	4202	2888
二产投资	458443	558871
三产投资	311735	219773
投资总额中:产业投资	475583	577489
工业投资	458443	558871
工业技改投资	286710	254633
新兴产业投资	—	369461
房地产投资	295616	203243

扬中市财政收入一览表

表 58

单位:万元

预算科目	2019 年	2018 年
财政收入	1318965	1086046
中央财政收入	211637	222235
增值税(75%)	151040	147055
消费税	354	382
企业所得税(60%)	31408	39169
个人所得税(60%)	28835	35629
地方财政收入	1107328	863811
# 公共财政预算收入	340111	327667
# 各项税收	277137	280027
# 增值税(25%)	151040	147062
企业所得税(40%)	20939	26113
个人所得税(40%)	19223	23752

重要文献

聚焦产业强市　聚力实干兴市　决战决胜高水平全面建成小康社会

——在中共扬中市委十二届七次全会上的报告(摘要)

市委书记　殷　敏

(2019 年 12 月 30 日)

一、关于 2019 年工作

2019 年以来,面对国内外风险挑战明显上升的复杂局面,全市上下紧扣稳中求进总基调和高质量发展总要求,深入解放思想,深化改革创新,经济社会保持平稳健康发展态势。全年地区生产总值 487.83,比上年增长 6%;一般公共预算收入 34 亿元,增长 3.76%;全社会固定资产投资 77.44 亿元,增长 6.8%;城乡居民人均可支配收入分别增长 7.8%和 8.3%。位列 2019 年度"全国中小城市综合实力百强县(市)"第 23 位。

1.经济运行稳中有进。项目建设稳步推进。全年完成制造业投资 53 亿元。成功举办第十六届河豚文化节、第二届国际绿色能源发展大会,累计签约项目 58 个,其中亿元以上项目 33 个;招商体制机制改革的活力逐步释放,福麟智能装备制造、永航柴油机动力总成核心部件、中南高科扬中智能制造产业园等一批重点产业项目顺利落户建设;长城汽车核心零部件项目进展顺利,6 个子项目全面开工,发动机项目进入设备调试阶段,年内完成投资超 10 亿元;18 个镇江市级重点产业项目完成投资 29.59 亿元,超额完成年度投资计划。实体经济稳健发展。全年完成工业申报销售 645 亿元,增长 3%;新增规模工业企业 30 家,超年计划 14 家;新增各类市场主体 5568 家;大全集团工业销售增长 8%,荣获国家科技进步特等奖;香江科技、亿能电气等规模企业销售保持两位数以上的增幅;累计新增减税降费 7.2 亿元。金融生态保持良好。举办政银企对接活动 18 场,签约项目累计授信 20.72 亿元,发放还贷周转金 34 亿元;首创知识产权质押融资工作,银行不良贷款余额和不良贷款率实现"双降";综合运用统筹化债资金、调整债务结构、压降政府支出、平台公司市场化转型、资产盘活处置等措施,积极主动化解政府性债务,牢牢守住不出险的底线;保持打击涉众型等各类金融犯罪的高压态势,人保非法吸收公众存款案等案事件得到依法妥善处置。

2.改革创新走深走实。重点改革取得突破。顺利完成县级党政机构改革,机构设置和职能配置更加优化;高质量完成新坝经济发达镇改革;扎实推进综合行政执法改革,执法效率和监管水平持续提升;稳步推动相对集中许可权改革,构建完善"互联网+政务服务"体系,大力推进"一件事"线上线下"一次办",行政审批服务规范化、便利化水平不断提升。创新动能持续释放。创成国家智慧电气高新技术产业化基地,高新区、经开区获批省知识产权示范园区;设立总规模 2 亿元的人才科技创业投资基金,成功引进总规模 5 亿元的扬中徐工产业投资基金;认定国家科技型中小企业 97 家,净增国家高新技术企业 47 家,省高企入库培育 113 家;大全集团入选镇江唯一一家省级工业互联网标杆工厂,11 家企业获批省两化融合贯标试点企业,2 家企业新获评五星级上云企业;江苏亿阀在"新三板"挂牌,15 家企业在江苏股交中心"专精特新"板集中挂牌;光电设备行业成为全国首批、全省唯一的小微企业质量管理提升行动试点行业。

3.城乡面貌持续改善。城市品质不断提升。扬子新村一期旧城改造工程有序推进,市博物馆基本具备开馆条件,新时代购物广场、吾悦广场等城市综合体加快建设。国家卫生城市长效管理机制不断完善,"数字城管"高位监督、协调、指挥等职能更加凸显;高比例新能源示范市建设向纵深推进,建成滨江公园零碳园,并网企业、公共机构屋顶分布式光伏发电项目 26 个,新增光伏用户 2543 户。环境治理成效明显。整改完成中央和省级环保督察交办件 83 件、其他环保交办件 72 件,获评全省"生态环保领域真抓实干奖";农用"大棚房"全部排查整改到位,长江河道"两违"整治完成总任务量的 73%,新增违建处置率达 100%,关停并转化工企业 10 家;协同推进蓝天、碧水、净土三大保卫战,基本消除城区建成区黑臭水体,3 个省控断面水质全部达标，全年PM2.5平均浓度（标况）43.8微克/立方米，空气优良天数占比70.5%。农村环境不断优化。完成90个居民点村庄生活污水治理；与金州水务股权合作取得突破；新建成西来桥污水处理厂，扩容改造油坊、八桥污水处理厂；农村无害化卫生厕所普及率达98%；建成运营市可回收物分拣中心、大件垃圾拆解中心；完成35公里的农路提档升级建设工程，省“四好农村路”[1]示范县通过验收；“八位一体”[2]运行维护机制在全国推广。

4.民生福祉有效增加。检视短板抓富民增收。大力推进创业就业富民，全市城镇登记失业率1.36%，零就业家庭保持动态清零；着力解决“两不愁三保障”[3]突出问题，高质量完成建档立卡户1717户3236人脱贫任务、106户危房改造任务。紧盯需求办民生实事。持续推进集团化办学和高品质学校集群发展，教育现代化水平走在全省前列；稳步推进县域内紧密型医共体试点建设，积极实施“互联网+医疗健康”工程，实现全国定点医院医保联网结算，全年新增名医工作站（室）9个；有序推进养老服务设施提档升级，全年新增标准化居家养老服务中心3家、标准化养老活动中心6家，市老年活动中心投入运行；新时代文明实践晋级为全国试点；社区工作者职业体系建设扎实推进。守牢底线保平安稳定。深入持久开展“扫黑除恶”专项斗争，打掉恶势力犯罪集团2个、恶势力团伙4个；新坝镇派出所获评全国首批“枫桥式公安派出所”；扎实开展安全生产专项整治，高效处置“8·6”苯泄漏事故，安全生产形势总体平稳可控；全社会公众安全感、法治建设满意度保持全省、镇江前列。

5.党建活力不断增强。精心组织庆祝新中国成立70周年系列活动，全市人民爱祖国爱家乡的精神力量充分激发。主题教育扎实开展。围绕“四个走在前列”[4]目标，市委常委会集中开展学习研讨、廉政警示教育等活动10余场次，完成市领导“一人一重点、领办解难题”32个，创新打造党性锤炼中心、党员教育实境课堂等党建活动阵地，领导干部思想政治建设不断加强。持续夯实基层基础。在全省率先全面推行专业化组织员队伍建设，“三倾力两协助”[5]效能加速释放。深化农村党建标准化和党支部质量提升工程，推进基层党支部“标准+示范”建设，对5个软弱涣散（后进）村党组织进行整顿，四星先进党支部占比达28.4%，郭茂祥、郭玉妹两位同志获评全省首批“百名示范”[6]村书记。强化干部选任实干实绩导向，深化“暖心容错”工程，干部队伍干事创业热情有效激发。持续净化政治生态。实施党委（党组）意识形态工作责任制清单制度，加强预警研判和阵地管理，意识形态安全防线更加巩固。深入推进“基层减负年”“作风效能建设年”，形式主义、官僚主义集中整治取得阶段性成果。扎实开展省委巡视反馈问题整改，锲而不舍落实中央八项规定精神，始终保持反腐倡廉高压态势，风清气正的良好政治生态更加巩固。

二、当前的形势与要求

2020年是全面建成小康社会和“十三五”规划收官之年，做好明年工作至关重要。客观、全面、辩证分析当前形势，既要看到，我国正处在转变发展方式、优化经济结构、转换增长动力的攻关期，结构性、体制性、周期性问题相互交织，经济下行压力仍然较大；更要看到，经济全球化的大势没有变，我国经济稳中趋好、长期向好的基本态势没有变，我们仍处在重要战略机遇期的判断没有变，未来“希望更比困难大”。对此，我们要以习近平新时代中国特色社会主义思想为引领，坚定发展信心，保持战略定力，敏于危中抢机，集中精力做好自己的事，奋力创造“强富美高”新扬中更加过硬的成果。当下的扬中，集中精力做好自己的事，就是要聚焦产业强市，聚力实干兴市，决战决胜高水平全面建成小康社会。

产业强市、实干兴市，是应对新变局、增创新优势的必由之路。群行群止看识见，逆境顺境看定力。置身世界百年未有之大变局，经济运行稳中有变、变中有忧，只有把握规律、保持定力，抓住重点、突破关键，才能制胜未来、赢得主动。实体经济是扬中发展的“定盘星”“压舱石”。过去扬中靠实体经济走到今天，现在更要靠实体经济走向未来。我们要更加自觉地践行新发展理念，决不干那些只讨领导欢心、让群众失望的蠢事，决不干那些表面光鲜亮丽、内部问题遍地的傻事，决不干那些自以为是、违背规律的笨事，心无旁骛、坚定不移地走好走稳走实产业强市之路，努力实现更高质量、更有效率、更可持续的发展，重塑扬中制造的新高度，增创扬中发展的新优势。

产业强市、实干兴市，是抢抓新机遇、赢得新发展的务实之举。长三角一体化战略是当前扬中面临的最大机遇，用好了“百尺竿头、更进一步”，否则就会贻误良机、掉队落伍。扬中地处长三角经济腹地，位于宁镇扬、苏锡常两大都市圈交汇处，在承接产业转移、推动产业协作、促进要素流动等方面具有比较优势。我们要主动把握上海、苏南等发达地区产业转移的新动向，“近水楼台先得月”，高水平打造承接产业溢出的“集聚区”；放大现有产业优势，加强与先进地区互动合作，打造产业配套的“保障库”；充分发挥“一岛五桥”、拥江达海、链接四方的区位优势，促进人才、资金、技术等要素在扬中流通汇聚，打造要素汇集的“枢纽港”。

产业强市、实干兴市，是迎接新挑战、展现新作为的应有姿态。发展之路从来不是一帆风顺，扬中的高质量发展正面临一系列艰巨复杂的挑战。大事难事看担当，越是艰险越向前。我们要充分激发迎难而上、克难奋进的精气神，迎着历史积累的矛盾上，巩固和发展好前人打下的坚实基础，扛起继往开来的重任；迎着外部复杂严峻的冲击上，在开放的最前沿打好自力更生、自主创新、自我发展的主动仗；迎着群众反映强烈的问题上，站稳群众立场、回应民生关切，提升群众获得感和满意度；迎着影响安全稳定的风险上，守土有责、守土尽责，在高质量发展的道路上不断跨越关口、始终走在前列。

综合上述分析，2020 年全市工作的指导思想是：以习近平新时代中国特色社会主义思想为指导，全面贯彻党的十九大、十九届二中、三中、四中全会、中央经济工作会议和省委十三届七次全会、镇江市委七届十次全会精神，紧扣“强富美高”总目标，确立高质量发展总导向，坚持稳中求进工作总基调，自觉践行新发展理念，全面深化供给侧结构性改革，统筹做好稳增长、促改革、调结构、惠民生、防风险、保稳定各项工作，聚焦产业强市，聚力实干兴市，确保高水平全面建成小康社会和“十三五”规划圆满收官，高质量谱写好“强富美高”的扬中篇章。

具体工作中，要紧扣“一个主题”，把握“两个关键”，强化“三大支撑”：

紧扣“一个主题”：就是高水平全面建成小康社会。要坚决扛起实现“第一个百年”奋斗目标的历史使命和责任担当，紧扣“全面性”，补齐“三馆一站”覆盖率等指标短板，对照“高水平”，补齐服务业增加值占 GDP 比重、城市空气质量优良天数比率等质量短板，围绕“群众认可度”，补齐公共交通服务指数等民生短板，确保高水平小康得到群众认可、经得起历史检验；同时，把高水平全面小康建设的成果，与高质量发展考核指标、“十三五”规划设定的重要目标结合起来，系统谋划，统筹推进，重点攻坚，确保各项指标不含水分、实实在在。2020 年，确保地区生产总值增长 6%；全社会固定资产投资 88 亿元；一般公共预算收入增长 3%；制造业到位外资 6000 万美元；城乡居民收入增长与经济增长同步；全面完成生态环保约束性指标。在此基础上，要紧紧围绕推动高质量发展走在前列、谱写“强富美高”新扬中建设新篇章，集中各方智慧，编制好“十四五”发展规划，真正以科学规划引领实践、推动发展。

把握“两个关键”：

——聚焦产业强市，提升发展高度。就是要以产业的“强”，促发展的“进”，为高水平全面建成小康社会和“十三五”收官打下决定性基础。要聚焦扎稳根基，坚持做大总量与做优存量相结合，持续激发市场活力，扩大有效投资，将产业家底夯得更加厚实；要聚焦提升效益，推动资源配置与亩均效益等指标深度挂钩，将“好”的导向刻画得更加清晰；要聚焦优势再造，围绕产业链布局创新链、围绕创新链培育产业链，致力打造产业高原，树立产业高峰，加快“转型出关”，将“进”的势头保持得更加长久。

——聚力实干兴市，提升发展热度。要坚定信心抓发展，不为经济形势些许变化而摇摆，不为经济指标一时波动而纠结，放远眼光，久久为功，善作善成，确保经济实现量的合理增长和质的稳步提升；要创新思路抓落实，健全完善高质量考核指标体系，正确处理上令下行与创造性执行的关系，力求常规工作有突破、特色工作出亮点；要敢闯敢试干事业，激励广大党员干部以推动发展为己任，珍惜干事创业舞台，焕发干事创业活力。

强化“三大支撑”：

——构筑制度高线。贯彻落实党的十九届四中全会精神，找准社会治理的重点领域、关键环节，把握人民群众的新诉求、新期待，着力健全推动高质量发展走在前列的制度体系，让先进生产力在高质量发展中得到充分解放，社会活力在高效率治理中得到充分迸发，人的全面发展在高品质生活中得到充分实现，不断提升县域治理体系和治理能力现代化水平。

——突出为民主线。践行“以人民为中心”的思想，坚持保基本、兜底线、促均衡、优品质，办好普惠性、基础性、兜底性的民生实事。普惠性，重点做好返贫人口和新发生贫困人口的监测和帮扶，确保“高水平全面小康一个不少、一户不落”。基础性，重点围绕医疗、教育、养老、住房、出行、人居环境等重点领域，扎扎实实解决好群众最关心最直接的利益问题、最优虑最急迫的实际问题。兜底性，重点完善多层次社会救助体系，织牢织密民生兜底保障网。

——坚守发展底线。始终坚持底线思维，高度重视政府性债务、企业互联互保、群访群诉等问题，守牢社会稳定底线；坚决打好污染防治攻坚战，不折不扣抓好中央、省环保督察及“回头看”突出问题整改，守牢生态保护底线；切实加强应急管理体系和能力建设，守牢安全生产底线；严明党的纪律规矩，强化党内监督，守牢廉政底线。

三、关于2020年工作安排

新的一年，要聚焦“产业强市、实干兴市”，不断提高抓落实的系统性、精准性和创造性，奋力取得更多更好的高质量发展成果。

（一）坚持稳中求进，更大力度推进产业强市。牢牢把握稳中求进工作总基调，以“稳”保“进”，以“进”促“稳”。

1.牵好项目建设“牛鼻子”。狠抓项目建设。抢抓长江经济带、长三角一体化等重大战略机遇，综合运用派驻招商、乡贤招商、专业招商、以商引商等模式，加大项目招引力度，全年签约亿元以上项目40个以上，当年注册率50%以上。在项目“主战场”上争先进、比贡献，加快推进长城汽车核心零部件、福麟智能装备制造等重点产业项目，全年完成制造业投资58亿元。优化项目机制。健全完善项目信息共享、预审评估、领导挂钩、督查推进、服务保障等工作机制，加强项目全周期管理、全流程服务。制定重大项目招引建设年度活动计划，开展好项目签约、集中开工、现场观摩、季度竞赛等活动。牢固确立“以项目论英雄”的鲜明导向，优化高质量发展考核体系，加大项目招引建设考核督查力度，强化重大项目绩效评价。强化要素保障。加强招商引资人才库动态化管理，开展招商人员专题培训，探索灵活的人才使用激励机制。制定出台推动创投机构和创业基金落户的优惠政策，使资本招商成为招商引资的新亮点。精打细算、合理安排用地指标，支持保障重点项目用地需求。

2.加快新旧动能接续转换。打造特色园区。探索推进省级以下工业园区整合提升。经开区要围绕“一特三提升”[7]，推进“一区多园”建设，打造产业强市的“主阵地”；高新区要加快国家级高新区创建，进一步优化园区产业业态，建设高新技术产业发展集群。加快科技创新。建立华北电力大学研究生分院。梳理攻关现有产业发展过程中“卡脖子”的关键技术，提高科技创新成果转化率和贡献度。深入实施“瞪羚”企业[8]培育、高企入库和“雏鹰计划”[9]，打造一批细分行业市场的“隐形冠军”“单打冠军”“专精特新小巨人”企业，力争国家高新技术企业总数达到260家。大力推广智能制造，全年滚动实施10个以上重点项目，创建智能车间2个以上。集聚高端要素。运作好科技人才创新创业投资基金。完善柔性引才机制和人才服务体系，全年新增省“双创计划”、镇江市“金山英才计划”[10]和“江雁计划”[11]高层次人才（团队）50个。加快产业链、创新链、资本链“三链融合”，大力发展科技金融，推进知识产权质押融资贷款，全力争创国家知识产权强县工程示范县、国家级创新型县市。

3.大力支持民营经济发展。多措并举赋能减负。严格落实减税降费政策，确保“应享尽享”“应退尽退”。增强金融服务实体经济的能力，扩大中小微企业信贷风险补偿资金池、中小企业转贷基金覆盖面，全年新增实体经济信贷投放30亿元以上。鼓励企业进军资本市场，全年新增上市挂牌企业10家以上，支持通灵股份、威腾股份在创业板上市。弘扬企业家精神。鼓励支持民营企业通过聚焦实业、做精主业、创新创业，加快建立运行高效灵活的现代企业制度。关心扶持青年企业家的成长，支持帮助民营企业家实现事业新老交接和有序传承，建设一支新时代企业家队伍。引导民营企业重信誉、守信用、讲信义，筑牢守法合规经营底线。打造优质营商环境。加快完善支持民营企业发展的政策意见，健全支持民营经济发展的法治环境，坚决摘掉“有色眼镜”、清理“隐性门槛”，促进公平竞争。持续提升政府服务意识和能力，不断畅通政企沟通的渠道，让企业的呼声更多更快地转化为党委政府惠企利企的行动，加快构建“亲清”政商关系。

4.持续优化金融生态环境。稳步压降政府性债务。坚决压实化债责任，从严落实化债方案，严控政府投资项目，继续压降政府一般性支出，确保债务总量下降、结构优化，坚决守住不出险的底线。化解企业“担保圈”风险。健全民营企业融资会诊帮扶机制，推动金融机构对担保圈上的正常经营企业不抽贷、不压贷、不断贷，适度核销不良贷款，持续降低风险系数。严厉打击非法金融活动。依法处置恶意欠息、逾期和逃废债行为，严厉打击各类保险欺诈、非法金融活动，切实维护良好金融生态环境，努力创建“全省金融生态优秀县”。

（二）坚持绿色优先，精耕细作打造精美城市。树立“精明增长、精致紧凑”的城乡建设管理理念，不断擦亮城市底色。

1.调优城乡空间布局。强化规划引领。加快推进“多规合一”，严格落实“三线一单”[12]，确保生态空间只增不减。高标准编制完成国土空间总体规划、实用性村庄规划。坚持“无规划、不开发”，一切建设行为必须符合规划要求、服从规划安排。严格规范居民建房管理，确保各类违建存量稳步削减、增量动态清零。集约节约用地。开展存量土地、闲置资产调查摸底，全年盘活低效闲置土地2500亩以上。强化土地利用绩效评估，构建完善的土地市场退出机制，不断提升土地产出率、资源循环利用率。

2.推动城市渐次更新。加快区域互联互通。开工建设联盟路、新民南路、南江路。提高扬中一桥、二桥等桥梁安全通行能力，建设运营城北次枢纽，优化城乡公交线路4条，更新新能源公交车10辆，创成全国城乡交通运输一体化示范市。推进城市适度开发。大力实施扬子新村旧城改造，建成运营新时代购物广场，有序推进滨江新城、西城区开发，加快吾悦广场项目建设。落实好“稳地价、稳房价、稳预期”要求，稳步推进地块上市，保持商品房去化周期处于合理区间，促进房地产市场平稳健康发展。完善城市配套功能。统筹地下综合管线布局，加强在线监测运维。提高环卫保洁、渣土运输、市政养护、绿化维护、停车管理等市场化、专业化运维比例。推行生活垃圾分类减量、建筑垃圾资源化处置，逐步提高垃圾分类集中处置率。

3.大力实施乡村振兴战略。推动产业兴旺。把特种水产养殖作为高效农业发展的重点，全力推进长江刀鲚良种繁育养殖等项目建设和成果转化运用，探索推进河豚产业化发展，提升渔业产业品质和示范效应。积极开展“两品一标”[13]申报认证，联合打造区域公用品牌，力争优质绿色农产品比重达61%以上。改善农村人居环境。统筹开展“四清一治一改”[14]“四整治四提升”[15]等专项行动，完成农村零散老埭土地整理600亩，清淤疏浚河道167条；推进乡村振兴示范村建设，创成美丽宜居村15个。严格执行农村基层基本公共服务功能配置标准，确保实现度达95%以上。发展全域旅游。加快园博园、滨江公园提升改造和三江湾乡村旅游集聚区、长江渔文化风情小镇等建设，推广应用分布式光伏发电，创造条件建设分布式风力发电、农光互补等项目，在新能源就近消纳、微电网、能源互联网领域打造一批应用示范，形成可观可感的特色亮点。

4.深入开展生态环境综合治理。打好蓝天保卫战。落实改善空气质量强制污染减排措施，扎实开展工地扬尘、过境货车、化工行业等领域集中整治，确保PM2.5浓度和污染天数“双降低”。打好碧水攻坚战。科学有序推进“五水联治”，加大城东、城南、城北片区水环境治理力度，加快污水处理设施建设，确保年底前基本消除集镇和农村居民点黑臭水体。开展沿江排污口整治，全面完成河道“两违”项目清理。统筹推进江港堤防洪保安、闸站升级改造等工程，加强长江水下地形监测分析和定期巡查，不断提升防洪保安能力。打好净土防御战。加大土壤污染防治和监测，逐步建立污染地块名录和开发利用负面清单。推进沿江湿地保护、绿化造林，全年完成湿地修复300亩、森林提质1800亩。

（三）坚持以民为本，奋力创造更加美好生活。认真践行“以人民为中心”的发展思想，切实提高群众的获得感、幸福感和满意度。

1.促进富民增收。把稳就业摆在优先位置，实施重点就业困难人群分类帮扶和动态管理，确保新增城镇就业1万人，零就业家庭动态清零。进一步深化农村集体产权制度改革、“三权分置”改革，争取新型农业经营主体经营比重达48%。加强对建档立卡户动态管理，重点聚焦因病因残致贫返贫问题，重视做好低保边缘群体的帮扶工作，持续巩固脱贫攻坚成果。

2.强化公共服务资源供给。推进教育集团化办学和高品质学校集群发展，加快教育布局调整，开工建设三跃中心小学、市第一幼儿园，交付使用市第二幼儿园，深化教师县管校聘改革，创建全国义务教育优质均衡发展市。深入推进县域内紧密型医共体建设，坚持分级诊疗与提档升级相结合，推动二级医院错位发展、乡镇卫生院特色发展、村卫生室标准化发展，建成运行城西社区卫生服务中心。规范医药价格和诊疗行为，开通“电子医保卡”，实现医保服务网上办。运行好残疾人综合服务中心，加快实现医养融合、康养融合、医教融合。提高普惠型老年福利保障水平，新建标准化居家养老服务中心3家，创建省级居家和社区养老服务创新示范区。

3.提升社会文明程度。创建国家公共文化服务体系示范区，开放市博物馆、新治博物馆群，整体搬迁市文化馆，提升改造市图书馆，不断完善基础文化设施。深入开展全国文明城市创建，深化新时代文明实践中心全国试点建设，确保全市四星级以上文明实践站比例不低于90%。推进基层健身设施建设，新增体育公园(广场)6个、健身路径25条、健身步道5公里。积极承办各类体育竞技活动和赛事，办好第十七届河豚文化节、社区(农民)文化艺术节等文化活动，不断丰富群众精神文化体育生活。

4.推进县域社会治理现代化。深入推进法治政府建设示范市创建，加大农村法律服务供给力度，确保省基层网格达标率95%以上，创成1个国家级民主法治示范村。纵深推进“扫黑除恶”专项斗争，高标准抓好“雪亮工程”[16]和智慧警务建设，打造社会治安防控体系“升级版”。优化风险防范化解机制，推进市安委会实体化运行。落实安全生产责任，健全市、镇、村三级应急安全组织，抓细抓实安全生产巡查工作，确保安全生产形势平稳可控。推进网格化治理，实体化运行中扬、新联、新城社区，不断提升基层社区服务水平。不断完善以党的领导为引领、多元主体参与的治理体系，构筑共建共治共享的社会治理共同体，建设更高水平的平安扬中。

四、以党建为引领，营造更加浓厚的发展氛围

新时代是奋斗者的时代。新的一年，肩负着决战决胜高水平全面建成小康社会的时代重任，我们要深入贯彻落实党的十九届四中全会精神，制度化巩固用好“不忘初心、牢记使命”主题教育成果，用各级党组织和党员干部的初心使命，凝聚产业强市的强烈共识，打造实干兴市的强大矩阵，奋力创造高质量发展的更大业绩。

1.要焕发精气神，勇立潮头加油干。立大志方能成大事。面对长三角一体化的时代大潮，不争先就是落后，不“出镜”只能出局。扬中地处苏南板块，有着“四千四万”的精神传承，有着自强不息的城市底蕴，担当配角、甘居人后不是我们的风格，敢为人先、勇于超越才是应有的状态。全市各级都要保持旺盛激情、拿出争先斗志，自觉站位苏南、主动对标苏南、全力争先苏南。在发展理念上，要对标苏南模式。深刻认识到新发展理念是制胜未来、赢得主动的唯一正确道路，更加主动地以新发展理念引领方向、校准路径、优化模式。推进产业强市、实干兴市，必须更加突出发展质量效益和群众获得感，更加突出安全第一、生态优先、绿色发展，更加突出走创新驱动内生型增长道路，以壮士断腕的自省自觉，坚决与不符合新发展理念的认识和行为决裂，让扬中转型发展的“含金量”更足、“含绿量”更高、“含新量”更多。在发展定位上，要比拼苏南先进。各个条线和板块都要放眼苏南，选准竞争对手，既要横向比实力、比速度，也要纵向比进步、比变化，在同台竞技中干出争雄势、拼出新位次；机关各部门要立足本职、胸怀全局、换位思考，服务企业比效率、服务基层比质量、服务发展比贡献，激荡暖企惠民的“一江春水”；广大企业家要把“做行业龙头、创百年基业”作为奋进目标，勇于搏击市场、致力创新转型、争当“招商大使”，以企业强促进产业强、支撑经济强，持续拓展扬中高质量发展的经济版图。在发展热度上，要争当苏南标杆。明年，无论高质量发展考核还是新闻舆论宣传，都要旗帜鲜明地向项目聚焦、向产业聚力、向转型聚势，坚决打破平均主义、平衡照顾，用好“指挥棒”、亮出“英雄榜”，让拼搏实干者更多地上“头条”、受尊重，让萎靡懈怠者坐不住、立不稳，让全市上下争雄苏南、争先奋进的浪潮更加激荡人心。

2.要锤炼硬担当，勇担使命奋力干。实干是检验初心的最好方式，担当最能体现党员干部的忠诚。当前，扬中高质量发展面临诸多压力，更加需要知重负重的党员干部，更加需要克难奋进的先锋闯将。广大党员干部作为推动发展的主力军，遇事必须担当、担当必须尽责、尽责必须见效。干，就要干出扬中气势。对照主题教育“问题清单”以及各类巡视整改、专项督查意见，不回避、不遮掩、不推诿，主动加压、调优状态、调高定位，改就改到彻底，做就做到最优，走就走在前列，推动各领域工作争先、率先、领先。干，就要干出扬中效率。坚决破除按部就班的意识，抛弃求稳怕乱的思想，打破因循守旧的状态，雷厉风行、立说立行、坐言起行，不让一项事情延误，不让一个项目落空，不让一个机遇错失。干，就要干出扬中风采。绝不能因困难多、压力大而畏首畏尾，更不能因为担心多做多错而畏缩不前。应该做的事，顶着压力也要干；必须负的责，迎着风险也要担，以奔跑的姿态、奋进的状态，划出高质量发展的“上扬线”。明年，市委将持续深化形式主义、官僚主义集中整治，更大力度为基层减负，让各级干部腾出更多时间、集中精力干事创业。“凭实绩用干部，以发展论英雄”是市委一贯的鲜明导向，组织部门要研究制定可观、可感、可量化的干部“实干标准”，在干部选配上更加突出政治导向、能力导向、实绩导向，让更多堪当大任、能挑重担、善开局面的优秀干部走上重要岗位，壮大引领扬中高质量发展的中流砥柱。

3.要坚定抓落实，勇毅笃行务实干。产业强市、实

干兴市是一场精神变革,更是一场攻坚战役,需要跋山涉水、披荆斩棘。我们既要在产业强市的赛道上狠抓落实、坚定向前,更要在党的领导下、在制度规矩的轨道上担当实干、善作善成。要坚决讲政治、守规矩。坚持不懈用新思想武装头脑,主动扛起“两个责任”,全面压实意识形态工作责任制,绝不在政治立场和方向上有分毫偏差,真正把“两个维护”融入血脉、见诸行动。要从领导干部做起,把党的政治领导贯穿高质量发展的各个领域和环节,对市委制定的决策、确定的事情,必须无条件、无阻力、无障碍地坚决贯彻、迅速落实,决不把问题交给上级、把责任推给基层、把矛盾留给后任;各级党员干部都要以强烈的“答卷意识”“求解意识”紧盯目标、一抓到底、抓出实效,决不能降格以求、自我放松,更不能搞“上有政策、下有对策”。要坚决讲制度、守法治。既要自觉尊崇制度,锤炼法治思维,严格按制度和法治办事,更要严防把制度变成不作为的“盾牌”,把程序变成慢作为的借口。要坚决讲廉政、守纪律。现在,仍有极少数党员干部各行其是、各自为政,有令不行、有禁不止,甚至当“两面人”。对这些现象,市纪委监委要从严监督执纪,既要利剑高悬正风肃纪,制度化开展政治巡察、专题督查,严格落实小微权力清单制度,用更加精准的督查和问责“督”出压力、“问”出动力;更要理直气壮保护干部,用好“暖心容错”工程,正确区分过错和违纪的界限,大张旗鼓地“容”、实事求是地“容”、可观可感地“容”,真正为改革创新者遮风挡雨、撑腰鼓劲。对被问责或受处分的干部,也不能“一棍子打死”,对把问责作为动力、干出实绩的,要及时合理使用,表现突出的要敢于大胆提拔,让更多“狮子型”“猛将型”干部放下包袱、撸起袖子、甩开膀子,不断浓厚“干部为事业担当、组织为干部担当”的发展氛围,共创一个激情燃烧的新时代。

注释:

(1)“四好农村路”:建设好、管理好、养护好、运营好农村公路

(2)“八位一体”:对河道保洁、垃圾收运、绿化管护、农村道路养护、生活污水处理、村容村貌“三乱”整治、村级综合服务中心维护、文体活动设施管护等工作实施的一体化长效管理机制

(3)“两不愁三保障”:“两不愁”即不愁吃、不愁穿;“三保障”即义务教育、基本医疗、住房安全有保障

(4)“四个走在前列”:理论武装走在前列,担当实干走在前列,服务群众走在前列,创新转型走在前列

(5)“三倾力两协助”:倾力做好发展党员、党员教育、党员管理工作,协助做好党支部建设和基层组织工作

(6)“百名示范”:2019年10月,省委组织部开展村书记“百名示范、千名领先、万名骨干”工程,其中“百名示范”由省委组织部研究确定,全省100名

(7)“一特三提升”:“一特”,着力打造特色创新集群;“三提升”,着力提升土地产出率,着力提升资源循环利用率,着力提升智能制造普及率

(8)“瞪羚”企业:瞪羚企业是银行对成长性好、具有跳跃式发展态势的高新技术企业的一种通称

(9)“雏鹰计划”:帮助小微企业提升创新能力的系统工程,主要包括科技政策宣传、技术需求表述、产学研合作指导、知识产权入门、科技金融支持、研发人员培育等六个方面

(10)“金山英才计划”:“十三五”期间,镇江围绕“四基地、一中心、两城市”的总体定位,重点引进支持600名(个)以上产业发展领域的高层次领军人才(团队),打造独具特色的产业人才高地。镇江“金山英才”计划包括顶尖人才专项计划、“镇江制造2025”领军人才计划、现代服务业领军人才计划、现代农业领军人才计划、高技能领军人才计划五类子计划

(11)“江雁计划”:按照产业发展规划,重点围绕工程电气、新能源、先进装备制造等主导产业以及新材料、电子信息、现代服务业等新兴产业,引进一批能够引领扬中产业发展的创新创业领军人才(团队)和应用型人才,促进一批高成长性的科技型企业成功孵化、一批具有自主知识产权的重大科技成果转化和产业化,推动扬中市主导产业高端化、新兴产业规模化

(12)“三线一单”:生态保护红线、环境质量底线、资源利用上线以及生态环境准入清单

(13)“两品一标”:绿色食品、有机食品和地理标志农产品

(14)“四清一治一改”:清理垃圾、清理河塘、清理农业废弃物、清除无保护价值的残垣断壁,加大乡村公共空间治理,切实解决占用公共资源私搭乱建、无序种养等问题,加快改变农民不良生活习惯

(15)“四整治四提升”:治理农村生活垃圾、治理厕所粪污、治理农村生活污水、治理农业废弃物;提升村容村貌、提升村庄规划建设水平、提升传统村落保护水平、提升建设和管护水平

(16)“雪亮工程”:以县、乡、村三级综治中心为指挥平台、以综治信息化为支撑、以网格化管理为基础、以公共安全视频监控联网应用为重点的群众性治安防控工程

扬中市人民政府工作报告

——在市第十七届人民代表大会第四次会议上(摘要)

市长 张德军

(2020 年 1月 5 日)

2019 年工作回顾

过去的一年,面对复杂多变的内外部环境,市政府在市委的坚强领导和市人大、市政协的监督支持下,始终坚持高质量发展的主旋律,迎难而上、拼搏实干、担当作为,经济社会发展平稳有序,基本完成市十七届人大三次会议确定的目标任务。全年地区生产总值487.83,比上年增长 6%,完成一般公共预算收入 34 亿元、增长 3.76%,城乡居民人均可支配收入分别 5.78 万元、3.06 万元,增长 7.8%、8.3%,列 2019 年度"全国中小城市综合实力百强县(市)"第 23 位。

一、全力以赴抓实体、调结构,经济运行稳中向好

产业质态不断优化。完成工业申报销售 650 亿元、增长 4%,工程电气产业销售收入 320 亿元、增长 5%。获评"上云"企业[(1)]五星级 2 家、四星级 1 家,新增省级"专精特新"产品企业、"科技小巨人"企业 5 家,创成省两化融合贯标试点企业 8 家。光电设备行业成为全国首批小微企业质量管理提升试点行业,江之源长江刀鲚养殖项目获评国家级标准化示范项目。大全集团入选全国质量标杆企业,科技创新取得重大突破,行业领先地位不断巩固;香江科技、亿能电气等规模骨干企业销售保持较快增长,新增规模以上工业企业 33 家。

项目建设有序推进。吉星蓝宝石切片、永航动力总成等 16 个亿元以上项目竣工,长城汽车核心零部件、中南高科产业园等重点项目加速推进,完成制造业投资 53 亿元。深化招商体制改革,实体化运行驻外招商局。借助"第二届国际绿色能源发展大会""第十六届中国·扬中河豚文化节"等平台,举办各类招商活动 45 场次,新韩通造船总部成功落户,招引量子云制造、云企智造共享工厂等亿元以上项目 33 个。

发展动能加速转换。获批国家智慧电气高新技术产业化基地,高新区创成省科技服务业特色基地。新增省知识产权示范园区 2 个,新认定国家高新技术企业 92 家、国家科技型中小企业 97 家,获批省级众创空间 1 家,全社会研发投入占 GDP 比重 2.84%。发放"苏科贷"1.5 亿元,获评"苏科贷"优秀合作地区。入选省"双创计划"6 个、镇江市"金山英才"项目 6 个。

涉企服务精准有力。统筹实施相对集中行政许可权,建立市镇两级代办服务体系,镇村为民(便民)服务中心实现全覆盖。设立汽车零部件、扬中徐工、科技人才等基金,新增挂牌上市企业 16 家,普惠型金融重点领域贷款余额[(2)]占比达 33%,发放转贷周转金 36 亿元、服务企业 300 余家。扎实推进企业担保圈金融风险处置,银行不良贷款率和不良贷款余额实现"双降"。推动非居民用天然气销售价格下降,减税降费7.22 亿元。

二、动真碰硬抓治理、优生态,环境质量日趋好转

扎实治理黑臭水体。完成城西、建设片区水环境治理,基本建成中电大道桥梁、城东第二污水通道工程,智能化运行城区河道排口截污设施 65 个,实施雨污分流改造 330 公顷,新增雨污水管网 240 公里,清淤管网 290 公里。与金州水务股权合作取得突破[(3)],回购沙家港污水处理厂。建成西来桥镇污水处理厂,扩容改造油坊镇、八桥镇污水处理厂,污水日处理能力提升至 8.7 万吨。完成中央环保督察交办问题整改。

深入开展污染防治。启动长江排口整治,完成企业排污许可证核发。扎实推进化工企业"四个一批"专项整治,关闭搬迁重组化工企业 10 家,完成电镀、喷涂行业专项治理。严格管控工地扬尘,处罚建筑企业 22 家(次)。开展生物质锅炉专项整治,探索废旧农膜回收利用和农药"零差率"配送试点,规模养殖场治理率达100%,秸秆综合利用率达 96%。空气质量优良天数比例、PM2.5 平均浓度完成年度目标。获"省生态环保领域真抓实干奖"。

切实推动绿色发展。优化调整生态红线,开展工业用地污染状况调查。推进沿江生态修复,严厉打击长江非法采砂,完成长江扬中段渔民退捕。整改拆除河道"两违"项目 86 个,长江两岸造林绿化 538 亩。新建智能微电网项目 1 个,新增分布式光伏装机容量 10.3 兆瓦、居民屋顶光伏 2543 户。单位 GDP 能耗、二氧化碳

排放量持续下降,仁德新能源创成国家级绿色工厂。

三、坚定不移抓统筹、提品质,城乡面貌持续改善

城市功能不断健全。建成市博物馆、人防应急疏散基地、滨江驿站,完成雷公岛直达通道一期和堤顶公路南江段、环太段大修,加快推进天然气高压管线、丰裕110千伏输变电工程。加速实施原建宁农贸市场、扬子新村一期等旧城改建项目,开工建设吾悦广场。更新市政道路9.1万平方米,新建改造各类公厕56个,新增智能化公交站台6个、交通路口遮阳棚8个。

长效管理逐步提升。修改完善城市总体规划,完成第三次国土调查。开展过境货车、超限超载专项整治,货车日均过境量下降20%。规范城区非机动车停放管理,推行渣土运输公司化运作。积极推进垃圾分类试点,建成运营3个镇级餐厨废弃物处理中心。从严管理居民建房,整改拆除各类违法建设1.6万平方米。筹建中扬、新联、新城3个社区,创成省级文明镇3个、文明村(社区)14个、宜居示范小区1个。

乡村振兴加快推进。编制完成乡村振兴战略实施规划。新增高标准农田1.7万亩,轮作休耕1万亩,完成土地整理658亩。治理90个村庄(居民点)生活污水,完成农村改厕1600个,清淤疏浚河道308条,提档升级农村公路35公里,建成思议港闸站,创成省级“农村人居环境整治综合示范村”10个、“美丽宜居村庄”20个。“八位一体”运行维护机制入选全国首批农村公共服务典型案例。

四、千方百计抓实事、解难题,人民生活更加幸福

民生实事有序推进。建成市级老年活动中心,启用残疾人“三大中心”,新增标准化居家养老服务中心3家、标准化老年活动中心6家、镇级残疾人之家2家。启动丰裕、永胜门诊部建设。新增城镇就业1.1万人、再就业2182人。新建园丁路收储地块、行政中心北侧等公共停车场,部分机关、企事业单位停车场错时对外开放,新增停车泊位1200个。

社会事业协调发展。交付使用明珠幼儿园,开工建设第二幼儿园、云腾幼儿园、恒大幼儿园。建成健身路径24条、健身公园6个、健身步道7公里,新增农村文化礼堂15个,西来桥镇获评“中国龙狮运动之乡”。开展全省首批紧密型医共体试点,新增名医工作室9家。调整优化医保报销待遇和经办模式,实现全国异地就医住院费用联网结算。完成市社会福利院“公建民营”改革,城乡低保、特困人员供养标准分别提高至每人每月750元、975元。实施危房改造145户,基本完成脱贫攻坚任务。

社会治理持续深化。扎实推进“扫黑除恶”专项斗争,打掉恶势力犯罪集团2个、恶势力团伙4个,新坝派出所被命名为全国首批“枫桥式公安派出所”。积极开展化工、粉尘涉爆、有限空间等领域安全生产专项整治,妥善处置“8·6”危化品运输车苯泄漏事故。强化社会矛盾排查化解,新增省级“民主法治示范村”3个,获评“七五”普法中期全国先进县(市、区)。退役军人服务中心(站)实现市镇村全覆盖。

五、不忘初心抓队伍、促效能,政府建设不断加强

精心组织庆祝新中国成立70周年系列活动,深入开展“不忘初心、牢记使命”主题教育,自觉用习近平新时代中国特色社会主义思想武装头脑、指导实践、推动工作。大力弘扬求真务实的工作作风,切实推动督查问效。整治“形式主义、官僚主义”,设立8月份为“无会月”,市政府发文数量下降20%。完成政府机构改革,新坝镇经济发达镇行政管理体制改革通过省级评估验收。加大财政支出管控力度,一般性运转经费下降20%。强化政府隐性债务管理,完成年度化债任务。加强国有企业、自然资源资产审计监督,办理人大代表建议251件、政协委员提案209件,满意和基本满意率达100%。

稳就业、粮食、教育现代化等工作获得全国全省先进,慈善、科协、工会、新闻、档案、外贸、外事、海事、航道、气象、地震、烟草、盐业、石油、边检、国检、侨台等工作取得新进展,大数据、地方志、红十字、共青团、工商联、妇女儿童、人民武装、消防救援、民族宗教、文学艺术、邮电通信等工作取得新进步,行政学校、工业集团、商业集团、发展促进、群众工作、关心下一代、南北五方挂钩、东西部扶贫协作等工作取得新成效。

2020年主要工作

2020年是全面建成小康社会和“十三五”规划收官之年,挑战与机遇并存,压力与动力同在。今年政府工作的总体要求是:以习近平新时代中国特色社会主义思想为指导,全面贯彻党的十九大、十九届二中、三中、四中全会、中央经济工作会议、省、镇江市及市委的

决策部署，紧扣“强富美高”总目标，确立高质量发展总导向，坚持稳中求进工作总基调，自觉践行新发展理念，全面深化供给侧结构性改革，统筹做好稳增长、促改革、调结构、惠民生、防风险、保稳定各项工作，聚焦产业强市，聚力实干兴市，确保高水平全面建成小康社会和“十三五”规划圆满收官，高质量谱写好“强富美高”的扬中篇章。

2020年经济社会发展主要目标：地区生产总值增长6%；一般公共预算收入增长3%；固定资产投资增长6%左右，工业申报销售增长4%左右，规上工业增加值增长6%左右；城乡居民人均可支配收入与经济增长保持同步；全面完成生态环保约束性指标。

围绕全年目标任务，重点抓好以下六个方面工作：

一、强化提质增效，全力保障经济稳健运行

加快发展先进制造业。加速智能电气产业与工业互联网深度融合，加快向智慧化、高端化、品牌化发展，建设智能车间2个，新增三星级以上“上云”企业28家。积极应对光伏行业波动，鼓励企业加速技术革新，加大技改投入，推动光伏产业生产制造与示范应用并重。大力发展高端海工装备制造，积极开拓“一带一路”市场，打造特种船舶、船用设备等领域优势，提高产品附加值。依托长城汽车核心零部件、轨道交通等项目和产品，不断延链补链强链，精准培育新兴支柱产业，推进产业结构渐进式重构。

加速发展高新技术产业。加强人工智能、大数据、区块链等技术创新与产业运用，积极支持5G通信网络建设，大力发展数字经济，加快培育新产业新业态新模式。激发企业创新主体活力，深入实施科技企业“小升高”计划，推进科技型中小企业量质双升，新认定高新技术企业80家，新增省级以上企业研发机构8家，高新技术产业产值占规模以上工业产值比重保持在70%以上，争创“国家知识产权强县工程示范市”。发挥科技镇长团校地企桥梁作用，加强政产学研协同创新，实施合作项目60个。

加大营商环境改革力度。大力支持民营经济发展，完善政企沟通协商制度，开展更有针对性的“点对点”帮扶。研究制定更加精准的惠企措施，编制惠企政策口袋书，增强政策供给的系统性和科学性。全面落实减税降费政策，持续清理涉企行政事业性收费，综合运用改革、财税、价格等“组合拳”，降低企业生产经营成本。深化“放管服”改革，加强镇村为民(便民)服务中心规范化建设，推动更多政务服务事项进驻，构建一体化网上政务服务体系，努力实现“全城通办”。

加强重大风险防范化解。坚持“控规模、调结构、降成本、防风险”原则，认真落实债务风险防范化解工作计划，确保完成全年化债目标任务。加强政府投资项目债务风险评估和合法性审查，严控新上项目，严禁违规举债。深化与银行业等金融机构战略合作，加大债券置换争取力度，不断优化债务结构。通过预算安排、土地出让、资产盘活等措施，逐步化解存量债务。建立现代企业制度，持续推进平台功能整合重组，加快实体化转型步伐，提升经营性项目融资能力，增强“造血功能”。

二、突出项目建设，持续增强发展核心动能

强化项目招引。深化招商体制改革，加强招商队伍建设，提升招商的专业化、精细化水平。编制产业发展规划，更新招商地图，突出科技含量、亩均产出、资源节约，精准对接北京、上海等地产业梯度转移。全力抓好“以商引商”“乡贤招商”“产业链招商”，创新应用“产业+基金”“平台+项目”等方式，启动原龙源港机公用码头建设，规划利用西来桥镇南江地块，引进亿元以上项目40个，战略性新兴产业利用外资占比85%以上。加速科技成果产业化、资本化步伐，加快实施省“双创计划”、镇江市“金山英才”等人才项目，全面落实“江洲人才一卡通”政策，新增各类高层次人才(团队)50个。

强化项目建设。加快实施香江大数据中心、新韩通福麟智能装备制造等项目，全力保障长城汽车核心零部件项目建设，确保发动机、电驱动等子项目达产销售，完成制造业投资58亿元。经开区围绕“一特三提升”(4)，大力推进“一区多园”建设，推动临港产业发展壮大，加快港产城融合发展。高新区发挥区域创新的示范引领和带动效应，加快中南高科产业园基础设施完善，力争入驻企业40家以上。探索推进省级以下工业园区整合提升，提高集约集聚发展水平。开辟“绿色通道”，加强项目实施全过程服务，完善领导挂钩、跟踪会办、容缺预审等工作机制，有效解决项目建设难题。精准考评项目招引建设、投产达效，切实提高签约项目开工率、续建项目竣工率、竣工项目产出率。

强化要素配置。有序开展土地综合整治，盘活低效闲置土地2500亩。深化政银企互动，引导金融资源更多投向实体经济，新增有效信贷投放30亿元。抢抓科创板设立、注册制改革等机遇，鼓励企业进军多层次资本市场，加快威腾股份、通灵电气、太阳科技等企业上

市步伐,新增挂牌上市企业10家。放大"青企会""青商会"等组织作用,大力实施"创二代"培育工程。提升职业教育水平,加强劳动力供需对接,营造良好用工环境,化解企业用工结构性供需矛盾。

三、加速城乡一体,着力提升全域发展质态

统筹城市开发建设。优化国土空间开发保护格局,高质量编制国土空间总体规划、实用性村庄规划。推动老城区更新,改造扬子新村、园丁路南侧等片区,建成运营新时代购物广场,逐步完善老旧小区基础设施,不断提升生活的便利性、舒适度。加快滨江新城、西城区开发,加大土地整理收储力度,促进房地产市场平稳有序发展;开工建设联盟路、新民南路、南江路,加快实施吾悦广场、城西安置房等项目,高效运营奥体中心、博物馆,完善公共服务,加速人口集聚,打造充满活力的现代城市。

特色发展农业农村。持续优化农业产业结构,放大河豚、江蟹、秧草等地理标志产品品牌效应,壮大农产品深加工规模,新增县级以上示范合作社和家庭农场6家,新型农业经营主体经营面积比重达48%。加大农业综合开发力度,新增高标准农田5000亩,轮作休耕3万亩。建成禾丰农资仓储配送中心,农药"零差率"配送覆盖面积10万亩次。巩固农村集体产权制度改革成果,规范农村各类产权交易进场入市。整合农村闲置资产资源,多渠道发展壮大农村集体经济,让群众共享更多改革红利。开展农村人居环境"四治理、四提升"[5],改造农村户厕1400户,创成省级"美丽宜居村庄"15个。

持续提升建管水平。优化城乡公交线路,开通镇江通勤公交、新区高铁站毗邻公交,建设城北公交次枢纽、幸福二桥治超点,提高扬中一桥、扬中二桥等桥梁安全通行水平,创成"全国城乡交通运输一体化示范市"。倡导城市管理"721"工作法[6],加快环卫保洁、市政养护、绿化维护等市场化运行。科学统筹各类破路工程建设,有效避免"马路拉链"现象。加强城乡居民建房管理,始终保持对"双违"查处的高压态势,确保违法建设、违法用地只减不增。开展集贸市场、食品和公共场所"七小行业"、文明交通、非法捕鱼等专项整治,加强智慧停车管理,着力解决群众反映强烈的突出问题。

四、攻坚污染防治,持续改善生态宜居环境

狠抓长江大保护。坚持"共抓大保护、不搞大开发"的战略导向,制定负面清单实施细则,强化生态红线刚性管控,严格执行长江禁捕政策,开展排污口、饮用水源地、非法采砂治理,全面完成河道"两违"整治。加强长江水下地形监测,及时治理隐患地段,建成新万福桥闸站,不断提升防洪保安能力。统筹推进沿江造林绿化,打造长江沿线绿色生态廊道。深入实施"河长制",常态化开展河长巡河,清淤疏浚城乡河道167条。严格落实排污和排水许可制度,加强污水排放管理,地表水省考断面优于III类水质的比例达66.7%。

整治环境突出问题。深化电镀、喷涂行业整治和化工企业安全环保整治提升,推进土壤污染治理与修复,加强农业面源污染治理,减少污染物排放。落实大气污染防治措施,扎实推进工地扬尘、露天烧烤、餐饮油烟、过境货车等领域集中整治,实现PM2.5和臭氧浓度"双控双减",空气质量优良天数比例达70%。推行生活垃圾分类减量、绿化垃圾资源化处置,镇级餐厨垃圾处理中心、城区居民小区垃圾分类设施实现全覆盖,垃圾分类集中处理率提高至70%。

稳步推进治水工程。科学排定治水工程方案,统筹谋划杆线下地,减少对群众生产生活影响。定期开展工程质量"回头看",畅通投诉举报渠道,提高群众参与度,确保工程建设质量。有序实施城东、城南、城北片区水环境综合整治,开展江洲南路、南园小区、民主花苑等雨污分流,完成雨污分流面积210公顷,新增雨污水管网162公里。持续推进集镇生活污水治理,全面完成规划发展村庄和保留居民点农村生活污水治理工程。回购兴隆污水处理厂,启动新坝镇污水处理厂提标扩容工程,实现污水处理"厂站网"一体化运维管理。

五、坚持富民惠民,全面提高人民生活质量

民生无小事,枝叶总关情。始终坚持以人民为中心,抓细抓实各项民生事业,不断提高人民群众获得感、幸福感。

提高收入水平。深入实施就业优先政策,精准开展就业创业服务,切实稳住就业基本盘,持续推动创业富民、就业富民。突出抓好高校毕业生、退役军人、农民工等重点群体就业帮扶,新增就业1万人,动态消除城镇"零就业"家庭。全面实施全民参保计划,加大"五险一金"征收和管理力度,支持各类商业保险发展,把更多的人员纳入社会保障范围,切实提高人均拥有社会保险基金支出水平。严格按照"四个不摘"[7]的要求,加强对建档立卡户动态管理,持续巩固脱贫攻坚成果。

提质社会事业。深化教育领域综合改革,稳步实施

教师“县管校聘”[8],持续推进高品质学校集群发展。完善教育布局,加快建设第一幼儿园、云腾幼儿园、恒大幼儿园等学校,交付使用第二幼儿园,创建“全国义务教育优质均衡发展县(市、区)”。有序运营残疾人特教中心、康复医院,推动“医疗+教育+康复”深度融合。深入推进整岛一体化医共体建设,建成城西社区卫生服务中心,新增名医工作室3家,增加优质医疗资源供给。开通“电子医保卡”,优化经办就诊流程,丰富医保移动支付内涵。新建标准化居家养老服务中心3家,老年人享受政府购买居家养老上门服务占比达10%,创建“省级居家和社区养老服务创新示范地区”。

提升文明层次。深入开展全国文明城市创建,扎实推进新时代文明实践中心全国试点。实施农家书屋提升、乡镇影院建设等工程,优化基层公共文化服务网络。整体搬迁市文化馆,建成新治村博物馆群。广泛开展全民健身运动,积极承办高水平高层次体育赛事,新增公共体育设施面积5.6万平方米。建设三江湾乡村旅游集聚区,提升改造园博园、滨江公园,办好第十七届河豚文化节。

六、保障安全稳定,切实维护社会和谐有序

提升本质安全水平。吸取响水“3·21”爆炸事故教训,举一反三、守牢底线,深入开展安全生产专项整治行动,切实提升安全生产治理体系和治理能力现代化水平。全面落实党政领导干部安全生产责任制,压实企业安全生产主体责任。实体化运行市安委会办公室,健全市镇村三级应急安全组织,开展安全生产巡查工作。紧盯危险化学品、冶金工贸、建筑施工、危废固废等重点领域,开展全覆盖、拉网式排查整治,实现安全生产“五个提升”[9]。加强安全投入和安全培训,实行安全生产举报奖励和责任追究,不断提高企业风险防控和事故防范水平。健全自然灾害应急救援“一体化”运作机制,建设应急指挥平台,加强预案演练和应急管理,及时处置各类突发事件。

夯实基层治理基础。深化新坝镇经济发达镇行政管理体制改革,开展镇域综合执法改革,统一运作模式,建立综合执法与网格化社会综合治理的联动协作机制。持续健全城乡社区治理体系,实体化运行中扬、新联、新城社区,推动政府治理、社会调节、基层群众自治良性互动。提升物业行业监管水平,广泛开展“优秀住宅小区”“星级老旧小区”评定,创建省级“宜居示范小区”。加强“诚信扬中”建设,健全守信联合激励和失信联合惩戒制度。完善退役军人服务体系,深入开展省双拥模范城“九创”活动。

维护社会和谐稳定。完善信访部门、矛调中心、信访群众“三方会商会调”机制,提升矛盾纠纷多元调解效能。注重预防为主、标本兼治,引导群众正确表达利益诉求、依法理性维权,压降化解信访积案。大力推进“平安扬中”建设,打造智慧警务,完善立体化、信息化治安防控体系。持续开展“扫黑除恶”专项斗争,重拳打击非法集资、高利贷、套路贷等涉众型经济犯罪,确保群众安全感继续位居全省前列。

加强政府自身建设 切实保障高质量发展

面对决战决胜高水平全面建成小康社会的时代重任,面对繁重艰巨的改革发展稳定任务,始终把发展作为第一要务,牢记初心、执政为民,敬业勤勉、尽责担当,努力开创政府工作新局面。

凝心聚力谋发展。全面加强政府机关党的建设,切实提高政治站位,增强“四个意识”,坚定“四个自信”,做到“两个维护”,以新发展理念为指引,强化系统思维、底线思维,厘清思路、明确方向、找准着力点。弘扬传承“四千四万”精神,策应长三角一体化发展战略,编制“十四五”规划,完善高质量发展考核体系。深度对标苏南,深入解放思想,保持定力,夯实基础,凝聚产业强市、实干兴市的发展共识,浓厚争先率先、创新创业的发展氛围。

实干担当抓落实。改进工作作风,深化形式主义、官僚主义集中整治,更大力度为基层减负,集中精力抓发展。坚持以实绩论英雄,破除按部就班的意识,抛弃求稳怕乱的思想,打破因循守旧的状态,推动各地、各部门主动作为、勇挑重担、密切配合、合力攻坚。务实创新,一抓到底,加快项目建设,办好民生实事,以推动发展的成果说话,以干事创业的实绩交卷,用担当作为的实际行动赢得人民群众的信赖支持。

倾心服务提效能。坚持问题导向,转换工作视角,服务企业比效率、服务基层比质量、服务发展比贡献,更多地从群众和企业角度去想问题、办事情、定政策、抓落实,把方便送给企业,把评判交给群众,不断提高群众的感受度和体验度。持续开展涉企涉农重点服务科室评比,探索12345热线与政风行风热线深度融合,放大税务“江洲蓝·税为鼎”、医保“向日葵”等品牌效应,努力锻造更优质的政府服务。

恪守法治严规矩。全面落实十九届四中全会精神,

深入推进法治政府建设,严格按照法定权限、法定程序行使权力,着力营造更加优良的法治环境。自觉接受人大依法监督、政协民主监督,加强行政监督和审计监督,实现公共资金、公共资源交易、国有资产资本审计全覆盖。牢固树立“长期过紧日子、苦日子”的思想,持续压降“三公”经费、一般性支出等行政运行成本。切实履行“一岗双责”,坚决执行中央八项规定精神,严防“四风”反弹,以“永远在路上”的执着,全力打造干部清正、政府清廉、政治清明的良好生态。

注释:

(1)“上云”企业:企业通过高速互联网络,将企业的基础系统、业务、平台部署到云端,利用网络便捷地获取计算、存储、数据、应用等服务,有利于降低企业信息化建设成本,构建工业互联网创新发展生态,促进实现制造业全过程、全产业链和产品全生命周期的优化,提升制造业与互联网融合发展水平。

(2)普惠型金融重点领域贷款余额:金融机构发放的单户金额在1000万元以下的小微企业、个体工商户、小微企业主经营性贷款,以及500万元以下的农户经营性贷款余额。

(3)与金州水务股权合作取得突破:经过多轮谈判,扬中市与金州水务签订水务合作框架协议,双方同意新成立扬中自来水项目公司,扬中市控股比例为51%,收回沙家港污水处理厂特许经营权。

(4)“一特三提升”:着力打造特色创新集群,着力提升土地产出率,着力提升资源循环利用率,着力提升智能制造普及率。

(5)“四治理、四提升”:治理农村生活垃圾、治理厕所粪污、治理农村生活污水、治理农业废弃物;提升村容村貌、提升村庄规划设计水平、提升传统村落保护水平、提升建设和管护水平。

(6)城市管理“721”工作法:变被动的城市管理为主动服务,变末端执法为源头治理,让70%的问题用服务手段解决,20%的问题用管理手段解决,10%的问题用执法手段解决。

(7)“四个不摘”:摘帽不摘责任、摘帽不摘政策、摘帽不摘帮扶、摘帽不摘监管。

(8)县管校聘:市委编办、市人社、财政部门共同核定全市中小学教师的编制、专业技术岗位和绩效工资总量,由教育部门统筹分配、学校具体管理,实现教师从“学校人”向“系统人”的转变,提升人事管理效能,优化教师资源配置效率。

(9)“五个提升”:提升安全红线意识、提升风险防控效能、提升安全管理能力、提升事故防范效果、提升安全治理水平。

扬中市质量提升行动实施方案

为全面落实供给侧结构性改革部署要求,进一步提高供给质量、优化供给体系,推动我市经济社会高质量发展,根据《中共中央国务院关于开展质量提升行动的指导意见》(中发〔2017〕24号)、《省委省政府关于印发〈江苏省质量提升行动实施方案〉的通知》(苏发〔2018〕12号)和《市委市政府关于印发〈镇江市质量提升行动实施方案〉的通知》(镇发〔2019〕11号)要求,结合我市实际,特制定本实施方案。

一、总体要求

(一)指导思想

全面贯彻党的十九大精神,坚持以习近平新时代中国特色社会主义思想为指导,牢固树立和贯彻落实新发展理念,以高质量发展走在前列为目标,以增强质量核心竞争力为中心,以供给侧结构性改革为主线,全面开展质量提升行动,高水平建设质量强市。

(二)基本原则

——坚持质量第一、以人为本。牢固树立质量第一的意识,坚持优质发展、以质取胜,把增进民生福祉、满足人民群众质量需求作为提高供给质量的出发点和落脚点,促进质量发展成果全民共享。持续提高产品、工程、服务的质量水平、质量层次和品牌影响力,推动我市产业价值链向中高端延伸。

——坚持企业主责、各界齐力。强化企业质量主体责任,弘扬企业家精神和工匠精神,激发企业提升质量的内生动力,不断提升质量竞争力、品牌影响力和企业可持续发展能力。增强全民质量意识和质量素养,真正形成各级党委和政府重视质量、企业追求质量、社会崇尚质量、人人关心质量的良好氛围。

——坚持创新驱动、质量变革。深入实施创新驱动发展战略,提升质量创新能力,以新技术新业态改造提升产业质量和发展水平。突出质量问题导向,大力推进质量管理、技术基础、制度供给等领域的改革创新,集聚标准、计量、检验检测等质量创新要素,推动传统产业提档升级和新兴产业领先发展。

(三)主要目标

到 2020 年,质量强市建设取得明显成效,全市供给质量明显改善,质量整体水平稳步提升,质量对经济社会发展的贡献持续增强,群众的质量获得感和满意度显著增强。

——产品、工程和服务质量明显提升。制造业质量竞争力指数达 90,产品质量省级以上监督抽查、主要地产农产品质量抽检合格率分别达 92%、97%以上。大中型工程项目一次验收合格率达 100%,其它工程一次验收合格率达 98%以上,新建民用建筑全面按基本级以上绿色建筑标准规划、设计和建设。生产性服务业和生活性服务业顾客满意度分别达 85%、80%以上。

——产业发展质量稳步提高。产业质量效益特征更加明显,企业质量管理水平大幅提升,智能化、高端化、服务化、绿色化、融合化发展推动质量升级取得成效。服务业提质增效速度加快,优先发展生产性服务业,提升发展生活性服务业。农产品质量稳步提升,绿色优质农产品比重不断提高。

——区域质量水平整体跃升。区域主体功能定位和产业布局更加合理,区域特色资源、环境容量和产业基础等优势充分利用,产城融合、城乡一体化建设、产业转型升级和质量提升同步推进,形成一批高端要素集聚、品牌影响显著、质量效益明显的产业集群和区域质量品牌。

——质量基础设施效能充分释放。标准、计量、检验检测、认证认可等质量基础设施不断完善,全市社会公用计量标准和量传溯源体系覆盖率达到 98%,产业计量测试、能源计量、计量校准能力显著提升。新增主导和参与制定国家标准、行业标准、地方标准 10 项以上。

二、重点工程

(一)农产品优质供给工程。健全农产品质量标准体系,实施农业标准化生产。加快高标准农田建设,加大灌排配套力度。推行种植养殖清洁生产,推进农药兽药质量追溯体系建设,严格规范农药、兽药、抗生素、激素类药物和化肥使用。加快绿色优质农产品基地建设,努力发展绿色、有机农产品。开展优质农产品区域公用品牌创建。建立健全农产品安全监管体系,实现农产品生产、收购、运输、销售全程监管和无缝对接。引进优质农产品和种质资源。大力发展农产品初加工和精深加工,提高绿色产品供给比重,提升农产品附加值。到 2020 年,保持化肥和农药使用量零增长,推动新型农业经营主体积极开展标准化生产。(牵头单位:市农业农村局;责任单位:市经济发展局、市场监管局、商务局、扬中生态环境局)

(二)食品药品优质供给工程。完善食品药品安全监管体制。鼓励支持食品生产经营者采用先进技术和管理规范,推进食品生产电子追溯和企业诚信管理体系建设。严厉打击食品药品安全领域违法违规行为,大力整治农药兽药残留超标、非法添加等食品质量安全突出问题。到 2020 年,全市食品安全抽检覆盖率达到 5 批次/千人。(牵头单位:市市场监管局;责任单位:市卫健委、经济发展局、农业农村局)

(三)先进制造业振兴发展工程。持续推进产业强市战略,深入实施《中国制造 2025 扬中行动计划》,突出重点领域,明确主攻方向,突破关键技术,加快推进"3+X"制造业体系渐进式重构。建立健全以企业为主体、产学研用一体化的技术创新体系,推进互联网、大数据、云计算等新一代信息技术在制造业的深度应用,全面推广智能制造。深入推进绿色制造,大力发展循环经济和再制造产业,组织实施节能和循环经济改造任务,构建资源消耗低、环境污染少、可持续发展的绿色循环制造体系。力争到 2020 年,实现全市规模以上工业企业清洁生产审核全覆盖,建成 2 家绿色园区和一批绿色工厂。市"六十强"工业企业质量、环境和职业健康安全贯标率 100%。(牵头单位:市经济发展局;责任单位:市科技局、商务局、市场监管局、统计局)

(四)服务业提质增效工程。支持传统商贸流通企业通过"互联网+流通"创新,加快多业态融合发展。完善以居家为基础、社区为依托、机构为补充、医养相结合的多层次、智能化养老服务体系。优化大众餐饮服务体系,提升餐饮服务质量,推进"互联网+明厨亮灶"工程建设,学校(含托幼机构)食堂等重点单位"明厨亮灶"建设率达到 90%以上。实施旅游服务质量提升计划,建立旅游市场综合监管机制。推动实体零售业转型发展,鼓励企业利用移动互联网和现代化信息技术,开展场景化体验式、娱乐式营销,拓宽营销渠道。支持发展信息技术、工业设计、检验检测认证等高技术服务业。提升银行服务、保险服务的标准化程度和服务质量。加快知识产权服务体系建设。提高律师、公证、法律援助、司法鉴定、基层法律等服务水平。推进服务业标准化,开展服务业公众满意度调查,促进服务业质量提升。(牵头单位:市经济发展局;责任单位:市文体广电和旅游局、商务局、住建局、民政局、卫健委、科技局、市场监管局、司法局、地方金融监管局、人行扬中支行)

（五）建设工程质量提升工程。加快推进工程质量管理标准化，加强全过程工程质量管理，高质量建设和改造城乡道路交通设施、供水供气供电设施、排水与污水处理设施、绿化景观和城市亮化设施，创成“四好农村路”省级示范县，争创省级优质交通工程。因地制宜提高建筑节能标准，居住建筑实施65%建筑节能设计标准，促进绿色建材生产和应用，不断提升绿色建筑和工业化建造比重。加强工程质量检测管理和全过程监管，严厉打击出具虚假报告、违法转包分包等行为。到2020年，争创镇江市“金山杯”优质工程奖3项、市优质结构奖6项、省水利优质工程1个，城市新建绿色建筑占比达到50%。（牵头单位：市住建局、交通运输局、水利局；责任单位：市经济发展局、扬中生态环境局）

（六）生态环境质量提升工程。深入推进污染防治攻坚战，持续提升生态环境质量。严格执行环境标准，落实大气、水、土壤三大污染防治行动计划，强化源头防控、过程监管和末端治理。严守环保准入门槛、生态保护红线和环境质量底线，强化能耗、环保等约束机制，严格落实“四个一律不上”，防止新增低端落后产能。大力发展循环经济，努力实现资源高效、循环利用。推广先进节能节水节材技术和工艺，提高资源利用效率。鼓励企业实施节能技术改造，建设重点耗能企业能耗在线监测平台，实现能源动态监测、控制和优化管理。到2020年，全市空气质量优良天数比例达到70%，PM2.5年均浓度控制在44微克/立方米以下。地表水省考断面水质优III比例不低于66.7%，单位GDP能耗较2015年下降18%以上，COD、氨氮、SO2、氮氧化物等主要污染物排放量较2015年削减15%以上。（牵头单位：扬中生态环境局；责任单位：市经济发展局、统计局）

（七）公共服务能力提升工程。加快落实全市一体化在线政务服务平台建设，推进线上线下深度融合，完善市镇村三级“互联网+政务服务”体系，实行“一网通办”。推广全流程网上办事的“不见面审批（服务）”，提高政务服务质效。持续提高供电、供气、供水、通信、公交服务质量和安全保障水平。促进义务教育优质均衡发展，扩大普惠性学前教育和优质职业教育供给。加强职业技术培训，健全覆盖城乡的公共就业创业服务体系，以高品质服务助推区域发展。提升社会救助、社会福利、优抚安置等保障水平，加快推进退役军人服务保障体系建设，推进退役士兵社会保险接续。推进改善医疗服务行动计划，建立健全医疗纠纷预防与处理机制，推进县域内医共体建设。推行医保微信移动支付、综合柜员制，方便群众业务经办、就医购药；开展健康扬中、医保在行动系列活动，提高参保人员保障待遇，促进“三医联动”。构建现代公共文化服务体系，完善公共服务运行机制，规范服务行为，不断满足人民日益增长的美好生活需求。（责任单位：市经济发展局、卫健委、行政审批局、交通运输局、城管局、教育局、人社局、医保局、文体广电和旅游局、民政局、退役军人事务局）

（八）对外贸易优化升级工程。贯彻落实《江苏省对外贸易“优进优出”行动计划（2016—2020）》，促进外贸发展方式转变。完善国际知名品牌培育、评价、宣传和保护机制，加大海外推介力度，扩大品牌产品出口。鼓励高技术含量和高附加值项目设计、研发、维修、咨询、检验检测等服务出口，促进服务贸易与货物贸易紧密结合、联动发展。积极参与“一带一路”沿线国家和地区、主要贸易国家和地区质量合作，在基础设施互联互通、经贸产业合作、矿产资源勘查开发、人文交流等方面取得成效。（责任单位：市经济发展局、商务局、科技局、市场监管局）

三、主要措施

（一）打造质量品牌。推动自主品牌建设，有重点、有计划、分层次地精准指导培育，增强本地品牌竞争力。健全品牌培育、宣传和保护机制，不断增强扬中品牌影响力。加快区域品牌建设，放大扬中工程电气国家区域品牌影响力，推动扬中工程电气国家区域品牌由试点跨入示范。建立和完善品牌建设评价体系和激励体系，推广品牌建设先进经验，开展品牌价值评价和品牌推广活动。积极创建“江苏精品”，支持企业参评鲁班奖、詹天佑奖、大禹奖、国家优质工程奖、扬子杯等工程奖项。（责任单位：市经济发展局、住建局、交通运输局、水利局、商务局、市场监管局）

（二）加强质量管理。推广全面质量管理模式，引导企业应用六西格玛、精益生产、卓越绩效模式等先进质量管理理念和方法。在光电设备行业开展小微企业质量提升活动，并在50家小微企业中推广复制提升经验。开展“质量义诊”，支持企业开展质量控制（QC）小组、现场改进等群众性质量管理活动。健全质量激励制度。（责任单位：市市场监管局、财政局、经济发展局）

（三）坚持标准引领。全面实施企业标准自我声明公开和监督制度，实施企业标准领跑者制度。引导行业领军企业与国际先进水平对标达标，鼓励企业制定和实施超越国际标准的先进标准。优化地方标准供给结构，培育发展团体标准，鼓励企业主导或参与国家、行业、地方标准制修订，主动承接国际、国家标准化技术委员会、分委员会或工作组工作。（责任单位：市市场监管局、经济发展局、商务局、科技局）

（四）推动质量攻关。实施重点领域重大装备技术和产品质量攻关工程，集中优势资源破解制约我市制造业发展的关键技术质量问题。鼓励优势企业积极参与国家重点研发项目、省产业前瞻与共性关键核心技术项目、省战略性新兴产业项目。加快培育一批省级工程技术研究中心、企业技术中心等研发机构。加快源头减量、减毒、减排以及过程控制等绿色智能装备的改造升级，每年重点推进40个左右节能降耗项目。（责任单位：市经济发展局，生态环境局、科技局）

（五）夯实质量基础。加快质量基础设施体系建设，强化质量基础设施资源整合，构建多层次立体化的资源共享机制。推动节能、低碳等产品认证，加大绿色食品、有机食品和地理标志农产品监管力度，积极推进检验检测机构信用评价工作。优化检验检测资源配置，建设与产业发展相配套的检验检测服务体系。营造优质高效的检验检测服务环境，为中小企业开辟检验检测“绿色通道”，提供“一站式”服务。（责任单位：市市场监管局、农业农村局、卫健委、住建局、科技局、经济发展局、财政局）

（六）严管质量安全。开展针对商贸流通领域、互联网领域和生产环节的重点企业和重点产品的专项执法整治行动，打击侵犯知识产权和制售假冒伪劣商品行为。加大产品监督抽查力度和风险监测，倒逼企业落实主体责任、提高产品质量。建立涵盖农产品生产、收购、储藏、运输、屠宰等关键环节的监管制度和可追溯制度。健全工程质量监督管理机制，加强工程建设参建各方主体质量责任监督检查，切实保障工程建设质量。坚持“谁审批、谁负责”，“谁主管、谁监管”的改革原则，实现精细化、综合性、动态化的现代精准监管模式。（责任单位：市市场监管局、商务局、农业农村局、经济发展局、商业（集团）总公司、教育局、卫健委、文体广电和旅游局、住建局、交通运输局、水利局、行政审批局、司法局、供销社）

（七）培育质量人才。加强中小学质量教育，将质量意识渗透在日常教育活动中。加强职业教育技术技能人才培养，扎实开展岗位技能培训。实施青年职业能力提升计划，积极参加职业技能大赛，不断提升青年职业能力。加强高端质量人才梯队建设，在相关人才工作中注重质量人才培养和选拔。加强对企业负责人质量培训力度，强化企业质量主体意识。（责任单位：市委组织部、市人社局、市场监管局、教育局、总工会按职责分工负责）

（八）推进质量共治。强化质量社会监督和舆论监督，加大对质量违法案件的曝光力度。充分发挥各行业协会组织引导、规范、服务行业质量提升的作用，促进行业总体质量水平提升。增强公众的质量维权意识，健全产品、工程、服务、环境质量申诉投诉处理机制，畅通质量投诉和消费维权渠道，确保各类投诉处理率100%。完善质量信息传递反馈机制，鼓励消费者组织、行业组织、第三方机构等开展产品质量比较试验、综合评价、体验式调查，引导理性消费选择。（牵头单位：市市场监管局；责任单位：市质量强市推进工作领导小组各成员单位）

四、组织领导

（一）加强组织领导。完善质量工作体制机制，建立健全“党委领导、政府主导、部门联合、企业主责、社会参与”的质量工作格局。成立质量发展委员会，统筹质量发展规划制定、质量强市建设、质量品牌发展、质量基础建设。各地党委、政府要将质量工作摆到重要议事日程，加强质量管理和队伍能力建设，认真落实质量工作责任制。把质量理念学习纳入党校教学计划，成为领导干部工作责任。（责任单位：市委组织部、党校、市市场监管局、各镇街区）

（二）强化要素保障。探索建立产品质量安全风险监控及快速反应、风险调查等制度。健全质量激励制度，加大对获得各级质量奖的企业在金融、信贷、项目投资等方面的扶持力度。研究制定技术技能人才激励办法，探索建立企业首席技师制度，降低职业技能型人才落户门槛。统筹安排质量提升专项资金，实施好首台（套）重大技术装备保险补偿机制。鼓励政府向社会购买优质服务。加强联合惩戒，依法限制严重质量违法失信企业参与政府采购活动，推动形成优质优价的政府采购机制。（责任单位：市经济发展局、财政局、科技局、人社局、市场监管局、司法局、地方金融监管局、人行扬中支行、各镇街区）

（三）严格督察考核。建立党委质量工作督察机制，将质量工作纳入全市年度综合考核，并将质量绩效考核结果作为对各级政府领导班子和领导干部综合考核评价的重要参考依据。健全质量统计分析制度，定期发布产品、工程、服务、环境、食品药品等重点领域质量状况分析报告。（责任单位：市委组织部、市市场监管局、

农业农村局、住建局、交通运输局、水利局、卫健委、文体广电和旅游局、统计局、各镇街区)

(四)广泛宣传发动。大力弘扬质量文化,宣传党和国家质量工作方针政策,讲好质量故事,推介优秀质量品牌,塑造扬中质量形象,树立崇尚质量的价值导向。加强城市质量精神宣传,丰富质量文化内涵,促进质量文化传承发展,提高全社会质量、诚信、责任意识,让质量第一成为全社会的价值追求和时代精神。(责任单位:市融媒体中心、市场监管局、文体广电和旅游局、各镇街区)

扬中市农村人居环境整治专项行动实施方案

开展农村人居环境整治,建设美丽宜居乡村,是实施乡村振兴战略的重要举措,是推动城乡建设高质量发展的重要任务。根据《中共江苏省委江苏省人民政府关于贯彻落实乡村振兴战略的实施意见》(苏发〔2018〕1号)、《省委办公厅省政府办公厅关于印发〈江苏省农村人居环境整治三年行动实施方案〉的通知》(苏办发〔2018〕23号)和《镇江市政府办公室〈关于印发镇江市农村人居环境整治专项行动实施方案〉的通知》(镇政办发〔2019〕17号)精神,制定本实施方案。

一、总体要求

1.指导思想

以习近平新时代中国特色社会主义思想为指导,牢固树立和贯彻落实高质量发展理念,坚持农业农村优先发展战略,顺应广大群众对过上美好生活的期待,以农村垃圾、污水治理和村容村貌提升等为主攻方向,把改善农村人居环境作为乡村振兴的重要内容,城乡整体谋划,聚集政策资源,持续改善和提升农村人居环境,统筹推进美丽乡村建设,为高水平全面建成小康社会、建设“强富美高”新扬中提供重要支撑。

2.基本原则

——坚持系统思维、精准发力。准确把握乡村振兴战略要求,统筹规划实施农村人居环境整治,综合考虑人文地理、历史民俗、经济水平和农民期盼等,兼顾农村田园风貌保护和环境整治,综合提升乡村形象,保护乡风乡情。聚焦农村存在的垃圾、污水、厕所粪污、村容村貌等最突出问题,确定重点任务、整治目标、建设时序,用2年时间集中攻坚,切实增强广大农民获得感和幸福感。

——坚持规划引领、逐步推进。实施新一轮村庄布局规划,注重联系实际、因地制宜,强化村庄规划设计,开展人居环境整治试点示范,分类推进,探索整治路径,形成可复制可推广的经验做法,由点及面、点面结合,不断提升村庄基础设施和公共服务水平,吸引农民自愿适度集中居住。

——坚持村民主体、合力共建。建立政府、村集体、村民等各方共谋、共建、共管、共评、共享机制,提升村民参与人居环境整治的自觉性、积极性、主动性,注重发挥村民主体作用,共同建设和维护美好家园。

——坚持建管并重、长效运行。建立政府主导、分级负担、集体补充、群众参与、社会支持、多元筹集的长效建管机制。合理确定投融资模式和运行管护方式,推进投融资体制机制和建设管护机制创新,探索规模化、专业化、社会化运营机制,确保各类设施建设质量和长期稳定运行。

3.行动目标

到2020年,农村人居环境明显改善,村庄环境干净整洁有序,人民群众获得感、幸福感显著增强。

全市农村人居环境质量全面提升,实现农村生活垃圾收运处理体系、户用厕所无害化改造和厕所粪污治理、行政村生活污水处理设施三个全覆盖,农村生活垃圾减量分类工作有序开展,管护长效机制健全有效,居民影响农村人居环境的不良习惯明显改变,村庄整体美丽宜居。

依据镇村布局规划,拓展人居环境改善的内涵,建设“美丽宜居村庄”,其中有条件的“特色村”和“重点村”建成“水美乡村”“特色田园乡村”。到2020年,全市建成70个“美丽宜居村庄”、28个“水美乡村”、2个“特色田园乡村”。

二、重点任务

1.治理农村生活垃圾。按照“组保洁、村收集、镇转运、市(县)处理”的原则,完善我市农村生活垃圾收运体系建设。全面落实《江苏省城乡生活垃圾分类和治理专项行动实施方案》,按照《镇江市城乡生活垃圾分类和治理三年行动计划(2018—2020)》,扎实推进农村生活垃圾分类工作。开展非正规垃圾堆放点排查整治,严禁城市污染、工业污染向农村转移。到2020年,做到有齐全的设施设备、有成熟的治理技术、有稳定的保洁队伍、有长效的资金保障、有完善的监管制度,全市农村生活垃圾得到有效治理。

2.*治理厕所粪污*。实施农村"厕所革命",推进农村户用厕所无害化建设和改造,同步实施粪污治理。结合农村污水管网建设,实施农村生活污水和无害化卫生户厕一体化整治。到2020年基本完成农村户厕无害化建设改造,厕所粪污得到有效处理或资源化利用。推动行政村综合服务中心、规模较大规划发展村庄、有乡村旅游发展等实际需求的区域配建公共厕所。结合农村污水管网建设,逐步实施农村生活污水和无害化卫生户厕一体化整治。鼓励农村中小学校、乡镇党政机关、乡镇卫生院、社区综合服务中心、集贸市场等公共场所的无害化公共厕所向社会开放。

3.*治理农村生活污水*。落实《镇江市村庄生活污水治理工作推进方案》,以农村生活污水治理试点县(市、区)建设为引领,推动农村生活污水治理规模化建设、专业化管护、一体化推进。加大污水处理设施建设力度,继续推动城镇污水管网向周边村庄延伸覆盖,优先整治重要饮用水水源地周边和水质需改善控制单元内的村庄生活污水。提高农村污水处理设施管网入户率,强化生活污水源头减量和尾水回收利用。到2020年,全市规划发展村庄实现生活污水治理全覆盖。开展村庄水体治理,加快农村河道清淤疏浚,采取综合措施恢复水生态,逐步消除农村水体污染。将农村水环境治理纳入"河长制"管理,全面遏制人为侵害河道行为,促进河道供水、排水、蓄水生态功能明显提升。

4.*治理农业废弃物*。深入推进秸秆综合利用,提升机械化还田质量,加强秸秆能源化、肥料化、饲料化、基料化、原料化等综合利用能力建设,巩固秸秆禁烧成果。执行地膜生产新标准,加快可降解农膜推广应用,探索废旧农膜回收利用模式,到2020年,农膜回收率达80%。加强农药生产经营管理,推动落实农药生产者、经营者的农药包装废弃物回收主体责任。推进畜禽规模养殖场治理改造和小规模养殖场污染治理,加快畜禽粪污社会化处理体系建设,到2020年,畜禽规模养殖场治理率达100%以上。加大农村清洁能源开发利用,坚持宜气则气、宜电则电,提高农村清洁用能比重。

5.提升村容村貌。因地制宜提升农村路网,合理选择路面材料,完善村庄公共照明设施,系统推进村庄内路网、村组道路及入户道路建设,着力解决村民出行不便等问题。引导群众利用房前屋后、闲置土地种植乡土植物和果蔬作物,开展庭院美化和绿化行动。开展植树绿化富民活动,优选生态环境基础良好、积极性较高、具有一定规模的自然村庄建设"绿美乡村",到2020年"三化"示范村达20个。实施城乡环境卫生整洁行动,推进省级卫生乡镇、卫生村等卫生创建和健康乡村建设工作。开展乡村生态文明建设示范创建活动,依据镇村布局规划,引导规划发展村庄建设"美丽宜居村庄"。

6.*提升村庄规划设计水平*。全面实施镇村布局规划及村庄建设规划,与市镇土地利用总体规划、土地整治规划、村土地利用规划、现代农业发展规划、农村社区建设规划、生态文明建设规划等充分衔接,鼓励推行多规合一。推行政府组织领导、村委会发挥主体作用、技术单位指导的村庄规划设计编制机制。依托规划发展村庄强化公共资源配置和建设,吸引农村居民自愿适度集中居住。推进实用性村庄规划设计,做到农房建设有依据、行政村有村庄整治安排、村庄功能布局逐步优化,实现村庄规划管理基本覆盖。村庄新建内容应与老村庄相应融合,尺度、材料、风格要有乡土特征。鼓励优秀设计单位和设计师下乡,编制农房设计方案图集,引导建设地域特色鲜明、乡土气息浓厚、具有时代特征的当代宜居农房。村庄规划设计的主要内容应纳入村规民约。

7.*提升传统村落保护水平*。认真落实《江苏省传统村落保护办法》,按照"保护优先、兼顾发展、合理利用、活态传承"的原则,组织开展省级传统村落的调查和申报工作,推荐具有一定历史沿革、保持传统空间格局、留存公共空间记忆的村落和传统民居纳入省级传统村落名录。优先将省级传统村落纳入特色田园乡村建设试点范围,注重将保护和发展有机结合,鼓励联动推进传统村落与特色农业、手工业、乡村旅游业等适宜产业发展。加大非物质文化遗产保护传承和传播的力度,推进传统技艺与现实生活的整体融合,实现乡村优秀传统文化的创造性转化和创新性发展。

8.*提升建设和管护水平*。各镇(街、区)作为农村人居环境整治的实施主体,要把农村人居环境整治与城乡环境卫生整洁行动、美丽乡村建设、"水美乡村""特色田园乡村"、省"四好农村路"示范市等创建结合起来,建立健全上下协作、齐抓共管的工作格局。落实村级公共服务"八位一体"运行维护机制,合理选择简便易行、长期管用的整治和维护管理模式,更好地解决问题,推动农村人居环境稳步提升。建立以公共财政投入为主的农村公路管养资金保障机制,推行环境治理依效付费制度，健全服务绩效评价考核机制。积极探索建立垃圾污水处理农户付费制度，完善财政补贴和农户付费合理分担机制。支持村级组织和农村“工匠”带头人等承接村内环境整治、村内道路、植树造林等小型涉农工程项目。组织开展专业化培训，把当地村民培养成为村内公益性基础设施运行维护的重要力量。简化农村人居环境整治建设项目审批和招投标程序，降低建设成本，确保工程质量。

三、政策支持

1.加强财政资金投入。健全财政支农投入稳定增长机制，通过土地整治和高标准农田建设新增的耕地和城乡建设用地增减挂钩节余指标奖补资金的80%返还给所在镇村，相关资金专项用于农村人居环境整治。进一步加大涉农资金整合力度，将国土新增建设用地有偿使用费返还、小型农田水利建设资金、土地治理资金、“一事一议”资金、农桥改造资金等进行有效整合，用于农村人居环境整治，增加支农资金有效供给，提高资金使用绩效。对其他建设内容相近、资金来源不同的涉农资金进行源头整合，避免多头重复投入，优化涉农资金使用方向，充分发挥财政资金引导激励作用。

2.调动社会力量积极参与。鼓励各类企业积极参与农村人居环境整治项目。通过特许经营等方式吸引社会资本参与农村垃圾污水处理项目，积极推广农村生活污水治理EPC+O模式，引导有条件的地区将农村环境基础设施建设与特色产业、休闲农业、乡村旅游等有机结合，实现农村产业融合发展与人居环境改善互促互进。引导相关部门、社会组织、个人通过捐资捐物、结对帮扶等形式，支持农村人居环境设施建设和运行管护。倡导新乡贤文化，以乡情乡愁为纽带吸引和凝聚各方人士支持农村人居环境整治。

3.强化技术和人才支撑。加强农村人居环境项目建设和运行管理人员技术培训，加快培养乡村规划设计、项目建设运行等方面的技术和管理人才。积极探索乡村建设的设计师负责制，鼓励有条件的地区试点开展乡村建设工程总承包和全过程工程咨询。

四、工作要求

1.编制实施方案。各镇（街、区）要在摸清底数、总结经验的基础上，抓紧编制镇级农村人居环境整治实施方案，明确目标任务、责任部门、资金方案、群众参与机制、考核验收标准和办法等内容。要对照本《实施方案》提出的目标和重点任务，从实际出发，进一步细化具体目标和重点任务，扎实开展整治行动前期准备。各镇（街、区）要在2019年6月底前完成方案编制，报市委农办审核备案。相关部门要加强对实施方案编制工作的指导，并将实施方案中的工作目标、建设任务、体制机制创新等内容作为督导评估和安排年度资金的重要依据。

2.强化典型示范。学习浙江“千村示范万村整治”经验做法，总结我市村庄环境整治及其提升行动和美丽宜居村庄、水美乡村、特色田园乡村建设等经验，选择部分工作基础扎实、组织实施能力强、工作积极性高的行政村，开展农村人居环境整治综合试点示范建设。总结并提炼出一系列符合我市实际的环境整治技术、方法，能复制、易推广的建设和运行管护机制。2019年全面推进，放大试点效应，到2020年基本完成农村人居环境整治专项行动任务。

3.发挥基层组织作用。发挥基层党组织先锋引领作用，健全村民自治机制，充分运用“一事一议”民主决策机制，完善农村人居环境整治项目公示制度，保障村民权益。鼓励农村集体经济组织通过依法盘活集体经营性建设用地、空闲农房及宅基地等途径，多渠道筹措资金用于农村人居环境整治，营造清洁有序、健康宜居的生产生活环境。强化党员意识、标杆意识，带领农民群众推进移风易俗、改进生活方式、提高生活质量。

4.培育农村文明健康生活方式。把农村人居环境整治行动与培育践行社会主义核心价值观、深化农村精神文明建设结合起来，作为文明村镇、文明家庭等群众性精神文明创建的重要内容，引导农民在参与整治中提振精神风貌。发挥爱国卫生运动委员会等组织作用，引导群众提高文明健康意识，讲卫生、树新风、除陋习，摒弃乱扔、乱吐、乱贴等不文明行为，共同创造优美生活环境，自觉追求文明生活方式，营造和谐、文明的社会新风尚。

5.建立完善村规民约。将农村人居环境整治相关要求纳入村规民约，通过群众评议等方式弘扬乡村新风，推动农民自我教育、自我管理。明确农民维护公共环境责任，庭院内部、房前屋后环境整治由农户自己负责；村内公共空间整治以村民自治组织或村集体经济组织为主，主要由农民投工投劳解决。鼓励农民和村集体经济组织全程参与农村环境整治规划、建设、运营、管理。

五、保障措施

1.加强组织领导。由市委农办、市农业农村局统筹组织推进全市农村人居环境整治工作。实行层级管理，健全推进机制，各相关部门抓协调、抓督导、抓配套，密切协作配合，形成工作合力；各镇（街、区）要切实担负主体责任，制定相关规划实施方案，做好项目落地、资金使用、推进实施等工作；行政村要发动群众积极参与，形成上下联动、分级负责，部门协作、有力高效的工作推进机制。

2.加强考核验收督导。研究制定农村人居环境整治考核评价机制，将农村人居环境整治纳入镇（街、区）年度高质量发展综合考核，制定专项考核办法，建立工作信息交流和统计公布制度，对各地各部门工作进展进行全面、客观、公正、动态的综合评价和考核。市相关部门根据各地实施方案及明确的目标任务，定期组织督导评估，评估结果向市委、市政府报告，并以适当形式向社会公布。

3.营造良好氛围。充分利用报刊、广播、电视等新闻媒体和网络新媒体，广泛宣传推广各地好典型、好经验、好做法，组织开展各种整治活动，鼓励和引导群众积极参与，增强农民保护人居环境的自觉性、自豪感，努力营造全社会关心支持农村人居环境整治的良好氛围。

关于开展形式主义、官僚主义三类突出问题专项治理的工作方案

为认真贯彻落实镇江市纪委《关于开展形式主义、官僚主义三类突出问题专项治理的工作方案》（镇纪办发〔2019〕26号）要求，根据《市委办公室市政府办公室关于在全市开展形式主义、官僚主义集中整治的通知》（扬办发〔2018〕82号）工作要求，结合我市实际，着力解决当前存在的基层负担过重、依法行政意识不强、担当作为精神不足等突出问题，现对开展形式主义、官僚主义三类突出问题专项治理提出如下工作方案。

一、着力解决基层负担过重的问题

工作目标：把落实重大决策部署作为硬要求，把为基层减负松绑作为硬任务，把回应基层强烈呼声作为硬指标，坚决整治到位，确保收到实效，增强基层获得感。

工作举措：

1.各镇（街、区）、各部门要压实各级党委（党组）主体责任、主要负责同志第一责任人责任和班子成员履行职责范围内的领导责任，带头查摆整改，发挥示范效应，加大对为基层减负工作的调查研究、统筹协调和督查督导，建立专项工作机制。（牵头部门：市委办，责任部门：市级机关各部门、各镇街区）

2.紧盯督查检查考核过多过频，重点督查市委关于统筹规范督查检查考核工作有关事项的通知落实情况，严格执行年度计划和审批报备制度，加大统筹、删减和归并力度，确保各类督查检查考核事项减少50%以上。（牵头部门：市考核办，责任部门：市级机关各部门、各镇街区）

3.紧盯文山会海反弹回潮，大幅精简文件和会议，探索设立“无会周”“无会月”，确保全年下发文件、召开会议减少30%-50%。（牵头部门：市委办、市政府办，责任部门：市级机关各部门、各镇街区）

4.紧盯QQ或微信工作群过多的问题开展自查，对工作群进行归类、整合、精简，原则上一个单位只建一个工作群，保留联系群众和联系企业的服务类群，对临时性工作群因需设置，工作任务完成后一律解散，工作群不发与工作无关的内容。（责任部门：市级机关各部门、各镇街区）

5.紧盯过度要求工作留痕，重点督查对留痕事项清理规范情况，坚决纠正机械式做法，不得随意要求基层填表报数，不能简单以留痕质量作为评价工作质量的标准。（责任部门：市委办、市政府办、市纪委市监委、市委组织部、市委宣传部）

6.紧盯基层“挂牌”过多问题，重点督查对“挂牌”事项的梳理摸排情况，凡是中央、省市没有明确规定，或不符合机构编制管理规定的牌子，确保一律取消。（牵头部门：市委编办，责任部门：市级机关各部门、各镇街区）

二、着力解决依法行政意识不强的问题

工作目标：聚焦“关键少数”和重点领域，紧盯权力运行关键环节，扎实开展“作风效能建设年”活动，强化日常监督和跟踪督查，推动依法行政全面规范、作风效能全面提升。

工作举措：

1.相关部门党委（党组）及班子成员要牢固树立“管行业就要管党风廉政建设”的责任意识，围绕政府建设工程、土地出让开发、国资国企等问题多发领域，扎实开展廉政风险点排查，深入查找权力监管存在的薄弱环节，堵塞体制机制漏洞。（牵头部门：市纪委市监

委，责任部门：市住房和城乡建设局、市自然资源和规划局、市行政审批局、市财政局、市地方金融监督管理局)

2.加强对民主集中制、“三重一大”落实情况的监督检查，紧盯“一把手”这个关键，加强问题排查。(牵头部门：市委组织部，责任部门：市级机关各部门、各镇街区)

3.定期对落实政府投资项目管控、列入公共资源交易项目进场交易、市区经营性用地调控管理等制度执行情况进行督查检查，坚决整治有法不依、暗箱操作、打擦边球、体外循环等问题，确保制度刚性执行到位。(牵头部门：市政府办，责任部门：市经济发展局、市自然资源和规划局、市行政审批局、市财政局、市地方金融监督管理局)

4.聚焦项目决策、审批备案、证照办理、执法检查、评估验收等关键环节，加大对各镇(街、区)、职能部门服务窗口和工作人员的明查暗访，并及时通报曝光。对涉及不作为、乱作为、慢作为的问题线索及时移交给市纪委市监委问责。(牵头部门：市效能办，责任部门：市各相关部门)

三、着力解决担当作为精神不足的问题

工作目标：通过正向激励和反向倒逼相结合，深化推进“暖心容错”工程实践运用，精准运用监督执纪“四种形态”，提振干部精气神，营造激励担当作为、崇尚实干苦干的良好氛围。

工作举措：

1.将反对形式主义、官僚主义作为党性党风党纪教育和日常教育管理的重要内容，开展专题党课、主题教育等，结合即将开展的“不忘初心、牢记使命”主题教育，教育引导党员干部牢记党的宗旨，坚持实事求是的思想路线，树立正确政绩观。(责任部门：市级机关各部门、各镇街区)

2.进一步完善干部考核机制，注重结合干部在服务发展、服务企业、服务群众、营造“亲清”政商关系等过程中的表现，把考核结果与干部选拔任用、评先奖优、能上能下等挂钩，提升干事创业积极性。(牵头部门：市委组织部，责任部门：市级机关各部门、各镇街区)

3.运用并落实好容错纠错机制，实事求是、依规依纪依法严肃问责、规范问责、精准问责、慎重问责，防止监督执纪畸轻畸重、问责泛化简单化等问题，适时公布一批容错纠错的典型案例。(牵头部门：市纪委市监委，责任部门：市级机关各部门、各镇街区)

四、具体要求

1.增强工作合力。专项治理工作在市委的统一领导下，由各级纪检监察组织牵头开展，相关职能部门密切配合，各镇(街、区)、各部门共同参与，形成“两个责任同向发力”的工作格局。各职能部门要立足行业监管实际，开展问题整改、业务指导和督查检查，向纪检监察组织移送问题线索，共享监督信息和大数据资源，合力加大对难点问题的攻坚力度，集中整治工作要及时上传至履责记实平台。

2.开展精准监督。各级纪检监察组织要主动作为，5月下旬前，督促各牵头部门、责任部门制定务实管用的整改措施，明确分管领导和责任科室，推进整改举措高效落实。充分运用实地调研、约谈提醒、重点督办等多种形式实施精准监督；5月底前，结合已经开展的集中整治，对工作推进、问题整改、建章立制、工作汇总进行一次全面督导，重点检查问题清单排查、整改方案落实，防止浮于表面，流于形式。

3.加强问题梳排。畅通信访举报渠道，全方位发现问题线索，每月对信访举报和问题线索进行分析研判，对近年来三类问题线索进行“大起底”“回头看”，深入分析问题根源和发生规律，对相关制度规定进行全面检视、审查和评估，提出纪律检查建议和监察建议，强化源头治理，扎紧制度笼子。要把查处形式主义、官僚主义作为纪律审查和监察调查的重点，在发现和查处各级领导干部违纪违法问题时，重视审查其中的形式主义、官僚主义问题。

4.推进真查真改。各级党委(党组)要认真对照形式主义、官僚主义集中整治序时安排，落实整改方案。2019年5月25日前，各级党委(党组)将集中整治工作进展情况，以适当方式内部通报，其中涉及政务便民服务事项，向社会公示，接受群众监督，6月15日前、12月10日前，各级党委(党组)将三类突出问题专项治理情况纳入集中整治工作总结，相关通报和总结报市纪委市监委各监督检查室，并抄送党风政风监督室。

索 引

说 明

一、索引采用主题分析法编制，大部分选用关键词。

二、索引设有条目索引、表格索引、随文图片索引三个分目，按标引词首字的汉语拼音音序排列，首字相同按第二字音序排列，以此类推。

三、由类目、分目提取的索引用黑体字标明。标引词后的阿拉伯数字表示内容所在的页码，数字后面的 a、b 表示从左至右第一、二栏。标引词后第二个页码起，表示该索引参见内容所在位置。

四、为便于读者检索，扬中市的企业事业单位及扬中市发生的事件名称，除易产生歧义者外，省略“扬中市”或“扬中”。

条目索引

A

B

C

P

Q

R

S

T

W

X

Y

表格索引

随文图片索引